MINERVA
西洋史ライブラリー
㊹

国際比較・近代ドイツの市民

—心性・文化・政治—

ユルゲン・コッカ 編著/望田 幸男 監訳

ミネルヴァ書房

BÜRGERTUM IM 19. JAHRHUNDERT

Edited by Jürgen Kocka.

Japanese Translation Rights arranged with
Deutscher Taschenbuch Verlag, München, Germany
through The Asano Agency, Inc. in Tokyo.

本書のプロフィール

一九世紀はしばしば市民の世紀といわれる。市民層特有なるものとは何であるか、どこにその偉大さとしばしば指摘される問題点があるのか。今日まで市民社会は激しい批判の的であるが、ある人にとって市民社会は理性的共同生活の求めてやまない、しかしいまだ実現していないモデルであり、ある人にとっては、忘れがたい回想の対象である。どうして、このような多義性を生じたのか。また一九世紀のドイツ社会は、その他のヨーロッパ諸国と比較した場合、市民性の点で特有の欠陥――二〇世紀のドイツ社会にまで刻印されている――を持つものとみなし得るのだろうか。

このような問題に一年間、ビーレフェルト学際研究センターは従事してきた。そこには両ドイツ、ヨーロッパ十カ国、アメリカ合衆国、イスラエルの歴史家や社会科学者・人文科学者が参加した。その成果は三巻本として公にされ、四五編の論稿が、一八～二〇世紀の市民層に関する文化・経済・政治、メンタリティーと行動様式、内部構成、教育と制度のさまざまな局面を、それぞれの時期の市民社会の発展状況のなかで扱っている。そこではヨーロッパにおける発展の連関と多様性が明白にされ、ドイツ市民層が比較の中心におかれている。これらの諸論稿は多彩で鮮明なモザイク・イメージを提示し、ある意味で包括的な叙述に匹敵するものである。

国際比較・近代ドイツの市民——心性・文化・政治　目次

はじめに

一九八六年一〇月より一九八七年八月までビーレフェルト大学の学際研究センターに「市民層・市民性・市民社会――ヨーロッパの比較における一九世紀」といったテーマについての研究グループがあった。さまざまな専門分野や国から四〇人を越える研究者がその研究に参加した。その目的は、(a)一九世紀の社会的形成物としての市民層の詳細な研究、(b)市民層によって特徴付けられる「市民社会」の解明、その際、さまざまな社会的・文化的・政治的・経済的現象（文学、企業家の行動、自由主義、少数者の扱い方など）における市民性の実現度合と限界について問うこと、(c)一九世紀の市民層と市民性に関して、ある種のドイツ的「特殊性」が存在するかどうかを発見するために、国際比較においてドイツの発展を研究することにある。この研究の成果はここに提示された。この研究グループの枠内で、これに関して四つの大きな会議が催され、その成果は別に発表されている。*

* U. Frevert (Hg.), *Bürgerinnen und Bürger. Geschlechterverhältnisse im 19. Jahrhundert*, Göttingen 1988; D.Langewiesche (Hg.), *Liberalismus im 19. Jahrhundert. Deutschland im europäischen Vergleich*, Göttingen 1988; H. Siegrist (Hg.), *Bürgerliche Berufe. Beiträge zur Sozialgeschichte der Professionen, freien Berufe und Akademiker im internationalen Vergleich*, Göttingen 1988; W. Dlugoborski (Hg.), *Bürgertum in Ostmitteleuropa*, Göttingen 1989. また以下のプロジェクト報告も参照。Jahrbuch der historischen Forschung in der Bundesrepublik Deutschland. Berichtsjahr 1986, München 1987, S. 36-40.

このプロジェクトの前史はかなりさかのぼる。基本的な問題提起はすでに一九七四年に定立されていた。*私は、それ以来そのテーマを講義でも追究し続けた。一九八〇年には、D・ブラックボーン、G・イリーによる『ドイツの歴史叙述の神話』〔望田幸男訳『現代歴史叙述の神話――ドイツとイギリス――』晃洋書房、一九八三年〕が出版された。それは、ドイツの「特有の道」が存在するかしないかという論争を開始した。この論争は、まず、ドイツ現代史においてナチズムをどう位置づけるかをめぐって行われ、ヨーロッパにおけるドイツ人の現在的自己理解にとって大きな意味をもっていた。そこでは、ドイツの市民層とそれによって多かれ少なかれ特徴付けられる市民社会の特色に関する諸テーゼが中心的役割を演じていた。[**] これらの諸テーゼはたいてい比較論であった。だが、それらは、厳しい経験的比較の結果に依拠しえないままに、ドイツと他の多くの西洋諸国との間における類似性と相違を強調したり、反論したりした。そこで、こうした比較を詳細に追究することは意義深いものと思われた。

＊ G.A. Ritter u. J. Kocka (Hg.), *Deutsche Sozialgeschichte. Dokumente und Skizzen*, Bd. 2: 1870-1914, München 1982, S. 62-70, 322-324; 六九ページにも国際比較におけるドイツの「市民性の欠如」というテーゼがドイツ「特有の道」の核として扱われている。

＊＊ 「特有の道」の導入として以下を参照せよ。J. Kocka, German History before Hitler. The Debatte about the German »Sonderweg«, in: *Journal of Contemporary History* 23, 1988, pp. 3-16; H. Grebing, *Der »deutsche Sonderweg« in Europa 1806-1945. Eine Kritik*, Stuttgart 1986. ブラックボーンとイリーの改訂版 *The Peculiarities of Germen History. Bourgeois Society and Politics in 19th-Century Germany*, Oxford 1984.

一九八〇年以来、ヴェルナー・コンツェエの主宰の下、近代社会史研究会は「教養市民層」というテーマについて取り組んできた。ここでは、本書に記録されている集団研究にとって重要な刺激となった別種の問題が中心におかれた。[*] 一九八三年に一年の学際研究グループの形で市民層というテーマを扱うことを学際研究センターに提案する可能性が生じた。そのコンセプトは同じ年の夏に生まれ、それ以来準備が進められた。一九八四年の夏に、予備作業を基礎にビーレフェルト大学においてドイツ学術振興協会による助成の特別研究分野をそのテーマにするという計画が生じた。そのテーマは学際研究センターの研究グループのように一九世紀に限られたものではなく、もっぱらビーレフェルトの研究者に委ねられ、特に歴史学に限定されてはいるが、その他の点では似たような問題提起を追究することになった。一九八五年一二月には、研究グループならびに特別研究分野の準備のために学際研究センターで大きな会議がもたれた。そこでは、テーマの輪郭を定め、概念を明確にし、問題提起が論議された。一九八六年の始めには、特別研究分野における研究が開始された。

＊ 第一の成果は以下を参照せよ。W.Conze. u. J. Kocka (Hg.), *Bildungsbürgertum im 19. Jahrhundert. Teil 1: Bildungssystem und Professionalierung in internationalen Vergleichen*, Stuttgart 1985. 次に短期の会議のために計画されて、そのテーマは結局半年に渡って（一九八七年の始めまで）一二回の会合で取りくまれた。その成果の三巻（コゼレック、レプシウス、コッカによる監修）は『工業世界』のシリーズで出版される。

一九八六／八七年の学際研究センターの研究グループ――本書にその成果が示されている――においては、歴史学、文学、法律学、民俗学、政治学、社会学、心理学、芸術史、そして経済史・経済学といった分野が入っていた。このグループのメンバーは学際研究センターの研究期間を、一部は数週間、一部は数カ月、一部は一年間、ともに研究し生活した。各人はそれぞれの関心分野から一部の領域を独立して取り扱った。ただ、全体としてはグループの問題に確かに関わり、応答することに貢献しなければならなかった。* それにふさわしい人びとが招かれた。参加者たちは、ある程度テーマをもちよった。しかし研究者たちは、プロジェクトを自分自身のため、またこの研究との関連なしに扱うことなく、研究グループの部分プロジェクトとしてそのテーマを扱うことを期待された。あらかじめ展開されていた問題提起と並行して、** 定期的に行われた週毎の研究会や共同の会合（たとえば外からの参加者を伴った会議、客員研究の発表、夜の講演会など）は、企画の調整に役立ったようだ。学際研究センターの構内で行われた非公式のコミュニケーションがそれを促進した。どこまでまとまりあるものとなりえたかは読者の判断に委ねたい。

* その成果は以下にある。J. Kocka (Hg.), *Bürger und Bürgerlichkeit im 19. Jahrhundert*, Göttingen 1987.

** *Ebd.*, S. 7-20 u. unten S. 18.

研究グループを代表して学際研究センターに対して厚く感謝しなければならない。ところで、連邦共和国の高等研究機関として、* 無比の特色を持つ学際研究センターは、一九八三〜八八年の研究グループによる準備、実施、そして仕上げを可能にした。学際研究センターの職員、彼らの専門知識および友情に研究グループは大いに感謝している。彼らを代表して、リゼロッテ・イェーガーレーナーとアストゥリット・ロッゲンの名を挙げる。彼らは、研究事務の作業メンバーとして原稿を書き、研究グループのメンバーを多方面にわたり助け、また、この出版物の執筆活動もかなりやってくれた。クリスティアーネ・アイゼンベルクとグニッラ・ブッデはグループが存続している期間、助手をつとめてくれた。特に、ウテ・フレーフェルトには感謝したい。彼女はこのプロジェクトを五年にわたり——内容のうえで貢献し、組織的には援助してくれ——導き、これらの諸巻の発行にも関わってくれた。

* 学際研究センターの研究についてのさらに詳しい特徴や論争については以下を参照せよ。J. Kocka (Hg.), *Interdisziplinarität. Praxis-Herausforung-Ideologie*, Frankfurt 1987; ders. und G. Sprenger, Das Zentrum für interdisziplinäre Forschung (Zif) der Universität Bielefeld in: *Jahrbuch zur Staats-und Verwaltungswissenschaft* 2, 1988.

印刷が行われていた一九八八年二月に友人であり同僚であったジョルジ・ラーンキが亡くなった。彼は、ハンガリーの歴史の優れた識者であっただけでなく、ハンガリー学術アカデミーの歴史研究所の所長であり、研究グループのメンバーであった。彼の不慮の早すぎる死は大きな損失である。これらの諸巻を彼の追想に捧げる。

ビーレフェルト、一九八八年四月

ユルゲン・コッカ

序章　市民層と市民社会
——ヨーロッパ的発展とドイツの特質——

ユルゲン・コッカ
（一九四一年生
ベルリン自由大学教授）

一八世紀の革命で始まり、第一次世界大戦で終わった長い一九世紀は、時として市民の世紀と特徴付けられる。それはどういう意味なのか。表向きあの世紀を特徴付けた市民層に関して何が特に注目されたのか。どこに市民層の偉大さがあったのか。どこにしばしば引き合いに出される期待はずれなことがあったのか。市民社会は今日までさまざまな方面からの激しい非難の対象となっているが、他方、市民社会は、自由にして理性的な共生という努力の対象であり達成されていないモデルである。またそれは、過去の惜しむべき思い出の対象でもある。どのようにしてこの二律背反に至っているのか。一九世紀のドイツ社会が、他のヨーロッパ諸国と比較して、二〇世紀においてもドイツの歴史になお影響を与えたその市民性の特別な欠如が際立っているというのは本当であろうか。その問題を定式化し、その輪郭を確定し、そして最も重要な成果を集約することは、この導入の論文およびこの三巻本の課題である。

一　市民層の統一性のあいまいさ

誰が市民層に属するのか、それはなぜか

一九世紀ヨーロッパの市民層について語られるとき、どんな場合でもどの社会的カテゴリーがこの形成物とみなされ、また、どのカテゴリーがそうでないのか、大抵の歴史家が了解済みである。ただし、かなり広範な中間的カテゴリーや周辺的カテゴ

リーもあり、その位置付けは不定であり、また変化するのである。貴族、カトリック聖職者たち、農民、都市や農村の下層民たち、また労働者階級も、市民層には含まれない。どんな場合でも市民層には、商人、工場主、銀行家、資本所有者、企業家、取締役、本来の意味からすれば、経済・有産市民層、すなわちブルジョワジーが含まれる。同様に、ドイツの歴史叙述においては、医者、弁護士、他の自由業者、ギムナジウム教師、大学教師、裁判官、高級行政官、また自然科学者、工学士、大企業の中枢にいる有能な専門家、つまり例外なく中等・高等教育を修め、それを職業上利用している人びとが市民層に含まれる。彼らは時として教養市民と総称されるが、その際、この二〇世紀になってようやく生じた人為的な概念は皮肉で軽蔑的な意味ではなく使われた。その言葉の意味は独特なものである。(1)「ブルジョワジー」と「教養市民層」は市民層の二つの核であり、一九世紀後半には彼らは就業者の三～四％であり、その家族を併せても、若干の上昇傾向を伴いつつ、人口の五％であった。(2)この論文やそれに続く論文で市民層について語られる場合、とりわけ問題となるのはこの少数者たちである。

　商業、工業、サービス業、手工業、小売り商、飲食業の経営などの小規模の自営業の大群を加算すれば（一八五〇年には就業者の約九％）、（その割合については少し後退気味ではあったが）総人口の約一三％になったといわれている。(3)一九世紀の始めに関しては、この小自営業者のなかで裕福で、都市（とりわけ小都市の）に居住していた者はどんな場合でも市民層に含められてもよいであろう。しかし、一九世紀が進むにつれ経済市民層や教養市民層が台頭し、市民の概念が特徴付けられていくなかで、その下層部分――「小市民」や「中間層」と呼ばれるようになった――は、「市民層」の意味領域の周辺に追いやられていった。(4)

　その市民性に関連して論争され一般化の困難なもうひとつのカテゴリーがある。それは、都市志向的な農民、芸術家、将校、下級官吏、あるいは世紀末に急増していた職員である。労働者同様に市場に左右された被傭者はこれに含まれないが、「新しい中産階級」として市民層たろうと努めた。それは、少なくとも自己認識や態度の点で、時には外見や生活様式の点でそうであった。(5)

　どんな場合でも、しばしば市民層は市民的と呼ばれるあの世紀においては、少数派にすぎなかった。それは五～一五％の限界内で多少増加傾向を伴っていた。広範な境界的カテゴリーおよび中間的カテゴリーをまず無視しても、経済市民層や教養市民的中核に限定しても、このカテゴリーの共通項と同時に限定的な特殊性が何であるかを言うことは容易ではない。そのことは、「市民層」と集約し、本書諸巻において全体的に取り扱うことができるものであるが、商人、工場主、銀行取締役、医者、自営の弁護士、裁判官、高級官吏、のちに工学士や商学士が社会に関連した方法で共通に有していたものは何だったのか、すなわち非市民と区別されていたものは何だったのか。同じ階級状況がそこにあり得たわけはない。というのは一方には自営業者がおり、他方には官吏がおり、さらに他方では、私的被傭者がおったからだ。彼らはさまざまな経済上の部門・分野・職業に属していた。また彼らは教育によっても区分された。というのは多くの経済市民が一九世紀において高等教育を受けていなかったからである。それは教養市民を固定していたものであった。また収入や社会的出自によっても市民層はきわめて異質であった。それは何によって規定されていたのであろうか。また、何が市民層をまとめあげていたのであろうか

この問いに答えることがどんなに難しいかは、市民層の定義を得ようとして、繰り返し試みられ、まだどの研究書でも完全に満足のいく試みに達していないことに示されている。[6] 一八世紀から一九世紀への激動以来、もはや（あるいはほとんど）法的特殊性の点で他の住民層と区別されなくなったので、多くの歴史家には市民層について共通の、同時にはっきりとした指標は、ほとんど非生産的と思われた。このことは市民層総体をテーマにすることを大抵の歴史家が避けていることに表れている。われわれは個別的市民のカテゴリー（企業家、医者、官吏）や市民層の個別的位相（教養、専門職、理想の家族像、リベラリズム）に関しては、市民層一般についてよりもかなり多くの歴史的研究を有している。[7] 他の国々では（オーストリア、ハンガリー、イタリア、フランス）、その状況は一部似ているところもあるが、ドイツよりも市民層一般について語られることはほとんど行われていない。たとえばポーランドの歴史家は、ブルジョワジー（企業家、資本家）や「インテリゲンチア」（教師、ジャーナリスト、聖職者、弁護士）に関する研究、また、小市民層に関する研究を行っているが、この三つの研究方向は異なったグループによって行われ、市民層と同義のカテゴリーを使うことと結びつかずに、お互い別々に進んでいる。チェコスロヴァキアやソ連でも状況は似ているようであり、また北欧でも市民層総体はほとんどテーマ化されておらず、英米では「中産階級」という概念をもってはいるが、それは周辺的なもので、研究を構成することはほとんどない。また、そこでは、ビジネスマン、専門家、官吏を一括して扱うとはしておらず、個々の職業集団を越えて概念化する場合、「エリート」「富裕者」あるいは「上層階級」について語られ、中産階級について語られるのは稀である。[8] 一九世紀の市民層がテーマ化されたのは、むしろドイツや中欧に関する論争においてである。それは国際的な研究の動向にとってはいささか異質であり、国際的には「専門職」といった英語や表現に強く影響されている。ドイツでも市民層総体をテーマ化することは決して自明ではなく、当然であったわけでもない。このカテゴリーはさまざまな要素を含んでおり、その不明瞭さは明白であるので、それが国際比較において適切であるとはほとんど思われない。[9]

他方、市民、市民的身分、市民層、市民性といった概念は一九世紀（二〇世紀）の社会・政治上の言葉として存在していた。それが曖昧であり、ずれがあり、同時代の社会科学の文献によってはほとんど注意を払われていないにしても、そうであった。[10] 一般に、そのような概念は、同時代人がそのような社会的

現実を経験し、認識し、解釈したような類いのものを何らかの意味で反映していた。それは当時の状況のなかに根拠をもっていた。少なくともその限りにおいては概念史の研究結果は「現実」を反映している。そして最近では、社会史の研究はそれほど頻繁ではないが、時には大いに市民層に立ち入っている。[11]要するに市民層を決定的にテーマ化するように迫る問題提起も存在しているのであらう。

この問題提起は別に詳しく議論されるので[12]ここでは手短なまとめで十分であろう。

〈1〉「社会化」の大枠について問うことは一九世紀においても興味深い。どのような関心・経験・価値に基づいて、誰が帰属し、他の誰を排除するのか。大きな壕、緊張、前線は一九世紀の社会諸階級のどこを走っていたのか。それらはどのように変化し、そしてなぜなのか。どのように、どの程度までどう排除して、「社会諸階級[13]」は共通の帰属意識や内的結合や団体行動の可能性を伴って形成されたのか。なぜ、そしてどのような結果を伴ったのか。そのようなマクロ的歴史的な問題に関心があるひとは「市民層」のような広範なカテゴリーを避けて通れないであろう。

〈2〉最近の数世紀の近代化過程において、市民層あるいは市民層の一部の中心的役割は基本的に明白である。それはさまざまに評価されてはいるが。この点でも言語・概念史の研究結果を真剣に受けとめるべきである。それは立証されたものとしてではないにしても、刺激として受けとるべきである。「市民層」「市民性」「市民社会」の言語的親和性は以下のことを期待させる。すなわち市民層を取り扱うことは、大きく社会的構成を分析することにとどまらず、社会の決定的な体制的指標・根本的特質・変化・矛盾の認識へと至ることを。その際の社会は、市民層によって決定的に特徴付けられ、よかれあしかれ、現代に生き続けているものである。そのうえ、ある総合的かつ学際的作用が「市民層」「市民性」「市民社会」という概念に特有であるようだ。そのことが、一九世紀の研究の際、個別研究の集約化やさまざまな専門領域の協力を可能にしている。[14]

〈3〉最後に、「市民層」や「市民性」といった平凡なテーマへの関心は、再三述べられているが、しかし、それはまだ検証されねばならない以下のような仮定から根拠付けられている。その仮定とは、二〇世紀のドイツ史の困難性——、とりわけナチスの独裁すなわちドイツ・ファシズムの出現に関する——は、ドイツの市民層や市民性の固有の、部分的にかなりさかのぼる特殊性や弱点に関連があり、その特殊性や弱点は国際比較のなかで明らかにされうるという主張である。[15]

他に挙げうるとしても、以上の理由で一九世紀の市民層を取り扱うにはもう十分である。それらは問題提起や認識目的として、学際研究センターの研究グループの研究に役立ち、その重要な成果はこの三巻の著作に発表されている。

しかし、研究テーマを組み立てるには問題提起だけでは当然不十分である。問題は空中に投げだしてはならず、研究される現象のなかに確かな支柱や対応関係を見い出さなければならない。これが本当のところである。というのは、一九世紀の市民層の内的な関連や外への区別、つまり、確かな統一性を構成している要因や要素に、少なくともドイツや他の中欧地域においてもすべてを欠いてはいなかったからである。以下では二つの生産性ある相補的な論議を提示しよう。[16]

社会的線引き

まず、市民層が直面していた社会の状況を見なければならない。社会のカテゴリーはしばしば社会集団としての闘争のなかでのみ構成されるということは知られている。まず、他からの区別によって自己のアイデンティティーが形成される。それは階級、国籍、宗派の歴史から知られている。それに相応することは市民層にも妥当する。一八世紀の後半と一九世紀の始めに近代市民層が、超地方的・全社会的に身分を越えたものとして形成されたが、その頃、商人、出版業者、マニュファクチュアの経営者や資本家、大学教育を受けた官吏やジャーナリスト、教授、多くの牧師——関心や経験の違いにもかかわらず——は、古い権力——一方に特権を有する世襲の貴族、他方に君主主義的絶対主義——に対する批判的な排除を共有した。能力や教養、仕事や人格がよりどころとされ、近代的で世俗的で身分制を越えた、上から監督されず理性的に自己規制する、まさしく「市民」社会のモデルが構想された。それはすべて世襲身分制の特権、官憲国家、反啓蒙的教会の注釈独占に対する批判であった。彼らは読書会や桟敷席で、数多くの団体や初期自由主義者の集まりや政治的な饗宴や祝祭、さらには身分制議会や州議会において、集い討論した。その際に民衆に向かって境界線を引くことは「上への」区別ほどには重要でなかった。市民の批判は、普通、革命的なものではなかった。また境界線は決してはっきりと引かれたことはなく、そこには貴族の異端児が一団となって存在し、啓蒙派官吏は市民的批判や国家批判のために不可欠であった。それにしても、このまったく異なった種類の市民をある程度統一したものは、貴族、無制約の絶対主義、教会の正統主義という共通の敵であった。そして、その逆方向にはその反対に自由にして本質的に平等な「市民社会」というユートピア的思想をひっさげて、職業や分野を越えた広範な市民が発展していった。[17]

一九世紀が進むにつれ、このような状況がすべてなくなってしまうことはなかったが、徐々に色あせていった。一九世紀の始めから帝国創建の一〇年間に至るまで、貴族の法的特権の広範な崩壊、支配体制の立憲化、上層市民層と貴族の一部の間の社会的文化的接近がそれを促進した。他には、一八〇〇年頃には完全に欠如してはいなかったが、当時ほとんど現実化していなかったもう一つの状況——一九世紀の三〇年代、四〇年代以来徐々に——が市民に対して前面に出てきた。「下への」区分、すなわち市民でない下層民(時には中間層下層も)に対する区分であった。彼ら下層民の運動は、結局は資本主義や工業化とともに高まっていた労働運動という形態をとって、ますます強力な挑戦と化した。大工業家や小企業家、自由業の大学出身者、高級官吏、中級職員、ギムナジウム教師、工学士、ホテル・オーナーは、「下層民」「民衆」「プロレタリアート」「労働運動」に対する厳しい防衛的な隔絶をたいてい共有していた。そのことは、帝国の階級的に分裂した社会やワイマル・ドイツにおいても、重要で特徴的なことであった[18]。

ここに簡潔に素描された過程は、言語・概念史の研究結果に反映されている。「市民」「市民性」「市民層」といったキーワードについては、百科事典類がまずこの概念の紛らわしい意味の多様性を立証しているが、しかし次のように簡潔化しうる。特に権利を与えられ、営業に誇りをもつ立派で自由な都市市民(a)として市民を形容することは、明らかに一八世紀に支配的であった。だが、競争の増大にもかかわらず、一九世紀もなおそうであり、歴史的な回顧という形だけではなかった[19]。それにとどまらず一八世紀の後半以来、「国家公民」(b)としての「市民」は、当初はかなり臣民的に色付けされ(完全には消えなかった)、後に政治参加に誇りをもち自由を愛し、どんな場合も都市を越え、階層・階級を越えていった[20]。結局は一八世紀末以来、特殊な市民層(c)のイメージが次第に明らかになった。それは「あらゆる自由を自分たちのものとした、貴族でも農民でもない特殊な市民の『階級』」であった[21]。さしあたりの関連で決定的なことは、三番目の市民層解釈が一八四〇年代に至るまで多かれ少なかれ貴族に対して、加えて聖職者や時には官吏に対して、攻撃的境界付けという点で行われていたことであり[22]、その反対に下層民との分離は現実化していなかったが、一九世紀の三分の二半期に変化した。古い権力者(とりわけ貴族)と市民層を攻撃的に区分するという戦略はまったく消えることはないにしても、一八五〇年代以降、関係ある事典の記録のなかでは後退していた。それとは反対に、三月前期と一八四八/四九年の革命以来、市民層――この文脈においてはしばしば「ブルジョワジー」と特記され、とりわけフランスの例で説明されるが、その例にドイツは徐々に似てゆくのだが――は、概念上「下層階級」、民衆、第四身分、プロレタリアートと区別された。その線引きはさまざまであるが、すべての低い地位にある層(小市民層、農民、労働者)から、中層・上層の有産・教養市民層が区別されるという傾向が進行した。六〇年代には市民層概念(表現はどうあれ)は、次の一〇年間にいっそう明白になったわけではないが、その二重の戦線において鮮明になった[23]。

では、何がさまざまな市民の部分集団をまとめているのか、という問いに対する最初の答えは「共通の敵」である。そこから逆のことが導かれる。この戦線状況が欠けている、もしくは消えてしまっている程度において、広範だが同時に限定された市民層について、現実的内実に即してはいわれなくなる。それによって歴史的評価や歴史学的伝統に関する国際的相違が説明される。その相違は以下の諸論文の中で明らかになる。貴族の伝統が弱いかもしくはまったくないところ(スイスやアメリカ合衆国)、早期の脱封建化と農業の早い商業化が貴族と市民の差を、一般的には農村と都市の違いを早くにあいまい化したところ(イギリスやスウェーデン)、そこでは強力な諸要因が明白な市民層と土着の市民層の形成を妨げた。ライン川の東側の地域と比較して、革命的なフランスにおいて（またスイスで）貴族と市民の差異を根本的になくしたこと（個々の都市ではなく社会全体のレベルで）によって、一九世紀が進むにつれライン川の西側では貴族的市民エリート（たとえば名士）について語ることのほうが、貴族・市民層間を区分すること（ドイツ、オーストリア、イタリア、東欧の地域ではさらに有効に存続していたように）よりも通例になったといってよいだろう。[24]同様に、なぜ今日、一九世紀や二〇世紀の三分の一世紀よりもドイツ連邦共和国のような発展した工業国家で、優位に立ち同時に明白に限定された市民層を特定することが難しくなったのかが説明される。というのは、その間に二つのすでに挙げた戦線状況の第二番目（「階級線」）が薄れてしまったからである。つまり、完全には消滅していないとしても、その意義は低下してしまったからである。[25]それゆえに必要なのは市民層概念の首尾一貫した歴史化である。市民層の形成は完全に情況に依存しているると考えられる。[26]それは情勢の変化とともに成立し過ぎ去っていく。市民層のあり様のみならず、存在の程度も時代と空間の中で変化する。

市民の文化

ブルンチェリ〔スイスの法学者・政治家〕が一八六〇年頃、（上流の）市民層を類似の職業集団（芸術家、将校、教師、技術者、作家）とならんで、官吏や自由業の大学出身者、大商人、工業家から構成されたものとして、また明白に区分された民衆（手工業者、農民、労働者を念む）よりも（概念的に異なった）「騎士階層」に近いものとして描写してみせた。彼がここで試みたのは市民総体をより詳細に規定することだった。科学や古典古代の精神で、一方で都市文化の社交サークルへの参加によって、他方で教養の世界の享受を通じて教育された。それは類似の「社会的教養」や類似な要求を基礎付けている。「彼らはお互い容易に理解し合い、快適に社交的に集まり、共通の特徴を示し、共通の基本見解をもち、また文化や政治に共通の関心がある。[27]」それは、なにが市民層を結び付け、そして他から区別していたのかという問いに対する二番目の、いわば補足的な答えになる。それは彼らの文化と生活態度である。[28]

この文化史的観点より経済市民と教養市民は個人の業績に対する特別な敬意を共有し、それによって経済的報酬、社会的名声、政治的影響力への自負を理由付けた。それは、規則正しい労働、合理的かつ方法的な生活態度への典型的な志向に結び付いていた。こうした形姿としては、個人や共通の課題に対する自立的設定の努力が、協会、連合、同業組合、自治（官憲に代わって）という形でもあらわれ、それはまさに市民的とみなされた。（宗教に代わって）教養の重視は市民の世界観・自己理解を特徴付けていた。教養は同時に市民相互の交際の基礎になっており、また他者と区別するもの（たとえば引用句や会話能力によって）でもあった。芸術、文化、音楽といった高級文化への趣味的関係は学識への敬意と同様に市民層を特徴付けるものであった。市民の生活態度は特有な理想の家族像によって決定的に特徴付けられていた。すなわち家族とは、自分自身を基礎付ける、自己目的的な共同体であり、経済や政治という区画におけるなかで実用性や競争に代わる感情的なきずなとして特徴付けられた。また家族は法的にも正しく守られ、公共の場とは違って「召使い」[29]によって解放された、私的な内的空間とみなされた。市民文化は都市のなかで実現した。恐らくそれには、寛容、闘争・妥協の能力、独裁への懐疑、自由への敬愛といった最小限の自由主義的徳目が含まれていたが、ここで理念型的な描写は特に容易にイデオロギー的な正当化となる。市民の結合や他者との区別を、規範、立場、生活様式によって定義付けるならば、市民層のアイデンティティにとって、象徴的な形式の重要性が認められるだろう。すなわちテーブルマナーや慣習、称号や洗練された生活様式、衣服、(今日ではすたれた)帽子といったものである。[30]「市民の市民性」(あるいはある国の市民層の、ならびにある限定された時代の個別的市民集団の市民性)に関していえば、市民を特徴付ける文化的要素のこうした組み合わせが考えられる。

前述された社会的戦線や敵とならんで、素描された意味における文化が市民層の形成に貢献したとしたとしても、その文化は、必ずしも実現されなかった、また実現していない広い前提に依存していたことは明白である。一つには一八世紀末期/一九世紀/二〇世紀初頭の身分制後の新しい市民層は、古い身分制的都市市民層に対して新しい志向性を対置し、しばしば対立関係に立ちながらも、彼らの文化の中心要素を、とりわけ近代初期の都市や都市市民の伝統から引き継いだ。[31]それには自治と自由、労働の規律・資質、分業、役割の分化、濃密なコミュニケーションと同業関係といった伝統が含まれた。これらの都市的伝統の欠如ないし脆弱さは市民層の形成を妨げた。[32]他方、市民の文化は啓蒙思想にも根拠をもっていた。(ロシアや日本のように)これらが弱くないし登場しえなかったところでは、非常に限定された意味でしか市民層について語りえない。

最後に指摘すべきことは、東欧の大部分にあったように民族的・国家的不均質は、ある程度閉ざされた市民層の成立にとってかなりの妨げになっていたことである。というのは、しばしば外国の支配下におかれていたポーランドでのように、ブルジョワジーの大部分がドイツ人あるいは同化していない(帰化していない)ユダヤ人で、「知識人」が大部分ポーランド人であったようなところでは、支配的な市民文化の形成はぎこちないものであった。その際の市民文化にとっては共通の言語、共通の歴史、共通の慣習が中心的な意義を持っていた。[33]ドイツの場合には、広範な市民層の形成にとって、著しい宗派的不均質が妨げとなったに違いない。[34]

「市民層」が常に多様に分岐し、外に向けてもあいまいに限定され、その限りにおいてははっきりしない統一体であったことは、多かれ少なかれ理解されている。そこから、小さな検討対象を選び、市民層一般に代わってブルジョワジーあるいは個々の職業集団について語ることは、多くの問題設定のうちでも適切であるといえよう。市民層のいつもはっきりしない統一性のゆえに、そのアイデンティティを確かにすることは特定の努力・「発想」を必要とする。それはたとえば共通の歴史に対する特に意識的な制度化された想起である。[35] 近代歴史学はひとつの市民的現象である。だがしかし、同時に以下のことが特徴的である。すなわち啓蒙思想や新人文主義によって特徴付けられる市民文化の特質から、市民と歴史との関わり合いが神秘的ないし伝説的でも、宗教的でもありえず、むしろとりわけ科学を介して行われねばならなかった、ということが帰結される。アイデンティティを作り出す是認とそれを弛緩させる批判との特殊な混合が近代の歴史学を特徴付け、その近代歴史学は一九世紀の市民の世紀に社会・文化的強力になった。近代歴史学は、このような混合関係を市民文化と共有したのである。

結局、市民文化が社会的な制約をのりこえ普遍化を追求する要因は、啓蒙的伝統の影響であると考えられる。貴族文化、都市市民文化、あるいは農民文化は互いに疎遠なものであったが、業績主義の正当性、秩序だった生活態度、規則正しい労働という市民的規範の責務感には、普遍的に広めようという願望が含まれていた。なにかが真実であり、善であり、美であらねばならないとしたら、原則的にはすべての人にとってそうでなければならなかった。啓蒙的新人文主義的教養の理念には人間教育への要請が含まれていた。市民文化の伝統は、生まれながらの特権の拒否によって特徴付けられ、その文脈において新しい排他性をつくることは困難であった。

こうして市民文化は、他方で他者との境界を設定するものとして役立ちつつも、市民層を越えて突き進んだ。それが強力で魅力的であるいは主導的になればなるほど、ますます厳密な社会的分類からまぬがれるようになり、また明白に限定された市民層という厳しい定義には不向きになっていった。その外に対する境界付けがそれほど厳しくなくなればなくなるほど、市民性はますます力強く発展していった。

しかし市民文化の普遍化は、時の経過のなかでずれることはあっても明確な境界に突き当たり、ここで問題は文化史から社会史に移行する。たしかに市民文化の一定の要素は注目すべき魅力と人を引きつける力を発揮した。たとえば労働者階級のなかでやがては模範視される市民的家族のモデルが考えられる。また市民の生活態度や価値の普及、交際の仕方や教養に役立ち、時には力ずくで抵抗を排するさまざまな制度や戦略があった。学校や別の意味で企業についても考えられる。非市民的な集団・階層・階級、すなわち貴族、村民、労働者、職員の「市民化」は明らかに一部は注目すべき、一部は目立った進歩をした。しかし、同時にそのような市民化の努力を綿密に検討すると、その限界が露呈する。市民文化が実現され得るためには、明らかに一定の社会的経済的条件が満たされねばならなかったし、また満たされねばならない。この条件に含まれるのは以下のものである。すなわち最低限の生活費を上まわる恒常的収入（それがどこからであれ）、また生活の安定と計画性、市民文化の保存と伝達のために、家庭のなかでは、かつての苦しい生計のための労働から母子を確実に解放すること、また、市民として手仕事からの一定の距離を保つこと、そしてとりわけ自由な時間と余暇が挙げられる。これらの条件が満たされない限り、市民的改革者によって大いに推進され、いばり屋の市民たちによって努力されたとしても、市民化はその限界に突きあたった。こうして、なぜ小手工業者や下層職員が市民層の周辺に位置するにすぎず、とりわけ労働者や農民はまったく市民に属さなかったのか説明が付く。これらのカテゴリーにおいては、あの厳しい条件は存在しないか、あるいは限定的な微妙な程度でしか存在しなかった。確かに一九世紀の後半以来、生活レベルの向上と学校教育の普及とともに、市民性の境界は広げられた。この文化の個々の要素（たとえば書式、清潔さ、のちに旅行）がまさに全般的に普及した。しかし、境界は今日まで完全に消えていない。このことは市民文化にとっての持続的な矛盾、すなわち普遍化の要求と現実の排他性との間の矛盾を引き起こした。しかし、ここから以下のことが出てくる。すなわち市民文化は、市民層を越えようという渇望にもかかわらず、結局これを限定すること（どんな場合でも「下へ」）をやめることはなかった。[36]

「市民層」を成立させる社会の前線に関する前述と同様に、市民層を成立させる文化に関するこの考察から現象の歴史性や情況依存性が重要だという結論が導かれる。確かに比較の対象にされたすべての国々において、商人、企業家、資本家が存在した。というのは、経済が原則的には市場経済的に組織されていたからであった。あらゆる所で、公的な官庁があり、それに関連した官吏がいた。というのはここで論議される国々すべてにおいて、近代国家形成の過程が展開した。ただしポーランドは、研究対象の時代に独自の国家を欠き特別な問題を提起していたが。ここで論議される社会はすべてはっきり自立していたので、そこでは教育、法律行為、医療、コミュニケーション、ついには専門家による研究といったような、はっきりと高度な資格に基づく、手工業的でない職務遂行機能が認められた。そして、至るところで文化上の方向付けや解釈の分化があった。それらは、聖職者、文士、芸術家、学者によって、あれこれの方法で行われた。しかし、機能の担い手というこのカテゴリーからは、「市民層」の成立といったようなことは決して自明ではなく、それは数多くの情況的要因に依存していたのだった。[37]こうした要因に属するのは、農村と都市の違いのはっきりとした表出、強い貴族的封建的伝統、明らかな階級的緊張、確固とした都市的・都市市民的伝統、啓蒙の影響、民族的宗派的均質性、市民文化の普遍化可能性の明白な限界といったものであった。市民層の成立に必要なこれらの要素を国際比較のなかでよく検討すれば、なぜドイツ・中欧地域で、西欧、北欧、東欧よりも著しい程度で、職業集団を越えた市民層の形成（ある程度[38]はっきりした範囲をもって）へと、またそれにふさわしい歴史叙述の伝統へと帰結したのかが把握できる。研究グループもその伝統のなかに結局は立っており、そこでの成果がここに提示されている。こうした評価の立入った論述と時期的差違は以下において示されるであろう。

二　市民社会のダイナミズム

概念とその難点

「市民」というものが明白に意味したし、また意味しているのは、都会の住民（そのすべてもしくは有資格の少数者）や前節で論議された社会層に属していた人びとのみならず、他の意味で「国家公民」もそうである。C・ガルヴェ（ドイツの哲学者）が一七九二年に書いたように、「市民という言葉はドイツ語ではフランス語のブルジョワジーよりも威信があり、……つまりそれゆえにドイツ語の場合、二つのことが同時に意味されており、フランス語のなかでは二つの異なった呼称となっている。一つには市民社会のすべての成員であり、それはフランス語のシトゥワィアンである。そしてもう一つは貴族ではない都市住民を意味する。それは一定の職業によって生活している人びとのことで、ブルジョワジー」である[39]。一八世紀後半の啓蒙思想の影響を受けた論争は、市民によって担われ、ますます公的なものとなったが、その論争のなかで「市民社会」という概念は将来の秩序を表すものとして形成された。その秩序のなかでは国家公民の理念が完全に実現されるものとされた。「市民社会」とは、経済的社会的政治的な秩序モデルと考えられ、その秩序とは以下のようなものである。すなわちそれは、絶対主義、生まれながらの身分的特権、聖職者による監督、これらの克服のなかで、すべての人に対する法的に定められた個人の自由という原則を実現するものであり、理性によって人間の共同生活を保障し、法的に規制された競争の基盤の上に経済を市場をもって組織し、業績と功績に応じて最も広義での人生の機会を共有し、また一方で国家権力を自由主義的な法治国家や立憲国家の意味で制限し、他方で成年に達した市民の意思に基づいた公共性・選挙・代議機関の上に定礎し、さらに芸術、科学、宗教の領域を既述の市民文化の意味で構成するだけでなく、同時にこの領域でかなり高い程度の自己決定（自律性）を認めるものである[40]。社会全体あるいは個々の部分・領域・制度、あるいは局面の「市民性」は、それを特徴付けている市民層の影響が効果的になった程度か、あるいは市民社会がそのモデルに合致した程度かいずれかによって量られる[41]。

研究グループは社会的形成物としての「市民層」についてだけでなく、一九世紀の「市民社会」の問題についても研究し、法、建築、企業家の行動、教育制度、性関係などさまざまな現象の市民性を問題にした。以下の諸論文の多くは市民層についてよりもむしろ一九世紀の市民性を扱っている。

「市民性」というこのきわめてドイツ的でほとんど訳しえない概念を扱うことは、研究グループの非ドイツ人の参加者にとってだけ困難であったわけではなかった。事実その使用はしばしば完全には除くことはできない難点をもたらす。つまり、具体的に個々の現象（たとえば一八〇〇年頃の劇場建築や一九

○○年頃の大企業の組織）の市民性を問題にするなら、その概念の処理方法がはっきりしていないことが明らかになりうる[42]。そのうえ、その概念は特殊時代的な具体化を求めてくる[43]。容易に「市民社会」や「市民性」という概念のなかに分析的・規範的命題が混合してしまう。そのうえ市民性の概念は、近代性という概念にほぼ等しいところまで、いつの間にか広がり、近代性概念と問題性を共有する。すなわち一般的に「呼称の変更によってなにがえられたのだろうか」という問題性を共有しているのである。

それにもかかわらず、その構想を保持しさらに発展させることについて多く語られ、三つの論点が提示された。それらは同時に研究グループの作業のいくつかの中心的成果をまとめたものである。

市民層と市民社会との間の現実的関連

「市民層」概念の二重性（ブルジョワジーとシトゥワィアン）は現実の歴史的関連を示している。一つにはその市民社会のプログラム（モデル）が成立した時、そのプログラムと形成されつつある市民層との内的な結び付きが存在した。市民の関心は――市民の利害に相応して――私的権利と立憲国家の達成（市民的モデルの二つの中心要素）を推進した[44]。その際ジョン・ロックと関連して[45]、たいてい所有権や資本を活用する関心だけでなく、市民の生活設計・文化の前提として法的安全や自律への要求も考えられる[46]。個々の貴族が読書会や桟敷席のメンバーとして、啓蒙的雑誌の予約注文者として、法典の共同編纂者として、さらには啓蒙作家や改革者として市民社会のプログラムの練り上げや組変えに参加したからといって、このプログラムが、形成されつつある市民層の構成員――とりわけ官吏や非官吏の教養市民、時には教養ある種々の実業家――によって導かれ支えられていた討論から生み出されたことは疑いない[47]。市民文化と初期自由主義思想の親和性は詳細に明らかにされている。自由主義をなによりも台頭しつつある経済市民層のイデオロギーとみなすことが十分な理由で拒否されえたとしても、また、最近の研究文献で（特異なるものを求めて）、三月前期と帝国建設の期間において、人民運動へと拡大した自由主義における貴族的・農民的・手工業者的要素が強調されたとしても、一九世紀の自由主義は、なによりも市民層の構成員によって担われていた。一九世紀末、市民がますます自由主義に背を向けていったとき、衰退しつつある自由主義が、その社会的基盤の構成においてますます市民的でなくなったということを意味するのではなく、むしろまったくその逆である。たしかに一九世紀の自由主義は以下のような勢力として解されはしていない。すなわちそれは市民社会のプログラムの不完全な遂行に貢献した、と[48]。

他方、市民社会と市民との現実的歴史的関連性は、言葉の完全な意味での市民社会からだれが除外されたままか、という問いに答えることによって示される。三月前期の事典や批判的な出版物が、市民層の意味においての市民を国家公民の核としてどのように発見したかということを追体験することは興味深い。事典のなかに国家公民が臣民としてではなく参加の権利を有するシトゥワィアンとして現れ、完全な国家公民たることがプログラム的に先取されているだけではなく、徐々に強く要求されるようになったのである。市民は「大市民社会の構成要員」あるいは「国家公民」を意味していた。しかし、能動国家公民と受動国家市民を区別しなければならない。一体、なにが完全な参加権（たとえば受動的および能動的選挙権）の本当の条件であるべきなのかという実際おのずとわいてくる問いに、一八二七年版のクルークの事典は以下のように答えていた。それは理性と自立性である。これに対して家に縛られ男性に依存しているという天職のために女性、雇主に依存しているがために臨時雇用者、他人の慈悲によってだけ生活している貧困者、精神薄弱者、これらの人々は「完全な市民権」から除外するに値する。[49]またフランスにおける市民的七月王制や初期社会主義の市民批判の視点から、ロレンツ・フォン・シュタインは市民的所有と国家公民層の関連を描写した。「公的権利における完全な法的平等性は……資本を所有している勤労者にのみ認められ得る。これは完全な人格とみなされるものである。そして、そこでは彼が獲得している所有は彼に代表者の選挙を通じて国家意思の決定に参加する権利を与えている。その彼は単なる市民――社会の自由な個別的メンバー――から国家公民、国家統治への参加者となる。[50]」そして、まもなく社会主義者の、また保守主義者のイデオロギー批判はその試みのなかで、美しい国家公民的表相の下に醜い「ブルジョワジー」を暴露することを敢行した。[51]その批判が同時に真実を見誤る事は決してなかったことは、完全な国家公民権が財産評価に基づく選挙権において財産と教養と広い結び付きをもっていることに示された。その選挙権はヨーロッパの大部分で特に市町村のレベルで有産市民と知識人、富裕者と教養ある人を繰り返し想起させるものであった。そして彼らは、さらに「下層市民層」や労働者に対して境界を設けていた点で、一九世紀末葉ないし第一次世界大戦まで一つのまとまりある階層であった。

　市民層と市民社会との現実的歴史的関連は、完全にその一員となるためにどのように行われたかと問うとき、明らかになる。ドイツにおけるユダヤ人の歴史に関連してどのように明らかにされたかといえば、完全な市民権の獲得と市民層への上昇が結び付いていた。前者は後者なしにもつことは難しかった。ユダヤ人が言語や教養、礼儀作法や習慣、清潔さや衣服の点で市民的になった時、彼らは国家公民としての完全な同等の地位への要求をまず声高に叫び、その後徐々に実現していった。[52]恐らく同一のメカニズムが労働者解放運動の努力に示されている。その運動は第一次世界大戦までユダヤ人のそれよりも実りの少ないものであった。というのはプロレタリアの状況が完全な市民化を妨げていたからであった。[53]「市民」と「国家公民」の、「市民層」と「市民社会」の意味上の親和性が言語史上の偶然ではないことは明白である。

さまざまな分野に広がる徴候

さまざまな専門分野を一つのテーマに関する研究に集約しようとすれば、広く張りめぐらされた概念を必要とする。「市民社会」や「市民性」というような概念は、社会的形成物としての市民層との関連性よりも、諸分野や異質のテーマを結び付ける点においてはるかに多くの貢献をする。それは小説文学という事例において示すことができる。ひとは一九世紀の教養小説や歴史小説の研究に際し、社会的形成物としての市民層との関連について作品史・受容史・素材史として直接問うことができる。これは理由もあり、興味深く、本研究でも具体的に追求されている。[54] だが芸術作品としての小説は扱いにくいものである。社会層としての市民層との関連に問題を限れば、社会史的還元主義の危険が生じるであろう。芸術は国家、法、学問、宗教やほかの多くのものと同様に、個別の社会集団・利害・経験に還元することはほとんどできないからである。

それに対し、市民の（あるいは市民化している）社会に固有の要求について問うことによって、また小説の効用をそれに対する応答として解釈することによって、小説芸術と市民性との関係を確立しうる。逆に（市民的な）小説芸術や建築に関するそのように方向付けられた解釈が明らかにしていることは、肯定と批判という明確な関係――しばしば内省的に成立する――が典型的であるということである。同様にこの形式的構造は（ドイツの）市民性のその他の局面で再び発見される。それは影響の多い教養原理において、またアウトサイダーに対する関係、流行、公共性という根本原理、これらのなかに見いだされる。[55] そのような結び付きは、個別的文学研究を一般史のなかに包摂すること、そして同時に市民的一九世紀の独自性への認識――市民層概念だけでは達成できないもの――をもたらす。以下のようにいう以外にいいようはない。学際的な研究に固有な機会や特徴は、「市民性」といった概念を把握することを要請し、その概念の射程距離、複雑さ、意味の多様性は一定の危険性を伴いながらも、学問的チャンスや知的魅力を含んでいる。[56]

市民的プロジェクトの矛盾とアンビヴァレンツ

「市民社会」概念にはたいていの人が考えるように、今日においてもユートピア的要素がある。事実、人間の共同生活におけるきわめて特徴的なモデルにとって中心的なことは、約束あるいはよりよく言えば義務的な期待――今まで一部だけ果たされてきたもの――である。つまり成年に達し自由で、いくつかの点では平等で、その他の点では多様性を受容している、そのような人間の未来社会を展望しているのだ。その際の人間とは共同生活を理性的に規制する存在である。逆に市民社会への批判は同様に原則的なもので、市民社会自体と同じように古いものである。

かつての批評家は、とりわけフランス革命に関する論争のなかで過度の自負とテロの危険を指摘した。その危険性は実際言葉通りに受け取れば、徹底的に啓蒙主義化された計画のなかにひそんでいたものである。他の批評家は、特に市民社会のプログラムを実現しようとしたとき、それに固有な根本的矛盾を糾弾した。この批判は社会主義的また共産主義的立場から古典的な刻印を押され、労働運動のなかで歴史的力にまでなった。保守的な見地からの批判は古風ではあったが、厳しさを欠いていたわけではなかった。そこでも、シトゥワィアンのなかにブルジョワを暴こうとされ、他方で、常に変化し新しいものを熱望している市民的世界が伝統に与えた破壊や傷が嘆かれた。さらに市民的俗物に対する異なったやり方でのニーチェの批判がある。また市民性に特有の機械的で平凡な媒介物に対して生気論的な青年運動的な拒否がある。ファシズムを市民性の最も根本的な否定として、市民性の危機の産物として意味付けうるとすれば、多くの市民の支えがファシズムの台頭や勝利にとっても決定的であった。だが、その破壊的な結果をなによりも市民がもたらしたとはいいえない。現在、新しい危機体験、進歩への新たな懐疑や若々しい文明批判が、「啓蒙の弁証法」、西洋的合理化の「コスト」、「市民社会」という建物の暗い地階、これらに対する感覚を鋭敏にしている。

ようやく「市民社会」や「市民性」というカテゴリーとの関連を通じて、研究プロジェクトはこの基本的な局面に行き着いた。それは現在の診断に関する間接的な貢献を約束していた。市民的プロジェクトの大きさ、劇的緊張、またアンビヴァレンツや矛盾が自覚化されるに至った。

研究グループの最も活発な論争はこのような関係のなかにあった。それは部分的にはこの出版に反映されている。市民性の貫徹の際における解放化と規律化、進歩と喪失の弁証法の問題が、学校や教育に関する論文のなかで論じられる。厳しい排除と人間的扱いが手に手を取って進行したことは、一八世紀から一九世紀における過誤の歴史に即して示される。モラルの市民化が、性的逸脱行動を伴う少数者の厳しい除外、差別、ついには絶滅に至ったというテーゼは、報告され批評された。市民社会における解放と上昇が、しばしば独自の特殊的存在の順応、同化そして放棄によって償われなければならなかったことは、ユダヤ人の例に示された。それはアンビヴァレントな過程としての徹底的な市民化というべきだろうか。それに対し、村落の市民化はそれほどでもなかった。そこでも市民化が生じていた限り、それは無理な要求としてではなく、生活機会の増大として関係者によって経験されたであろうが[57]。

市民社会に対する最も大きい影響を持つ批判はマルクス主義的な批判であり、それは資本と労働、ブルジョワジーとプロレタリアートの対立から出発する。その基本的な論点はほぼ以下のようにまとめられる。市民社会における最も重要な自己実現権と参加権は、個人の自立の保証としての所有に、および公的な論争や政策決定への参加条件としての教養に結び付いていた。その際、政策決定は一般的な事柄の理性的な規制に帰結すべきだとされた。初期の自由主義者が希求しえたような社会的現実は、社会的中庸やある程度平等で財産や教育の大きな違いのない中産的な個人（ならびに家族）の社会のうえに発展したのではない。むしろ現実は、資本主義の貫徹や産業革命、資本集中や大企業を伴って、かなりの規模の新しい依存・不平等・紛争の潜在的可能性をひきおこした。ここに判明しているように、対立・矛盾は普遍的な要求と部分的現実との間の矛盾として明白になった。市民社会への途上にある身分的特権や絶対主義的監督を除去することに成功した程度で、ブルジョワジーが支配的な位置を占める階級社会へと展開していた。一方では経済的な不平等・依存が、経済的社会的政治的文化的生活の全スペクトルを、前市民的時代におけるよりも強く特徴付けている。他方では市場と競争の自由に作用するメカニズムが、それぞれの社会経済的不平等・依存を常に強めた。ついには自己崩壊的な結果となり、その結果からより良い将来の、市民社会後の、まさに社会主義社会が成立するであろう。

さて、この種の批判は研究グループの研究——ここにその成果が示されている——の中心におかれはしなかったし、マルクス主義的解釈の魅力的な力は低下してきた。この数十年間の社会主義への失望は市民性へのこの種の批判に慎重になった。いずれにしろ近代的なるものの営みに対する多くの新しい批判のなかには、資本主義に批判的な社会主義が他の手段を伴った市民性の延長にすぎないものとして現れる。そのうえ、より詳しい研究が示しているように、少なくともドイツにおいては、この批判が想定しているように、ブルジョワジーの明らかな支配には一度も至らなかった。そして、とりわけ十分な理由で主張できるのは以下のことである。すなわち、決してこの批判——のゆえ社会主義的な労働運動のなかで現実の挑戦になった——ではないが、そのように問題視されていた市民社会が一九世紀末以降自己修正を企図することができたということである。その自己修正はその存続を変化によって確実なものとし、あの旧来の主要矛盾を除去はしなかったが、緩和した。そのことは、特に、所有や教育の資格認定から政治的参加の機会を解放する方向によって、政治的支配体系のしかるべき民主化によって、社会国家や干渉国家の台頭によって、そして階級闘争に決着をつけることやその規制のために新しいメカニズムを作り出すことによってであった[58]。

だがブルジョワジーとプロレタリアートの、市民の行動と労働運動の関係の中に、市民社会の発展の可能性やその障害がはっきりと明示されている。労働運動は効率的な反市民的政治に、部分的には市民的伝統の影響にその力を負っていた。その市民的伝統の活力を労働運動は遺産として継承し取り入れていった。逆に市民的な団体原理は、形成されつつあった労働者階級の非市民的ミリューのなかに簡単に移されることを拒んだ。そして形成されつつある労働者運動は、市民性の一部を巧みに手にいれるために、反市民的戦略を用いなければならなかった。同時にブルジョワジーとプロレタリアートの弁証法的関係の中で以下のような新しいことが明らかになった。それは市民社会のレパートリーを越えて、また可能な限り議論の余地を残したまま、ポスト市民社会のモデルへと帰着したものである。つまりポスト市民社会的手段としてストライキ、反市民的戦略としての徹底的な民主化、ポスト市民社会の基本的価値としての国際主義や連帯などである。[59]

大へん集中的に議論されたのは、「市民的プロジェクト」の成果やコストが女性と男性の不平等の歴史の点から議論されたことである。その研究結果は十分刺激的で、性の市民的解放はまずたいてい男性という半分の利益になり、多くの点で一九世紀の両性間の法的政治的社会的不平等は増大した。他方、女性の教育は改善され、彼女らの要求は発展し、主として市民的女性運動が発生し、重要な領域での同等を求めた。その運動は当初きわめて弱いものであったが、二〇世紀末にもたらされた解放の準備とみなされるものであった。[60]

女性解放運動は一九世紀末に控え目に開始され、数十年後には先頭を進み、今日まで終わっていないが、その女性解放が市民社会の中心的原則とされたかどうか、あるいは、女性の完全な解放が市民社会の支柱の崩壊を導き、だからこそ市民社会のなかでは実現されえないのかどうか、ということについてはまだ議論の余地があった。最初の見方に関していえば、市民社会の二つの構成要素である市場の力学と教育の力学が性の限界点で停止せず、市民による自由の要求の普遍的な性格は、結局すべての生得の特権を浸食していった。その特権とは身分、人種あるいは性にまつわるものである。他方、女性の権利や機会の平等に対する抵抗は、市民社会の基本原則が一九世紀に貫徹していったのと同じ程度には消滅しなかった。逆の傾向さえあったのである。初期の女性運動は少なくとも初期の労働運動と同じような著しい抵抗に遭遇した。後者が財産を脅かすと思われたように、前者は家族を脅かすと思われた。そのことは財産と家族の擁護者の目には大きな衝撃と映ったのであろう。

体系的にいえば、両性の平等に対する障害や抵抗は、実際に市民社会に内在していた（現在も内在している）、二つの基本原則から生じた。一つは市民社会における分化と専門化の増大、もう一つは、再生産や自己実現の場として家族に付与された大きな意味であった。というのは一つには社会領域の分化、（たとえば営業活動、家族、政治）とそれらの内的な専門化（生涯の職業の増加、資格の増加、専門職業化）とともに、次のような要求が増加した。それは、個人を継続的で専門化された活動に拘束し、そのために営業活動と教育、家庭外労働と家庭内労働、生産と再生産、男と女、これらの間における役割分化もいっそう明確に浸透し固定化されたことであった。他方、家族が市民社会の中でも経済的社会的文化的継続性を世代を越えて確保するために、主要な機能を果たし、まさに市民社会のなかで以前とは違って営業活動や公的活動で被った損失や断念を補う領域として強調されるようになったことは見落とせない。

どんな場合にでも、一九世紀には市民社会における相反する基本原則の間のこのような矛盾は解消されえなかった。また一方で一般的な自由や機会の平等といった普遍的な期待、他方では能力化のための分化や家族の要求、この両者の間の矛盾も解消されなかった。旧来の消滅しつつあり、徐々に力を失っていた伝統にならんで、この矛盾は、一九世紀にも両性間の社会的不平等が存続し、尖鋭化さえしたことに作用していた。というのはこの矛盾が意識にのぼって、徐々に、かなり後に——二〇世紀になって、しかも人間的な「自然との物質代謝」のある進歩した段階に——両性関係における画期的な変化へと至り、さらに至ることを期待されたことは良心の呵責となったからである。女性運動は労働運動と同様に（労働運動よりもかなり後で登場し、はるかに弱かったのだが）、こうしたプロセスを促進したが、その際市民社会のいくつかの基本原則によりどころを求めることができた。そう見ると、女性の解放は市民社会への移行とともに始められたダイナミックスの結果として現れた。「現実の社会主義」の非市民的社会における両性間の差違の厳しくはっきりとしたあらわれと比較しても、私にはこの解釈が正当であるように思われる。(61)

三　台頭と没落

——ドイツにおける市民層史の諸時期

ここで論議されている現象の開始・行程・終焉についてどんなことがいえようか。明確な区切りは定かではないが、その変転は常態であった。一方で社会や国家における市民層の外に対する区別、内部構造や重要性、他方で市民社会のモデルの達成と崩壊を時代区分の目安として選び、市民層と市民社会との関連に関心をよせ、さらに（非常に多彩なので）ドイツの領域に限定すれば、台頭や没落の傾向、成立や移行の時代が区別されよう。こうして大まかに素描的に「長い一九世紀」は三段階に分けられよう。

台　頭

一八世紀の最後の数十年から一八四〇年代までに最初の段階に到達した。その段階では法的な確立も含めて身分制的不平等モデルの崩壊が特徴的であった。その崩壊は、フランス革命前の「啓蒙絶対主義」の反身分制的な介入によって準備され、突如、一九世紀初頭、「上からの改革」によって促進され（ライン左岸の地域、ライン同盟・プロイセン改革の地域、後進的なオーストリア地域、これらの間には大きな違いを伴いつつ）、三月前期には停滞した。その最初の段階で文化的革命が行われ、それは一八世紀の啓蒙、進展する世俗化、それらに基づく世紀初頭の新人文主義的教育改革であった。この改革はその後の数十年間で新しい大学とギムナジウムとともに広範な影響を及ぼした。絶対主義の立憲的法治国家的な制限・変容はゆっくりと、限界はあったが重要な進歩を遂げた。それは後期絶対主義の大掛かりな法典編纂によって、一九世紀の最初の数十年間における南ドイツや中部ドイツの初期立憲体制によって、またプロイセン専制政治の犠牲のうえに行われた官僚による解放によってであった。国内の国家形成は個々の国家レベルで成果を挙げた。ただし、その個別国家群の克服をめざして、フランス革命やナポレオンの挑戦の結果生じた国民運動は努力をしたが、十分な成功を収めることなく終わった。工業化前の資本主義は急速な進歩を遂げた。それは出版の拡大、古い手工業の再編成、商品や労働力の、土地と資本の国内市場の形成などの諸点に明示された。

これは、新しい市民層が誕生し強力に展開した数十年間で、すでに一八世紀に開始されていた。市民社会の概念が創出され、その基礎が実現されたのもこの数十年であった。後者は主として一九世紀初頭の改革やそれ以降のことであった。形成されつつあった市民層にとって古い権力、とりわけ生まれながらの貴族に対する批判的な排除が優先された。この点では地域の違いがはなはだしかったにもかかわらず、内部的には教養市民(そのなかでも官僚)の要素が、比較的発展していない、権力や名声の点で劣り、まだ工場制工業に特徴付けられていないブルジョワジーに対して優越していた。市民社会の基本的な要素に関して達成されたものは(大半は政府の側から指導された改革、権力とのさまざまな妥協のなかで)、たいてい市民の支持を受けていた。しかし、市民の要求はさらに多くを目指していた。たとえば、それは絶対主義的な政府権力の徹底した制限、存続している貴族的特権の根本的削減、国家的統一、さまざまな形態での公的なことへの市民参加、経済・社会・国家における労働と業績の、財産と教養の優位性であった。市民社会の発展は市民層の期待に沿う点では不完全であった。これは(制限状態での)台頭と(穏やかな)攻勢の段階にあった。[62]

全盛と転換

第二段階は一八四〇年代から一八七〇年代までと推定される。この段階は三種類の危機があった三分の一世紀である。大衆的貧困と産業革命の間の社会問題、それら二種類の始動の後に妥協に終わった憲法闘争、そして血と鉄による国民国家の統一は、同じ時期にあり互いに重なっていた。産業資本主義の台頭は、裕福、名声、影響を増大させている工業ブルジョワジーに有利なように、市民層内における勢力の変移をもたらした。教養・経済市民層は相互に同等化し、そのことは、両者の関係や密接な関連を促進し、これまではっきりしなかった小市民層との明確な区別を押し進めた。そうしたなかで、四〇年代の社会的危機、一八四八/四九年の革命、最終的に六〇年代に成立した労働運動、そしてその数十年間への民主派的社会主義的批判とともに、市民の自己理解にとって「下への」境界付けが優位に立つに至った。他方、一八四八/四九年の革命に続く時期や比較的に自由主義的な帝国建設の一〇年間の結果、貴族の特権や身分制の名残はさらにぼろぼろに砕かれ、結局六〇年代や七〇年代の初めの妥協のなかで、統一、自由、法、参加への市民的要求の大半が実現された。六〇年代や七〇年代ほど、それ以前にもそれ以後にも自由主義者が大きな影響をもったことはなかった。官憲国家的な支配下においてこの数十年深刻な変化が起こり、君主的官僚的軍事的支配が徹底した議会化によって打破されず、貴族の特権や優位の真の均等化が問題になりえなかったとしても、経済・社会・文化の市民化は大きな前進を遂げた。この数十年は内的にはいささかもつれ、比較的明確に境界付けられ、かなり自由主義的な市民層をその歴史の中で頂点へともたらした。しかしそれは分岐点となったことが判明した。というのは、その頃の市民の大きな成功のなかに、市民の苦い敗北が混在し、その戦線が崩れてしまったからである。すなわち「下から」の新しい社会運動による抵抗が古い権力の挑戦より重大となった。古い権力は一方で広範な譲歩やかつての市民の要求をわがものとすることによって変化し、他方で彼らの伝来の優越や権威のほとんどの部分を保持していたのである。[63]

防　御

最後に、七〇年代から第一次世界大戦までの段階について述べよう。小ドイツ主義的帝国と立憲君主制は諸機関を拡充し、ドイツ国民国家のレベルで国内の国家形成の過程を進めた。そうした固い枠組みのなかで、力強く展開する資本主義は経済的社会的関係の絡み合いを浸透させ、産業の成長を不安定で危機的に、しかし総じて非常に成功的に推進し、驚くべき構造転換を生み出した。その過程で工業が、特に大企業が重要性を増大し、科学は社会の大きな権力になったし、農業人口や自営業者の割合は小さくなり、産業労働者や大量現象としての新しい職員層は拡大し、階級的緊張は高まり、経済や社会への国家の介入は徐々に再び強化された。

このシステムの市民的特徴は過小評価されるべきではない。それは明白に資本主義的で、非常にダイナミックな企業家・競争・市場の経済である。また個人の権利、形式的な平等、市民に保障され法典化された私的権利間の必要な調整、政府権力の立憲的法治国家的制限、個人の自由や市民による議会参加の原則的な保障、自由で多様な出版、公共性の機能、教育、学問、芸術の相対的な自律、これらすべては、これまでに述べた市民社会モデルに合致するものであった。そのモデルは、隆盛をきわめていた団体組織、市民による自治体の自治、家族法などのなかに根付き賛美されていたような完全に市民的な理想の家族像、これらのなかにも表現されていた。

他方、二つの制約を受けざるをえない。

第一は、一連の前市民的諸要素の存続である。それらは、帝国を真の市民的システムから区別する。最も重要な要素だけを挙げるならば、労働や業績が典型的に市民的な方法で富裕、名声、権力に通じ得るとしても、また大部分の貴族が教育や経済のやり方の点で市民的標準を引き継いだにしても、貴族の特権を保持したままであったのは明らかだった。その特権は宮殿、貴族院、将校団や高級行政官など権力的地位への接近に関わることだけでなく、地方における自治行政や騎士領の特権(それを買収した富裕な市民層も含まれる)に関するものであった。徹底した議会化やそれによる支配体制の市民化は帝国創建の際の憲法妥協によって阻止された。憲法における軍のまったく非市民的な特権に対応していたものは、社会の序列や日常生活における軍隊風の礼儀作法・称号・価値に対する徹底した非市民的な高い評価であった。それは同時代人の多くから「社会ミリタリズム」と非難されたものである。そのうえ社会干渉国家の新たな台頭に伴い、官憲国家の要素の重みがさらに加わった。

つまり、それによって「上から」の官僚統制の古い伝統が改めて強化された。その伝統は、ドイツ史（特にプロイセンだけでなく）を絶対主義以来特徴付けているものであり、市民社会のモデルに固有な、自律した自己操作への要求と対立していたものであった。一九〇九年自由主義者のフリードリヒ・ナウマンが以下のように警告したのはまったく根拠がなかったわけではなかった。「（われわれは）農業国家の政治の服を着た工業国民であって、われわれの政治状況は、日々拡大している工場が古い農業用の建物のなかで建てられているようなものである。そこには古い小屋梁のもとで最新の機械があり、鉄の支柱が土壁に通されている。」自由主義の観点から見れば、この古い前市民的な名残や新しい非市民的要素の貫徹した政治構造は、ドイツの市民層が本当の国家公民になることを妨げていた。テオドア・モムゼンもそう考えていた。彼は一八九九年の遺言のなかで、「市民でありたい」といつも望んでいたと書いていた。「それはわが国民には不可能である。そこでは個人が、最も優れた人物でも隊列をなして全体の一員としての奉仕や政治的フェチシズムを乗り越えてはいない。[64]」

第二は、市民社会の諸原則が、いま挙げられた制約にもかかわらず、以前よりも徹底的に実現されている一方で、この過程は、変化しつつある市民層と、すなわち、これまで特に市民層を担ってきたあの社会的構成と一定の距離感を生じさせた。それはどの程度か。一方で、国際的比較から見てかなり早かった帝国議会選挙権の民主化、社会運動や大衆政党（特に社会民主党）による広範な諸階層の動員、学校教育の一般化や一八六〇年代以来見られる生活水準の向上、自己実現・自由・参加の機会（市民社会のプログラムに含まれていた）が、本来の担い手層を越えて影響し始めることに貢献していた。このことは市民社会モデルの普遍化の要求に従っていたが、市民を満足させるものとは限らなかった。市民たちはこの民主化を両刃の剣や潜在的な脅しと認識していた（ちょうどビスマルクがそう思っていたように）。他方、市民層は変化した。市民の新しいタイプ（経営者、専門家、各種団体の役員）が現れ、経済市民層と教養市民層の間の枠組みが、出生・専門教育・結婚生活・コミュニケーション・社会的流動性から見て、いままでよりさらに緩んでいった。同時に市民層と貴族の間における戦線の旧来の位置関係がまったく消滅することはなかったがさらに後退した。ほとんど教育を受けておらず財産を持たない階層、「中間層」、労働者、「民衆」一般に対する「下への」境界付けは、市民層にとってますます確定的になった。（市民的な）ナショナリズムがその政治的位相を変え、七〇年代以来いくらか「左より」から「右より」なイデオロギーになったように、政党自由主義の後退は、自由主義的原則の政治的共有財産化の成功だけでなく、ますます排他的で防御的な態度をとっていく市民層の非自由主義化も立証している。そうした傾向はヴィルヘルム時代に貫徹され、学生組合の転換と同様にギムナジウムの教育目標の転換で証明された。しかもそれは、肯定的国民的傾向の強い文学史記述の偏狭性の増大、また市民層にとって斬新で解放的な段階に典型的であった国家を越えた進歩思想の徐々たる衰退のなかでのことだった。経済・技術・学術あるいはますます重要になっていた文化事業の点では、多大の活力・エネルギー・革新能力を市民層は引き続き保持していた。だが社会的政治的な点で市民層は、二〇世紀初頭にその台頭した段階から、また、市民社会モデルのユートピア的な要素ともかけ離れてしまっていた。議会化、解放、寛容といったまだ果たされていない要素は労働運動によって早くに要求され、彼らは市民の大多数と自らをはっきりと切断したのであった。(65)

展望

「市民の時代は過ぎ去った。いま何が来ているのかだれも知らない」とクルト・トゥホルスキー〔ドイツの作家〕は一九二〇年に書いた。(66) そのような声は二〇年代や三〇年代に積み重なり、(67) 多くの歴史家はこの見方に傾いている。(68) 他方、一九五〇年代を「市民社会のルネッサンス」のようだとみなしている歴史家もいる。第三帝国の瓦解の後、そして一九六〇年代の改革運動の以前に、新しい衝撃が加えられたと思われたのだった。(69)

ここに収録された研究グループの研究はこの問題には立ち入らなかった。というのは若干の例外(70)を伴うが、一八世紀末から第一次世界大戦までの時代に限られているからである。もっともこの観点から見れば、第一次世界大戦、二〇年代の危機さらにはファシズムや第二次世界大戦が市民層の評価を低落させただけではなく、根本的に破滅させる以前に、市民層の没落はすでにその過程にあったと思われる。確かに市民層のような社会的形成体は一〇年や二〇年では消滅しない。それはゆっくりと後退し、新しい形成体や集団によって重層化され、徐々にその概念は現実的意義を失っていく。この形成体の残部はまだなお確かに今日まで存在している。しかし、一九四五年来の貴族=市民の区別の境界線の完全な消滅を考えると、また最近の数十年における市民=プロレタリアートの戦線の意味の後退を考えると、さらにまだわれわれの世紀にも進んでいる市民文化の浸透(恐らく「稀薄化」でもあろう)を考えると、市民層の概念は現代の分析においてもはや扱いにくいものとなっている。これまで上層身分、中産身分そして下層身分について、あるいはもっと貧しい集団について語られ、「市民層」という概念はこれまでの数世紀の現実を掌握するための歴史的研究の範疇としてだけ認められている。(71)

工業的に発展した西洋社会における今日的状況を「市民社会」という概念に帰着させることは意義があるのかどうかという問題は明確には答えられていない。この問題は、論争的な意図からマルクス主義的観点からしばしば発せられているのは明らかである。本書においてその概念はそのようには用いられていない。また、「市民社会」と考えられるものの中心的要素は西洋諸国のなかで存続していることは明らかである。たとえば、市場経済的な基本構造、私的権利、代表制を備えた法治国家や立憲国家という点である。モデルのその他の要素はヴィルヘルム時代のドイツよりも今日いっそう明らかな現実になっている。というのは当時の市民性の封建的軍事的後期絶対主義による制約が、その間に崩されてしまったからである。(72) 今後は啓蒙主義的な市民社会モデルはこれまでとは異った仕方で期待されていくであろう。

他方、社会干渉国家のここ百年間の台頭が、市場に従った経済組織、社会関係システムそして社会的個別単位の自律性、これらのうえに官僚的にかぶさり貫徹したこと、また「市民社会」の概念がそのようなシステムの特徴付けにはもはやふさわしくないこと、こうしたことが考えられる。たとえば、経済と社会が国家を離れて自己制御をすることが、一九世紀において市民的と評価されたあの社会の中心的要素であった。市民的家族も一九世紀のあのシステムにおいて中心的であったが、激変した。ほかの根本的な変化も挙げられるだろう。市民社会のなかで残ったもの、および国民社会主義的独裁の間横暴な停止の後、再確立されたもの、これらと今日なお市民層と呼びうるものとの間には、距離は広がるばかりであった。ヴィルヘルム帝国期に開き始めていた市民社会と市民層の間におけるシェーレはさらに開いた。(73) だから市民社会の概念は長い一九世紀のために残しておくのはよいことであろう。それは結局のところ、今世紀のカタストロフィーにもかかわらず徐々にしか消滅していかないのである。

四　ヨーロッパ的比較におけるドイツの市民性の特質

前節で一八世紀末から二〇世紀初頭までのドイツの市民層の発展を三つに区分した。一八四〇年代までの台頭と攻勢の長い段階、一八四〇年代から七〇年代までの絶頂と転換の短い段階、そして第一次世界大戦までの防御と排他傾向の増大の段階。遅くともこの深い転機以来、社会的形成体としての市民層の解体傾向が急速に広まった。

この発展はドイツ特有のものとは思われない。異なった条件のもとで、異なった色調のもとに、一定の時代的ずれともなって、イギリスやイタリアで、またその他の国々でも同様の変化があった。(74) ここで扱われているヨーロッパ諸国における市民層や市民社会の歴史は、多くの類似性を呈しており、そのなかで最も重要な類似性は論集の最初の二つの論文のなかで要約されている。(75)

だが他方、国ごとに異なる要素が市民層の歴史を特徴付けていた。そのことが情況に依存していることはすでにはじめに強調した。(76) 明らかにヨーロッパ各国では工業化や工場制に関してよりも、市民層に関して相互にはっきりと区別された。そのうえ、「ドイツ特有の道」に関する論争に刺激されて、ここに記録されている研究やこの出版は、ドイツの特殊性があったかどうか、場合によってそれはどの程度市民層と市民性に特有な弱点の表現として意味付けられるかという問題に関心をよせた[77]。国家間の比較においての類似性や相違を問うならば、地域間の比較はその後景に退く[78]。最も重要な成果は最後にまとめられるであろう。

経済市民層

西欧諸国との比較においてドイツの経済市民層は遅れて発展した弱い存在として映る。その反対に東欧や南欧との比較では強力であり、進歩の遅れたものとしては決して映らないのは驚くにあたらない。このことは遅くともゲルシェンクロン以来、古典的な見方として確定している[79]。ドイツの大企業家が一九〇〇年頃複雑な取引構造を克服したことは、よく知られたイメージと合致する。彼らが多くの機能を団体に委ね、法規化された秩序によって強力に制約を受け、類似のフランス企業家ほどは専断的個人主義的に支配しなかったことは驚きである[80]。たいていあまり知られていないのは、経済的に遅れていた東欧で――特にポーランド、チェコやスロヴァキアの地域やハンガリー、とりわけロシアで――、資本所有家、企業家や経営者がしばしば外国人であることである。その外国人はドイツ人であり、特に同化していないユダヤ人であった。この東欧、東中欧、恐らく南欧におけるブルジョワジーの民族的「外在化」は、一般に彼らブルジョワジーをそれぞれの（しばしば外国の）政府に依存させ、同時に彼らに国民的運動の強力な支援をできなくさせた。その国民的運動は西欧では経済市民を完全にその推進者に数えることができた。この民族的外在性は一方に経済市民層、他方に知識人、小市民層、部分的には貴族（ポーランドやロシアでは国民的多数派に属していた）との間に深い亀裂を生んだ。この亀裂は中欧的・西欧的意味における市民層の形成をきわめて困難にした。その他の点と同様にこの点においてドイツは明らかに西欧に属していた[81]。

同様に、ドイツのブルジョワジーが同時代のフランスやイギリスのそれに比べて、自己完結的で、かなりまとまっており、貴族に対するのと同様に教養市民層に対しても一線を画していたことは注目される。ドイツの領域でも地域的企業家層が存在し、イギリスやフランスと同様に、それらは首都と地方との間にははっきりとした隔たりが存在した。だがイギリスの企業家の歴史では既成の商人と新しく台頭してきた工業家との衝突が強調されるが、ドイツではそのようなことはなかった[82]。結局、西欧との比較においてドイツの経済市民層におけるこのような閉鎖性と排他性は、ほかの市民分派に比べてその重要度において低さをもたらした。このことは、経済市民層が教養市民層――早くに形成され、時にはいくらか反資本主義的な志向をもつ――と対立していたという事実とも関係している。こうしたことは西欧、スウェーデンあるいはスイスとは違っていた。

教養市民層

この研究グループの研究終了後も、教養市民層という概念の有益性についての疑問は残っていた。この新語は回顧的な歴史家の人工的な構成概念にすぎないのではないか。一九世紀のどのような社会的現実とそれが相応するのか。社会的存在としてのブルジョアジーの基礎ははっきりしている。とりわけ生産手段の所有や雇用者の属性から共通の利害がある。それは経験に刻印され、密接な結び付きをもたらし、共通の団体結成に至るまで共通の行動姿勢を生み出すものだった。この序章の第一節は社会的存在としての市民層のかなり貧弱で、あまり強力でない基礎を全体として明らかにすることを試みた。それは、共通の社会的対抗者や共通の文化であった。それに反して教育自体の社会化効果——それと幾分かは一致する教養市民層の構成も——は、わずかに明らかになったにすぎない。共通の教養からどのような共通の利害が生じたのか。それは集団的行為能力を作り上げたのか。その点については疑わしい。事実一九〇〇年頃、教養市民がほとんどすべての政治陣営に見いだされた。どのような政治的選択が教養市民層の教養と両立しえなかったのか。一九三三年の極限状況のなかでさえ両立しないことはなかった。そのうえ経済市民層と教養市民層との間の区別は不正確なものであり問題が多かった。その重なり合う領域は一九世紀の間に広がっていった。企業家がアカデミックな教養をしばしば表示ができればできるほど、経済市民は同時に教養市民となった。(83)

それにもかかわらず、副次的にせよ、教養市民層概念はある程度定着し、またこの研究グループでも用いられた。そして、国際比較をしてみると、ドイツやオーストリア、またイタリアの領域における教養市民層的なものは、西欧、東欧や北欧におけるよりも強く明白に目立っていたと思われる。

このことはイギリスとの比較においては歴然としている。明らかにそこでは商人、銀行家、その他の企業家（土地所有者へのはっきりしない中間段階にある）は、弁護士、裁判官、牧師、医者、官吏に対して優位に立っていた。後者はそれまで古い秩序のなかに数えられ、共通のアカデミックな教養をもたず、それに基づく職業的自己意識を展開することもできていなかった。一九世紀末頃、そこでは本格的な高等専門教育が徐々に重要となったが、それはドイツより一世紀遅れ、しかもドイツで見慣れた形態でもなかった。イギリスでは（教養市民層の代わりに）「プロフェッショナル」と呼ばれており、それによってそれぞれの職業に特有なものを概念の基礎とし、決して共通の教養ではないことは驚くべきことではない。(84)

教養市民層を探し求める者は東欧でも見られない。またスラブ語圏でもその概念は翻訳することはできない。確かにそこでは支配的なブルジョワジーをドイツより明らかに欠いていたが、(85)しかしなによりもドイツ（ならびにオーストリア）に特有で、高級官僚・自由主義的知識人・その他の知識人における以前より発展していた大学制度を介した連帯が欠けていた。一部は、一八世紀末に中欧の官僚制を発展させた絶対主義と啓蒙の混合物が欠けていた。また一部は、外国の支配がその土着の教養人により高い行政的地位への参入を妨げた、という事実が重要であった。一部は、近代化過程における教養のほとんど目立たない役割に注目しなければならない。ノルウェー、チェコ、スロヴァキアやフィンランドの「知識人」とドイツの教養市民層を比較すれば、ドイツの大学出身者の社会的に高い出自、自己調達のかなり大きな傾向、民衆とのはっきりとした隔絶などが認められる。東中欧、東欧、北欧の小国の教師、聖職者、弁護士、医者、技術者は、ブルジョワジーや官僚との著しく決定的な距離があった。その距離は彼らにとって「教養市民層」という表現にふさわしいものではなかった。むしろ「教養小市民」と名付けることができよう。しかしたいていの場合、それらどの国でも「インテリゲンチャ」ということについて語られてきたし、現在も語られている[86]。

フランスでは一八七〇年代まで、ドイツのような総合的で専門化していない教育・大学の伝統を欠いており、またこれまで(官吏を含み国立大学で教育された)教養市民層についてよりも、(官吏ではなく大学で必ずしも束ねられない)知識人について語られていた[87]。そのようなフランスを含めると、ドイツの場合は確かにオーストリアや部分的にはイタリアの場合[88]に似ており、特有性を立証していると思われる。ドイツでは一方にそれほどでもないが制限された経済的な後進性とそれに伴う(それにもかかわらず外国人でない)ブルジョワジーの明白な優越がなく、他方まったく専門化し啓蒙思想や新人文主義に根差した教育・大学の伝統があった。その伝統はドイツでは(イタリアではさほどではないが)、きわめて特有で早くに官僚的と特徴付けられた国家形成の類いと結び付いていた。これらの中欧の(スイスは含まず)形勢は、教養市民層のような存在が形成された基礎であった。その教養市民層は個別職業を越え、自負心あり独自な存在であった[89]。新人文主義的教育の原則はドイツの市民性を特に決定づけ、ある特殊な色彩を与えたことは、繰り返し後掲の諸論文で示されるであろう[90]。

宗派

ドイツの教会宗派の特異な状況はドイツ市民層の歴史にも影響を与えた。世俗化やオーストリアの排除の結果、一九世紀末しばしば論争され、ゆっくりと低減していったカトリック教育の残滓、また官僚層や企業家層におけるカトリック少数派の低い代表率だけでなく、カトリック市民の市民性の遅れや市民層一般におけるカトリック信者の低い代表率がもたらされた[91]。それはカトリックの教養自身の特色に関係があるというよりも、ドイツにおけるカトリックの敗色濃厚な歴史に関係があった。それはちょうどカトリック・フランスにおけるまったく異なった市民層の歴史と比較すると明らかとなる。どんな場合でも三月前期以来激化していた宗派的対立が市民層を弱体化させた。それは市民内部の対立とカトリシズム内に諸階層を越えた連帯を作り上げた。カトリシズムは経済・社会・国家・文化の市民化を脅威として経験していた。しかしフランスでは、市民層におけるカトリシズム・世俗主義の対立が類似の分裂的作用をもったが、他方イギリスでは宗教上の方向性の大きな多様性が異なる状況を作り出し、非国教徒と国教会の高教会派との相違が中産身分（むろん官吏や「プロフェッション」は除いて）を他の社会層から区別しある程度統一する作用をした。[92]さらに、ドイツにとってカトリック市民層の研究は（一方で改革派の、他方でルター派の市民層との問題の自覚的比較において）、重要な、長きにわたって解決されていない研究課題のままにとどまっている。

貴族との関係

「封建化テーゼ」はドイツ帝国に関する批判的な歴史叙述を長い間規定してきた。そのテーゼはこうだ。市民層に関連した特殊な表現で、市民の敗北（一八四八／四九年の革命、そしてプロイセンの憲法紛争ならびにプロイセン・ドイツの帝国創建の一〇年）から少なくとも一九一八／一九年（一九四五年までではないとしたら）までについて以下のように主張する。政治的支配の要求から遠ざかっていた市民層に対する貴族（あるいは半貴族、すなわちユンカー）の支配グループの政治的優位、豊かな市民特に裕福なブルジョワジーを通じて貴族的な価値規範や生活形態の模倣や受容、ならびに上層市民層の一部と貴族グループとの社会的な密接な関連や融合（たとえば結婚生活やその他の社会的コンタクト）、こうしたことが「封建化」の内容である。こうして上層市民層は、真に市民的な文化を代表することをやめたのであった。このような封建化はドイツにおいては同時代の他の西欧社会におけるよりも浸透していた。そしてここにドイツに特有な市民性における欠陥が認められた。[93]このテーゼは決して一貫して支持されたわけではなく、長い間議論の的となったが、このテーゼはこの研究グループの成果に照らされていっそう明確に説明されるだろう。[94]

このテーゼは、社会における市民層の位置転換の根本的な変化をあてこすり、市民層にとっては旧権力、特に貴族を攻撃的に遠ざけることがますます重要ではなくなり、プロレタリアートや下層から一線を画することがますます重要となった、という。このテーゼは当然、ドイツ史があらかじめそのようなコースを定められていたことに注目した。そのことが原因で市民層は敗北を喫し（一八四八／四九年）、あるいは彼らの要求が制限されるのを甘受しなければならなかった（憲法紛争、帝国の統一、一八七〇年代後半）。その際に、このテーゼによれば、原因はもっぱら市民の敗北にあるとされ、六〇年代以来、現実化したとはほとんど解釈しない。そして市民運動と旧権力との間の妥協のなかで、両者が譲歩し、得をし、お互いすり寄った（市民層にこの関連でその「歴史的使命」に対する「裏切り」の責任を負わせる、といったテーゼの歴史目的論的変種に対して、われわれは納得のいかない、意味のないものとして無視した）。封建化テーゼはまた当然帝国の権力構造の決定的な側面に注目する。帝国では事実貴族の力が大きい重みを持ち、支配関係のさらなる市民化を妨げることに決定的に役立っていた。ヴィルヘルム帝国内で貴族に列せられること、貴族・上層市民間の婚姻やその他の密接な関係は三月前期よりひんぱんになったことはほとんど疑いえない。騎士領が一九世紀の始めから金で買え、かなりの数の市民が騎士領所有者になったので、東エルベの身分的特権を持った大土地所有身分（「ユンカー」）が、貴族＝上層市民の融合の結果であったことはまた忘れられない。そして、恐らく「封建化」の概念を過大に評価しないにしても、別荘における一八九〇年代のフリートリヒ・アルフレート・クルップの生活態度が、彼の父アルフレートより強く貴族的領主のそれに似ていたことはだれも疑わないだろう。ちなみに彼の父は三月前期にはまだ祖父から受け継いだエッセン北部の鋳綱工場に直接隣りあった家に住んでいたのだった。[95]

しかし貴族・市民層間の距離の短縮や貴族の一部と上層市民層の一部の新しいエリートへの融合が増大しているのは、ヨーロッパ共通の現象であった（この点においてもアメリカ的展開をしたスイスを除いて）。しかし、この融合の程度やある種の点で国ごとに特色があることも明らかになった。要約すると、ドイツ的な、いっそうプロイセン的な発展における三つの特色が認められる。

第一はドイツの市民層は（少なくとも経済市民層は）、フランスやイギリスの市民層よりも（ポーランドやハンガリー、あるいはロシアのそれよりもということはなかったが）、大きく貴族と政治的権力を共有しなければならなかった。その際一八六〇年代や七〇年代の基本的妥協以来、貴族・市民の目標のはっきりとした違いがもはや存在せず、市民層がこの共有で満足のいく生活をすることができたことは考慮されるべきである。

次にイギリス、フランス、イタリアにおける貴族・上層市民の融合が、ドイツやオーストリアよりも、あるいは東欧やロシアよりも、市民的条件のもとでかなり強力に現われた。フランスでは古い貴族の特権やそれによって明らかに確認される貴族の地位は、大革命を生き延びず、非革命的ドイツとはまったく違っていた。つまり名士という貴族・上層市民の混合集団がこの市民化推進の結果であった。それはドイツには欠けていた。イタリアにおける古い都市貴族的貴族政は、領邦等族的・君主政的色調や（長い外国支配に直面して）プロイセン＝ドイツ風の貴族支配の伝統ももたなかった。北イタリアではそのうえ封建主義がフランスやイギリスにおけると同様に早くに終わった。他方、それはライン川右岸ではなお生き残り、そこで農村・都市の、そしてそれとともに貴族・市民の差異をはっきりと焼きつけることに共同責任があった。イギリスでは貴族・市民の境界が周知の通りかなり早くに消し去られた。貴族の称号は長子にのみ遺贈され、田舎に住んでいる島国の貴族に商業的指向や都市の精神がかなり早くに入り込んだ。イギリス、フランスやプロイセン・ドイツにおける貴族・市民の融合のメカニズムがいかに異なっているか、以下において個々に示されよう。[96]

最後に比較が以下のことを証明したが、それは恐らく驚くべき結果であろう。すなわちドイツにおける貴族・上層市民の共生が封建化テーゼが想定するほどには進行していなかっただけでなく、それがフランスやイギリスにおけるよりも進行していなかったことである。結婚行動や社会的流動化モデルによって、法的地位や政治的影響によって、恐らく職業活動や私的な生活態度の点からも、ドイツでは上層市民層や貴族は融合の傾向にもかかわらず、一九世紀末や二〇世紀初頭までも西欧やイタリアや東中欧の一部（そこでは貴族と市民が外国支配によってともに排除されたことが、同一民族である限り、彼らの接近に貢献したのだった）よりも、はっきりとお互い区別されたままだった[97]。

はっきりした境界付けとわずかな影響力

別言すれば、ドイツでは少なくとも第一次世界大戦まで市民上層がフランス、イギリスやほかの国々よりもわずかな範囲で貴族の一部と新しい上層身分に融合したのである。すでに概念史の研究結果が示し、これまでに一般的な考察に基づいて推定したように、ドイツの市民層は一九世紀末や二〇世紀初頭になおオーストリアや恐らくイタリアを例外として隣国よりもはっきりと目立って境界付けられ明白にまとまった社会的形成体であった。

しかし、これをドイツにおける市民層の特別な力強さと意味付けるのは間違いであろう。その逆が正しい。すでに述べたように、確かにドイツでも一般化傾向が市民文化に特有であった。その傾向はひとを引きつけ貫徹力があり、ドイツにおいても市民層を越えて広く一九世紀の社会を特徴付けた。しかし国際比較、少なくとも西欧との比較においては、ドイツの市民層はかなりはっきりした他階層との境界付けのゆえに、比較的わずかな影響力や統合力しかもっていないことが認められている。ドイツの貴族がフランスやイギリスほどは上層市民層に同調しなかったように、ドイツの市民層は、小市民層に影響を与え、彼らを自らの背後に集結させる点で、フランスの市民層ほどは成功しなかった[98]。ドイツ・スイス間の比較では、南の隣国の職員層がドイツに関して観察されるよりも、市民層のなかにはっきりと統合されていたことは明らかになっている[99]。いまもって不確かなことは、一九一四年以前にドイツにおける労働者の市民化が西欧より限定的であったのかどうかということである。それについては以下のことが推察される[100]。国際比較において労働運動の印象的な強力さやその背後にあるヴィルヘルム・ドイツの「階級線」の明確さがこの方向を指している。農村と都市の違いはスウェーデン、フランス、イタリア、イギリス、恐らくポーランドよりも比較的はっきりと浸透していた。これも市民性の広がりに対する一つの障壁であった[101]。そして、国際比較のなかで、ドイツの自由主義が比較的市民的であったことが明らかになったとしても[102]、このことは、ほかの階層や階級（たとえば労働者）への自由主義的原則の一般化の点で、ドイツの市民層が比較的わずかな力量しかなかったことを示している。それゆえに社会の全般的市民化の際に比較的成功しなかったのは、ドイツの市民層がかなりはっきりとしたアイデンティティをもっていたからであろうか。

官僚的遺産と国家の重荷

この問題の最終的な態度表明の前に、後掲の諸寄稿論文の主要成果が参照されなければならない。ドイツ（そしてオーストリア）における市民層や市民性は特殊な国家的方向付けによって他のすべての比較対象諸国と違っていた。国の重荷が特徴的だともいえる。ここでは、若干の証拠となるものについて注意を喚起しておこう。

特に一八世紀や一九世紀前半には、大学修了のさまざまな類いの官吏が教養市民層の指導的中核にあった。一八七〇年代までプロイセンの弁護士や公証人は間接的に国家の官吏であった。プロテスタント教会（国家に近い領邦教会であった）の牧師はほぼ官吏の地位に近かった。たとえ一九世紀の半ば以来、総じて自立的な経済市民や自由業者に重心移動が見られたにせよ、官吏層の重要性は存続した。官吏層は社会国家、干渉国家の早期の展開で機能と重要性をさらに増大した（それによって徐々に変化もしたが）。その数の多さの点で、また彼らの高い社会的威信の点で、またその目立つ政治的権勢、相対的自律性やその団体精神の点において、ドイツの市民層内における官吏のこの独特な立場は明らかである。国家公認の教育やそれから生じる資格、「既得権」を伴った（決して裕福ではないが）確固たる地位、権力や国家への至近距離、一般的利益への奉仕ということをだれよりもよく認識しているという自負、これらが社会における上級・中級の官吏に対するイメージを示している。[103]

当然、ドイツでも無数の大小の企業家は官吏のタイプとは明らかに区別される。彼らは市場や利益に方向付けられ、すでに危機、改革、そして競争にも慣れ自己貫徹の力もあり、個人の自立を配慮し、所有と業績を誇りとする。結局、ドイツの工業化は決して役所の監督の下ではなく資本主義的ルールによって進んだ。過度に監督する官憲国家やその官僚制に対する経済市民の批判の例がしばしば見いだされる。[104] それにもかかわらず、ドイツの企業家層のなかで官僚的精神や国家志向性は、ほかの西欧諸国の企業家層の場合よりも大きく広がっていった。行政官僚は、フランス、イギリスあるいはアメリカの場合よりも、ドイツで大きな私的経済組織（鉄道会社、工業の大企業）のモデルとなった。[105] 商業顧問官という官職称号はプロイセンの企業家たちのなかで高く望まれた。その称号は詳細な審査によってだけ認められ、国家によって与えられた品質証明のスタンプを、すなわち社会的承認と信用を受ける経済信用を有していることを意味する。こうしてそれによって営業上成功をおさめ、国家手続きによって企業家大衆から抜け出し、企業家の上層に属することを際立たせることになる。これらは肯定的に認められていた。フリードリヒ・ノイマンは一九〇〇年頃「そのなかでは男爵よりも商業顧問官と呼ばれたがった」世代の存在について語った。「顧問官」という肩書は高く評価されていた官吏と望ましい同等の地位にあることを暗示していた。[106] 極端な反政府的な自由放任政策はドイツの企業家によって要求されることはまれだった。恐らく彼らは国家から多くを期待したのであった。こうした集団的志向は彼らにとって自然であり役立った。彼らはイギリスの同業者たちほど個人の自立の原則に固執しなかった。その原則はいずれにせよ工業化の進展において経済的に邪魔になった。ヨーロッパ内の比較においてかなり早くに成功を収めていた干渉国家への移行（一八七〇年代から）は、設立されていた大企業家団体の側からほとんど反対に出くわさなかった。カルテルやコンツェルンは完全に国家の援助によって成立した。「組織資本主義」について語られてきたが、その際、企業家と官吏との間の典型的な違いがほかの国々よりも早期に失われていった[107]。

ヨーロッパの至るところで（北アメリカでも）、一九世紀に専門職業化の過程が生じた。明らかに他から区別された専門職が形成され、その構成員は専門的な、一般に大学専門教育を有し、この基礎のうえに彼らによって提供された仕事の独占化を求め、自律を主張し、成功の多い組織を設立した。その組織は専門職業的な自己管理や利益の擁護を目的としていた。この過程はさまざまな国で類似の進行をした。しかし国際比較においてある一つのことが明らかになる。ドイツではそのような職業の専門化はほかのどこよりもはっきりと国家が準備し規格を統一した大学教育に基づいていた。たとえばイギリスの同業者たちよりもはるかに、ドイツの、特にプロイセンの医者は国家的規程（たとえば一八五一／五二年の）をよりどころとすることができた。その規程はまったくあるいは半分しか専門職業化していない競争相手を「無免許の医師」として市場から追放した。イギリス、スイス、あるいはイタリアの同業者と違って、ドイツの専門職業組織のスポークスマンは階層身分的政策要求を基礎付けるときは、居心地のよい高級官吏という模範を引き合いに出した[108]。

ドイツ市民層やそれに特徴付けられた市民性の国家志向性や官僚的色調に関する数多くの事例は、以下の諸論文に含まれている。それは国家を通じた学校・専門教育システムを指摘するだけで十分だろう。そのシステムはイギリスと比較すれば、多くのもっと自由な選択の道を閉ざしてしまった（あるいはその発達が遅れたことに責任があった）[109]。ドイツの自由主義がまれにしか反政府的な主張をしなかったし、フランスの自由主義者とは違ってドイツの自由主義者は、規制的で私的領域に介入する社会国家の台頭にほとんど反対しなかった[110]。プロイセン・ドイツ的な発展の変種である官僚的色調や国家の重みは、憲法や法の国際的比較のなかでようやく明らかになる。それは立憲主義の革命的基礎の欠如から、早くに発展した行政法的手段による帝国の議会化の妨害に至るまでであった[111]。付言すべきは、多くの生活領域における社会の官僚化が、軍隊の価値を引き上げた帝国の建設期以来、「社会の軍事化」によって加重されたことである。徴候は以下のようなところで見られた。たとえば「予備将校」の称号の持続的重要性、そのほかにも官僚的色調を帯びた資格制度、あるいはイギリスで一九世紀中頃以来消滅したが、ドイツでは名誉回復能力の中心であり、市民や貴族の子弟がさらされ続けた決闘、これらのなかに見ることができる[112]。付け加えるならば、ハインリヒ・マンのディーダーリヒ・ヘスリングは極端な皮肉の尖鋭化であったが、彼の君主制的・官憲国家的企業家精神、新しいドイツ・ブルジョアの活力、攻撃的な熱狂的愛国主義、そして私人としてのぎこちない了見の狭さ、これらの混合物という点では、彼は確かにヴィルヘルム時代の市民の典型ではなかった。しかし他のヨーロッパの首都のどこでも、このような物語がベルリンでのように説得的に展開されはしなかった。

にもかかわらず総括は簡単ではない。というのはドイツの市民性、すなわち官僚主義に浸透された市民性の形態が大きな発展の可能性も含んでいたことを見落しえないからである。たとえば専門的官僚の仕事がそうだ。ドイツの都市の徹底した市民的自治は、一九世紀末頃、イギリスやアメリカの改革者たちのモデルとなった。わずかな官僚的経験の領域から出てきたイギリス・アメリカの改革者にとって、ドイツの経験は驚きの対象であった[113]。ドイツの研究組織はヴィルヘルム帝国で世界的に放射された研究能力が頂点に達したが、それは当初、市民的官吏ならびに官吏的市民によって設立され、当然、官僚ぬきではなかった。そしてドイツで早くから「上から」行われた国家レベルの種痘が帝国内の流行を克服したが、他方、同時期にフランスでは国家の干渉への自由主義的な反対が同じような措置を妨げており、およそ一〇万人が天然痘で死亡した。このことを考えると、「官僚の遺産」の力について、また「上からの改革」の伝統について理解されよう。その伝統がドイツの発展を、またドイツの市民層を特色づけた。そして帝国が社会国家の建設においてパイオニアになることを可能にした。やがて他の国々でも社会的公平さが増大し、市民社会は自らの存続をなによりも可能にしたようなやり方で、変容したのである[114]。

この国家志向性や官僚的特徴のなかに決定的な特色が見いだされねばならない。それは「市民性のドイツ的変種」であり、国家と離れ、ほとんど国家を介さない他のヨーロッパの市民性とは区別される。それは部分的には長所であり、部分的には短所であった。あるいはこの国家の重みや官僚的特徴のなかに、「市民性の限界」を認めるべきなのか。それをマックス・ウェーバーも同じように見た。彼はドイツの官僚国家に一方では魅了され、他方でドイツの市民層や文化の弱点を関連付けた。彼は称号制度や講壇社会主義的社会改革を、社会の官僚化や市民の弱点として嘲弄した。事実、官吏の社会像は、独立し自分自身を信じる市民の理想と彼らの団体・結社との一定の緊張のなかに立っているのではないのか。このように一九世紀の多くの同時代人は見ていた。一九世紀の百科事典や他の著作物のなかでその都度使用された「市民」や「市民層」の定義を見直してみれば、官吏が、今日の歴史叙述において「教養市民層」の概念の助けによって表現しているように、簡単に市民層に数えられたわけではなかったことが認められる。その時代の言葉の使い方のなかに官吏と市民層の概念の間に緊張が存在した[115]。それは理由なしではなかった。人間の自己制御能力および国家の統制や配慮の拒否が、真の市民社会の理念に含まれているとすれば、ドイツ市民層の官憲国家的特徴がその市民性の限界を明示している。

一九世紀ドイツの発展に顕著であった市民性の欠陥について一般的に語ることは確かに正しくない。東欧での発展と比較すれば、ドイツの多くのものがまさに市民性の典型として映ってくる。さらに都市の自治、私的権利、小説文学、学問、教育一般、そして他の多くの点で、西、北、南の隣国と比較してもドイツが市民性を欠いていることは確かめ難い。一部はまったく逆である。ドイツの発展の特徴は多様であり、唯一の範疇の下に組み込まれることを拒んでいる。限界と業績、欠陥と偉大さはしばしば緊密に混合しており、特にそのことは、「教養市民層」というあいまいで魅了される現象においてそうであり、その現象はヨーロッパの他の地域では求めても徒労に終わるものであった。プロテスタントとカトリックの間の緊張領域における市民層の位置はなお詳細な研究に値する。内的統一を欠いていたにもかかわらず、また他階層との明確な区別を欠いていたにもかかわらず、全体としての市民層は、一九世紀の間ドイツ領域内では他のどこよりもはっきりと形を整えていったと思われる。本来的な封建化テーゼは修正されねばならない。だが「特有の道」論における核心は、生き残っている。貴族と市民層の関係のなかにドイツの市民層の弱点を証明する特徴が明示されている。市民層と他階層との比較的はっきりとした境界付けは、その比較的弱い影響・統合力に照応していた。帝国における市民社会の特殊非市民的特質はこのように説明しうる。つまりドイツの市民性の官僚的色調は同時に市民層のきわめて明確な限界を表示していた。

注

（1）　概念の展開に関する例証は以下を参照せよ。U. Engellhardt, *«Bildungsbürgertum». Begriffe-und Dogmengeschichte eines Etiketts*, Stuttgart 1986. また、文献記録として、G. Hübinger, Politische Werte und Gesellschaftsbilder des Bildungsbürgertums, in: *Neue Politische Literatur* 32, 1987, S. 189-210.

（2）　プロイセンの一八四六／四九年そして七一年の例については die Tab. 1 u. 4 bei J. Kocka, Zur Schichtung der preußischen Bevölkerung während der industriellen Revolution, in: W. Treue (Hg.), *Geschichte als Ausgabe. Festschrift f. Otto Büsch*, Berlin 1988, S. 357-390. 一八九五年帝国統計によれば、自由業ならびに、公務・学校や教会における官吏や職員（就業者の二・一%）、工業、鉱業、商業、交通における五人以上の事業体の中の自営業者（一%）、将校や軍事官吏（〇・二%）、少数の年金生活者（一%）。

（3）　一八四六／四九年にはプロイセンの営業中間層（ブルジョワジーより低い位置にあった）は就業者の九%を占め、一八七一年にはブルジョワジーと営業中間層は併せて一一・五%になった。前注と比較せよ。また、他国に関する数値は以下を参照せよ。Bruckmüller/Stekl, Bd. 1, S. 167ff.; Hobsbawm, Bd. 1, S. 94; Meriggi, Bd. 1, S. 151; Ranki, Bd. 1, S. 247, 253, 264; Tanner, Bd. 1, S. 203, 207.

（4）　最も良い概念史の入門書としてはさらに以下を参照せよ。M. Riedel, Art. ›Bürger, Staatsbürger, Bürgertum‹, in: O. Brunner u. a. (Hg.), *Geschicitliche Grundbegriffe. Historisches Lexicon zur politisch-sozialen Sprache in Deutschland*, Bd. 1, Stuttgart 1972, S. 672-725. 以下も参照せよ。（概念の政治的・イデオロギー的意味に関して）B. Franke, *Die Kleinbürger.*

Begriff, Ideologie, Politik, Frankfurt, 1988.

（5）　市民としての芸術家を描写しているのは A. Steir-Semler, *Die Maler am Pariser Salon 1791-1880*, Diss. Bielefeld 1984. H. Kreuzer, *Die Bohème*, Stuttgart 1978. 一般に将校は含められるが、しかしその言語習慣については「市民的」と「軍事的」の間の緊張が認められる。一八三三年発行のブロックハウス第二巻「市民階級、市民的」の記載を参照せよ。*Brockhaus*, Bd. 2, Leipzig 1833, S. 325f. 近代初期やそれ以前の意味（都市市民）に特徴付けられて、「市民階級」からは農村地方の人々、貴族、聖職者や下層階級に並んで「官吏階級」や「軍人階級」は除外された。そのように記載しているのが、C. v. Rotteck u. C. Welcker (Hg.), *Staats-Lexicon oder Encyclopädie der Staatswisseschaften*, Bd. 3, Altona 1838, S. 151-153. 官吏（下級官吏も含む）の歴史については以下を参照せよ。T. Süle, *Preußische Bürokratietradition. Zur Entwicklung von Verwaltung und Beamtenschaft i. Deutschland 1871-1918*, Göttingen 1988. J. Kocka, *Die Angestellten in der deutschen Geschichte 1850-1980. Vom Privatbeamten zum angestellten Arbeitnehmer*, Göttingen 1981.

（6）　概観は以下を参照せよ。H. Henning, *Das westdeutsche Bürgertum in der Epoche der Hochindustrialisierung 1860-1914. Soziales Verhalten und soziale Strukturen.* Teil 1 : *Das Bildungsbürgertum in den preußischen Westprovinzen*, Wiesbaden 1972, S. 5-14. 特に A. Meusel, Art. ›Bürgertum‹, in : *Handwörterbuch der Soziologie*, hg. v. A. Vierkandt, ND. Stuttgart 1959, S. 90-99 ; ders., Art. ›Middles Class‹, in : *Encyclopaedia of the Social Sciences* (1933), vol. 9, 1967[16], pp. 407-415 ; L. Beutin, Das Bürgertum als Gesellschaftsstand im 19. Jahrhundert, in : *Blätter für deutsche Landesgeschichte* 90, 1953, S. 132-165 ; H. Freyer, Art. ›Bürgertum‹, in : *Handwörterbuch der Sozialwissenschaften*, Bd. 2, Göttingen 1959, S. 452-456 ; E. Frankel, Art. ›Bürgertum‹, in : ders. u. K. D. Bracher (Hg.), *Staat und Politik*, Frankfurt 1971, S. 65-72 ; H. A. Winkler, Art. ›Bürgertum‹, in : *Sowjetsystem und demokratische Gesellschaft.* Bd. 1, Freiburg i. Br. 1966, Sp. 934-953 ; P. N. Stearns, The Middle Class. Toward a Precise Definition, in : *Comparative Studies in Sociology and History* 21, 1979, pp. 377-396 ; E. Nolte, *Was ist bürgerlich ?* Stuttgart 1979 ; H. Lübbe, Aspekte der politischen Philosophie des Bürgers, in : R. Vierhaus (Hg.), *Bürger und Bürgerlichkeit im Zeitalter der Aufklärung*, Heidelberg 1981, S. 35ff. ; St. Strasser, *Jenseits des Bürgerlichen. Ethisch-politische Meditationen für diese Zeit*, Freiburg 1982 ; A. Daumard, *Les bourgeois de Paris aux XIXe siècle*, Paris 1970, p. 352.

（7）　研究の概観は以下を参照せよ。J. Kocka, Bürgerlichkeit als Probleme der deutschen Geschichte vom späten 18. zum frühen 20. Jahrhundert, in : ders. (Hg.), *Bürger und Bürgerlichkeit im 19. Jahrhundert*, Göttingen 1987, S. 21-63.

（8）　各国の概観については以下を参照せよ。ポーランドについては W. Dlugoborski, Die Bürgertumsforschung in Polen (=*SFB-Arbeitspapier* Nr. 3), Bielefeld August 1987. チェコスロヴァキアの研究状況については J. Koralka の報告（前掲・第五号）がある。さらに本訳書、第十一章注（6）参照。ポーランドとロシアについては以下を参照せよ。本訳書、第十六章および M. Hildermeier, *Bürgertum und Stadt in Rußland 1760-1870. Rechtliche Lage und soziale Struktur*, Köln 1986. イギリスに

ついては Hobsbawm, Bd. 1, S. 79ff. を参照せよ。典型的なものとしては W.D. Rubinstein, *Men of Property. The Wealthy in Britain since the Industrial Revolution*, London 1981; L. Stone & J.C. Fawtier Stone, *An Open Elite? England 1540-1880*, Oxford 1984. とりわけ W.D. Rubinstein, The Victorian Middle Classes. Wealth, Occupation and Geography, in: *Economic History Review* 30, 1977, pp. 602-623. フランスに関して典型的な文献は L. Bergeron, *Les capitalistes (1780-1914)*, Paris 1978; J.-P. Chaline, *Les bourgeois de Rouen. Une élite urbaine aux XIXe siècle*, Paris 1982; Ch. Charle, *Intellectuels et élites en France (1880-1900)*. Thèse Paris 1986, veröff. u. d. T.: *Les élites de la republique 1880 à 1900*, Paris 1987; A. Jardin & A.J. Tudesq, *La France des notables*, Paris 1973. さらにまだ A. Daumard, *La bourgeoisie Parisienne de 1815 à 1848*, Paris 1963; dies., *Les bourgois et la bourgeoisie en France depuis 1815*, Paris 1987. アメリカの文献は同様にまず企業家、専門職その他に関する研究に分かれている。S.C. Jaher, *The Urban Establishment. Upper Strata in Boston*, New York 1982; E.D. Batzell, *Philadelphia Gentlemen. The Making of a National Upper Class*, Glencoe, Ill. 1958; J.H. Ingham, *The Iron Barons. A Social Analysis of an American Urban Elite, 1874-1965*, Westport, Co. 1978. さらに St. M. Blumin, The Hypothesis of Middle-Class Formation in Nineteenth-Century America. A Critic and some Proposals, in: *American Historical Review* 90, 1985, pp. 299-338; M.P. Ryan, *Cradle of the Middle-Class. The Family in Oneida County, New York, 1790-1865*, Cambridge, Mass. 1981; J.S. Gilkeson, *Middle-Class Providence, 1820-1940*, Princeton 1986. また、以下も参照せよ。M. Fischer, *Mittelklasse als politischer Begriff in Frankreich seit der Revolution*, Göttingen 1974.

(9) 研究グループにとって持続的に問題となったことは、常に学術用語を外国語におき換える必要であった。議論の際の言語はドイツ語であった。まず英語で話されていたなら、別種のプロジェクトが生まれただろう。こうした事情から専門職の比較と違って、国際的な教養市民層の比較はほとんど不可能と思われる。それに関しては以下を参照せよ。W. Conze u. J. Kocka (Hg.), *Bildungsbürgertum im 19. Jahrhundert. Teil I: Bildungssystem und Professionalisierung in internationalen Vergleichen*, Stuttgart 1985, S. 9-26 (Einleitung); H. Siegrist (Hg.), *Bürgerliche Berufe. Beiträge zur Sozialgeschichte der Professionen, freien Berufe und Akademiker im internationalen Vergleich*, Göttingen 1988.

(10) 概念史については、注の(1)(4)、や本訳書一〇ページ以下を参照せよ。「市民」や「市民層」の概念は「ブルジョア」「ブルジョワジー」「ブルジョア社会」とは違ってマルクスやエンゲルスの著作の中では中心概念ではない。またゾンバルトはブルジョアやブルジョワジーについて詳細に語っているが、市民層を包括的には扱ってはいない。A・ミュラー、ロレンツ・フォン・シュタイン、A・シェッフレ、K・ビュヒャー、G・シュモーラー、G・ジンメル、A・フィヤーカント、Th・ガイガーなどの著作をよく見れば、「市民」とか「市民層」という概念がなんの役割も果たしておらず、あるいは付随的な役割を演じているにすぎないことがわかる。マックス・ウェーバーはむしろ例外である。

(11) パイオニア的研究は注(6)に挙げられたヘニングの著作で

ある。また以下を参照せよ。H. Henning, *Sozialgeschichtliche Entwicklungen in Deutschland von 1815-1860*, Paderborn 1977, S. 97-137; Th. Nipperdey, *Deutsche Geschichte 1800-1866. Bürgerwelt und starker Staat*, München 1983, 特に、S. 255f. ウェーバーに依拠したものとしては H. -U. Wehler, *Deutsche Gesellschaftsgeschichte*, München 1987, Bd. 1, S. 177-217; Bd. 2, S. 174-241. また以下も参照 E. Weis, Der Durchbruch des Bürgertums 1776 bis 1847 (=*Propyläen Geschichte Europas*, Bd. 4), Berlin 1988². R. Koselleck, *Preußen zwischen Reform und Revolution. Allgemeines Landrecht, Verwaltung und soziale Bewegung von 1791-1848*, Stuttgart 1967 (1975), S. 87ff. その反対に「市民」「市民層」「市民社会」の概念がコンツェの社会史的概観のなかではほとんど役割を果たしていない。H. Aubin u. W. Zorn (Hg.), *Handbuch der deutschen Wirtschafts-und Sozialgeschicete*, Bd. 2., Stuttgart 1976, S. 426-494, 602-684. L. O'Boyle, The Middle Class in Western Europe, 1815-1848, in: *American Historical Review* 71, 1966, pp. 826-845. 新しい出版物の例としては注（7）に挙げた論文集への寄稿論文を見よ。さらに以下を参照せよ。J. Kocka u. E. Müller-Luckner (Hg.), *Arbeiter und Bürger im 19. Jahrhundert. Varianten ihres Verhältnisses im europäischen Vergleich*, München 1986; M. R. Lepsius, Bürgertum als Gegenstand der Sozialgeschichte, in: W. Schieder u. V. Sellin (Hg.), *Sozialgeschichte Deutschland* IV, Göttingen 1987, S. 61-80; F. H. Tenbruck, Bürgerliche Kultur, in: H. Neidhard u. a. (Hg.), *Kultur und Gesellschaft*, Opladen 1986, S. 263-285; L. Gall, «...ich wünschte ein Bürger zu sein». Zum Selbstverhältnis des deutschen Bürgertums im 19. Jahrhundert, in: *Historische Zeitschrift* 245, 1987, S. 601-623. P. Macry u. R. Romanelli (Hg.), Borghesie urbane dell'ottocent, in: *Quaderni Storici* 19, 1984, No. 56; V. Bácskai (Hg.), *Bürgertum und bürgerliche Entwicklung in Mittel-und Osteuropa*, 2 Bde, Budapest 1986. ウィーン大学においてE・ブルックミュラーとH・シュテックルがオーストリアの市民層の歴史に関する研究プロジェクトを主宰している。一八世紀後半の新しい市民層に関する文献は一九世紀の市民層に関する文献よりも発展している。たとえば以下を参照せよ。R. Vierhaus (Hg.), *Bürger und Bürgerlichkeit im Zeitalter der Aufklärung*, Heidelberg 1981; W. Ruppert, *Bürgerlicher Wandel. Studien zur Herausbildung einer nationalen deutschen Kultur im 18. Jahrhundert*, Frankfurt 1981; F. Kopitzsch (Hg.), *Aufklärung, Absolutismus und Bürgertum in Deutschland*, München 1976; U. Herrmann (Hg.), *«Die Bildung des Bürgers», Die Formierung der bürgerlichen Gesellschaft und die Gebieten im 18. Jahrhundert*, Weinheim 1982. ここに挙げられている寄稿論文のテーマとはなっていない中世後期・近代初期の都市階級に関する文献は多い。以下を参照せよ。H. Stoob (Hg.), *Altständisches Bürgertum*, 2 Bde. Darmstadt 1978 (Bd. 3 angekündigt); W. Küttler, Stadt und Bürgertum im Feudalismus. in: *Jahrbuch für Geschichte des Feudalismus* 4, 1980, S. 75ff. 特に生産的なのは M. Walker, *German Home Towns, Community, State and General Estate 1648-1871*, Ithaca, N. Y. 1971; R. Koch, *Grundlagen bürgerlicher Herrschaft. Verfassungs-und sozialgeschichtliche Studien zur bürgerlichen Gesellschaft in Frankfurt am Main (1612 bis 1866)*, Wiesbaden 1983.

(12) 特に注（7）で挙げた文献の七～一九、四二～五四ページ。

(13) たとえば以下の文献の意味で M. Weber, *Wirtschaft und Gesellschaft. Grundriß der verstehenden Soziologie.* Studienausgabe Köln 1964, S. 223-227, 678ff. 四つの社会階級（労働者層、小市民層、「財産乏し知識人・専門教育を受けた者」、「財産あり教養による特権を有する者」二二五ページ）に関するウェーバーの区別は、かなり恣意的に思える。しかし、これは（所有・営業階級と違って）「社会階級」という概念の有用性を否定するものではない。

(14) 最もよい案内書としては以下を参照せよ。U. Haltern, *Bürgerliche Gesellschaft. Sozialtheoretische und sozialhistorische Aspekte,* Darmstadt 1985.

(15) この仮定はよく知られているようにいわゆる「特有の道」論争のなかで展開され、争われた。「はじめに」の二ページに記された文献がこのテーゼに対して最新の批判的紹介である。W. Fischer, Wirtschafts-und sozialgeschichtliche Anmerkungen zum «deutschen Sonderweg», in: *Tel Aviver Jahrbuch für Deutsche Geshichte* 16, 1987, S. 96-116 も参照。

(16) それとならんでほとんど支持しがたい論争がある。たとえば旧東ドイツのマルクス主義的研究において「ブルジョワジー」を市民層——これに従属的「周辺集団」として「ブルジョワ的知識人」や官吏を付加する——の先導集団や核として理解する傾向がある。注（6）に挙げられたヘニングの著書に対する H. Handke による論争的だが説得力のない批評を見よ。Vom bürgerlichen Dilemma der Bestimmung des Bürgertums, in: *Jahrbuch für Wirtschaftsgeschichte,* 1977/II, S. 123-134, bes. S. 130, 134. この仮説は論理的に根拠づけられておらず、一八世紀後半や一九世紀初頭のドイツにおける教養市民層の明白な独立性や強固な立場とほとんど両立しない。同じ見方が他には H. Wagener, *Staats-und Gesellschaftslexikon* Bd. 4, Berlin 1860, S. 361 に見られる。「作家、弁護士、官僚というお供を連れたブルジョワジーは下層暴民の助けで革命を起こした。」（フランスの一七八九年に関連して）。同様にドイツについて「ブルジョワジーと教授や弁護士などの彼らの取り巻きたち」（S. 364）。

(17) R. Koselleck, *Kritik und Krise. Eine Studie zur Pathogenese der bürgerlichen Welt,* Freiburg 1959, 1974³ ; J・ハーバーマス、細谷貞雄訳『公共性の構造転換』未来社、一九七三年。G. v. Graevenitz, Innerlichkeit und Öffentlichkeit. Aspekte deutscher «bürgerlicher» Literatur im frühen 18. Jahrhundert, in; *Deutsche Vierteljahrsschrift für Literaturwissenschaft und Geistesgeschichte* 49, 1975, S. 1-82 ; H. Möller, *Vernunft und Kritik. Deutsche Aufklärung im 17. und 18. Jahrhundert,* Frankfurt 1986, S. 281ff. ; D. Grimm, *Deutsche Verfassungsgeschichte 1776-1866,* Frankfurt 1988, S. 10-49.

(18) G, A. Ritter u. J. Kocka (Hg.), *Deutsche Sozialgeschichte 1870-1914. Dokumente und Skizzen,* München 1974 (1982³), S. 382ff.

(19) J. Th. Jablonski, *Allgemeines Lexikon der Künste und Wissenschaften,* Bd. 1, Königsberg 1721, S. 117 ; J.H. Zedler, *Großes vollständiges Universallexicon aller Wissenschaften und Künste,* Bd. 4, Halle 1733, Sp. 1875-78. いまなお第1に挙げるべきは «Stadt-bzw. Gemeindebürger» im Art. ›Stadtbürger‹ in: *Meyers Großes Konversations-Lexikon,* Bd. 3, Leipzig 1908⁶, S. 620f. この近代初期を特徴付け、徐々に色あせていた都市市民概念の構成要素は、少なくとも一八五〇年代までに上

に向けて貴族に対してだけでなく、「大学出身者」すなわち教養層や官吏に対して、（とりわけ経済的自立性によって定義付けられた）市民層を境界付けることを容易にした。ロテックとヴェルカーの Staats-Lexicon がそうである。そこでは、「市民学校」（「教養学校」やギムナジウムとは区別される）という概念において、これが一九世紀を通じてあらわれていた。ビーレフェルト大学における特別研究領域「市民層」の研究プロジェクトのために、ウルリケ・シュプレーが収集してくれた概念史の資料の閲読に対して彼女に感謝する。

(20) J. G. Walch, *Philosophisches Lexicon*, Bd. 1, Leipzig 1775, Sp. 498 (Art. ›Brüger‹). Brockhaus, *Conversations-Lexicon* や *Handwörterbuch für die gebildeten Stände*, Bd. 2, Leipzig 1817^{4}, S. 133f. によれば、市民とは「国家において最も広い意味において自分の安全や享受する一般的な権利の保持のためにお互いに一つにまとまってきたすべての人びとを意味する。市民社会のどの成員も市民としての臣民である。」A. H. Pierer, *Encyklopädisches Wörterbuch der Wissenschaften, Künste und Gewerbe*, Bd. 4, Altenburg 1835, S. 483f. によれば「市民とは、市民社会のすべての成員、すべての国家成員（革命期フランスでは citoyen）とされていた一方で、『そのような共同体の本来の構成員』とみなされる者のみが考えられうる。『その共同体のなかでは彼らの自立性と独立性によって彼らの意思は全体意思の規範たることができる』。つまり単なる国家成員とは反対に投票権のある、あるいは能動的な国家市民である」。似たような概念は Jos. Meyer, Das große *Conversations-Lexikon für die gebildeten Stände*, 1. Abt., Bd. 6, Hildburghausen 1843, S. 754.

(21) Brockhaus, *Conversations-Lexicon* . . . , Bd. 2, 1820^{5}, S. 164f. (Art. ›Bürgerstand, Bürgerliche, Bourgeoisie‹). 原則的にはすでに以下で述べられていた。J. G. Krünitz, *Oeconomische Encyclopädie oder allgemeines System der Land-, Haus-und Staatswirtschaft*, Bd. 7, 1787, S. 381 (Art. ›Bürger‹). 以下も参照せよ。W. T. Krug, Allgemeines *Handwörterbuch der philosophischen Wissenschaften nebst ihrer Literatur und Geschichte*, Bd. 1, Leipzig 1827, S. 348. 「ついに市民の特別な階級としての市民的な人びとを、もう一つの上層階級としての貴族的な人びとに対置する。その結果、貴族的でない人すべてを市民と理解する。」あるいは Meyer, *Das Große Conversations-Lexicon*. Bd. 6, 1843, S. 754 では、市民とは「貴族や聖職者とは違って、いわゆる第三身分で、農民階級をも含む」。以下ではとくに明白である（農民、下層民、小市民層、貴族を除外している）。J.C. Bluntschli u. K. L. Th. Brater, *Deutsches Staatswörterbuch*, Bd. 2, Stuttgart 1857, S. 301ff. (Art. ›Bürgerstand‹). この概念がこの意味で明白に現れているのは H. v. Treitschke, *Politik. Vorlesungen gehalten an der Universität zu Berlin* (1897), Leipzig 1918, S. 314f. これに対しこのような意味と一八五〇年代やその後の「都市市民層」という古い意味との間において「市民層」概念が揺れ動いているのは、W. H. Riehl, *Die bürgerliche Gesellschaft*, Stuttgart 1885^{8}, S. 199ff.

(22) 前注を参照せよ。あるいは *Brockhaus* や *Conversations-Lexicon*, Bd. 2, 1833^{8}, S. 325f.（明らかに反貴族的な論争をもって出生貴族との境界付け、たとえば軍事的地位から市民層の除外に反対し、また「身分の釣り合わない結婚」に関して異論を提示した）。Rotteck u. Welcker, *Staats-Lexicon*, S. 153 では「営業や職業に関してだけ、身分の違いは価値をもち、その限りで国家公民を含む市民身分について語られる（たとえば Preuß.

Landr., II Thl., Tit. 8, § 1)。その国家公民は、出生によって貴族にも農民にも含められない。ただ、この意味においては市民層はさまざまな国家住民が含められるために、特定の社会集団を指して市民層ということはできない。」*Ebd.*, S. 152f. では「上層身分の特権は、裕福で仕事熱心で品位・力ある市民を憤慨させた」。Meyer, *Das Große Conversations-Lexicon*, Bd. 6, 1843, S. 754 では「市民の概念とともに世界中に自由の思想が高揚した。『市民』という概念は『品位』『自由』『法』と結び付き、『奴隷』『専制』『暴政』といった概念とは区別される」。

(23) Brockhaus, *Conversations-Lexicon* Bd. 3, 1851[10], S 175 は「ブルジョワジー」に関して以下のように記述している。「ブルジョワジーは彼らの下にいる階級とともに貴族、官吏、そのほかの上層の人びとに対して、つまり貴族制に対して敵対を共有し、しかし自分たちは、労働者やプロレタリアートの側からの攻撃の対象になった。同様に政治的過激派はブルジョワジーの臆病さや利己欲に彼らの政治的計画の失敗の原因を求めたのだった。多くの市民がその攻撃が市民自身やその地位に向けられることに気付かないかぎりでは、過激主義がフランス語化したことは、ドイツにとって一つの術策であるかもしれない。」R. Blum, *Volksthümliches Handbuch der Staatswissenschaften und Politik. Ein Staatslexicon für das Volk*, Bd. 1, Leipzig 1848, S. 156（同様にまたその注釈によって示されている。すなわちこの意味においてフランス語は「特に共産主義的なまた社会主義的な著作」によってドイツで定着した）. 同様なものとして Bluntschli/Brater, *Deutsches Staatswörterbuch*, Bd. 2, 1857 und Bd. 3, 1858, S. 176-182（貴族と「下層階級」に対する市民階級の境界付け。すべてであろうとする市民的要求は自己欺瞞である）. Brockhaus, *Conversations-Lexicon*, Bd. 3, 1864, S. 566 では、ブルジョワジーが（フランスでは）世襲貴族制の代わりを引き受け、彼らの所有と教養によって下層民と区別した（同時に貴族との境界付けも行われた）。遅くとも一八八〇年代以降、Meyers *Großem Konversations-Lexikon*, Bd. 3, Leipzig 1908[6], S. 620f. に見られるような注釈が存在する。「最近、社会民主主義の信奉者たちが労働者階級を市民階級に対抗させようと試み、『ブルジョワジー』が資本主義的な生産手段の代表者と称されている。」*Staatslexikon der Göres-Gesellschaft zur Pflege der Wissenschaft im katholischen Deutschland*, Bd. 1, Freiburg 1889, S. 1237 では、社会民主主義は労働者階級を市民層の対抗者とされている。

(24) 市民の資産家・金利生活者による早期の、そしてフランス革命によって強く促された農業資産の買い占めについて、また一九世紀の始めの数十年における貴族・市民的な名士階級の形成について——ドイツ（ラインラントなど若干を例外にして）とはまったく違って——は以下を参照せよ。W. Mager, Landwirtschaft und ländische Gesellschaft auf dem Weg in die Moderne. Umwälzungen und Reformen im Zeitalter der Französischen Revolution, in: H. Berding u. a. (Hg.), *Deutschland und Frankreich im Zeitalter der Revolution*, Frankfurt 1989.

(25) J. Mooser, Abschied von der «Proletariat». Sozialstruktur und Lage der Arbeiterschaft in der Bundesrepublik in historischer Perspektive, in: W. Conze u. M.R. Lepsius (Hg.), *Sozialgeschichte der Bundesrepublik Deutschland. Beiträge zum Kontinuitätsproblem*, Stuttgart 1983, S. 143-186.

(26) この基本的な考え方は以下を参照。M.R. Lepisius, Zur Soziologie des Bürgertums und der Bürgerlichkeit, in: J. Kocka (Hg.), *Bürger und Bürgerlichkeit im 19. Jahrhundert*,

Göttingen 1987, S. 79-100, bes. S. 82-86. 階級形成の観点からの労働者層に関する適切な手がかりは J. Kocka, *Lohnarbeit und Klassenbildung. Arbeiter und Arbeiterbewegung in Deutschland 1800-1875*, Berlin 1983, S. 23-30.

(27) J.C. Bluntschli, Art. ›Dritter Stand‹, in: Bluntschli u. Brater, *Deutsches Staatswörterbuch*, Bd. 3, 1858, S. 176-182, また ebd., Bd. 5, 1860, S. 525.

(28) この意味における「文化」について概念上さらに詳しくは以下を参照せよ。J. Kocka, *Sozialgeschichte. Begriff, Entwicklung, Probleme*, Göttingen 1862², S. 153f.「生活様式」のカテゴリーについては Weber, *Wirtschaft und Gesellschaft*, S. 226, 686f.

(29) 少なくとも女中を自由に使用できることは真に市民的な家庭の最低条件とみなされうる。しかし、使用人をおくことは市民の家庭に限られてはいなかった。それは多様にさらに小市民の領域にも入っていった（当然、農民や貴族の領域にも）。一八六七年のベルリンではすべての家庭のうち二一%が少なくとも一人以上の使用人を使っていた。H. Schwabe, *Resultate der Berliner Volkszählung vom 3. Dez. 1867*, Berlin 1869, S. CXXXIX. D. Wierling, Der bürgerliche Haushalt der Jahrhundertwende aus der Perspektive der Dienstmädchen, in: T. Pierenkemper (Hg.), *Haushalt und Verbrauch in historischer Perspektive*. St. Katharinen 1987, S. 282ff. (mit Kommentar v. J. Ehmer); R. Engelsing, *Zur Sozialgeshichte deutscher Mittel- und Unterschichten*, Göttingen 1978², S. 225-261.

(30) 市民層の統一に関するこの文化史的解釈を支持できる証拠となるものは非常に数が多い。本訳書の諸論文参照。全般的には Nipperdey, *Deutsche Geschichte*, Kap. IV; ders., Aspekte der Verbürgerlichung, in: Kocka, *Arbeiter und Bürger*, S. 49-52. 一九世紀の教養市民層の形成に関する諸論文を含み、コゼレックによって準備された巻（Reihe«Industrielle Welt», Stuttgart）にこのテーマに関するものが含まれている。また以下を参照せよ。R. Braun, «The Invention of Tradition». Wilhelm II und die Renaissance der höfischen Tänze, in: *Zeitschrift für Volkskunde* 82, 1986/II, S. 227-249, 247. 一般的には注（11）に挙げたテンブルックの論文および以下を参照せよ。P. Bourdieu, *Die feinen Unterschiede. Kritik der gesellschaftlichen Urteilskraft*, Frankfurt 1982 (=*La distinction. Critique social du jugement*, Paris 1979).

(31) それと並んで貴族的な伝統が市民層の発展しつつあった文化の中に流入した。

(32) このことはハンガリー、東ポーランド、ロシア、バルカン諸国ならびに日本に関する研究グループのなかで研究された。それに加えここに活字化されていないが一九八七年三月二五日に学際研究センターで、J・村上による講演が行われた。J. Murakami: Besitz und/oder Bildung. Deutsch-japanische Bürgertumsvergleiche (Manuskript).

(33) W. Dlugoborski (Hg.), *Bürgertum in Ostmitteleuropa*, Göttingen 1989（一九八七年四月九～一一日に学際研究センターの研究プロジェクトの範囲内で催されたこのテーマに関する会議における報告).

(34) 特に本訳書第五章を参照せよ。また以下も参照せよ。Lepsius, *Bürgertum als Gegenstand der Sozialgeschichte*, S. 71.

(35) E. Hobsbawm, Introduction, in: ders. u. T. Ranger (Hg.), *The Invention of Tradition*, Cambridge 1983, pp. 1-14.

(36) 市民文化の普遍化の要求についてバウジンガーとテンブルッ

クの既掲の著作がある。本訳書ではとりわけ第一章と第九章を参照。さらに重要なものは H. Weil, *Die Entwicklung des deutschen Bildungsprinzips*, Bonn 1930. 市民とその限界については第二巻で Haupt（小市民について）、Jacobeit（村について）、König（職員について）、Zwahr と Eisenberg（労働者階級の市民化の傾向と限界について）などの寄稿論文がある。ここには社会的叙述概念（構成を限定）とイデオロギー的なプログラム概念（統一化と包含の傾向を伴う）との間における市民概念のゆれ動きのなかで、社会的境界付けの機能と市民文化の普遍化の要求との間の緊張が概念史として映し出されている。この第二局面には中間層という明らかに境界付けられている概念はない。この指摘はシュプレーとシュタインメッツに負うている。彼らはビーレフェルト大学における「市民層」という特別研究領域内で比較概念史的研究を行った。市民文化の普遍化の要求については以下を参照 G. Stanitzek, Bildung und Roman als Momente bürgerliche Kultur, *SFB-Arbeitspapier* Nr. 4, Bielefeld 1988; E. Meyer-Krentler, *Der Bürger als Freund. Ein sozialethisches Programm und seine Kritik in der neueren deutschen Erzählliteratur*, München 1984.

(37) これには工業化は含まれなかった。工業化は、市民層の内部構成、社会的比重、主要な境界付けに影響を与えたが。

(38) 以下の各国の概観はイタリア、オーストリア、ハンガリーでの展開が、スウェーデンやイギリスよりもドイツに似ていたことを明らかにしている。ドイツの場合の差違の程度では、フランスはイタリアとイギリスの間にあるように思える。残念ながら、ほかの南欧の国々はこの研究グループの研究には含まれなかった。しかし以下を参照 M. Artola, *La burguesía revolucionaria*, Madrid 1974; M. Martinez Cuadrado, *La burguesía conservadora*, Madrid 1973; B. de Riquer, Burgesos, polítics i cacics a la Catalunya de la Restauració, in: *L'Avenç*, Nr. 85, Sept. 1985, pp. 642-659.

(39) C. Garve, Versuche über verschiedene Gegenstande aus der Model, der Literatur und dem gesellschaftlichen Leben (1792), zit. nach Riedel, Art. ›Bürger, Staatsbürger, Bürgertum‹, S. 701.

(40) この中心的な過程に関する概念についての注釈と理念的適用は Ritter u. Kocka, *Deutsche Sozialgeschichte*, S. 62-70, bes. S. 62 bis 65. さらに参照すべきは U. Haltern, Bürgerliche Gesellschaft. Theorie und Geschichte, in: *Neue Politische Literatur* 19, 1974, S. 472-488 u. 20, 1975, S. 45-59; ders., Entwicklungsprobleme der bürgerlichen Gesellschaft, in: *Geschichte und Gesellschaft* 5, 1979, S. 274-292; ders., *Bürgerliche Gesellschaft. Sozialtheoretische und sozialhistorische Aspekte*, Darmstadt 1985. また「市民社会」概念の適用に関して参照 R. Rürup, Judenemanzipation und bürgerliche Gesellschaft in Deutschland (1968), in: ders., *Emanzipation und Antisemitismus*, Göttingen 1975, S. 11-36; ders., *Deutschland im 19. Jahrhundert 1815 bis 1871*, Göttingen 1984, S. 101ff.; S. Grimm, *Recht und Staat der bürgerlichen Gesellschaft*, Frankfurt 1987; Nipperdey, *Deutsche Geschichte*, S. 255ff.; H.-U. Wehler, Wie bürgerlich war das deutsche Kaiserreich? 〔注（7）参照〕、また以下の注（62）の L. Gall 論文参照。

(41) 「市民性」についてのこの二つの必ずしも同一ではない意味は、同様に完全には同じではない意味と同一視できる。「市民性」概念の意味はそれが用いられる状況とともに容易に変わる。

(42) イギリスあるいはハンブルクの一八〇〇年頃の簡素な実用劇

場建築がフランスの代表的なものより市民的であったのか。あるいはその逆であったのか。一九〇〇年頃のフランスの大企業の中で「所有主」のかなりの無制約性は、ドイツの経営者の「制約的な」状況より市民的であったのか。あるいはその逆だったのか。

(43) 「自由主義の市民性」は一九世紀初頭と二〇世紀初頭とではいささか異なったものと考えられる。本訳書の第十二章を参照せよ。

(44) 以下を参照せよ。Grimm, Bd. 1, S. 344ff.; Ogorek, Bd. 1, S. 386f.; Vogel, Bd. 1, S. 408. 私的権利については Grimm, Bürgerlichkeit im Recht, 注(7)の Kocka, S. 149-188; ders., *Recht und Staat der bürgerlichen Gesellschaft*, Frankfurt 1987, Kap. III.

(45) C. B. Macpherson, *Die politische Thorie des Besitzindividualismus. Von Hobbes bis Locke*, Frankfurt 1973, bes. S. 68ff.

(46) Keane の試み (Bd. 1, S. 335 を参照) は資本主義経済の要求から市民的モデルの誕生をさらにもう一歩解き明かす、というものである。

(47) F. Kopzitzsch, Die Hamburgische Gesellschaft zur Beförderung der Künste und nützlichen Gewerbe (Patritische Gesellschaft von 1765) im Zeitalter der Aufklärung, in: R. Vierhaus (Hg.), *Deutsche patriotische und gemeinnützige Gesellschaften*, München 1980, S. 71-118, bes. S. 78; U. Frevert, «Tatenarm und gedankenvoll»? Bürgertum im Deutschland 1780-1820; in: H. Berding u. a. (Hg.), *Deutschland und Frankreich im Zeitalter der Revolution*, Frankfurt 1989. H. E. Bödeker, Die «gebildeten Stände» im späten 18. und frühen 19. Jahrhundert: Zugehörigkeit und Abgrenzungen. Mentalitäten und Handlungspotentiale, in: J. Kocka (Hg.), *Bildungsbürgertum im 19 Jahrhundert. T. 4: Politischer Einfluß und gesellschaftliche Formation*, erscheint Stuttgart 1989; R. van Dülmen, *Die Gesellschaft der Aufklärer. Zur bürgerlichen Emanzipation und aufklärerischen Kultur in Deutschland*, Frankfurt 1986, S. 55ff; Möller, *Vernunft und Aufklärung*, S. 289-297, bes. 295ff.

(48) 一九世紀自由主義の市民優位の社会的基盤については以下を参照、本訳書の第十二章および Langewiesche (Hg.), *Liberalismus im 19. Jahrhundert. Deutschland im europäischen Vergleich*, Göttingen 1988; J. J. Sheehan, *Der deutsche Liberalismus. Von den Anfängen im 18. Jahrhundert bis zum Ersten Weltkrieg 1770-1914*, München 1983; D. Langewiesche, *Liberalismus in Deutschland*, Frankfurt 1988.

(49) W. T. Krug, *Allgemeines Handwörterbuch der philosophischen Wissenschaften nebst ihrer Literatur und Geschichte*, Bd. 1, Leipzig 1827, S. 346. 類似のものとして Pierer, *Encyklopädisches Wörterbuch*, Bd. 4, 1835, S. 483f.

(50) *Geschichte der sozialen Bewegung in Frankreich von 1789 bis auf unsere Tage*, Bd. 1 (1842), Darmstadt 1959, S. 476.

(51) マルクスとエンゲルスの研究の中で相応する立場は無数にある。以下を参照せよ。『共産党宣言』第一章（一八四八年、『全集』4、大月書店）、『フランスにおける階級闘争』（一八五〇年、『全集』7、大月書店）、『空想から科学への社会主義の発展』（一八八〇年、『全集』19、大月書店）。保守派側からはH・ヴァゲナーは以下のように批判した。「旧来の立派な組織化された市民階層の変化と、近代ブルジョワジーへの急速な分解。……」*Staat-und Gesellschaftslexikon*, Bd. 4, Berlin 1860, S. 366.

(52) 以下を参照せよ。Volkov, Bd. 2, S. 343ff. u. *Zimmermann*, Bd. 2, S. 372ff.

(53) 非自立性、市場依存の不安定性、労働の手仕事的性格、わずかな収入、狭い住居環境、すべての家族成員が収入に貢献する必要性、――これらは一九世紀の労働者の真の「市民化」を妨げた要因であった。

(54) 本訳書の第八章、および（Bd. 2, S. 421ff.）

(55) 注（54）ならびに以下を参照せよ。本訳書の第九、十章。P. U. Hohendahl, Bürgerlichkeit und Bürgertum als Problem der Literatursoziologie, in: *German Quarterly*, 1988, pp. 264-283.

(56) これは（学際性を謳った）研究機関（学際研究センター）が研究を概念化にまで発展させた事例とみなしうる。以下を参照せよ。J. Kocka (Hg.), *Interdisziplinarität. Praxis—Herausforderung—Ideologie*, Frankfurt 1987.

(57) 進歩と規律化の弁証法に関して異なる見方は、本訳書の第二、三、十四章を参照。一九八七年五月二〇日にジョージ・モッセとセクシュアリティと市民層に関する討論が行われた。以下を参照せよ。佐藤卓己・佐藤八重子訳『ナショナリズムとセクシュアリティ』柏書房、一九九六年。ユダヤ人の同化と上昇の間の関連については Bd. II における Volkov, Zimmerman, Jersch-Wenzel の寄稿論文がある。Jersch-Wenzel によるアムステルダム、フランクフルト、そしてポーゼンにおけるユダヤ人の状況の比較が以下のことを明らかにしている。新しい市民的特徴をもつアムステルダムのほうが、古い市民的特徴を持つフランクフルトや官憲国家的統制下のポーゼンよりも、ユダヤ人を同権化の代償として同化には至らなかった。村落やその境界の市民化については Jacobeit, Bd. 2, S. 315ff. を参照せよ。

(58) Ritter u. Kocka, *Deutsche Sozialgeschichte*, S. 64-66.

(59) この指摘は Zwahr, Bd. 2, S. 149ff. の叙述による。Eisenberg による寄稿論文（Bd. 2, S. 187ff, S. 191f.）は社団原理と市民層の間の特有の親和性を示している。またそれは、この市民的獲得物である社団がしばし考えられるほどプロレタリアート的な要求や可能性に適合していなかった、と主張されている。

(60) この共同研究においては Vogel と Gerhard の寄稿論文（Bd. 1, S. 406ff., 439ff.）がある。さらには、U. Frevert (Hg.), *Bürgerinnen und Bürger. Geschlechterverhältnisse im 19. Jahrhundert*, Göttingen 1988. より詳細であるのは、J. Kocka, *Einige Ergebnisse*, S. 206-209. 異なった強調をしているのは、U. Gerhard, *Andere Ergebnisse*, S. 210-214.

(61) K. Holm, Der Traum von der Emanzipation: nicht arbeiten. Frauen in der Sowjetunion, in: *Frankfurter Allgemeine Zeitung* Nr. 78 v. 2. 4. 1988 (Beilage). このテーマについて一般的には以下を参照せよ。U. Frevert, *Frauen-Geschichten. Zwischen Bürgerlicher Verbesserung und Neuer Weiblichkeit*, Frankfurt 1986.

(62) 最も良い概観は今日では Wehler, *Deutsche Gesellschaftsgeschichte*, Bd. 1, hier u. a. S. 202-217 u. Bd. 2, hier u. a. S. 174-240. Vgl. auch ders., Bürger, Arbeiter und das Problem der Klassenbildung 1800-1870. Deutschland im internationalen Vergleich, in: Kocka, *Arbeiter und Bürger im 19. Jahrhundert*, S. 1-28; R. Rürup, *Deutschland im 19. Jahrhundert 1815-1871*, Göttingen 1984, bes. S. 85-109; R. Vierhaus, Der Aufstieg des Bürgertums vom späten 18. Jahrhundert bis 1848/49, in: Kocka, *Bürger und Bürgerlichkeit*, S. 64-78. また注（11）・（17）に示した Habermas, Koselleck,

Vierhaus, Ruppert, Hurrelmann などの著作。さらに O. Dann (Hg.), *Lesegesellschaften und bürgerliche Emanzipation. Ein europäischer Vergleich*, München 1981; U. Im Hof, *Das gesellige Jahrhundert. Gesellschaft und Gesellschaften im Zeitalter der Aufklärung*, München 1982; H. Möller, *Vernunft und Kritik. Deutsche Aufklärung im 17. und 18. Jahrhundert*, Frankfurt 1986; B. Lutz (Hg.), *Deutsches Bürgertum und literalische Intelligenz 1750-1800*, Stuttgart 1974; K. Schwieger, *Das Bürgertum in Preußen vor der Französischen Revolution*, Diss. Kiel 1971; H. H. Gerth, *Bürgerliche Intelligenz um 1800. Zur Soziologie des deutschen Frühliberalismus*, Göttingen 1976; J. Reulecke, Städtisches Bürgertum in der deutschen Frühindustrialisierung, in: M. Gletter u. a. (Hg.), *Zentrale Städte und ihr Umland*, St. Katharinen 1985, S. 296-311. 一八四八／四九年までの上昇期、一八八〇年代／九〇年代までの市民層の孤在の進展期、（それ以後の市民社会から多元社会への過渡期）つまり新たな開始時代は、以下の一都市の例に即して区別されている。L. Gall, Die Stadt der bürgerlichen Gesellschaft—das Beispiel Mannheim, in: *Forschungen zur Stadtgeschichte. Drei Vorträge* (Gerda Henkel Vorlesung), Opladen 1986, S. 55-71. これに対して H.-U. Wehler は一八七〇年代の教養市民層の発展における決定的な区分を設定した。以下を参照せよ。ders., Deutsches Bildungsbürgertum in vergleichender Perspektive. Elemente eines «Sonderwegs»?, in: J. Kocka (Hg.), *Bildungsbürgertum*, T. 4.

(63) Beutin, *Das Bürgertum*, S. 132-165; 最良の概観としては Rürup, *Deutschland*, bes. S. 197-233. 一八六六年までは Nipperdey, *Deutsche Geschichte*. Vgl. J. J. Sheehan, *Der deutsche Liberalismus*, Kap. III-IV. H. A. Winkler, *Preußischer Liberalismus und deutscher Nationalstaat*, Tübingen 1964; ders., *Liberalismus und Antiliberalismus. Studien zur politischen Sozialgeschichte des 19. und 20. Jahrhunderts*, Göttingen 1979, S. 11-80; S. Na'aman, *Der Deutsche Nationalverein. Die politische Konstituierung des deutschen Bürgertums 1859-1867*, Düsseldorf 1987.

(64) Wehler, Wie bürgerlich war das Deutsche Kaiserreich?, in: Kocka, *Bürger und Bürgerlichkeit*, S. 243-280; S. 281-87 der Kommentar von D. Blackbourn; G. A. Craig, *Deutsche Geschichte 1866-1945. Vom Norddeutschen Bund biz zum Ende des Dritten Reiches*, München 1980, S. 100-297; H. Rosenberg, *Große Depression und Bismarckzeit. Wirtschaftsablauf, Gesellschaft und Politik in Mitteleuropa*, Berlin 1967 (1976[2]); ハンス-ウルリヒ・ヴェーラー、大野英二・肥前栄一訳『ドイツ帝国　一八七一—一九一八年』未来社、一九八三年。F・スターン、中道寿一訳『文化的絶望の政治』三嶺書房、一九八八年。市民層に関する詳説を伴いつつ異なる観点からのものとして以下を参照せよ。M. Stürmer, *Das ruhelose Reich. Deutschland 1866-1918*, Berlin 1983. 引用文は F. Naumann, Der Industriestaat, in: ders., *Werke*, Bd. 3, Köln 1964, S. 45. モムゼンの引用文については A. Heuß, *Theodor Mommsen und das 19. Jahrhundert*, Kiel 1956, S. 282.

(65) Ritter u. Kocka, *Deutsche Sozialgeschichte*, S. 62-90; K. Vondung (Hg.), *Das Wilhelmische Bildungsbürgertum. Zur Sozialgeschichte seiner Ideen*, Göttingen 1976; M. Doerry, *Übergansmenschen. Die Mentalität der Wilhelminer und die Krise des Kaiserreiches*, Weinheim 1986; K. H. Jarausch, Stu-

dents, Society and Politics in Imperial Germany. The Rise of Academic Illiberalism, Princeton, N. J. 1982.

(66) *Politische Texte*, Reinbek 1971, S. 104. 戦争のなかで解体したウィーン市民層へのオット・バウアーの追悼文については、以下を参照せよ。Bruckmüller/Stekl, Bd. 1, S. 189.

(67) H. Heller, Rechtsstaat oder Diktatur? (1929), in: ders., *Gesammelte Schriften*, Bd. 2, Leiden 1971, S. 443-462; R. Smend, Bürger und Bourgeois im deutschen Staatsrecht (1933), in: ders., *Staatsrechtliche Abhandlungen und andere Aufsätze*, Berlin 1968², S. 309-324:「市民の時代は終わった。われわれはある新しい別の時代の閉ざされた扉の前に立っている。われわれの市民的な過去は臣下から国家公民へと転生し、それはドイツの市民の考えや型を創り、こうして未来にわずかな政治的道徳的遺産すら残さなかった。今日の若者がこの遺産を相続するにふさわしいようにも思えない。……彼らはその（市民層の——ユルゲン・コッカ）独自の徳についてなんら感受性を持たない。同じように彼らは献身と人間的節度の独特な混合に対してもそうである。そのことは今日余りにも誹謗されている自由主義に際立っていたものであった。」

(68) Jarausch, Bd. 2, S. 134ff.; H. Mommsen, Die Auflösung des Bürgertums seit dem späten 19. Jahthundert, in: Kocka, *Bürger und Bürgerlichkeit*, S. 288-315.

(69) H.P. Schwarz, *Die Ära Adenauer. Gründerjahre der Republik 1949-1957*, Aiesbaden 1981, S. 445.

(70) Jarausch, Bd. 2, S. 124ff. を参照せよ。

(71) この点はすでに一一ページおよび一四ページで述べた。

(72) C・シュテルン／H・A・ヴィンクラー編、末川清他訳『ドイツ史の転換点　一八四八—一九九〇年』晃洋書房、一九九二年、一七九～二一七ページ参照。

(73) 同訳書七二ページ以下。

(74) まったく類似の時代の相違については Hobsbawn, Bd. 1, S. 102ff. を参照せよ。転換期としての八〇年代については Meriggi, Bd. 1, S. 145ff., 152ff., 159 を参照せよ。スウェーデンの場合の興味あるずれと同時に一般的なモデルの確認は Stråth, Bd. 1, S. 243f. を参照せよ。ヨーロッパのモデル一般については Kaelble, Bd. 1, S. 109f. も参照。さらには四〇年代から七〇年代までの市民層の最盛期については参照 E. J. Hobsbawn, *Die Blüezeit des Kapitals. Eines Kulturgeschichte der Jahre 1848-1875*, München 1977, S. 284ff. また Stearns, *The Middle Class*, p. 385 も参照せよ。

(75) 非ヨーロッパ諸国における異なる発展を比較対象にするならば、市民層史のヨーロッパ的共通点はいっそう鮮明に際立ってくるだろう。

(76) 本訳書一〇ページ以下、一四ページ参照。

(77) この基本的問題提起については「はじめに」の二ページの注で挙げられた文献がある。同様に、注（7）のユルゲン・コッカの文献の四八～六三ページを参照せよ。

(78) この断念は弱点を意味する。しかし研究能力は限られており、複雑なるものを理解しようとするなら、それは単純化されなければならない。そして、地域間比較の代わりに国際比較を選定することは「特有の道」論争の関係から当然である。その論争は研究グループにとって出発点であった。注（77）を参照せよ。

(79) A. Gerschenkron, Wirtschaftliche Rückständigkeit in historischer Perspektive, in: R. Braun u. a. (Hg.), *Industrielle Revolution*, Köln 1972, S. 59-78.

(80) Fridenson の寄稿論文（Bd. II, S. 65-91）を参照せよ。

(81) Dlugoborski, Bd. 1, S. 275, 280f., 291; Brückmüller/Stekl, Bd. 1, S. 164f., 187f.; Zwahr, Bd. 2, S. 153ff. 本訳書、四三八ページ以下。Vgl. auch G. Ránki, Zur Frage der Herausbildung des Bürgertums und der Arbeiterklasse in Ostmitteleuropa, in: Kocka, *Arbeiter und Bürger im 19. Jahrhundert*, S. 140-150.

(82) Cassis, Bd. 2, S. 16ff., 24ff.; Hobsbawm, Bd. 1, S. 82; Kaelble, Bd. 1, S. 120ff. ドイツとフランス、ならびにイギリスの企業家の比較としてはフリデンソンとティリーの寄稿論文(Bd. 2)。ある地域的な企業家層の研究例としては、以下を参照せよ。H. Henning, Soziale Verflechtung der Unternehmer in Westfalen 1860-1914, in: *Zeitschrift für Unternehmensgeschichte* 23, 1978, S. 1-30.

(83) 教養市民層とナチズムの関係に関しては Jarausch, Bd. 2, S. 136 を参照せよ。一九〇〇年頃の教養市民層の政治的不均質については R. vom Bruch, Gesellschaftliche Funktionen und politische Rollen des Bildungsbürgertums im Wilhelminischen Reich, in: Kocka, *Bildungsbürgertum*, T. 4.

(84) Hobsbawn, Bd. 1, S. 83f., 90f., 95f.; Siegrist, *Bürgerliche Berufe* (特に Burrage の寄稿論文を参照せよ).

(85) ケルンとワルシャワの比較は本訳書四四六ページを参照せよ。四三四ページには「教養市民層」という概念をスラブ系言語に翻訳できない事情について書かれている。

(86) 特に本訳書、フロハ論文、Ranki, Bd. 1. S. 257, Dlugoborski, Bd. 1, S. 273f. スイスについては、Tanner, Bd. 1, S. 214ff. (民衆に開かれていた有能なブルジョワジーについて語られている) さらに以下を参照せよ。Siegrist, Bd. 2, S. 96, 100ff. N. Koestler, Polnische Intelligenz als sozialgeschichtliches Problem. Ein Bericht über die polnische Forschung, in: *Jahrbücher für Geschichte Osteuropas* 31, 1983, S. 543-562.「教養小市民層」について語られているのは、J. Kořalka, in: Arbeiteremanzipation und Bildung in einer aufsteigenden Nationalgesellschaft: des Beispiel Böhmen, in: Kocka, *Arbeiter und Bürger im 19. Jahrhundert*, S. 65-74, 332.「インテリゲンチア」という概念はしばしば「教養市民層」概念よりも狭くとらえられている。Th. Geiger, *Aufgaben und Stellung der Intelligenz in der Gesellschahft*, Stuttgart 1949, S. 4ff., 12f. (アカデミカー、教養人、インテリゲンチアの間の区別をすることは創造的な文化的課題である) だが、たいてい「インテリゲンチア」は「教養市民層」より広い意味 (すなわち中・下層職員を含め) を持っていると思われる。たとえばレーニンがそうである。「すべての教養人、代表的自由業者、頭脳労働者 (イギリス人がいう brain worker) は肉体労働者とは違う」(Lenin, *Werke*, Bd. 7, Berlin 1956, S. 324f.)。この伝統において、異なるニュアンスで、明らかに明白なコンセンサスなしにだが、こうした概念の使用法はドイツ民主共和国に存続した。J. Kuczynski, *Die Intelligenz. Studien zur Soziologie und Geschichte ihrer Großen*, Köln 1987, S. 21-25. どんな場合でも「インテリゲンチア」という概念は「教養市民層」とは違って、ほかの市民集団 (たとえば経済市民層) への社会的に近い関係の下におくことを避けたが、その代りに小市民や民衆に対しては開放性があった。「インテリゲンチア」や「知識人」という概念は「教養市民層」という概念より簡単に批判のイメージ (市民層批判にも) に結び付けられている。「知識人」の概念については、たとえば、J. A. Schumpeter, *Kapitalismus, Sozialismus und Demokratie* (1942), München 1972^3, S. 235-248, bes.

S. 238-240; D. Bering, *Die Intellektuellen. Geschichte eines Schimpfwortes*, Berlin 1982 を参照せよ（一九世紀の後半以来フランスとドイツで、労働運動でもその言葉の意味は一部は肯定的に、一部は否定的な使われ方に関する多くの事例あり）。特に H. Brin, *Zur Akademiker-und Intellektuellenfrage in der Arbeiterbewegung*. Diss. Basel, Straßburg 1928, etwa S. 48ff. カウツキーのインテリゲンチア論については Vgl. O. Pascal u. J.-F. Sirinelli, *Les intelectuels en France de l'Affaire Dreyfus à nos jours*, Paris 1986.

(87) 本訳書モーツキン論文およびイッガース論文を参照。

(88) 以下を参照せよ。Bruckmüller/Stekl (Bd. 1, S. 161, 163); Merigi (Bd. 1, S. 150ff.).

(89) このことが一九世紀末、二〇世紀初頭よりは一八世紀末、一九世紀初頭に妥当することは本訳書二三ページで言及した。一九世紀末には教養市民層が工業化によって引き起こされたブルジョワジーの台頭に直面し、そのうえ分化の高進を被った。その分化は特に専門職業化過程が推進されるなかで一般教養の犠牲のうえに専門化する専門知識に基づくものであった。この点については以下を参照せよ。Conze u. Kocka, Einleitung, in: dies., *Bildundsbürgertum im 19. Jahrhundert*, S. 25f.

(90) 特にドイツとイギリスの比較において、教養小説に関連しては本訳書フォスカンプ論文参照。本訳書フレーフェルト論文は、ドイツの（イギリスのではない）市民層の決闘志向を説明している。劇場の関連では本訳書シュタインハウザー論文およびクラウル論文を参照。

(91) この合法的な宗教において特に強い抵抗がそれに対して向けられていたにもかかわらず、フォルコフは寄稿論文（Bd. 2, S. 359f.）でドイツにおけるユダヤ教の神学と宗教の市民化（個人化、内面化、脱原理主義）を明示しているが、恐らく市民性に対する、カトリック信仰のなかで築きあげられた距離のほうがよりわずかであったのであろう（「文化プロテスタンティズム」におけるよりもはっきり示されていたにしても）。

(92) Hobsbawm, Bd. 1, S. 84 を参照せよ。フランスについては Kaelble, Bd. 1, S. 126. 全体的な問題については特に本訳書モーツキン論文を参照せよ。また以下を参照。M. Baumeister, *Parität und katholische Inferiorität. Untersuchungen zur Stellung des Katholizismus im Deutschen Kaiserreich*, Paderborn 1987; A. Rauscher (Hg.), *Katholizismus, Bildung und Wissenschaft im 19. Jahrhundert*, Paderborn 1987; C. Bauer, Der deutsche Katholizismus und die bürgerliche Gesellschaft, in: ders., *Deutscher Katholizismus. Entwicklungslinien und Profile*, Frankfurt 1964, S. 28-53; J. Sperber, *Popular Catholicism in Nineteenth Century Germany*, Princeton, N.J. 1984; D. Blackbourn, *Class, Religion and Local Politics in Wilhelmine Germany. The Centre Party in Württemberg before 1914*, Wiesbaden 1980. 全般的には H. Lübbe, *Religion nach der Aufklärung*, Graz 1986. 特に J. Mooser, *Katholik und Bürger? Rolle und Bedeutung des Bürgertums auf den deutschen Katholikentagen 1871-1913*, Ms. Universität Bielefeld 1986.

自由教会は国民教会と違って、市民団体や組合のように国家的統制を制限する点で市民社会の誕生に貢献しえたが、この点、スウェーデンに関して Stråth (Bd. 1, S. 231) に示されている。

(93) 一九〇四年にマックス・ウェーバーは学生組合の拡大を批判した。「封建的尊大さは容赦のない市民的労働の精神を代置しはしない」と。Max Weber, Agrarstatistische und sozialpoli-

tische Betrachtungen zur Fiderkommißfrage in Preußen, in: ders., *Gesammelte Aufsätze zur Soziologie und Sozialpolitik*, Tübingen 1924, S. 390. 封建化テーゼについてはまた以下を参照せよ。F. Zunkel, *Der rheinisch-westfälische Unternehmer 1834-1879*, Köln 1962. それ以前にすでに影響の大きかったのはハンス・ローゼンベルク「騎士領所有者階級のえせ民主化」大野英二他訳『ドイツ社会史の諸問題』未来社、一九七八年。H. -J. Puhle, *Agrarische Interessenpolitik und preußischer Konservatismus im wilhelmischen Reich (1893- 1914)*, Bonn 1975^2; ヴェーラー『ドイツ帝国』一九一ページ以下。Ritter u. Kocka, *Deutsche Sozialgeschichte*, S. 67f.; G. N. Izenberg, Die «Aristokratisierung» der bürgerlichen Kultur im 19. Jahrhundert, in: P. U. Hohendahl u. P. M. Lützeler (Hg.), *Legitimationskrisen des deutschen Adels*, Stuttgart 1979, S. 233-244. 変化した形態における政治上の長期結果を強調しているものとしては以下を参照せよ。H. A. Winkler, *Revolution, Staat, Faschismus. Zur Revision des Historischen Materialismus*, Göttingen 1978, S. 65-117. このテーゼへの批判としてはD・ブラックボーン／G・イリー、望田幸男訳『現代歴史叙述の神話』晃洋書房、一九八三年、第四章。H. Kaelble, Wie feudal waren die deutschen Unternehmer im Kaiserreich? in: R. Tilly (Hg.), *Beiträge zur quantitativen deutschen Unternehmensgeschichte*, Stuttgart 1985, S. 148-174; D. L. Augustine Perez, *Heiratsverhalten und Berufswahl in den nichtagrarischen Multimillionärsfamilien in Deutschland vor 1914*, Magisterarbeit FU Berlin 1983, S. 63ff. シュペンターにならって現象の全ヨーロッパ的性格を強調しているのは、A. J. Mayer, *Adelsmacht und Bürgertum. Die Krise der europäischen Gesellschaft 1848-1914*, München 1984.

(94) Mosse, Bd. 2, S. 276ff. 第一巻からは Kaeble, S. 111ff.; Meriggi, S. 145f., 150, 157; Tanner, S. 195, 208; Stråth, S. 234; Ranki, S. 254f.; Dlugoborski, S. 283; Gerhard, S. 451. また第二巻では Cassis, S. 24ff. 本訳書ではフレーフェルト、ランゲヴィーシェ、シュタインハウザーの各論文参照。

(95) D. Baedeker, *Alfred Krupp. Die Entwicklung der Gußstahlfabrik zu Essen*, Essen 1912; T. Buddenstieg (Hg.), *Villa Hügel. Das Wohnhaus Krupp in Essen*, Berlin 1984. W. Brönner, *Die bürgerliche Villa in Deutschland 1830-1890*, Düsseldorf 1987.

(96) Mosse, Bd. 2, S. 276ff. を参照せよ。——イギリス市民社会への貴族の適応能力とその強い影響を強調しているものとして以下の研究である。H. -C. Schroeder, Der englische Adel, in: A. von Reden-Dohna (Hg.), *Der Adel im bürgerlichen Zeitalter*, Wiesbaden vorauss. 1988.

(97) 特に以下の寄稿論文をを参照せよ。Cassis, Kaeble, Meriggi, Dlugoborski, und Ránki.

(98) Haupt, Bd. 2, bes. S. 271ff.

(99) König, Bd. 2, bes. S. 247ff.

(100) Kaeble, Bd. 1, S. 134f.

(101) Jacobeit, Bd. 2, S. 315ff. Vgl. Glettler u. a. (Hg.), *Zentrale Städte und ihr Umland.*

(102) D. Langewiesche (Hg.), *Liberalismus im 19. Jahrhundert. Deutschland im europaischen Vergleich*, Göttingen 1988.

(103) 一般的には以下を参照せよ。O. Hintze, Der Beamtenstand (1911), in: ders., *Soziologie und Geschichte*, Göttingen 1964^2, S. 66-125. その時々の市民層における官吏の強固な地位は関連

する地方の地域研究が示している。たとえば、H. Bühler, *Das beamtete Bürgertum in Göppingen und sein soziales Verhalten 1815-1848*, Göppingen 1976, z. B. S. 28. 大学教育を受けた官吏は経済市民層の娘とはまれにしか結婚しなかった。というのはそのような結び付きは同時代人の大学教育を受けた官吏の身分意識とはまったく一致しなかったからである。以下も参照せよ。D. Wegmann, *Die leitenden staatlichen Verwaltungsbeamten der Provinz Westfalen 1815-1918*, Münster 1969.

(104) 一八四〇年代の多様な官僚批判については以下を参照。R. Mohl, *Zeitschrift für die gesammten Staatswissenschaft* 3, 1846, S. 330 bis 364, bes. 330-348 ; F. Zunkel, Beamtenschaft und Unternehmertum beim Aufbau der Ruhrindustrie 1849-1880, in : *Tradition* 9, 1964, S. 261-276.

(105) Fridenson, Bd. 2, S. 75f., 一般的には J. Kocka, *Unternehmensverwaltung und Angestelltenschaft am Beispiel Siemens 1847-1914*, Stuttgart 1969 ; ders., Eisenbahnverwaltung in der industriellen Revolution. Deutsch-amerikanische Vergleiche, in : H. Kellenbenz, u. H. Pohl (Hg.), *Historia Socialis et Economica*, Stuttgart 1987, S. 259-277.

(106) これはブッシュと私（ユルゲン・コッカ）が主宰したプロイセン商業顧問官の歴史に関するドイツ学術振興協会のプロジェクトの中間結果による。私はカリン・カウデルカーハニッシュに最初の中間報告の準備に対して感謝する。

(107) とくに次のものを参照せよ。Tilly, Bd. 2, bes. S. 56ff（ドイツ—イギリスの企業家の比較）. 他に以下を参照せよ。H・A・ヴィンクラー編、保住敏彦他訳『組織された資本主義』名古屋大学出版会、一九八九年。G. A. Ritter, Entstehung und Entwicklung des Sozialstaates in vergleichender Perspektive, in : *Historische Zeitschrift* 243, 1986, S. 1-90 ; G. Schmidt, Liberalismus und soziale Reform. Der deutsche und der britische Fall, 1890-1914, in : *Tel Aviver Jahrbuch für deutsche Geschichte* 16, 1987, S. 212-238.

(108) Siegrist, Bd. 2, S. 92ff. ; C. Huerkamp, *Ärzte in Deutschland und England. Gemeinsamkeiten und Unterschiede des ärztlichen Professionalisierungsprozesses im 19. Jahrhundert*. Ms. Bielefeld 1986 ; dies., *Der Aufstieg der Ärzte im 19. Jahrhundert. Vom gelehrten Stand zum professionellen Experten. Das Beispiel Preußens*, Göttingen 1985.

(109) 本訳書ルッチュキー論文、クラウル論文、ヘルツォーク論文を参照せよ。

(110) 本訳書ミッツェル論文、ランゲヴィーシェ論文を参照。

(111) 以下を参照せよ。Grimm, Bd. 1, S. 358ff. ; Keane, Bd. 1, S. 334f., 本訳書シュタインハウザー論文。A. Ferguson, *Versuch über die Geschichte der bürgerlichen Gesellschaft*, hg. v. Z. Batscha u. H. Medick, Frankfurt 1986, hier die Einleitung der Hg., bes. S. 30ff. 一般的には、E. Fraenkel, *Deutschland und die westlichen Demokratien*, Stuttgart 1964 ; G. A. Ritter, *Deutscher und britischer Parlamentarismus. Ein verfassungsgeschichtlicher Vergleich*, Tübingen 1962.

(112) Mosse (Bd. 2, S. 276ff.) および本訳書フレーフェルト論文を参照せよ。

(113) 以下を参照せよ。J. Reulecke, Formen bürgerlich-sozialen Engagements in Deutschland und England im 19. Jahrhundert, in : Kocka, *Arbeiter und Bürger im 19. Jahrhundert*. S. 261-286. 本訳書デイク論文。

(114) ドイツとフランスにおける天然痘と結核の異なった治療につ

いては、本訳書ミッチェル論文を参照せよ。ドイツの発展の特徴である「官僚政治の遺産」の構造的な条件や独特な結果については以下を参照せよ。J. Kocka, Capitalism and Bureaucracy in German Industrialization before 1914, in: *Economic History Review*. Second Series 33, 1981, pp. 453-468.

(115) M. Weber, *Wirtschaftsgeschichte*, München 1923, S. 271. 「最後にわれわれは身分制の意味において市民層を官僚層やプロレタリアート、つまり市民層の外側の人びとから、財産と教養の人として集約される人びとだと理解する。すなわち企業家、年金生活者、結局は大学修学による教養とそれによって一定の身分的規範、つまり社会的な威信を有しているひとすべてがそうである。」他の例としては Henning, *Das westdeutsche Bürgertum*, S. 23, 31. 社会の官僚化へのウェーバーの批判については、以下を参照せよ。*Gesammelte Aufsätze zur Soziologie und Sozialpolitik*, Tübingen 1924, S. 390, 413ff.; W. J. Mommsen, *Max Weber und die deutsche Politik 1890-1920*, Tübingen 1977^{2}, S. 17, 94, 179ff. また Mosse, Bd. 2, S. 300 の以下の指摘を参照せよ。官吏を市民とみなすならば、一八二五年以降の専制的なロシアが市民的に統治されている国となる。

第一部　市民の心性・行動様式

第一章　ドイツにおける市民性

——象徴的実践としての文化——

ヴォルフガング・カシューバ
（一九五〇年生
ベルリン自由大学教授）

「それで、その新聞を読むときはいつも、自分が最も有力な社会階級に、全ヨーロッパさらにはドイツ文化を代表する社会階級に属していると感じたものである。」この大仰な一文は、一八六九年、作家ハインリッヒ・ラウベが回想録のなかで一八三〇年代を思い起こしつつ書いたものである。(1) 彼が語ったのは、シュトゥットガルトの大出版者Ｊ・Ｆ・コッタが編集した『アウグスブルガー・アルゲマイネ・ツァイトゥング』紙のことであり、それは、当時ドイツにおける「そのような」新聞であった。その読者層は、ドイツ最良の教養センスと市民精神とを体現せんとする文化の天性の担い手兼保護者を実際に自認していた。当時の『アルゲマイネ』紙定期購読者リストが存在したとすれば、それは同時代のドイツ市民の立派な「著名人名事典」をなしていたことはたしかである。

このようなリストは現存しない。加えて歴史の方程式はそれほど単純ではない。なるほど当時、「比較的上層の」市民はたいてい『アルゲマイネ』紙を読んでいたであろうが、同紙の普及はすでに市民層の範囲をはるかに越えていた。上流の市民社会に属してはいないが、かなりの教育を受け、さらに市民として議論と会話のレベルの高さを示したい者にとって、新聞購読の代金は、安価な地位投資であったのだ。なるほど、『アルゲマイネ』紙の読者は、少なくとも教養と文化の水準に関しては「市民的」であるという感覚とさらにその外見を入手したと思ったかもしれない。だが、実際は逆だ。その外見はいずれにせよ役には立たず、「市民」のたしかなしるしとして、「アルゲマイネ紙読者」という目印は用いられなかった。なぜなら、すでに同時代人自身がはやりのステイタス・シンボルを生みだしており、それによって、同紙の読者たることは実際の市民的シンボル価値の点で「価値下落」していたのであるから。

この例は根本的な問題を指し示しているようである。「市民性」は昔も今も系統だった概念とはまるで別のものであり、むしろ記述的かつ観念連合的性質をもっている。まず、それは心的態度や文化的状態に関係するものであり、固定的な社会学的分類にはなじまないのである。市民と市民性は一致した値に達していない。社会的分野における線引きを文化的領域に単純に適用することはできないであろう。「市民性」なるものの属性の意味が元来の法的・政治的分野から社会文化的価値文脈へ転用されはじめた一九世紀初頭の歴史的語法において、すでにこのような意味論上の困難が示されていた。いまや「市民性」は単純な法的地位ではなく、包括的かつ複雑な社会的な地位概念(2)に発展している。その概念は、所有から職業、趣味から教育に至るさまざまな基準に関係するものであり、さらには、市民的な文化・生活様式に適合する形態におけるすべての特質に関わるのである。

「市民性」が史的発展する文化的実践という意味において問題とされる場合、以下のように考え直す必要がある。すなわち、すでに定義された社会構造を出発点として文化の価値とモデルの固定した分類を試みるのではなく、市民的文化の実際が具体的な社会行為の文脈としてそのなかに現れているような社会の状況と形状を基準とすることである。そこでは、文化は「市民的特性」そのものを示すものであり、同時に特定の社会的側面像を、すなわち、誰がいついかなる権利をもって「市民性」を称しうるものかを示すものである。

たしかに一八、一九世紀の変わり目以降に現れたおびただしい数の自伝や書簡ほど、歴史的な市民的自己認識を明らかに反映したものはない。これらは「主観的証明」としての市民生活の映像であると同時に、その自己反映でもある。それらが回顧録としてたいてい数年から数十年の間を経て物語られた出来事によって書かれていることは、史料としてのそれらの価値をいっそう高めている。その際、想い出と解釈入りの回顧がもつ問題点を見落とさないならば、自伝という文学的ジャンルに属すると同時に市民文化の本質的な規定を明示するような観点は回想談によって、いっそう補強されるのである。すなわち、そこには社会的な自己描写と自己表現が審美的実践として存在するのである。

書かれた回想に特徴的なことだが、これらは主に出来事や状況の描写から構成されている。そこにおいては、テーマや当事者やその行動様式は、特定のモデルや登場人物において示される。家族の出来事、社交上の機会、職業上の部署、公的な事柄についての回想は、意識的にも無意識的にも、市民的生活世界の内的構造を再現する。そこでは生じた事象というよりもむしろ主観的な知覚の信憑性が中心となっている。記憶され、再解釈され、市民生活の規範に従って形成された生活史という眼鏡を通じて歴史への回顧がなされるのである。

なるほど、こうした情報源が一九世紀前半における市民的経歴に関して社会統計的に代表的な像を提供することはできない[3]。しかし、社会構造の研究を別とすれば、この種の集団伝記アプローチだけが市民文化様式の分野に数多くの深く特徴的な洞察を向けることができるのである。そして、それは文化について の二つのとらえ方を意味する。すなわち狭い歴史的意味における市民的教養財との関係、今日的な広い意味における市民的「生活様式」の文化的日常的実像である。

一　市民の出発

歴史的に回顧すれば、一九世紀の「市民性」の開始は、二つの革命の間であるように思われる。それは、一七八九年のフランス革命よりあとの時代であり（そのフランス革命は少なくとも絶対主義末期の社会の構造と形態の問題をドイツにおいても議事日程にのせた）、一八四八年のドイツ革命よりもなお前の時代である。ドイツ革命においては、急速に教化され、自らの権利を要求する「大衆」を目前にして、「市民社会」のやっとはじまったばかりの実験がまたもや即座に打ち切られることになり、そのことが市民的・実際的な「現実政治」に有利に働いた。ヨーロッパ史におけるこの二つの区切りの間に、重大な理念が生まれ、階級社会的に方向付けられ組織された未来のドイツ市民層への道に社会史的な転換点が生じたのである。

たしかに古い身分的秩序からまだ完全には解き放たれたわけではないが、社会秩序は多くの点においてすでに変化しつつあり、市民的存在の経済的・社会的・文化的特質を少しずつ新たに形成しはじめていた。カール・マルクスがこの時代にドイツ市民層によって徐々に構築された「階級的諸条件」について語っている。彼は社会的・文化的な生活形式の面をも指していたのであって、かの生産関係の面だけではなかったのである。特に文化への視角において、それは都市市民層の生活世界と生活様式の根本的な変化を意味した。彼らが旧来の「市域外市民としての」都市貴族・名望家モデルの型に単純に順応することはもはやできないのである。それどころか、ドイツ啓蒙主義後期とビーダーマイヤー時代初期との間の二、三〇年の間は本格的な市民的「実験期」という印象さえ受ける。新しい職業経歴や新たな教育戦略が発展し、公私ともに生活の新たな形式が求められ、新しい家族モデルや性別役割が試されたのである。一九世紀への転換期前後に生まれた世代の経験と期待の範囲が、すでに両親や祖父母のそれと区別されるものになっていることが、履歴書や人生設計において明確に反映されている。たとえば特別に重要な人生上の学習期としての少年期・青年期の「発見」、社交形態や教育の機会、新しい政治理念と社会的価値観念、これらを通じて市民的経験と人生設計の空間がどれだけ開放的となったかをまぎれもなく感じるのである[4]。

少なくともあまり特権を与えられていなかった市民層につい

ては、そのことがたしかに当てはまる。簡潔に述べれば、工場経営者や商人の家系、国家行政・学校・大学において官職についている教養市民層、加えてこのような新しい道を歩むことが可能となった作家、ジャーナリスト、弁護士、芸術家のような多くの「自由業者」である。(5) それは、主として男性と男性の役割に当てはまり、職業的にも私的にも独自の人生設計を得た女性の可能性は、この市民世界においても控えめなままであった。それだけ強く積極的な期待・希望と消極的な経験との間の矛盾を彼女らが感じたことは明らかである。新しい市民解放理念を逆光として、若い世代の女性は自分の母親の世代よりも課せられた役割強制をいっそう強く感じたはずである。作家であると同時に妻、母親でもあり、一八一六年からシュトゥットガルトの『教養層のための朝刊』紙編集者を務めたテレーゼ・フーバーは、ある友人にあきらめた調子で次のように書き送っている。「男たちがしゃべっているときに、女が黙るべきであることを私は常に知っている。政治に関する最も親密なサークルを除いて、しゃべってはならないのだ。」そして、同じ話題についてほどなく辛辣につけ加えている。「編集長を務めることよりも長靴下を編むことの方が私にとって好ましく望ましいことだとみんなに言ってやって下さい。(6)」

一八一九年のあと、すなわち解放戦争や南ドイツ憲法制定の後、むろんカルスバートの警察国家的決議のあとでもあるが、すでにこの実験の喜び、この新しい道の追求がいずれにせよ再度弱められた。復古政策やビーダーマイヤー文化の変化する前兆のもとで非市民社会における市民生活が準備を開始した。そして、その到達点にさしあたっては満足したので、一八四八年にも半市民的心情から企てられたような、市民的体制へ向けての決定的な開始よりも、市民的地位の憲法上・社会政策上の保護が指向された。

ここではただ概略を示しただけであり、若干の制約と時代的な差異を無視してはいるが、両革命間のこの時代は全体として、「市民的な」特性がはっきりと際だった、ドイツ社会史上、あるいは唯一の時代であったように思われる。「若い」市民の二、三世代が、ともかく明白な反絶対主義・反国家統制、さらには新しい近代的社会の理念と計画の急先鋒として立つような社会的自己意識のもとに成長していたのである。彼らの市民的関心と考えは、特定の政治的社会的基本理念と結びついていた。たとえばそれは、「公開」の原理、「個性」の原理、「対話」の原理、「公益」の原理、「進歩」の原理である。それは、この時代にはまだイデオロギー的空文句という疑いをかけられていない倫理・道徳的価値観念である。それらはいまだ市民的な理念や期待を表現しているがため、「支配的な」社会的行動原理としての立証責任を負うには及ばない。

いかなる楽観主義をもって、また、いかなる素朴な感情移入をもって、この進歩を部分的にでも達成しようと努力されたかについては、一八一八年のフライブルクにおけるある市民・学生団体の議題が具体的に説明してくれるだろう。「君主制あるいは代議制の国家において統治者と民衆とを調停する身分があってよいかどうか。ドイツ人は特定の趣向をもっているかどうか。なぜ、ドイツにおいてパンテオンが設置されなかったのか。男性と女性の素質は感覚的なものかどうか。君主は臣民を処刑する権限をもつかどうか。精神の陶冶の真贋について。ドイツ民族の教育史の試み。」[7]

二　文化的ハビトゥスとしての「市民性」

このようなテーマは、三月前期に至るまでドイツ中いたるところで行われた人間的・社会的進歩に関する市民的論説に特徴的なものである。取引相手、知人や同志とこれらのテーマについて「理路整然と」語り合い、論じ合うことは、市民的日常文化の一要素である。この市民的対話に参加する地方の社会的エリートは、しかしながらしばしば裕福な手工業の親方あるいは小官吏であった。彼らは市民として同等な人びとのなかで議論し、非常に尊敬され、その意見を尊重されていたことは明らかである。しかし、彼らは「同等の人びと」のなかに実際におり、市民的生活理念に熱中して「市民サークル」に所属していたのであろうか。

そのような所属と区別の問題が当時いかに複雑に現出していたかは、法律学者でのちに大臣となるロベルト・フォン・モール〔公法学者、政治家〕の回顧録に描写された情景によって明らかとなるだろう。良い市民的家系に生まれた彼は、そのなかで一八一五〜一六年の間のシュトゥットガルトでのダンスのレッスンについて書いている。ここでは「最高とまではいかなくとも悪くない家系出身の乙女たち」と、すなわち「官吏や商人などの階層の娘」と練習した。ダンス教室で彼女らと共通のステップを練習するが、しかし、「これらの少女をレッスンのあとに家まで送っていくことは決してなかった。偶然出会って話しかけたり、街を一緒に歩くことなど問題外であった」[8]。それは、感情的な面倒だけでなく、とりわけ社会的な軋轢にまきこまれる可能性があったからである。「悪くはない」とはいえその家系は「上流社会」に属してはいない。それで、ダンス・レッスンの相手が出入りできない会費制のしかるべき夜会や舞踏会で、モールは自分にふさわしい「最高の家系」出身のパートナーを見つけたのである。

よくあることだが、この種の状況は当時はじまりつつあった通俗文学が最も好んだ題材でもあった。そこでは、「現実の人生」からはたいてい拒否されているハッピーエンドを、いわば社会に現実性あるものとして書き上げなければならなかった。だが、そのシナリオはまさに引用された現実と類似していた。都市社会を背景として、この「恥ずかしくない」家系も「市民的境遇」そのものを代表するものでもあり、それは特定の社会的状況のなかでは、そして他の社会層との比較においてはそれなりのものとして許容され、その帰属性を感じることもできた。しかしながら、社交的交際相手としては、永続きする間柄、社会的婚姻範囲、かなりの教養とよい趣味の所有などが問題となるが、そうした点では彼らはまったく問題外であった。

一般的な社会的線引きは改めて難しいことが明らかとなった。異なった状況においては「市民性」という特性は異なる表現力と射程をもつことも明白である。文芸社会学的観点におけるそれは、社交の領域、あるいはまた政治的論説におけるそれと異なっている。「そのような」市民にその都度「それに応じた」社会的地位と「それに応じた」文化を関係づける試みは、市民文化が広範囲にわたって、まさに社会形成的に展開しないがゆえに、すなわちもっぱら特定の担い手層に結びついていないがゆえに、歴史的現実のなかでは困難である。むしろ文化は常に一般社会的な状況、脈絡、相互作用に関係づけられている。なるほどその中心点においては非常に多くの「市民的人物」が存在している。だがそれは独占的な関係者としてでもなければ、均一の社会層としてでもないのである。そして、それは、たとえば貴族社会あるいは前工業社会の手工業者世界の文化のような、かつての階層文化とは本質的な違いを構成している。その階層文化では文化的実践と社会的構成とがまだ十分一致していたように思われる。それに加えて、文化的行動様式のレパートリーやその社会的な適用範囲が確固たる掟や禁令によって定められていた。風俗習慣のそのときどきの階層的慣例に隠れている衣服・喪中・祝祭に関する身分社会的な規律やその他日常文化の定めをわれわれは知っている。

反対に市民的自己認識においては、独自の文化的価値や行動規範の普及と社会化の原則が、文化の中心的機能を規定するものとなる。生活文化・行動文化として文化は社会的な普遍妥当性を要求し、他の社会階層に対しても標準線となろうとする。その限りにおいて、文化はその内的な継続性と閉鎖性のうえに打ち立てられているだけでなく、他の社会的な部分文化との対話やそれと結びついた絶えざる交換・変転の衝動のなかで「生きている」といえよう。「もはや国家、教会、家族ではなく、いまや社会がすべてであり、すべてを要求し、すべてをのみ込む。社会はわれわれにとって運命であり、因果であり、必然である。もし社会が要求する型に合わないときには、自分の性分を抑え、性格を変え、生まれつきの性向と全人格を抑圧することが今日、まったく正当な要求だと考えられている」と一八三一年に自由主義的な政治家パウル・プフィッツアーは書き記している。彼は、この市民としての「社会に向けての出発」[9]の思慮深い批判者であると同時に注目すべき証人なのである。

ダンス・レッスンの例のように、市民的排他性についての一定の基準を維持するために、この普遍的要求の限定が行われた場合、それは公式の禁止領域としてではなく、文化的実践やその象徴的言語の領域において生じたのである。子供のとき叙情的な第一歩を試みなかった者は、会話と書簡において自らの「精神状態」を憂鬱な音色を伴って的確に表現することには苦慮するであろう。自分の家族のなかで家庭音楽に接したことがない者は、当時の市民的サロン文化において重要な「才能」に欠けている。つまり、文化的規則に習熟していない者はその規則によって排除されるのである。感性の親和とその感性を表現する文化的能力は、文化が統一したきずなとして働くか、あるいは社会的な差異化の実践として作用するかを決定するのである[10]。一八二〇年代の市民的なカッセル市の「文化史的素描」では、貴族は別として、「二つの社会階層」だけを識別できたことが確言されている。「大学教育を受けた階層、とりわけ高級官吏、高級芸術家、将校、そして類似の地位にある者によって上層教養階層が構成されている。商工業者のなかでは、かなりの教育、家系の縁故関係、あるいはその他の優れた特性によって、特別な地位を獲得した個々の人びとだけが、この社会層に数えることができる。第二の社会層は商工業に従事する大多数の人びとからなり、これには下級官吏や低級芸術家なども付け加えられる。それ以下の者はすべて、重要な社会層として問題にする必要はない[11]。」これは二つの文化階層からなる都市市民層の社会構成である。だが両者のうち、「市民的」と呼べるのは前者だけである。

まさにこれは社会的に確定し文化的に形成されたハビトゥスとして理解される「市民性」を意味する。それは、その内部に幾重にも段階と種類をもってはいるが、基本的特質においては拘束力がある文化モデルであり、社会的アイデンティティの決定的な要因をそのなかに秘めているのである。それは、市民的自己理解・自己意識をもたらし、物質的財の使用、理念的価値との関係、文化的行動規範によって規定される。これらによって生活世界全体が構築されるのである。文化モデルはいわば市民性の「第二の天性」である。それは内面において体現され、独自の形式と規範において常用化され、そうすることによってアイデンティティ・モデルと差異化手段という二つの機能を「文化」に付与するのである。

その際、この第二の作用領域すなわち差異化力に、一九世紀初頭に明確に特別な意味が与えられた。しかしながら、社会における枠と隔たりを保つ身分的特権と形式的制限を放棄したにもかかわらず、この差異化力は社会層としても個人としても自らを識別できる可能性を市民層に与えたのである。その際には言語行動と教育に関してだけ考慮さえすればよい。しかし合図システムのように機能する広範な日常の行動スペクトルをみるためには、衣服や肉体、食文化や居住スタイル、家族形態や名誉概念に関して考える必要がある。その作用は「社会的標識」と「象徴的形式」に基づいている。そのなかに物質的・精神的文化との特定の関わり方が、すなわち「市民性」のしるしとしての様式と趣味の特定の模範が表れている。

その社会的実現の可能性が限定されたことにより、またそれまでの社会的領域的な統一性の乏しさにより、この文化的な形成過程は、その他の西ヨーロッパ諸国の市民的エリート層にとってよりも、ドイツ市民層にとっていっそう意味をもっていた。たとえば、憲政生活や報道界、経済政策や官僚経歴、さらに公的生活の実現可能性全体を顧慮しても、イギリスやフランスの市民層がもった活動範囲は、すでにはるかに広いものであり、ほとんど階級的に編成されていたように思われる。それに対し、ドイツにおいては、市民的な野心やアイデンティティのイメージがさしあたって「文化」において共通の表現を見いだせたにすぎない。すなわち芸術と文学、教養、歴史、美学に関する共通の見方や処理法がもつ自己証明的な作用のなかにそれを見いだしたのである。しかし、その際にこの文化的実践は社会・経済的な脆弱さに対する代償モデルとしてのみ理解すべきものではない。それは新しい市民エリートの社会的能力・特性の積極的なプログラムに改鋳されたのである。その場合、教養は職業・経歴教育をも意味したのであり、市民的歴史観は政治的憲法論争におけるガイドラインとなったのである。

このような「文化」理解の目新しい点は、市民的文化規範の全生活領域に関わる多様な使用価値に存している。それは、身分的な生活世界から導き出され、静的な社会領域において承認される機械的な行動規則ではもはやない。むしろ、新たな市民文化は、これまで分立していた階層、部分文化、職業、宗派間を横断する留め金のように作用するのである。市民文化は共通の理念と関心を通じて新たな移行と結合を打ち立てるが、時にはこの共通性が固定した社会形式を備えるようになるより以前にそうするのである。音楽、文学、芸術、哲学はなによりも伝達・対話の要素であり、それらを軸に、次第に固定した社交形式が結晶化し、そしてまたサークルや協会の形において市民的公共の持続的な構造化をもたらすのである。

三　「新しい社会」

——市民の集団化と形象化

過去をふり返った場合、一八世紀末との相違は当時の人びとにとっても明白であった。帝国都市、邦首都、中都市における「市民生活」は、ドイツの領域的、身分的、宗派的な分裂状態の格好の模写を提供している。それはたいてい地域的に限定され、職能身分的にまとめられ、まだなお「家父長的な」考えにとらわれていた世界を意味していた。市民的公衆はまだ問題にならない。なぜなら、わずかの「秘密」団体もしくは初期の読書サークルが、それにふさわしい文化的・コミュニケーション的環境をもたずに、どちらかといえば未来のドイツ市民の小さな島のような形で機能した[12]。

大学教授で少なくともキール市の最上層家系出身であるアンドレアス・ヴィルヘルム・クラーマーが一七九〇年代について次のように書き記している。「人びとはまだクラブを知らなかったし、レストランや喫茶店も知らなかった。……職務的勤勉と並んで個人的努力があてにされていた。刺繍や言語、場合によっては四人の国王については知らないが、それだけいっそう、つぎあてや編み物、台所や地下貯蔵庫については詳しい、そのような主婦が期待されていたのである[13]。」キールでは市民的なサロン文化についてはその形跡をほとんどたどることができなかった。同じように控え目な基準を官吏の子息エルンスト・ミュンヒが世紀転換期のバーデン州の小都市における「自分の」生活に当てはめている。「私の故郷の都市では洗練された社交的教養やサークル……についてはあまり配慮されていなかったようである。だが、ときおり本当にきちんとした団体や小さなグループがつくられ、素人演劇がそれと連絡をとることもしばしばであった。ラインフェルトにおける良い作法の継承者として通用したもののみが、招待にあずかったのである。」[14]また、カール・フリードリッヒ・クレーデン〔教育家・地質学者・地方史研究家〕は、プロイシッシュ・フリートラントにおけるみじめな学校時代を回想している。「つまり文学的には街は荒れ野に等しかった。聖書、賛美歌集、教科書に指定された書物、暦書以外には、ほとんど書籍は見当たらなかった。」[15]

一八〇〇年以降はじまる市民的「社交と社会」の変転は、自叙伝のなかで親と子の世代の生活様式の対照においてじかに読みとることができる。若い世代の集団化形態と職業は変化し、新しい市民的な環境と新しい社会関係が成立した。共通の文化実践がそのための諸前提と理解基盤をつくった。特に興隆しつつある新しい社交が、多様な非公式かつ組織化された関係モデルともに、まさに市民的な生活過程・生活世界を変形するのである。誕生日や子供のお祝い、舗装された遊歩道での散歩、都市近郊へのハイキング、ホームコンサートの夕べ、ダンス・パーティー、喫茶店通い、博物館におけるパーティーの夕べ、これら多くの機会と形式は、市民的社交文化においてこれまで知られていなかったものである。子供の誕生日のような祝宴日や「散策」のような休暇のモデルは、実際なにか新しいものを感じさせた。定期的なピクニックやハイキング、午後の体操練習、友達と一緒のスイミング、親しい家族の集いや合唱団における音楽の夕べ、パーティーや祝宴、こうしたことについて、オットー・エルベンがコブレンツの若い書籍販売者であった時代の体験から報告しているが、それはすでに現代の余暇利用法を思わせるものである。[16]

なるほど、すべてが完全に新しいものというわけではない。その多くが貴族文化に由来し、その他はより古い時代の市民的社交モデルにつけ加わったものである。すなわち、一八世紀末の読書協会や文学サークル、あるいは、確固とした社交上の序列を示すものとしての珈琲や紅茶のパーティー（ゴータではそのような「紅茶パーティー」が固定した二七の「市民的家族」からなる社会的に不変のサークルとして一七七八年から一八二〇年代まで存続していた）[17]に、またフリーメーソンや光明会〔哲学者ヴァイスハウプトが一八世紀末に設立した理性主義的秘密結社〕の支部や団体組織のうえにもつけ加わったのである。

しかし、いまやこの社交形式は実際の市民的日常文化、つまり市民的行動様式を体現し、そしてその行動様式は社会のなかへ広がると同時に、そのなかにしっかりと定着した。劇場愛好会や素人演劇の有志のサークルが存在し、若い市民層の男女のための社交サークルがドイツのいずれの小都市にも間もなく姿を現すようになる。女性サークルも形成された。「美しい庭園、親しい主人、店の女主人である親しげなお姉さん方のいる、いかなる点においても優雅で快適な」喫茶店は、「毎日の集合場所[18]」となった。半ば学術的な自然学者協会、民族学協会、歴史協会が社会に向かって出版を行うようになった。これに加え一八二〇年代において、最初の歌唱、体操、芸術の協会の登場によって、三月前期の協会設立の大波の兆しがすでにみえていた。

間もなくこの協会世界が社交・政治的な市民生活の最も重要な組織となるのである。家族や親類との「関係活動」とならんで、協会が新しい道を提供した。すなわち協会は、社会的地域的にこれまで分断されていた市民的な団体・ミリューを結びつけ、本格的に「網の目状に結合した」。それで驚くほど早期に、かつしばしば、自叙伝に体操協会や合唱協会での会員たることが現れたのである。のちに出版業者となるオットー・エルベンは、主として体育教師やその親たちによって組織される一八二〇年代、三〇年代のシュトゥットガルト体育協会で、若い頃、三月前期のヴュルテンベルクの官僚・教授・政治家のエリートたちとすでに知りあいとなっていた。彼らはその後、親密な友情をも結ぶ二〇数名の「名士たち」である。コブレンツに移った彼は、すぐにそこの体育・合唱の場を通じて市民的なつながりを再び見つけた[19]。これに関連して、ハインリッヒ・ラウベが、ハレ市への自身の赴任について書き記している。すなわち彼は、スイミング・クラブを当地の学生・市民社会へのいわば通用門として用いたのである。また、ヴィルヘルム・フォン・キューゲルゲン〔後期ロマン派画家〕はドレスデンで同様のことをしていた[20]。

共通の組織・文化様式・価値態度をもつ市民団体へのこのようなとけ込みは、「一般市民文化」の新しいモデルを、どこでも自由に交換可能で、いわばナショナルな市民通貨を体現する唯一の貨幣としたのである。市民的教養世界と日常文化との共通言語がようやく地域的な市民世界間の障壁を徐々に克服していった。ハンブルクにおいて「市民社会」はゴータあるいはカールスルーエにおけるのと同じような印象を与え、同じ基本ルールに従うことができた。基本モデルを知り、その扱い方をマスターした者は、どこにおいても「上流」市民の世界への入場券を手にしたのである。

シュレジエーン生まれのハインリッヒ・ラウベが、このことに関して一八三〇年代ゲッティンゲンにおける自分の積極的な経験を自慢している。「ここにおけるほど、基本的な文化が教養層のもとで存在するところはどこにもないし、知識や趣味においてここほど上品に育成されたところはない[21]。」また、美術学校の学生でよそ者としてドレスデンにいたキューゲルンは、よそから来た学友をちょっとした意見交換と試験ののちにそこの団体に入会させた。「いくぶん誇りをもって、私はその友人イェーナ学生協会出身のエルンスト・フェルスターを芸術協会で推薦した。彼があまりに快く受け入れられたので、のちにすぐ彼が画家、芸術分野における優れた文筆家となり、一般に人気があるジャン・パウル・フリードリッヒ・リヒターの娘婿となることをみんながあらかじめ知っていたかのようであった[22]。」

このようなかなりの開放性はドイツ大学都市におけるアカデ

ミックな環境ではありえなかったことは、他の都市における多くの同様の経験が示している。

こうしたことの前提条件はむろん都市市民層、都市的環境、社会生活の一定の都会性である。「市民性」が当時、都市的生活世界を前提としていたのは、以下の諸理由だけによるものではなかった。すなわち、そこにだけ市民的エリートの比較的大きな集団が集中していたこと、またそこにだけ広い職業上の生存可能性が開けていたこと、さらにこうした「国家によって意のままにされにくい実験領域」[23]のなかに、市民的思考の歴史的基盤と文化的伝統の温床が形成されていたことである。こうしたことよりもいっそう重要なことは、都市空間だけが文化を伝達する社会形式と諸機関の高度の集中を提示したことである。そして、こうした集中性のなかで「市民性」は初めて生活世界を構成しえたのである。そうした生活世界を構成した諸要素はギムナジウムと劇場、新聞と出版社、社交会と協会、体操場と遊歩道である。このような都市的混合と密度のなかに、市民的公共性の形式が成立するのに不可欠の前提条件が存在する。この市民的公共性の形成こそ、それなしには市民的文化が展開しえないものである。結局、こうした前提条件がゲーテを読む小都市の牧師あるいは薬剤師を市民層から切り離したのである。その市民層の市民性は個々の教養態度あるいは文体のなかに汲みつくされるものではない。市民層は文化の全体的な広がりのなかで文化の鍵盤をあやつるのである。

この点において、ロベルト・フォン・モールは一八二〇年以前の変革期におけるテューービンゲン、ハイデルベルク両大学都市に関する比較を行っているが、それは大変有益である。テューービンゲンは、神学の保守的な学問伝統、あるいは、領邦大学・官僚業務・プロテスタント倫理に完全に方向付けられた世界であったので、そこでの市民生活は「まったく特有の傾向」、いささか偏狭かつ窮屈で、小都市的・小市民的であったように思われた。「テューービンゲンでは、洗練された社交は大学教授の間でさえ問題にならない。生活面はまさにシュヴァーベン市民の家庭であった。」モールは、「昼間の」知人の気楽な訪問、「ホーム・ダンスパーティー」、音楽的娯楽、喫茶パーティーなどがないのに困った。また肩のこらないもてなしやくつろげる飲食店（「夜にはすべてぴしゃりと閉められていた」）がないことに気づいた。これらはすべてハイデルベルクへ移住したとき目にしたものである。「シュヴァーベンの地方小都市での狭苦しい生活に代わって、ここには自由で洗練された社交と生活習慣があり」、これを正当にも彼はハイデルベルクの「主として法学者のための法学者の大学」における「近代的な」学問的志向にも関係あるものとしている。大学と都市における雰囲気はまったく別のものであり、むしろ大市民・貴族的背景によって規定されたものである。市民的流行の学問として法学は、内外の学者、大学生、関心の高い人々をまるで保養地的社交の場のように描かれたこの都市に引きつけたのである。ネッカー川下流での生活は「かくもぜいたくで、洗練された」ようにモールには思われた[24]。そして、「粗野な心情」と「ぜいたく」

とのこのような微妙な差異はその本質において文化様式と文化形式とに関係する。この様式と形式を通じて、都市「社会」のさまざまな市民的社会像——ここではモールによって二つの都市にモデル的に分けられたような——もほのかに照らし出された。

「ハイデルベルク式」による社交は社会的な定数制限としても作用するのはもちろんだが、それは、市民層における所有と所得の格差増大に直面して、特定の文化様式や社会的交流範囲という意味での「市民」となるために、どれだけの経済基盤あるいはどの程度の生活安定が必要であるか、ということに関しておおよそのイメージを与えている。数的にこのことは明瞭に示すことはできない。なぜなら、それは経済上の名目財産ではなく、むしろ物質的な生活水準とともに道徳的文化的に規定された生活様式が問題だからである。少なくとも、相対的な窮乏なしに生活しているだけではなく、さらに進んで、市民的社交形式・義務に関わる特定の出費を担いうる生活をそれは意味している。午後のティータイム、ハイキング、ダンス・パーティー、食事会、協会といった例の「市民社会」に多かれ少なかれ定期的に参加するのにあたって、教養はあっても生活手段に欠ける者は、結局は自ずと締め出されるのである。この時代、「きちんとした市民的生計」[25]なしに「市民性」を社交的地位としても職業的地位としてもあるいは政治的地位としても考えることはできなかったし、ましてやそのような生活を営むことは不可能であった。

ここに、「市民的」と「非市民的」との境界線を引くものとして、完全に日常レベルにおいて機能する例の社会的自己調節メカニズムが明らかとなる。それというのも、その内と外とは、経済的・社会的・文化的ハードルの選択的作用を通じて、いわば自然発生的に生じるからである。エルンスト・ドゥロンケ〔教育家・文献学者〕が三月前期のベルリンを例に、「上流」市民の日常文化が社会構造や価格構造からなる壁によっていかに自らを守るかを具体的に叙述している。ここでいう壁とは、使用人を雇う家政や高いランクの職業、流行や劇場の定期予約である。社会的な居住トポロジーや喫茶店・クラブ界のなかに、彼は大都市の社交・社会的下部施設を描写している。昼休み頃、喫茶カランツラーには公務員や若いファッショナブルな人びとがいる。ケーニッヒシュタット・ケーキ店には「ビジネスマンや証券マン」が、喫茶ウンター・デン・リンデンでは学生が、たむろしている。ジェンダルメンマルクトの喫茶シュテーリあたりでは枢密顧問官とオペラの人気歌手、「学識ある人びと」と公務員が混在している。[26]そこではただ、十分な金銭と落ち着いた態度、さらには比較的自由に使える時間があるのである。それというのも、自由な時間、教養や娯楽目的のための閑暇は、誇示的に見せつけられるものなのである。午後になると、産業界のヴェルナー・フォン・ジーメンスが回顧しているように、「上品そうな仲間たち」はティーアガルテンの遊歩道や「ウンター・デン・ツエルテン」[27]で出会うことになる。

四　心的態度の標識
——日常文化の政治的象徴

これらの多様な社交形態のなかに、すでに未来の市民社会の基本理念が縮小版となっていくつも反映されている。特に注目すべき動向は、これまで分断されてきた社会的な経験領域と行動分野を相互にしっかりと結びつけ、文化実践の旧来の境界と区画を破ったことである。真面目な教育活動と気楽な楽しみ、審美的喜びと政治的討論、精神的活動と肉体的休養、これらがそれぞれ結びつけられた。人間とその欲望は全体的普遍的に発達・展開され、また「市民的関心」のなかに、つまり、楽しみ・教養・職業・政治についての考えのなかに公然と現れねばならなかった。それはここに成立した市民的公共性である。それはそのような「心情・意見の共同体[28]」の最初の輪郭を獲得し、同時にまた、その社交の形式と構造のなかに、いまだ半ば絶対主義的な国家・社会構造のもとでの政治的要求を定式化し、組織化したのである。スタール夫人は「社交的な」ベルリンについて証言している。すなわち、「出版の自由、才気にあふれた人びとの協会、ドイツ語とドイツ文学に関する一般に広まった知識、これらがここ数年のうちにベルリンを新しい、啓蒙されたドイツの真の首都にしたのである[29]」。

とりわけ、一八一七／一八年に学生のブルシェンシャフトは広く世に進出した。彼らは、自分たちの「クラブ」で小国家的政府当局ならびに地方市民の「俗物性」に抗して「共通のドイツ的本質」を公然と擁護した。「われわれはマルク人がマルク人の、ザクセン人がザクセン人の、ヴェストファーレン人がヴェストファーレン人のためになるだけの同郷人会を軽蔑する。われわれの下での同郷人会ができるだけ多くを代表すればするほど、われわれは豊かなドイツ人の同郷人会を誇るのである[30]。」外見上素朴な合唱・体操協会でさえも自己理解において国民的歴史像や民族的ドイツ文化の理念を強調し、それによって三月前期の市民エリートの政治観も強く刻印されていた。さらに重要なことには、これら協会は市民サークルを越えて社会に向かって市民的な価値と理念の宣伝者あるいは乗数因子として作用した。これらによってしばしば市民的な価値と理念は、社会的公共性と広範囲にわたる政治的影響力を保持していたのである。ハインリッヒ・ラウベは自身の市民世代について誇らしげに証言している。「もし、ひとがドイツ固有の愛国心と統一ドイツへの希求をはるか遠い過去の歴史のなかに帰そうとするなら、それは思い違いというものだ。このような心情と努力は当世風のものなのである[31]。」

市民的社交はなんといっても常に公共性と政治とを意味していた。一八一四年以降の解放戦争を記念した最初の「国民的」祝祭と祭典がすでに本質的にのちの体操や合唱の協会の前身によって担われていたこと、そこで歴史意識と国民理念の表現と付与が熟考されたことは、決して偶然ではない。一八一七年のワルトブルク祭よりもかなり前の時代において、ゲーテ祭・シラー祭という形態で三月前期を貫徹するあのドイツ国民祝祭の演出モデルが、この祭典文化の枠内ですでに成立していた。このことと同時に国民神話の形成と国民祭式のモデルも発見され、そのモデルの象徴的意味が市民的日常行為のなかに波及していった。再びスタール夫人は嘲笑を押し殺して書き記している。「女性は小説のように自分を配役してみるが、男性は歴史でそれをやっている。[32]」

反ナポレオンの解放戦争後にひるがえる義勇軍コート、長い髪型、黒と赤の縁なし帽子によって「古きドイツ」支持が表明されるとき、このような外見は「一八一三年以後の青年」のあのサブカルチャー的なハビトゥスから端的に流出したものである。ラウベはシュレジエーンから「体操者、古いドイツ衣裳、ヤーンの民族性、フランス的本質に対する憤怒の歌」がいかにいたるところで現れたかについて報告している。[33] ルートヴィヒ・ウーラント〔詩人、文学史家〕は一八一六年シュトゥットガルトから両親へ次のように書き送っている。「みんなが体育施設や民族衣装について語っている。[34]」同様のことをドレスデンでキューゲルゲンは体験した。のちにはあのようにシニカルで辛辣であったルードヴィッヒ・ベルネ〔ユダヤ系の政治的文芸評論家〕でさえ、一八一四年にはまだ大仰にも次のように言明していた。「われわれは自由なドイツ人であることを欲し、自身の愛においても、自身の憎悪においても自由を欲す。……だが、われわれは兵器の子である。鉄のなかにこそわれわれの黄金がある。[35]」多くの人びとにおいて、民主的な社会の未来像と国家主義的=軍国主義的な祖国の夢とがはじめて恐ろしいほどに接近したのである。

文化・政治史的にみて、この現象は注目に値する。なぜなら、一種の政治的「心情ハビトゥス」がこの形式と広さにおいてはじめて明らかに示されたからである。ある社会的政治的信念を表明するために、まったく特有の表現形式や様式上の手段が用いられている。もっともそれは公共性のなかで、また公共性にむけて用いられるのであって、決して自分が所属している小さなボヘミアン的な芸術・文学サークルにおいてではないのである。史料から以下のようなものについて多様なことが指摘できる。「標準的な」市民的日常におけるそのような表徴やシンボル形成、あからさまに「政治的」な友好の儀式とブルシェンシャフト的な心情表現、衣裳様式と挨拶の儀式、シラーの『群盗』やノヴァーリスの『ハインリヒ・フォン・オフターディンゲン』のような祭式書からとった周知の引用文などがそれである。

このようなドイツの歴史と政治に関する象徴的な関与の形態は、当時においては事実、質的に何か新しいものを提示していた。それは本質的に市民的日常文化を政治的に染め上げることに寄与していた。そのことは同時代の人びとにもはっきりと感じられたし、加えてフランスないしはイギリスの先例から刺激されたものでもあった。この「認知されていた」政治的表現において問題となるものは、一時的な流行ではない。それは文化的ハビトゥスが「政治的なるもの」の次元へと、すなわち近代的な政治的大衆文化の原初形態へと全般的に拡張し独立化することである。そのことは、政治的シンボルと標章が市民的日常文化にいっそう密に織り込まれた三月前期にいたって立証された。「解放戦争世代」よりも控え目にではあるが、その象徴性において同じように明瞭でありつつ、「自由主義者の」あるいは「民主主義者の」類型がそこに立ち現れる。彼らは新聞購読から髭の流行まで、言葉遣いから衣服のカットにいたるまで特定の美的・様式上のモデルに従ったのだ。そのうえ、デモンストレーションとしての集団行動の諸形態が加わる。たとえばカールスルーエでは、「自由思想家」は「博物館」に集合する。(36)ベルリンでは「急進派政治グループの文筆家」は喫茶シュテーリに姿をみせる。(37)このことは、そのような政治的意志表示の使用が三月前期の市民にとって不可欠であったことを意味しているわけではない。だが、このような政治的な暗号についての知識や自分たちの規則への注目が、市民性の文化的資格証明に属していたことはたしかである。

五　「教養人の文化」としての教養

しかし市民生活と市民世界が回る中心点は、疑いもなく「市民的教養」の規準であり続けた。その規準は親の世代どころか祖父母の世代におけるよりも強力な文化的共同性を作り出す結節点として作用した。それは、その基本特性において幼少期を家庭における一種の学齢前教育に役立てるような「近代的」教育モデルである。最初の読み書き教育に対し、文芸上の規準への本格的な入門がつけ加わった。それどころか時には自然科学の学習活動や実験すら加えられた。子どもの読み物や遊びの選択は自由に任せられていたにもかかわらず、意図的な教育方針が垣間見られる。そのことは、親の蔵書内の書物が読み物として推薦されるとき、歌を教えられるとき、鉱物コレクションの作成や、磁石や電気で動かす玩具をプレゼントされたとき、あるいは家族旅行のあとで「父親に向けての紀行文」を著すことが要求されたときに判るのである。(38)

教育課程においては、次に初等学校や市民学校への通学が続くが、たいてい、これは両親や親類、家庭教師による付加的な家庭教育によって補完されている。その際、目を引くのが、子どもたちがここですでに将来の公的役割の準備をいかにしているかということである。そこでは子どもに家族・友人のサークル内での詩の朗読やピアノの演奏をさせたり、自分独自の思想や詩作の講演さえ行わせたりする。同じく、性別に分業化された役割に向けての準備も顕著となる。少女たちはむしろ男兄弟の教育に際しての「お相手役」としてしばしば現れ、自分たちは音楽や手芸の教育を受けていた。特に教育的野心のある家庭ではこれに文学のレッスンが加わるのである。

すべての自伝を通じて、すでに三、四歳時におけるそのような家庭教育の状況の生々しい想い出が広がっている。そのことは、この共通の知識・想像力の材料がどんなに定式化された経験として感じられたかを強調している。それは、新しい世代の子ども時代の経験に対して刻印し、のちの大人として新しい世代共通の趣味、歴史、活動範囲に対しても刻印される。子供時代の読み物や知識の素材のほとんど無意識の受容によって、すでに市民的教養は「集団的様式形成者」の役割を引き受けはじめているのである。もはや親の地域的・職業的環境の特性ではなく、美的教育的な類似性すなわち同じように構成された市民的生活世界の教育構造が市民的な少年期の生活を形成するのである。

最後に息子たちには、ギムナジウム時代、そしてたいていは大学時代がおとずれる。そこにおいては、青年もしくは若い成人の自主的な方向付けや関心の形成に対し、見たところ驚くほど大きな余地が与えられていた。ここでは古典的人文主義的な規準と自然科学教育、特徴的な教養概念の複合による特異な着眼点が重みをもつ。この教養概念はしばしば、さらにつけ加わった宗教・道徳・哲学教育によって補完される。そして相応の基準に従ってギムナジウムや学校所在地が選定される。このように確保された一般教養を背景に、両親によっても、ギムナジウムや大学におけるさまざまな教科を通じた「横断的教育」が受け入れられていた。すべてが同じように直接的に「利用され」うるわけではなかったが、多方面に投入されうる「教育資本」の拡充が重視されたと思われる。

「われわれの両親は、われわれがまだ子どもの時代に、われわれの一人ひとりが大学での勉学を終えたあと、教育の完成のために比較的長期の旅をさせることをすでに決意していた。」ロベルト・フォン・モールと三人の兄弟が家庭の旅行奨励金によって行えたような大学修学の終了時の進路決定期間としての[39]このような小休止が、同じような形態で他の多くの人生行路においても区切りとなっていた。比較的長期の滞在旅行、親しい家庭へのホームステイ、異なる業務・職業分野での自発的な見習い・実習、これらは青年期・教育期から職業・成人期への移行を刻むものであった。同時に、この「修業時代」が、最終的な職業決定を前にして自己を振り返り、自己を試すための意識的な延長期間となり、また付加的な特色ある「教育期」にもなった。まさに自伝はそのような時期を自然に美化し、よく選ばれる想い出とする傾向があるけれども、この職業決定は多くの場合十分に自己決定であったようである。なるほど家系的な背景があらかじめ刻印されているし、職業・人生の道についての伝統的な指図という意味においてではもはやないが、両親が指導する。しかし、父親の職業を単純にとるものはまれであり、ここで扱った伝記類のなかではそれはまったく少数派である。両親が大学就学に出費をまかなえなかったハインリヒ・ラウベでさえ、経済的に自弁できた限りでいえば、進路決定に際して拘束されなかった[40]。

経歴や人生設計におけるこのような教育的文脈の歩みの統一化もまた、付加的な接近の手段を作り出し、さまざまな市民層の若い世代における共通性を増大する。それは、この統一性に市民子弟層の一教育課程」を新たに経歴的構造化することである。その構造化とは共通の社会化形式を築き、それに応じた共通の経験モデルを与えることである。同じ年代において、人間は同じように生活し、同じような体験をする。それは、遊びや玩具、学友間の友情、ピアノのレッスン、ゲーテ読み、自己の作文試作、青年の「タバコ仲間の会」、ギムナジウム最上級生の集団文化、大学生のブルシェンシャフト、青年の同輩集団、これらすべてであり、これらはさらに職業生活にまで影響を及ぼす。すなわち、これらはすべて市民的「通過儀礼」の段階のなかに分類されているのである。そして、特定の価値領域と行動モデルが年齢に即応し、性別に特殊化され、美的に配列されるが、それは、このような段階のいずれにも欠かせないものである。この価値領域と行動モデルは市民的教養文化共通の行為のなかで習い覚え、新たに作り出される。感受性と繊細さは個人の特性として体験されるものであるが、同時にそれは荘重な感性儀式の慣習やモデルに反映されるものであり、とりわけ複雑な友情の儀式や手紙の様式のなかで磨かれるものである。「君は物心両面にわたって私自身について尋ねてくれ」という文言で一八一八年のある手紙[41]（だけではないが）は筆をおこしているし、会話の次元でもすでにあの美化された「世俗からの距離が個人的関係においても」投影されていた[42]。

このような教養段階の人生上の順序のなかで、すでに歴史的な市民的経歴に個性が見いだされていると思う人は、そのなかに「市民性」の包括的なモデルが体現されていることを見落としている。部分的には父親の世代においてもそうであるが、それは特異な人生ではなく、「同一歩調で歩むひとつの世代」の肖像といってもさしつかえない。その著者が当然、「自らの」人生行路のかけがえのなさを確信しているにもかかわらず、自伝的な自己描写の多くが統一的な集団伝記的な輪郭を示している。キールの法律学者アンドレアス・ヴィルヘルム・クラーマーが回顧しているように、ある人物が自分の人生の「中庸ぶり」について述べ[43]、そのことによって市民的個性の理念を（自己）風刺的に語ることはまれである。市民的生活を形成したあの新しく自由な可能性は、現実にはまさしく規格化された「平均的な」市民生活と化していたのであるが。

そのような教育戦略の決定は二重の仕方で行われた。すなわち第一は視野を教育特権と職業資格に狭く限定し、他方で、市民的通行証として作用し、その欠如は財産や職業資格によっても完全に補うことができないとされたあの「教養人の文化」特有の価値のことを考えて行われたのである。そのため「経済市民」たる工場経営者や大商人もこの教育課程への参加のために努力した。彼らはこのような「上流の」教養を保護し与えてくれる芸術協会やサロン、サークルの会員資格を求めた。それは同時代人から軽蔑的に戯画化されたあの生き方であった。「手に持ったペンと紙だけで、今日のドイツ人は人間的な言動をなすことができる存在である。彼からペンと紙が取り上げられるなら、彼は思考能力を奪われたと同然である。オペラや演劇のなかでだけ、彼は世界の成り行きや歴史の法則を認識し、自らの道徳原理と精神的自由を自覚するようになるのである[44]。」

この「教育の過程」がいかに注意深く自己を観察し、自己批判的に記録されているかは、ロベルト・フォン・モールが学生時代の最後に行った自己評価が代表している。彼は回顧しつつ一八二四年の日誌に基づいて以下のように公言している。「私はもうすぐ二五歳になろうとしていた。そのうち、一二年間をギムナジウムで、三年半を大学で、さらにおよそ三年におよぶ旅を過ごした。……私は学問あるいは生活環境改善の結果における新しい思想を想定するまで想像力を働かすことはできる。しかし、詩的才能はまったくなく、形而上学的思索の素質ないしはそのようなものに対する敬意はひとかけらもない。存在するものが持つ法則の帰納法的発見の域を越えることは私にはなかった。すなわち私の教養は本質的に非古典的なものであった[45]。」

この自己性格描写はさほど特異なものではないが、「教養」の常套文句に従っている。まさにそのことによって、そこにはいかに個人的な経験と野心が引き立て役として組み込まれ評価されているかが、そして自己認識、美的モデル、個人的人生設計がいかに「標準化された」そして「国民化された」規格に従っていたかが例示されている。市民的主体は、それ自身をすでに自己の観察と努力の「客体」と化し、主体は自分の教育歴をほとんど外側から興味深く分析しつつ眺める。特定の社会的文化的実践を価値体系と行動様式の意味において策定するこの複雑な教養概念に、われわれが「市民性」として数えるあのすべての現象の中心がおかれているように思われる。少なくとも諸自伝を通して、この「教養人の文化」が赤い糸のように広がり、特異な人生行路も市民的集団的伝記という織物に巻き込んでいくのである。

六　近代性としての市民性
——標識と指標

「進歩」や「近代的生活」についての市民的見方は、一八〇〇年以降の時代に限りなく広い領域を提示し、そのうえ、同時代人が全力で専念した議論のテーマを形成していたのである。それというのも、近代性と流行癖との間に「微妙な区別」の世界が現れたまさにそのために、「新しい」事物・理念・行動様式に対する姿勢が、明らかに当時の市民のスタイルや趣味に対する特別な試金石であったからである。

啓発されるところの多い領域は技術との接触関係である。汽船や鉄道のような新しい交通手段、それに加えて最初の工業生産技術、生産現場としての工場は、現実の環境のすべてではないが、もうその輪郭を現していた。特に比較的小さな技術革新の利器が市民の日常生活にすでに広く浸透していた。すなわち望遠鏡、おしゃれな金属製食器類、グラス・ハーモニカ、目覚まし時計、印刷されたカラー写真、ステッキ傘、電気器具、さらには子ども用ハンドカー、積み木箱といった多くの技術系玩具である。なかでも、都市や戦闘に関する着色と照明を駆使した場面描写のパノラマ的な「のぞきからくり」に大人も子供も魅了し、同時に初期の「テレビジョン」として新しい視覚を訓練したのである。遠くの見知らぬ異国的な光景は、市民の視界を広げた。[46] フォンターネ〔小説家・詩人〕がギリシア独立戦争のような「一八二〇年代の歴史的な出来事」を忘れがたく心に刻み込んだのは、少年時代の「まばゆいばかりの」のぞきからくり画のおかげだとしている。[47] また若きエルンスト・ミュンヒは父親がもつのぞきからくりでメーリアン〔一七世紀スイスの銅版画家〕の銅版画を賛嘆するために、次から次へと「学校中」を家に招くことになったのである。彼が想起しながらそう感じているのであるが、このことから、彼自身の「小さな頭のなかに古いものと新しいものとに対する」まったく独自の「世界観」が形成されたのである。[48]

技術的な対象を所有することも、それとつきあうことも、すなわち「日常の技術」の実際の操作も、ともに同じように重要であるように思われる。かなりのことが比較的小さな子どもの歳ですでに組織的に稽古されている。時としてそれはまったく偶然の状況の下で行われている。たとえば、子どもが望遠鏡の原理を次のようなことから理解することもある。遊んでいるとき、祖父がこの新しい利器の力を借りて遠くから監視していて、そして、突然現場を抑えられる。そのとき、祖父の不可思議な「遠望」が明らかになるに違いない。大人たちは、たいして変わったことを学んでいるわけではない。日曜日の散策においてもってきた携帯望遠鏡で近づきつつある知人を見すえようと立ちどまることは、流行の見方の好まれ、かつまったく許容された表明である。それは多くの模倣者が流行とするまでになったが、反対に見せかけの素振りは不適当な厚かましさのしるしとされたのである。

そのような技術の魅力が一方で市民の文明批判や自然憧憬と両立していたこと、啓蒙的な「世界の脱魔術化（マックス・ウエーバー）」が相殺的な新たな「魔術化効果」をも作り出していたこと、こうしたことはまさに望遠鏡の例が示すところである。ともかく、望遠鏡の光学的作用はたしかに次のことにも役立った。アルプス連峰あるいは渓谷のパノラマ的展望をひとこまひとこま鮮明化すること、また自然の舞台装置をいっそう「楽しく再現する」ために、視覚的経験を全体性と局部性との緊張感ある変転として形成することなどである。[49]

家族生活の新しい役割と「近代的」形式に関する当時の論議は、まったく別の分野を開いた。ここでは、私的領域と公的領域との境界、変化した親子関係、新しい男・父親、女・母親の役割形成、これらのことが「性別特性」に関する一般的議論の意味においても問題であった。[50] ひとつの観点を取り出すと、一九世紀の最初の数十年においては、（教養）市民層の父親が子供の情緒面での扶養・学習の過程に積極的に参加することは、少なくとも異例ではなかったようである。ヴィルヘルム・フォン・キューゲルゲンは、男半分と女半分とに家族が一時的に分割されたことを書き記している。そのとき、母親は娘たちを連れて比較的長期の保養に出かけ、父親と二人の息子は家に残ったのである。「父と息子たちの間で特別に実現したがっていた共同生活がここに現実化したのである。」共同での遊び、情緒色の強い夕べの団らんについて[51]、そして、のちの反動期あるいはヴィルヘルム時代の市民環境では想像できないような感情が開放的で「親密な」状況について、彼は報告している。同じようなことを法学教授のクラーマーが結婚後最初の年に書き記している。「私がそれ（子供用揺りかご、すなわちW・Kのこと）を足で揺り動かし、手でほこりだらけの写本からたわいない異本の抜き書きをしていた頃ほど良い時代はなかった[52]。」

当時形成されつつあった市民的な家族・性別役割モデルの妥当性に対する証拠はたしかにない。だが、この過度期において別の行動の可能性がまだなお考えられたにしても、ビーダーマイヤー期や三月前期がはじまる以前に、市民的家族の役割のシナリオが書き記されたことは、いずれにせよ興味あることである。そのシナリオのなかでは、文字通りの意味でも比喩的な意味でも最終的にコルセットが勝利をおさめたのである。

この相対的な開放性と実験可能性を一九世紀初頭における市民のアイデンティティ追求の表現として、広く一般化することができる。反対に、精神の固定性、野心なき「無能さ」がまぎれもなく非市民的特性として現れる。小市民や貴族はそのときどきの仕方で保守主義をあえてとり、市民は新しい地平を求めた。そのような理念上の根本的立場において、個々の相違がしるされなければならない。市民は、貴族のように過去を通じて現在を解釈するのではなく、反対に現在のなかに未来の前史をみる。そして、小市民のように歴史的なものや地方世界を全世界の最良のものとして美化するのではなく、歴史や他の地方との比較を長期的視野と自己批判能力をもって求めるのである。近代性とは、受動性を特性とするものではなく、変化の流れに従ってただ泳ぐことでもなく、市民の具体的な希望と関心をその内容とするものである。それは能動的な発展の必要と進歩の障害を勘案し総括する。このような理解は「中間身分」という自己表示に現れている。中間身分は、当時はまだ社会学的なモデルを意味していなかったが、シャフトを中心に回るように、社会の市民的「中間層」を中心に世界が回るよう、社会が生み出した像であった。

こうした方向のなかに、近代性と進歩のテーマに対する共通の反射曲線を自伝類から読みとることができる。また、つぎの証言が示すように、それは市民本来の調子を帯びている。「わたしは青少年期から古いものが新しくなり、設立されたばかりのものが再び変わらないことをみることに慣れていた。そして、少なくとも大きな世界的出来事の発端と担い手を、心悩むことなく、むしろ快適な談話のうちにみてきた。このような環境の下で、古いものや存続するものに対する尊敬よりも、大きな変化に対する畏敬がまさるようになったのかもしれない[53]。」

むろんそのような立場が当時、歴史や過去との冷淡な訣別だけを意味したわけではない。それは、個人独自の人生と集団の人生の見地において、歴史的なものと未来との間の一行程としての現在に対する新しいまなざしを開き、過去との関係に明確な方向と確固たる決定をもたらしたのである。いずれにせよ、この「新しい」市民の第一世代は特定の領域においてのみ社会的・文化的な実験をなしえ、またなそうとしていたと思われる。このように積極性、業績、個性の強調にもかかわらず、また、そこから導き出された社会的な近代化要求にもかかわらず、公的生活において旧「市民的徳性」の倫理道徳的な価値規準への断ちがたい想いは依然として優勢であった。経済市民や自由業者でさえこの点において自らをしつけ、折々のボヘミアン的モードに対してと同じように、贅沢や浪費を誇示することに対して控え目に過ごしたのである。

たしかにそれは抽象的な価値伝統に対する畏敬の念からのみ生じているわけではなかった。この新しいエリートの経済的・社会的地位が多くの点でまだ不安定であるように思われ、なおも広範な市民層との相互協力に依存していたことからも、慎重な態度が明らかに得策であったからである。個人的な生活態度においても堅実性、義務意識、信頼の証明をそれは要求した。さらにいえば、それは自伝執筆者の自分の子供たちへのメッセージである。子供たちの生活期間はすでに一九世紀後半にまで達していた。自伝そのものは、伝統的なものと新しいものとを結びつけ、家族内世代間の価値的連続性をも確保する社会的価値連続体の仲介者として機能すべきものであった。

新聞発行者であるオットー・エルベンは、一八二〇年代の『シュヴァービッシェ・クロニーク』紙の編集企画に基づき、近代性に対する自分の父親の見地を描写している。当時新たに次のような企画が開始されていた。「最初のカンシュタット民俗祭典から合唱祭、自然学者集会、大シラー祭に至るまでの生き生きとした祝祭描写、産業博覧会についての特派員報告、工場レポート、国民経済上特に重要な行事であるワインの競り市、国民経済に関する多くの論文、教導的で扇動的な論説を通じての鉄道敷設の有効かつ持続的な支援、地誌・民族学科案の導入。」[54] 伝統と進歩の均整のとれたバランスは息子に感銘を与え、彼は伝統と進歩を指導路線として引き継ぐのであった。

「市民性」はここでは、さしあたって自らの近代化能力への信仰とその社会的模範機能とに基づく進歩を確証する一形態として現れる。むろん、それは、市民的自己定義がしばしば市民的日常実践との矛盾に陥るなかでバランスをとるような曲芸である。そのため自由主義的な政治的立場は、官僚も経済人もその国家公民的功績による「貴族叙任」として喜んで受け容れているような貴族化とは適合しなかった。また民主主義的な自由概念は国家主義的な神話形成との間に摩擦を生じた。だが反官治国家的衝動は国家発注の獲得競争や官僚職の増員に直面するなかで終わりを告げた。それは、全般的な社会的進歩の要求から突然、個人的な市民的成功への企てが生じたとき、市民的価値の地平に再び功利主義的なあるいはしばしば野心的な性格が現出するようになったためである。

この点において、市民の自伝は、理論と実践の矛盾を主題として再三取り上げたが、それは伝記上の政党的人物を押し出すためであった。このような意味で、市民の自伝はまさに理念史の真の芸術作品である。そこでは社会的いんぎんさや政治的妥協性が、いまだ「前市民的な」環境の下では不可欠な市民的特性として正当化される。市民特有の態度が「穏健」ないしは「控え目」といった特性によっていわれなく特徴づけられているわけではない。進歩と近代性は、恐らく精神的掟を意味するが、その掟はもちろん生涯史としては時間化され、社会政策的には調和させられた。つまりそれぞれの伝記は、それぞれの成功を結局はこの「中庸の道」の正当性を立証しているものとしているのである。

七　近代《モデルネ》への旅

「移動性に富む」一九世紀に関して一般に流布したイメージがあるにもかかわらず、自伝においていかにしばしば旅のテーマが現れるか、そして、当時すでに市民の旅行モデルの種類がいかに多様であったかには驚かされる。定期的な数日間の家族旅行、親戚訪問、青少年のグループ旅行、私用・公用旅行と並んで、とくに保養がプランのなかに入っていることがしばしばである。少なくとも三七回カルスバートを訪問したり、あるいは「北海の海水浴場ヴィーク・アウフ・フェール」[55]に毎年滞在することは、まったく当たり前となった。そして、ロベルト・フォン・モールはある官吏のことを意地悪く描いている。「その人物の偉業は、自分の記念碑をそこにたててもらうために、五〇年間続けてタイナッハの温泉を訪れたことであった[56]。」

だが、驚くべきは、際立った教養旅行の広がりである。個々の作家において、この「旅行熱」があまりに度々、規則的に起きているので、そのことから市民と自由時間との新しい関係に特別に光をもう一度当てることになる。「閑暇」すなわち自由時間、あるいは少なくともそれに相当する時間に関する自由裁量の大きな可能性は、市民的旅行や市民的教育課程全体にとって必須の前提である。それはまた、あの新しい「時間経済学」に属している。その経済学は、効果的で合理的な労働時間計算の原則によってもっぱら不完全かつ一面的に特徴づけられているが、同時にそれは別のむしろゆったりとした教育期間原理のことをも心得ているのである。

市民の教養旅行の古いモデルが世紀転換期以後の家族においても活発に利用されたことは明白である。例の「感傷旅行」はゲーテの足跡をたどって、「自然享受、自然の満喫、自然観察」のために、とりわけ「自然旅行のメッカ」であるスイスに、彼の古典的ルートと彼のパノラマ的な視野を用いて行うものであったが、これが市民的な自然生活を訓練し、美的に形成するはずであった[57]。ラインハルトはこの旅行タイプを回顧録においてもう「定番の流行物」と呼んでいる[58]。そして「私の最初のスイス旅行」という常套表現は別の自叙伝類のなかでも繰り返し現れた。美術史への旅も古代や古典との出会いとして相変わらず推奨された。旅行記や旅行案内書によって、教養体験も正確に記述されるようになった。それは、宿泊する場所や由緒ある城壁に、旅行案内書のおかげで自分のイニシャルを書き残しうる場所はどこかといった実際的な指示を含めてである。すでにそれをゲーテ自身がシュトラースブルク大聖堂の塔で実演してみせていたが[59]、それはまた教養旅行の儀式でもあった。旅は経験のモデルとして、同時にモデルの経験として本格的に演出され、実際的な世界観や活発な自己陶冶に対する準備の明白な証明となる。

しかしながら、あの比較的古いモデルでは、市民にふさわしい移動手段としてもっぱら旅馬車が指定され、「上流の」旅籠だけを停車場とし、友人や親戚のもとでの途中滞在をプランに組み入れていた。その空間は地理的には広がっているが、文化的にはむしろ依然として狭いままであった。市民の旅行は信頼する社会形式のなかをいつもながらの社会的段階のうえで動くことを意味しており、まさに異郷の日常のうえを越えていく車輪の営みであった。ひとは異郷においても気の許せる人を求めるのである。

この文化的孤立は今度は新しいモデルを切り開くことになる。地域的には遠く隔たってはいるが、教養や読み物を通じて信頼できる文化と芸術に感情移入し、なじむことは、次第に他者との、他国との、他国の文化と社会との対話追求に取って代わられた。新しいプログラムには、文化と技術、政治と歴史、学問と文学、芸術と日常が含まれるのである。他の都市や農村の芸術・歴史・学問における領域周遊は依然として必須である。その旅行はさらに博物館や教会、劇場やオペラ上演、大学や文書館へと導いた。同様に、私宅や喫茶店、ダンス・ホールでの友人・知人との社交的・社会的プログラムは続けられたのである。

それに加えて、特別なもの、「近代《モデルネ》」への旅がここで現れる。それはすでに交通手段に関してはじまり、この交通手段には、通常では汽船や鉄道が数えられる。特有の技術見学プログラムが、新しい工場、橋、機械装置、軍艦、港湾施設、鉄道の駅に関して実施された。それは、そこで「進歩」を研究し、とりわけ、進歩を感覚的にも理解できるために行われたのである。「途中で、キャベツが山のように積み上げられた美しい蒸気機関に見入った」とベルギー旅行者が一八二八年に日記に書き留めている[60]。フランスやイギリスへの旅行もこのようなプログラムなしに試みられることはもはやなかった。

同様に、政治的同時代史的な教養旅行も存在する。パリへ行く者は、しばしば博物館から革命の場所、戦闘や処刑の「本物の現場」へと巡礼する。一七八九年時のものは控えめにしか知られていなかったが、一八三〇年の七月革命のバリケードは時宜にあった新しい観光スポットをつくっていた。ライプツィヒを訪れる者で、諸国民戦争の場所へ足をのばさない者はめったにいない。議会やそこの討議を体験しないようなロンドン訪問は、教養上の欠陥を意味した。これらすべては常に、歴史の痕跡や法令を手がかりに、国民的な厳粛の時と場所の追体験のなかで市民的アイデンティティを追求することでもあった。

第三に、一種の国内民族学がこれにつけ加わる。それは、「国民生活」や（自分の）社会における他者を探究することである。ハインリッヒ・ラウベは一八三〇年代のプラハの地下レストランでこの「国民」を想像したが、「私はその楽しみを知りたいと考え、夕刻、ダンス・ホールに行った」、そしてブリギッテナウでのウィーン民俗祭に赴いた。[61] 同じ目的でコペンハーゲンのティヴォリ公園あるいはパリの歓楽街や国民劇場に、馬車ではなく徒歩で赴く者もいた。国民の下にある外的な距離ではなく内的な隔たりの真っ直中を動くこと、それが近代的な旅の経験である。乗り合いバスでロンドンをめぐるのは、首都と「この世界都市のにぎわい」を感覚的に体験するために行くのである。社会的「見解」を養うために、ドックや鉄道の駅、精神病院や監獄を自ら見学するのである。マンチェスターにおける「宿泊所」を歩き回り、「そのなかで工場住民の宿泊所が示す不潔と悲惨さ」を見聞きするとき、実際、多くの叙述が見知らぬ国内の調査旅行報告のように感じられる。その間に気分転換もはかられる。「それにすぐ接して、美しい場所や記念碑がある。興味深いのは、通りや家々の頭上高くに敷設された鉄道線路である。」[62]

異郷の社会・文化を特徴づけるものの多くは、いっそう広く多様で開放的であるように思われた。そして、それに呼応して、そこから個人的な方法、タイプ、組み合わせをその都度選びうる旅行モデルの群像も幅広く存在する。状況、個人の関心、教育条件に従って、異なった重点のおきかたがなされたが、可能な限り多様な種類のものが組み合わされ、旅は体験のコントラスト・対照性において演出された。芸術と技術、教会と革命の舞台、ダンス・パーティと精神病院、鉄道旅行と徒歩旅行といった具合にである。そしてここでも市民的行動の「差異を示す」要素が提示される。観光旅行において身分的特権はもはやなく、芸術・技術の驚くべき作品は自由に近づきえる。鉄道ないし徒歩旅行は誰に対しても開かれている。旅行の個々の要素すべてが、経費上の比較的小さな差異を別にすれば、「平等性」の外観をなしている。しかし、市民の「教養遍歴」としての「旅行」モデルは最終的には依然として確保された。この種の世界観にのっとったその文化的な経験モデル・視点は文学的にも美的にもふさわしく準備されたものである。

そのような旅行プログラムの分野の広さと文化的統合能力を例示的に明らかにするために、ここで出版業者であり、自由主義者であるオットー・エルベンが一八四六年に行ったある旅行を滞在地とキーワードによって簡単にスケッチしてみよう。彼の旅行目的はケルンでのドイツ＝フラマン合唱祭であり、ケルンへはハイルブロンから汽船で、ネッカー川・ライン川の下流に向かって旅した。汽船の「華麗で詩的な航行」においては、同じ目的で途中から乗船してきた市民的「男声合唱団」と活発につながりをもった。ケルンに着くと、エルベンは数多く催される祝辞のひとつを行い（「合唱祭は私にとって演説の学校となった」）、ドイツ国民色の強い合奏や合唱に参加し、見学やハイキングを行った（「本当の国民会議がドラッフェンヘルスやゴーデスベルクで開催された」）。

その後、歌唱協会員とともに再び汽船でマインツに戻った。そこから、ライプツィヒへ急行の郵便馬車で行き、諸国民戦争の戦場を見物した。そして、鉄道でドレスデンへ行く。そこでは美術館、大学、喫茶店を訪問し、「ザクセン＝スイスの自然」を満喫するハイキングが予定されていた。ドレスデンからエルベンは鉄道でベルリンへ赴いた。オペラや演劇、大学に「いる」グナイストやランケ、ポツダム宮やシャルロッテンブルク宮、新聞編集局や同郷人の訪問。そして、リューゲン島の三日間徒歩旅行に続いて、コペンハーゲンに比較的長期間、立ち寄った。そこではティヴォリ公園の「国民生活」があり、博物館訪問、汽船航行、デンマークの海軍や要塞施設の見学を行った。夜行汽船でキールに戻り、シュレスヴィッヒ・ホルシュタインにおける「ドイツ人問題」について、討論や国民会議で話すために、そこから鉄道でレントスブルクに赴いた。そのあと郵便馬車や鉄道を使って、ハンブルクを経由してブリュッセルの合唱団員集会に行き、そこで、「さまざまな協会、クラブ、読書協会に紹介」され、博物館や電信施設を見学した。それから、数カ月、パリ、ロンドン、スコットランドに滞在し、ポルトガルとアフリカへの長い船旅を行い、最後にイタリアを経て再び家にもどったのは一五カ月ぶりであった。その一年後、この出版業者は結婚するが、それは、一八四八年三月二日、ヴュルテンベルクに報道の自由が宣言されたまさにその日であった(63)。

これこそ、実際に近代における自然と技術、国民的なものと異国的他国的なもの、社交と政治、学問と実務、芸術と軍艦、友情と交際、これらとの出会いのなかで終わりを告げた市民の同時代旅行である。それにより、一八四八年というドイツ市民の覚醒ムードの真っ直中で、「進歩の程度」を再び思い出す当の市民たちは、のちの静けさのなかで彼ら自身の自伝を書くことができた。そこにはドイツ市民性の「修業時代」としての彼らの生活史がある。

注

(1) H. Laube, Erinnerungen 1810-1840, in: ders., *Gesammelte Werke*, hg. v. H. H. Houben, Bd. 40, Leipzig 1909, S. 157f.

(2) 概念・語義史については次を参照。マンフレート・リーデル、河上倫逸・常俊宗三郎編訳『市民社会の概念史』以文社、一九九〇年、一三六〜二一八ページ。

(3) 私が史料として援用したものは、特に一七九〇年から一八〇五年に生まれた男性作家によるものが大半であるざっと三〇の公刊された回顧録である。これらは、まったく異なる市民的職業経歴や生活世界を背景に書き記され、また、年齢も叙述した人生の局面に対する時間的隔たりが異なって、書かれたものである。これらを補完するものとして、刊行された往復書簡や同時代の文化素描が役に立った。その際、組織的な基準に従ったやり方を用いなかったので、選択や成果があるいは一度ならずも歴史的「市民世界」の現実の構造からそれたかもしれない。大学教授、工場経営者、作家、高級官僚のような、自伝的に非常に多く記録された職業は、事実、数の上でも比較的多く、社会的にも影響力ある市民階層を代表していた。同時に彼らは、文化モデルとして、家族・友人や公的社会に対する自伝的な自己描写がすでに自己理解を明らかに意味するような市民類型を体現していた。それに対して、画家、美術商、開業医の回顧録、あるいは比較的少数の女性の自伝は、まだ例外的な現象であったことは明らかである。無作為的な選択からではあるが，世紀転換期から三月前期までの間の市民の集団としての伝記の輪郭が明らかになるであろう。

（4） これについては，一九三五年に書かれ，今日再び公刊されたもので，いまなお一読に値する次の研究をみよ。H. H. Gerth, *Bürgerliche Inteligenz um 1800. Zur Soziologie des deutschen Frühliberalismus*, Göttingen 1979.

（5） 社会学的輪郭と社会的性格をより詳しく描いたのは，R. M. Lepsius, Zur Soziologie des Bürgertums und der Bürgerlichkeit, in: J. Kocka(Hg.), *Bürger und Bürgerlichkeit im 19. Jahrhundert*, Göttingen 1987, S. 79-100.

（6） 次から引用。G. König, Therese Huber, in: *Baden und Württemberg im Zeitalter Napoleons*, hg. v. Württembergischen Landesmuseum Stuttgart, Bd. 1. 2, Stuttgart 1987, S. 1126f.

（7） E. Münch, *Erinnerungen, Lebensbilder und Studien aus den ersten sieben und dreißig Jahren eines teutschen Gelehrten*, Bd. 1, Karlsruhe 1836, S. 316.

（8） R. v. Mohl, *Lebenserinnerungen 1799-1875*, Bd. 1, Stuttgart 1902, S. 82.

（9） *Briefwechsel zweier Deutscher*, hg. v. Pfizer, Stuttgart 1831, zit. nach der Ausg. von 1832, S. 112.

（10） 社会的識別の概念については次をみよ。P. Bourdieu, *Die feinen Unterschiede. Kritik der gesellschaftlichen Urteilskraft*, Frankfurt 1982, bes. S. 405-499.

（11） O. Bähr, *Eine deutsche Stadt vor 60 Jahren. Kulturgeschichtliche Skizze*, Leipzig 1884, S. 157.

（12） これについては次をみよ。R. v. Dülmen, *Die Gesellschaft der Aufklärer*, Frankfurt 1986, bes. S. 81ff.; M. Prüsener, Lesegesellschaften im 18. Jahrhundert, in: *Börsenblatt für den Deutschen Buchhandel* (Frankfurter Ausgabe) 27, 1972/10, S. 189-301.

（13） A. W. Cramer, *Haus-Chronik, meinen Anverwandten und Freunden zum Andenken gewidmet*, Hamburg 1822, S. 15f.

（14） Münch, *Erinnerungen*, Bd. 1, S. 69.

（15） K. F. Klöden, *Von Berlin nach Berlin. Erinnerungen 1786-1824*, Berlin 1978, S. 116.

（16） O. Elben, *Lebenserinnerungen 1823-1899*, Stuttgart 1931, S. 29ff.

（17） Vgl. H. A. D. Reichard, *Seine Selbstbiographie (1751-1828)*, hg. v. H. Uhde, Stuttgart 1877, S. 92.

（18） Münch, *Erinnerungen*, Bd. 1, S. 312.

（19） Elben, *Lebenserinnerungen*, S. 28ff.

（20） Vgl. Laube, S. 54f. W・v・キューゲルゲン，伊原元治他訳『一老人の幼時の追憶（下）』岩波文庫，一九三九年，一一九ページ以下。

（21） Laube, *Erinnerungen*, S. 78.

（22） キューゲルゲン前掲書，一四八ページ。

（23） J. Reulecke, *Geschichte der Urbanisierung in Deutschland*, Frankfurt 1985, S. 17.

（24） Mohl, *Lebenserinnerungen*, S. 103ff.

（25） F. C. Dahlmann, *Die Politik auf den Grund und das Maß der gegebenen Zustände zurückgeführt*, hg. v. O. Westphal, Berlin 1924 (Nachdruck der 2. Aufl. von 1847), S. 14.

（26） E. Dronke, *Berlin (1846)*, hg. v. R. Nitsche, Darmstadt 1974, S. 46ff.

(27) W. v. Siemens, *Lebenserinnerungen*, Leipzig 1943, S, 65.

(28) W. Hardtwig, *Vormärz. Der monarchische Staat und das Bürgertum*, München 1985, S. 26.

(29) A. G. de Staël, *Über Deutschland* (*1814*), hg. v. M. Bosse, Frankfurt 1985, S. 110.

(30) Laube, *Erinnerungen*, S. 56.

(31) *Ebd.*, S. 51.

(32) De Staël, *Über Deutschland*, S. 637.

(33) Laube, Erinnerungen, S. 10.

(34) *Uhlands Briefwechsel*, hg. v. J. Hartmann, 2. Teil, Stuttgart 1912, S. 25.

(35) L. Börne, *Gesammelte Schriften*, Bd. 2, Berlin o. J., S. 125.

(36) K. A. Varnhagen von Ense, *Denkwürdigkeiten des eignen Lebens*, Bd. 2, Berlin 1971, S. 340.

(37) Dronke, *Berlin*, S. 48.

(38) Elben, *Lebenserinnerungen*, S. 10.

(39) Mohl, *Lebenserinnerungen*, S. 119.

(40) Laube, *Erinnerungen*, S. 54.

(41) Münch, *Erinnerungen*, Bd. 1, S. 326.

(42) W. Lepenies, *Melancholie und Gesellschaft*, Frankfurt 1969, S. 100.

(43) Cramer, *Haus-Chronik*, S. 21.

(44) Pfizer, *Briefwechsel zweier Deutscher*, S. 113.

(45) Mohl, *Lebenserinnerungen*, S. 139.

(46) それについてはたとえば，バーデン，ヴュルテンベルクの展示会カタログをみよ。

(47) T. Fontane, *Meine Kinderjahre*, Leipzig 1959, S. 127.

(48) Münch, *Erinnerungen*, Bd. 1, S. 39.

(49) K. W. Kolbe, *Mein Lebenslauf und mein Wirken im Fach der Sprache und der Kunst*, Berlin 1825, S. 9.

(50) それについては，いまなお基本的な歴史的問題の概説である次のものをみよ。K. Hausen, Die Polarisierung der ›Geschlechtscharaktere‹ -Eine Spiegelung der Dissoziation von Erwerbs- und Familienleben, in: W. Conze (Hg.), *Sozialgeschichte der Familie in der Neuzeit Europas*, Stuttgart 1976, S. 367-393. また同様に次をみよ。ウーテ・フレーフェルト，若尾祐司他訳『ドイツ女性の社会史——二〇〇年の歩み』晃洋書房，一九九〇年。特に九〜七四ページ。

(51) キューゲルゲン前掲書，一九三ページ以下。

(52) Craemer, *Haus-Chronik*, S. 19.

(53) Mohl, *Lebenserinnerungen*, S. 73.

(54) Elben, *Lebenserinnerungen*, S. 3.

(55) Laube, *Erinnerungen*, S. 179; C. v. Tiedemann, *Aus sieben Jahrzehnten. Erinnerungen*, Bd. 1, Leipzig 1905, S. 141.

(56) Mohl, *Lebenserinnerungen*, S. 49.

(57) 次のものがそのように主張している。R. Prutz, *Schriften zur Literatur und Politik*, hg. v. B. Hüppenauf, Tübingen 1973, S. 37f.

(58) Reichard, *Seine Selbstbiograhie*, S. 50.

(59) *Ebd.*, S. 207.

(60) *Reiseberichte eines westfälischen Glasindustriellen*, hg. von H. Vollmerhaus, Dortmund 1971, S. 70.

(61) H. Laube, *Reise durch das Biedermeier*, Hamburg 1965, S. 299 u. 257.

(62) Elben, *Erinnerungen*, S. 84f. und 91.

(63) *Ebd.*, S. 64-112.

第二章　教育と市民性

マルグレート・クラウル
（一九四五年生
コブレンツ大学教授）

ドイツにおける市民社会の成り立ちについては、プロイセン改革期がその決定的な区切り目となっている。自由と平等が国家と社会の改革に入り込んだのは、フランス革命にさかのぼる。革新を求める企てすべてに、教育政策が取り込まれた。すなわち人間は陶冶と教育を通じて成年へと至り、市民社会への参加の前提が生み出されるとされた。こうしたあまりにユートピア的な構想は、一般的人間教育と、教育の助けを借りて市民社会のモデルを実現するという期待とをめざすが、この構想は旧来の教育目的、つまり社会が必要とする有用な市民になるための教育という目的にぶちあたってしまう。これら二つの観念の構成内容は一九世紀の教育史の一部となっている。

本章は前半部において、プロイセン改革期と三月前期および帝政期における教育の諸構想と教育諸法令を、これらの根底にある市民概念をもとにして検討している。後半部の焦点は、未来の市民としての生徒に伝えられた、市民であることの鋳型がどのようなものであったかという点にある。つまり、学校生活を通じての規律化およびドイツ語教育を通じての志操の形成を検討する。補足的にではあるが、生徒の回想から示せることは、三月前期と帝政期における教育学的配慮や教育目的から生徒たちが汲み取っていたものは何だったのかということである。すなわち生徒たちはシトゥワィアンないしはブルジョアになったのか、それともただ市民《ビュルガーリッヒ》的になっただけなのであろうか。

一　教育学的言説と教育政策
——一般的人間教育か男性市民教育か

一八一二年、ラインホルト・ベルンハルト・ヤッハマン[1]がフランツ・パッソーと共同で『ドイツ国民教育論叢』を発刊した。そのとき二人が構想していたのは以下のようなものであった。これが「愛国的結集点となり、……そこで投票権をもつドイツ人男性が諸教科を共同で討議し、それら諸教科の適用によってドイツ国民の上級教育と教化をはかること。[2]」ひとに全き人間になる可能性を与える綱領が企図されているが、それは人類の一部として、国民《ナツィオン》の一部として、とりわけ国家の市民としてである。人間と市民は互いに排斥し合うものではない。逆に国家公民《シュターツビュルガー》としての役割が人間を全きものにすることを助け、人間の外的な自由を制限し、「そのことを通じて、自身の自由とともに他の国家公民すべての自由が存立できるように[3]」するという課題を負わせているのである。すべてのひとを区別なく教育すべしという高い目的のためには結局、「人間のための学校あるのみ[4]」である。

このような新人文主義の流れは、その代表者が今日の用語では左派綱領の先駆者として示すことができるが[5]、ヴィルヘルム・フォン・フンボルト〔一七六七～一八三五、政治家で言語学者〕によって支持された。フンボルトはプロイセンの責任ある教育政策家として、あの平等化をめざし理想化された要求を代弁したが、それは彼の初期の教育理論的文書においてだけでなく、文教当局の部局と学識代表団すなわち一種のカリキュラム委員会での活動においてもそうであった[6]。この部局の学校政策は以下のようなものであった。すなわち、「国民大衆すべてを」考慮に入れ、「いかなる身分の者にも必要とされ、個々の職業に必要とされる技能と知識がただちに結び付きうる人間諸力の発展を促進することを求める[7]」ものであった。そして形式的な諸能力、記憶力、理解力・確かな判断力の鍛錬、加えて倫理的な感情の洗練が、すべての人に同じやり方で、後に就く職業にかかわりなく教育されるべきとされた。ひとが自らの仕事で成功を収めうるのは、「自身の特定の職業に関係なく、自分自身が立派で、礼儀正しく、自身の身分にふさわしく教育された人間であり市民であるとき[8]」である。人間教育は市民教育と一致するものであり、ある特定の市民的生業のために行われるいかなる専門教育に対しても優先されるものであった。

フンボルトが自らの立場を確立したのは教育理論においてだけでなく、教育政策においてもそうであった。教育理論家としては、人間の一面性および「力と自立[9]」の喪失を懸念した。ともかく諸力の鍛錬が優先されるべきであった。「生活あるいはそれぞれの生業で必要とされるものはすべて分離され、完全な一般教育ののちに獲得されるべきである。両者が入り混じると教育は不純となり、ひとは完全な人間にもなれず、各階層の完全な市民にもなれない。」これに対して一般教育を通じて、「諸力すなわち人間自身が鍛えられ、浄化され、整序されることになる」[10]。一般教育は「いかなるカーストも、いかなる個別の生業」もこえて、「卑しい日雇い労働者であれ、最も洗練された教養人であれ」[11]、すべての者にとっての「ただ一つの同じ土台」としての基盤であるとされ、鍵概念であるとされている。一般教育の形式的基本によってひとは世界の法則性を認識して判断し、世界を形づくり、自らの刻印を押すことができるのである。そして、その基本は教育をその直接の適用から解放し、それどころか教育によって世界を変える自由を獲得することに寄与するのである[12]。フンボルトの教育政策家としての立場から見ても、市民の生業を旨とする学校教育は支持し得ないものであった。早期の専門化によっては才能に恵まれた者を見出しえないということは別にしても、「もっぱら軍人なり実業家といった国家に依存するような特定の職業のために教育する場合には、国家は、こうした職業を利用し配慮しなければならないという課題を背負い込むことになる」[13]。このようなイメージは、教育改革家としても干渉国家に反対し続けたフンボルトにとっては先行き暗いものであった。

カリキュラムに対するこうした反省が含意していることは、フンボルトに由来する新人文主義にとって自明のことである。人間は全きものとして形成されるべきものであり、「一般学校教育」はそれゆえ「身体的・美的・教訓的な教育として、最後の点をさらに敷衍すれば数学的・哲学的、……そして歴史学的な教育」[14]として人間に照準を置くべきとされた。列挙された教科目においては、一方で社会的に有用な知識が盛り込まれはするが、他方で人間の表象化した構造が反映する。身体・感覚および倫理性さらに合理性は等しく人間本質の構成要素と解釈され、互いに補足的なものとして結び付くのではなく、人間の全体性という点で統一を形成するのである。

しかしこの教育理論における一般性への要求は、身分制の貫徹した社会という点で限界づけられる。「哲学は……日雇い労働者にもその人権を維持してきた」[15]というユートピア的な観念、および「ギリシア語を身につけることは……学者にとって机を作ることがそうであるように、指物師にとって大いに有益でありえる」[16]という期待は、「現世の生活環境」に直面する。その現世の生活環境によって「人間・国民・市民の学校を、生徒が自らの教育のためにどの段階まで利用するかという目標が決定されるのである」[17]。こうした矛盾にもかかわらず人文主義の厳格な枠組みは、疎遠な教材によって獲得されたあの形式的な教育に固執し、市民の生業にとって有用な知識や技能は、その教育の背後に退いている。学校で専門教育を受けることは人間性に対する侵害であった。

教育政策の実際は理論に逆行した。ここに――すべての人間に対する抽象的な平等要求の彼方で――かつてのラテン学校もしくは教養学校の伝統に立つ学校、すなわちギムナジウムの改革が独立的に行われることになる。教育の普遍性を求めることが放棄されることはたしかになかった。けれども一般教育は新たな専門教育に形を変え、すなわち大学就学のための、それゆえ高級国家官吏のための予備教育と化した。市民社会をモデルにした、市民的公共に参加する能力をすべての人に伝えるとされた教育は、多数の市民の利益を無視し排除する。一般教育はヘーゲル的意味では一般的であり、プロイセンの官僚にとっての予備教育となるものであり、それゆえ官僚たちは自らの身分が「社会状態の一般的利益をその職務とするという理由で[18]」、「一般的なもの」とみなした。そこでは市民的生業が持ち上げられているように感じられることはなかった。

　生業に従事する市民はその職業と関わった教材を要求し、それゆえ新人文主義的な一般教育に批判的であったが、そうした市民および市民ではない社会層は別としても、プロイセンの教育改革家の思考においてはさらにある集団が除外されたままであった。すなわち人間の半分を占める女性である。たしかに女性は世紀転換期まで、男女の役割分担に関する議論のなかで一定の役割を果たした。それどころかフンボルトに従えば、女性たちこそが人間の統一を打ち立てるのであり、したがって彼は両性に関して「さまざまな力の本来的な不平等性」を称えることができた。しかし、こうした力は「結び付きあってこそ全体をなし」、その全体には「この全体を相互作用によって生み出す[19]」「互いの必要」が内在しているのである。男性および女性の力は、形式と内容、活力と充溢に特徴付けられ、他方には変わり得ない条件である。しかし「両性の特徴の結び付き」は、その活動を変わらずに保つために自然の本質から派生するものであり、「全きもの」の前提であるが、そのような結び付きは犠牲を必要とするものである。男性と女性それぞれに役割を負わせることは、社会的な機能となる。すなわち一方には活力、力、活動、分離——規定性や概念上の区別と結び付いた破壊や一定の非情さも——が割り当てられ、他方には、魅力的な優美さと愛の豊かさのなかに埋め込まれており、自然の細心の保護のもとにある受胎力が割り当てられたのである[20]。このような定義は教育に関して境界を定めるものとなった。女子教育が定着化するのは、一般教育がこの世界への働きかけとして制度化されている男性の領域ではなく、それ自身が一つの自然である女性が受容・受胎の働きをしている自然により与えられている調和の領域でのことである。

　女性という性の特徴は、性の両極化に基づいて、女子中等教育のいかなる制度化も必要としなかった。そこに構想された女性像は家庭において実現されうるものであり、公共性も必要としなかった。解放に向けての論議は、人間の個人的な完全化を焦点にし、ドイツ人男性にとって重要なものであったが、女性はここから常に排除されていた。女子教育においては、受容し理解し努めを果たす力が前面に立つものであった。そのことは愛国心という衣をまとうことになるが、女子学校の先駆者の一人であったベティ・グライムは一八一四年、以下のように書き記している。「ドイツ人女性よ、自身の高貴さと尊厳を知り給え。自身を愛すに値し、尊敬に値するものに捧げ給え。しかもただ一人に、ひたすら。[21]」「身体と魂の純真と純潔、恥じらいと実直さ、選んだ者に対する貞節[22]」こそが女性の特質である。「ドイツ人妻」は、最後の口づけでもって自身の勇敢な兵士の魂に、戦争から「名誉ある人として[23]」帰還するという決意を吹き込むべきである。エルンスト・モーリッツ・アルント（一七六九〜一八六〇、ドイツの愛国詩人、歴史学者。対ナポレオン解放戦争で民族意識を鼓舞した）のような人物に引けを取らないほどの愛国主義的な情熱でもって、ドイツの妻と母となるための教育が求められた。祖国への忠誠と夫への忠誠は互いに結び付けられ、女性はこうした偉大なものに導かれ、こうした限定のなかで夫、家族および祖国を通じて自らの課題を果たすべきとされた。女性は「その国の市民」であると同時に「世界市民[24]」であるということは、ドイツ的美徳を養うというあらかじめ企図された女子への教育をなんら変えるものではなかった。個人の完成は、新人文主義者たちの理論においては自我の強化と純化として取り上げられたが、それは女性の場合にはまったく問題にならず、女性の教育は愛国主義と男性に奉仕するものとなった。

女性と、後に国家官僚や学者にならない男性は、新人文主義的なカリキュラムにおける一般性を求められることはなかった。しかし女性が五〇年以上もの間、教育の制度化から常に除外されていたのに対し、生業に従事する市民層は、自分たちの学校という要求をしっかりと部分的には成功のうちに実現した。そのカリキュラムの性格は、未来の商人・手工業者さらにまた中級官吏の必要にはっきりと応じたものであったが、もっともギムナジウムに進学する者はその大部分がアカデミカーや高級官吏の子弟ではなく、新旧中間層の子弟であり、彼らがギムナジウムに通うのは市民のための都市学校としてであって、アビトゥーアを取得せずに第四、五学年で離学したのであった[25]。生業に従事している身分の代表者の要求は、とりわけギリシア語に関わるところから生じた。ヨハンネス・シュルツェは、文部当局を代表してこの論議において厳しい態度を示した。彼はギムナジウムのカリキュラムの緩和に決して同意することはなく、一般人間教育に対するギリシア語の価値を議論の対象にすることはなかった。そうする代わりに都市と請願を出している市民に、新たな学校すなわち市民学校の設置を委ねたのであった。そうした措置はギムナジウムの生徒数が増加し、その人員過剰が嘆かれればそれだけ一層自然なものであった。厳しい選別や何らかの制限条項[26]は恐らく十分な解決手段にはほとんどならなかったであろうし、そうしたことから文部当局側から新たな学校類型に対する認可が与えられた。全き人間性のためと考えられたギムナジウムは、「都市の生産・商業・運輸の業者層[27]」といった流入大衆から守られたのである。

プロイセン文部省はそれをそのままにしてはおかなかった。学校を規準化し、学校同士を関係づける取り組みの中で、「中等市民学校および中等実科学校に指示される卒業試験暫定規定」が一八三二年に布告されたが、これはきわめて要求の多い構想であった。それはドイツ語および近代語（通例はフランス語と英語、選択としてイタリア語）における文学史の知識、ラテン語におけるカエサル、オヴィディウス、ヴェルギリウス、現状の国家間関係を考慮した地理と歴史、さらに数学は対数、平面幾何学、立体幾何学、三角関数を含み、自然科学では物体と物質の性質に関する知識であった。こうしてギムナジウム生と同様実科学校生もプロイセンの国家的枠内にはめられたのであった。実科学校生が郵便業、林業、建築業あるいは地方の役所、さらには多くの人から求められた一年志願兵（兵役免除の特権、軍服と装備の自己負担が条件であった）の道は確かなものであったが、しかし多くの費用が必要であった。ギムナジウム生にはこうした特権はすでに第五学年（後に第六学年）に与えられていた。もっとも彼らはこの学年で、実科学校生が第六学年以降の試験で証明せねばならない知識に達している必要はほとんどなかった。

改革期に論議の次元で示されたことが、三月前期には法令集という次元で繰り返されることになった。一般教育を行うギムナジウムは、国家の側からは一般的な身分すなわち高級官吏身分の本来的担い手であると認識されていた。個々の専門的な市民教育は威信の点で一般教育の後景へと退き、一段劣るものとして位置付けられた。それゆえ実科学校および市民学校のそれぞれの担い手は、その学校の威信を高めようとし、ギムナジウムの内容が一般性にあることを明言している象徴の力を打ち破ろうとしたのであった。彼らにはその教育目標を職業生活における実用性やブルジョアという属性に限定するつもりはなかった。そのようなことはそもそも「学校に利己主義を持ち込んだり、利己心を玉座につけることであり」、「教育の、それゆえ人間それ自身の堕落」[28]になりかねないものであった。彼らはまた、ギムナジウムによりそのように制約された定義を甘受することもできなかった。彼らはむしろ一般性という枠組みを、ギムナジウムの場合と同じように自らに求めたのであった。[29]神の創造の地位にまで実科的なものを理想化することは別としても、ギリシア人やローマ人のように実科的なものや数学に、理解、判断、記憶、朗読などまさに市民社会に有益となりうる諸能力を形成させようと考えたのである。

一般的人間教育への要求がたしかに取り上げられたが、しかしそれはフンボルトやヤッハマンに比較して、自由と平等の中での人間の共同生活と理解された市民社会というユートピアに包まれている必要はなかった。むしろそうした要求は身分的に構成された社会モデルに関係付けられた。三月前期に市民学校の主唱者であったカール・マーガー[30]にとっては、最も低い地位に立つものとして卑しい人間あるいは民衆《フォルク》があり、その上に教養ある人間と、それと並んで同様に規範を付与する役目を負うと見られた学識者がいることになる。[31]彼は、教養ある人間——地方自治体官吏、下級官吏、民衆学校教師、技師、外科医、商人、工場経営者、士官、芸術家、そして最後に「すべての女性[32]」という市民——および学識者を市民に数え入れている。市民は公的な制度の一部として機能し、近代的な文化生活に参加し、国家の公的な仕事を引き受け、私的な業務を成就させることができねばならなかった。彼らはシトゥワィアンとしてまたブルジョアとして教育された。「権利と義務をもつ市民であるように政治教育すること」[33]とその綱領は書き記しているが、それは市民社会というユートピア的な観念を放棄し、身分的な構成をもとにして、人間教育を職業活動のための教育に結び付けようとしたのであった。

しかしながら、実科学校がそのカリキュラムをいかに基礎づけようとも、有用性の教育を行う施設に対する不信は、議論の次元でも教育政策の領域でもすぐに解消されたのではなく、むしろ一九世紀後半に再び高まることになる。実科学校がますます拡充されるようになって、実科学校の担い手たちは、そこでの卒業試験合格者にギムナジウムの生徒が与えられるのと同じ資格が付与されることを要求した（一八五九年のカリキュラムは実科学校を中等学校として制度化した。たしかにその教科課程はギリシア語を欠いているという点で異なったものであったが、ギムナジウムのそれを模して構成された）。しかしそれは実科学校には許されなかった。実科学校の卒業試験合格では旧来の学部への入学が許可されなかった。そして一九世紀最後の三分の一世紀はもはや教育学的な論議に規定されたのではなく、身分政策的な議論がこれにとって代わった。ギムナジウム古典語教師と実科学校教師がそうした場面を支配し、前者の陣営は医者や法律家さらに保守的な議員に支持され、後者の陣営は工科大学、ドイツ技師連盟、一部の自由主義者、とりわけ学校運営者として完全形態の上級クラス——もっともそこへの就学は大学進学資格がなければ大した意味を持たなかった——に興味を持つ市参事会員により支持された。まさにエリートへの参加をめぐる身分政策的な闘争が繰り広げられ、そこに三月前期の教育理論的な論議がもちこまれ、人文主義的教育の「理想」——物質的なものも含めて——が、特別な待遇の保証のために問題なく要求されたのである。そうしたことは、医者が自らの開業に際して薄汚い金の餌食になるのではないという保証を、人文主義教育こそが与えてくれるのだという理由付けがされた場合には、なおさらそうであった(34)。

この種のいい方が明らかにしていることは、当時広く見られたことであるが、実科教育、実用性、有用性および生業すなわち実科学校生徒の自己確認を暗黙のうちにブルジョアと同一視しているということである。そうした同一視は、支配的となっていたギムナジウム教師のイデオロギーが反映したものなのか、それとも実科学校卒業生の態度や心情のうちに経験的基盤があったのであろうか。教育政策上の論議が当然のことと見ているように、ギムナジウムの生徒は実科学校の生徒と異なった精神を持つように教育されていたのであろうか。あるいは実科学校生とギムナジウム生の区別を後景へと退かせた新たなタイプの市民性が成立したのであろうか。この問題に答えるには、学校の実態の再構成が必要となろう。学校祭、愛国的祭典、教師の訓話といった演出、生徒の心情吐露、さらに学校時代の回想といったことから示されるのは、どのように学校において規律が整序され作用したのかということである。〔次節では〕三月前期と帝政期から集められた例を互いに比較検討し、市民であることのさまざまな刻印を調べることにする。

二　規律化と学校体験

——三月前期から帝政期までの市民性

学校の演出

生徒と教師からなる学校の実際とそのメンタリティを再構成するという困難な作業にあたって、とりわけふさわしい資料は、ギムナジウムと実科学校の年誌である[35]。これには学術的な論文や発言と並んで、すべての学年とすべての教科に関する詳しいカリキュラムや統計上の報告が掲載され、年史の形でその学年の重要な出来事が報告されている。この年誌は学術的な作業のための討論の場であり、ここで教師の思考パターンと生徒への要求のパターンが形作られた。学校の儀式に関する報告は、学校における対話と交流の構造を示している[36]。それでは、三月前期と帝政期において市民層出身の生徒たちの規律化はどのような具合だったのであろうか。

一八四五年、プレンツラウのギムナジウムでA・ブットマンによる「ギリシア精神と青少年」という論文が発表されたが、その中でギリシアの国家が理想化され、「革命の地として、もっとも本質的には憲法の国すなわち諸変革の地として、けれどもまた再編成」と「絶対的な進歩の地[37]」として称賛された。そのときには、ギリシアの本質を解放的なものと見ることのような称賛は、教師たちの間ではすでにほとんど時代錯誤なものであった。たしかに古典語は相変わらず形式的・歴史的な思考の訓練として、また「国家公民生活のあらゆる領域に対する[38]」最良の準備として認められていたが、それは三月前期の半ば官憲的な社会においては、フランス革命の「自由と平等の理念」が人々の頭の中に広まるべきであるということでは決してなかった。逆にこうした思考、つまり「文字通り青少年の頭の中で……炎となって燃え上がり」、その帰結が「自由の転倒した危険な幻惑となる」思考は、広がることが阻止されるべきであるとされた。「秩序への愛着と義務への熱意、法の遵守と民族への忠誠、国家と国家体制への敬意、祖国への愛、役所・共同体精神・学校・教会に対する恭順」は、「こうした危険な素材が生まれること[39]」への対抗手段としてエルバーフェルト〔デュッセルドルフの東方にある小都市〕の人たちには見られていた。さらにまたアーヘンの人たちは、古典文献学者のアウグスト・ベックに依拠して、古典古代の中に「自由思想、寛大さ、さらに抑圧・隷属・専横に対する徹底的な嫌悪[40]」についての模範を見ていたが、彼らがこうした態度を取り上げたのは、人権という意味での政治的な教育のためのプログラムとしてではなかった。「いわゆる代議制度」は一八四三年、フリードリヒ・ヴィルヘルム四世の生誕日に行われたある訓辞では「自由の戯画」として、また悪魔の作品として非難されたのであった[41]。

ギムナジウムのイデオロギーが、古典古代を手本とした一般教育を重んじて「有用な知識と称賛されるべき熟練という市民的な実用性[42]」を放棄したということは、だからといってシトゥワィアンという意味での国家公民《シュターツビュルガー》の諸能力を教え込むようになったということでは決してなく、むしろキリスト教的生活形態、祖国愛そして王への忠誠に表現された理念へとつながった。ブルシェンシャフトや共和主義的な態度に警告が発せられたが、しかし国王の誕生日が、「夜と廃墟の中にあってドイツ人の星であり柱」となり、期待の担い手へと様式化された国王に対する崇拝の契機となった。「王は新たな光に／そのツォレルンの玉座が光に包まれる。」[43]そして福音派の「イエス、私の信心」であれ、アンブロシアの賛美歌を伴ったカトリックのミサであれ、その祝祭は尊厳に満ちたものであり、キリスト教に縁取りされたものになった。三月前期におけるギムナジウムの教育が目指したのは、真・善・美であり[44]、抑圧からの人間の解放ということではなかった。

同じ時期に実科学校は、経済市民よりもはるかに市民ということに関係付けられた。たしかに実科学校は、「高尚な精神的・感情的渇望」を自分たちの「最も神聖な義務」の一つと呼び慣わしていたが[45]、自分たちが世界に開かれている点ではひけをとらないと自賛していたのであった。ギムナジウムが人間性を養う教育を古代文化の中に見い出していたとき、エルバーフェルトの実科学校は、あえてラテン語の授業を断念し、自分たちの「精神的な活動」を「外の世界」に結び付けた[46]。「英国学校制度の現状について」（一八三七年）、あるいは『市民的度量衡』の国を越えた編成」（一八四三年）という学術的な論文の題目は、こうした要求の存在を証明している。これに対してプロイセン王に対する忠誠の儀式については、三月前期の年誌の中ではごくわずかしか記述されていない。実科学校すなわち都市市民が担った学校はその時代、すでに広い範囲にわたって規範が統一化されていたギムナジウムに比べて、国家からははるかに自由であった。ブルジョアという方向付けが、王の崇拝とキリスト教への順応が頂点に達したような理想から実科学校を守っていたのである。

一八四八年の革命後、学校の教育課題があらためて提示されることになるが、それは教育学上の大構想という形ではなく、規程という形にまとめられた。生徒が教育されるのは「国家公民となるためであり、その国家公民とは宗教、習俗規範、法を尊重し、祖国と君侯を慕い、また自身の家を統率し、気高い献身をもって共同体と国家の繁栄に寄与する意志と力を持つ」ものであった[47]。これによってプロイセンの理想的な国家公民は第一に、宗教、法、祖国、君侯への愛によって際立つことになる。自由、平等、成熟、全き完成といった改革期のキーワードは、この時点で宗教的な尊敬、祖国と君侯への愛ということの背後に最終的に消えていった。一八五六年のギムナジウムのカリキュラムは、そうした潮流を強めた[48]。実科学校はそれに続いた。実科学校は以前よりもはっきりと「一般人文教育」[49]の課題に取り組んだが、これは学校生活において祖国を称える祝祭、祖国への愛の実践ということによってはっきりとした形を取った。アーヘンでは、プロイセンの教練規則に従った軍事教練の実施を委託された教師が置かれた[50]。エルバーフェルトでは、「陣取り合戦」といった「普通にはない遊び」が催され、それは兵士団、戦士、指揮官を伴った徒歩競走で、「戦争ごっこの性格」を帯びたものであった[51]。生徒自身はまだ実際の戦争に参加できなかったので、戦闘記念日に祭典が催された。フェールベリン、グロースボイレン、ベラリアンス〔ワーテルロー〕、ライプツィヒは炎に包まれ、「リュッツォー義勇軍〔ライプツィヒの諸国民戦争で壊滅した〕の死霊の群れ」、「トランペットの響き」、シャルンホルスト、グナイゼナウ、ブリュヒャー、ヨーク、アルント、ウーラント、リュッケルトに向けての万歳の叫び、よく引き合いに出される解放戦争の時代を生きてきた教師たちによる物語が語られる。

「祖国愛や、痛みと歓喜という複雑な感情を抱いた青少年や男の心を貫くものは[52]」ホーエンツォレルン家一族の生誕日、学校記念日、戦没者記念碑の建立、あるいは新校舎の落成である。こうした出来事はすべて、「宗教と祖国」を「人間の二つの一般的規定[53]」として表現するために利用された。宗教と祖国によって創出された教育の領域は、敬虔、忠節、真理、中庸および純潔を要求し、恭順を生み出し、「中等学校の生徒を天と地の市民へ[54]」と作り上げたのである。つまり天の市民としての国家公民ということである。この国家公民は地上ではもちろんはっきりとした祖国の境界の内にとどまっている。だが、外に向かっては、「強大で、その領土欲と権勢欲という点で飽くことを知らず、軽蔑されるべき……コルシカ人[55]」に向き合っている。そして内に向かっては、「人間から同郷人への配慮を奪い去る国家を越えたコスモポリタニズム[53]」に向きあい、さらにまた、神への信心を「悲しむべき狂気であると」宣言することをはばからない、「巨大で何百万を数え、現代のすべての文化国家に蔓延しているあの〔社会主義的労働者の〕一団[57]」にも対峙していた。

市民性のこうした新たな鋳型においては、市民がシトワヤンやブルジョアと同一であるということはほとんどない。その価値基準は実際的なものよりもむしろ理念的なものにあり、誠実や義務、祖国の名声のための犠牲的行為といった価値を明示している。たとえば兵士が、自身は「敵の城壁によじ登って転落しても、その後味方が占領のためにどっとなだれをうって流れ込み、確固とした占領にいたれば」、「その勇壮果敢な行動が成功裏に終わるということがなかった[58]」としても、その高貴な目的に、つまり理想にかなった行動ゆえに称賛されるのである。また、その時代の戦争への熱狂という隠喩において、「国家の月桂冠に新たな小枝が織り込まれることを見る市民の喜び」よりも、「自身の力を……祖国のますます高くなる名声を獲得するのに発揮する戦士の満ち足りた感情のほうが[59]」優れたものであったということは、よく理解できることである。

それにもかかわらず当然のことながら、思慮と行動力を伴ったドイツ人男性の市民的な有能さも、その市民性の新たな枠組みの構成要素であった。「有能な市民」、「真にドイツ的な心情を持った男性[60]」は、それぞれの都市が「その市民として誇らしげに[61]」示すものであり、市民イデオロギーの一つの要素となっていた。こうした決まり文句を補ったのが家族であった。ホエンツォレルン家は、完全な息子と同時に愛に満ちた父を同一人物の内に体現しているヴィルヘルム一世によって家父長的典型として示された。ヴィルヘルム一世が一八七〇年、「銀髪の翁として聖なる戦争に踏み込んだ」とき、彼は「息子という感情」と「溢れ出る孝心」に駆られて「戦争前に自分の両親の墓碑に最後のお参り」[62]をした。彼が亡くなったとき、ドイツ国民は父を亡くしたのであった。家父長的観念が、父としてまた子どもとしてその模範的な役割をつとめた一人の人物の内に具現された。家族と支配王家は有機的・調和的に関係づけられ、家族を意味づけるためには祖国への愛を必要とした。というのは、「王家への敬愛、それへの人格的な従属は、その心情が自己愛へと転落し、恭順が忘れられるという危険に陥らないようにするためにはどうしても必要なものだからである。こうした危険に対して、家族の意味と父母への尊敬、兄弟への愛などを育成することだけでは十分な保護にならないからである。[63]」逆に祖国愛とは、「血のつながりによって隣人である者すべてを包括するように、自然にすべての人間を駆り立てる慈愛に満ちた心服が、拡大されて反映したものである」[64]。父とほとんど同じようにして皇帝もまた存在しているのである。もしドイツ皇帝が『そなたたちは、子どもとして朕を愛しているのかね』、と率直な問いをわれわれにされるようなことがあったとしたら、心の最も奥深いところからこみ上げてくる『然り』こそが、一致した返答になるだろう」[65]。プロイセン王家・家族・学校のこうした調和ある関係が行き着くところは、学校の五〇年祝賀祭が金婚式となり、すべての者は「無言の握手」もしくは「慈愛に満ちたまなざし」をもった「白髪の父」と「銀髪の母」のもとへと集まるということになる。[66]

もっとも祖国に奉仕をするよう仕向けられたのは家族や親族関係だけではなく、女性にもまた特定の役割が負わされたのだが、それは未来の市民となる者の学校を通じての規律化においてのことであった。そこに誇るべき女性ゲルマニア[67]が持ち出され、一八八〇年代にはドイツの偉大さの象徴となり、「ホーエンツォレルン家がかりにもその高みから転落する」ようなことにでもなれば耐え忍ぶ気構えが求められた。そのときには、「悲しみのうちに顔を覆い給え、汝、誇り高き女性ゲルマニアよ」[68]。生徒たちはこうした崇高な女性の役割を明らかに内面化した。エルバーフェルトのギムナジウムには、ケーニッヒグレーツ〔一八六六年のプロイセン・オーストリア戦争の決戦場〕の後、アビトゥーア取得者によってある美術作品がギムナジウムに寄贈されたが、その作品であるすかし絵には、〔女性の姿をした〕ボルシア〔プロイセンのラテン名〕がオーストリアの打ち壊された盾を足下にふみにじっている姿が描かれていた。他の諸国はすべて同様に女性の形に象徴化され、そのプロイセンとの関係によって喜びに満ちていたり悲しみに暮れていたりというように描かれていた。[69]崇高で近寄りがたい象徴化された姿は、それがゲルマニアであれルイーゼ王妃〔一九世紀初頭のプロイセン王妃〕であれ、無性ではあるが力に満ちたもので、これにはドイツ人が祖国に抱いているあらゆる感情がこめられていた。もっともそこには女学校出身者で刺繍をする少女たちもいて、彼女たちはある男子学校教師の勤続五〇年祝賀のために絨毯に刺繍を施し[70]、学校の創立五〇年式典では模様紙に書いた詩をおくったが、「それは、詩を取り囲む大きな花輪の担い手としての二人の大きな少女の姿を示したものであった[71]」。少女は花輪をもって生を飾り付け、貞節を守る夫人たちは勤続祝賀会であれ墓前であれ同伴者として現れる。彼女らはあの男性市民の愛国的な世界の引き立て役であり、婦人らの目にあふれる涙はこうした枠組みがどれほど大きな力を持っていたかを示している。

　女子中等学校は市民性のこうした鋳型に順応した。そのカリキュラムは男子校のそれとはたしかに異なっていた――それは女性の性役割を男性側から定義することに結び付いたままであった。したがってそこで求められたものは、精神的なものを貫徹させることではなく、「方法と関心の一般性において男性の精神形成の一つ（だけ）が、女子にとって対等の教育……を可能にし、これによってドイツ人男性が妻の精神的な近視眼と狭量さのために家庭的な団らんに退屈せずにすむように[72]……」するためであった。市民的・愛国的な教育が行われたのはもちろん同じ精神においてであった。女子学校生徒は愛国的な祝賀行列に参加し傷痍軍人たちを花環で飾った[73]。また祖国愛がそのような形ではっきりしないときには、女性の貢献は道徳的な方面に向けられた。「愛しき子どもたちよ、忘れてならないことは、自身の心のうちで珍奇な流行や悪徳に抗しようとするときには、あなたがたもまた祖国の敵と戦っているということです。神の明らかな恵みに触れている、ドイツのあの伝統を守るのです[74]。」セダン〔一八七〇年、フランス軍降伏の地〕祭は「愛国的意義」の証を立てる機会を与えるものであり、勇ましき教師たちが、男子学校でのように女子学校でライプツィヒの諸国民戦争から始まる英雄的物語を劇的に語ることがあった。暗き時代とは、「重要でもないデンマークが図々しい高慢から、ドイツの地であるシュレスヴィヒとホルシュタインを忌々しくもだまし取り」、「ガリアの雄鶏の羽ばたきが我らの祖国を揺さぶった」時代のことである。さてしかし、「このように崇高な解放戦争の勝利への喜びを苦々しくも台無しにした」時代が過ぎ去ったとき、ドイツの少女らは自身の課題をそれだけ一層喜びのうちに果たしうる。「ドイツの少女たち、そなたたちは家の守り手として、ドイツの習俗をけがれなく純潔に保つという天命を授かっている。知るべきことは、そなたたちがドイツの少女だということであり、我らの今日の祝祭には神の恵みがあるということだ。そなたたち一人ひとりが確固とした意図を持ち、神に由来している真心という心の内飾りで自らを飾ることにつとめなさい[75]！」傷痍軍人への「真心という飾り」と「花環」を抱いている習俗の守り手としての女性、家の守り手としての女性――これらはすべて女性の性役割を規定する支配的な鋳型にはまったものであり、市民性の症候群であった。

　市民性のこうした集合体の中で、個々の学校類型には区別があったのであろうか。実際に「中等一般教育の不平等の帰結として……すでに国民の間での裂け目が」生じ、その裂け目は

「輝かしい祖国統一ドイツにとっての危険」を意味していたのであろうか。[76] 主日の講話の文脈でいえば、こうした問題はレトリカルな性格を帯びているように見えるが、けれども実科学校とギムナジウムは「その最も重要な観点から見たときには」、「対等に統一を求める兄弟」としてふる舞っており、その生徒はお互いにドイツの統一を「勝ち取るために助け合った」のである。そのことを通じて「内的な一致」が目ざめ、「兄弟としての深い友愛感」が生じると考えられたのであった。資格をめぐる争いに際しての「情熱的な利害闘争・原則闘争」に対して、政治的・宗教的・「倫理的な生の諸問題」における実科学校とギムナジウムの間の調和が対置された。[77] それはつまり、「理想主義」の「旗」の下、生徒たちが自身の内的な声、「知性によってのみ捉えることのできる世界においても市民権は君のものだ」[78] という声にともかく耳を傾けるとき、二つの学校類型に真の統一がもたらされうるということであった。

思考のパターン

学校での数多くの講話は、プロイセンの教師の思考パターンを反映している。これに対して生徒たちの思考パターンを、さながらその学校での規律化の結果として再構成することはきわめて難しい。しばしば暗示的に提示される作文のテーマは、ここではどのような態度が中等学校生徒には期待されたのかについて、わずかの手掛かりを与えてくれるだけである。[79] 三月前期には、そのテーマはとりわけ青少年教育という大きな複合体をめぐるものであった。「家族・学問・職業の諸関係に対する誠実な考察によって学校から大学へ進む若者を高め、強化」しなければならないのは、どのような態度と決意に向けてなのかということこそが問題であった（ハム、一八二九年）。学校と社会によって規定された教育・陶冶の目標は、学校を離れてゆく若者によって反映され、また裏付けられるはずである。そうした目標と並んで進学する若者に期待されたのは、自身の学問研究への本格的取り組みを見越しておくということであった。それは「自分の研究が祖国にとって」有意義であることを自覚しておくだけではなく（ドルトムント、一八三二年）、自身の将来の専門研究について熟慮すべきことが求められ、「研究生活の幸運な成功」を確かなものにすべきとされた（ヘルフォルト、一九三二年）。そのために必要な知識はギムナジウムの授業で扱われるものとされていた。そのテーマは、自己認識に関するものとしては「倫理的発展の母」（アビトゥーアの口頭発表、エルバーフェルト、一八四六年）、人間に関する知識の獲得、これまでの生活への反省――「青年世代に加わるにあたり、どのような条件においてこれまでの少年時代への回顧が喜ばしいものとなるか」（アビトゥーア志願者の口頭報告、パーダーボルン、一九三〇年）――などであり、さらに今日の用語でいえばアイデンティティーの確立といったもの、こうしたテーマに注目すべき価値があったのである。しかし主たるテーマとなったのは、若者の人格に直接には関わらないものとはいえ、人倫的な徳目、および生活態度や生き方へのその作用に向けられたものであった。美徳は名誉に至る道であり、専門知識と博識は人倫的紐帯なしには役に立たず、禁欲や慎み深さが奨励されるべきであり、過ちとの戦いは将来の生活への保証であり、また、努力の作用、熱狂の力、情熱の影響は考慮に値するものであった。学術もまたこうした形式の生き方につむぎ込まれる。芸術と学術は民族の繁栄へとつながるものとされ、学術は明朗な意味を回復する治癒的な影響を持つことが称賛され、個々の学術対象への考慮は道徳教育という枠組みにおいて行われた。テーベの物語〔ソフォクレスの悲劇『オイディプス王』、テーベはその舞台〕が示しているのは、道徳的な力が身体的な力よりも影響があり、この悲劇に関しては、その道徳の持つ影響力が記述されるべきであった。

こうしたテーマのいくつかは新人文主義的な教育目標に結び付いていた。アイデンティティの確認のための作文は、書き手が大人になることを手助けしえたし、国家の繁栄を中心に据えて、新人文主義的な伝統のうちに個人の幸福と完成を民族のそれと結び付けるテーマは、市民社会のユートピアを取り上げた。自由までもが称賛された。たとえば「疑う勇気を持ち、自由を求めて闘う民族の眼差しほどに崇高な眼差しはない」と（ヴェーゼル、一八三九年）。プロイセンと祖国愛はもはや支配的な常套文句ではなくなり、問題にされたことは「アテネにおける民主主義はどのように発展したのか」（エルバーフェルト、一八四八〜四九年）ということであった。国家公民すなわちシトゥワィアンにこのように立ち返ることと並んで、職業生活とその活動の意味が強調された。幸福は自らの手で築くことを建前とする自由主義の経済イデオロギーは無視しえないものであったが、しかし「有用性を求める唯一の営みが目指しているのは、少なくとも高貴で気高い人間」（ハム、一八三六年）であった。

〔三月〕革命後の時代には作文テーマの領域で、変化はほとんど認められない。人間学、人倫、行動の指針といった領域での論文がこれまで通り求められた。たとえば「困難は力を養う」、「老人は敬わねばならない」など。そして星空は、確かな考察へのさらなるきっかけを与えるものであった。これと並んで、歴史に関する論文――ペリクレスから十字軍まで――や文学的な論文が教材であった。高等市民学校では、作文のテーマは一九世紀の後半紀になってようやく一層の広がりを持つことになり、そこにはこれまでにない構成内容が認められる。すなわち「実科的なもの」、社会と経済の領域を志向するものである。たとえば、「ある土地の気候と地理がその住民の文化発展に与える影響」（アーヘン、一八五七年）、「自己の見解に基づく技術的な操業に関する記述、コメルンにおける鉛鉱山、デュッセルドルフとエルバーフェルトの間の谷間に散在する高炉、ヘアツォーゲンラートにおけるフルト炭坑、アルテンベルクの亜鉛鉱、布地の加工、機械工場」、「ライン地方の富の源泉」、およびアーヘンの地誌（アーヘン、一八五七年）といったことがテーマとなり、その労働倫理が称賛された。未来の経済市民が読者として想定されていたように見受けられる。

しかし五〇年代終わりから六〇年代の初めにかけて、新たな枠組みが生じてきた。「神とともに王と祖国のために」という題目が一八五九年、（エルバーフェルトの）実科学校に見られ、こうした標語が生まれ始めていた。王の誕生日のための演説が作文のテーマになった。王と平和に関する論文がその核心であった。戦争もまた善とされ、すぐさま題目の一つに入れられた。ライン川はドイツの川であり、ヴァルター・フォン・デア・フォーゲルヴァイデ〔一一七〇～一二三〇頃、恋愛歌人。ドイツ帝国を称えた詩も残している〕だけでなく、クロップシュトック〔一七二四～一八〇三〕やレッシング〔一七二九～八一〕もまた愛国的な詩人であると理解された。アーヘンの実科学校では、一八七〇～七一年の学年にかけての作文のテーマは、さながら行軍命令であるかのようである。「遅れるな！」、「前進」。さらに世界市民主義と愛国心についての論議（とりわけアーヘンのギムナジウム、一八五八年）は一八七二年、疑問の余地なく後者を重んじた決着がはかられた。「なぜ愛国心は世界市民主義よりも優位にあるのか」（アーヘンのギムナジウム、一八七二年）。これはプロイセンの歴史が世界史へと様式化されたことを考慮に入れるなら、納得のゆくものである。たとえば「世界史上におけるライプツィヒの戦いの意味」（アーヘンのギムナジウム、一八七三年）。

倫理に抽象的かつ一般的に関わるようなテーマが脱落した。そうしたテーマでは人物が文学作品から切り離され、とりわけ女性の形象はこれにかなったものであった。イフィゲネイア〔トロイア攻略を目指したギリシア軍総大将アガメムノンの娘〕というなによりも道徳的な女性は、七〇年代の終わりには愛国的なヒロインの典型であり、アンティゴネ〔オイディプス王の娘〕はヘレネスの女性の理想となり、クリームヒルト〔叙事詩『ニーベルンゲンの歌』の女主人公〕は恐ろしいほどに美しく、グードルーン〔古ゲルマン語による古代北欧の神々・英雄への賛歌『エッダ』におけるクリームヒルトの名前〕は貞節で内的な愛に満ち、ドロテーアは善良な乙女である。生徒たちに期待されたヒロインたちの倫理性に対する価値付けの基準は、女性市民という性役割の構成の中に見出されるべきものであった。

作文のテーマが示しているのは、学校の企画演出の場合と同様、愛国心に根ざし、プロイセン国家にしっかりと結び付いた市民性ということである。帝国においては国家公民としての生徒の将来の地位を考慮するのではなく、プロイセン的で国家志向的で有能かつ勇敢な男性、および道徳的で貞節な愛らしい女性といった定型表現が、さまざまに作り出された。少なくとも六〇年代以降は、実科学校生もギムナジウム生もこうした点から評価された。そしてそれは、あたかも実科学校生は平等な権利付与を求める闘争において、プロイセン的な意味において適合すべくとくに努めたような外観を呈した。二つの学校類型それぞれの卒業生のメンタリティーがどのように異なった発展をたどったかについては、プロイセンにおける中等学校生徒が受けていた似たような政治教育によってはほとんど確認することができない。

回想の中の学校

「われわれはアテネ、スパルタ、ローマの市民であり、リュクルゴスやソロンの立法について議論した」とは、ヘルマン・クルツ〔ドイツの作家〕の二〇年代の学校時代を振り返っての言葉である。「七月革命の時代に生じてきた現代の政治については」しかし、何の考えもなかったという。彼は「市民的自由や自治、国家への市民の働きかけ」を、「せいぜい古代の共和国の中」に探し求めるか、あるいは、そうしたものは「きっと古代の共和国とともに葬られた」[80]のだと思った。三月前期の社会は生徒をただまったくの臣民にし、市民的な公共への関心を呼び覚ますこともなかった[81]。五〇年後、学校にはこの種の非難がますます投げかけられた。「古典語教師なるものは、近代的な思考と感情を持ちあわせた未来の国家公民を、学校でわれわれの間から生み出してこなかった。」[82]そうだとすると学校時代の回想は、さまざまな世代の市民的な思考と政治的メンタリティーを示しているものなのであろうか。ここまで学校における精神的な雰囲気を再構成することで、特定のメンタリティーの生じた環境を明らかにしてきた。もっとも生徒がその規律化をどれほど消化し、また明示的であったり暗示的であったりする規律化の目標をどの程度受容したかということは別の問題である。こうした問題に対して自伝的な証言は、学校についての回想的評価として、つまり学校が提供した思考の表示や生産物として解釈するならば、答えを提供しうるものとなり、学校像を補足するかあるいは訂正しうるものである[83]。

三月前期と帝政期から得るほとんどすべての生徒の回想の中では、教師の人柄がはっきりしている。「真の愛情、あたう限りの力でもって草花を世話し、面倒をみて水をやる、思慮深い誠実な庭師」[84]といわれたり、他方では「生半可な知識しかなく、不器用な」[85]教師とされるか、あるいは「少々悪意があり、疎んじられ、陰険で、仏頂面の人間〔とされ〕……、不作法と乱れた服装、不潔な身体といったことで、理想像とはまるでかけ離れたものとして描かれている」[86]。教師の行動と振舞いおよび生徒との関わりは回想のなかでも語るに値する。多彩な万華鏡のように模範的なものから滑稽な形姿まであって、それらは生徒の怒りや親しみの原因となっている。次いで書き手〔生徒〕の心をとらえるのは、カリキュラムとの関わりであり、とりわけ古典語の場合にはそうであり、ここでも回想のスペクトルには広がりがある。そこには「古代に嫌悪感を催させるような文献学の訓練係やうるさ方」[87]から、「ホラティウスの無数の頌詩」や「無二の親友」つまりギリシア人についての喜びに満ちた回想まである[88]。

　どの世代の生徒の回想にも見られるこうしたテーマと並んで、その世代にのみ関わる定型表現といったものがあるように思われる。五〇年あまりのちに学校時代を尋ねられて、三月前期に生徒だった者たちは以下のように評している。その学校「時代は……若者の純粋で最も美しい理想に満たされ」、生涯で「最も幸福」であった[89]、と。さらに、記憶がそれほど変化していない時点で書き留められたものも、生徒に多くの自由を味わせる学校生活であった。そこではスケート、船遊び、空想に彩られた野山歩きや旅行、[90]とりわけ友情のちぎりに言及されている。ウーリッヒの書いているあるサークルは、「一年以上にわたって土曜日ごとにシラーやゲーテなどの演劇の役を決め、若き情熱でもって」朗読を行った。[91]三月前期のダルムシュタットの生徒が報告するところでは、さまざまな詩作結社や盟友結社を森の詩社[92]〔クロップシュトックを崇拝してゲッティンゲンに結成された詩人団体、一七七二～一七七四〕になぞらえたり、純潔結社と見立てたりしている。優れた人格の愛好者たちは、秘密の標識として青帯の上に文字を刻んだ銀の十字架を所持していた。[93]数年の後、〔そこでの〕生徒たちは「バラの結社」を組織したが、そこでは二人の乙女すなわち白いバラと赤いバラが崇拝された。春、愛、歌と音楽、ヘルティ〔一七四八～七六、詩人。森の詩社の設立者の一人〕、ウーラント〔一七八七～一八六二、詩人〕、韻文、詩作、こうしたことが結社の鎖であり、これは当時の生徒の心情がどのようなものであったかを表しているであろう。[94]彼ら自身は回想の中で自らを、「熱烈で、詩的で、ときに緊張をはらみ、突進する精神の持ち主」[95]であるとみなしている。彼らは若者文化を形成し、取り締まりが緩やかだったおかげでその文化を十分に展開することができた。[96]ゲオルク・ビュヒナー〔一八一三～三七、劇作家〕もまたその生徒時代（一八二三～三一年）に盟友結社を起こし、ダルムシュタット近郊のブナの茂る森でシェークスピアが朗読され、それは「事物の本質に迫る」という衝動によって支えられていた。[97]

三月前期の生徒たちの会合が示しているのは、規範化された資格制度におけるきわめて強い拘束からの自由であり、自我をさまざまに確立してゆくことへののびのびとした喜びであった。その帰結は自覚と独立であったり、[98]共和主義的な考えに飛び込んで行こうとする試みでさえあった。とはいえ一八三二年にはビスマルクだけが「共和主義者」としてグラウエ修道院〔付属ギムナジウム〕を離れたのではなく、[99]それどころか二〇年代の初頭には、ギリシア戦争は独立を求める戦争としていたる所で激しい「熱狂」を呼び起こし、[100]ゲオルク・ビュヒナーとその友人の一人は「ボン・ジュール、シトゥワィアン」[101]をもって挨拶としたのであった。いくつかの例外はあるにせよ、こうしたことにもかかわらず三月前期の社会的な条件下にあっては、生徒たちはシトゥワィアンになることなどほとんどなかった。それでもなおギムナジウムにおいては完全な規範化に至っていなかったために自由の余地があり、恐らくはその教師たちも後の世代の教師よりも改革期の思考に近かったために、生徒たちが一人前の大人になる機会は、帝政期におけるよりも恵まれていたであろう。

こうした想定は、一九世紀最後の三分の一世紀からえられる証言によって裏付けられる。学校時代の相反した評価――「最も美しき時代」[102]であり、けれども同時に苦難・苦痛に満ち、自殺と紙一重である[103]――と並んで決定的な批判点が現れる。すなわち自らの思考は妨げられ、各人の個性は悪平等主義の犠牲にされている、と。また「ほとんど病的な気分を催させる批判喪失」[104]が嘆かれ、生徒たちが抱いた印象は「ギムナジウム教育とは文献学的・スコラ学的な研鑽であり、性格形成は不毛の悪平等主義であり、知識は丸暗記したがらくたと同じものであり、学校の目的とは、精神的に奴隷化し道徳的に抑圧された平均的商品を、国家の有利な地位の訓練所に配達することなのではないか」[105]、と。さらに「本質と意志を欠いた市民」[106]が学校の成果である、と。古典語授業は政治教育に対してはなんら寄与することがなかった。せいぜい個々の教師が、フリードリヒ・ナウマンのいう「旧四八年世代」が「自身の血管に赤い血を」流していたにすぎない[107]。二〇年代に古典語の授業と結び付いていた政治的な内容[108]はもはや認められず、市民社会のモデルについてたいていの生徒は何も経験することがなかったようである。それに代わって示された基本的な態度は、市民性に関する文化的な現象に分類することができるものであり、それは理想主義であり、これとともに——しばしば自らの体験に反して——古典語の倫理的および美的価値が呼び出された。すなわち調和を求めるあの骨折りということ——ひどい仕打ちを受けたにもかかわらず思い出されるよき教師が、学校での苦悩や苦痛にもかかわらず最後には見出されるのである[109]。もちろんそうした調和を求めることに対して批判もなされたが、それは不誠実や偽善に対する非難[110]であり、そして学校時代のひどい教師や退屈な授業から生徒を守るための必要な保護であった。

こうした通奏低音はギムナジウム生においても実科ギムナジウム生においても見られた。市民層における精神上の分立は、異なる中等学校類型によってもたらされたが、明確に表現されることはなかった——厳しい訓練ゆえに「知性と気骨のある」人物となったギムナジウム生も、古典語の有用性を問題にする者を傲慢にも「俗物」[111]と蔑んで実科学校に追いやったような者も例外にとどまった。むしろ、恐らくは自明のことであった下方に対する境界づけが気になるものであった。ポツダムのギムナジウムについて言われたことであるが、「都市における階級的偏見は荒涼とした教室にも黒い影を投げかけた。政府高官、将校、下級官吏、小工場主、小商人の息子らは、父親がそうであったようになんら理解し合うこともなく憎み合い、対立し合っていた」。すべての者が一致しうることがあったのはただ、「最も貧しく、最も抑圧された者、およびユダヤ人の小売商人の息子に向き合うとき」[112]だけであった。

学校生活を再構成するにあたり、愛国心、宗教性および理想性をギムナジウム学校制度の柱として強調してきた。これらは回想の中で、明示されたものとしてはほとんど問題にならない。にもかかわらず教育はいくつもの成果を生み出していたように見える。教師の人となりはたいてい権威としての意味を持ち、皇帝という人物への崇拝に平行していた。否定的な体験に直面して適切な方向に転換することは、調和を求めるその時代の努力を確証しており、そのことによってさまざまな矛盾が消し去られた。こうした教育からは、国家公民も経済市民も生まれ出ることがなかった。むしろおそらく行き着いたのは「ヴィルヘルム時代人」[113]であり、その人物と教材は理想化され、権威はその権限が問われるよりも受容された。こうしたことから自伝に基づく証言は、調和的で愛国的、ドイツ的で、理想を志向するメンタリティを仲立ちとして、実学的教育と人文主義的教育の間の溝を埋める、あの市民性という鋳型の中に整序することができるのである。

注

(1) ラインホルト・ベルンハルト・ヤッハマンはカントの弟子で、イェンカウのコンラーディヌムの校長。この学校は当初、啓蒙主義的な意味では生徒の後年の職業に対応したものであったが、新人文主義的な傾向とヤッハマンの庇護の下で根本的な変化を遂げた。Vgl. *Archiv Deutscher Nationalbildung*, hg. von R. B. Jachmann u. F. Passow, Jg. 1, 1812, Neudruck Frankfurt 1969, mit einer Einleitung von H. -J. Heydorn; H. -J. Heydorn, *Über den Widerspruch von Bildung und Herrschaft*, Frankfurt a. M. 1970, S. 94ff.; R. B. Jachmann, Über das Verhältnis der Schule zur Welt. Erstes Programm des Conradinums bei dem Oster-Examen 1811, in: R. Joerden, *Dokumente des Neuhumanismus I*, Langensalza o. J., S. 88-110; K. -E. Jeismann, *Das preußische Gymnasium in Staat und Gesellschaft. Die Entstehung des Gymnasiums als Schule des Staates und der Gebildeten 1787-1817*, Stuttgart 1974, S. 252ff.; M. Kraul, *Gymnasium und Gesellschaft im Vormärz. Neuhumanistische Einheitsschule, stätische Gesellschaft und soziale Herkunft der Schüler*, Göttingen 1980, S. 29ff.

(2) *Archiv*, S. III.

(3) R. B. Jachmann, Die Nationalschule, in: *Archiv*, S. 61-98, hier S. 76.

(4) Ebd., S. 71.

(5) Vgl. Jeismann, *Das preußische Gymnasium*, S. 249.

(6) どのようにしてフンボルトの構想が学識代表団の作業に入り込み、それが委員の間の議論のなかでどのように変化したかについては、I・ローマンの論文を参照。Über den Beginn der Etablierung allgemeiner Bildung. Friedrich Schleiermacher als Direktor der Berliner Wissenschaftlichen Deputation, in: *Zeitschrift für Pädagogik* 30, 1984, S. 749 bis 773.

(7) W. v. Humboldt, Bericht der Sektion des Kultus und Unterrichts an den König. Dezember 1809, in: ders., *Schriften zur Politik und zum Bildungswesen*, hg. v. A. Flitner u. K. Giel, Darmstadt 1964², S. 210-238, hier S. 217.

(8) Ebd., S. 218.

(9) Ebd.

(10) W. v. Humboldt, Der Königsberger und der Litauische Schulplan [IX 1809], in: ders., *Schriften zur Politik*, S. 168-195, hier S. 188.

(11) Ebd., S. 187f.

(12) ギリシア語の機能もこうした文脈のなかで作用する。F・A・ヴォルフのような新人文主義者たちがギリシア語に帰した自由と共和主義の動向は、ギリシア文学とその言語構造を経て生徒たちの性格と態度に作用を及ぼすはずだとされた。Vgl. Kraul, *Gymnasium und Gesellschaft*, S. 39ff.

(13) Humboldt, Bericht, S. 218.

(14) Humboldt, Schulplan, S. 188f.

(15) Jachmann, Nationalschule, S. 65.

(16) Humboldt, Schulplan, S. 189.

(17) Jachmann, Nationalschule, S. 77.

(18) G・W・F・ヘーゲル、高峯一愚訳『法の哲学——自然法と国家学』論創社、一九八三年、一七五ページ、§二〇五。なお、引用は訳の都合で一部変えてある。

(19) W. v. Humboldt, Über den Geschlechtsunterschied und dessen Einfluß auf die organische Natur (1794), in: ders., *Schriften zur Anthropologie und Geschichte*, hg. v. A. Flitner u. K. Giel, Darmstadt 1960², S. 268-295, hier: S. 269.

(20) Ebd., S. 286f.

(21) [B. Gleim], *Was hat das wiedergeborne Deutschland von seinen Frauen zu fordern? Beantwortet durch eine Deutsche. Zum besten der Unglücklichen, aus ihrer Vaterstadt vertriebenen*, Hamburg 1814, S. 16.

(22) *Ebd.*, S. 12.

(23) *Ebd.*, S. 9.

(24) *Ebd.*, S. 25.

(25) Vgl. D. K. Müller, *Sozialstruktur und Schulsystem. Aspekte zum Strukturwandel des Schulwesens im 19. Jahrhundert*, Göttingen 1977; Kraul, *Gymnasium und Gesellschaft*; P. Lundgreen, Bildungschancen, Mobilitätschancen und Statuszuweisung in Minden und Duisburg, in: ders. u. a., *Bildungschancen und soziale Mobilitöt in der städtischen Gesellschaft des 19. Jahrhunderts*, Göttingen 1988.

(26) Verf. v. 25. 3. 1825, in: J. F. Neigebauer, *Die Preußischen Gymnasien und höheren Bürgerschulen. Eine Zusammenstellung der Verordnungen, welche den höheren Unterricht in diesen Anstalten umfassen*, Berlin 1835, S. 77.

(27) Johannes Schulze, Reskr. v. 10. 5. 1825, zit. nach F. Paulsen, *Geschchte des gelehrten Unterrichts auf den deutschen Schulen und Universitäten vom Ausgang des Mittelalters bis zur Gegenwart. Mit besonderer Rücksicht auf den klassischen Unterricht, Bd. 2*, hg. v. R. Lehmann, Berlin 1921³, S. 547; C. Varrentrapp, *Johannes Schulze und das höhere preußische Unterrichtswesen in seiner Zeit*, Leipzig 1889, S. 365.

(28) *Jahresbericht Gymnasium Aachen* 1828, S. 2.〔アーヘンのギムナジウム〕校長、J・J・ショーエンは、複合学校（実科クラスのあるギムナジウム）を支持し、両陣営の代表として議論した。

(29) ギムナジウムと実科学校の関係については次の文献を参照のこと。M. Eckert, *Die schulpolitische Instrumentalisierung des Bildungsbegriffs. Zum Abgrenzungsstreit zwischen Realschulen und Gymnasium im 19. Jahrhundert*, Frankfurt 1984.

(30) 独学で研究を行っていたK・W・E・マーガーが一八四〇年に『教育批評』を創刊し、一八四八年、アイゼナッハ市立の市民学校校長となる。彼は一八四〇年に自著である、*Die Deutsche Bürgerschule. Schreiben an einen Staatsmann*, Stuttgart 1840を引っ提げて一般人間教育と市民教育をめぐる議論に割り込んだのであった。

(31) 都市型社会モデルということについては、一八三七年のギムナジウム・カリキュラムの擁護者であったJ・H・ダインハルト（Vgl. Paulsen, Bd. 2, S. 350）も意見を述べている。教育政策上の彼の要求は（*Der Gymnasialunterricht nach den wissenschaftlichen Anforderungen der jetzigen Zeit*, Hamburg 1837）、農業・林業などの生産階級、軍人階級、教師・宗教人の教育階級の構成に関わるもので、そのそれぞれに対して彼は、自身の教育構想を展開している。

(32) Vgl. Mager, *Die Deutsche Bürgerschule*, S. 86.

(33) *Ebd.*, S. 109.

(34) M・クラウル、望田幸男他訳『ドイツ・ギムナジウム二〇〇年史』ミネルヴァ書房、一九八五年、八七ページ以降。

(35) 一八二四年の政令に沿って、プロイセンではすべてのギムナジウムが年次ごとの学校計画を起草し、それを監督官庁と他のギムナジウムにも配付するものとされた。C. Resker. v. 23. 8. 1824, in: L. v. Rönne, *Das Unterrichts-Wesen des Preußischen Staates, Bd. 2: Die höhern Schulen und die Universitäten des Preußischen Staates*, Berlin 1855, S. 158.

(36) 以下の年次報告を体系的に利用した。ミンデン、*Gymnasium Minden*, 1823-1900 (ab 1838 Realklassen: 1860 *kombinierte Anstalt* mit Realschule I. Ordnung, 1882 Realgymnasium, dann Oberrealschule)。エルバーフェルト、*Gymnasium Elberfeld*, 1824-1900; Realschule Elberfeld, 1835-1900 (1859 Realschule I. Ordnung, 1882 Realgymnasium); Vgl. Gewerbeschule, später Oberrealschule, 1880-1900. アーヘン、*Gymnasium Aachen*, 1828-1900; Höhere Bürgerschule Aachen, 1835-1900 (zunächst verbunden mit Provinzialgewerbe- und Sonntagshandwerkerschule, 1859 Realschule II. Ordnung, 1861 Realschule I. Ordnung)。ハノーファー、[W. Noeldeke,] *Die Stadttöchterschulen zu Hannover*, 1855-1876. ここからの抽出は以下の前提による。ギムナジウムと実科学校は比較対照のために長い伝統のなかで、一つの都市に存在してきたこと。さまざまな宗派（エルバーフェルトでは福音派もしくは改革派、アーヘンではカトリック）のために、本質的には宗教的に規定されたメンタリティにおいて操作の余地がなければ、市民的なものと解釈しえなかった。ミンデンのギムナジウムは例外を示しているが、それはギムナジウムが実科学校と組み合わされ、それゆえ学校行事が実科コースの生徒にも人文主義コースの生徒にも同じものであったという限りにおいてである。補足しておくと、プロイセンのギムナジウムに関連する学校演説や計画書を引合に出している。学校年史の報告あるいは作文のテーマにおいてたいていは、校長が取りまとめる年次報告をその都度引用している。別々の刊行物として、文献解題的に編まれた諸論文は、筆者を明示した。さらなる年次報告については、注(79)を参照。

(37) A. Buttmann, Das Griechentum und das jugendliche Alter, in: *Jahresbericht Gymunasium Prenzlau 1845*, S. 1-24, hier: S. 18.

(38) J・C・L・ハンチュケが一八二五年八月三日、国王の誕生日に行った演説で、「青年教育を盛んにしようとするなら、国家、学校および家庭は一体であるべきだ」と述べている。*Gymnasium Elberfeld* 1827, S. 10.

(39) *Ebd.*, S. 8f.

(40) C.J. Klapper, Über die griechische Sprache als Gegenstand des Gymnasialunterrichts, in: *Gymnasium Aachen* 1834, S. 3-15, hier S. 14.

(41) Th. Menge [Rede am Vorabend der Feier des Geburtstags des Königs im Jahr 1834], in: *Gymnasium Aachen* 1844, S. 3-12, hier: S. 11.

(42) J.L. Seelbach, Rede zur Abiturienten-Entlassung (Über die Bildung des Jünglings zu bürgerlicher Brauchbarkeit), in: *Gymnasium Elberfeld* 1829, S. 3 bis 10, hier: S. 6.

(43) *Gymnasium Aachen* 1837, S. 29; ギムナジウム教師、F・エベケがフリードリヒ・ヴィルヘルム三世に献じた詩。エベケは明らかにアーヘンの祝祭詩人である。年次報告では王を称賛するために、彼の手になる誕生日の数多くの祝詞が集められている。

(44) Vgl. Seelbach, Rede, S. 6.

(45) *Höhere Büugerschule Elberfeld* 1835, S. 56.

(46) *Ebd.*, 1843, S. 12.

(47) Min. -Reskr. vom 20. 12. 1848, in: Rönne, Bd. 1: *Das Volksschul-Wesen des preußischen Staates mit Einfluß des Privat-Unterrichts*, S. 475. 各年次報告においては、少なくとも要約されたものが印刷されている。

(48) クラウル、前掲書、七三ページ。

(49) Vgl. *Höhere Bürgerschule Aachen* 1856, S. XV.

(50) Vgl. *Realschule II. Ordnung Aachen* 1860.

(51) *Realschule I. Ordnung Elberfeld* 1860, S. 6. エルバーフェルトの人たちは認識の観点から、また感情的、社会的、身体的な点からもプロイセンの未来の祖国防衛者にとってのこうした遊びの包括的な意味を信じていたように見えるが、それは年次報告の三ページ以上にわたる詳しい記述から伺える。

(52) *Realschule I. Ordnung Aachen* 1872, S. 50f.

(53) R. Noetel, *Schulreden*, Berlin 1891, S. 5. ネーテルはベルリンの王立フリードリッヒ・ヴィルヘルム・ギムナジウムの校長で、自身が勤めた学校での訓示を一巻の書物というだけでなく、たいていは年次報告の中でも掲載したのであった。そうすることによって彼はそれを幅広く公衆に知らしめ、恐らくはその規範的な性格を強めようとしたものであろう。

(54) *Ebd.*, S. 10.

(55) *Realgymnasium Aachen* 1891, S. 8. 新校舎に移るに際しての校長の訓辞。

(56) Noetel, *Schulreden*, S. 4.

(57) *Realgymnasium Aachen 1891*, S. 6.

(58) Noetel, *Schulreden*, S. 139.

(59) *Ebd.*, S. 100.

(60) *Realgymnasium Aachen* 1886, S. XXIX.

(61) *Realgymnasium Aachen* 1886, S. XVIII.

(62) Noetel, *Schulreden*, S. 44.

(63) *Ebd.*, S. 50.

(64) *Ebd.*, S. 182f.

(65) *Realgymnasium Aachen* 1886, S. XXXVIII.

(66) *Ebd.*, S. IX.

(67) 参照、ジョージ・L・モッセ、佐藤卓巳他訳『ナショナリズムとセクシュアリティ――市民道徳とナチズム』柏書房、一九九六年、一一五ページ以下。

(68) *Realgymnasium Aachen* 1886, S. XXI.

(69) Vgl. *Gymnasium Elberfeld* 1867.

(70) Vgl. *Realschule Elberfeld* 1851, S. 15.

(71) *Realgymnasium Elberfeld* 1881, S. 54.

(72) ドイツ諸邦政府に対して、第一回女子中等学校教員ドイツ総会の覚書が提出された。in: *Monatsschrift für das gesammte deutsche Mödchenschulwesen*, 1837, S. 15-33, hier S. 23.

(73) Vgl. *Stadttöchterschule Hannover* 1866, S. 11.

(74) *Ebd.*, 1872, S. 21.

(75) *Ebd.*, 1874, S. 45ff.

(76) G. Leuchtenberger, *Aus dem Leben der höheren Schulen. Schulreden dem deutschen Hause und der deutschen Schule dargeboten*, Berlin 1909, S. 44. ロイヒテンベルガーはネーテル同様、自身の学校での訓辞を集めて本の体裁で出版した。引用

したのは一八八六年のクロトシンの中等学校設立五〇周年記念祭での訓辞である。「すべての中等一般学校教育統一について」

(77) *Ebd.*, S. 45f.

(78) *Ebd.*, S. 47f.

(79) 以下のギムナジウムと実科学校から、作文のテーマを引き出した（出典は年誌）。三月前期は、アルンスベルク、ビーレフェルト、ケスフェルト、ドルトムント、ハム、ヘルフォルト、ミンデン、ミュンスター、パーダーボルン、レックリングハウゼン、ゼスト、ヴェーゼル、エルバーフェルト、コブレンツ、クロイツナッハ、ミュンスターライフェル、トリーアのギムナジウム。帝政期は、アーヘン、エルバーフェルト、ミンデンのギムナジウムと実科学校。一八四〇年までもっぱら問題だったのはアビトゥーアでの作文テーマであり、四〇年代からは、たいていはギムナジウム最上級生〔プリマ〕の場合、教室での作業も重要であった。ある特定の時代に各ギムナジウムで課されたテーマは、アビトゥーアのテーマと教室での作業がしばしば同じものであった。

(80) H. Kunz, Jugenderinnerungen, in: ders., *Gesammelte Werke*, Bd. 8, Stuttgart 1874, S. 29f.

(81) Vgl. K. Rutschky, Autobiographien als Quelle für eine Geschichte der Erziehung, in: *Zeitschrift für Pädagogik* 29, 1983, S. 499-517, hier: S. 511.

(82) E. Müller-Meiningen [*1866, Gymnasium Nürnberg 1877-1886], in: A. Graf, *Schülerjahre, Erlebnisse und Urteile namhafter Zeitgenossen*, Berlin 1912, S. 44.

(83) 個別研究論文と並んで、学校時代の自伝的な証言を集めたものを利用した。K. Esselborn (Hg.), *Unter der Diltheykastanie. Zur Dreihundertjahrfeier des Ludwig-Georgs-Gymnasiums*, Darmstadt 1929; F. Feldigl, *Sonnenblicke ins Jugendland. Urteile über Erziehung sowie Erinnerungen aus der Schul- und Jugendzeit hervorragender Personen*, Freiburg 1912; Graf, *Schülerjahre*; J. Ziehen, *Aus der Studienzeit. Ein Quellenbuch zur Geschichte des deutschen Universitäts-Unterrichts in der neueren Zeit. Aus autobiographischen Zeugnissen*, Berlin 1912. グラフの著作の焦点は、「著名な同時代人」に自身の学校時代を評価してもらうことを頼んだその回答にあった。長短取り混ぜての回答が得られたが、それは二六人の「法律家や公職についている者」（そのなかには一人の女性！も含まれていた）、六人の神学者、二人の医者、三人の自然科学者、四人の歴史家、五二人の詩人と作家（三人の女性を含む）、五一人の造形芸術家からのものであった。引用に際してはたいてい、自叙伝作者の出生地と誕生日か、もしくはギムナジウムに通っていた期間が挙げられている。

(84) Ritsert [*1803], in: Esselborn, S. 91.

(85) G. Kriegk [*1805], Geschichte meines Lebens, 1859, unveröffentlichte handschriftliche Selbstbiographie, in: Esslborn, S. 109 (Gymnasium Darmstadt 1814-1823).

(86) P. Busson [*1873 in Innsbruck], in: Graf, S. 184.

(87) A. Eloesser [*1870, Gymnasien in Berlin], in: Graf, S. 172.

(88) A. Dominicus [*1873, Lyzeum in Straßburg], in: Graf, S. 27.

(89) J. Rodenberg [*1831, Gymnasium Rinteln], in: Graf, S. 230; vgl. A. Niemann [*1839 in Hannover], ebd., S. 218; F. Meyer [*1840, Sächs. Landesschule St. Afra, Meißen], in: ebd., S. 130; G. Uhlig [*1838, Realschule und Gymnasium

Stettin], ebd., S. 96ff.

(90) Vgl. Uhlig, in: Graf, S. 106; H. Eisenschmidt [*1810, Gymnasium Weimar], Erinnerungen aus meiner Schulzeit, in: E. Volkmann (Hg.), *Zwischen Romantik und Biedermeier*, Leipzig 1938, S. 242-275, bes. S. 267ff.; A. Nodnagel [*1803, 1815-1822 Gymnasium Darmstadt], Die Philareten, in: Esselborn, S. 134ff.

(91) Vgl. Uhlig, S. 105.

(92) Vgl. Kriegk, S. 115.

(93) Vgl. Nodnagel, S. 134.

(94) Vgl. W. Buchner [*1827, Gymnasium Darmstadt 1839-1844], Erinnerungen eines Gymnasiasten aus den Jahren 1839-1844, in: Esslborn, S. 162ff.; W. Baur [*1826, Gymnasium Darmstadt 1840-1844], Der Rosenbund, ebd., S. 190ff.

(95) Nodnagel, S. 134.

(96) Vgl. G. Gervinus [*1805, Gymnasium Darmstadt], *Gervinus' Leben. Von ihm selbst*, Leipzig 1839; E. Ziel [1829-1836 Gymnasium in Verden und G ttingen], *Erinnerungen aus dem Leben eines alten Schulmannes*, Leipzig 1889.

(97) L. W. Luck [*1813, 1828-1831 Gymnasium Darmstadt], Über Georg Büchners Gymnasialzeit, in: Esslborn, S. 143.

(98) Unabhängigkeit der Gymnasiastengeneration des Vormärz konstatiert soger W. H. Riehl [*1823, Gymnasium Weilburg a. d. Lahn, 1837-1841], der in konservativ-verklärender Sicht die »Idylle« seines Gymnasiums beschreibt: Die Idylle eines Gymnasiums, in: E. Volkmann (Hg.), *Weg zu realistischem Lebenserfassen. Junges Deutschland und Frührealismus 1830-1848*, Leipzig 1943, S. 194-231.

(99) O. v. Bismarck, *Erinnerung und Gedanke*, Berlin 1932, S. 5 (Ges. Werke, Bd. 15).

(100) Kriegk, S. 124.

(101) Luck, S. 144.

(102) M. Oberbreyer [*1851, Domgymnasium Magdeburg], in: Graf, S. 89.

(103) Vgl. W. Sombart [*1863, Kgl. Wilhelms-Gymnasium Berlin], in: Graf, S. 52f.; L. Gurlitt [*1855, Gymnasien in Gotha und Dresden], ebd., S. 84ff.; A. Miethe [*1862, Gymnasium Potsdam], ebd., S. 164ff.; R. Pietzsch [*1872, Gymnasium zum heiligen Kreuz Dresden], ebd. S. 300ff. -Die Qualen einer Erziehung im Mädchenpensionat schildert A. Freiim von Puttkamer-Schack-Schickerwitz [*1862, Mädchenpensionat in Berlin], in: ebd., S. 220ff.

(104) R. Witting, [*1856 in Berlin], in: Graf, S. 54.

(105) Miethe, S. 166.

(106) R. Schaukal [*1874 in Br nn], in: Graf, S. 243.

(107) Vgl. F. Naumann [*1860, Nikolaigymnasium Leipzig, Fürstenschule Meißen], in: Graf, S. 45ff., hier: S. 46.

(108) Vgl. Rutschky, Autobiographien, S. 511.

(109) Vgl. W. Steinhausen [*1864, Realgymnasium Berlin], in: Graf, S. 314.

(110) Vgl. Pietzsch, S. 302.

(111) Oberbreyer, S. 90.

(112) Miethe, in: Graf, S. 165.

(113) Vgl. M. Doerry, *Übergangsmenschen. Die Mentalität der Wilhelminer und die Krise des Kaiserreichs*, München 1986.

第三章　教育家による旅行記録
——イギリス・ドイツ比較——

カタリーナ・ルッチュキー
（一九四一年生
フリーライター）

一　旅行と現実体験

一九世紀には、影響力がきわめて強く、今日に至っても形態上の変化がほとんどみられない刷新が数多く行われた。義務教育学校もそうした刷新の一つである。義務教育学校は、今日では、児童および青少年のすべてに対して拘束力をもつ組織形態である。学校はそれ以前にもある種の形態をもって存在していたし、とりわけプロテスタント諸邦では学校法が常に存在したから、伝統との断絶は見落されがちであり、そのかわりに正統性の連続が強調されてきた。一見してもっともなことに思える

経済成長と労働力に資格を付与する職業専門教育制度との結合、さらにその教育制度に由来する生活機会の均等化という現象は、必要以上の作用を及ぼした。すなわち、体系的な学校制度の成立過程をあいまいなままにしておくことがなかったのである。

まずはじめに、学校史上における、ないし学校を作り出した者の念頭にあった理性的なものではなく、非理性的なものを取り上げる。それは、現行制度を考察するに先立って、なかば当然のこととして、学校を理性的なものによって成り立つと考える落とし穴にはまり込まないようにするためである。一般教育制度を目的論的に当然なものと考えるかわりに、「なぜそうであって、別なものでないのか」という素朴な問いに導かれながら、それを異化する必要がある。そう問い直すことによって、

細部をもう一度執拗にほり返すことになろうが、学校による社会化メカニズムについて繊細で斬新な認識をもたらすことができるだろう。

ここでは、イギリスとドイツにおける農村と都市に住む下層階級に対して市民層により与えられた初等教育制度の開始を問題とする。それはさまざまな人びとの旅行記録のなかに映しだされていた。これらの旅行記録者は、委任によって、自分のあるいは関係者の利害に基づいて、さらには再教育への関心から、専門家、先導者としてこの問いを解明している。旅行記録には、私の目的にとっていくつかの利点がある。すなわち旅行記録は、攻撃的な例外とともに、教育史を叙述するための有意義な史料とはみなされてこなかったことである[1]。旅行者がある任務により派遣された場合、世論形成に影響を与え、意思決定を助けるものとしての旅行記録の意義は、少なくとも下位に位置づけられるであろう。そうであってもその最大の長所は、もちろん別な観点から見ればそれは欠点かもしれないのではあるが、主観性が緩和されている点にある。旅行者は何を経験したのであろうか。この問いの背後には、旅行者一般の、あるいは旅行記録者が企画したり加わったグループの実体験に関するより重要な問いが含まれている。その問いは、書かれねばならず、その結果について考慮しなければならない。下層の人びとの教育にとっていずれにしても重要な意味をもつ一例をあげてみよう。ユルゲン・ロイレッケは、イギリスとドイツの市民層の社会参加についての比較研究のなかで、一九世紀においてはまだ、物質的困難と道徳的堕落とを区別できなかったことを論証している[2]。イギリスとドイツでみられたこの認識不足(誤認)は、多くの史料によって立証できるが、しかしそれは一九世紀の特質というよりむしろ市民層や中産階級に属する個人および集団の特質である。なぜなら、労働者の自伝を読めば、他の階級の人びとがこうした認識不足(誤認)に陥っていなかったということが容易に読み取れるからである。たとえばエルバーフェルトの市民は、ものごとの「誤った」見方から商法を定めさせ、他人のプライバシーの侵害と慈善行為とを両立させたのである。こうしたことからも、その点についてさらに詳細な観察をしてみる十分な価値がある。いいかえれば、ロイレッケが先述のものとは別のイギリスとドイツの社会改革者に関する比較研究のなかで、あまりに合理主義的に示唆しているように、態度、(教育)機関、問題解決をどのように選択するかは、現実に対する段階的にまた記述可能な習得過程の結果だということについては筆者は疑っている[3]。それに対し、筆者にとって疑いないのは、認識不足やその他の欠陥がいつまでも続き、歴史形成的な力をもつことはあり得ないということである。フロイト的な現実原則は、今日まで理念として意味をもってきただけであって、通常の場合には意味をもたない。(教育)機関が成立する場合には、偶然的出来事、集団的利害、体系的な強制、なかでも権力問題に注意を払わなければならない。イギリスやドイツにおいて市民的集団によって下層民のために発展を遂げた学校は、この問題複合体に考察のための豊富な教材を提供してくれる。なぜなら、教育が目的と方法と結果の関係であることとは今日でも認識されていないからである。幻想が手前勝手に支配しているのである。(4)

果たして旅行者は何を経験したのであろうか。これまで旅行記録を調査してきたのは、文化関連学であるが、この分野は近年著しい進歩をみせた。その成果によれば、旅行記録という文学分野の最盛期は一七、一八世紀であり、その時期に旅行経験を他の情報提供手段で表すことはできなかった。(5)旅行記録の多くは、のちの社会誌学的アンケートを彷彿させる。(6)一八世紀末には、社会的ルポタージュという形態も展開し、ドイツ語圏においては、一九世紀になっても、イギリスを対象にしたそれが豊かな成果をあげていた。イギリスは人気の高い旅行目的地であった。イギリスは、同時代の教育専門家の報告書とはまったく対照的に、豊かで、古フランク的な習慣をすべて残しながらも、大いに近代化した国として描かれていた。(7)

たしかに、すべての旅行記録が「たくまざる文化的自己表現」であることは、ごく一般的に認められている。つまり、旅行記録のテキストとしての特徴は、外国人を外国人として描くという自覚的な目的からはずれたところに期待される認識があるということである。(8)一九世紀前半以降の教育専門家とその旅行記録に対しては、第二の傾向、すなわちハルロ・ゼーゲベルクのいう「旅行の文学化」に注意を払うべきである。この時期には統計的・地誌的内容をもつ「本来の」旅行記録が後退し、「ある目的形態の文学化」を伴う虚構性の強い専門作家の旅行がもてはやされるようになるが、それは人を欺くものだとゼーゲベルクはいう。たとえば、ゲオルク・フォルスターは主観的経験を過剰に表現することによって、旅行経験に新しい基礎を与えようとした。(9)こうした主観の強調、「自分はそこに行ったことがあるから、そこでありうることのすべてについて証言できる」というジェスチャーによって、実際に旅をして小学校の実態を調べた専門家は、多かれ少なかれ自己の存在意義を主張した。名の知れた影響力のある著作家ヴィクトール・コウジンやジョセフ・ケイがまさにそれであった。彼らは、今日の知識からすると、ひどく的外れな、いいかえれば文学化した実態報告をしていた。そうしたあり方からもっとも遠かったのはむしろ、夏休みを利用して有名なプロイセンの学校制度を調べに来たシュレスヴィヒ・ホルシュタインのかの無名の小学校教師たちであった。

このような事態に対して歴史家は、旅行経験の「文学化」を、今日では自由に利用できるようになっている現実を反映するデータによって史料批判を行い、解釈し直し、誤りを正し、「学校の実態」に迫ろうとすでに試みはじめている。では、再構成された実態とはどのようなものなのか。これもまた、一九世紀にみられた旅行者のあの文学化された経験におとらず、虚構として再構成されている。そのうえ、理論においては一九世紀初頭に姿を現し、今日まで重要な意味をもっている非啓蒙的リアリズム（文学史上、それはひとつの芸術的傾向であるが）も、どのように現実が構成され、形式を作り上げていったのかという問題を解決する道を切り開くことはなかった。それは、たとえば成績や知識によるものではなく年令によるクラス分けを作り出したばかりではなく、成人教師による授業の独占をもたらした。後者は、「双方的学習制度」に不利に働き、親権を抽象化し、休憩時間を制度化して、子供の時間と身体を規制するに至るのである。

旅行記録の一面性を正すもうひとつの可能性は、執筆者の階級的立場、あるいは職業的利害について反省を加えることにあるのではなかろうか。両者ともきわめて有効な方法であるが、それは社会主義諸国あるいは労働運動の立場からの教育史的叙述を見れば判明する両者の一般化機能という事実を無視するものである。たとえば、マシュー・アーノルドは、初期の専門家のすべてがそうであったように、中産階級、市民階級に属していたにもかかわらず、彼が階級的利害を代表しようとしていたのか、さらに主観的利害を代表しようとしていたのかを証明するのは困難であろう。

原理的な考察の最後に、以上の視点が事実とどのように関連するかを明らかにするために、アーノルドの文章から「旅行記録の文学化」の一例を挙げてみたい。アーノルド自身も旅行家であり、一八五九年、ニューカッスル委員会の学校制度にプロイセンの影響があることに懸念を表明し、むしろ合衆国に期待をかけている。しかし、一八六五年のドイツ中等学校制度視察旅行と、彼と同じ階層の人びとが試みようとする自信のない方策をみてのいら立ちから、一八六七年頃になると、指令による厳格な国家的強硬手段というプロイセン的方法を支持する方向にアーノルドの見解は急変した。一連の手紙のなかに、プロイセンの若者「アルミニウス」に祖国の習慣・風俗、なかでも長所を理解させようとする試みについて書かれている。プロイセンとは違ってイギリスには、行政的・軍事的・教権的専政体制がなく、あるのは自由意志に基づく市民の委員会だけである。この極度に皮肉にみちた自己宣伝は、ある地方裁判の日に、自治が問題にされなければならなくなったとき、その欺瞞性が明らかになる。その裁判では、ゼファナイア・ディッグズなる密猟者が裁かれた。「……野良着をきて、白髪で額が狭く、赤鼻の、何か狐のような顔つきをした年寄りがおりました。……それは頑固一徹な年老いた密猟者でした。……その老人は、野兎に罠を仕掛けたという罪で裁判を受けているのですが、罠を仕掛けるなどということは何回やったかわからないほどでしょう。なによりもひどい話に思えたのは、この年老いた人でなしには歳がいってから結婚した二番目の妻がいて、その妻との間に山ほど子どもがいるのです。しかも誰ひとり学校に上げようとはせず、すべて野放しで、まったくの野蛮人に育つに任せているということでした。」[10]

ここでアーノルドは、農業労働者の風俗像を否定的筆致で描いているのである。アーノルドも『ペルメル新聞』の読者も、義務教育についてのこの手紙に現れる場面や登場人物が虚構化されていることに気づかず、それが一般的にいって正しいのだということに疑念を抱いていない。ディッグズによる度重なる密猟は、所有観念がどうしようもなく失われていることを示し、その狭い額は粗野と愚鈍を赤い鼻はアルコール中毒を晩婚は性的な放縦あるいは衝動性を示し、それに伴う子沢山は無責任性を示している。ついで、下層民の子どもたちは学校外で野蛮人になる。なぜなら街道での生活が下層民の子どもたちを野蛮人にしてしまうからだ、という教育義務観に関連する命題が提示される。この話を聞かされたそのプロイセンの若者（アルミニウス）は、老人よりも子どもたちの運命に心揺さぶられた。なぜ子どもたちはこのように義務を忘れた父親から救われないのか、と。ここでアーノルドは、結局、道徳的な責務を課せられた保護者としての働きをしなかった中産階級に対する批判的な考察に移っていく。「アルミニウスよ、私は考え始めています。この国に住む多くの人びとも考え始めています。今やプロシアの例に倣い、あの偉大なるカントが定言的命法と呼んだものを、この階級の子どもたちを教育するにあたり、適用すべきときがきていると。その階級と、教育もあり知的でもあるわが階級との格差は、実に驚くべきものになっています。」[11]

定言的命法を下層民の子どもに適用するなどといえば、大衆理解の裏返しだと思うのが普通であるに違いない。われわれの法律というものは、きわめて長期にわたって承認されてきたがゆえに、彼らにくびきを負わせるのである。義務教育を問題にした一八六七年時点では、アーノルドは子どもたちへの実用的・技術的資格の授与を期待していたのではなく、市民層というあの一階層の精神に基づく規律化と文明化を思い描いたことを見落としてはならない。そういう市民をアリエス流にいえば「モラリスト」と呼ぶことができよう。[12] 彼らは、みずからの防御のために、土着の野蛮人を学校に行かせることによって手なずけようと考えたのである。学校教育の一般化が下層の人びとの政治的・物質的要求の爆発につながりうるという認識は、ドイツにおいてもイギリスにおいても、むしろ保守層の観念世界に属することであった。そのために保守層は表舞台にでなかったのである。彼らが野蛮に無関心であることはよく知られている。学校を擁護する人びともただ現状維持に興味があるだけだということを、積極的関心という表向きの態度の背後に見分けなければならない。彼らのドグマ＝社会的政治的信条は、以下のようなアーノルドの定式のなかに見てとることができる。すなわち「どんなに低い生活であっても、人間が生きていくためには、教育が必要である」[13]。

二　イギリスの政治とドイツの国家理想主義

一九世紀初頭にイギリスを旅行したプロイセン王国州長官ルードヴィッヒ・フォン・フィンケは、各地で驚くべき政治的・道徳的成熟を確認した。しかもその成熟は、明らかに学校教育以外の他の要因に帰せられねばならなかった。「他の多くの国では、大多数の下層住民を支配しているのは、著しい知的な愚かさと道徳的荒廃とともに、鈍感な市民的無関心であるだけに、ろくな学校施設もないイギリスが好ましい状態にあるのは驚きである。すべての階級と同様に下層階級にも、確かな実践的判断力、権利・義務についての知識、地方や国についての理解、なかでもあらゆることについての生き生きとした関心が行き渡っており、それが母国や国民の利益、栄誉と関係づけられている。誰でもがそれを常に当然のこととして慣れ親しんでおり、最も重要なことは、社会全体の自立した一員として各々がみずからを全体に関係づけ、意識的に品格を保とうとしていることである。[14]」

フィンケは一八〇〇年と一八〇七年にイギリスに滞在し、一八〇八年に旅行報告を著して、イギリスの賞賛すべき状況の原因を言論・出版の自由、ことに地方自治制度に帰した。彼によれば、地方の市民公共団体にとっては、行政がすべて有給官吏の手で行われなければならない国制や代議制よりも「行政の自由」のほうが重要な意味をもつ。人民によってであって、人民のためにではない。イギリスは、喜ばしい、元気をよびおこしてくれるような経験を提供してくれる。そこでは自由の領域が開かれているがゆえに、ほとんどいたるところに存在する公共的職業に就こうとする意思をもつ人間は、その能力を簡単に身につけるのである。そしてさらに家庭への強い関心をもっている。たとえ憲法問題が問われねばならなくなったとしても、その欠陥は一時的に専政の欠陥として片づけられる。教育も、現実に国民教育となるときに、効果的に働きうるのである。[15]

フィンケの旅行報告が一八四八年に再版されていることは特筆すべきことである。その報告書がもつ「リアリズム」について断定的なことをいうつもりはないが、私の関心に即していえば、それは、イギリスとドイツとの交流において常に話題となる、正常な社会発展についての別の解釈に注意をむけるよう促している。世紀転換直後にイギリスでもドイツでも達成された結果に注目しつつ、ハンス・ギュンター・ティーエンは、ある比較研究において、異なった発展の意義を同等化しようとした。「なぜならドイツと同様にイギリスでも、教育制度と教師団の歴史的発展にとって重要な意味をもつのは、産業化でもそれへの反動でもない。ましてや近代化でもない。……重要なのはむしろ、思春期の若者を、ことに労働者層の少年を、形成されている資本主義社会とそれと結びついた政治的支配形態のなかへと教育によって一体化したことであった。……国民大衆の教師に課せられた責務は、根本的には同一である。[16]」

こうした考察方法を浮かび上がらせてみた場合、二〇世紀にまで結果が及んだ「ドイツ特有の道」について語り、ドイツにおける「市民性の欠如」について考究することは、もはや不必要である。筆者は二つの理由から、この二つの仮説を支持したいと考える。一つは、同時代の観察者は、両国の相違に気がつき、それぞれの国民性に対するそれの意義を強調したということであり、もう一つは、教育史が個人の立場や行動の様式と何かしら関係する諸問題に対する回答を与えることに貢献をしようとするならば、教育史は制度や団体政治・利害政治に限定されるべきではないということである。学校教育を思春期の若者を社会化する方法として解釈するとき、その結果は、個々の子どもによって、学校に通う世界の違いに応じて、形態の相違と学習過程の速さの違いがどんな結果をもたらしたかについて納得のいく推測をすることができる。

例をあげよう。一七九四年の一般ラント法には、学校での体罰を可能にする法的根拠があった。元来は制限されたものでなければならなかったが、帝政期に入って次第に拡大解釈され、ついには体を傷つけることさえ認められるようになった規定である。それに相応するような規定は、イギリスには存在しなかった。[17] もちろんイギリスにも体罰を加える教師はいたし、ドイツに比べてすでに相当多くの女性教師がいた。しかし、彼らはイギリスでは父母や学務委員会（学校区税納税者によって選挙される）の監視下におかれていた。[18] 一九世紀最後の三〇年ほどの間に、学校法の強化によって、体罰が頻繁に行われるようになったようである。原則的には、体罰は、間もなく一般に禁止されるが。それにもかかわらず、イギリス下層階級の子どもたちを就学させるための体罰は、ドイツの小学校、つまり民衆学校に通うドイツの同世代の子どもにとってほど、特徴的な経験ではなかった。イギリスにおいては体罰が意味する範囲も違っていた。パブリック・スクールで学ぶ上層階級の生徒たちも、体罰からのがれられなかったことは、大陸からの訪問者には驚きであった。さらにはまた、規則違反に対しては処罰が行われたが、それは教育的・心理的に動機づけられた処罰ではなく、教師が自分の判断力と気ままな決断に応じて行ったものであった。同じような制度はドイツの領主の創立になる寄宿学校においても行われていたし、ギムナジウムでは当時まだ禁足処分や監禁処分が一般的であった。しかし当時、ギムナジウムの生徒が殴打処分をうけることはまずなく、少なくとも殴打を認める制度はなかったのである。

小学校や民衆学校における状況はまったく違っていた。学校組織や学校規則というテーマについて大量に生産された文献のなかでは、体罰は原則的にほとんど否定されていない。確かに体罰は制限されるべきである、別な規律の手段によって代えられるべきであり、完全な教授法によって、何度も学校法を勧告することで、体罰が不必要なものとされるべきである、そういう見解では一致していた。しかし、ある著述家が暴露しているように、「最終手段」として体罰は根絶されなかったようである。[19] これは、身体への干渉がまるで最後の最も高度な支配権であるという意味合いを含んでいるかのようである。それはさらに合理化された制度における絶対主義的核心である。しかしまた、先に述べた文献のなかで、また教師養成所の校長としてこの権利を定式化し、実践に移したのは、大半が大学教育を受けた市民層であった。民衆学校の子どもたちに対して、この階層の視点から、本質的には次の三点が語られた。すなわち、原罪説で教えられるように人間は悪一般に支配されていること、したがって民衆の本質は粗暴であり、その子どもも作法を知らないこと、この二重の自然状態が除かれねばならないこと、である。イギリスを旅したある人が、イートン校でどのように罰を与えているかについて書き、自国の中等学校の状態に目を向けつつ次のように論じている。「わが国の学校では体罰を廃止したが、それは甘やかしにほかならず、規律と作法の弛緩という結果をもたらしただけである。われわれの人間としての不作法、われわれの怠慢、強情、短気、要するにわれわれの罪の四分の三は肉体に食い入り、精神に対する作用によっては肉体から出ていかないのである。[20]」

前市民的な体罰を維持していくためには、さらに他の二つの契機が、宗教的熱狂に向けて歩みださねばならなかった。ニューゲイトの監獄で一二歳から一四歳の子どもが公判を待っている、とある女性旅行作家が非難した。「餓死だけはさせないようにということだけしか気にかけることなく、子どもを何週間も監禁して、子どもの幸福を目的にしているのだという、このような司法のやり方から何が生まれてくるのか私には分からない。子どもたちはこのような状態で尋問され、無罪か有罪かを決められ、最後にはまったく規定どおりに打ちのめされるのである。それは子どもたちの自尊心を奪うことにはならなかった。非行に走るようになって、自尊心などというものを失ったからでもなく、ひょっとすると盗みは不正だという考え方をもともともっていなかったからというのでもない。しかし、殴られれば痛いことを、盗みを働けば殴られることを、彼らは即座に理解するであろう。……一体この子どもたちはどうして看守によって、一四日間の水とパンだけの拘禁刑に処せられたのか、と私は限りない驚きをもって尋ねたものである。どちらにしても、水とパンが恐らく彼らの食べ物である。今、一人の野生児が……拘束されたとする。彼が監禁から自由になるやいなや、圧縮された力を行使しようと試み、多少の悪事を犯すのは、特別な悪意からではなく、生の自然的力の軽率な報復からなのだ、ということは、まず間違いのない可能性である。その生の自然的力によって押えつけられ、怒りがなだめられていたのである。[21]」

そこで、ある特定集団にとっては、教育を簡単にすますという論理が法にかなったこととなる。この論理には、教育義務の法制化とその政治的処理をめぐる議論において再び出会うことができる。ヨハネス・テーフスのような学校政策において社会民主党に近い教育者でさえ、この派に属していた。一七一七年に五歳から一二歳までのすべての子供の義務教育化が公布されたが、これについて、テーフスは次のように語った。「有能な君主のもとにある絶対主義国家においてのみ、これは可能である。……早期に憲法をもつに至った諸国においては、義務教育は近年まで一般化しなかったか、あるいはきわめて不充分にしか実現しなかった。……政治的に進歩した国民は、他の多かれ少なかれ価値の高い自由とともに、無知な状態にとどまってもよいという自由をも享受している場合が実に多いのである。[22]」

一九世紀には「不登校とその防止法」といったテーマの論文が無数に書かれた。その論文から間接的に読み取ることができ、最近の研究が直接証明したことは、当事者側による何らかの学校への反抗があったという事実である。[23]「全住民が次第に価値を認めるようになった学校は、当然のことながら民衆に強制された学校の場合よりも容易かつ上首尾にはこんだ。今日でもなおわが国の学校は、いわば警察の落とし子として生活のなかに入り込んでいるという事実に苦しまなければならない。[24]」

イギリスにおける発展は別様であった。そこにはプロイセンやザクセンやヴュルテンブルクが模範とした市民的モラリストの一団がいた。彼らについてはのちほど語ることにする。それとならんで、一部は現実的な配慮から、一部は法的な考慮から、義務教育を親権への干渉として拒否する一団も存在した。生活環境――より適切には第一次的生存環境――を顧慮したのは、ドイツではカトリックの教育家だけであった。イギリスにおいては、国教徒と非国教徒との対立関係もまた初等教育制度と義務教育の単純にして断固たる法制化を妨げた。[25] ここで問われなければならないのは、イギリスとドイツの問題解決がいかなる犠牲を払うことになったかである。ドイツの払った犠牲のほうが相当に大きいと思われる。イギリスを訪れたあるドイツ人旅行者は「国立学校意識」というキーワードを掲げた。イギリスには義務教育がないために、それが欠けているのである。「ドイツの生徒たちは、すでに国家による高度な全般的規則のもとにおかれ、だいたいは年令に応じて市民的義務を果たすべきことを意識していた。それに対して、イギリスの生徒はそのような考え方には疎遠であり、学校は授業を受けるところだという程度しか心得ていなかった。……イギリスの生徒がおかしている過ちは、公的な学校法のもとでの判断よりも、彼にとっては私的な問題にすぎなかったという点である。教師が尊敬を受けるのは人間的魅力によるのであって、生徒に対していわば国家を代表しているからではなかった。[26]」

このような英独の比較を真剣に受けとめず、またあらゆるレベルで（理論体系の構築から処罰の際に「最終手段」に訴える一介の教師に至るまで）、教育上の国家権力の乱用が関係者のすべてにどのような効果を及ぼしたのかを問おうとしない。その場合、正統性を問うこともなく、プロイセンやバイエルンなどが重ねてきた具体的経験に依拠しようともしない単純な国家理想主義がいたるところで支配的であった。そこでは国家に関して、権力のみが、抵抗なしに偽りの善に抵抗なしに勝利をえさせると推測される。この場合、早くから目立っていた全体主義的野心は、イギリスにおける形式ばったのんびりとした態度を、数量と法規という視点から見た場合にそうであるように、いっそう肯定的なものに感じさせた。たとえば、メクレンブルク、オルデンブルク、ベルリンで活躍した教育者ヴェルヘルム・フォン・テュルク（一七七四～一八四六年）の次のような提案は、全体主義的野心のうちに数えられよう。すなわち、義務教育を警察権力で貫徹すること、協力的でない両親を追放刑で脅迫すること、両親に子どもが宿題をするよう監督する義務を負わせること、家での自由時間について子どもから釈明を求めるよう教師に督促することである。[27] さらに、ハインリヒ・シュテファニス（一七六一～一八五〇年）の主張もそれに数えられる。すなわち賢明なる国家組織の規則に従い、両親による子どもの家庭教育に対する後見的監視を文部省に委譲しなければならないという。また文部省の下級官吏は家庭内への立ち入り検査を認められるべきであると、シュテファニスはいうのである。「それによって、文部省は両親による教育に対する責任ある監督（永遠の摂理を命じたものではあるが、権力者がどこでも行使しているわけではない至高の統御）を果たし、必要があれば権力を用いて両親に子どもに対する責任を果たすよう促すことができるだけではなく、自ら父権的なやり方で賢明なる忠告をもって援助できるのである。」[28]

国家理想主義のこうした一連の具体例を、自由主義的・市民的教育者の陣営から引き出して、いくらでも増やすことができる。イギリスにはこれへの対応例が欠けているが、それは恐らく教育の先導者が公務についたり、議会やその委員会で報告書や議案や請願書を提出して実際に政治過程に参与することがほとんどなかったこと、あっても一時的であったことによる。そういうわけで、どの時代のドイツ教育史もがその扱いに苦心せねばならなかったあの教育学的修辞学がイギリスにはないのである。一九世紀のイギリス教育史は、そのかわりに思想史あるいは社会史、さらには制度史を提供することができなかった。なぜなら、思索的というより経験的・実際的に教育の仕事にあたったのは、ドイツに特徴的な神学者や文献学者ではなく、企業・法律家・医者であったからである。教育学のなかの教育実践の分野に学問性を与え、その深い意味と複雑さを十分に表現することができたときに、後見され、支配されるべき素人の群れへの対策を講じようとする実験も、この複雑な現象に属する。入念に保護されたドイツの学校の秘密に極端なかたちで対応するイギリス版は、一八六二年にロバート・ロウによって定式化された「結果によって支払う」助成金原則〔出来高払い制〕であった。子どもたちが規則的に通学するようになり、読み書き算盤の能力試験でよい成果をおさめれば、それに応じて小学校は国家から補助金を余計にもらうことになる。それは単純で理屈の通ったやり方ではあるが、ドイツだけではなくイギリスの教育者の注目を浴びることはなかった。それは全く積極的な意味で、教師の関心を子どもの関心と結びつけ、それによって階層制の原理を損ねる可能性を秘めていた。また授業の内容を基礎的知識に限定し、それによって教養ははっきりと機能化することになろう。子どもたちとともに、教師も、さらには学校も審査されることになるとも思われた。「結果によって支払う」制度は、マシュー・アーノルドやジェームズ・ケイ＝シャトルワースといった市民的モラリスト陣営から批判を受けたが（それにもかかわらず、若干の変更を加えて、一九〇〇年まで実施された）、それは教養というものは、定義されていないときにだけ支配手段として役に立つ、というピエール・ブルデューの思考に基づいて説明がつく。[29]

三　教育者の視点

一八世紀になると、観察することと観察されることが、社会化された個にとって新しい価値、すなわち主体を構成する価値を獲得した。これは、観察することに関するユルゲン・マンタイの専門論文が提示した成果であり、またその成果が旅行を経験した専門家の教育者的見方をも理解可能にした(30)。著述家というものは、自分自身が大衆のなかにあって知らされていなければいないほど、より正確に観察し記述できる。そういう著述家には能動的にものを見るという利点がある。しかし感覚的モラルが、見ることと構想力をたがいに結びつけているので、この見方は、客観的というよりも、共感に対して開かれている、あるいは共感を許容している、そういう枠組みのなかで評価を下すのである。そこでは、動物虐待や公開処刑のような残酷なものや小人や身障者といった異形を見ることで目を楽しませるようなことは、文明人には許されることではなく、そのようなセンセーショナルな出来事は、軽蔑され克服の対象とされねばならない大衆娯楽へと堕落したものとされた(31)。しかし同情や共感が、つまり犠牲者との同一化が快感の代わりをすることはできない。そうした接近は危険に思われたのだ。主体は見ることによってだけではなく、見られることによっても成立するからである。社会化とは、「鏡に映った存在であり、他者を映す鏡としての存在」なのである。市民的な威信は、尊敬されていることの効果である。他者が暗示した根拠によって見られてはならない者は、自我喪失感という不快感に陥る。貧困は恥となり、アダム・スミスによれば、貧しい者は自らを恥じ、また見られることを欲しないのである(32)。だからといって、貧しき者が姿を消してしまうわけではない。まさにこの時に、市民の目前で大挙して工業地帯に、街の未曾有の雑踏に、居住区のなかに登場しているのである。この光景は、初等教育の実施に際し、動機としてはっきり識別される二つの反応を生み出した。すなわち、下層民の反乱への不安であり、吐き気と嫌悪感とが混ざりあったこうした人間に対する軽蔑である。

ジェームズ・ケイ＝シャトルワースは、イギリスの初等教育制度史上最も重要な人物の一人であるが、彼は、このアンビバレントな態度を徴候として明確に体現している。一八三二年、豊かな家庭出身の若き医者であった彼は、マンチェスターの労働者の生活事情、住宅事情について描いている（木綿工業の労働条件については何もふれていないが）。労働者の生活状況がそれほど荒涼としたものであったのだろうが、経済的自由主義者である彼にとっては、課税による国家の経済干渉も、労働組合による労働者の経済干渉も厭うべきものであった。ここには、改革への鍵を見いだすことはできない(33)。

ケイ＝シャトルワースは、マンチェスターで育ち、エディンバラでの医学研究ののちに当地の救貧病院で働いたのだが、それでもなお彼の報告書は前述の意味において旅行報告として読むことができるであろう。ケイは多少ましな労働者とアイルランド移民とをはっきりと区別し、後者に（じゃが芋を主食にしているからというだけの理由で）人間としての地位を認めなかったが、その彼は、この両者と言葉を交わしたことさえなかったのである。彼らとの意志の疎通は不可能であったし、そのうえ、接触不安があまりにも大きかったからである。これは、医師ケイにとっては感染の恐れがあるという意味においてそうであった。彼の出自の面からいえば、まったく直接的意味においてそうであった。彼の弟ジョセフ・ケイはそのことを批判的に語っているが、その彼も中産階級の尻込みには、ことにスラムの状況全般を心にとめるべき責任ある教会メンバーの尻込みには何も気づいていない。「積極的にそのような経験に立ち向かったことのある人でなければ、洗練された感覚の持ち主にとっては、この町の最も堕落した貧民収容所で数時間、あるいは数分間を過ごすことが、いかに不愉快きわまりないことかを想像することもできない。[34]」

　接触不安は、二つの方法、つまり統計と貧困の制圧によって顧慮される。それが下層階級にもたらそうとする教育の固有の核心となる。ケイ＝シャトルワースは、マンチェスター統計協会と共済組合――一八三三年、リヴァプールのある協会を模範として活動を開始した――との創設に参画した。これはまるでエルバーフェルトの貧民施策を先取りしているように思われる。「町はいくつもの地域に分割され、それぞれの監視と援助が一人あるいは二人の会員に任された。……彼らは民衆の家を訪ね、その窮迫に同情を示し、必要あるものには欠乏を満たすための援助をした。しかし、重要なのは、この慈善によって、彼らが援助するために調査する権限を得たことである。家計の切り盛りについて教え、節制し、清潔を保ち、慎重であり、規則正しくあることを勧めたのである。[35]」

　嫌悪をもよおすような状況を美化しようとする費用のかかるこのやり方は、ドイツにおいても、イギリスにおいても、国家による福祉に道をゆずった。ケイ自身は、自分の仕事を、家庭外での専門家による子供の教育、つまり学校教育に集中させた。両親よりも見どころのある子どもはさらに善導さるべきである、それどころか救われねばならないという思想は、マシュウ・アーノルドによれば、学校友だちをあてがうことの前提になっていた。それはイギリスでもドイツでも同じなのだが、ただしここでも、所与の法律による強制や教育学の国家理想主義の相違から生じる重要な違いがある。ドイツのある初等教員養成所教師が「よい生徒にとって学校は聖域である[36]」と主張し、ディースタヴェーク（一九世紀の教育家）がさらに「恭順や従順の心情」をまだ身につけていない子どもを学校に任せる[37]両親の処罰を要求したのに対して、イギリスのある学校長は、現実的必要性からまったく反対の議論をしている。学校に敵対する最下層の人々の理解を得、両親の働きを意味あるものとし、子どもたちを礼儀正しいものにすることは、学校と教師の勤めである。そこで、適任の教師を選抜するためには次の点にとりわけ留意する必要がある。すなわち、「子どもが好きか、教えることを好むか[38]」という点である。イギリスの教員養成についても、その助成者の側は同じ条件を考慮しなければならなかった。彼らにとっては、親権を奪うことが問題であったとすれば、教師もまた子供に対して人間的な関係を作り出すことができなければならなかった。それは結果的に、教師も型どおりの訓練を受けるのではなく、人間として扱われなければならないということになる。マーク・パティソンによる旅行報告の数少ない批判点のうちのひとつは、プロイセンの教員養成所における形式主義に関するものであった[39]。逆にイギリスを見たドイツ人旅行者には、生徒たちの自信、率直さ、自立が目についた。さらに目立ったのは、一度でも子供たちと遊んだことがあり、学校祭を祝い、賞を与えることができるような教師との個人的な接触によって規律の実現が可能になる範囲の広さである[40]。イギリスでは、多額の寄付金によって可能になっているこのような学校生活のあり方は、ドイツの国立学校には存在しないように思われた。さらには批判は厳密にカント的に思考する教育者に向けられていった。

そのような相違とその政治的結果を考察することは重要である。だが現在の結果から振り返るなら、市民的モラリストの教育者的見方が生み出した共通点をより強調しなければならない。

四　批判としての数字と美しい幻想

旅行を経験した専門家が、その現実体験を組織立てて語るために、単純な統計を用いる場合があるが、それを文学上の手法として考察することには困難が伴う。なぜならば、数字自体が何かを語るように思われてしまうからである。クーザン〔フランスの哲学者〕の「公的教育の状態についての報告書」の翻訳者であり、詳細な解説者でもあるクレーガーは、脚注のなかで、なぜフランスの数比を報告したのであろうか[41]。しかし、そのまえに奇異の念を抱かねばならないのは、ドイツで状況が直接確かめられたに違いなかったであろうに、クーザン報告がなぜドイツ語に訳されなければならなかったのかということである。ここで問題なのは事実ではない。クーザンがドイツにおいて読者にもたらしたもの、すなわち一八三一年夏の一、二週間にわたる旅に基づいて推定された大筋と法的根拠における模範とされるべきものが問題なのである。クーザンは大衆組織の形態である初等教育の主導者、監査官として国家を選んだ。クーザンの翻訳者クレーガー自身も、教育に関する旅行報告を書いており、その他の点でも教育に関係していたが、彼も問題は現在よりも未来であることをよく理解していた[42]。国家によって公布され保障された法律は、もはや恐れや不快感の対象ではなくなった下層民との一体感を保ちながら、明快な秩序を創り出すべきものであった。実践的かつ機能的で、きちんと筋の通った観念がありながら、美的なヴィジョンと関わらなければならなかった。「大臣閣下、あらゆる民衆学校の時間割をそのように同一のものにするという正しい政策に注意を払うことを、忘れてはならないと私は考えます。つまり、下層階級に与える授業の画一化、彼らの精神的・道徳的習慣の一様化、それによってつくられる統一性と国民性に注意を払わねばなりません。これに対して上層身分のなかには、またかなりの年配者のなかには、個性を発展させなければなりません。[43]」ワイマール大公国では、規格化された校舎の建設によって道徳的統一性という価値を促進した。[44]

クーザンの粉飾された報告書にクレーガーがつけ加えた数値について問題になるのは、それが「批判的」であることである。「人工的」な数字ということもできる。クレーガーはその数字によって、外見上、精密な手段を用いて無秩序を描写したのである。プロイセンやナッサウ、ワイマールの例が示しているように、住民の六人から八人に一人の割合で学校にいく能力のある生徒がいるのが普通であるのに、一八二三年トゥールーズの場合、推定では住民の五二名に一人の割合でしか生徒がいなかった。それは、フランスの小学校制度の立ち遅れを示す決定的な証拠であるように思われた。この見方が成り立たない証拠も多い。ハンブルクとフランクフルト以外のドイツ諸邦には、通学を義務づける法的根拠（義務教育）があったから、子どもは、いわば統計の助けを借りずとも、原則的にすべて生徒であった。子どもたちは「就学不履行」の名のもとに学校を逃れることができたのだが、それについて統計をとるものはいなかった。全国的規模での統計などはもちろん存在しなかったのである。かくしてドイツの統計は、イギリスにおける専門家の戦略的要素としての教育統計のようには、顕著な発展を遂げなかった。[45]ケイ＝シャトルワースの例が示すように、イギリスでは公的初等教育への関心は統計への関心としっかり結びついていた。犯罪と読み書きができないこととの関係は証明されえないのか、と。そこで、イギリスの専門家の信念によっても、大半の外国人観察者の判断に従っても、初等教育の分野で大陸に遅れをとっている国が、膨大な統計資料を集積しているという矛盾に到達するようになったのである。その際に批判的な数字に表された生活保障の欠陥は、恐らく秩序の最高の段階である法がすでに達成された他国にも少なからず存在し、しかも誰にも気づかれないままにいた。クーザンのプロイセンへの熱狂はその法律への熱狂に他ならなかった。その結果、彼の報告の大部分が、改革期からの構想と現実との混同に基づいていたことにほとんど関心を払わなかった。その点について、およそ三〇年後、マーク・パティソンが注意を喚起したのであった。[46]

市民的モラリストの気に入らない教育環境を、数字や統計がいかに「批判的」に蔑視していたかを、最近フィル・ガーディナーが証明した。[47]それが学校イメージに合致しなかったので、下層階級の私立学校制度についての量的・質的な意味が過小評価され、考慮されなかった。しかし、イギリスの教育統計を戦略的に計算されたデータの偽造であるというのは誤りであろう。その際に、市民層が下層の人びとやことにその子どもたちに投げかける教育者的視線の非理性的な形式主義は問題にされなかった。筆者がこれから旅行文学の例によって示そうとするように、この形式主義もまた同一の水路の両側に身をおいていた。

ドイツの専門家の報告にも、数字で示されていない、それゆえに無視されている私立学校についての言及があった。ヴィルヘルム・フォン・テュルクは、一七七〇年頃のベルリンの初等学校制度を回顧しながら、確かに近代の専門家に似つかわしい無理解をもって叙述している。そこでは、朝の授業開始の時間に関して多く言及されている。子どもたちが（教室に）揃っていないため静かであり、これから一斉に監督されながら入室してくると、無秩序な混乱が生じる可能性がある、と。幼子を胸にだいて、低学年の生徒にABCを教えている女性学校長に嘲りと嘲笑を投げかけている。この学校とその教師たちには、陰口をいわれるような悪徳や笑われるべきことがないわけではない[48]。その無秩序と混乱は、州会議長が、ドレスデンの製靴業組合立の学校での試験について、そこを旅している小学校教師シュルトハイスに見学させた報告にも見られる。一八四一年頃のことである。「そこでは六歳から一四歳までの男生徒と女生徒がひとつの教室にいっしょにいる。そんな状況で何ができるというのだろうか[49]。」年齢と性別による学級分けは充分に機能していなかった。男女別学とは違って、生徒を年齢分けすることが今日まで続いてきた事実によって、そのどちらもが教育者の視点からは秩序を必要としたことに由来することを忘れてはならない[50]。

小学校の現状について、最初に旅行報告を書いたのは、カール・フリードリヒ・リーマンであった。それは一七七三年以来、フリードリヒ・フォン・ロッヒョー〔一八世紀教育家〕の所有地に設立されている学校施設に関するものであった。この報告は、それとともにレカーンにおいて授業の邪魔になっていた旅行報告者の数を減少させる役割を果たした。ポツダムで孤児院の教師をやり、後に村の教師になったリーマンは、最初の報告書を提出するまえの半年間、そこで授業を参観した。村のこのモデル学校が、いかに未来の指標をすでに示していたかは驚くべきものがある[51]。ロッヒョーの出発点は、すべてのモラリストが都市労働者あるいは農業労働に従事する農村住民を目の当たりにしたときに選択したものとまさしく同一のものであった。市民層は自分たちと対照的な生活様式を見て不安になり、それを学校教育によってどうにか克服し、少なくとも緩和しなくてはならないと感じた。そのためには、初等教育の先導者たちが必ず何らかのかたちで定式化した「文明」と「野蛮」との区別をもとにした法律をつくりださなければならなかった。民衆の啓蒙を、リーマンの報告書の前書きのなかで、ロッヒョーはこう定義している。「神を誹謗する迷信、自然のままの人間性を汚すような性質を根絶すること、そしてどのような関係のもとにおいても人間を有益なもの、よきものとするような認識と心情の育成だ[52]」と。

子どもたちは、毎日定時に身体を洗い、髪をとかし、こざっぱりとした服装をして学校に来ることを要求された。そうしなければ、勧告や辱めを受けたり、家に戻されたりした。学校にとっては費用のかからないこのような美化活動をした後、子どもたちは方言、つまり彼らの話言葉をやめ、新しいしゃべり方を学ばなければならない。そうしなければ、子どもたちはすべての教えに対して鈍感になってしまうだろう、というのがリーマンの考えであった。この教育現場独特の風俗画がようやく成立するのは、朝子どもたちが教室に入り、決められた席を占める光景や、教師によって完全に方向づけられた授業中の子どもたちの行動を実現するときである。すべてはしんとした静けさのなかで行われるべきであった。体罰が加えられるのは、嘘をついたり、盗みを働いたり、ことに「教師に対して公然と反抗したり、言うことを聞かなかったりした場合であった。このようなことがおこった場合には必ず、厳重に罰せられなければならない。そうしなければ教師の威信は損なわれ、子どもは必ず依存心をもつに違いないからである[53]」。

　学校や教師の権限は、学校にいる時間以外の生徒の振る舞い、それどころか家庭での振る舞いにまで及んでいった。子どもや両親は、学校についても、学校に関することについても口をはさむことができなかった。他の旅行報告においても目立つのは、しんとした完全な静けさに魅了されている記述である。レカーンの教室は校庭の奥にあった。そのために外界からの刺激を避けることができた。教室内の静寂をつくりだした教師は最高の賞賛に値した。その静寂から、教師の言葉に対する生徒の注意深さを推し量ろうとした。イギリスの慈善学校にもそれがあった。「すべてがきちんと規則づけられ授業中は静寂と注視が支配していた。少年少女の態度のなかに、私を不愉快にさせるものはなにもなかった。そこから、校長と彼を助ける者たちが厳しい規律を課していたことが分かる[54]。」

　授業の目的と関連づけられた職務上の静寂さの解釈は、当をえたものではなく、したがって、それはこのテキストでも他のテキストにおいても試みられていない。静寂に興味を抱くのは、学校を統制する者や教師たちであった。すべての子どもを静かにし、子どもの一人ひとりに呼びかける光景についての極端な例は、ハノーファーと、意外にもプロイセンにおいて完全に逆の報告手法を示す二人の小学校教員の旅行報告のなかに見られる。「子どもたちの振る舞いに不快感をおぼえた。……教師が質問をすると、それに答えられると思う子どもたちはみな手を高々と挙げる、という振る舞いに対してである。子どもたちは手を挙げるだけでは満足できず、さらに立ち上がった。教師が誰を指そうかと見回している間、……子どもたちは自分の席から手を大きく振り、上体を前に倒しながら、合図を送った。数人の子どもたちは、どうしても答えさせてほしいと叫び声をあげた。お願い！　お願い[55]！。」これらの著者たちは、何ページにもわたってさまざまな観点から子どもたちの行動が理性や習俗に反し、教育的に完全に間違った行為であることを証明しようと努力している。子どもたちは多数のなかから一人を選び出す教師を見つめ、じっと控え目に待っていなければならないとされた。こうして無活力な催眠状態を生み出すために、教師はほとんど魔術的な力を持たなければならなかった。ホレース・マンは、ある学級を視察した後、ひどい教師たちを、聴衆の状態に応じて話し方を変え、聴衆を引きつける天分ある語り手と比較した。子どもたちは、教師の技能によって催眠状態に落ち入ると、休むことを忘れ、「教師の力に喜んで従う下僕」となり、「太陽や月が潮の満ち引きを支配するように」教師によって支配される、と。(56)

ドイツの専門家が、旅行に関して、保存し報告するに値すると考えていたことの大半は、はやくから中央集権主義的教育支配の内部強化の線に沿うものであった。学校外の事柄や学校をとおして実現したかもしれないことに、誰も関心を示すわけはない。二五年後のレカーンの学校がどうしてまったく別様なものになったのかと問うたのはリーマンただ一人であった。(57)

それがイギリスにおける問題設定や議論とどのように対応していようと、イギリスから大陸へ、ことにプロイセンやドイツ諸国へやってきた旅行者たちは、まさに初等教育における外部への影響について検討していたのである。なかでもサミュエル・レイン（一七八〇～一八六八年）は、多くの読者をもつ旅行報告作家になったが、それ以前は、鉱山会社の重役、漁業会社の経営者、土地経営者などの仕事につき、さらに一八三二年か三三年には、急進派の庶民院議院候補者になり落選した。したがって彼は、その職業、専門教育、任務を通じて初等教育についての職業的関心を構築していった市民階級ないし中産階級出身の専門家ではなかった。彼は義務教育、徴兵制、宗教・教会問題への国家の介入、出版検閲制度など――端的にいえば官僚制的経済統制に対して激しい批判をくわえたが、その批判は、クーザン報告以来、プロイセンのなかに国民教育の理想の実現を見ていた自由主義者たちに照準を合わせていた。(58) 初等教育の細部に立ち入ることはなかったが、彼の急進的な論拠は、民衆の政治的・道徳的状態が学校教育によって左右されることは決してないという一九世紀初頭のフィンケの系譜を継承するものであった。「通常の意味での教育がいくら行われても、精神力や道徳的宗教原理が、個人のなかで低級な状態のままにあることは日々見ているところである。……実際には、学校教育とはまったく無関係な、しかし人間精神にとっては学校教育よりも重要な意味をもつ社会教育というものがある。……それは……人間がそのもとで独力で行動している社会制度のなかにあって自由な主体であるところにのみ存在しうる。(59)」

学校教育が一国家の道徳的・文明的水準に対して持つ意義を考えると、まだ学校や教育は未完成な状態にあったであろう当時に比べ、今日では学校や教育の相対化はいっそう説得性をもつ。レインのプロイセン兵営国家に対する批判は、ここでも奇妙なところがないではないが――たとえば国家による家庭の破壊はプロイセンの女性を堕落させ、婚姻外出産の比率を高めたであろう――、それでもなお同時代を扱ったジョセフ・ケイのより高く評価された叙述よりも的確なものである。ケイ＝シャトルワースの弟であるジョセフ・ケイ（一八二一〜七八年）は、兄の視点を明らかに分かち合っていた。ケンブリッジ大学から課題つきの留学奨学金を与えられて、彼は大陸を遍歴することができた。彼は膨大な三部作の成果を残したがそのなかで、イギリスとドイツ、というよりむしろイギリスとスイスを比較するという形式をとりながら、財産分割、土地改革および義務教育の肯定的な結果について述べている。[60]なるほど比較形式に関してはケイは信頼性を保ってはいるが、彼の旅程、個々の都市や村、特定の人物の扱いとなると、少数の例外を除けば曖昧なものであった。彼は都市のスラムや街路というイギリスの読者によく知られた場所を、より童話的な――中部ヨーロッパ的な――背景に、つまり社会的に享楽的な国に投影したように思える。そこでは、一貫して用いられた二つの手法ゆえに問題になることはなかった。美的秩序に限定された教育学的視点は、ケイの場合、ねばり強く現代的なものであり、他に類を見ない。

繰り返し問題にされるライトモチーフは――ドイツにおいては――静かな路上の光景である。子どもたちが義務強制のもとで学校にいるために、路上に子どもたちの姿はない。路上に子どもの姿を見かけることができるのは、学校に行き帰りする朝夕だけである。別のライトモチーフである登校する児童の光景も、子どもがいない路上と同様に喜ばしく、美的に満足のいくものであった。ケイは、髪にくしが通り、清潔な身体にこざっぱりとした衣服を身につけたおさげ髪の少女やリュックを背負った少年といった風俗を描き常に読者の興味をひきつけた。[61]この気持ちのよい光景は、学校での全日にわたる子どもたちへの監視と両親が加えた強制の結果であると、ケイはわれわれにまじめにそう信じさせた。だが、下層の人びとは、学校について口をはさむことを許されていなかった。その上、子供を学校へ行かせるために、（学費のほかに）さらなる仕事が無報酬で彼らに課されたのである。ケイの訪問報告にあらわれたある程度の事実誤認は、このような飾り立てられた結果を貧困の消滅と同一視したことによるのである。なぜならば、イギリスでは、貧困のゆえに、しつけのなっていない破廉恥行為はその後も路上で見ることができたのであるから。

イギリスとドイツにおける初等教育制度の発展に相違が生じたのは、下層階級に対するドイツ教育者の視点のほうが、早くから、しかも急激に、学校において組織できた子ども集団に向いたからであった。イギリスの専門家が大問題と格闘している間に、ドイツの専門家はずっと以前から学校支配の微妙な点に関心を向けていた。もちろん、イギリスでも学校支配が問題になっていなかったわけではない。それは、五〇〇人の生徒がいるある四学級の学校訪問の報告にあらわれている。「古参教師の手腕のおかげで、模範的な秩序を保ち、活動を行っている。どのように子ども集団を規則に従わせ、注意深さを保持させるかを知り、感じのよい行進曲を歌わせながら、いかに子どもたちをあちこち動かすことができるか見るのは教育上の楽しみであった。[62]」

注

（1） K. Barkin, Preußens Schulen sind besser. Urteils ausländischer Beobachter aus der ersten Hälfte des 19. Jahrhunderts, in: Arbeitsgruppe Pädagogisches Museum (Hg.), *Hilfe Schule*, Berlin 1981, S. 62ff.

（2） J. Reulecke, Formen bürgerlich-sozialen Engagements in England und Deutschland im 19th. Jahrhundert, in: J. Kocka (Hg.), *Arbeiter und Bürger im 19. Jahrhunderts*, München 1986, S. 261ff.

（3） J. Reulecke, Englische Sozialpolitik um die Mitte ders 19. Jahrhunderts im Urteil deutsche Sozialrefomer, in: W. J. Mommsen (Hg.), *Die Entstehung des Wohlfahrtsstaats in Großbritannien und Deutchland 1850-1950*, Stutgart 1984, S. 40ff.

（4） その関係を記述しようとする試みはなされているが，説得的でないか，曖昧である。投票分析の示すところによれば，プロイセン文化行政がその職務や教育行政を抑圧的に行おうとすればするほど，教員や民衆学校出身者はますます反政府的な投票行動を示した。M. Wölk, *Der preußische Volksschulabsolvent als Reichstagswähler 1871 bis 1912*, Berlin 1980. 生徒数の増加と産業の発展との機能的関係と社会発展に対する学校のもつ意義を論証しようとする試みは，D. K. Müller, *Sozialstruktur und Schulsystem*, Göttingen 1977 によってなされている。

（5） 次の論集がこうした点についての概観を与えてくれる。B. J. Krasnobaev u. a. (Hg.), *Reisen und Reisebeschreibungen im 18. und 19. Jahrhundert als Quellen der Kurturbeziehungsforschung*, Berlin 1980 および A. Maczak u. H. J. Teuteberg (Hg.), *Reiseberichte als Quellen europäscher Kurturgeschichte*, Wolfenbüttel 1982.

（6） J. Stagl, Der wohl unterwiesene Passagier, Reisekunst und Gesellschaftsbeschreibung vom 16. bis zum 18. Jahrhundert, in: Krasnobaev, *Reisen*, S. 353ff.

（7） たとえば，F. v. Raumer, *England im Jahre 1835 und 1841*, 3Bde, Leipzig 1836 bis 1842; J. G. Kohl, *Reisen in England und Wales*, 3 Bde, Leipzig 1844; ders., *Land und Leute der britischen Inseln*, 3 Bde, Leipzig 1844 (この旅行報告は一八四四年に英語でも出版された。Nachdruck London 1968); J. Venedey, *England*, 3 Teile, Leipzig 1845; F. Althaus, *Englische Charakterbilder*, 2 Bde, Berlin 1869. イギリスの側では，まず帝国成立に関するドイツの状況について，広範にひろがった関心が目覚めた。G. Hollenberg, *Englisches Interesse am Kaiserreich. Die Attraktivität Preußen-Deutschands für konservative und liberale kreisen in Großbritannien 1860-1914*, Wiesbaden 1974. 初等教育制度ではなく，高等教育・学問・大学について，ドイツが優位にあるという一九世紀の型どおりの立場から，その文化交流を扱ったものとして，G. Haines, *Geman Influence upon English Education and Science 1800-1866*, New London, Conn. 1957; ders., *Essays on Geman Influence upon English Education Science 1850-1919*, Hamden, Conn. 1969.

（8） M. Harbsmeier, Reisebeschreibungen als mentalitätsgeschichtliche Quellen, Überlegungen zu einer historisch-anthropologischen Untersuchung frühneuzeitlicher deutscher Reisebeschreibungen, in: Maczak/Teuteberb, *Reiseberichts*, S. 1ff.

（9） H. Segeberg, Die literarisierte Reise im später 19. Jahrhundert, in: W. Griep u. H. W. Jäger (Hg.), *Reise und soziale*

Realität am Ende des 18. Jahrhundert, Heiderberg 1983, S. 14ff.

(10) M. Amold, *Complete Prose Works*, Bd. 5 : Culture and Anarchy, ed. by R. H. Supper, Ann Arbor 1969, p. 66.

(11) Ebd., S. 68.

(12) Ph. Anès, *Geschichte der Kindheit*, München 1975, S. 560f. この集団の成立を社会学的に解明することなしに、アリエスは一五世紀以来の「教職者、法律家、学者」の見解や成果について記述している。家族意識や子どもに対するその教育的関心は、伝統社会の社会性に対するイデオロギー的武器であった。アリエスはこうした人びとをモラリストと名づけた。彼らは一時的に宗教改革に依存しはしたが、社会の道徳化に関心を持っていなかったからである。

(13) Amold, *Culture and Anarchy*, p. 74.

(14) L. v. Vincke, *Darstellung der inneren Verwaltung Großbritanniens*, Berlin 1815, S. 151.

(15) Ebd., S. 154.

(16) H. -G. Thien, Schule, *Staat und Lehrerschaft. Zur historischen Genese bürgerlicher Erziehung in Deutschland und England*, Frankfult 1984, S. 362.

(17) 刑法や奉公人に対する罰則や軍隊の規律から体罰がなくなったとき、教育的に根拠づけられた子どもに対する体罰がますます説明を要するものとなってきた。それについては、R. Koseleck, Über die langsame Einschränkung körperlicher Züchtigung, in : ders., *Preußen zwischen Reform und Revolution*, Stuttgart 1967, S. 641ff. 一九世紀終わりの三〇年間に、子どもと両親にとっては不利な、まさに徴罰的な実定法についての論証については、R. Flissikowski u. a., *Vom Prügelstock zur Erziehungsklasse für »schwieringe« Kinder. Zur Sozialgeschichte abweichenden Verhaltens in der Schule*, München 1980, S. 94ff.

(18) 法律の規定があっても、プロイセンの例が示すように、それは子どもや両親を保護していなかったが、それとならんでイギリスでは、体罰に関する執拗な議論によって、それを一般的に上流階級にふさわしく教育的手段として守っていこうとする専門的文献もなかった。ジェームズ・ケイ＝シャトルワースの下層階級への同情は、嫌悪を軽蔑によってりっぱに埋め合わされてしまっていたが、彼はディヴィッド・ストウ同様に、体罰を厳格に拒絶した。それについては、J. Symons, *School Economy. A Practical Book on the Best Modes of Establishing and Teaching Schools* (1852), 復刻版、New York 1971, p. 122. イギリスの学校史は、特定地域の学校史というだけではなく、特定学校の歴史を扱っているので、学校史に関して一般的なことをいうことはできない。義務教育の導入以前においては、体罰として殴ることは、少なくとも両親の暗黙の了解が必要であった。その点については、P. u. H. Silver, *The Education of the Poor. The History of a National School 1824-1974*, London 1974 に研究論文が入っている。一八八〇年まではイギリスには体罰はなかったが、世紀転換期になってようやくその史料が増える。都市における学校事情については、次の二つの地域学校史が補完してくれる。R. R. Selmann, *Devon Village Schools in the 19th Century*, New York 1967 ; M. Johnson, *Derbyshire Village Schools in the 19th Century*, Newton Abbot 1970.

(19) G. Fröhlich, *Pädagogische Bausteine*, Bd. 2, Eisenach 1873[3], S. 52f. Flissikowske などは一八四〇年までの校則を七つほど

みつけだし、論文を書いている。そこでこのテーマが暗示的に扱われている。私の知る限り、最も新しいものは一九一九年に出た「校則」である。H. Weimer, *Schulzucht*, Leipzig 1919. 全時代を通じて一〇〇という数字はむしろ少なすぎる。これについては論文や時には膨大な便覧があるが、それらは少なくとも、学校化推進論者の社会的幻想に関する案内にはなる。

(20) Kohl, *Reisen*, Bd. 1, S. 148f.

(21) I. Hahn-Hahn, *Meine Reise in England (um 1840)*, Mainz 1981, S. 103.

(22) J. Tews, *Ein Jahrhundert preußischer Schulgeschichte*, Leipzig 1914, S. 12.

(23) 折りにふれて行われる学校訪問で、本来就学義務をもつ子どもたちの「欠席」が問題になるが、そのキーワードで指示される事実は一九世紀前半の教育学事典には出てこない。ブランデンブルクの学校新聞が賞を受けた懸賞論文を掲載したが、そのテーマは次のようであった。そこでは当然プロイセンの事態の解明にも光を投げかけている。F. K. Schnell, *Wie sind mutwillige Schulversäumnisse zu verhüten, unvermeidliche aber möglichst unschädlich zu machen?* Berlin 1850. 地域学校史によって論証としては、たとえば次のようなものがある。R. Vandré, *Schule, Lehrer, und Untemicht im 19. Jahrhudert*, Göttingen 1873 (Ostfriesland) und W. Trapp, Volksschulreform und liberales Bügertum in Konstanz, in: G. Zang (Hg.), *Provinzialisierung einer Region*, Frankfult 1978, S. 376ff.

(24) J. Tews, *Ein Jahrhundert*, S. 13.

(25) E. E. Rich, *The Education Act of 1870. A Study of Public Opinion*, London 1970.

(26) E. Wagner, *Das Volksschulwesen in England und seine neueste Entwicklung*, Stuttgart 1864, S. 186.

(27) 彼の一八〇四年に発表された論文 "Über zweckmäßige Einrichtung der öffentlichen Schul- und Unterrichtsanstatten" を参照。ここでは K. Gelpke, *Wilhelm von Türk*, Saalfeld 1937, S. 26ff から引用。

(28) "*System der öffentlichen Erziehung*"; 初版一七九七、その後一八〇五、一八一三。ここでは G. Ulbricht によって編纂されたかれの論文集 Heinrich Stephani, *Zur Schulpolitik und Pädagogik*, Berlin 1961, S. 46f. から引用。

(29) P. Bourdieu u. J. C. Passeron, *Die Illusion der Chancengleicheit*, Stuttgart 1971. この脈絡のなかに「一般教養」の概念も属しており、ペスタロッチ以来、進歩的基礎教養もそれに関連していた。しかし、それが達成したものは、ブルデューとパスロンによれば、生徒の教養信仰への転換であり、それに伴う財産所有階層による教養の独占の正統であった。

(30) J. Manthey, *Wenn Blicke zeugen könnten. Eine psychohistorische Studie über das Sehen in Literatur und Philosophie*, München 1983, S. 16ff.

(31) P. Burke, *Helden, Schurken und Narren. Europäische Volkskultur in der frühen Neuzeif*, Stuttgart 1981.

(32) J. Manthey, *Blickes*, S. 173ff.

(33) J. Kay-Shuttleworth, The Moral and Physical Condition of the working Classes of Manchester in 1832, in: ders., *For Periods of Public Education as Reviewed in 1832, 1839, 1846, 1862 (1862)*. With an Introduction by N. Moris, Brighton 1973, p. 3ff.

(34) J. Kay, *The Social Condition and Education of the People in England and Europe (1850)*, Vol. 1, Shannon 1971, p. 419.

(35) J. Kay-Shuttleworth, *Moral and Physical Condition*, p. 64f.

(36) J. Böhm, *Die Lehre von der Shuldiszipin*, Eisenach 1877, S. 10.

(37) Adolf Diesterweg in seinen Rheinischen Blättem 1831. ここでは Chr. Berg (Hg.), *Staat und Schule oder Staatsschule? Stellungnahmen von Pädagogen und Schulpolitikem zu einem unerledigten Problem 1787-1889*, Königstein 1980, S. 106 から引用。

(38) Symons, *School Economy*, p. 129.

(39) M. Pattison, Report on the State of Elementary Education in Gemany, in: *Reports from Commissioners*, 7. 4. 1861, p. 250f. ケイ＝シャトルワースがバターシーで導入した規則とプロイセンの初等教員養成所規則との比較はこの点を裏づけている。教師に関するケイの考え方については R. Johnson, Educational Policy and Social Controlin Early Victorian England, in: *Past and Present* 49, 1970.

(40) E. Wagner, *Das Volksschulwesen in England und seine neueste Entwicklung*, Stuttgat 1864, passim および A. Wehrhahn, *Das Volksschulwesen mit besonderer Berücksichtigung seiner gesetztichen Grundlagen dargestellt*, Hannover 1876.

(41) V. Coussin, *Bericht über den Zustand des öffentlichen Unterrichts*, 2 Bde, Altona 1832-33, ここでは Bd. 1, S. 35f.

(42) J. C. Kröger, *Reisen durch Deutschland und die Schweiz, mit besonderer Rücksicht auf das Schul-, Erziehungs- und Kirchenwesen*, 2 Bde, Leipzig 1833 bis 1836.

(43) Cousin, *Bericht*, S. 62. また W. Riehl, *Die Familie*, Zuerst 1854, Kap. 1 u. 2.

(44) Cousin, *Bericht*, S. 89.

(45) R. Johnson, Educaating the Educators. »Experts« and the State 1833-39, in: A. P. Donajgrodzki (Hg.), *Social Control in 19th Century Britain*, London 1977.

(46) M. Pattison, *Report*, p. 167.

(47) P. Gardiner, *The Lost Elementary Schools of Victorian England. The People's Education*, London 1984, 特に第1、2章。

(48) W. von Türk, *Beiträger zur Kenntnis einiger deutscher Elementarschulanstalten, namentlich der zu Dessau*, Lepzip, Heiderberg, Frankfurt a. M. und Berlin, Leipzig 1806, S. 255ff.

(49) W. Schultheiß, *Pädagogisches Reisetagebuch*, 2 Bde, Nümberg 1839-1841, ここでは Bd. 2, S. 145.

(50) W. Schmidt-Stein, *Die Jahresklasse in der Volksschule*, Stuttgart 1963.

(51) F. Riemann, *Versuch einer Beschreibung der Reckanschen Schuleinrichtung*, Berlin 1781.

(52) *Ebd.*, S. IX

(53) *Ebd.*, S. 180.

(54) J. Voigt, *Mitteilung über das Unterrichtswesen Englands und Schottlands*, Halle 1857, S. 383.

(55) Feddersen u. Kliündt, *Freimütige Bemerkungen über einige Gegenstände des Volksschulwesens, veranlaßt durch eine Reise*, Altona 1831, S. 13ff.

(56) H. Mann, *Report of an Educational Tour in Gemany, and Parts of Great Britain and Ireland*, London 1846, p. 100.

(57) Riemann, *Versuch*, 3., 完全改訂増補版 1798.

(58) S. Laing, *Notes of a Traveller on the Social and Political State of France, Prussia, Switzerland, Italy*, London 1842². 抜粋翻訳 A. Heller, *Preußen, der beamtenstaat in seiner politis-*

chen Entwicklung, dargestellt durch Benjamin Constant und Samuel Laing, Mannheim 1844.

(59) *Ebd.*, S. 299.

(60) Kay, *The Social Condition* 参照。›*Education of the Poor in England and Europe*, London 1846 というタイトルの旧版がある。そのほかに *Condition and Education of Poor Chilaren in English and Geman Towns*, Manchester 1853 がある。

(61) たとえば *Bd. 1*, S. 100, 224, 257 ; Bd. 2, S. 6, 8, 53, 296f. 等。

(62) L. Wiese, *Deutsche Briefe über englishe Erziehung*, 2 Bde, Berlin 1877^2, ここでは Bd. 2, S. 313.

第四章　市民性と名誉

――決闘のイギリス・ドイツ比較――

ウーテ・フレーフェルト
（一九五四年生
ビーレフェルト大学教授）

一　一九世紀の決闘

――封建的遺物か市民的慣習か

二〇世紀も終わりにあるわれわれにとって、「名誉」概念は古めかしい響きをもっており、この概念の使用は、すでに流行遅れとなっている。それを政治的目的のために復活させようとするごく最近の試みも失敗に終わっている。たとえば、バイエルン州首相の招待がオーストリア政府によって取り消されたことは、連邦共和国全体の「名誉」を傷つけた、とする大げさな主張はただ空しいだけに終わった。また、シュレスヴィヒ＝ホルシュタイン州首相の「名誉の誓い《エーレンヴォルト》」は、ジャーナリストや警察による追及に長く持ちこたえることはできなかった。

それに対して「決闘」の概念は、今もかなりの人気を保っている。新聞ではほとんど毎日のように、議会での決闘、テニスの決闘、会社間の決闘といった言葉を目にすることができ、言葉の組合せは無限である。常に共通することは、名声や権力、あるいは経済的利益をもたらす勝利をめざし、二者ないし二団体が互いに競い合う、といった状況である。ただし、このような「決闘」は古典的な決闘、すなわち名誉闘争とはもはや何ら共通点をもたない。そこで問題となっているのは名誉ではなく、単なる競合であり、力の対抗である。

「名誉」概念の意味喪失に、この「決闘」概念の空洞化も対応している。すなわち、「名誉」が行動に対する効力をもたなくなったところで、「決闘」もその社会的な意味を失ってしまったのである。それにもかかわらず「決闘」がこれほど頻繁に話題になるということは、その言葉には依然として特殊な魔力が宿っていることを暗示している。そして、「近代的」人間であっても、彼がたとえかつての真の事情に共感を抱かず、それを手本とすることもできず、またその意志がないとしても、その魔力から完全にのがれることはできないのである。

本章は、今日に至るまでの「名誉」と「決闘」の意味の変化を、その社会的な原因を含めて追っていくことを目的とはしない[1]。むしろ手短な考察をもって、およそ一〇〇年前にはごく日常的で、自明のものであった態度や行動形態から、今日の社会がどれ程疎遠になってしまったかを明らかにするものである。一九世紀を同時代人はすでに「市民的」と形容していたが[2]、その時代に名誉と決闘は確固たる地位を占めており、それらは、ワーグナー崇拝やシラー賛美と全く同様に、「市民の空気」（トーマス・マン）に溶け込んでいた。決闘を「非市民的」と形容し、社会的アナクロニズムとして前世紀に影を落としていた封建的遺物の一つとして片付けることは[3]、その具体的な現象形態をよく見ることなく、市民的慣習としての意味を誤認することになる。他方でそれは同時に、「市民の空気」を、より近代的な概念を用いるならば「市民性の文化」を誤って解釈することを意味し、この文化に典型的なゆがみ、二律背反および矛盾を見のがすことにつながる。

このような矛盾は、市民層の文化全体を特徴づけるのみでなく、個々人についても当てはまるものであることを、マックス・ウェーバーの例は示している。彼は、「決闘資格〔ザティスファクツィオーンスフェーイヒカイト〕」に最高の表現形態を見いだすような「ドイツ的作法《フォルム》」に対する手厳しい政治的批判者であったが、彼自身の個人的な名誉が問題となっていると思われるときには、このような作法に躊躇することなく自ら従ったのであった。彼は公然と決闘の支持者であることを告白しており、古くからの決闘規約をもった学生組合と良好な関係を保持し、さらに予備役将校の軍事的な地位に大いなる誇りをもっていた。一九一〇年に市民的女性運動の活動家であったマリアンネ・ウェーバーが、ある新聞の記事で侮辱を受けたとき、彼は即座に「妻の名誉」を決闘によって擁護する用意のあることを表明し、実際の決闘は相手側の拒否によってなんとか回避された[4]。

ウェーバーはこのように社会的な慣習に個人として関わったのみでなく、学問的著作においてもそのために多くのページを割いている。社会的グループ、階級および階層は、単に物質的な利益によって結集しているのではないこと、政治の目的は、競合する要求について話し合いにより目的合理的な決着をつけることに決して限定されないこと、権力の基盤は単に経済的なものだけではないこと、これらは彼にとって自明のことであった。彼が市場の力と同等のものとして扱ったのが、「身分的原理」による社会秩序であった。これは経済的に条件づけられた「階級状態」とまったく同様に、社会的な現実に構造を与えるものと彼は考えた。このような身分的原理が「名誉」によって具現化されていたのであり、この「名誉」が身分の所属者に特定の生活態度を要求し、こうした方法で彼らを他の身分集団から引き離していた。「身分的な『名誉』」と身分への所属に関して「『生活態度』が決定的な役割をもつこと」は、「『身分』といったものがあらゆる『慣習』の特別な担い手であること」を必然的に示しており、「生活のあらゆる『様式化』は、どのような表現を取るにせよ、身分の源泉となるか、あるいは身分によって保持されることになる」、とウェーバーは言う。[5]

身分的な名誉の守護と保持に役に立つような慣習、様式化、象徴のなかに、ウェーバーは「決闘資格」も数えている。それは、傷つけられた個人的な名誉を決闘によって回復する慣行であった。決闘は名誉の最も純粋な表現方法であると同時に、名誉を重んじる思想や生活態度の最高の証でもあった。名誉こそが個々人の行動を徹底的に従属させる最高の生の動因《レーベンスモティーフ》であることを、決闘は前提としていたのである。そして、人は名誉のために生きるのみでなく、もし名誉を汚れなきよう保つのに他に方法がない場合は、そのために死ぬこともあった。

しかしながら、すべての身分集団が「名誉」をこのような方法によって強調し、守ることを必要とみなしていたのではない。ウェーバーが言うには、将校および「学生の名誉」のみが、名誉闘争を規則として含み、各身分への所属を個々人の決闘資格とその覚悟に結びつける規範集を創り出したのである。それにより決闘は、ドイツでは軍事的および市民的上層にとっての一つの慣習へと上昇していき、この慣習がこうした階層を社会的にまとめあげ、他の「諸身分」に対する「隔たりと排他性」(ウェーバー)を保証することになった。このような排他的なグループに受け入れられることを望むのであれば、名誉法典《エーレンコーデクス》によって規定されたルールを遵守しなければならなかった。財産は必要条件であったが、決して十分な入会条件ではなかった。なぜなら、名誉は「むしろ通常、あからさまな財産それ自体の誇示とは著しく矛盾する」[6]からである。形式的な資格付与にあたる将校辞令ないし教養に関する証明も、相応の生活態度によって内容的に裏付けられねばならず、社会的な実効力により保証を受けねばならなかった。職業上の能力や成功よりもずっと包括的なこうした生活態度によってはじめて名誉が付与され、この名誉によりある集団とそれに所属する個々人が社会的に上昇し、「貴族化した」のである。

このような意味における身分的現象としての「名誉」は、明確な階級への所属とは無関係であり、決闘資格をもった社会的上層の決闘の名誉《ドゥエル・エーレ》は、市場経済によってのみ定義されるある階級の文化的慣習の一部になることはなかった。他方で、数多くの職業および財産グループにより構成される市民層も、ウェーバーやマルクスに起源をもつ階級モデルではほとんど説明できず、したがって非経済的な規準を用いることが必要となる。そこで、名誉や名誉ある態度について検討していくことが、市民層の内的な凝集力や外的な境界線をその「文化」ないし生活態度の分析を通じて探り出していく試み[7]において、重要な出発点となりうるのである。

しかしながら、一九世紀の決闘の歴史に関する以下に続く叙述は、ドイツの「ブルジョアジーの心理分析」（アデリーヌ・ドマール）としてのみ理解されてはならない。ドイツの領域を越えてイギリスまでも含む視角は、ドイツの市民的・貴族的上層の名誉法典が国民的な特殊性を表現しているものかどうか、そして、どの程度それを表現しているのかを明らかにするものである。ともかくイギリスの「名誉問題」は、一九世紀半ば以降、ドイツとはまったく異なる発展を経験したのであり、このことは、それぞれの上層の異なる社会的・文化的プロフィールを前提にして、このような隔たりをどのように解釈すべきか、といった問題を提起している。

もし決闘を封建的な遺物と位置づけようとするならば、イギリスにおける早い時期の消滅が島国の市民的性格の証拠と説明され、この領域におけるドイツの発展は「市民性の欠如」を証明している、と解釈されることになる。ルーヨ・ブレンターノ〔ドイツの経済学者、新歴史学派の代表〕はすでに一九〇九年にそのような説明を行っており、そのとき彼は、イギリス市民層の社会的・政治的ヘゲモニーを決闘の衰退の原因と解釈し、逆に大陸における決闘原理の「認知の拡大」については、「今日のドイツ市民層の脆弱な性格」に責任のあるものとした[8]。一七〇〇年から一八五〇年の決闘について批判的観点から調査を行ったイギリス人によるある研究は、イギリスで一九世紀中葉に名誉法典に代わりキリスト教的商業法典が採用された原因は、市民層の自己意識の成長に求められる、と結論づけたが、それによりブレンターノの解釈はイギリス側からも支持を受けたのである[9]。それが正しいとすれば、ドイツ市民層にはまさにその自己意識が欠如していたことになり、現に一八九六年にアウグスト・ベーベルは、ドイツの市民層にとっては「貴族の作法を猿真似する」ことができ、貴族層と「少なくとも同じように、スポーツのごとく決闘を」遂行することが「良き作法」であった、と嘆きながら批判を行っている[10]。

しかしながら、必ずしも同時代人の判断が的を得ているとは限らないし、またほとんどいつでも、一つではなく複数の歴史的真実がある。貴族に対してむしろ距離をおき対抗していた階層が一九世紀に決闘を喜んで受け入れていったのであるが、彼らのこうした共感を見るにつけても、単なる封建化テーゼだけでこのような親和性を説得的に説明することができるかどうかについて疑念が生じる。また逆に、これまでの研究で強調されたイギリス市民層の社会的・政治的ないし文化的なヘゲモニーもまったく疑わしいものであり、決闘が上層の社会的な作法から消滅してしまった世紀半ばにも、実情はこれまでの説明とはまったく異なっていた。

したがって、ドイツにおける決闘の発展をドイツ特有の道、すなわちドイツにおける市民的な名誉および文化の欠如の証拠として引き合いに出すまえに、まず名誉をかけた決闘といった現象を精緻に観察し、両国の社会的なコンテクストのなかに位置づけてみなければならない。

二　バロック時代の名誉闘争《エーレンツヴァイカムプ》

　決闘が正確にはいつの時代からドイツとイギリスで完成されたものとなったかは、決闘が中世以来のさまざまな形態の果たし合い《ツヴァイカムプ》（裁判手続きによるものを含む）とどのような関係にあったのかと同様に、よくわからない。遅くとも一六世紀の後半には、英語とドイツ語に「決闘」という概念が現われ、一七世紀の初頭以降に、公権力による決闘禁止令が布告されている。

　イギリスにあっては、一六一三年にジェイムズ一世が「私的闘争」を禁じた。一六〇六年にある同時代人が記しているように、私闘は「昨今、軍人の間と名誉ある人びとの間に」広まっており、「負傷した者の免職」を多く惹き起こしていた(11)。国王はこのような行為を紳士の素質にそぐわないものと宣言し、私闘をしようとする者は普通法に訴えるように命じた。また同時に彼は、検事長フランシス・ベーコンに判例として示すように要請した(12)。三年後ベーコンは、決闘申し込みの罪で、貴族の将校ジャーヴェス・マーカムに対して高額の罰金刑と禁固刑を言い渡した。マーカムは貴族院議員でもある名門貴族の虚言を責め立て、決闘を挑発したのであったが、彼が下級貴族に属していたことが、結果として刑をさらに厳しいものにした。ベーコンによれば、ジェントリの階層は「准貴族」にすぎず、それゆえ、彼らがイギリスの上流貴族を侮辱することは二重に罪を犯すことを意味した。いずれにせよ決闘は、他の殺人の形態と同様に「法に対するはっきりした侮辱」であることに違いはなく、「司法権を危機に陥れる傾向をもつ」とベーコンは述べている(13)。

　国王による禁止も、検事長による厳しい判決もイギリス貴族を決闘から遠ざけることはできなかった。貴族間の私闘がまだ盛んな時代にあって、フランスの影響を受けた新しい名誉法典は、紛争を制限し、規制していくのに都合のよい可能性を提供するかのようであった。ローレンス・ストーンは、新聞の記事、私的な書簡、告示などを根拠に、上級貴族が暴力沙汰に巻き込まれる頻度は、一五八〇～一六四〇年に下がっていったとする結論を出している。しかしながら同時期に、決闘や決闘の申し込みの数は明らかに増加していた。彼によれば一七世紀の最初の二〇年において、上流貴族のおよそ四人に一人は、一生に一度は決闘に臨むという危険を冒していた(14)。中・下級貴族も新しい名誉法典《コード・オヴ・オナー》をわがものとしたようであり、彼ら相互の紛争や上級貴族との紛争を「平等なやり方で」（ストーン）解決するために決闘を利用した。他方で国王や裁判所は、こうした貴族間の社会的相違の消滅を阻止することに全力を尽くしたのであった。

　一七～一八世紀のその後の経過においても、繰り返し決闘は問題になった。ロンドンにあって海軍大臣の職にあったサムエル・ピープスは、一六六〇年代に貴族たちが自身の名誉を剣をもって守った多くの事件について日記に記している。そして彼は、その対策として政府が「何らかの良き法」を制定するよう希望を表明している。[15] 一七一三年、二人の上級貴族の決闘が死亡事件になったとき、下院ではこのような慣習を終わらせるにはどうするのが一番よいかについて審議が行われたが、法的な措置について合意に達するには至らなかった。[16] どのみち、決闘法典《ドゥエルコーデクス》が社会的な指導層において力を保持しており、侮辱に対して決闘の申し込みをもって応えない場合、それが臆病者の証拠として解釈されるかぎり、法律も条令も効果はなかった。そのほか、コモンローが規定していたように決闘を殺人として罰することに、裁判所はたいてい躊躇した。そして、たとえそのような判決が下りたとしても、しばしば国王が恩赦によってそれを撤回した。

　この時代、大陸においても状況はそれほど大きく違ってはいなかった。ドイツ諸邦においても、名誉に対する攻撃やそれとみなされる行為に応えるために、貴族による決闘が行われていた。またここでも、国王や諸侯がこのような習慣を勅令をもって終わらせようと努力していた。一六世紀の終わり以降、ほとんどすべてのドイツ諸邦が、決闘への参加と同様にその申し込みについても刑罰をもって禁ずる法令を布告した。[17] そうした布告の繰り返しは、布告の効力のなさを示すのみでなく、領邦君主たちが決闘の封じ込めにいかに大きな関心を抱いていたかを物語っている。一七一四年の「ヴュルテンベルク公国決闘禁止令」も述べているように、「各自が名誉と生命財産について保全され、また救済を受ける必要のあるときに、最高の領邦権力である朕に、そして神が朕に与え給うた権威を頼みとする」のでなく、臣民たちが「自身で復讐を実行」しようとしていることに、領邦君主たちは感情を害していた。[18] 国家による暴力の独占と全く同様、国家の司法権も侵害されてはならないものであり、その前ではあらゆる私的制裁は違法であり、秩序を乱す可能性のあるものとみなされた。

　ドイツの諸地域における決闘の実際の広がりと頻度については、決闘の動機と当事者についてと同様に、ほとんど知られていない。一七世紀から一八世紀初期の勅令と（わずかながら残されている）裁判記録は決闘を行う非貴族についてもときどき伝えているが、侮辱に対する復讐のためにこのような手段を選択したのは圧倒的に貴族であったと考えられる。一六六〇年のハンブルクの布告では、「卑しい身分の人びとが、名士たちを見習って」同じように決闘を始めており、「それゆえ、その蔓延する弊害に対してより厳しく、真剣に対処すべき」である、と言及されている。[19] リッペ侯国における一六八八年の刑事記録は、手工業者ないし市民出身の公吏が関与した二件の決闘事件について明らかにしている。そしてブレーメンでは、一七六九年に二名の家具職人が剣を抜いて闘った、とされる。[20] また、一六九四年、ザクセン公ヨハン・ゲオルクはイエナ大学を一瞥して、そこでは学生たちも、侮辱行為に対して「自力で名誉回復を行うこと」に喜びを見い出していた、と非難をこめて断言している。[21]

　決闘への傾倒を可能にし、またそれを容易にしていたのが適当な武器の自由な使用であった。イギリスと同様にドイツにおいても、武器を携行できるのはもともと貴族（とりわけ軍人身分）の特権であった。しかしながら、このような特権はすでに中世において大学関係者の間にも広がり、その後、国家や市およびナ学当局が特権の廃止や制限を試みるたびに、学生たちによる執拗な抵抗に遭遇した。一六世紀以降、剣は学生たちの服装の一部になっており、学生たちの世界の名誉沙汰や、他方で都市市民（とりわけ手工業職人）や将校との衝突の際に公然と、また頻繁に使用された。遅くとも一七世紀の後半には、ドイツのすべての大学にフェンシング道場が存在し、そこで学生たちは、「向こう見ずな愚か者が無意味な名誉を得るために、われわれに無謀な復讐を挑もうとした場合、どうしたら無傷でいられるか」[22]を学んでいた。かつては貴族の子弟の教育内容に属していたものが、こうしておもに市民の学生たちにも受け入れられたのである。それはある種の社会的拡散であり、貴族層の強化に留意していたプロイセン国王フリードリヒ二世は、一七五〇年にそれを抑止しようと試みたが、無駄に終わった。貴族の学生は例外としながら、市民の学生に対して「大学における剣の携帯をすべて」禁止する彼の勅令も、フェンシングと決闘が大学文化の確固たる構成要素として生き続けるのを妨げることはできなかった。この文化によって学生たちは、彼ら自身の社会的出自でもあった他の市民集団から区別されたのであった。

一七～一八世紀のイギリスの大学においても、ドイツにおけるほど重要性を獲得していなかったにせよ、フェンシングは学生たちの気質にぴったり合うものであった。オックスフォードでは一七七〇年代にあってもフェンシング道場が存在しており、ジョナサン・スウィフトの作品からもわかるように、一八世紀前半の「良き教育」には、ダンス、乗馬、フランス語の知識、そしてイタリア旅行とともに、フェンシングも不可欠であった[23]。しかしながら「自己防衛の高貴なる方法」としてのフェンシングは、オックスフォードやケンブリッジでは次第にその基盤を失っていった。それに代わって台頭してきたのがハンティング、乗馬、ボートなどの「カントリー・スポーツ」であり、そしてクリケットのような集団スポーツが、一八世紀の半ば以降ますます人気を獲得していった[24]。したがって、ドイツとは違い、学生たちの服装は剣を帯びていなかった。

他方でイギリスでは貴族たちも、こうした社会的優越の象徴を次第に捨て去っていった。一七八二年にカール・フィリップ・モーリツ〔ドイツの文筆家〕がイギリスを旅行したおり、彼の注意をひいたのは、「公道で」誰一人として剣を携行していないことであった。宮廷における集いで貴族だけの場合に、剣が目にとまる程度であった。また、それより二〇年も前に、プロイセン将校フォン・アルヒェンホルツも同じような観察を行っており、彼が付け加えている点は、イギリス人にあってはフェンシングを習うことがますます少なくなってきており、したがって圧倒的にピストルによる決闘が起こっていることである[25]。一七七〇年代以降、特別な決闘用ピストルが市場に出回り、目に見えて大きな需要があったということは[26]、この事実に適合している。ドイツにおいては、この時代、依然として剣による決闘が一般的であった。

三　啓蒙の世論における決闘

一八世紀における新聞および書籍市場の急激な拡大により、決闘も世論の注意を次第に強く引くようになった。それ以前にはせいぜい噂や教会での説教の話題であり、そして政府による規制の対象であったものが、今や数多くの印刷された論説、小冊子や雑誌における議論のありふれたテーマとなり、文学においても進んで扱われるようになった。それまで決闘をもっぱら舞台上のクライマックスとして採用してきた劇作家たちも、今や頻繁にこうした事件そのものを芝居の中心的なテーマとした。コヴェントガーデン〔ロンドン中央部の地区〕の王立劇場では、一七七三年に『決闘者』といったタイトルの喜劇が上演されたが、この劇では、最上級貴族に属する決闘好きの将軍が、徹底して笑いの対象にされていた。彼はきわめて鋭敏な名誉意識と決闘狂いにより、貴族仲間の間でも特に狂気の性格と見られていた。そして、彼は社会的地位のずっと低い若い将校から、「名誉意識とは、ちょっとした批判に対する非寛容とも、また不当な叱責に対する怯えとも関係のないものです」と咎められる。「決闘によらないで、どうやったら名誉ある男が自身の社会的地位を維持できるというのか」といった彼の大げさな質問に対して、その将校は「将軍殿、それは優しさによってできますよ」と答えるのである。[27]

このような劇は、貴族の風俗習慣に対して厳しい批判を行ったものであるが、これはとりわけ一八世紀の後半以降、決闘とその基礎にある名誉法典に対して行われたジャーナリズムによる強力なキャンペーンに連なるものであった。実際ウィリアム・ジャクソン〔イギリスの作曲家〕は一七八四年に至っても、尊敬の前提として必要とされ、また法によっては押さえ込むことのできない「広く情熱を掻き立てるもの」の一つに、決闘を数えている。彼によれば、ある種の侮辱を除去できるのは侮辱を受けた本人のみであり、彼は「あらゆる法に先行し、また優越する何かによって、そして空腹や渇きと同じくらい熱烈な願望によって」侮辱の除去へと動かされる。[28]しかしながら、ジャクソンと同時代の文筆家たちの多くは、本能的・超法規的な熱狂の対象として決闘を容認する意志のないことを表明していた。一七八四年、大学の私講師であったリチャード・ヘイも受賞作のなかで、洗練された教育というものは、あらゆる復讐の本能を押さえ込むものであり、また人びとを武器への無意味な衝動に駆り立てる「利己的で堕落した名誉」に対して、「高潔なる名誉」を概念として代置させるものでなければならない、と主張した。道徳と結合した名誉はいかなる外的な権力手段も必要とせず、したがって社会の諸規範と矛盾に陥ることもない、と彼は述べている。[29]

決闘は違法であり、反宗教的・反理性的であるといった主張は、一八世紀終わりから一九世紀の初めの決闘批判において、同時代の百科事典にも受け入れられ、頻繁に繰り返された決まり文句であった。しかしながら、一七八八年の『チェンバーズ百科事典』には、「同時に認めねばならない点は、このようなばかげた習慣が、ある程度は今日の作法の際立った上品さや丁寧さのもとになっており、他者への敬意は、古代の最も文明化された国民の間の社交と比べても、今の時代の社交をずっと快く、品の良いものにしている」、といった記述があった。[30] また一八世紀の初め、広く注目を集めた『蜜蜂の寓話』で医師のバーナード・マンデヴィルは、話し方の洗練や上流階級の教化という決闘の積極的な作用を認めたが、このとき彼もまったく同じような主張を行っている。マンデヴィルが言うには、恥ずべき行為について責任を問われ、場合によっては命をもって償わねばならないといった見通しは、人に節度を守らせることになり、「もしそうでなければ、礼儀知らずで我慢ならない愚者になってしまうであろう何千もの人びとを、礼儀正しく、洗練された紳士にしている」のである。[31]

それに対して決闘に対する断固たる反対者は、名誉問題が時代の経過とともに繊細さ――それが、礼儀作法をほんのわずかでも破ることを侮辱的行為とみなし、その過程で決闘の潜在的な原因を生んだ――を養ったとする説に異議を唱えた。こうした類いの「誤った名誉」が外面的には横行したとしても、それは個々人に常に根ざすような「真の名誉」とはまったく無関係なものと見られた。啓蒙主義の合理主義も、ピューリタン的な覚醒運動の厳格なる内面性重視も、社会的上層の風習や行動様式に対する批判を行ったが、それは市民的名誉の新しいモデルの構想と結びついていた。そして、この市民的名誉とは理性的およびキリスト教的道徳を基礎とするもので、作為的な文化的演出によっては影響を受け得ないものと考えられたのである。

ドイツにおける決闘批判も、同じような論拠から出発していた。一七四六年、ハレの説教師であり「哲理の公教師」ゲオルク・フリードリヒ・マイアーは、名誉は「道徳の影部」であり、道徳的な態度によってのみ守られうる、と述べている。[32] 国家学者フォン・ユスティも彼を支持して、一七五〇年に以下のように述べている。「われわれの名誉とはわれわれ自身に内在し、われわれのみに依拠するものであり、決闘を含む不作法な悪しき行為をしなければ、名誉はいつでも保持されうる。したがって、名誉ある男となり、名誉ある男といわれたい者は、公共の安寧や、神または祖国の法に反するような行動を取ってはならない」[33]と。有徳者の「名声」への攻撃に対しては、たとえそうした第三者の行為によって内的名誉が傷つけられたり、減じられたりしない場合であっても、侮辱した者を裁判に訴えることにより攻撃をはねのけることができたからである。

市民的名誉のこのような定義の試みは、一定の状況で決闘を義務づけるような特殊身分的名誉とは無縁であろうとした。将校たちが職業的に条件づけられ、極端に感受性の強い名誉意識をもつことを認めるにしても、それは市民的な名誉観の尺度で判断すべきものではなかった。原則として「あらゆる身分は、名誉について他者と同じ請求権をもつのであり、この点で最低身分も最高身分と同等である」ことが重視された[34]。

しかしながら、現実においてこの原則はめったに守られなかった。一八世紀の末のプロイセンの法は、臣民の名誉に関して実に多様な基準を設定していた。「農民身分や、手工業者や熟練職人が属する卑しい市民身分」の者たちの侮辱行為に対する刑罰は、「上級市民身分の者たち」について定められていた刑罰に比べてずっとあまいものであった。さらに貴族や顧問官たちは、同じ違反であっても、「上級市民身分」と比べ二倍も厳しく罰せられた[35]。このような身分による段階的な刑罰基準の背後には、社会的上層の名誉意識は社会的下層よりも高度に発達しており、したがって貴族間の侮辱行為は、農民や手工業者の間で交わされる罵言よりも重大であり、より深刻に受けとめられねばならない、といった考えがあった。

これと同じ理由から立法者は、卑しい身分であろうが上級身分であろうが、「市民身分」間の暴力による対決について、それを決闘と呼んだり、決闘として扱うことを拒否したのであった。特別に高度に発達し、身分への帰属と結びついた名誉意識をもって武器を取ったときにのみ、決闘は存在したのである。貴族と将校身分にのみそのような名誉が認められたのであり、このことは、こうした身分的特権について異議申し立てを行っていた多くの市民たちにとって、大きな不満の種であった。早くも一七九一年に、ある雑誌の記事で匿名のある「学識者」は、市民が貴族や将校に対して決闘に応じる権利のないことを「我慢ならないこと」と表現している。貴族的・軍事的な名誉問題は、「あらゆる身分に共通のものとされるか、廃止される」べきであり、そうすれば「剣の一般的な使用、……上品な社会的態度がさらに普及していき」、そして軍人の横暴に歯止めがかけられることになろう[36]。

こうした決闘議論は、ドイツではほとんどもっぱら「教養ある身分」の人びとによって展開されたが、ここで浮かび上がってくるのが、当時の議論に独特の二律背反であった。一方で決闘は、政治的・宗教的・道徳的・合理的理由から否定されたが、他方で貴族たちが決闘を通じて「自己愛」や「情愛のある自己文化[37]」を賛美し、自身の人格的完全性を臆面もなく弁護できることを、人びとは羨ましく思っていた。この「自己文化」には、「市民的名誉」や法的手段の選択を受け入れる余地はまったくなかった。これらは名誉を人間の内面の問題へと個人化してしまい、侮辱行為に対する名誉の公然たる表明を、裁判に訴えることに制限してしまうものであった。また、一八四七年にライン州選出の下院議員であり大商人のグスタフ・メヴィッセンがプロイセン邦議会で提言したように、市民的名誉を全人間的なものとすることは、社会的な多様性をすべてなくし、個性的な差異化の必要性を受容する可能性をほとんど与えないことになる、と考えられた[38]。

名誉問題に関する市民的「世論」がどれほど分裂していたかは、一九世紀の百科事典をちょっと見るだけでわかる。雑誌の記事や小冊子のかたちで公刊された決闘に関する評論の多くが、むしろその負の側面を言い立てたのに対して、一八四七年の自由主義的『国家学事典』は決闘の「好ましい影響」を賞賛し、以下の点を強調している。「自立的・個人的名誉と名誉法典による支配、そして名誉を守ろうとする男らしく勇気ある考え方とその能力は、われわれの新しい文化全体のなかでも最も輝かしい側面の一つであり、それは同時に（政治的な専制に対する＝筆者）最も強力な防衛手段でもあり、……また物質主義や凡俗さによる恥ずべき支配に対する防衛手段でもある」[39]と。その二〇年後、ヘルマン・ヴァーゲナーの保守的な『国家・社会事典』は、決闘を「名誉の正当防衛」と形容し、自明のこととして以下のように公言した。「われわれは今や、個人の名誉と権利を絶対的な全能国家に譲り渡すことは決してできないし、そのつもりもない。したがってわれわれは、そのときどきの状態による国家権力の制限と、また個人が自身の富と名誉の擁護者・代理人であらねばならない義務を主張する。」[40]

この時代のイギリスの事典には、そのような決闘擁護論は（もはや）見られなかった。一八六〇年の『チェンバーズ百科事典』は、「その習慣の評判はすでに失墜しており、それは世論の漸進的働き掛けによるものであった。そして、この国では恐らく、その習慣は最終的に廃絶されたものとみなすことができよう」と述べている。そして一八七七年の『ブリタニカ百科事典』は、決闘を「イギリスでは廃れてしまった」ものと表現している。そして、その「封建制の最後の遺物」は、イギリス社会の理性や人間性の発展の結果として」最終的に姿を消してしまったのであり、このことは大陸での事態に対比して大きな進歩として、そこでは評価されていた[41]。一八八四年にはヴィクトリア時代のある年代記作家は、「決闘制度の完全なる消滅」を「真の文明の急速な拡大」の証と解釈し、さらに「現時点で決闘は、イギリスでは試罪法や魔女の火あぶりと同様に馬鹿げた、野蛮な時代錯誤とみなされよう」と誇らしく付け加えている[42]。

ドイツ人の側からすると、このような「文明化の勝利」は違ったものに見えた。帝制期のドイツでかなり世俗受けをし、影響力もあった歴史家ハインリヒ・トライチュケは、一八九四年に一九世紀前半のイギリス貴族について以下のように批評した。「伝統的な名誉概念や身分意識が、貨幣に圧倒され霧散してしまった。他方でドイツ貴族は貧しいが、騎士精神は維持している。イギリスでは商人的気風が、国民の全生活を席巻してしまった。社会の野蛮化に対して不可欠で最終的な防衛手段であった決闘が、習慣として廃れ、完全に姿を消してしまったのである。すなわち、乗馬むちが剣とピストルを駆逐してしまったのであり、このような粗暴さの勝利が、文明化の大きな功績として賞賛されたのである」[43]と。トライチュケは、イギリスにおける名誉問題の変化について、資本主義と商業にその責任を帰したが、それは一五年後のルーヨ・ブレンターノの議論とそれほど違わないものであった。ただし後者は、このような変化をむしろ積極的に評価し、貴族的原理に対する市民的原理の圧倒的な勝利として、はっきりと歓迎した。こうしたドイツ同時代人の評価が、イギリスの社会的上層の構造と心性に関する最近の研究に耐えうるかどうかに関して、以下で検証を進める。

四　イギリス・ジェントルマンと「名誉法典」

一八二四年、ロンドンで『イギリスの決闘法——名誉法典とジェントルマンの気質』と題する一冊の本が出版された。この本は、広く世論に対して決闘原理の正当性を明確にしようと試みるものであったが、と同時に決闘によく親しんでいる人びとをも読者の対象としていた。匿名の著者は、ここで名誉ある闘争の規則を確定したが、それによって彼は「一般に是認された名誉の法によりジェントルマンがかなり以前から保持してきた諸権利を、彼らのために擁護すること」を意図していた(44)。こうした決闘資格をもったジェントルマンのグループに、文民であるか軍人であるかに関係なく貴族の全男子が属するものと彼は考えた。

このような定義は、著者を困難に陥れるものであったが、彼自身はこうした困難にさらに踏み込んで対処していくつもりはなかった。ドイツとは異なりイギリスにおける貴族の概念は、とりわけ長子相続の原則に還元できるような明確な輪郭線をもっていなかった。この原則は本来、このような階層の連続性と凝集性を保証するために定められたものであったが、それは少なくとも同じような強さで、彼らと他の階層との区分をあいまいにする方向にも作用する傾向をもっていた。長男のみが父親の称号と財産を相続する場合、そのことは、他の兄弟たちは出身階層の外に自分の適所を見つけ、また長男とは別の方法で生計を立てねばならないことを意味した。しかしながら、教育、価値観および行動規範は、彼らをその後も出身家族の社会的環境と結びつけた。そのため貴族から「脱落していく」子息にあって、二つの世界が相対することになった。すなわち、大土地所有者のエリートの世界と自由業者、将校、聖俗の公職にある人びとのそれである。

自明のことではあるが、このような「脱落者」も市民の実業家や銀行家と同様に、ジェントルマンの（非公式な）称号を使う権利をもっていた。後者の富は、大規模な商社やシティの銀行での商業および金融活動によっており、また「地主の利益」ともさまざまなかたちで関係していた。さらに、概念の語源的な近しさからも推測できるように、ジェントリの男性、すなわち称号のない大土地所有者もジェントルマンの階層に属した。したがって、このような呼び名は特定の有産階層への帰属と結びつくものではなく、むしろある種の生活様式、すなわち社会的規範、信条および行動様式をもち、多少なりとも正確に輪郭を描くことのできる集合体と結びついていた。こうした生活様式は明らかに、その信奉者には十分な資金と余暇を提供する安定した経済的基盤を必要とするものであった。そのため社会的下層はもちろん、「中産階級《ミドル・クラス》」の大部分もジェントルマンの階層から抜け落ちた。残った者といえば、安定した状態で生活する裕福な「地主エリート《ランディット・エリート》」、そして彼らの「庇護下」にある中間層であった。[45]

ジェントルマンの生活様式の前提は、とりわけ一つであり、それは自由な時間であった。自身の生計のために日々あくせく働く者は、こうした時間をもたず、したがって真のジェントルマンを特徴づける活動——狩り、乗馬、名誉職、親しい家族間の頻繁な訪問、さまざまな種類の娯楽——にまったく、あるいはほんのわずかしか参加できなかった。このような貴族的な余暇文化は、厳格な礼儀作法によって結び合わされており、すべての参加者によってかなり厳密に遵守されねばならない確定されたルールに従って組み立てられていた。規則を破る者は、もはやジェントルマンではなかった。賭博の負債を支払わなければ、次の機会にもはや賭博台につくことが許されないのは当然であった。他方で洋服代を支払わなくとも、「同属のジェントルマン」の誰ひとりとして、それを規則違反として取り上げることはなかった。ジェントルマン的な態度に関する規則は、特殊な社会グループ内でのみ有効であり、そこではともかく有無を言わせないものであった。

ジェントルマンは市民的日常の慣習を大胆に平然と無視することができたが、他方で彼はかなり神経質に、他のジェントルマンたちの間で自身の声望が保たれているかどうかについて気を配らなければならなかった。この点について、「生活状態により、さらに厳密には品行によりジェントルマンの名を得ているような人物は、彼の人格をまったく汚れなきよう維持しなければならない」、と一七九〇年に規定された。[46] 高度に精緻化された名誉法典は、「汚名」が名誉ある方法によって除去されうることに配慮し、またジェントルマンに対しては、仲間うちで騎士らしく、とりわけ礼儀正しい態度を取ることを義務づけていた。それを怠った者は、ただちに報いを覚悟せねばならなかった。女性に対する無礼な言葉や他のジェントルマンへの侮辱は通常、決闘の申し込みを引き起こした。侮辱された者は決闘において、彼の人格的完全性への攻撃に対して、それを自身の生命をかけて撃退できる十分な勇気と名誉心をもっていることを示した。すなわち彼は紳士《エーレンマン》としての姿をここで見せたのである。他方で侮辱した側も、彼にも名誉心は欠如しておらず、自分の行動については死の危険を伴う完全なる責任を引き受けることを、決闘において実際に示したのである。決闘が終了し、両当事者が生きておれば、彼らは「清められて」帰ることができた。両者は自分たちの名誉ある信念を立証したのであり、再びお互いに尊敬をもって交際することができた。そこには勝者も敗者もなく、決闘の結果は伝統的な「神明裁判」による以外には、係争問題そのものについて決着をつけることはなかった。このようにして紛争は解決されるのではなく、当事者間の人格的な相互作用によって、いわば止揚されたのであった。

このような複雑な関連を示す実例として、下院議員で新聞発行人のジョン・ウィルクスとタルボット伯爵の一七六二年の決闘がある。タルボットはウィルクスの発行する新聞の記事によって侮辱を受けたと感じた。彼はその記事をウィルクス自身の責任によるものとしたが、後者はその点に関して明言しようとしなかった。当人同士の話し合いに際してウィルクスは釈明の要求を拒絶し、「野にあって完全に自由で自立した英国ジェントルマン」としての自身の立場を強調した。そうしたジェントルマンとして彼は、「同等者による独断的なさしずに服すること」を拒んだのであり、「タルボットが地位、財産および能力において私より実際に優れていても、名誉、勇気および自由においては、私は彼と同等である」と述べた。しかしながら、ウィルクスはタルボットの名誉回復の要求には応じる準備があり、決闘から生還することができるならば、後で釈明をするつもりであった。そして実際にそうなった。最初の撃ち合い――弾はどちらにも当たらなかった――のすぐ後で、ウィルクスは批判された記事の著者であることを告白した。そこでタルボットは彼の勇気を讃え、「神が生み出し給うたなかでも、ウィルクスが最も高貴なる同等者であることを至る所で公言しよう」と述べたのである。「それから彼は、互いに良き友となることを提案し、一緒に居酒屋へと繰り出し、ボルドー産の赤ワインでも飲もうと誘うので、われわれはとてもいい気分で、大いに笑いながらワインを飲み干した」とウィルクスは記している(47)。

ウィルクスにとってこの事件は、社会的により高い位置にある者からの不当な言い掛りに対して、「野にある英国ジェントルマン」としての人格的完全性を守る機会となった。決闘の場面で、二人の社会的に同等ではない男が、お互いの対等を証明した。両者とも名誉ある男としてふるまったのである。決闘の行為は、憤激の種を除去したり、傷つけられたとされる貴族の名誉を修復したのみではない。それは二人のジェントルマンの間に橋を渡し、社会的地位、財産および権力の相違を超越する共通項を創出するものであった。他方で決闘行為は、決闘資格をもたないすべての者からジェントルマンを明確に区別し、「上流社会」への帰属のはっきりとした証を意味した。

一八世紀の終わりから一九世紀の初めに、このような区分線が消滅の危険にさらされていたことが、決闘の擁護者にとっては常に心配の種であった。一七九〇年に将校スタントンは上流社会の男たちにむかって、決闘原則が「生活環境においてジェントルマンの階層よりも下位にある者に適用されることは許されない」という点を強調し、ジェントルマンでない相手と決闘に及ぶことのないよう警告している(48)。また一八二四年の『イギリスの決闘法』の著者も、決闘の前に両者がジェントルマンの階層に属していることを確認すべきである、と勧告している。しかしながら、スタントン自身も記しているように、ジェントルマンの定義は、「生活環境」といった客観的基準によるよりも「生活態度」に帰着するがゆえに、こうした生活態度のなかでも選びぬかれた象徴でもある決闘を、ジェントルマンの社会的位置を理解するのに利用することができるのである。

一八二〇年代にジェントルマンとして自身の地位を決闘によって表現する者は、現実にはもはや「貴族」の所属者のみではなかった。一八二一年に将校ギルクリストは、一七六三～一八二一年の間に一般に知られることになった重大な決闘事件のリストを作成しているが、それによると三四四名の決闘参加者――そのなかには首相ウィリアム・ピット（一七九八年）やウェリントン公爵（一八二九年）のような有名人の名前も見られた――のうち、上級貴族の所属者は比較的わずかしか数えられなかった。大多数は、貴族の肩書きをもたない男性、将校、ジャーナリスト、弁護士、医師、学生、牧師、役者などであった。また掲載者のなかには実業家も含まれていた。たとえば、一七八四年に市民のある醸造業者は、彼が賭けによる借金を支払わないことをアスコット競馬場で責め立てた男と決闘をしており、また一八二〇年には、ある商人と「資産あるジェントルマン」によるカフェーでの喧嘩が、ピストルによる決闘に発展している。[49] 一八一二年、最高判事であったエジンバラ卿は、決闘の申し込みにより訴追された実業家に関する何件かの訴訟を審理したが、そのとき彼は、今や「商館や帳場におけるこのような見せかけの騎士道をやめさせる」ときにきている、と漏らしている。[50]

貴族であるエジンバラ卿が見せかけの偽造された騎士道と叱責したものは、市民たちにとっては、（努力して得られた）上流社交界への帰属を証明しようとする試みであったのかもしれない。それはともかく、一八三〇年の『エジンバラ百科事典』が推測し、また望んだように「名誉に値するともはや見なされない習慣について、身分高き人びとがその廃絶に乗り出す」[51] ことが、このような社会的拡散によって促進されたかどうかは、かなり疑わしい。結局のところ、イギリス社会における貴族の優位が一九世紀の終わりごろになってようやく打破されたという事実については、貴族が排他的な身分として外界から隔絶されたものでなく、ある程度の開放性と適応能力を示していた点に、まさにその原因が求められるのである。貴族の「脱落者」――長子相続の犠牲者――と市民の「上昇者」が、貴族的な生活態度の諸要素を保持および受け入れたとき、そのことは、何よりも貴族的なモデルの魅力と統合力を証明するものであったが、結局は、そのモデルの残存能力を保証することにもなった。

いずれにせよ決闘は、地主エリートたちの他の多くの生活様式とは違って一九世紀の半ばまでなんとか生き残ったが、そこで比較的忽然と姿を消してしまった。一九世紀の後半においては、貴族と市民のジェントルマンは、紛争の決着をハイド・パークやウィンブルドンの共有地でつけるのではなく、裁判所に訴え出た。一八九〇年代の文筆家オスカー・ワイルドとクィーンズベリィ卿との間の紛争は、五〇年も前であったならば確実に決闘へと至っていたであろう。クィーンズベリにとって、自分の息子がワイルドと同性愛の関係にあることが癪の種であったが、彼はこの文筆家をロンドンのクラブで公然と侮辱したため、後者が訴訟を起こしたのであった。一九一八年に、たとえワイルドの伝記作家がこの事件を決闘に類する言葉――「挑戦」、「死の闘争」、「戦い」――で呼んだとしても、また、あらゆる面で破廉恥でスキャンダラスなこの種の事件を、決闘であれば、ロンドンの刑事法廷での係争よりも、恐らくは秘密裏に静かに終わらせたとしても、決闘はもはや選択の対象ではないことは明らかであった。示談のための話し合いがもたれたならば、恐らくさらに穏やかに決着がつけられたであろう。騒動が起こる数カ月前、クィーンズベリが自分の息子がワイルドと一緒にいるところを見かけたときに、ワイルドに対して彼をぶちのめすと脅しをかけたが、それに対してワイルドは「クィーンズベリのルールがどんなだか私は知らないが、私のルールは私的暴力に対しては、すぐに銃を撃つというものだ」、と答えていたのではあったが。[52]

そのような「ルール」は、伝統的な名誉法典のそれとはもはやまったく共通するところがなく、ここではむしろ、文明社会を害し、剣とピストルを駆逐してしまったとされる乗馬用の鞭に対するトライチュケの軽蔑をこめた言葉が思い出される。またイギリスにおいても当時、「……利己主義や無作法が身なりのよい人びとの間に」広がっていくことを防止するために、決闘を再導入することが有効かどうかに関して、声高に議論がなされていた。[53] しかしながら他方で、一八九一年にパリのイギリス副領事が、介添え人として決闘に関与したことを伝える報道に世論は激昂し、この事件の余波はその後、議会にも広がることになった。[54] 人びとは劇場において専門的に演出された決闘に喝采を送ることはあったが、社会的現実において決闘は正当性をまったく失っていた。ヴィクトリア時代のジェントルマンは、「名誉法典」を破棄することを誓い、市民的な特質を身につけたのである。「イギリスにおいて決闘は、それが『非ジェントルマン的』になったときに死に絶えた」と、一八九一年にイギリスのあるジャーナリストが記している。[55]

ただし、それは結論的な言明というよりも、むしろ一つの解釈であった。一般にイギリスにおいて決闘が死滅したとする議論は、かなり弱い論拠によるものであったし、今なおそうである。[56] 同時代人はこの論拠として「世論」の力か、または一八四〇年代のヴィクトリア女王の夫（アルバート公）の努力——ドイツを手本とし、将校間の決闘を軍事名誉法廷によって抑止しようとした——を指摘している。たとえ彼が、この試みにおいて完全に意志を貫徹することができなかったにせよ、一八四四年の『軍事条章』には、決闘の申し入れを懲戒免職とし、謝罪を「名誉ある者の資質に適合した」ものとする若干の付則が加えられた。[57]

しかしながらドイツの事情を一瞥すればわかるように、一般の世論や、特に発言力のある特別な集団が、決闘を必要なものであり、拒否できないものと考えていた場合、罰則規定を強化しても効力はなかった。侮辱に対して決闘の申し込みをもって応えないジェントルマンが、他のジェントルマンたちから臆病で名誉心を欠く者とみなされ、「上流社会」から排除されてしまう限り、法律上の罰則を厳しくしても、決闘の申し込みを妨げることはできなかった。

アルバート公は法律の効力のみでなく、イギリス社会における軍隊の役割をも過大評価していた。ここで彼は、ドイツの例に見習うことを考えていたようであるが、それというのも、軍隊における決闘の消滅こそが、市民生活においてもこうした慣習を終わらせる第一歩になる、と彼が信じていたからであった。

ところが、イギリスにおいて軍隊は、ドイツの、とりわけプロイセンの軍隊がもっていたような社会的な影響力をまったくもっていなかった。すでに一七八二年にカール・フィリップ・モーリッツは、軍人がロンドンの街頭でほとんど目につかないことに驚き、「将校は軍服で出歩くことはなく、市民的な服装をしており、わずかに帽章によってのみそれとわかる」と記している[58]。またもう一人のイギリスの旅行者カール・ゴットロプ・キュットナーも一七九二年に、軍人は一般の人びとによって「わずかな敬意」しか払われておらず、いかなる特別な地位ももっていない」と報告している[59]。陸軍の大部分はブリテン島にいたのではなく、アイルランドやインド、または他の植民地に駐留していた。また、このことは海軍についてもまさに当てはまり、そしてこの海軍が、ヨーロッパ最強の海軍国としてのイギリスの重要性を体現するとともに、常備軍を第二級の地位に押しやっていたのである。

一般社会における軍隊のわずかな存在感は、シヴィリアン・コントロールへの早期の組み入れとまったく同様に、「上流社会」におけるイギリス将校の果たす役割が、周辺的とは言えないまでも、決定的なものとはならない一つの要因になっていた。イギリス将校は、彼自身がジェントルマンのモデルとして立つよりも、むしろジェントルマンの行動規範に適応していったのである。貴族の相続資格をもたない男子で軍隊に入った者は、名誉と人格的な完全性に依拠したジェントルマン理念を軍隊に持ち込み、さらにこの理念を、職業的能力よりも名誉意識を高く評価する貴族的なアマチュアの法典へと磨き上げていった[60]。ジェントルマンの名誉法典は、軍隊が将校に要求した性格的諸特徴、すなわち名誉（国民・祖国・国王の名誉）のために命を捧げる勇気、大胆および断固たる決断力といったものに明らかによく調和していた。このような相互の補強は、なぜイギリス将校が頻繁に決闘に関わったのかをたしかに説明してはいるが、彼らは第一にジェントルマンとして自身を理解しており、軍人としての自覚は二次的なものであったことを忘れてはならない。

以上のことは、ドイツの学生とは異なり、独自の決闘の伝統をもっていなかったイギリスの学生にも同じように当てはまった。ドイツの学生組合は、決闘を学生の自由の不可欠の構成要素として維持していたが、他方、一八世紀終わりから一九世紀にイギリスの学生たちは別種の社交規範をもち、そこで名誉問題が何らかの独立的な役割を果たすことはなかった。たしかにオックスフォードやケンブリッジにおいて、決闘はまったく知られていなかったわけではない[61]が、学生たちの名誉に関する態度は、学生以外の同身分の人びとと違いはなかった。ジェントルマンの名誉を汚されたと考えた場合、学生たちは貴族および市民上層の出身者としてピストルを取ったが、このような行動モデルにおいても、特別な学生の名誉が何らかの意味をもつことはなかった[62]。

したがって、名誉法典の変化と決闘の早期消滅の原因は、社会的エリート自身の独自の社交形態に、すなわちジェントルマンにふさわしい生活態度の不文律が決定され、それが遵守されていた社会集団に求められねばならない。このエリート集団には貴族とジェントリとともに市民も含まれ、ドイツと比較してかなり開放的で流動的な編成をとっていた。この事実そのものは、決闘の社会的な意味についてはほとんど何も語らないが、いずれにしても、排他的なエリート集団への迎え入れは、「上昇者」がその文化と行動規範を受け入れることを条件としていたのはたしかである。そのうえ、「地主階級」のヘゲモニーが存続しているかぎり——一八八〇年代までそうだという歴史家もいる[63]——、彼らの社会文化的な規範や生活様式に対する部外者からの批判が、エリート内部に受け入れられ、是認されることは考えられないことであった。したがってイギリスにおいても、またドイツにおいても圧倒的に否定的であった「世論」の態度が事態に変化をもたらしたと考えるのも、やはりかなり無理がある。

イギリスのパブリック・スクールの本質的な基礎は、常に変化にさらされていたが、この学校では、上級貴族やジェントリの子息とともに、市民の自由業者、牧師、将校、銀行家および大商人の息子たちが、ジェントルマンになるための共通の教育を受けていた。また一八六四年に、政府の一委員会がこの学校に関する報告書を提出しているが、それによると、この私立の寄宿制学校は「恐らく、イギリス・ジェントルマンの特性の形成に最も早くから関与していた」。この学校では、自己規律、自由愛とならぶ秩序愛、世論の尊重、そして「公共心」が生徒たちに教え込まれ、「精神力と男らしい性格」が重視された[64]。通常この学校で問題であったのは、形式的な知識や専門的な意味での教養を伝授することよりも、その後の人生で、政治、社会および文化の領域で重要な地位を適宜独占していくのに役立つはずのある種の社会的習慣を、生徒たちに身につけさせることであった。この「イギリスの偉大なる学校」に関する一八六五年のある調査は、パブリック・スクールを「競技作法の実演場であり、イギリス・ジェントルマンに適した勇敢で、寛大なる精神のトレーニング場」と形容している[65]。

イギリス・ジェントルマンは、上流社会において慇懃さや雅量を立証する以前に、個々の生徒を画一的で規律ある集団へと溶かし込むような、階層秩序をもち、厳格に組織化された学校で、長年の修業期間を過ごしたのである。一八二〇年代以降に新たに設立されたり、また改革された私立学校では、個性や我意はほとんど尊重されず、上級生に対する従属、服従および奉仕を下級生に義務づけ、懲罰と認証に関する厳格な儀礼が尊重され、こうした複合的な自律的システムが、共同体意識や社会的適合力を増進していったのである。また、クリケットやフットボールなどの「団体ゲーム」がますます愛好されるようになったことは、個人をまず第一に大きな集団の一員として認識させ、個人的な関心よりも「公共心」を高く評価することを習慣とする風潮を助長することになった。

ところが、パブリック・スクールにおいて行われたそのような教育は、決闘を頂点とする名誉法典から、それまでの発展の基盤を奪い去ることになった。決闘の行動規範は、個人をまさに強力に前面に押し出すものであった。他者に傷つけられた一個人の名誉が問題となるとき、侮辱された者には侮辱した者との闘争によって名誉を回復することが義務づけられた。その際、高度に儀礼化されたコミュニケーション形態の確かな集積を基礎にしていたとしても、このような形態において表現されたのは集団ではなく、絶対的な位置づけにある一個人であった。一九世紀の「パブリック・スクール」教育に反映されていた集団や共同体の優先は、そのような個人主義的な原則とは真っ向から対立するものであり、したがってそれは、社会的エリートの態度の変化に対し決定的な意義をもったはずである。

　さらに、一九世紀後半に学校や大学でスポーツの熱心な奨励が行われ、それにより生徒や学生の社会的序列が強く影響を受けるようになればなるほど、ジェントルマンの理想像は、決闘に最も顕著な内容表示を見出すような貴族的平等の理念からは、ますます遠ざかることになった。スポーツとは異なり、決闘においては第一位か第二位かといった競争や成績の比較は問題とはならず、むしろ個人の名誉意識を公然と表明する勇気が問題となった。その際、不安や復讐の感情も、家族や法に対する配慮も許されなかった。ただ決闘の場に現存する《プレゼンツ》ことのみが重要であり、測定可能で、勝ち敗けの判断にのみ利用されるような成績は重要ではなかった[66]。

　中等教育機関によって与えられる「公共心」および業績思想が、一九世紀のイギリス・ジェントルマンの行動規範を大きく変化させ、きわめて個人主義的な決闘原則から、次第にその文化的な培養基盤を除去していったとすると、ここで新たに、これを市民的な価値観や行動原理の勝利と同一視してよいのか、といった問題が浮かび上がる。次にドイツの実情を見ることにより、「市民的」行動と「貴族的な」名誉問題の、恐らくはごく自然の一体化が、断片的ながらも姿を現わすであろう。

五　ドイツ教養市民の決闘《ザティスファクツィオーン》による名誉回復

　一八世紀末のドイツにおいて、教養ある市民層が生活態度における独自の理論と実践にこだわり始めたころ、彼らは団体として組織された伝統的都市市民の行動様式や考え方からも、また貴族の尊大さからも同じように距離をおくことになった。特に後者の社会的習慣はしばしば、頽廃的で、きわめて不道徳なものとして拒絶された。ところが、賭博熱、女たらし、見かけ倒しといった貴族的な不道徳は、たしかに軽蔑をもって見下されたが、他方で、超然とした態度、自由な世渡り術、巧みな自己表現術を身につけた「貴族《エーデルマン》」が賛美され、羨望の眼差しで見られることもあった。啓蒙主義的な批判が行われたにもかかわらず、貴族的な社交文化は市民にとってかなりの魅力をもっており、こうした魅力は、たとえば一七九五年に出版されたゲーテの教養小説『ヴィルヘルム・マイスターの徒弟時代』からもはっきりと読み取ることができる。そのなかでヴィルヘルムは、商人として働いていた弟に対して、「ある程度の一般的な、人格的ともいうべき完成《アウスビルドゥンク》が可能」な「貴族《エーデルマン》」の長所について語っている。市民の人格は労働生活により消耗してしまうのに対して、貴族は物質的な動機や配慮とはまったく無関係に、「公人〔エッフェントリヒェ・ペルゾン〕」として真価を発揮できるのであり、またそうであらねばならない。「貴族」は商品を生産する代わりに、まさに自己の創造が許されており、それによって高い完成度に到達することができるのである。「宮廷であれ、軍隊であれ、彼は自分の風采と人柄とに相応の取り扱いしか受けないのだから、……したがって彼が風采と人柄を重んじ、また自分がそれを重んじる者であることを人に示すのも当然である。」[67]

貴族的な生活態度と、その基礎にあった身分的名誉の概念を規定した洗練された人格的礼儀作法は、「新しい市民」にとってきわめて魅力的なものと映った。また彼らは公共性を重視したが、それは当然のことながら、もはや身分的に閉鎖的でも制限的なものでもなく、「教養ある者」が誰でも参加できるコミュニケーションを意味した。さらに、そのような市民的公共性に特徴的な内容と価値観により、公共性の参加者は初めて現実に自身を「人格」として感じ、こうした感覚を公然と表明することが許されたのであった。市民は立派な体裁の作法を具現していた貴族とは違い、教養によって構成された新しい個人主義的文化に義務づけられるものと自認していたが、このような文化は、人格的な完成にむけて努力する主体を中心に置くものであった。彼らの理想は、素質、力量および才能を完全に発揮させる全（男性的）人格の形成であった。そのためには、職業的知識に埋没することのない広範な知見と、文化的・政治的・経済的な諸問題についての幅広い関心、そしてスポーツを通じて鍛えられ、訓練を受けた身体が必要とされた。新人文主義の教養理念が、このような「完成」への要求を取り入れ、一九世紀初めのギムナジウムや改革大学のかたちで、この要求を満たすための適切な制度的枠組みを創出したのであった。

教養ある市民的個人が、もはや「市民的関係」においては体験できない「全体性」と「一体性」を熱望したとき、一見して精神的・非実用的ではあるが、人格に根ざした貴族の名誉概念が、羨望の的としての対抗軸を形成することになった。教養ある市民は、最初から市民的な営利生活や社会生活に完全に没入することを嫌い、自身の教養と「精神文化」に基礎づけられた権利として、人格をもって自己を主張する権利を要望したのであった。このように個性を強く求めることは、機能的分化、分業および役割の多様化を推進する経済的・技術的・社会的な同時的近代化に対する抵抗拠点を提供した。

侮辱行為は、こうした市民にとって特定の役割——父親、夫、職業人、公民としての役割——に抵触するのではなく、どんな犠牲を払ってでも守らねばならない彼の人格に関係するものであった。一八九五年、ベルリン大学の経済学の教授であったアドルフ・ヴァーグナーが、企業家であり帝国議会議員であったシュトゥム-ハルベルク男爵から決闘を申し込まれたとき、彼は一定の条件のもとではあったが、この申し込みの受け入れを決意した。それは、発端となった対立が、政治的な動機による実際的な意見の不一致に限定されるものではなく、人格的相違の領域にも広がりをもっていたからであった[68]。こうした人格的個人の、極端でありながらも、まったく「率直な」強調は、(教養)市民グループ内の相互関係や文化的理念を通じて、日常的に体験され強化されることになり、その結果、傷つけられた名誉を法廷で回復することは許されないものになった。そして、自身の存在価値を顕示し「生全体のレベル」を引き上げる特権の代償[69]に、決闘資格をもち、また決闘の意志のある市民は、もしもの場合には身体と命をはることになった。

しかしながら、決闘の魅力は市民の「個人主義的理念」のみではなく、時代遅れの性別意味づけにも由来していた。決闘の当事者に関する自身あるいは他者による記述からも明らかなように、決闘はまさに男性の象徴としての意味をもっていた。なぜなら、名誉のために生命をかけることは、男性らしさの本質の自覚に関わっていたからである。大胆、勇気、気力、熟達、厳格、徹底、自己規律といったどの男性の人格目録にも数えられるべき徳が、決闘には具現されていた。人格は洗練された「精神文化」によって基礎づけられたが、人格とその身体的結合との間の緊張に満ちた関係の古典的定式化が、一九二四年に出版されたトーマス・マンの小説『魔の山』に見られる。人文主義・啓蒙主義の英雄セテムブリーニは、世界観をめぐっての敵対者ナフタと決闘する直前に、以下のように述べている。

「男はだれでも、どんなに自然の状態から遠ざかっていても、いつでもその局面に応じられるように用意をしておくべきです。今日にもそういう局面に追いこまれるかもしれないのですから。理念のために自分のすべてを、腕を、血を、賭けることのできない人間は、それを口にする資格がありません。そして、どんなに精神的な存在になっても、男子であることをやめないこと、それが大切なことです[70]。」

こうした身体と精神の、すなわち行動と思想の密接な結びつきは、身体的な力と精神的活動を統一体へと融合させる男性の「性的特性」の理念と調和していた。男たちは身体的力、勇気および大胆さを(戦争以外では)次第に無視する社会にあっても、またこうした社会にあってこそ、決闘において男の「性的特性」のすべての要素を立証しようと努力したのである。こうした点は、とりわけ「超俗的な」大学修了者たちにとって魅力的なものと思われたようである。そして彼らこそが、ドイツ教養理念の個性崇拝をかなりの持続力をもって保持したのである。

さらにドイツの大学修了者たちは、彼らに対応するイギリスの社会層の眼にはまったく奇異に映る特異な決闘の社会化を進めていった。イギリス人の旅行者は、見慣れない学生たちの決闘習慣に驚嘆の声をあげた。たとえば「決闘は地球上のどこよりも、ドイツの大学で流行している。これらの大学の一つで二〜三年を過ごし、二〜三回の決闘を行わなかったとしたら、それは節度のあるまれなケースである。また名誉とみなされるものから大きく距離をおくことは、学生たちから精神力の不足の証拠と考えられている」[71]といった具合である。一八四九年にイギリス人のウィリアム・ハウイット〔民族学者〕は、決闘は「イギリス精神とはかなり矛盾することになろう」と考えたが、この現象に関する彼の叙述には感嘆や賞賛が時おり入り交じっていた。ハウイットにとって決闘の愛好を理由にドイツの学生たちを賞揚することなど論外であったが、ドイツの学生生活を特徴づけ、イギリスの学生生活から際立たせている「詩歌」の息吹を、彼は決闘の愛好に見て取ったのである。[72]

一九世紀を通じて「大学の自由」はドイツの学生たちによって強く要求され、国家や大学当局によるあらゆる制限的措置に対して防衛されたが、決闘はこの「大学の自由」の最も重要な要素の一つを形づくっていた。決闘は、同郷出身者による学生団体にすでに長い伝統をもっており、また一九世紀初めにそれまでの学生団体と交代し、その継承に努めたブルシェンシャフトも、学生の名誉を守る手段として決闘をしっかり保持した。たしかにブルシェンシャフトは、決闘申し込み資格について判断を下す学生名誉法廷への強制的招請により、決闘の頻度を減らす方向で努力をした。またそれとの関連で、決闘の作法に関する規定の厳密化や、公正な手続きに関する監視の厳格化も行われた。しかしながら、同時に学生団体は、一八二九年にアメリカ人ドワイトの観察にあるように、「決闘の大きな温床」[73]でもあった。というのも学生団体はその構成員に対して、剣をもって闘うことや決闘の申し込みに応じることを義務づけたからであった。一八八七年にあるブルシェンシャフト・メンバーが述べているように、学生は決闘を通じて、個々人の精神力を鍛練し向上させ、それによって「力を意識する男性の特性」、すなわち「男性的な大胆さ」および「動物的な臆病に対する男性的な意志の卓越」を身につけていったのである。また武器は、「ドイツの学生精神と汚れなき男性的名誉の象徴」としての意味をもった。[74]

一九世紀の終わりにドイツの学生のほぼ二人に一人が、学生団体に組織されていたことを考えるならば、このような「男性的名誉」とその象徴である決闘が、どれほど広範で深部に至る影響力を持っていたかは明らかである。ともかく学生の名誉と決闘は、大学以外の名誉問題からはっきりと区別された社会的特徴を帯びていた。名誉と決闘には、決闘を遊戯以上のものとして、洗練された喧嘩として評価する身分的・バロック的な伝統の良き部分が保存されていた。とりわけ剣による闘いは、一九〇二年に教育学者フリードリヒ・パウルゼンが賞揚しながら確言しているように、むしろ「肉体的組織に対する精神の確かな支配」を証明できる「格闘競技」および「身体的訓練」に値した。[75]また、団体によって統制されていた学生の「名誉」は、明らかに身分的な性格をもっており、（教養）市民的な「俗物《フィリスター》」に見出されるような高度に個人主義化し、教育理論によって裏づけされたような名誉概念とは、あまり共通するところはなかった。それにもかかわらず学生の決闘文化には、重要な補強・媒介機能があった。この文化はその基盤をいわば拡大したのであり、のちの教養市民が紛争の際に依拠することになる行動様式、すなわち「作法《コメント》」の形成を促したのである。

このような制度的・イデオロギー的に基礎づけられた動因群に照らすならば、決闘統計[76]において大学修了者が将校と並んで最大の割合を占めており、法律上、医学上、またそのほかの学問上の多くの意見対立が、決闘申し込みの原因になったのも、それほど驚くに値しない。また政治的な見解の相違も、夜明けの林のなかの空き地で、決闘をもって解消されないまでも、名誉を重んずる方法で清算されたのであった。自由主義左派の医学教授ルドルフ・フィルヒョウは、一八六五年にプロイセン下院でビスマルク首相の「誠実」に関して疑念を表明した。それを議会の議長も、多くの議員も侮辱とはみなさなかったが、彼は危うくビスマルクから決闘の申し込みをされるところであった[77]。それより四年前に、プロイセンの軍事内局長マントイフェル少将が、彼の仕事に対するベルリン市の裁判官カール・トゥヴェステンの政治的批判を侮辱と受け取った。そして彼は、個人的な名誉回復を要求し、トゥヴェステンもそれを拒否しなかった。この自由主義的裁判官は、そのために同僚により三カ月の禁固刑を言い渡された。このとき減刑の理由として、決闘を拒否した場合、「それによって同身分の者からの尊敬を失ってしまうことを、彼が恐れたがゆえに」決闘を回避できなかった、とする彼の判断の根拠があげられた。しかしながら、この市民的自由主義者は、『ベルリン人民新聞』において辛辣な非難を浴びせられることになった。決闘の五日後、この新聞には「トゥヴェステン氏の立派な志操を考慮することなく厳密に言うならば、彼は自身の身分的名誉を守っていない。彼の義務は、決闘へのいかなる挑発に対しても、自身の名誉とは、幸運にも自力防衛という野蛮からのがれている市民身分に所属していることにある、と表明することをもって対処することにあったのだ」といった批評が掲載された[78]。

これら司法およびジャーナリズムによるそれぞれ二つの評価は、いずれも市民層の名誉観に関係しているが、市民的な「身分上の名誉」の相対立する二つの定義がここに現われている。トゥヴェステンの同僚たちは、「同身分の者」が決闘を期待していたという認識を示したのだが、新聞の論説者は、そのような態度を「教養ある身分の名誉」にそぐわないものと表明したのである。この「身分」内にあっても、名誉がいかにして守られるべきかについて、意見は明らかに一致しておらず、また洗練され、法に忠実な市民的な態度と、市民的主体による無制限な人格要求の間の対立が、男性個人において解消されないままであることもまれではなかった。政治的思想からもはっきりした説明はつかなかった。決闘は封建的伝統からの保守的な遺産として排他的な慣習にはなっておらず、この「ドイツ中世の『騎士的な』男性の徳」に夢中であったのは、ロマン主義者のみではなかった。自由主義および社会主義の立場から近代社会を擁護した者であっても、決闘を申し込み、また申し込みに応じていた。アウグスト・ベーベルが一八九六年に、軍国主義や決闘に反対する熱のこもった演説を帝国議会で行ったとき、プロイセンの陸相はベーベルに、彼の「政党の始祖」が決闘で死亡していることを指摘した。すなわち、社会民主主義者フェルディナント・ラサールは一八六四年に女性問題から決闘に至ったのであり、彼以前にも保守的・貴族的な傾向をまったく認められないハインリヒ・ハイネが、一八四一年に商人ザーロモン・シュトラウスとピストルによる決闘を行っている。

損なわれた個人的な名誉を決闘によって回復する意志は、一九世紀においては政治的な思想と結びついておらず、また排他的な社会的環境に限定されることもなかった。一八世紀終わりのプロイセンの立法はなおも、決闘の基礎となる名誉概念を貴族と将校のみに前提とすることから出発していたが、一八二〇年代以降の司法は、「名誉と決闘資格に関する考え方は変化した」といった見方を示し、市民的身分の者による決闘も、殺人罪に関する規定に従って判決が下されるのではなく、決闘法の適用を受けることになった(79)。また三月前期にバイエルン政府も、議会の要請に基づいて決闘の法的な規制に努力したが、その際、決闘の動因となる過敏な名誉感情が、もはや「貴族、士官候補生を含む将校、上級官吏たち、また、そうした高い位階をもった者たちだけ」ではなく、「医師、弁護士、市長、商人、芸術家と同様、地方裁判所の判事や中級官吏までも含む高い教養をもったすべての男たち」にも見出される、といった現実に直面せねばならなかった。教養の高まりは個人的な名誉の上昇と同意味であり、身分と秩序によるかつての排他的な分離を打破していく傾向をもっていた(80)。

しかしながら、決闘のもとになる名誉の非貴族化――あるいは市民化――は、高等教育機関でのみ生じたのではなかった。軍隊の意味は、少なくともそれと同じくらいに大きかった。ドイツにおいて軍隊は、イギリスにおけるよりもずっと目につく存在であり、社会生活に対してずっと大きな影響力を行使することができた。軍隊は国家のなかの国家として、議会の統制から除外され、最高司令官である国王のみに義務を負っており、用心深く保護された一連の特権を享受していたが、こうした特権のなかでも決闘は第一級の位置づけにあった。第一次世界大戦の直前にもプロイセンの陸相は、決闘に「絶対に尊重すべき基礎」を認め、それを勇気の証と呼んだ。そして彼は、帝国議会は決闘批判により軍隊の名誉観を破壊し、将校団の身分意識を空洞化しようとしている、と議会を非難した(81)。一八七四年に皇帝ヴィルヘルム一世も、彼の軍隊内で「同僚の名誉を傲慢な態度で傷つける将校にも、自身の名誉を守るすべを知らない将校にも」我慢ならないことを漏らしていた(82)。

大臣や君主は、軍隊の名誉概念の過度の拡大や濫用に対して決然と反対したが、同じようにはっきりとした態度で、決闘が将校団にふさわしいものであり、将校団にとって高潔なる態度がいかに重要な意味をもつかを認識させようとした。たとえ決闘が法的に禁止され、厳しい自由刑を課せられようと、軍隊の名誉法典は有無を言わせず自己の正当性を主張したのである。もしある将校が決闘を断るか、あるいは侮辱者に対する決闘の申し込みを避けたとすると、彼は名誉ある男から自ら一線を画すことになり、辞職しなければならなかった。そうでなく彼が決闘へと踏み出し、これを内密にすることができなかった場合、彼は軍事法廷で有罪の判決を受けねばならなかったが、それでも彼は確実に、国王の寵愛を期待できたのであった。

将校団の市民化の進行、とりわけ市民出の予備役将校の数的な増大は、軍隊的な名誉保持の形態が市民層にもますます強力に影響を与える結果をもたらした。予備役将校の辞令を受けた弁護士、医師、編集者、官吏および教授は、軍隊での階級を市民生活においても躊躇なく尊重し、またその十分な理由も認識していた。学生たちの作法と軍隊のそれが結合して、大きな犠牲を要求する——たいていの決闘はたしかに流血なしでけりがついたのであったが——爆発性をもった混合物を形成した。

しかしながらどの決闘も、とりわけピストルで行われた場合には——それは次第に頻発するようになったが——、実際的な死の危険を伴うものであった。決闘に臨む者は誰ひとりとして、名誉の場所を再び生きて、またしっかりした足取りで立ち去ることができるかどうか、確信はもてなかった。規則はあるが結果は予想できないといった危険な遊びに、踏み込むことになったのである。死を伴うこの遊びは情熱と冷酷さを要請するものであり、またそれは、かなり厳格な自己規律を強制するとともに、参加者には「自己」を絶対的に主張する権利を認めるものであった。一八四六年と一八六七年に決闘に関する弁護を行った二つの事典の項目はそれぞれ、このように無制限な、典型的にドイツ市民的な主体要求について注意を喚起している。そこでは決闘における市民的な自己主張の意志が、すなわち、自己の存在領域の大きな部分を国家の規制や介入にゆだねてしまうのではなく、自己の名誉について自ら責任を負うといった男性的個人の自由が賞揚されていた。さらにこれらの事典は、身体や生命よりも名誉を尊重する理想主義や男性の個人的な勇気を高く評価していた。決闘には、次第に物質的な利益によって規定され、管理主義のコルセットによって締めつけられ、そして自由な個人に活動の余地が次第に残されなくなる社会に対する抵抗の拠り所が内在する、と見られた。ヴァーゲナーの『国家・社会事典』の決闘の項目は、「世界が存在するかぎり、国民と個々人を無気力化や物質的利益の汚物への沈淪から、また個人的な臆病や無節操から守るために戦争と決闘は不可避であり、また不可欠である」と結んでいる。(83)

六　決闘遊戯における市民的社会化

こうした弁護論に、「非市民的」のレッテルを貼ることは適切でないであろう。なぜなら、市民性が反軍事的・文民的・遵法的・目的合理的な態度や行動様式に集約されてしまわないことはまったく明らかだからである。ドイツ市民層の自己理解が圧倒的に教養市民的な源泉から発しているかぎり、また物質的というよりは理念的な価値に興味を抱き、そして自己鍛練を重視する市民的主体という模範を追求するかぎり、市民的習慣は社会的に二律背反的であり、貴族的な人格崇拝から借用される諸要素を受容できる状態にあった。こうした諸要素の一つが決闘であり、決闘は人格の徹底した表出、思想と身体との媒介および外的強制の無視をもって、教養市民的な生活態度のモデルに包摂されるのに最もよく適していた。大学と軍隊にしっかりと根をおろしていたため、決闘は人びとが不承不承のうちに従うといった、単なる硬直した慣習ではなかった。むしろ決闘は市民の男性に対して、彼の人格的完全性や名誉だけでなく、男らしさをも証明し、それを美的全体性のなかで演出する機会を提供するものであった。

この点との関係でドイツがイギリスと異なっていたのは、「市民層」といった社会的構成体内におけるとりわけ「教養層」の決定的な役割と、市民的な自己理解と市民的な生活態度にとっての「教養」の特殊な位置づけであった。カリキュラムに関してイギリスのパブリック・スクールとドイツのギムナジウムがそれほど大きく異なっておらず、古典の文例集がどちらにおいても中心的な位置を占めていたとしても、ドイツの教養観念は、イギリスでは見られない社会的・文化的・政治的な意味を担っていた。決闘の現象学は、こうした観念に調和的に適合することになった。さらにまた、決闘と結びついた名誉概念がドイツ教養市民層へ受け入れられたのは、決闘がこうした市民層の身分的性格、すなわち彼らの特定の精神的・社会的な作法を指向した特別な意識と調和したことからも理解できる。そのほか国家との親密な結びつきや「教養層」における国家官吏の高い割合が、他の社会層と彼らの分離を可能にする特別で際立った名誉を求める彼らの努力を、背後から支えることになった。

それに対してイギリスでは、官吏をいわば貴族化し、他の社会層に対して傑出させる「全能」国家も、独立的で社会的に大きな影響力をもった教養市民層も存在しなかった。古くからの土地エリートの社会文化的ヘゲモニーと、市民の上昇者と貴族の没落者に対する彼らの比較的開放的な態度が、こうしたエリートに糾合された市民的諸階層（専門職および製造業者を除く企業家層）が独自の「市民文化」を発展させるのを妨げることになった。その代わりに彼らは、社会的上層の規範に適応するよう努力し、その文化的な諸様式を取り入れ、名誉問題を解決するため貴族同様にピストルを手にしたのである。ドイツとは異なりイギリスにおいて決闘は、結果的にはっきりした「市民的」性格を獲得することはできなかった。イギリス市民層は、決闘を「吸収する」ことなく、単にコピーをしただけで、その点で彼らはドイツの市民層より「市民的」に振る舞うことはなかった。

少なくともこうした単なる形式的な適応が、ドイツにおけるよりもずっと早くに、イギリスにおいて決闘が、社会的な受容を失っていく一つの原因となった。一九世紀中葉にイギリスの社会的上層が、名誉に関する別の概念と名誉守護のための別の作法について合意に至ったとき、取るに足るような抵抗は社会には見受けられなかった。イギリスの軍隊ではドイツにおけるのとまったく同様、決闘が職業的に制限された特別な高い評価を受けていたが、軍隊の慣習を市民生活においても尊重させるような社会的な定義力を軍隊がもつことはなく、またイギリスの大学では、学生団体によって育まれ保持された特別な学生の名誉法典が、最も重要な特権として決闘を堅持することはなかった。ドイツにおいて決闘を扶養し社会的な受け入れを可能にした二つの最も強力な制度も、イギリスにおいてはわずかな社会的比重しかもたない（軍隊）か、異なる構造をもっていた（大学）のであり、したがって決闘の普及と活性化に適した役割を果たすことはなかった。一八四三年に設立された「決闘防止協会」は、一年後に早くも三四九名の会員を数え、その会員は圧倒的に貴族、高級将校および議員たちによって構成された。そして同協会は一八五〇年に、決闘はほとんど廃絶された、とする報告を提示することができた。(84)

ドイツにおいては一九〇二年にようやく反決闘連盟が設立されたが、この連盟の運動が、第一次世界大戦の経験なしで実際的な成果をあげることができたかどうかはまったく疑わしい。「文民的」ワイマル共和国になっても、市民出の官吏や自由業者の間でたびたび決闘の申し込みや実際の決闘が行われた。そして、一九三四年に至っても、ゲッティンゲン大学のある歴史学の教授が同僚から名誉を傷つけられたと感じ、彼に決闘の申し込み書を手渡している。(85)「決闘資格社会」（ノルベルト・エリアス）のこのような驚くべき連続性は、封建的な構造や権力関係の強力な刻印に何らかの原因があるのではなく、ドイツ市民層の特殊な社会化形態の結果なのである。イギリスとは異なりドイツにおいては、二つの決闘文化——身分的文化と市民的文化——が理念型として相互に区別される。個人的教育経験の純市民的重視が、身分的にあらかじめ形成されていた社会化力と一緒になり、緊張に満ちた混合物を形成した。そして身分的な要素が政治的・社会的激動の過程で重要性を失ってしまったときにも、この混合物が決闘の存続をなおも保証したのである。

注

(1) 比較的長期の時代領域を対象とし、歴史学的な焦点深度をもって検討と試論を行うには、一八世紀終わりから二〇世紀半ばの決闘の歴史に関する現在まだ途上にある包括的な研究の成果を待たねばならない。

(2) 一九二〇年にクルト・トゥホルオスキーは「市民の時代は去ったが、これから何がくるのか誰も知らない」と述べている。K. Tucholsky, *Politische Texte*, Reinbek 1971, S. 104. トーマス・マンは一九三三年に一九世紀を「市民の時代」と呼んだ。Th. Mann, Leben und Größe Richard Wagners, in: ders., *Wagner und unsere Zeit*, Frankfurt 1986, S. 63.

(3) ハンス-ウルリヒ・ヴェーラー、大野英二・肥前榮一訳『ドイツ帝国 一八七一—一九一八年』未来社、一九八三年、一九三ページ。

(4) この事件に関しては、Marianne Weber, *Max Weber. Ein Lebensbild*, Heidelberg 1950, S. 473ff. ウェーバーの「学生組合《クラーメンシェン》」およびドイツの名誉法典に対する政治的見解に関しては、マックス・ウェーバー「ドイツにおける選挙法と民主主義」中村貞二他訳『政治論集』みすず書房、一九八二年、特に二九八〜三〇六ページを参照。

(5) M. Weber, *Wirtschaft und Gesellschaft*, Tübingen 1972², S. 637.

(6) Ebd., S. 635.

(7) 市民層をその文化によって定義しようとした者は、最近の歴史家には誰も確認できない。一九一九年早くもトゥホルオスキーは、「市民」を「精神的な分類」とし、「ひとは素質によって市民になるのであり、生まれやましてや職業によって市民になるのではない」と述べている。Tucholsky, *Texte*, S. 87. ドイツ、フランス、イギリスの各市民層に関する最近の社会史研究の多くは、価値観、生活スタイル、行動様式に中心的な価値規準を置いている。たとえば、H. Henning, *Das westdeutsche Bürgertum in der Epoche der Hochindustrialisierung* 1860-1914, Wiesbaden 1972; A. Daumard, *Les Bourgeois de Paris au XIXe siècle*, Paris, 1970, p. 352; P. Stearns, The Middle Class. Toward a precise definition, in: *Comparative Studies of Society and History*, 21, 1979, pp. 377-396, esp. 385 を参照。より概念的な考察として現在では、J. Kocka, Bürgertum und Bürgerlichkeit als Probleme der deutschen Geschichte vom späten 18. zum frühen 20. Jahrhundert, in: ders. (Hg.), *Bürger und Bürgerlichkeit im 19. Jahrhundert*, Göttingen 1987, v. a. S. 42-48; H. Bausinger, Bürgerlichkeit und Kultur, ebd., S. 121-142; Kommentar von T. Nipperdey, ebd., S. 143-148 がある。

(8) L. Brentano, Über die Duellfrage, in: *Mitteilungen der Deutschen Anti-Duell-Liga*, Nr. 29, 1909, S. 2-7.

(9) D. T. Andrew, The Code of Honour and its Critics. The Opposition to Duelling in England, 1700-1850, in: *Social History*, 5, 1980, pp. 409-434, esp. 431ff. 同じようなものとして H. Perkin, *The Origins of Modern Englisch Society 1780-1880*, London, 1974, pp. 271ff. がある。

(10) *Stenographische Berichte über die Verhandlungen des Reichstags, IX. Legislaturperiode, IV. Session 1895/97*, Bd. 3, Berlin 1896, S. 1809.

(11) L. Bryskett, *A Discours of Civil Life*, London, 1606, p. 65. ここでは F. Billacois, *Le duel dans la société française des XVIe-XVIIe siècles*, Paris, 1986, p. 51 からの引用。

(12) L. Stone, *The Crisis of the Aristocracy 1558-1641*, Oxford 1965, pp. 247f.

(13) *The Works of Francis Bacon*, edited by J. Spedding, Vol. 13, London, 1872, pp. 103-115. ここでは *ibid.*, pp. 108, 112 からの引用。

(14) Stone, *Crisis*, p. 770.

(15) *The Diary of Samuel Pepys*, edited by H. B. Wheatley, Vol. 2, London, 1893, pp. 299, 311f.; Vol. 7, London, 1896, p. 47f. ここでの引用は Vol. 2, p. 312 から。

(16) R. Baldick, *The Duel. A History of Duelling*, London, 1965, pp. 71f.

(17) この点については D. Prokowsky, *Die Geschichte der Duellbekämpfung*, Diss. Bonn 1965, S. 34ff. を参照。

(18) Hoch-Fürstlich-Württembergisches Edict, Wider die Duellen, Stuttgart 1714 (Hauptstaatsarchiv Stuttgart, A 59 Bü 21). この布告は同じようなかたちで、一七二四、一七三六、一七三八年に繰り返し出された。

(19) Prokowsky, *Duellbekämpfung*, S. 60f. からの引用。

(20) Staatsarchiv Detmold, L 86 Nr. 183, 825; Staatsarchiv Bremen, Ratsakten 2-D. 17. c. 6.

(21) Duell-Mandat und Verordnung, Wornach alle und jede auf Sr. Fürstl. Durchl. gesamte Universität Jena befindliche Studiosi und sonst männiglich daselbst sich gehorsamst zu achten, Eisenach 1694 (Hauptstaatsarchiv Stuttgart, A 202 Bü 2534).

(22) Selbstanpreisung eines universitären Fechtmeisters 1723. ここでは H. -W. Prahl/I. Schmidt-Harzbach, *Die Universität*, München 1981, S. 66 からの引用。また、O. F. Scheuer, Das Waffentragen auf Deutschlands Hohen Schulen, in: *Zeitschrift für Historische Waffen- und Kostümkunde*, 9, 1921, S. 58-68; R. u. R. Keil, *Geschichte des Jenaischen Studentenlebens von der Gründung der Universität bis zur Gegenwart (1548-1858)*, Leipzig 1858, v. a. S. 61ff., 95f., 108ff., 170ff., 250ff. も参照せよ。

(23) J. Swift, Eine Abhandlung über gutes Benehmen und gute Erziehung (1754), in: ders., *Ausgewählte Werke*, Bd. 1, Frankfurt 1972, S. 400. またジョン・ロックは、一六九〇年に「フェンシングと乗馬は、ジェントルマン養成の際の必須資格としてかなり一般的に認められている」と述べている。Some Thoughts concerning Education, in: *The Works of John Locke*, Vol. 9, London, 1823, rpt. Aalen, 1963, p. 193.

(24) D. Rothblatt, The Student Sub-Culture and the Examination System in early 19th Century Oxbridge, in: L. Stone (ed.), *The University in Society*, Vol. 1, Princeton, 1974, pp. 247-303, esp. 256ff.; V. H. H. Green, The University and Social Life, in: T. H. Aston (ed.), *The History of the University of Oxford*, Vol. 5, Oxford, 1986, pp. 309-358, esp. 339ff. (ここではフェンシングについてはまったく言及されていない).

(25) C. P. Moritz, *Reisen eines Deutschen in England im Jahr 1782*, hg. v. O. zur Linde, Berlin 1903, S. 50; J. W. v. Archenholz, *England und Italien*, T. 3, Leipzig 1787^2, S. 45f.

(26) J. A. Atkinson, *Duelling Pistols and Some of the Affairs they Settled*, London, 1964, pp. 37ff.

(27) W. Kenrick, *The Duellist. A Comedy*, London, 1773, p. 80.

(28) W. Jackson, *Thirty Letters on Various Subjects*, Vol. 1, London, 1784^2, rpt. New York, 1970, pp. 6, 12ff.

(29) R. Hey, *Three Dissertations on the Pernicious Effects of Gaming, on Duelling and on Suicide*, Cambridge, 1812, pp. 83-176. ここでは *ibid.*, p. 174 からの引用。また、一八、一九世紀のイギリスの決闘議論の詳細に関しては、Andrew, Code, esp. pp. 416ff. も参照せよ。

(30) E. Chambers, *Cyclopaedia or, an universal Dictionary of Arts and Sciences*, Vol. 2, London, 1788 の「決闘《デューエル》」の項。一七五五から一八九二年のイギリスの諸事典を閲覧するに際して、ウルリケ・シュプレーとヴィリバルト・シュタインメッツに援助を受けた。ここで謝意を表する。

(31) B. Mandeville, *Die Bienenfabel* (1714), Berlin 1957, S. 194ff. ここでは ebd., S. 195 からの引用。

(32) G. F. Meier, *Gedancken von der Ehre*, Halle 1746, S. 225, 313.

(33) J. H. G. v. Justi, *Deutsche Memoires, oder Sammlung verschiedener Anmerkungen*, T. 1, Wien 1750^2, S. 81.

(34) Über die Ehre, in: *Monatsschrift von und für Mecklenburg*, 2, 1789, Sp. 656-666. ここでは ebd., Sp. 663 からの引用。

(35) *Über Injurien, Hausrecht, Nothwehr und Duelle, nach Preußischem Rechte*, Berlin 1827, S. 173.

(36) Besonderheiten des sogenannten militärischen Points d'Honneur, in: *Journal von und für Deutschland*, 8, 1791, S. 155-157.

(37) J. C. Schmid, *Über die Duelle*, Landshut 1802, S. 3, 28.

(38) メヴィッセンは，市民的名誉を「国民の一般的名誉」として，市民社会の法と道徳とに調和させることにより定義を試みた。E. Bleich (Hg.), *Der Erste Vereinigte Landtag in Berlin 1847*, T. 2, Berlin 1847, S. 202.

(39) C. Welcker, Art. ›Infamie‹, ›Ehre‹, ›Ehrenstrafen‹, in: C. v. Rotteck u. ders. (Hg.), *Das Staats-Lexikon*, Bd. 7, Altona 1847, S. 377-404. ここでは ebd., S. 390 からの引用。

(40) H. Wagener (Hg.), *Staats- und Gesellschafts-Lexikon*, Bd. 23, Berlin 1867 の「決闘《ツヴァイカムプ》」の項（S. 199f.）。ここでは ebd., S. 200 からの引用。

(41) *Chamber's Encyclopaedia*, Vol. 3, London, 1860 の「決闘」の項（p. 692）。*The Encyclopaedia Britannica*, Vol. 7, Edinburgh, 1877, pp. 511-515.

(42) J. McCarthy, *A Short History of Our Own Time* (1884). ここでは J. R. Reed, *Victorian Conventions*, Athens, 1976, p. 146 からの引用。

(43) H. v. Treitschke, *Deutsche Geschichte im Neunzehnten Jahrhundert*, Bd. 5, Leipzig 1894, 1914[6], S. 480.

(44) *The British Code of Duel*, London, 1824, p. 74.

(45) この点に関しては，E. P. Thompson, Die englische Gesellschaft im 18. Jahrhundert: Klassenkampf ohne Klasse?, in: ders., *Plebejische Kultur und moralische Ökonomie*, Frankfurt 1980, S. 247-289, v. a. S. 259f.; L. Stone/J. C. Fawtier Stone, *An Open Elite? England 1540-1880*, Oxford, 1986, esp. pp. 164ff., 277ff.; Perkin, *Origins*, esp. pp. 271ff. を参照。また，本シリーズ第一巻および第二巻に収録のE・J・ホブズボームとW・モッセの論稿を参照せよ。イギリス・ジェントルマンに関する参考文献については，P. Mason, *The English Gentleman. The Rise and Fall of an Ideal*, London, 1982; D. Castronovo, *The English Gentleman. Images and Ideals in Literature and Society*, New York, 1987 を参照。

(46) S. Stanton, *The Principles of Duelling*, London, 1790. ここでは Atkinson, *Pistols*, p. 24 からの引用。

(47) J. P. Gilchrist, *A Brief Display of the Origin and History of Ordeals; Trials by Battle; Courts of Chivalry or Honour; and the Decision of Private Quarrels by Single Combat: also, a chronological Register of the Principal Duels fought from the Accession of his Late Majesty to the Present Time*, London, 1821, pp. 68-76 からの引用。

(48) Stanton, *Principales*. ここでは Atkinson, *Pistols*, p. 23; *British Code*, p. 23 からの引用。

(49) Gilchrist, *Brief Display*, pp. 172ff., 320f.

(50) Andrew, Code, p. 433 からの引用。

(51) *The Edinburgh Encyclopaedia*, Vol. 8, Edinburgh, 1830, p. 181.

(52) F. Harris, *Oscar Wilde. His Life and Confessions*, Vol. 1, New York, 1918, esp. p. 186ff. ワイルドに関してはガブリエル・モツキンによる教示に謝意を表する。

(53) Why not revive duelling?, in: *Evening News and Post*, 11. 8. 1891. ここでは C. A. Thimm, *A Complete Bibliography of Fencing and Duelling* (1896), rpt. New York, 1968, pp. 471f. からの引用。またフェンシングは，一九世紀の終わりごろイギリスで再び盛んになった。*Ibid.*, pp. 444ff., 465, 513ff.

(54) Thimm, *Bibliography*, pp. 457f., 479f. を参照。

(55) *Ibid*., p. 467 からの引用。

(56) 同時代人のみがこうした困難な言明を試みたのではない。後世の歴史家たちも、この点についてやはり言明の必要性を認めた際、暗闇に陥ることになった。O. F. Christie, *The Transition from Aristocracy 1832-1867*, London, 1927, esp. pp. 22ff., 130ff. によると、W・L・バーン (Burn, *The Age of Equipoise. A Study of the mid-Victorian Generation*, London, 1964) が、ジェントルマンの理念の変化に注目し、決闘に重要な役割を認めた最初の一人である。「決闘がイギリス・ジェントルマンの義務でなくなったとき、ジェントルマンを形づくる思想は変化した (p. 259)」と彼は言っている。しかしながら「数世紀にもわたってジェントルマンの特徴を示していた習慣が、なぜこれほど突然にその役割を終えたのか (p. 258)」についての理由を、彼は示していない。また、V. G. Kiernan, *The Duel in European History. Honour and the Reign of Aristocracy*, Oxford, 1988, pp. 221f. も、この点について説得的な説明を行っていない。彼は「金銭的な賠償 (pp. 131, 199)」をその理由として指摘しているが、それではジェントルマンの非物質的な価値観と矛盾を生じる。Perkin, *Origins* は、決闘を含むジェントルマンの貴族的な理念は、「企業的な理念」によって置き換えられ、こうした理念に「資本家中産階級《カピタリスト・ミドル・クラス》」の現実社会におけるヘゲモニーが映し出されていた、とする説を唱えている (pp. 271-288)。同じような議論を Andrew, Code も行っている。私見によればこの二人は、たとえば Stone/Fawtier Stone, *Open Elite* も指摘しているように、中産階級の規定力をもった一部は、貴族的な文化への適合を進んで行ったのであり、「企業家たち」は、一九世紀も終わりになってようやく社会的な影響力を獲得した、といった点を見落としている。

(57) T. Martin, *The Life of His Royal Highness The Prince Consort*, Vol. 1, London, 1880^{7}, pp. 169-172; *Hansard's Parliamentary Debates*, 3rd series, Vol. 73, London, 1844, § 811ff.

(58) Moritz, Reisen, S. 39, 50.

(59) C. G. Küttner, *Beyträge zur Kenntniß vorzüglich des Innern von England undseiner Einwohner*, St. 2, Leipzig 1792, S. 100; St. 5, Leipzig 1793, S. 68.

(60) この点およびこれ以下については、G. Harries-Jenkins, *The Army in Victorian Society*, London, 1977, esp. pp. 11ff., 55ff.; E. M. Spiers, *The Army and Society 1815-1914*, London, 1980, esp. pp. 1ff.; *Parliamentary Debates*, Bd. 73, esp. § 803ff., 824f.

(61) 学生の生活世界を題材とした一八、一九世紀のイギリスの小説において、決闘がどのように描かれているかを一般的に考察したものがある。たとえば、J. G. Lockhart, *Reginald Dalton. A Story of English University Life* (1823), Edinburgh, 1846, esp. pp. 331ff. また、この点に関しては M. R. Proctor, *The English University Novel* (1957), rpt. New York, 1977, esp. pp. 1, 37, 62f., 73 も参照。

(62) この点については、V. A. Huber, *Die englischen Universitäten*, Kassel 1840, ND Aalen 1969, Bd. 2, S. 444ff. が、示唆に富む比較考察を行っている。

(63) 特に、Stone/Fawtier Stone, *Open Elite*, p. 282, et passim; E. J. Hobsbawm, *Industry and Empire*, Harmondsworth 1969, pp. 80ff. の見解。

(64) B. Simon, *The Two Nations and the Educational Structure 1780 to 1870*, London, 1974, p. 312 からの引用。また、G.

Best, *Mid-Victorian Britain, 1851 to 1875*, New York, 1972, esp. pp. 162ff., 245ff. も参照。

(65) B. Simon, Introduction, in : he and I. Bradley (eds.), *The Victorian Public School*, Dublin, 1975, p. 4 からの引用。これ以下の点に関しては、T. W. Bamford, *Rise of the Public Schools*, London 1967, esp. pp. 59ff. ; E. C. Mack, *Public Schools and British Opinion since 1860* (1941), New York, 1973, passim ; Simon/Bradley, *Public School* 収録の諸論稿を参照。

(66) このようなスポーツと決闘の基本的な相違については、H. Schöffler, *England das Land des Sports*, Leipzig 1935 が概観している。同書が提示しているのは、一八世紀イギリスではボクシングが決闘に取って代ったとする説である。このような誤った解釈は、それでもかなりの影響力をもち、スポーツ史に関する最近の研究の多くもこれを採用している。この点について私は、クリスティアーネ・アイゼンベルクの教示に負っている。イギリスのパブリック・スクールにおけるスポーツ奨励については、とりわけ J. A. Mangan, *Athleticism in the Victorian and Edwardian Public School. The Emergence and Consolidation of an Educational Ideology*, Cambridge, 1981 を参照せよ。

(67) ゲーテ、小宮豊隆訳『ヴィルヘルム・マイステルの徒弟時代』中、岩波書店、一九六九年、一四三ページ。

(68) A. Wagner, Meine Duellangelegenheit mit dem Freiherrn von Stumm, in : *Die Zukunft*, 10, 1895, S. 408-427, v. a. S. 422.

(69) R. Scheu, Duell und kein Ende, in : *Die Fackel*, Nr. 196, 1906, S. 5-12. 皮肉を込めた言い方になるが、この著者は以下のように決闘の「個人主義的な理念」をきわめて正確に把握している。「債務者の弁済なのではなく、自身に付属する重要性が中心的な考え方としてある。したがってそれはまさに特権なのであり、すなわち権利であって義務ではない」と。

(70) トーマス・マン、関泰祐・望月市恵訳『魔の山』下、岩波書店、一九八八年、六二〇ページ。

(71) H. E. Dwight, *Travels in the North of Germany in the Years 1825 and 1826*, New York, 1829, p. 49.

(72) W. Howitt, *Life in Germany, or Scenes, Impressions, and Every-day Life of the Germans*, London, 1849, pp. V-X.

(73) Dwight, *Travels*, p. 51. この点に関しては、Keil, *Geschichte*, passim ; K. H. Jarausch, *Deutsche Studenten 1800- 1970*, Frankfurt 1984, v. a. S. 38f., 48ff., 59ff. ; W. Hardtwig, Studentische Mentalität — Politische Jugendbewegung — Nationalismus. Die Anfänge der deutschen Burschenschaft, in : *Historische Zeitschrift*, 242, 1986, S. 581-628, v. a. S. 591ff. も参照。

(74) G. Pusch, *Über Couleur und Mensur*, Berlin 1887, S. 11, 25.

(75) Wagner, Duellangelegenheit, S. 424 ; F. Paulsen, *Die deutschen Universitäten und das Universitätsstudium*, Berlin 1902, S. 485.

(76) そのような統計はいまだ存在しないが、注(1)で指摘した研究の一部がそれを示すことになろう。しかしながらそうした研究も、不明な数値が多いことから不完全なものにとどまらざるを得ないであろう。犯罪統計に記録されている決闘の——比較的わずかな——数値は、実際の生じた決闘事件のほんの一部を把握しているにすぎない。

(77) *Stenographische Berichte über die Verhandlungen des Preußischen Abgeordnetenhauses*, Bd. 3, Berlin 1865, v. a. S. 2250ff.

(78) A. Kohut, *Das Buch berühmter Duelle*, Berlin 1888, S. 101, 104 からの引用。

(79) H. Gräff u. a., *Ergänzungen und Erläuterungen des Preußischen Criminal-Rechts durch Gesetzgebung und Wissenschaft*, 1. Abt., Breslau 1842, S. 513f.

(80) Hauptstaatsarchiv München, Staatsrat Nr. 597 u. 2450 : Protokolle und Beigaben der Staatsratssitzung v. 24. 11. 1826.

(81) Geheimes Staatsarchiv Berlin-Dahlem, Rep. 84a, Nr. 8037 : Äußerung des Kriegsministers v. Falkenhayn v. 22. 4. 1914.

(82) K. Demeter, *Das deutsche Offizierkorps in Gesellschaft und Staat 1650-1945*, Frankfurt 1965[4], S. 290 からの引用。決闘はプロイセンの独占物ではなく、バイエルンの軍隊においても広く愛好されていたことを H. Rumschöttel, *Das bayerische Offizierkorps 1866-1914*, Berlin 1973, v. a. S. 145ff. は明らかにしている。

(83) Wagener, Bd. 23, 1867, S. 200.

(84) この点については、*Parliamentary Debates*, Vol. 73, § 833ff., 1018 ; Demeter, S. 302f. ; *The Tourth Report of the Association for the Discouragement of Duelling*, London, 1850 を参照。

(85) R.P. Ericksen, Kontinuitäten konservativer Geschichtsschreibung am Seminar für Mittlere und Neuere Geschichte, in : H. Becker u. a. (Hg.), *Die Universität Göttingen unter dem Nationalsozialismus*, München 1987, S. 219-245. ここでの引用は、ebd., S. 299 から。

第五章　世俗化・市民層・知識層
——フランス・ドイツ比較——

ガブリエル・モーツキン
（一九四五年生
イェルサレム大学講師）

一　問題の所在

一九世紀ヨーロッパにおける市民層は、全社会の根本的な変革過程を経験したが、この過程は通例、世俗化、工業化、民主化という三つの概念によって特徴づけられる。市民層の歴史に対する社会史的研究は、これまで、世俗化の過程をいささかなおざりにしてきた(1)。市民文化に対してそれがもつ意味を私は、世俗主義国家のなかに生きるフランスの敬虔な市民と、プロテスタントが優勢なプロイセン・ドイツ国家内のカトリック市民との比較によって追究したい。その際私の主眼は、信仰心の深い少数派とその時々の世俗の政治社会的環境との相互作用に向けることになるだろう。その場合、社会の教会主義あるいは世俗主義の程度を決定する過程に深く関わる教育・文化領域の諸制度を特に注目したい(2)。

カトリックがフランスにおいては多数派で、プロイセン・ドイツにおいては少数派であるため、独仏の対比は一見したところ、不適切な選択と思うひともいるかもしれない。それに対しては、これらの国の社会で敬虔な人びとの占める人口比が、それほど違っていないことを論拠に反論できる。両国における活動的なカトリック教徒は、自分たちが少数派であるといっそう感じるようになっていた。両者の主たる相違はむろん、多数派が特に一八七〇年以降、一方ではプロテスタントであり、他方では純然たる世俗主義・反教会主義的方向をとっているようにみえる点にある。そのため親教会派のグループは、少数派としての自分たちの立場を明確に自覚する必要があった。後述するように、ここに少数派の世界観と多数派の文化規範が出会う、敬虔な知識層に特有の問題がある。

フランスとプロイセンとの間には多くの類似点がある。両国は一七、一八世紀の絶対主義体制に起源をおく中央集権的で官僚主義的な伝統をもっている。絶対主義の遺産をもつ社会が、自由主義的・民主主義的な世俗化した市民社会を発展させるために対抗文化を形成せざるをえないこと、このことがこの論文の主要テーマである。強固で中央集権的な官僚機構をもつ社会は、国家の絶大な権力に抵抗するのに、そのままでは市民の個人主義があまりに弱いがゆえに、このように明確な世界観的対極化を必要とした。したがって、世俗化を軌道に乗せるために国家権力を一度破壊するか、あるいは少なくとも同等に強い対抗権力を構築しなくてはならないのである。フランスでもプロイセンでも、世俗化の貫徹のためには、反教会主義的社会思想と伝統的社会思想との公然たる対決局面が必要であった。フランスではこのような論争が一七八九年に起き、一九世紀を通じて続いたが、プロイセンでは起きなかった。一八七〇年代の文化闘争もこの遅れを実際取り戻せなかった。それというのも、多数派文化がプロテスタント的なのか世俗的なのかはっきりしなかったのである。この不明瞭な状況は、カトリック少数派の態度の結果であった。彼らはなるほど世俗的国家・社会の秩序との暫定的な和平をしぶしぶ結んだが、他の宗派の社会・文化的優位は認めえなかったのである。

このような不明瞭さの原因は、プロテスタントとカトリックの双方の固有な構造のなかに基礎をもつ、独仏社会間で異なる世俗化構想にある。あらゆる世俗化傾向は特殊な宗教的脈絡において生じ、そこから改革エネルギーと文化的意味の大部分を汲み出すのである。プロテスタント社会においては世俗化は、宗教的な文化から世俗的文化への意味転移として理解されることが多い。その場合新しい文化秩序は、宗教的目的を失ったときでさえ、その宗教的起源を否定することはない。新しい秩序は、宗教に刻印されたかつての秩序の特別な合成として理解される。それゆえ、そのような世俗化構想を擁護する近代社会は、聖と俗との統合を目指すのである。それとは逆に、カトリック社会は教会と国家との間の伝統的闘争を背景として、宗教と世俗の関係を文化的というよりむしろ政治的問題として把握する。ここでは、世俗化は宗教的文化に対抗して反教権的・世俗的文化が発生することを意味し、その文化の使命は宗教的遺産の破棄にあるとみなされたのである。

一九世紀のカトリック国家におけるたいてい反教権的である自由主義は、災いに満ちた宗教の影響より社会を解放するという考えから自己エネルギーの重要な部分を得ていた。教会的権威からの解放が、国家と個人との関係に関する他の問題よりも重要であるように自由主義には思われたのだ。これらの国の自由主義者が、個人の諸権利を有効に働かせるために、逆説的にも国家権力を教会組織の抑圧にしばしば差し向けようとしたことは、以上のことから説明できる。[3] これとはまったく対照的に、プロテスタント的・非宗派的背景をもった一九世紀のイギリス自由主義者は、むしろ社会的・経済的発展に関心をもっていた。一方、プロテスタントのドイツ自由主義者は、国家との難しい関係に取り組んでいたのである。

市民層は、すべてのヨーロッパ諸国において社会的・政治的構造の自由主義化に対する賛否を問われていた。自由主義の指導者が非市民層出身であったことも多かったが、一九世紀における政治に関心をもつ公衆は、全体としては市民的中間層から構成されていた。基本的な市民的利害の達成が問題であったところで、自由主義運動と市民層との結びつきが特に密接であったことは明白である。だが、このような結合は、当初市民的なものとしてみなされていなかった課題に対しても示された。そのため、市民層は将来の社会の性格を世俗的か教会的かいずれに決定するかという問題にさいして、中心的な役割をも果たしていたのである。別言すれば一九世紀の世俗化した文化は市民的徴候のもとで発展したのである。

独仏両国における世俗化がなぜこのように異なる仕方で生じたかについては、以下に述べる。第一に、世俗化した文化がいかにして市民文化になりえたかを示さなければならない。第二に市民層に対するその帰結を明らかにし、第三に世俗的であると同時に市民的な文化に対する教会の反応について説明を加えることになろう。市民の願望が社会と文化の脱教会化にあったに違いないことは、教会支持者も教会敵対者もこの関係を繰り返し強調したにもかかわらず、それ自体としては自明のことではない。反教権主義者が、世俗化を自由の擁護にとって綱領的な前提としたとき、敬虔なる人びとは世俗化と同時に自由主義的諸原理をも拒絶した。戦線状況が明確になれば、全市民層が反教権的立場をとったに違いない。だが、市民のすべてが教会と宗教を拒否したわけではなかったので、[4] 宗教と市民的価値を相互に和解させた戦略を究明しなくてはならない。

ヨーロッパ大陸の諸国においては、市民層が世俗的な文化を受け入れたか否かが、自由主義の勝利ないし敗北に明白な意味をもっていた。しかし、自由主義的秩序の安定度は、教会と宗教が世俗社会のなかにいかに組み込まれることができたかにかかっていた。

二　フランスの教会・学校・市民

市民層は本来、世俗化した文化の揺りかごのなかにのみいたわけではなかった。一八世紀の半ばまで、市民層はしばしば教会支持層であった。そのことをのちの理論家が、市民の宗教性と経済的成功との関連という思想へと帰結させたのである。[5]

世俗化した文化は当初はアウトサイダー的現象であった。スピノザは、教会との結びつきのない人生を行いえた最初の人物のひとりである。だが、一七世紀のかなり進歩的であったオランダにおいてさえ、オランダ元国務長官ヤンデ・デ・ヴィットのような指導的政治家の保護を彼は必要とした。フランスにおいては、一八世紀に全社会を包括する世俗文化の理念が流布した。多くの啓蒙主義者が教会を人間の「向上」に対する主たる障害と考え、その権力の根絶を要求したためである。(6)この新しい世俗的方向を最初に擁護したのは、この文化に反対派的性格を与えたパリの啓蒙主義サロンに参加した人びとであった。民主主義的な社会に対する彼らの政治的見方はさまざまであったが、多数派文化に対する反抗で一致した。また、ある程度においては政府の文化政策に抗して、とりわけ伝統的な教会正統主義に抗してまとまったのである。彼らの社会構想においては宗教は社会的ながらくたとしてその存在余地を与えられなかった。(7)

ドイツ諸大邦を含む他のヨーロッパ諸国においてはフランスとは状況が異なる。ここでは啓蒙主義は「上からの改革」として理解された。文化の世俗化促進は、教会に対する支配の達成という明白な国家的利害と並行して現れることもめずらしくなかった。それどころか、バイエルンやスペインのようなかつての戦闘的な反宗教改革国家においては、国家行政の啓蒙主義者がカトリックの司祭を世俗の教育制度の担当者として任命することを試みた。彼らのほかに任命すべき者がなかったためである。これに並行して、特にドイツにおけるカトリック系大学では合理主義的な神学が教えられたが、その神学は学校制度の全般的改善を神学エリートに義務づけるのにふさわしいものであった。

フランス国家は、一八世紀の啓蒙絶対主義国家とは対照的に「上からの」文化改革を推進する能力がないことを証明した。それゆえ改革派の知識人は、自分たちの社会・教育計画に関する書籍や雑誌、パンフレットを売り込むために広範な読者層に期待した。この読者層は市民たちであり、一八世紀フランスにおいては、一九世紀半ばまでのドイツにおけるよりはるかに数が多かった。フランス読書界は一八世紀前半においてはまだ宗教・教化的な書物の愛好にひたっていたが、この傾向は特に一七六〇年以降世俗的書物のために明らかに後退していた。(8)したがって革命前に市民文化はすでに広く世俗化していたのである。この状況はフランス革命の直接的な原因ではないだろうが、革命の中期間の成功は大きな反教会的公衆の存在に結びついている。それと同時に、教会は、革命とともに市民的・反教権的文化も拒否することを一七八九年の直後にすでに公言していた。(9)

しかし長期的な視点でみれば、フランス教会の運命を決定づけることに革命は成功しなかった。教会は所有地を没収され、一八〇一年の政教条約により司教や司祭は国家公務員としての地位を与えられたが、革命家の観点からすると、教会制度は驚くべき持続性を示したのである。だが、教会が文化におけるかつての権力を回復することは不可能であった。フランスにおける革命後の諸政府すべてがまったく世俗的な教育制度の促進に義務を負っていた。一九世紀の終わりにフランスでは二種類のエリートが並存した。すなわち聖俗両エリートであり、彼らは社会のなかで別々の支持者を得ようと努力していた。一七八九年以降の二〇～三〇年にさしあたっては、市民層の政治的支配と世俗化した文化が結合したかのように思われた。一八三〇年にオルレアン家が権力の座についたとき、自由主義的な政治・経済計画が追求され、また手始めに教育・教会問題において明白な反教会的政策がとられた。それと並行してブルボン家の復古主義的な支持者が厳格な親教会的立場をとり、宗教と反動とはかたいきずなで結ばれているようであった。[10]

このような同盟は本来、世俗的文化に対する自由主義的市民の責務を強めるべきであった。だがそれとは違って、一九世紀の流れのなかで世俗主義・反教権主義に対する市民の支持は弱まっていった。そして教会と政治・社会的反動との盟約も破れないものではなかった。この両者の発展の間には因果関係がないと考えられるかもしれない。フランス市民が教会の側についた事柄に関する限り、その大部分が労働者階級による自由主義システムの濫用に対する恐れからそうしたのであった。他方、教会側も労働者階級に手を伸ばし、これと手を結ぶために自由主義システムを活用しようと考え、そのために一八八〇年代以降、潜在的な支持層の政治的信条に対して一時的に寛容になった。別言すれば、近代の政治システムに対する教会の寛容な姿勢はたしかに一部のフランス市民層の再カトリシズム化に従ったものであるが、このような態度の変容の動機は教会の市民的支持層に顔をむけることにのみ起因したのではないのである。[11]

教会が市民層に対する敵対を一世紀にわたり保持したならば、市民にとって自分たちの立場と利害を教会内において定着させることはきわめて困難であったであろう。市民と教会当局との和解のみを目的にしえた開明的な自由主義的カトリシズムを、カリスマ性をもったフェリシテ・デ・ラムネー〔フランスの宗教哲学者、評論家、司祭〕の周囲に形成された親教会派知識層の小グループはすでに一八二〇年代に支持していた。[12]ラムネー自身が一八三四年に教皇によって自分の行動にセンセーショナルな破門を下されて以後、反教権的な社会主義者に転向している。だが、彼の支持者たちは彼に従わず、自由主義的であると同時に教皇の権威を堅持するカトリシズムのために教会内において活動を続けた。

教皇至上主義と自由主義との統合への努力は、当然のように内的矛盾に苦しみ、教皇が再三自由主義の重大な敵として際立つにつれて、いっそう難航した。だが、ほどなく市民層と宗教とを部分的に和解させる理念的基礎がもたらされた。それは一八三〇年のベルギー革命期の直接の結果であった。ベルギー国民国家はその存在を自由主義とカトリックとの同盟関係に負っていた。その同盟は、カトリックがラムネーの支持者を指すラムネー主義（Mennaismus）を奉ずることを公言したために成立したのである。[13]

むろん長期的にはベルギー社会が親教会派と反教会派の和解に向けた方向に進展することはなかった。むしろその逆に、両陣営は一八四〇年代から八〇年代まで長期に激しく闘い、ついには教会派の勝利に終わった。ベルギーにおいてオランダやスイスにおけるような「分節化した」社会が成立した。そこでは敬虔なカトリック教徒は、政治的・社会的・文化的あるいは教育に関する活動に対してのみ信念を共通にした。さまざまな「分集団」の指導的人物だけが、懸案の分配問題を解決するために相互に接触をもったのである。[14]

フランスにおいても市民層のタテ方向への同じような分節化と分派化の傾向がみられたが、ここでの「分集団」は相互に閉鎖的にはならなかった。そのことは一部はフランス知識人層におけるラムネー的伝統の影響に帰することもできよう。自由主義的カトリシズムが遅くとも一八五〇年代に正統派教皇至上主義の優位を許したとき、自由主義的カトリック教徒はフランスの教育制度の革新に決定的な役割を果たしていた。「ファルー法」(二月革命後のバロー内閣の文相ファルーが立案した教育改革法)は一八五〇年に私立中等学校の国家的認知に可能性を開いた。それによって教会が経営した非国立学校が、教育市場における最高のチャンスを得たことがすぐ判明した。[15]

教会の支持者も敵対者も、教育制度の支配が世俗化をめぐる文化闘争において決定的な意味をもつことを意識していた。絶対主義に由来する中央集権的・官僚主義的伝統を有すフランスでは、教育水準や教育目標の制定を国家の特権とみなしていた。国家が確定した統一規準を満たすことを教会立学校も強制された。その学校も、国家に認知された教育資格を経済的理由から重視する親たちの子弟を失いたくなかった。[16]

教会立学校がいかなる路線をとるべきかは、当初はその学校長たちにも明瞭ではなかった。一方で、国家行政が不動の大学入学資格校に指定した古典人文主義系および近代語系教育機関に抗し、教皇至上主義はおおげさに攻撃を開始した。文化ヘゲモニーをめぐる闘いにおいて、フランス革命は古典古代の理念と教育モデルをもって教会に対抗した。それゆえ国家当局によるこのような教育内容の神聖不可侵宣言は、中等学校を通じて未来の市民を教会から疎遠にするための陰険な手段であるように教会には思われたのである。そのため、一八五〇年の法令の結果成立した最初のカトリック学校は、「完全プログラム」に関心をもつ経済市民層や自由業市民層ではなく、経済分野における上昇のための中間教育資格をめざす小市民層を獲得しようとした。[17]

だが一八五〇年から八〇年の間に、カトリック学校も自由業層や富裕な経済市民層が求める卒業資格に対応していくようになった。カトリック学校は国立学校と同等の教育を提供することによってそれを達成しようとした。しかし、それにはまだいくつかの問題があった。すなわち、カトリック系の教師は「知識教育 (instruction)」と「人格教育 (éducation)」とを区別していたが、そのため彼らは自分たちの学校が認識に関する能力を与えるのと並行して、道徳的な教育をも提供しうると考えていた。彼らの信条によれば、社会的機能の今後の適度な実現はそのような人倫・倫理的な教育にかかっているのである。[18] 世俗主義者もまた市民社会における道徳教育の価値を信じていたが、そのことによって市民の教育市場では不利な立場にあった。彼らは、一八八〇年代初頭に全中等学校生徒の半数を教えるまでになったカトリック系学校における生徒数の恒常的な伸びに脅威を感じつつ注視していた[19]。

反教権派教育学者は、自然科学の時間数加増を要求するのに、一八七〇年のフランス敗戦を多少の安堵をもって利用することができた。カトリック系学校は、当初二、三の理由からこのような自然科学の評価引き上げに反対していた。すなわち第一に、カトリック系学校はかつて古典人文主義的規準を忌まわしい世俗化として放棄したように、いまや世俗化と新しい自然科学とを同一視した。第二に、カトリック系学校は自然科学の有資格教員の不足を意識しており、世俗教員の新たな雇用を必要とした専門教育にかかる負担コストの増大を恐れていた。もっとも重要な第三の理由は、カトリック系学校が、今後も引き続き古典人文主義的カリキュラムを社会的上昇のパスポートとみなす学校の後援勢力の圧力に譲歩したことである。貴族・弁護士・医師、それどころか多くの企業家までがこのような教育内容の積極的な評価を確信しており、教会系学校はたいていこのような市民の顧客層を放棄したくはなかったのである。

フランスには本当の意味での大学が存在しないため、中等学校がきわめて重要な意味をもっていた。ナポレオンはきわめて選抜性の高いグラン・ゼコールを設置し、入学試験によって選ばれた少数のエリート学生をそこで教育させた。これの基盤として、彼は教育水準の完成を主たる任務とした「フランス大学」をも設置した。文字通りの意味での大学生は一九世紀フランスにはいなかった。さまざまな学術教育コースは入念にそれぞれの領域を守られており、教授たちは大半がすでに年配となった聴衆に普遍的関心のテーマに関する講義を行っていた。

このような大学の相対的な価値喪失とグラン・ゼコールの排他性から、フランス市民層の子弟たちは中等学校とそこで得られる資格に吸い寄せられた。したがって国立学校ではなく、カトリック系学校へ子弟を送るという決断は最も重要な決断であった。この決断は、親が教会系学校の方が良いと考えていたか、あるいは親が宗教的きずなと市民的自己意識とになんら矛盾を感じなかったか、いずれかであったことを意味した[20]。いずれにせよ親たちは子弟を宗教的であると同時に市民的であることを承認する傾向にあった。カトリック教会が明確に市民と自らを関連づけていたわけではないが、静かな革命の発端がそこにあった。二〇世紀に成立した都市型カトリシズムは市民層から支持者をますます得るようになったというかぎりでは市民的現象であった。労働者階級はカトリック教会を見捨て、貴族は教会生活においてますます重要な役割を果たさなくなった。

三　プロイセンのプロテスタンティズム・世俗化・大学

ドイツでは本来的に世俗化した文化が存在しなかった。なるほど三月前期における一般的な国家批判の一部として反教権主義的見方が知られていたが、それは政府に敵対する行動の共通基盤ではなかった[21]。フランスにおけると同様にドイツにおいても、シュトラウス、フォイエルバハ、ヘーゲル左派のような知識層が一八四八年以前に反教権主義的な立場をとっていた。だが、フランス啓蒙主義者とは逆に、広い公共性を目覚めさせ支持層を集めることに彼らは成功しなかった。一八四八年以降、反教権勢力は特に社会主義者と実証主義に結びついた自然科学者という二つの集団に具現化した。分裂したドイツにおける知識層の議論は、フランスのように中心地に集中化できなかったので、反教権主義は他の社会集団に伝わらなかった。社会民主主義者やたいていの場合非政治的な自然科学者であったその代表的人物たちは、フランスの知識層や一部の市民層がなしえたような理念的・政治的連合関係に入ることすらできなかった。

カトリックの問題に取り組む前に、「小ドイツ主義的な」プロテスタンティズムの世俗化問題との関係の特徴をみておくことが適切である。一九世紀最後の三分の一においてプロテスタント的かつ世俗的な環境と文化とに対立するものと自己認識していたカトリックにたいし、この分岐こそが大きな困難をもたらしたものである。

一九世紀ドイツにおけるプロテスタントの文化的優位は持続的に強まり、カトリック諸侯が多数派であった旧帝国とは逆に、ライン同盟さらにドイツ連邦はプロテスタント系主権者が多数派を示していた。カトリック側にとっての大きな権力喪失は、教会領の「世俗化」すなわち廃止を決定した一八〇三年の帝国代表者会議決議によってもたらされた。ビスマルク時代のドイツにおいてはバイエルンが、カトリックが多数派を占める唯一の有力な国家であった。

ナポレオンによる教会領の解消によって、プロテスタント諸侯のみならず、プロテスタント文化全体が利益を得た。教会財産に依存したカトリック系大学は一八〇三年以降衰退し、たいてい閉学を余儀なくされた。[22] よくいわれるカトリック教徒の教育における不足は、大学システムにおけるプロテスタント優位に起因しているのである。

ドイツ・プロテスタントが、ドイツ文化はプロテスタント的でなければならぬという彼らにとって好都合な要求を掲げることができたのは、一九世紀においてだけである。むろん一八六七年以前では、まだこの要求は不安定な基礎の上に立っていた。カトリックの強国オーストリア（きわめて重要なドイツ国家であった）の強力な存在は、一八〇三年のカトリックの権力喪失を補うものであった。ビスマルクがオーストリアを政治的にドイツから追い出したとき、これまでの王座におけるプロテスタントの多数派も住民におけるプロテスタントの多数派へと変貌した。だが一八七〇年の国家統一にいたるまで、ドイツ・カトリックはまだ少数派とはなっていなかった。とはいえプロイセンにおいては、彼らは少数派としての地位にあり、一八三〇年代におけるプロイセン国家とカトリック教会との緊張関係は、一八七〇年代の文化闘争に至るまで続いた。

一九〇〇年頃プロテスタントは、政治的・文化的上昇が続いた世紀を回顧することができた。彼らはこのような進展を彼らの宗派がもつ本質的優越に帰する傾向があったが、その際とりわけ一六世紀以来、自分たちの競争相手・比較対象として用いてきたカトリックとは異なる態度をとったのである。[23] カトリックとは違って、ドイツ・プロテスタントは聖俗両権力の二元主義を知らなかった。ただ二、三の独立派的改革派信仰グループが国家の権威から遠ざかることを試みたが、このような宗派は、イギリスにおいてはプロテスタント的ドイツにおけるよりも非常に数が多かった。このような宗派は国家の権力要求にカトリック教会ほど対抗することができなかったので、これらが生き残ることは国家が相対的に弱体化するか、あるいは信仰の問題に関して寛容になるかどうかにかかっていた。

一八世紀において、プロイセンは自由主義的なヨーロッパ国家に属していた。この国が示した寛容が国家権力を制限するという欲求からではなく、プロテスタント系離郷者の入植を促進することによって、国家経済を強める努力から発していたとしてもである。ドイツにおけるプロテスタンティズムは、それ自体としては世俗化過程を直接の源泉としていなかった。それにもかかわらず、プロテスタント・プロイセンは、啓蒙主義のフランスと同じ問題に直面していたと思われる。すなわち、社会的秩序の安定性を損なうことなしに、新しい科学的認識をいかに文化的に統合しうるかという問題である。カトリック・フランスでは宗教が科学的進歩の主たる障害とみなされたが、プロテスタンティズムはこの進歩については見解は分裂していた。中心的な権威が欠けていたため、世俗化をめぐる論争はプロテスタント内部において生じ、国家と社会との対決のなかではなかった。[24] 世俗化論争が教会内部における近代神学と正統神学との論争として闘われえたのは、三つの要因に基づいていた。すなわち、プロテスタント信仰の構造、国家の文化政策、プロイセン教育システムの特性である。

プロテスタンティズムは二元論的に構成されていない。すなわち、カトリシズムのように聖と俗の領域が明確に区別されていなかった。そのためプロテスタントは世俗的知識の拡大に対しても別の反応をした。カトリックはたしかに理念的には柔軟性に欠けていたが、この新しい知識を彼らの思考体系の特別な引き出しに単純に押し込むことができた。それに対してプロテスタントはこの新しい体系に全体として身をさらさねばならなかった。むろんその際、プロテスタントの神学的信条の適応能力が助けになった。そのためプロテスタントにとって世俗化は、世俗的世界観への神学の転換と世俗知識の神学への編入を意味した。ドイツ観念論は、キリスト教的救済信仰の部分を一九世紀の新しい思潮に転用することによって最初の方の課題に貢献した。[25] その一方で、自由主義プロテスタント神学者は絶えずその信仰思想を最新の科学的認識状況に適応させようと努め、その結果、まごうことなき宗教的アイデンティティというプロテスタントとしての意識を内部から弱体化させた。

プロイセン国家は、ヨーロッパのすべての中央集権的・官僚主義的諸国家と同様、啓蒙主義的「プロジェクト」に積極的に関与した。いかなる研究を促進すべきか、それをどこで行うか、教育制度の戦略上重要な地位にいかなる信条をもったいかなる学者を配置すべきか、これらを国家が決定した。大学政策の策定において、国家は多くの外的干渉に抵抗した。大学内部ではとりわけ神学部が国家の計画に反対した(26)。それに対し国家官僚政治は、学問と政治との厳格な分離を貫くという目的を追求した(27)。官吏はさしあたって精神科学も新しい自然科学も脅威には感じなかったとはいえ、大学においてはどんな政治的抵抗も行われていないことを確保しようとした。

一八一〇年から六〇年にかけて形成されたプロイセン教育制度は、このような目的に広範に応えた。フランスは革命による混乱のなかでカトリックの領土と同様数多くの大学をも失ったが、プロイセンの諸大学は明らかにナポレオン時代に台頭した。プロイセンは研究機関と教育機関の非分離を敢行し、両機能の一施設への集中をなしとげた(28)。諸大学は伝統的な階層構造を維持し、それを学術的研究業績の評価に転用した。それは科学的進歩の理念の階層的変造と同定したものである。研究対象は自由選択可能であるべきだが、学術はまず客観性を獲得し非政治的であるべきことと、次にいっそうの専門化が期待された。このような専門化の進行は、学者がもっぱら自分の分野内で活動する契機となった。かりに大学の教師が断固とした政治的見解をもっていたとしても、大学の組織構造が大学外の広い聴衆にそれを伝達することを妨げたのである。

宗教的・教会的伝統と近代的世界観との諸関係を含む世俗化のテーマは、このようにして学術的・大学内的討論の対象へと展開した。場合によってはその際、聖書原典の非宗教的研究が教育制度の世俗化・反教権化過程における重要な一里塚とみなされる(29)。専門化は文化的問題が個々の専門内においてのみ議論されることに寄与した。

神学部は明らかに学術生活の縁に追いやられ、学生数の比率も低下の一途にあったが、大学の全般的な威信獲得における分け前にあずかった(30)。他方、聖職者を養成する特権を受けたが、フランスではカトリック教会が神学部の国家承認を拒絶した(31)。さらに、学問的進歩は研究によって促進されるという原理に神学も従った。このようにして、ドイツにおける世俗化のテーマは長期にわたって大学内の係争点となり、特に歴史学・哲学・神学のような分野がこれに関わった。結局、世俗化は宗教の学術的研究のみを意味した。ドイツでは世俗化文化一般の発展が大部分、大学に依存していたため、大学がそのような文化をどの程度普及する意志があったかが重要な意義をもったのである。

四　教会と国家の間のドイツ・カトリック教徒

ドイツ・カトリック教徒の中心課題は特に一八四八年、七一年以降は、彼らが第一にドイツ人、カトリック教徒のいずれであろうとしたかであった。プロテスタントによって案出されたこのような対立をカトリック教徒はしぶしぶ、そしてゆっくりと受容したが、それにより内部のあまりにも多様なアイデンティティを宥和させるはめになった。ドイツにおける国家と教会とが分離されなかったことは、宗教上と国民上のアイデンティティの境界がフランスではあり得なかったような形で不明瞭になることを意味した。ドイツ・カトリック教徒は一九世紀の初頭までカトリックであることを優先して自己理解していたが、一九世紀末にはむしろドイツ人として自らを理解した。

一八世紀におけるドイツ・カトリシズムは、他国のカトリックには欠けていた特性をもっていた。すなわち、プロテスタントの隣人との共同生活を余儀なくされた三世紀の間に、プロテスタント起源の習慣のいくつかを身につけたことである。そのためドイツ・カトリックはイタリアやスペインの同宗派よりも熱狂的にふるまうことは明らかに少なく、代わりに賛美歌を歌うことを好んだのである。(32) それとは逆に共通した点は、独自のカトリック系国民教会の形成にあり、それはいっそうローマから遠のき、(33) さらに合理主義的な神学を奉じた。こうしたことは絶対君主国の基本的政治路線に適合したものであった。

フランス革命とそれが結果したドイツ教会財産の世俗化は、この流れを阻止し、その経済的基盤を奪った。一九世紀初頭以来ドイツ・カトリックは国家による財政的援助に頼らざるをえなかった。まずこのような依存関係が合理主義的神学を促進したようにみることができる一方で、反対勢力が他のカトリック国と同様、長期にわたって浸透した。相対的な劣勢と新しい依存というこの突然の経験が、教会における超国民的・超国家的方向を強めた。一九世紀前半において合理主義的神学が少なくともカトリック系神学部ではまだ活発であったにもかかわらず、国民教会と合理主義的神学はいまや守勢に立っていたのである。(34)

だがドイツ国民の神聖ローマ帝国の終焉は、ドイツ・カトリックのアイデンティティとその連続性の意識に深刻な打撃を与えた。革命以前の時期と関連づけることは、他国のカトリック教徒の場合のほうが比較的容易になった。加えてドイツ・カトリシズムは指導的人物を欠いていた。ドイツのカトリック諸邦国がナポレオンの提案した教会財産の分割に熱心に関与したあとでは、多くの貴族は聖職禄のない教会に関与する関心を一時的に失った。(35)

この空白状態を部分的に埋めたのは、世俗的なカトリック知識層であった。革命的な経歴のあと、宗教に回帰したヨーゼフ・ゲレス〔作家・歴史学者〕も、この世代に属している。(36) しかし、この世代の影響は、教会がカトリック国と称するフランスの圧迫にさらされた間だけ維持された。ナポレオン時代に成人となったカトリック知識層の世代だけが、国家に対して辛辣に論駁し、教会を弁護したのだ。一八一五年以降、国家と教会の係争線が変わったため、カトリック知識層の発展のための諸条件はもはや存在しなかった。文化的に進歩的であったラインラントは、新しいプロイセンの主権者に占領地域のように扱われたが、(37) そのことが過去二世紀の間ではじめて、カトリックとプロテスタントの宗教的軋轢の可能性を呼び起こしたのである。この軋轢において、カトリック側は相当な不利益のもとにおかれた。彼らの歴史的アイデンティティは旧帝国の終焉とともに消失し、指導者層は新たな現実への適応に苦しんだ。カトリック知識層はフランスとの対決という意識のなかで成長した。カトリック系大学の半数は閉学し、絶大な権力をもつプロイセン官僚政治の下でカトリックが指導的地位につく機会は、きわめてわずかであった。このような状況から、カトリックとしてのアイデンティティを前面にすえ、反カトリック的環境内での宗教的少数派としての地位を攻撃的に主張する新しい戦闘的教会が、一八三〇年代以来発展した。

プロイセン政府とカトリック全聖職団との闘いにおいて、とりわけ教会の自立の程度が問題となったが、それはかつての帝国においては考えられないような要求であった。カトリックの司教たちはそうすることによって国家の敵対的な処置に対し部分的に報復し、同時に社会における教会と宗教の役割に関する変化した意識を表明した。全住民が信者の共同体を包囲しているので、彼らに拒否的な国家に対して自らのアイデンティティを守るためには、それだけ緊急に自律性を必要としたのである。

そのためには教会機能の担い手に独立性を与えることがとりわけ重要であり、その独立性は国家の監督からだけでなく、潜在的な宗教上の平信徒運動からも「解放」されることである。それゆえ政治的自律化運動は、教会の聖職権主義化へと、すなわち教会生活における聖職者のいっそう大きな影響力へと帰結した。結局、変革期のあと指導権を継承したのは平信徒ではなく、教会組織の外におけるすべての宗教的表明を支配しようとした聖職者層であった。[38] 公的生活が教会から疎遠になる程度に従って、教会内における聖職者の権力は増大した。プロイセンでは、こうしてカトリック教徒は宗派共同体内に強固に団結し、信徒間の宗教的敬虔の度合いによる分化が阻まれた。まさにこのようなカトリックの団結力の高まりが、一八七〇年代の文化闘争で発揮された驚異的な抵抗力に一役買ったのである。国家の側に立ったカトリックは少数派にすぎない。彼らは別の条件下では、反教権的陣営に転向した者たちであったかもしれない。国家に忠実で教会に疎遠になったカトリック教徒でさえ自らをカトリック教徒と称した。ただし彼らは敬虔さを誓うよりも自分が活動する文化システムについて語るようなカトリックの立場であった。

ドイツ・カトリックにとって（そしてドイツ文化にとっても）負担となったことは、彼らの抑圧に努めた「文化」が世俗的なものか、あるいはプロテスタント的なものかが彼らに判らなかったという事実であった。ビスマルクと国民自由党との同盟は、プロテスタンティズムと国家が共通の文化政策的信条を抱いていることを明らかに示していた。文化闘争において、カトリックはプロテスタンティズムにおける近代に対する内的親近感を確認し、[39] プロテスタントはカトリックの抵抗を近代化すべてを拒否するものと解釈した。文化闘争期の両派の先鋭な対極化と中央党の結成に直面すると、カトリックが世紀末まで第一にドイツ人であったという当初の主張は疑わしいものと思われるかもしれない。だが、その主張は一方で勃興するドイツ・ナショナリズムに、他方でドイツ国民国家への統合に強い関心をもつカトリック市民に帰される事実に合致しているのである。

五　カトリック市民のアイデンティティ(40)

市民層は一九世紀ヨーロッパにおけるナショナリズムの最も重要な担い手であった。自由主義と世俗的価値は、市民社会やその他の社会が必要とした社会的一体感をもたらすことができなかった。すでに一九世紀初頭ではこのような意味空白をナショナリズムが満たしていた。ナショナリズムが特に一九世紀後半、他の社会階層に波及したとき、市民層の立場はアンビバレントなものになった。ナショナリズムが当初の自由主義的色調を失ったにもかかわらず、市民の大多数はナショナリズムに引き続き熱中した。それに対し、多くの市民はとりわけコミュニケーション・システムの拡充と盛んになった旅行に促されつつ、国際主義を信じ込んでもいた。このようなアンビバレンツは一九世紀末の市民生活の基本的特徴を反映したものであった。すなわちそれは、一九世紀初頭に市民的価値として通用したもののすべてに市民層が関心を失いつつあったことである。市民層はフランス革命期のように普遍的な身分を自称できず、一特殊社会層に転落した。社会的分化のこのような過程は、宗教それ自体の社会的価値の変化と同じように、市民層の宗教的態度に影響を与えたのである。

スペインからスウェーデンにいたる全ヨーロッパ諸国において、もはや宗教が社会全体の社会的接合剤として役立つことはなかった。その代用となるべきナショナリズムは、若干の諸国においてはその他の国々におけるよりも成功をおさめた。だがそのことからナショナリズムはこのような代替機能を自ずとは引き受けることができなかった。それというのもナショナリズムは伝統的宗教とは対照的に、特定の社会的秩序を確立しなかったからである。この目的を達成し、社会的統合を促進するためには、ナショナリズムは補完的な理念的持ち出し装置を必要とした。その装置をナショナリズムは一八世紀以来宣伝してきた「市民社会」なる理念にみいだした。この理念はもちろん既存の社会秩序に関係するのではなく、むしろ当時のシステムの再構築の模範を策定するものであった。まさにそれゆえ「市民社会」概念は、ナショナリズムの情緒的なアピールに拘束されない感情的同意の基準を必要としたのである。このような感覚的支えを市民社会に保持する機能が、新しい「市民宗教」に与えられた(41)。アメリカや革命期フランスにおける国家と教会の分離は公的な儀式を必要としたが、それはすでに確かなものではなくなった伝統的宗教の代わりに、社会的秩序をしっかりと支えるべき儀式であった。ナショナリズムが社会的な基本合意として宗教の代わりを務め、「市民社会」の理念が社会的発展プログラムの基礎として機能したが、その程度に応じて、かつての宗教的に規定された人間感情を新たな国家・社会的秩序に使うことに、市民宗教は役立ったのである。

新しい市民宗教の模範は、アメリカ合衆国やフランスに起源がある。アメリカでは市民宗教はかつての公的・教会的儀式の地位につき、雑多な宗派や小集団を私的領域や非政治的社交の分野に追いやった。フランス革命は市民宗教をカトリック教会の迫害・抑圧のために利用した。それに対しドイツでは、伝統的宗教が依然として既存の社会秩序に対する情緒的同意を動員していたため、そのような市民宗教には機会がなかった。

原則的に市民社会は、それに対応する市民宗教を、宗教的ではなく国民的な儀式として、市民の政治参加と社会秩序の暗黙の承認の文化として必要とした。これらの条件をすべて満たしたときはじめて、市民層は国家と社会における有力な階級を自認することができたのである。市民層の社会的分化過程は、自らを政治的支配階層や少なくとも潜在的支配階層たることが自明であるところでは現れず、このような見込みがない国ではそうではなかった。フランス市民層が一九世紀を通じて指導的役割にあることが確認されたため、フランスで市民宗教がきわめて成功を収めたことは驚くには当たらない。これに対しドイツのプロテスタント市民層は、有力階層として自己認識しえず、そのため他の階層との差異化をいっそう強く求めた。加えてドイツ・ナショナリズムは明確な市民宗教なしに展開した。社会的区別の強要と「市民社会」モデルに対する宗教的動機に立った敵意との間に引き裂かれたカトリック市民層は、ドイツないしカトリック社会における指導的地位を要求しえなかった。

一九世紀のカトリック諸国における伝統的信心深さは、国民的統合を困難にし、社会的・地域的分立主義を促進したように思われる。国家が宗教的事項に介入したとき、信心深い人びとは教会の周囲に結集し、国家的・社会的忠誠心を後景に退けていった。こうして彼らは意図せざる結果として、根本的に教会の団体的理想に合致する社会的「分節化」に貢献した。宗教的共同体は社会生活への関与を全体としてのみ行い、個々の成員に委ねなかった。フランスでは市民社会が強固であったため、分節化は完全ではなかった。一方ドイツでは、カトリック市民層がカトリック「集団」と同一視されることは少なくとも一八九〇年まではまれであり、いずれにせよカトリックの貴族や農民よりも劣勢であった[42]。

ドイツにおいては特殊カトリック的な制度的環境が部分的に欠けていたため、カトリック市民層とカトリック・ミリューとの同一視は無意味である[43]。フランスとは異なりドイツのカトリック市民は、特に教育制度において抑圧にさらされていた。純粋なカトリック系学校は存在せず、国立学校における宗教教育は、教会学校がもたらすような集団アイデンティティと教会に対する忠誠心を提供することができなかった。プロテスタントの圧迫がカトリックの団結を促進したとしても、その集団アイデンティティはカトリック系学校をもたず、世紀転換期を目前にしてそれ自体としては弱いものであった。市民層は明らかに、教育制度を介したナショナリズムに最も容易にさらされた社会階層であった。

さらに別の要因が、宗教的忠誠心と国民的忠誠心との間に生じたドイツ・カトリシズムのジレンマに関係していた。国民の統合過程は、政治の分野よりも文化の分野で早く始まった。それは教育に政治的・文化的な有効範囲を付与するものであった。プロテスタントが優勢なドイツにおいては、教育は異なる三つの機能を同時に果たした。第一に教育はドイツの国民感情を個々の諸邦を越えてもたらした。第二に教育は特別な階層、教養市民層を優遇した。教養市民層は他の住民とこの方面で一線を画していた。第三に最も注目すべき点であるが、教育は「恵まれた階層」すべてを残余の国民から区別した。市民層ならびにエリートは、教育への経路において特別扱いされており、教育概念をある種の対立関係で満たすというパラドックスがここにある。

　ドイツ学校制度においてカトリック教育は、個々人としてのみ得ることができたのであり、カトリック教徒としてではない。フランスの学校とは対照的にドイツ・ギムナジウムはカトリック系学校における宗教的無差別主義を促進し、教養人・ドイツ人・プロテスタントの間の境界は流動的であった。ドイツにおけるカトリック市民が教育によって社会的認知を得ようと考えた場合、さらに追加の障害を克服する必要があった。フランスでは中等学校卒業によって教養層として通用したが、ドイツでは世紀全体を通して大学教育の価値が増大した。だが大学ではプロテスタントが優勢であり、未来のカトリック大卒者はかなりの差別にさらされていたようである。[44] 神学部は別として、カトリックの大学生は一貫して大学の敵意ある雰囲気に遭遇した。そのため貴族や富裕市民が外国の学校・大学に子弟を進学させることはしばしばあった。[45] それによって彼らは自分たちの少数派としての地位を乗りこえ、プロテスタント上層階層よりも国際主義に親しんだのである。[46] むろんこのような出費のかかる逃げ道はごく一部のカトリック市民だけに可能であった。大多数のカトリックは、プロテスタント的世俗的文化とカトリシズム両方の相矛盾する要求をうまく処理しなければならなかった。彼らの教育が教会組織の指導者に批判的な立場をもたらす一方で、このような指導者を実際疑うことを彼らの宗派的忠誠心は許さなかった。

　自分たちの教会における精神的指導権を獲得するために必要な知的条件をドイツ・カトリック市民が欠いていたのは、次の二つの理由からである。第一に、自覚をもったカトリック系市民が社会的地歩を固めることができなかったことである。これは教育がプロテスタンティズムに強く特徴づけられていたからであり、司祭たちがカトリック市民の地位がこのように暗黙裡に世俗化することを承認しなかったからである。第二に、ドイツのカトリックが他国のカトリック社会とは異なり、知識階層を生み出すことができなかったことである。それは、ドイツの教育制度が国家公認の教養市民層を生み出すようにできており、プロテスタンティズムと世俗化との結合によって、ドイツのカトリック部分における世俗的文化の発展を著しく妨げたためである。

　世紀末頃ドイツ・カトリック市民が部分的に国民文化に適応するようになると、事態も好転していった。まず一方で、国家を自由主義の単なる同盟者と見なさず、議会政治の利点を認識した者たちが市民層のなかに生まれ、彼らが（中央党の）政治における積極的な役割を引き受けたことである。[47] 第二に、二〇世紀最初の二、三〇年に他国では早期にみられたようなカトリックの知識層が徐々に成熟してきたことである。[48] 第三に、そうこうするうちに愛国的になったカトリック教徒が、ドイツのナショナリズムがプロテスタントによって必然的に支配されるに相違ないことをほどなく悟ったことである。

六　知識層の位置

カトリック諸国における近代政治・社会システムの発展は、知識層の新しい社会集団が頼らざるをえなかった世俗的文化が形成されうるかどうかにかかっている。かつては聖職者が社会内での独自の地位を築いた国々においては、知識層は際立った意義をもった。司祭が知識層となりうるところでは、それにふさわしい役割を欠くために独自の知識階層が形成されなかった。アメリカ合衆国・イギリスにおける一九世紀の知識層はコンパクトな集団にまとまらなかったが、ドイツにおいては教養市民層として共通の階層を構成した。この階層は普遍的な拘束力をもつ社会的定義を確定することを主張したが、そのことによって国家に吸引された。フランスでは二つの要因から知識層は国家からの独立を維持することができた。第一に、国家は知的領域を裁定するのにふさわしい機構をもっていなかった。さらに宗教と世俗化との緊張関係は、知識層が政治的・社会的役割をそこで果たしうる対抗文化を創出した。

フランスにおける市民的知識層は、市場原理に強くさらされていた点で、市民的企業家層と同じ立場にあったが、一九世紀を通じて国家と完全には折り合うことがなかった点で異なっている。オルレアン王朝期に国家がいっそう市民化されたとき、知識層はますます反市民的態度をとり、それはボヘミアンの成立という形で示された。ボヘミアンとの同一化は、知識層の国家にたいする反抗を強め、同時に反市民的感情を刺激した。他方、多くの市民にとってこの同一化は世俗的文化の共通の前提を疑わしいものにしたように思われた。[49]

敬虔な知識層は、彼らの階層的条件と宗教的条件が合致しないがゆえに、困難な状況にあった。その状況は彼らを敬虔な経済市民層や自由業層に結びつけたが、彼らとの知的アイデンティティは永続的に疑問視しなければならないという重要なズレがあった。したがって、フランスにおける敬虔な知識層は二重の自己批判を引き受けねばならなかった。すなわち知識層としての自己批判と敬虔な知識層としてのそれである。[50] この点において彼らは、国家と社会から公認されていたドイツ教養市民層と異なる。フランス知識層にとっては、自己批判と社会批判が中心的な正統性の源泉となっていた。むろん敬虔な知識層が知識層としての自己懐疑を経験することはできたが、宗教的な自己懐疑は一九世紀におけるカトリシズムの分極化体験によってまったく排除された。カトリック文化と世俗的文化との対立を妥協によって解決することを、敬虔な知識層の多くは決して求めなかった。むしろ彼らは社会的・文化的モデルネをラディカルに疑問視した。このような批判は、さまざまな諸国においてさまざまな時期に表明されたものである。モデルネの拒否をアンシャン・レジームや貴族政社会の高い評価と結びつけた伝統主義者のメーストル〔政治家・哲学者・文学者〕やボナルド〔教皇派の政治思想家〕が、フランスにおけるこの方向の指導的主役にあたる。そのため彼らの批判は、市民的な自己意識にほとんど言及することができなかった。

知識層が、社会主義に対する恐怖に苦しむ市民層をさらなる自己懐疑によって覆うために、自分たちの自己懐疑を用いることを学んだとき、彼らはこの方法によって市民社会における必然的な自己批判を市民的・自由主義的価値すべてに対する批判に転化させたのである。プロテスタントが優勢なドイツでは、多かれ少なかれ自発的に大学内論議の境界を越えたマルクス、ショーペンハウアー、ニーチェらがこの役割を果たした。だが、広範な知識階層が存在しないため、彼らは孤立したアウトサイダーであった。

世紀末にはますます知識層は、自らの存在形態を批判したが、それはむしろ市民的物質主義の論理によってではなく、その存在形態がさまざまな観点から市民的存在の悪い模倣と映じたからである。反知性主義のこのような形態はフランスよりもドイツにおいていっそう危険性があった。なぜならドイツのプロテスタントは非合理主義に対する自衛が甘かったからであり、他方フランスのカトリックは近代批判において、非合理主義を援用することはまれであった。その代わり、世紀中葉以来のフランス・カトリシズムにおいては、トマス・アクイナスを継承する新スコラ主義的合理主義が支持された。合理主義、近代性、市民社会に対する批判を相互に結合することは、フランスの知識層にとっては不十分に成功したにすぎない[51]。彼らがカトリック的環境に統合され続け、世俗化した知識層に参加する可能性だけをもつことにおいて、彼らは部分的に失敗した。このことは市民社会と科学的・合理主義的教育に対する彼らの支持を改めて強めた。特にそれはドレフュス事件、一八九〇年代の大学改革期、一九〇五年における決定的な政教分離においてそうであった[52]。

ドイツ・カトリック知識層は、教会への依存がより少なかったため、二〇世紀初頭にフランスとは別の立場におかれていた。彼らのなかでは教育制度のなかに職をみいだした者だけが、有資格の知識層として通用した。その際、彼らカトリック教徒はカトリック・ミリューに完全には吸収されていない場合にはじめて、そのような地位に到達できたのである。フランス・カトリック知識層は知識層としてもカトリックとしても統一体にまとまっていたのに対し、ごく少数のカトリック大学教授は、カトリック・ミリューにおいても大学においてもアウトサイダーであった。ドイツにおけるカトリック知識層とカトリック市民層とのこのような隔たりは、フランスにおける知識層とカトリック市民層との隔たり、あるいはドイツにおけるプロテスタント・アウトサイダー的知識層とプロテスタント市民層との距離よりも大きかったのである。それゆえ、カール・シュミットやマルティン・ハイデッガーのような人物による近代批判の辛辣さは、驚くには当たらない[53]。プロテスタンティズムと近代科学との結合は、カトリック教徒の間で反発と憤りを招来していた。

ドイツ・カトリック知識層のジレンマはドイツ市民層の分裂を反映したものであり、知識層は彼らが好んで弾劾したその市民層を自分たちの読者層として必要とした。二〇世紀初頭カトリック知識層がついに口を開いたとき、彼らはカトリック・ミリューのみならず全ドイツ国民にむけてそうしたのである。

七　結び

社会と文化の世俗化は、フランス革命期にはじめて緊急の社会問題として登場した。進行する脱教会化の可能性は、すでに早期からフランス知識人によって考えられていたが、世俗化構想を市民革命計画に統合することによって、ようやく市民社会・文化の中心的問題となることができた。だが世俗化は国家的文化政策の形態で公認されたのちでも、知的アウトサイダーの気風が備わっていた。世俗化の制度的・文化的枠組の形成がいかに行われるべきかをめぐって、知識層と市民層との間に再三激しい争いがあったのである。

一九世紀フランスの政治文化はますます左右両派の対極化によって決定され、親教会的かあるいは反教会的かがこの政治区分を決定した。政治学者のなかには文化を政治的安定の条件とみなす者があるが、私は彼らとは違って、次のような見解をとる。一八世紀官僚制国家の長期にわたる影響によって、この国に政治的自由が確保されるためには、はっきりとした対抗文化の発展と自覚的な知的アウトサイダーの存在が必要とされたと。

一九世紀のフランス市民層は特に宗教と社会の問題に関して分裂したままであった。一部の市民は国家に自由主義的改革と世俗文化の浸透を期待したが、他の市民は伝統的信仰に回帰した。彼らが新たな革命に対する不安を感じ、不可欠と考える国家の倫理的基礎を永続的に確保することは、自由主義的な市民文化には不可能だと考えたためであった。

プロテスタントが優勢なドイツ社会は、世俗化に対してまったく異なる態度をとった。ドイツ知識層は一九世紀において、広い公衆から孤立し国家機構に統合されて、官僚主義化・階層化した大学において職をいっそう肥大化させた。反対に、ドイツ観念論はさしあたって宗教的伝統を世俗的イデオロギーに改造することにとりかかった。それというのも大学システムの構造が世俗化運動によってプロテスタント市民社会を完全にとらえることを妨げていたからである。たしかにドイツ・プロテスタントは教育イデオロギーの古典主義的要素を承知していたが、(一、二の有名な例外に至るまで) この要素がプロテスタントの宗教観に全く調和するという見解のほうをよしとした。世俗的文化が自覚的な市民社会の成立に必要不可欠であった限りにおいて、ドイツ・プロテスタント市民層はここで致命的な欠陥を示したのである。

そのことは、プロテスタント教養市民が、無学なカトリック同胞における近代性の欠如を慇懃無礼に批判することの妨げとはならなかった。一九〇〇年頃ようやくドイツ・カトリック市民層がカトリシズムの指導的地位についたとき、このような批判は珍奇なものとなった。カトリックの教育的欠陥が、プロテスタントの教育・文化政策に直接帰因するかもしれぬことを、彼らはよきドイツ人としてすみやかに忘れた。文化闘争や中央党の存在にもかかわらず、ドイツ・カトリック市民は強い市民的カトリック的自己意識を備えていなかった。それは両方のアイデンティティ間の軋轢が、プロテスタントが多数派をしめる国民社会において決着づけられねばならなかったからである。カトリック教徒の伝統的な自己理解は、神聖ローマ帝国の終焉とオーストリアの強制排除以降失われた。国家援助を伴った世俗化というフランス・モデルを借用することは、ドイツ・カトリックにはできなかった。同様に国家の拒絶にあった場合に備えて、世俗化の原動力として世俗的知識人運動に手を出すこともできなかった。さりとて彼らがプロテスタント的な世俗化モデルを模倣することはまったく不可能であった。なぜなら、彼らは知性と信仰との関係について異なる構想化に依拠していたからである。

（英語原文よりの独訳はハルトヴィン・シュペンクフによる）

注

(1) W. Schieder, Religion in der Sozialgeschichte, in: ders. u. V. Sellin (Hg.), *Sozialgeschichte in Deutschland*, Bd. 3, Göttingen 1987, S. 9f.

(2) T. Zeldin, *France 1848-1945*, vol. 2, Oxford 1977, p. 278f.

(3) Zeldin, vol. 1, pp. 603, 688, 718.

(4) R. Gildea, *Education in Provincial France, 1800-1914*, Oxford 1983, p. 303f.

(5) マックス・ウェーバー、梶山力・大塚久雄訳『プロテスタンティズムの倫理と資本主義の精神』岩波文庫、一九五五、六二年、全二巻。

(6) 一九世紀初頭のフランスでは、「ヴォルテール主義」的な反教権主義が特徴的であり、それはヴォルテールの有名な要求「破廉恥を粉砕せよ」にほのめかされていた。また、次を参照のこと。Zeldin, *France*, vol. 2, p. 1025.

(7) これについては次を参照。T. Tackett, *Religion, Revolution and Regional Culture in Eighteenth Century France*, Princeton 1986, p. 10.

(8) *Ebd.*, S. 253.

(9) Zeldin, *France*, vol. 2, p. 1025.

(10) 一八三〇年の革命以前の反教権的な「民衆の憤り」に関する記述は次にみられる。A. Latreille u. R. Remond, *Histoire du Catholicisme en France*, vol. 3, Paris 1962, p. 277f.

(11) たとえば次を参照。J.-M. Mayeur, *Catholicisme sociale et democratie chrétienne*, Paris 1986, p. 209f. カトリックが近代政治システムへの参加に対して不承不承下した是認については、教皇レオ十三世の回勅›Immortale Dei‹ (1. 11. 1885) のなかにみいだせる。

(12) 教皇至上主義から派生した自由主義カトリシズムの成立と、ラムネーとその一派がもつ意味については、次を参照のこと。B. M. G. Reardon, *Liberalism and Tradition. Aspects of Catholic Thought in Nineteenth-Century France*, Cambridge 1975, chap. 4, 5.

(13) K. Jürgensen, *Lamennais und die Gestaltung des Belgischen Staates. Der liberale Katholizismus in der Verfassungsbewegung des 19. Jahrhunderts*, Wiesbaden 1963.

(14) ベルギーにおける展開については次をみよ。E. H. Kossmann, *The Low Countries*, Oxford 1978.「分節化」については次を参照のこと。H. Righart, *De katholieke zuil in Europa. Het outstaan van verzuiling onder katholieken in Oostenrijk, Zwitserland, Belgie en Nederland*, Amsterdam 1986 (ドイツ語の要約つき).

(15) Zeldin, *France*, Bd. 2, p. 278; P. J. Harrigan, Catholic Secondary Education in France 1851-1882, Ph. D. University of Michigan 1970, bes. p. 57f.

(16) Harrigan, Catholic Secondary Education, chap. 4; Gildea, *Education*, p. 283ff.; Zeldin, *France*, vol. 2, p. 278ff.

(17) Harrigan, Catholic Secondary Education, pp. 59, 73f., 142.

(18) Ebd., S. 29-35; Zeldin, *France*, vol. 2 S. 177ff.

(19) Harrigan, Catholic Secondary Education, p. 223; 一八七八年に教会の神学予備校において約二万五〇〇〇人、カトリック系学校において四万六八一六名の生徒数が数えられた。それに対し、国立中等学校の生徒数は七万九二三一名であった。また、次を参照。Zeldin, *France*, vol. 2, p. 278. ここでは明らかに神学予備校は加算されていないが、全中等学校生徒に占めるカトリック系学校生徒の割合が一八八七年に三一%、一八九九年には四三%と算出されている。

(20) Zeldin, *France*, vol. 2, p. 279; Gildea, *Education*, p. 283.

(21) ドイツ自由主義についての研究は反教権主義に重要な意義を認めていない。たとえば次を参照。E. R. Huber, *Deutsche Verfassungsgeschichte*, Bd. 2, Stuttgart 1960, S. 371-414. 同書で、主権ならびに国家・個人間の関係を基礎とした自由主義的な主要課題が問題になっていることは明らかである。反教権主義も論究に含めなければならないことは、フーバーのような保守主義者にとっても免れないであろう。この時点で思潮の中心にあったシュトラウス、フォイエルバハ、ヘーゲル左派については次を参照のこと。M. Wartofsky, *Feuerbach*, Cambridge 1977; J. E. Toews, *Hegelianism*, Cambridge 1980.

(22) 一七九二年から一八一八年の間に二〇のドイツ大学が閉学した。そのうちカトリック系が一三大学、プロテスタント系が七大学である。カトリック系大学は全ドイツ大学の三分の一そこそこしかなかったので、このことによってカトリック系教育機関は壊滅した。次の史料に掲載されている一覧表を参照のこと。*Brockhaus Enzyklopädie*, Bd. 19, Wiesbaden 1974, S. 271.

(23) ウルスラ・クレイ（ビーレフェルト大学）は、博士論文「市民層と下層階級の間に立つヴェストファーレンの協会組織」において次のことを指摘している。すなわち、プロテスタント系のグスタフ・アドルフ協会創立に導いた一八四二年以来の思考には、カトリックとの区別に立つこのようなプロテスタント的自己認識が支配的であったことである。

(24) 「光の友」〔一九世紀ドイツの敬虔派自由主義者同盟〕とプロテスタント急進主義に関するR・M・ビグラーの分析を参照。R. M. Bigler, *The Politics German Protestantism. The Rise of the Protestant Church Elite in Prussia 1815-1848*, Berkeley

1972, chap. 6, 7.

(25) キリスト教、啓蒙主義、ドイツ観念論との関係については、次を参照のこと。L. Dickey, *Hegel, Religion, Economics and the Politics of Spirit, 1770 bis 1807*, Cambridge 1987; O. Chadwick, *The Secularization of the European Mind in the Nineteenth Century*, Cambridge 1975.

(26) Bigler, *Politics of German Protestantism*, pp. 159-186.

(27) C. E. McClelland, *State, Society and University in Germany, 1700-1914*, Cambridge 1980, v. a. pp. 152ff., 228ff., 289ff.

(28) *Ebd.*, p. 131.

(29) ダヴィッド・フリートリヒ・シュトラウス『イエス伝』の一八三五年の登場によるセンセーションは、部分的には新約聖書に対する批判の文化政策的含意に起因している。また、一九〇〇年までにおよそ五〇万部売れたエルネスト・ルナンの『イエスの生涯』（一八六三年）もセンセーションを引き起こした。まだ敬虔的であった国で執筆したシュトラウスとは異なり、ルナンは自分の読者層が主として反教権的であったことを出発点としていた。シュトラウスに関しては次を参照。Toews, *Hegelianism*, chap. 8, v. a. pp. 260, 268f. ルナンに関しては以下を参照。B. M. G. Reardon, *Religion in the Age of Romanticism*, Cambridge 1985, chap. 5.

(30) McClelland, *State, Society and University*, p. 247f. 同書によれば、一八二〇、三〇年代に神学生の「生産過剰」が生じていた。一八六〇年と八〇年の間にその数は減少し、一八八〇年代に新たに増加したが、九〇年代には再び減少した。

(31) V. Karady, De Napoléon à Duruy. Les origines et la naissance de l'université contemporaine, in: J. Verger (Hg.), *Histoires des Universités en France*, Paris 1986, p. 274f. 全体としてみれば余計なこの学部は、一八八五年に廃止された。一八七〇年代に設立された新カトリック系大学は、大学ではなく研究所と呼ばれた。いずれにせよたいていのフランス人司祭は司祭養成所で教育された。

(32) O. Chadwick, *The Popes and European Revolution*, Oxford 1983, p. 72f.

(33) Huber, *Verfassungsgeschichte*, Bd. 1, Stuttgart 1957, S. 405f.

(34) *Ebd.*, Bd. 2, Stuttgart 1967, S. 221.

(35) *Ebd.*, Bd. 1, S. 53.

(36) J. Droz, *Le romantisme allemand et l'état. Résistance et collaboration dans l'Allemagne contemporaine*, Paris 1966.

(37) カトリックとプロテスタントの混合に対して、プロイセンがとった政策の結果については次を参照のこと。Huber, *Verfassungsgeschichte*, Bd. 2, S. 187.

(38) J. Sperber, *Popular Catholicism in Nineteenth-Century Germany*, Princeton 1984, pp. 73-77.

(39) 私見によれば、文化闘争の経験は、ヴェーバー『プロテスタンティズムの倫理』の歴史的背景を形成した。

(40) この章の本質的部分は次の論文に関係している。J. Mooser, Katholik und Bürger? Rolle und Bedeutung des Bürgertums auf den deutschen Katholikentagen 1871-1913, Manuskript, Universität Bielefeld 1986.

(41) 「市民宗教」については次を参照。H. Lübbe, *Religion nach Aufklärung*, Graz 1986, S. 306-327.

(42) Mooser, Katholik und Bürger? S. 66. 同書によれば、市民がカトリック会議における主導権を受け継いだのは、一八九〇年以降である。

(43) 私見によれば完全な「分節化」は、分離独立した教育制度や分立した協会組織を前提としている。それらはカトリック市民層をカトリック社会に定着させるものを意味する。これについては次を参照。Righart, *Katholieke zuil.*

(44) 悪名高き「シュパーン事件」については次を参照。Huber, *Verfassungsgeschichte*, Bd. 4, Stuttgart 1969, S. 958.

(45) H. Gollwitzer, *Die Standesherren*, Göttingen 1964, S. 255.

(46) 労働者問題に関心をもつ各国のカトリック教徒を組織した「カトリック社会研究協会」は一八八四年に創設された。これについては次を参照。R. Aubert, *Geschichte der Kirche*, Bd. VI/1, Zürich 1976, S. 129f., 154f.

(47) W. Loth, *Katholiken im Kaiserreich. Der politische Katholizismus in der Krise des wilhelminischen Deutschlands*, Düsseldorf 1984, Kap. 1; D. Blackbourn, *Class, Religion and Local Politics in Wilhelmine Germany. The Centre Party in Württemberg before 1914*, Wiesbaden 1980, p. 232. ロート、ブラックボーン、モーザーはこの観点から分水嶺としての一八九〇年代を考察している。シュルバーはカトリックの市民的政治参加の年代をさらに早い時期に設定している。

(48) カール・ムートの雑誌『ホッホラント』(一九〇三年創刊)は、知識層としてのアイデンティティと宗教上のアイデンティティをともに強調しようというドイツ・カトリック知識層の願望を明確に示している。

(49) J. Siegel, *Bohemian Paris. Culture, Politics, and the Boundaries of Bourgeois life, 1830-1930*, New York 1986. 同書は、市民層がボヘミアンを恐れたのではなく、自分たちの支配権を正当化するために彼らを利用し、それどころかキャバレーの形態や娯楽提供において彼らから利益を得たとするテーゼを代表している。C. Graña, *Bohemian vs. Bourgeois. French Society and the French Men of Letters in the Nineteenth Century*, New York 1964. 同書はそれに対して、ボヘミアンと市民層は対立する理想をそれぞれ代表していたと主張する。

(50) フランスの当時の指導的文学研究者フェルディナンド・ブルネティア(一八四九〜一九〇六年)の発展は、実証主義からオリエント的神秘主義の過度期を経てカトリックへと変転したが、これは一九世紀末期フランスにおいては例外ではなかった。これに関しては次を参照。Readon, *Liberalism*, pp. 221-223.

(51) モーリス・ブロンデル〔フランスのカトリック神学者・哲学者〕のように意志の優位を信ずる者は、世俗主義者と新トマス主義者によって非合理主義者に格付けされる。ブロンデルが近代聖書批判に対して保守主義者として対峙したにもかかわらずである。Vgl. Reardon, *Liberalism*, Kap. 11. 他方、シャルル・モーラス〔詩人・評論家〕に代表される急進ファシズム的近代批判は、彼が当初から決して放棄しなかった実証論に由来している。モーラスの知的背景については次を参照のこと。M. Sutton, *Nationalism, Positivism and Catholicism. The Politics of Charles Maurras and French Catholics, 1890-1914*, Cambridge 1982.

(52) 教会からの破門後、平信徒の共同体に所属することが必要であったことは、ラムネーからロアジ〔宗教史家・哲学者〕に至るまで認識されていた。最も重要な科学的聖書考証家のひとりであるロアジはラムネーとは異なり自らの信仰を否定しなかった。むろん彼は破門直後コレージュ・ド・フランスの宗教史講座を引き受け、それにより世俗的知識人のサークルに加入した。それに関しては次を参照。Reardon, *Liberalism*, p. 280.

(53) カール・シュミットについては次を参照。J. Taubes, *Gegenstrebige Fügung*, Berlin 1987. ハイデッガーの経歴は『文芸展望』に掲載されたカトリック・ドイツに対する批評から始まっている。その後彼は一九一一年に神学から数学・物理学に専攻分野を移している。次を参照。M. Heidegger, *Frühe Schriften*, Frankfurt 1979, S. 235f.

第二部　市民の学術・文学・芸術

第六章　市民的歴史叙述

——ドイツ・フランス比較——

ゲオルク・G・イッガース
（一九二六年生
ニューヨーク州立大学教授）

一　歴史学と市民層との関係

歴史叙述と歴史伝承は太古から存在するが、歴史学は近代の現象である。歴史学は職業化過程を前提にし、その過程は、歴史の研究・叙述一般に受容された研究ルールを要求する。その研究ルールによれば、その他の学問分野におけると同じように、特別に養成された専門家を必要とした。本章は一九世紀の多彩な歴史思想や歴史描写に取り組むのではなく、自己を学問として認識している歴史叙述の分野に的をしぼっている。その主題のひとつは、一九世紀の制度化された歴史学が研究・叙述活動において限定された基準においての職業化の過程を通過していない他の歴史叙述の形態とに区別されるということである。

一九世紀ドイツに関しては、一般的に受容された研究規則に準拠する大学の歴史叙述を問題にしなければならない。フランスにおける職業化は一九世紀末の三〇年間にようやくゆっくりと始まったのであり、ドイツにおいて獲得されたような社会的価値を得ることはなかった。そのうえ自由知識層すなわち文人が果たす役割がドイツにおけるより大きかった。むろん大学外の歴史叙述も批判的方法を用いたが、その一方で大学の歴史学は、なんら厳密な学問的基礎をもたない政治的・理念的立場を代弁していた。

職業化の異なる程度から、市民層に対する歴史学の関係の相違も生じた。ドイツでもフランスでも、一九世紀の歴史叙述は「市民の」専有物であった。[1] 職業化した歴史家は財産や高等教育によって明示される社会層に属していた。このことは、ヴォルフガング・ウェーバー[2]が一八〇〇年から一九七〇年の間のドイツ語圏大学歴史学正教授について、クリストフ・シャルル[3]が一九世紀末、二〇世紀初頭のパリ大学文学部教授についてそれぞれ実証したように、ほとんど例外なく研究対象になった歴史家の社会的出自に合致している。ドイツでは大学教員の大多数がいわゆる教養市民層、すなわち官僚や教員の出身者から構成されていた。フランスでは経済市民層や自由業層がより多いが、ほぼ同様の構成であった。[4] むろんドイツにおける歴史家は社会構成においてはるかに均質であり、したがってはるかに均一に市民的であった。このことはこの国における大学の歴史家が、フランスの同業者が獲得しなかったような独占的地位を一九世紀中頃以来占めていたことに起因している。フランスで大学が歴史研究・叙述における指導的役割を果たしたのは、さらに後になってからであり、そのうえしばしば大学外で、アカデミーの会員や左右両派の独立した知識層によって科学的な歴史は描かれた。[5] カトリック国フランスでは貴族や聖職者も大学外の歴史叙述に大きな影響を及ぼした。少なくともドイツのプロテスタント界にはそれに匹敵するものはなかった。[6]

フランスと対比してドイツ歴史家のこのような相対的な社会的均一性は、両国における歴史家の政治的態度にも反映された。自由主義によって特徴づけられる市民的政治文化と称するものが存在したとすれば、ドイツ歴史学がフランスのそれよりも均一的に自由主義的で市民的であったことを主張することができよう。だがフランスとドイツ両国に等しく適用できるような自由主義の定義について、合意に達するのは至難である。ジェームズ・シーアンは正当にも「自由主義」概念の単純な定義が不可能であることの論拠を示している。「立憲主義」「個人主義」「進歩」のような高次の抽象概念の次元を踏み越えるやいなや、いっそう変則や例外が生じはじめる。そのため自由主義を理念や行動様式の「類い」として考えるほうが「賢明である」(と思われる)。[7] 自由主義は絶えず変転を重ねる特殊な歴史的・社会的枠組みにおいてのみ理解することができる。「市民社会」という自由主義的概念は、それがすべての人間に同等の権利を認めたことにおいて普遍的である。が同時にそれが財産と教養をこの権利を取得するための前提条件たらしめ、それによって広範な下層階層や女性を除外したことにおいて排他的である。この観点において、自由主義を市民層のイデオロギーとして話題にすることはまったく誤りだというわけではない。その場合、自由主義はさまざまな政治的戦略と結びつけうるのである。

その際、三つの構想が重要である。すなわち知的局面における人間の成年、経済面における自由市場経済、そして政治面における政治的決定過程に参加する国家市民という理念である。少なくとも成年あるいは自己決定と国家市民という構想は、自己を市民的とは認識していなかった民主主義者や民主的社会主義者によって引き継がれた。他方、これは一八七〇年以降のドイツ人史家や一八七〇年以前のギゾーやティエールのような一部のフランス人史家の政治理解にとって重要なことであるが、市民的戦略は権力の行使や（ドイツにおけるように）非市民的な官憲への接近と調和しえた。このような戦略は、国家権力を手段として市民層の特権的地位を維持しようという意図を追求した。ドイツにおける自由主義は、三月前期のゲルヴィーヌスのような民主主義的見方から、一八七〇年以降のトライチュケのような権威主義的心情へと変化したが、それはさらに市民の社会的・経済的利害をも代弁していた。[8] これに対してフランスでは、ギゾー政権下で階級独裁を目指した自由主義は、第三共和国においては民主主義的見解に道を開いた。[9]

一九世紀における歴史学の発展が、まず「職業化」概念によって特徴づけられるとしても、この英米起源の概念が多くの経験的に不均質なものを誤認させることを忘れてはならない。ドイツにおいては、一八世紀にすでに官僚養成機関として大学が機能していた。[10] ナポレオン戦争の結果、教育システムが変革され、フンボルト改革が大学教育を組織的研究に密接に結びつけた。この組織的研究はプロイセンさらにプロイセン外の諸大学で、大学政策上の「不可欠なもの」へと高められた。[11] 歴史家の養成は本格的規制を受けた。すなわち歴史学は長期の学問的専門教育を前提とした「専門職」であり、その教育は専門知識を与えるものであり、その専門知識は「特殊職業的、普遍化・理論化可能で、資格試験（学位・免許・称号）によって証明可能なものであった」。[12] このような資格を援用して、専門歴史家は学術的な歴史叙述の独占を要求することができた。それに対してフランスではこの時代、大学はバカロレア受験者を試験することを主たる機能とする個々の学部に分化していた。ドイツにおけるようなギムナジウムと大学の厳格な分離はフランスでは生じなかった。ここでは名声高いリセが歴史教育の最高レベルを代表していた。一八六〇年代にやっと、そして本格的には一八七一年の敗戦――エルネスト・ルナンがドイツの教育制度、特にドイツの学術・大学の優越にその原因を帰した――以降に、ようやく大学改革に着手したのである。[13] ドイツのモデルに従って歴史家をはじめてゼミナールで養成した高等研究院が、一八六八年フランス文相であり歴史家であるヴィクトール・デュリュイによって創設された。一八七七年から九六年の間にフランスの大学はドイツの模範に従って段階的に改組され、大学教授は公務員化された。このような改革の流れに沿ってフランス歴史学が成立したのである。

歴史の批判方法は歴史研究の制度化よりもさらに以前から存在し、大学の専門歴史家層だけでなく、すべての歴史叙述者によって強調されていた。その歴史家がバンヴィル（国粋的右翼運動のリーダー）のような貴族的立場、あるいはジョレスやベルンシュタインのような社会主義的立場のいずれを代弁するにしても、そのことは妥当した。このような次元においては間主観的な精査の可能性も存立した。だが問題なのは世界観や政策に直接つながる解釈に関わる場合である。その例としてはランケの研究対象・方法・解釈原理を決定した彼の国家理念論をわわれわれは提示すれば十分だろう。プロイセンにおける政治的状況を反映したこの理念論に密接に結びついていたものは、精神史の方法であった。フランスでは歴史叙述が第三共和国のはじめまで大学との接触をほとんどもたなかったために、方法・理念における著しい多元主義がみられた。それに対しドイツでは、グスタフ・フライタークを除けば大学外の歴史叙述は、大学における学術的な歴史学の保守主義によって研究と意識から完全に排除されていたのである。

歴史家層の社会構成を配慮して、一八七〇年以降のフランスの大学がドイツにおけるような独占的地位も威信ももたなかったことを強調することは重要である。大学における歴史に関する専門職的な仕事とならんで、フランスではアカデミー会員や最も多様な政治的方向にある自由知識人による歴史叙述が存在した。その歴史叙述はドイツの大学外における歴史叙述よりも、学問的にはるかに真面目に受けとめられていた。知識人の社会的出自はクリストフ・シャルルが示したように、大学教員よりもはるかに不均質であった。大学内の人的供給過程の結果、教授はほとんど「上層市民」出身であった。そのことは、両国におけるリセ教育やギムナジウム教育が、多大な出費と結びついたことですでに条件づけられていた。独仏生徒の中等学校進学率は五％にすぎなかった。[14]ギリシア語・ラテン語が母国語の古典文学と同様に重要な価値をもつカリキュラムは両国共通であった。ドイツにおける教授資格試験とその後の私講師職は、一般に資産に頼ることができたり、中年まで親に援助される人びとに対してのみ開かれていた。フランスにおける新規採用は原則的に、高等師範学校への受入れが競争試験に基づいて行われることで、必ずしもドイツにおけるよりも開放的であったというわけではなかった。中等学校や大学での教職への道を決定する教授資格も競争試験に基づいており、有名リセの多くの生徒とグラン・ゼコールの全学生は奨学金をもらっていた。高等師範学校は教職任用においてドイツの大学とは比較にならないほどの地位をもっていた。[15]

両国では国家と歴史学との密接な関係が存在した。[16]フランスにおける一七八九年の革命は、その支持者のみならず反対者にとっても最も決定的な政治的体験であった。歴史学の制度化が遅れ、部分的なものに終わったことは、ドイツにはない政治的多様性を可能にした。フランスはカトリック国であり、そこでは反教権的な共和国との対決が世紀を通じて継続し、それはドレフュス事件によって決定的となった。ドイツでは、フランス的な意味における自由主義と保守主義との政治的見解の対決がなかったため、ドレフュス事件のようなことは起こりえなかった。そのかわりここでは一九世紀初頭以来、自由主義と官憲国家との連合が顕著になり、それは歴史叙述と歴史学とに反映された。それに対しフランスでは大学改革が浸透し、専門職としての歴史家が成立した時代において共和国が強化された。一八七七年から七九年の期間にフランスは穏健共和派が王党派に勝利し、ビスマルクは国民自由党と決裂した。われわれが確認するように、このような政治的発展も両国の歴史叙述と歴史学とに重大な影響を及ぼしたのである。

二　「科学的」歴史学の発端

四八年革命に至るまで独仏両国の歴史学の間には大きな類似性があった。啓蒙史学以来の普遍史的・文化史的伝統がいずれにおいても継承されていた。類似した市民的自由主義形態が両国の歴史叙述に大きな影響を与えていた。だが、史学史的伝統の政治的・制度的・知的枠組みの相違を反映した明らかな差異が存在した。両国における一八世紀の近代歴史学の出発点がすでに異なっていた[17]。さきに確認したように、フランスでは一九世紀の最初の三分の二半期になるまで、広範教養層を相手に執筆していた文筆家によって大部分の歴史書が書かれていた[18]。ドイツでは、フランスには欠けていた大学が重要な役割を果たしていた[19]。

ドイツにおいても一七三七年のゲッティンゲン大学の創立以前には、大学はまだそれほど高い名声をえていなかった。新しいタイプの大学としてのベルリン大学が一八一〇年に創設されたことによって、徐々に教育と研究との結合が波及したにすぎない[20]。大学外の歴史叙述にとって文学が模範となったのに対し、大学のそれはますます文献学を模範とするようになった[21]。一八世紀にようやく文献学がミハエリス〔神学者〕、ハイネ〔文献学者〕、ヴォルフ〔哲学者〕によって聖書やホメロスに応用されたように、新しい文献学は、テクストの真偽やその内容の語彙的意味に問題を限定するものではなく、テクストをその枠内で理解すべき歴史的社会の構成要素とみなした。歴史研究のこのような方法はアマチュアではなく、専門教育を受けた学者によってのみ行われうるものであった。だが、そのような専門教育は純粋に技術的なものではなく、特にフンボルト改革の時代にあっては、ドイツ古典期の教養理念とドイツ観念論の世界像とに基づいていた。学問とドイツ観念論との結合、さらにまた学問と官僚国家との結合が、新しい学術分野の模範となったランケの歴史学構想のなかにはっきりと現れていた。それに対しフランスにおける文化史的であった歴史学の出発点は、文献学的というよりも啓蒙主義的な意味での哲学的性格をもっていた。ここでは時代の思想内容を批判的深化によってテクストのなかに再構成する努力よりも、人間生活が対象化されているような制度や生活様式の分析が重要であった。

歴史を厳密な科学とするランケの考えは、一次史料の無条件的テクスト批判に基づいて、「それが実際どうであったのか」というように過去の精確な叙述を可能とするものであったが、それは歴史家の仕事を事件の探究のみに限定するものではなかった。少なくとも、それと同様に重要であったものが大きな歴史的連関の把握であり、「われわれがその発展のなかに洞察する傾向、創造力（および）道徳エネルギーの把握である。それらを定義したり、抽象化したりすることはできないが、看取し知覚することができる。その存在を共感することは可能である」[22]。二〇世紀の六〇年代までドイツ歴史学の根底を流れてきた精神科学的発想の核心がここにあり、それは、たとえばフランスのような他国の歴史学と異なったものである。

このような学問概念と密接に結びついたものが、ドイツの大学における歴史学の伝統を規定した国家観であった。一方でランケは厳格な「公正さ」を指示したが、他方で国家は彼にとって歴史家が「完全な客観性をもって叙述すべき」「精神的統一体」であり、「神の思想」であった[23]。基本的にランケの国家理念は、一八〇六年以降改革されたプロイセン官僚主義的絶対主義のそれであった。これに対応するものが、国家の権力的要求への社会的利害の従属と、国家の行為を純粋に国家理性から導きだし、内政的考慮から独立させるという想定とであった。このことは国家の文書上の発表、とりわけ外交決定を説明する公文書に方法論的に焦点をおくことを含意していた。ランケにとってそのような歴史叙述は、文化や文学の除外を意味するものではなかったが、それらを周縁化し、このような立場の理念的精神に矛盾した経済的発展を完全に等閑視したことはたしかである。

一九世紀前半のフランスでは歴史家の組織的養成がまだ存在しなかった。一八二一年に設立された古典学校は、主として文書館員を養成した。ここでは歴史叙述はドイツにおけるよりもはるかに意識的に政治教育的機能を負った。シャトーブリアン〔文学者・政治家〕に代表されるような、中世キリスト教的フランスを美化しフランス革命を全面的に拒絶するカトリック色の強い伝統がある一方で、少なくとも一七八九年から九一年のフランス革命を基礎体験とした自由主義色の強い歴史叙述が存在した。この歴史叙述も中世を扱ったが、それはオーギュタン・チエリー、フランソア・ミニェ、フランソワ・ギゾーのように、市民層の形成とその優位を賛美するために取り組んだのである[24]。

市民的王政に対する民主主義的反対勢力の成立によって、一八三〇年以降フランスの政治的対立は先鋭化した。この社会対立はすでにルイ・ブランの『フランス革命史』と彼の一八三〇年代史に大きな作用を果たした。フランスの歴史叙述も文書館史料を直接用いて研究したが、ランケが追求したような精神史的発想からは遠く隔たっていた。

むろんランケの理念史的アプローチは、一八四八年以前のドイツ語圏の歴史叙述に対してもまだ拘束力をもっていたわけではなかった。ベルリン大学外ではフランスと同じように、政治的関係を無視しないが、文化・文学・社会に高い価値を置く歴史叙述の伝統が継続していた。それはたとえばシュロッサー、ロッテク、ゲルヴィーヌスなどにみられる[25]。だがツィンメルマンの『農民戦争史』を除けば、フランスでは復古期や七月王政期にみられたような政治の社会史の萌芽はここにはなかった。だが、のちにプロイセン学派と同一視された歴史家たちでさえも、彼らの自由主義と歴史の政治教育機能に対する認識の点でランケとは異なっていた。さらにダールマンとドロイゼンは、ヨーロッパの諸革命に関する作品をいずれも一八四〇年代に書いたのである[26]。

三　ドイツ・フランスの歴史学の職業化

プロテスタント系ドイツの歴史学にとって、一八四八年は深い切れ目を意味した。すでに見たようにフランスでは、一八七〇年以降の年月が大きな切れ目をもたらした。このような区切りは研究と教育の職業化に関係するが、これは両国で非常に異なった政治的前提条件のもとで生じた。すなわちドイツでは自由主義が官僚国家にますます順応する状況に直面しており、フランスでは共和制への移行期にあった。ドイツでは自由主義市民の利害と強大なホーエンツォレルン王政とを同一視した。その王政は、自由主義的経済政策を追求し、国民的統合を促進し、一八七〇年以降は工業労働者階級を封殺したのである。ジーベル、ドロイゼン、トライチュケのような「自由主義的」歴史家は、市民的自由主義の目的達成をビスマルクの政策のなかに見たのである。(27) だが彼らはランケの超党派的な国家観だけでなく、彼の精神科学的歴史理論の理念的前提をも継承した。それをドロイゼン(28)やディルタイ(29)が最も明確に定式化している。ここでは歴史家の特定の小集団が、歴史学のイデオロギー的・学術的独占を達成した点で、フランスよりもはるかに成功した。ランケの学問概念とそれに結びついた国家理念とが貫徹したのである。近年ヴォルフガング・ウェーバーが証明したように、大学の自己再生産活動が学問的・政治的大勢順応を強化したのである。

プロイセン・ドイツ歴史学の一変型は、一八七〇年以降国際的意義を獲得した国民経済学・新歴史学派の経済・社会史であった。これはランケ的学問理念の二つの重要な観点を継承した。すなわち研究の出発点としての文書館調査と社会における国家の中心的役割の尊重である。一八七〇年以降次第に社会保守主義的立場を代表するようになった政治史家とは逆に、一八七二年に社会政策学会に結集したグスタフ・フォン・シュモラーと歴史学派の他の代表的人物は、国家の社会政策のために学問的基盤をすえることを自分たちの課題とみなしていた。その社会政策は労働者を社会民主主義から引き離し、国家に結びつけるべきものであった。(30) 同学会は住居・健康・栄養・労働条件に関する経験的業績の最初のシリーズを発表した。同時に前近代に関する重要な経済学的研究が成立したが、それは二つの異なる方向をとった。より影響力をもったのはシュモラーから出た一七、一八世紀プロイセン王政の憲法史・行政史・財政史であった。ほかにカール・ランプレヒト『中世ドイツにおける経済生活』(一八八五/八六年)とエーバーハルト・ゴートハインの『シュヴァルツヴァルトの経済史』(一八九二年)が出た。これらはたしかにシュモラーの伝統によって、経済的・法的史料を綿密に利用したなかで経済機構や行政が前景におかれているが、それらを国家の従属下におくことはしなかったのである。いみじくもランプレヒトの作品のサブタイトルは、「とくにモーゼルラントの史料を基礎にした平野部の物質文化発展に関する研究」であった。ついで一八九一年に彼の『ドイツ史』の第一巻が公刊された。ここでは事件史の代わりに状態や過程が叙述され、社会生活の形式が偉大な個人の役割よりもいっそう強く際立たされた。物質文化は残余の政治・社会・精神の発展の前提とみなされた。それゆえランプレヒトの『ドイツ史』はホーエンツォレルン家あるいはプロイセンに固定されることもなかったのである。

社会科学的方向をとった歴史叙述の前提条件は、一八九〇年頃にもたらされた。ゲルハルト・エストライヒはある研究において「ランケを乗りこえていくための、とりわけ彼の弟子たちによって強調された政治・国家史を克服するための」努力が、いかにこの時代において大きなものであったかを力説した[31]。ここで問題となるのは、総合的な社会史を作りあげていくこのような萌芽が、ドイツにおいてなぜ挫折したかにある。ドイツならびに外国において当初、肯定的にランプレヒトが受容された[32]のは、経済・文化・政治を結びつける彼の試みによるだけではなく、因果関係的・分析的な叙述によって物語的な叙述法を補い、そのようにして歴史を別の種類の学問としようとしたことにもよるのであった。

ランプレヒトの『ドイツ史』に関する論争の激しさは、学問的な意見交換の枠内では理解しえない。ドイツとすべての国民の歴史の進行を規定する精神発生学的法則というランプレヒト構想を似非学問的空論とみなすような正当な批判もたしかにあった[33]。だが、レンツやベロウ、ラッファールらによってなされたランプレヒトに対する実際の攻撃は、彼の唯物主義と目されたものに、すなわち彼をマルキシズムに近づける恐れがある経済・社会・文化への取り組みに集中したのである[34]。ランプレヒトは専門歴史家から組織的に孤立させられた。彼はライプツィッヒにおける教授職、一九〇九年以降の文化・経済史インスティテュートを通じて[35]、自身が『中世におけるドイツ経済生活』において重要な模範を提示した地域史における社会史的研究に対しては、その後も多大な影響を及ぼしたのではあるが。クルト・ブライジヒの普遍史的業績の受容はこれとは異なった経過を示した。彼はシュモラーの弟子のひとりであり、『アクタ・ボルシカ』における協力者であったが、この仕事の公刊は『史学雑誌』においては黙殺された[36]。ランプレヒトもブライジヒも民主主義者でも社会主義者でもなかった。ランプレヒトは政治的にはシュモラーに近く、そのシュモラーは啓蒙主義的な社会政策によって労働者を君主国家に吸収することを望んだ。だが、シュモラーもまたベロウの激しい攻撃の的になったのである[37]。

ランプレヒト論争はドイツにおける二つの批判的反動をもたらした。そのひとつは歴史理論、もうひとつは歴史叙述にそれぞれ関係する。ヴィンデルバントやリッケルトのような新カント学派によって再び取り上げられた歴史学の独自な課題は、「法則定立」方法とは逆の「個性記述的」な方法を用いるもの[38]であったが、これがランプレヒトによる分析的社会史の開始に対抗して援用される一方、ランケの客観性要求が盾にとられたのである。[39] プロイセン学派の自由主義は疑問視されたが、彼らがなおも強調した国家主義はそうではなかった。ランケにおいてもそうであったように、歴史考察の中心にはいまや全世界に拡張したヨーロッパ列強の勢力均衡が再びおかれた。そのため歴史学はヴィルヘルムの世界政策を正統化することを要求された。

この広い新ランケ学派のコンセンサスの内部で、フリードリヒ・マイネッケ、ハンス・デルブリュック、オットー・ヒンツェ、ヘルマン・オンケンのような専門歴史家はもちろんのこと、さらにマックス・ウェーバー、エルンスト・トレルチ、ルヨ・ブレンターノ、一時的にはヴェルナー・ゾンバルトのような歴史的方向をとった学者までが、社会的・政治的改革に対するいっそうの開放性を支持した。彼らは民主主義を招来させることなしに、国家を外政的に強化するために、国家を内政的に近代化することを望んだ。[40] この開放性は後述するように、歴史研究方法に対する影響をも、もったのである。

四　フランス史学のもうひとつの道

ヴィクトル・デュリュイは歴史家としての専門教育を受け、一八六三年にナポレオン三世から文部大臣に任命されたが、彼によるドイツを模範にしたフランスの大学ととりわけ歴史教育を改革する努力は、一八七〇／七一年の普仏戦争以前にすでにはじまっていた。[41] デュリュイはドイツ大学に対するフランス高等教育機関の立ち遅れを意識していた。高等研究院および歴史学・文献学特別部門の設立によって、デュリュイは一八六八年ドイツと同じように、公開講義ではなく「実践的」ゼミナールに重心をおき（そこから学校の名前がついたのだが）、研究者としての学者を養成する高等教育機関をつくった。一八七一年以降、大学の再建、教育と研究との緊密な結合、歴史学講座の設置を含む高等教育改革が広範囲にわたって貫徹された。

ドイツと同じように新しい歴史学は、意識的な政治教育的機能を果たしたが、これは研究の客観性と価値自由の承認とに矛盾するものであった。ドイツの模範による大学改革と研究の導入は、一八七〇年代末における共和派の政治的勝利後の共和主義化および教育制度の反教権化と密接に結びついていた。この共和主義的な屋根のもとに多様な政治観が集結していた。その多様性は、第二帝政期に輝かしい経歴を始め、共和国に対して冷淡な態度をとったラヴィスやモノのような年配の歴史家たちから、アンリ・オゼルやアンリ・セーのような若い世代の断固とした民主主義者に至るまで広がっていた。彼らはすべて強調されたナショナリズムと国民的遺産としてのフランス革命の肯定を共和国に結びつけた。比較的若い歴史家たちは、文学部の学者の大きなグループに属し、高等師範学校で共通の教育を受け、共和主義的コンセンサスの範囲内で行動したのである。

ドイツにおけるのと同様、新しい史料批判研究の方法は狭義の政治史、特に外交に適用された。一八八五年に最初のフランス革命史講座に就いたアルフォンス・オーラールは『フランス革命政治史』を著した。これに対して中世史研究は、フュステル・ド・クランジュの伝統のなかで、ラングロア、フェルナンド・ロット、そしてブルグンドの封建制度に関する博士論文におけるシャルル・セニョボスによって継承されたように、政治的事件史ではなく分析的制度史として理解された。

一八七〇年から九〇年の間に、ドイツ・モデルの新しい歴史学が国際的に定着した。フランスでは歴史を厳密な科学として確立する努力は、ナショナルな自己意識を回復することに貢献するとみなされた。一八九〇年頃、このような新しい学問構想と新しい研究実践が浸透したすべての諸国において、ドイツのランプレヒト論争がもたらしたような原則的論争がはじまった(42)。工業化や民主化によって生じた大きな変化の価値をある程度認めることによって、学問は近代化されなければならなかったのだ。だが、フランスやその他の国では論争の結果、社会科学的な方向の歴史研究・歴史叙述を擁護する者がますます登場してきたのに対し、ドイツにおけるそのような立場は、専門内で孤立するか専門から除外されていった。

フランスでは一八八七年に、大学の歴史学に対するエミール・デュルケームの批判から論争がはじまった(43)。ランプレヒトとは対照的に、彼は歴史学がランケ的な意味において科学ではないことを主張するだけでなく、歴史学が科学になりえないものであることを主張した。なぜなら歴史学は、彼が唯一の社会の科学と考える社会学のように、社会的事実のなかに、すなわち経験的に証明しうる社会規範や客観化された行動様式のなかに具体的基礎をもたないからである(44)。この「社会的事実」の概念は新カント学派の理念的方法だけでなく、マックス・ウェーバーの「理解社会学」からも区別されるものであったが、のちのフランスの社会史叙述の広い分野にとって決定的な意味をもったのである。

歴史はせいぜい社会学の補助学になりうるにすぎないというデュルケームの主張は、ポール・ラコーンブ(45)、アンリ・ベール、フランソワ・シミアンのような社会学的な歴史学の後年の代表者たちによって相対化された。彼らはデュルケームの科学概念から離れなかったが、経験的事実を構造分析と結びつけることによって歴史が科学となることができると考えた。そのことによって彼らはドイツ文化科学の解釈学的な理解概念を認めなかった。意図ではなく社会的制度こそが重要なのである。デュルケームの共同研究者フランソア・シミアンは、マルクスに依拠して、生産の社会的枠組みがその社会の性格を規定することを強調した(46)。彼が一九〇〇年に創刊した『歴史総合評論』は、国際的な歴史理論討論の最も重要なフォーラムに発展した。アンリ・ベールは、彼の見解によれば大学の歴史学に特徴的である専門化と専門屋とを遺憾とし、さまざまな社会科学との緊密な共同研究を要求した。社会科学とは経済学や社会学、また特に心理学やヴィダル・ド・ラ・ブラシュの人文地理学に代表されるような地理学であった(47)。歴史理論上の議論においては、社会科学的な社会史の擁護者が優位を占めたが、歴史叙述においては、セニョボスやラングロアが彼らの歴史学方法ハンドブックのなかで擁護したような伝統的手法が依然として勝っていた。

一八九〇年以降、フランスでは伝統的な歴史学との断絶を示すさまざまな新しい萌芽がみられた[48]。その際、経済史の役割が重要性を増した。エミール・ルヴァスールによるローマ時代から現在までのフランス労働者階級史に関する経済史叙述の二大業績がすでに第二帝政期にあらわれていたが、それらは発想の点で大きい刺激となった。彼はこのような歴史叙述を一八九〇年代に最新の水準に導き、第三共和制を通じて継続させた。ルヴァスールの上に築かれた経済史は社会史でもあったが、それは二つの異なる方向をとった。アンリ・オゼルやアンリ・セーはガブリエル・モノによってフランスに導入された史料批判のランケ流の方法を経済・社会史に適用した。オゼルはこれらが「政治・宗教・文学の歴史と同じ方法によって研究、叙述されなければならない[49]」ことを強調した。一方、オゼルはドイツ歴史家と比べて、史料から明らかになる生活様式を重視し、体制や法をあまり重視しなかった。フランス近代初期の労働者と商人に関する彼の研究は、「人間がいかに生きたか、どのように生計を立て、どのように住み、どのような衣服を着、商品の交換や労働をどのように組織化したか[50]」を扱ったのである。史料批判方法と社会史的構想とのこのような結合は、オゼルが一五二九年のリヨン暴動に関する論文のなかで見事に達成した。それは社会と宗教の分析を結合し、ドイツ農民戦争と比較したものであった[51]。この方法は一九〇三年にシミアンの厳しい批判を受けた。それはこの方法が史料への接近においてあまりに歴史主義的であり[52]、厳密な社会科学の問題提議を無視したものであったからである。シミアン自身、より理論的な第二の方向を代表し、このような問題提議を賃金の歴史に関する研究に適用した。この研究において彼は、出来事をより大きな景気動向の枠組みに組み込んだのである。

一九世紀末から二〇世紀初頭に、ドイツの大学ではなかったような政治の社会史の重要な萌芽もあらわれた。フランス政治史の最重要テーマは、依然として一七八九年のフランス革命であった。アルフォンス・オーラールは革命を主要な政治事件として示し、それを市民的共和主義者的立場から判断した。それに対しジャン・ジョレスは、フランス革命研究にまったく別の方向を与えた。彼の数巻からなる『社会主義史[53]』は中央政治と社会運動とを結びつけ、下層階級の経済状態を重視した。ジョレスは代議士として「革命期経済生活の研究・史料刊行のための委員会」の設立を進めたが、それは革命研究に大きな意味をもつものであった。このような方向は、次の数年間にフランス革命の社会主義的解釈を学問的に拡充した二人の歴史家の仕事に影響を与えた。すなわちアルベール・マチエとジョルジュ・ルフェーヴルである。彼らは、マチエが『恐怖政治下の物価騰貴と社会運動[54]』でのちに分析したような経済状態に対してのみならず、集団意識にも関心をもったのである。マチエは恐怖政治のもとでのフランス人の宗教的態度を研究した。そのことによって彼は心性史の先駆者とされうる。経済史と心性史の同じような結合をジョルジュ・ルフェーヴルがとった。彼は一九一四年に革命期ベルグ郡の食物史記録を詳細な歴史学的緒言とともに集成した[55]。

一九一一年にリュシャン・フェーヴルの著書『フィリップ二世とフランシュ・コンテ』が「政治・宗教・社会史的研究」というサブタイトルの下にあらわれた。地域・経済・文化を相互に密接に結びつけたヴィダル・ド・ラ・ブラシュの人文地理学構想は、フェーヴルにとって重要であった。彼は第一に地域の地理学的基礎、地域の政治・経済的構造を重視した。それによって旅行・結婚・家政・死といった特別な部分を伴った生活様式に立ち入ったのである。さらにこのような分析的部分は、その時代の政治・宗教の説明を物語的に処理する基礎として役立ったのである。

五　比較と連関

社会史のこのような形態にあたるものは、ヴィルヘルム期ドイツでは現われなかった。ドイツの大学において現状の批判者はたしかに存在したが、それはシュモラーのような社会政策の支持者、マックス・ウェーバーのような基本的な政治改革の支持者であって、民主主義者ましてや社会主義者ではなかった[56]。一八九八年にプロイセンで物理学の私講師レオ・アロンスが社会民主党員であったという理由で「アロンス法」で教授資格を剝奪された。彼自身、教壇における政治的発言を控えていたにもかかわらずである[57]。自由主義左派の歴史家は一九一四年以前にはほとんどまったくいなかった。ファイト・ヴァレンティンは一九一六年に教授資格を失い、同年、グスタフ・マイヤーは教授資格請求に失敗した[58]。それに対しフランスの歴史家は一八九〇年以降すべて共和主義者であっただけでなく、たいてい民主主義者であり、多くの場合、シミアン、アンドラー、マチエ、ルフェーヴルのように社会主義者でもあった。民主主義に対するこのような開放性は歴史学の対象・方法にも作用した。

むろんフランスにおける社会史の出現を過大評価したり、左翼と同一視しすぎてはならない。すでにみてきたように、一九世紀においてもアレクシス・ド・トクヴィルやイポリット・テーヌの名に結びつけられるような社会・文化史の強い伝統が存続し、それはドイツにおけるのと同様に社会保守主義の性格をもつこともしばしばあった。一方、オーラールの例が示すように民主主義者は理念的な政治史構想を支援し、左翼と一線を画すことができた。セニョボスが一八九〇年代に代表したような歴史叙述の主流は国家指向的なものであった。だがランプレヒト論争であらわれ、ワイマル期にも持続したような社会・構造的研究の萌芽に対する政治的な中傷は、フランスでは生じなかった。

さらに経済・社会史分野における国際協力に目を向けよう。一八九三年に『社会・経済史雑誌』があらわれ、これは一九〇三年に『社会経済史四季報』に改変されてのち、長きにわたってこの分野の最も重要なヨーロッパ誌であった。[59] 創設者はウィーン出身で社会民主党に近い関係にあった。同誌において最も重要な役割を果たしたルド・モーリッツ・ハルトマンは、史的唯物論を公然と擁護した。出版社はフライブルクにあり、パリからはジョルジュ・エスピナ、モスクワそしてロンドンからパウル・ヴィノグラドフ、ベルギーからアンリ・ピレンヌといった著名な非ドイツ人学者の協力下にあった。寄稿論文は一九一四年まで独仏英伊の四カ国語で出版された。そのため雑誌は国際社会史研究の水準をさまざまな点において反映していた。第一巻には、アンリ・ピレンヌ、テオドール・モムゼン、ルヨ・ブレンターノ、アンリ・オゼル、さらにゲオルク・フォン・ベロウが登場した。ハルトマンのような積極的な社会民主党員と、フォン・ベロウのようなきわめて保守的な国家指向の歴史家との緊密な共同作業が可能であったことは興味深い。ベロウは一九一三年に編集委員会のメンバーとなり、一三年には編集主幹を引き継いだ。この雑誌が彼らを結びつけ、ランプレヒトの『ドイツ史』と異ならしめたものは、政治的立場を越えた綿密な史料研究に対する信仰告白である。そのため、ウェーバー、ゾンバルト、ブライジヒ、デュルケーム、さらにのちのマルク・ブロックにおいてそれぞれ異なる形態でみられたような、国際比較社会史の萌芽も同誌は故意に看過した。戦争の勃発で雑誌は外国の協力者を失うと、ベロウの指導のもといちだんと法制・行政史に集中した。[60]

戦争はドイツ歴史学に対してフランス歴史学とは異なる影響を及ぼした。ドイツの大学教授が一九一四年の戦争宣伝を支持・参画した初期の意見の一致ののち、戦争目的と体制改革をめぐる論争において、シェーファー、フォン・ベロウ、マルクス、レンツやその他の歴史家によって代表される国家主義的・全ドイツ主義的方向と、政治的にはより開放的であるがナショナルで君主主義的なグループとの間の分裂が露呈した。後者のグループには、エルンスト・トレルチ、フリードリヒ・マイネッケ、ハンス・デルブリュック、アドルフ・フォン・ハルナック、マックスとアルフレートの両ウェーバー、ルヨ・ブレンターノ、フェルディナンド・テニエス、レオポルド・フォン・ヴィーゼ、グスタフ・フォン・シュモラーらがおり、彼らは当時少数派を形成していた。このような分裂は、今日の視点からみると歴史科学のいっそうの発展にとって重要な意味をもっていたのである。[61] 二つの方向にとって、「一九一四年の理念」は西欧の政治・経済の模範からのドイツの分離をその内容としていた。[62] 戦争の結果は、ドイツにおける社会史の、さらにシュモラー・タイプの歴史学の歴史学からの実質的な排除を確定した。フォン・ベロウが代表したような法制・行政史の方向は例外とされた。また、特に地域・地方史において現れた新しい発想、すなわち小ドイツ主義学派の国家理念を根源的な人種的共同体としての「民族」理念によって代置した発想も例外とされた。

フランスにおいては戦争が、ソルボンヌのドイツ流の歴史と、フランスの伝統に源をもつ社会構造史への要求との以前からの論争を激化させた[63]。このような戦争によって彩られた議論が、どれほど真面目に受けとめられたかどうかは疑わしい。フェーヴルはナショナルな事柄に歴史を動員するような傾向に対し断固として警告した。それでもなおこのとき、フランスにおいて、一九二九年以来『アナール』に代表されるようになる新しい種類の社会史への道が開かれたのであった。

六　結　び

政治と学問の安易な同一視は容認できないことはいうまでもない。しかし他方、職業化と科学化とが同一であるという幻想も抱いてはならない。ランケやフュステル・ド・クランジュは、かつて模範となった歴史叙述とは対照的に、経済史学が過去をまったくその時代から、その異質性において理解することができると主張した。この主張は、独仏のいかなる歴史家によっても果たしえなかったし、特定の観点が人間科学における認識すべてに不可欠な要素である限り、恐らく達成されえないものであろう。

職業化と科学化は、近代市民社会の変容と密接に結びついている。ドイツでこのような改革を促進したものは改革主義的官僚絶対主義であったが、このような絶対主義に対し大学は指導者層の養成に貢献した。官僚政治は自由主義市民層の要求に合致した近代資本主義社会秩序の前提条件をつくり、市民層は政治参加の欠如を政治的社会的安定の代価として容認していた。新しく職業化された歴史学は、このように多少とも意識的な政治的企図を帯びた制度的・知的枠組みのなかで成立した。国民経済学の歴史学派が理解したような社会史にも、このような枠組みが特殊な性質を与え、同時にその限界をも規定した。一八四八年あるいは一八六六年、一八七八年以降のドイツの議会主義化が阻止されたという事実は、二〇世紀半ばまで続くこのような国家指向の歴史学の形式と方法とに影響を与えた。政治的近代化の遅れ、この議論の余地のある用語を使ってよいなら、これは歴史学の近代化をも妨げたのである。この歴史学はフランスをも含む他国におけるよりもはるかに著しく独自の古典的伝統に囚われ続けた。

ドイツの社会史が他の分野において支持されていたことは、十分論証ができる。他の分野とはたとえば形成されつつあった歴史社会学（ウェーバー、ジンメル、マンハイム）やその隣接科学（ゾンバルト、トレルチほか）であり、これらは狭義の史料分析から遠ざかり、社会分析概念を用いて研究した。しかし、このような社会科学的方向は大学において周縁化し、政権と折り合った既成の歴史学とは対照的に、一九三三～四五年には排除されていった。

ドイツにおけるのと同じように、フランスにおける歴史学の職業化も政治的限定条件に密接に結びついていた。だが、ここでは職業化は異なる時点で、異なる前提条件の下にはじまり、異なる知的伝統に結びついた。ドイツの学問モデルはフランスの歴史学研究・教育にとってたしかに重要であったが、それだけが決定要因ではなかった。フランスは一九世紀に多彩な歴史叙述を享受し、歴史が政治や市民教育においてもった地位は、恐らくドイツにおけるよりもさらに高かったであろう。このことは、歴史家がフランスの政治生活のなかで果たした重要な役割、歴史文学を消費した大きな公衆を考えてみればわかる。フランスに歴史意識を刻印した歴史家たちは、科学的研究の規準をますます受け入れ、それを用いていたにもかかわらず、大学外にしばしば影響を与えていたのである。フランス高等教育機関における共和主義的なそしてのちには民主主義的なコンセンサスは、社会科学的な方向をとった社会の歴史に好都合な基礎を提供した。それはまた、一八九〇年代に行われた国際的な原則をめぐる論議がもたらした異なる結果をも説明するのである。近代的批判的社会史が可能となるためには、ドイツもしくは連邦共和国において堅固な民主政治と民主主義的了解が成立する必要があったのである。

注

（1） これについては次の論集の各寄稿論文を参照。J. Kocka (Hg.), *Bürger und Bürgerlichkeit im 19. Jahrhundert*, Göttingen 1987.

（2） W. Weber, *Priester der Klio. Historisch-sozialwissenschaftliche Studien zur Herkunft und Karriere deutscher Historiker und zur Geschichte der Geschichtswissenschaft 1800-1970*, Frankfurt 1984 ; ders., *Biographisches Lexikon zur Geschichtswissenschaft in Deutschland, Österreich und der Schweiz. Die Lehrstuhlinhaber für Geschichte von Anfängendes Faches bis 1970*, Frankfurt 1984.

（3） Ch. Charle, *Les Professeurs de la Faculté des Letters à Paris. Dictionnaire biographique, 1809-1939*, 2 tom., Paris 1985/86 ; ders., *Intellectuels et élites en France (1880-1900)*, Thèse, Paris 1985.

（4） V. Karady, Teachers and Academics in 19th Century France. A Socio-Historical Overview, in: W. Conze u. J. Kocka (Hg.), *Bildungsbürgertum im 19. Jahrhundert*, Teil I, Stuttgart 1985, pp. 458-494 ; do., Lettres et sciences. Effets de structure dans la sélection et la carrière des professeurs de faculté (1810 bis 1914), in: C. Charle (Hg.), *Le Personnel de l'enseignement supérieur en France aux XIXe et XXe siècles*, Paris 1985, pp. 29-45.

（5） Cf. W. Keylor, *Academy and Community. The Foundation of the French Historical Profession*, Cambridge, Mass. 1975.

（6） プロテスタント的歴史学は、ミュンヘンのようなカトリック系大学やバイエルン科学アカデミーにも影響を及ぼしているが、私は以下の比較をドイツのプロテスタント地域に限定したい。これについては次を参照。C. Simon, Staat und Gesellschaft in Frankreich und Deutschland 1871-1914. Situation und Werk von Geschichtsprofessoren an den Universitäten Berlin, München, Paris, Manuskript, Allschwil-Basel 1987.

（7） J. J. Sheehan, *Der deutsche Liberalismus*, München 1983, S. 11.

（8） Vgl. G. G. Iggers, *Deutsche Geschichtswissenschaft. Eine Kritik der traditionellen Geschichtsauffassung von Herder bis zur Gegenwart*, München 1971, Kap. 5, S. 120-168.

(9) P. Stadler, *Geschichtsschreibung und historisches Denken in Frankreich 1789-1871*, Zürich 1958; B. Gödde-Baumanns, *Deutsche Geschichte in Französischer Sicht. Die frsnzösische Historiographie von 1871 bis 1918 über die Geschichte Deutschlands und die deutsche-französische Beziehungen in der Neuzeit*, Wiesbaden 1971; S. Mellon, *The Political Uses of History. A Study of Historians in the French Restoration*, Stanford 1958; Keylor. Academy. passim, 特に chap. 7, pp. 111-124, chap. 9, pp. 141-202.

(10) C. McClelland, *State, Society and University in Germany, 1700-1914*, Cambridge 1980, passim.

(11) R. S. Turner, The Prussian Universities and the Research Imperative 1796 to 1848, Ph. D. Princeton 1973.

(12) Conze/Kocka, Einleitung, in: dies., *Bildungsbürgertum*, S. 18.

(13) Cf. Keylor, *Academy*, pp. 55-74.

(14) F. Ringer, Education and the Middle Classes in Modern France, in: Conze/Kocka, *Bildungsbürgertum*, S. 109-146.

(15) Karady, Teachers and Academics, pp. 470, 474.

(16) Vgl. Simon, Staat, S. 9-26.

(17) Vgl. H.-E. Bödeker u. a. (Hg.), *Aufklärung und Geschichte. Studien zur deutschen Geschichtswissenschaft im 18. Jahrhundert*, Göttingen 1986; K. Hammer u. J. Voss (Hg.), *Historische Forschungen im 18. Jahrhundert*, Bonn 1976.

(18) それについては次も参照のこと。U. A. J. Becher, *Geschichtsinteresse und historischer Diskurs. Ein Beitrag zur Geschichte der französischen Geschichtswissenschaft im 19. Jahrhundert*, Stuttgart 1986.

(19) Cf. McClelland, State; H. Möller, *Vernunft und Kritik. Deutsche Aufklarung im 17. und 18. Jahrhundert.* Frankfurt 1986, S. 232-267.

(20) Cf. Turner, Prussian Universities.

(21) P. H. Reill, *The German Enlightenment and the Rise of Historicism*, Berkeley 1975; H. W. Blanke u. J. Rüsen (Hg.), *Von der Aufklärung zum Historismus*, Paderborn 1984.

(22) ランケ、相原信作訳『強国論』岩波文庫、一九四一年、七八ページ。

(23) Vgl. Iggers, *Geschichtswissenschaft*, S. 103-107.

(24) Vgl. D. Gerhard, Guizot, Augustin Thierry und die Rolle des Tiers Etat in der französischen Geschichte, in: ders., *Alte und neue Welt in vergleichender Geschichtsbetrachtung*, Göttingen 1962, S. 57-75; Stadler, *Geschichtsschreibung*.

(25) G. Hübinger, *Georg Gottfried Gervinus. Historisches Urteil und politische Kritik*, Göttingen 1984.

(26) F. C. Dahlmann, *Geschichte der englischen Revolution*, Leipzig 1844; ders., *Geschichte der französischen Revolution*, Leipzig 1845; J. G. Droysen, *Vorlesungen über die Freiheitskriege*, Kiel 1846.

(27) H. Schleier, *Sybel und Treitscheke*, Berlin 1965; A. Dorpalen, *Heinrich von Treitscheke*, New Haven 1957.

(28) J. G. Droysen, *Historik.* Historisch-kritische Ausgabe v. P. Leyh, Bd. 1, Stuttgart 1977.

(29) W. Dilthey, Einleitung in die Geschichtswissenschaften, in: ders., *Gesammelte Schriften*, Bd. 1, Leipzig 1922, S. 3-122.

(30) J. J. Sheehan, *The Career of Lujo Brentano. A Study of*

Liberalism and Social Reform in Imperial Germany, Chicago 1966, pp. 67-94.

(31) G. Oestreich, Die Fachhistorie und Anfänge der sozialgeschichtlichen Forschungen in Deutschland, in: *Historische Zeitschrift* 208, 1969, S. 322.

(32) ドイツにおけるランプレヒト受容については次をみよ。P. Schumann, Die deutschen Historikertage von 1893 bis 1937, Diss. Marburg 1974. 外国における受容については次を参照。L. Schorn-Schütte, *Karl Lamprecht. Kulturgeschichtsschreibung zwischen Wissenschaft und Politik*, Göttingen 1984, S. 287-337.

(33) それについては次をみよ。D. Schultz, History as a Moral Force Against Individualism. Karl Lamprecht and the Methodological Controversies in the German Human Sciences 1880-1914, Ph. D. Chicago 1985.

(34) ベロウ、ラッファール、マイネッケらランプレヒト批判者は、彼が「マルキスト」であることを再三強調した。ベロウ自身はランプレヒトがマルキストでないことを認めていたにもかかわらずである。G. von Below, Die neue historische Methode, in: *Historische Zeitschrift* 81, 1898, S. 265.

(35) K. Czok, *Karl Lamprechts Wirken an der Universität Leipzig*, Berlin 1984.

(36) ブライジヒについては次をみよ。B. vom Brocke, *Kurt Breysig. Geschichtswissenschaft zwischen Historismus und Soziologie*, Lübeck 1971, S. 123f.

(37) G. von Below, Zur Würdigung der historischen Schule der Nationalökonomie, in: *Zeitschrift für Sozialwissenschaft* 7, 1904, S. 145-185, 221-237, 304-329, 367-391, 451-466, 654-716, 787-804.

(38) これについては次を参照。W. Windelband, *Geschichte und Naturwissenschaft. Rektoratsrede*, Straßburg 1894.

(39) H.-H. Krill, *Die Ranke-Renaissance*, Berlin 1962, S. 140f. u. passim.

(40) フリッツ・K・リンガー、西村稔訳『読書人の没落――世紀末から第三帝国までのドイツ知識人』名古屋大学出版会、一九九一年、第三章「政治理論と社会理論　一八九〇―一九一八年」八四～一三五ページ。

(41) Cf. Keylor, *Academy*, pp. 19-24; Simon, Staat, Teil III.

(42) Vgl. Schorn-Schütte, *Lamprecht*, S. 287-337.

(43) Cf. R.R. Colbert, The Revolution in French Historical Thought. Durkheim's Sociologism as a Major Factor in the Transition from Historicist Historiography to Annales School, 1868-1945, Ph. D. Los Angeles 1974.

(44) 次を参照。デュルケム、宮島喬訳『社会学的方法の規準』岩波文庫、一九七八年。

(45) P. Lacombe, *De l'histoire considérée comme science*, Paris 1894.

(46) F. Simiand, Méthode historique et science sociale, in: *Revue de synthèse historique* 6, 1903. 同論文は以下の雑誌に再録。*Annales. Économies, Sociétés, Civilisations* 15, 1960, pp. 83-119.

(47) Cf. M. Fugler, *Analyse ou synthèse? La Revue de synthèse historique et l'histoire (1900-1910)*, Mémoire de maîtrise, Straßburg 1985; M. Siegel, HenriBerrs Revue de synthèse historique, in: *History and Theory* 9, 1970, pp. 322-324.

(48) Cf. L. Allegra u. A. Torre, *La nascita della storia sociale in Francia. Della Commune alle Annales*, Turin 1977, u. M.

Siegel, Science and the Historical Imagination. Patterns of French Historiographical Thought, 1866-1914, Ph. D. Columbia University 1965.

(49) H. Hauser, *Ouvriers du temps passé. XVe-XVIe siècles*, Paris 1913^4, p. XIX.

(50) Do., *Travailleurs et marchands dans l'ancienne France*, Paris 1920, p. VI.

(51) Do., Étude critique sur la Rebeine de Lyon 1529, in: *Revue historique* 61, 1896, pp. 265-307.

(52) Vgl. Allegra/Torre, *Nascita*, S. 128f.

(53) J. Jaurès, *Histoire socialiste 1789-1900*, tom. I, Paris 1900, pp. 3-10.

(54) A. Mathiez, *La vie chère et le mouvement social sous le terreur*, Paris 1927.

(55) G. Lefebvre, *Documents rélatifs à l'histoire des subsistances dans le district de Bergues pendant la révolution (1788-an V)*, tom. I, Lille 1914.

(56) これについては次をみよ。B. Faulenbach, Albert Mathiez und Gustav Mayer. Geschichtsschreibung als Suche nach demokratischer Kontinuität, in: M. Christadler (Hg.), *Die geteilte Utopie. Sozialisten in Frankreich und Deutschland. Biografische Vergleiche zur politischen Kultur*, Opladen 1985, S. 171. 一般的な精神・政治的風土に関してはつぎを参照。R. von Bruch, *Wissenschaft, Politik und öffentliche Meinung. Gelehrtenpolitik im Wilhelminischen Deutschland (1890-1914)*, Husum 1980, passim.

(57) これについてはリンガー前掲書、三六、九四ページを参照。

(58) R.H. Bauer, Veit Valentin 1885-1947, in: W.S. Halperin (ed.), *Some 20th Century Historians*, Chicago 1961, pp. 103-142; H. Schleier, *Die bürgerliche deutsche Geschichtsschreibung der Weimarer Republik*, Berlin 1975, S. 346-398; H. -U. Wehler, Gustav Mayer, in: ders. (Hg.), *Deutsche Historiker*, Bd. 2, Göttingen 1971, S. 120-132.

(59) 同誌の歴史については次をみよ。H. Aubin, Zum 50. Band der VSWG, in: *Vierteljahrsschrift für Sozial- und Wirtschaftsgeschichte* 50, 1963, S. 1-24. 同誌の前史については次をみよ。W. Zorn, »Volkswirtschaft« und »Sozial- und Wirtschaftsgeschichte«. Zwei Zeitschriften in der Vorgeschichte der VSWG 1863-1900, *ebd.* 72, 1985, S. 457-475. 次も参照のこと。S. Steinberg (Hg.), *Die Geschichtswissenschaft der Gegenwart in Selbstdarstellungen*. Bd. 1: G. v. Below (u. a.), Leipzig 1925.

(60) G. Fellner, *Ludo Moritz Hartmann und die österreichische Geschichtswissenschaft*, Wien 1985, S. 272-284.

(61) リンガー前掲書、第三章。

(62) Vgl. O. Hintze u. a. (Hg.), *Deutschland und der Weltkrieg*, Berlin 1915; K. Schwabe, *Wissenschaft und Kriegsmoral. Die deutschen Hochschullehrer und die politischen Grundfragen des 1. Weltkriegs*, Göttingen 1969; B. vom Brocke, »Wissenschaft und Militarismus«. Der Aufruf der 93 »An die Kulturwelt!« und der Zusammenbruch der internationalen Gelehrtenrepublik im Ersten Weltkrieg, in: W. M. Calder u. a. (Hg.), *Wilamowitz nach 50 Jahren*, Darmstadt 1985, S. 649-719; O. G. Oexle, Ein politischer Historiker: Georg von Below, in: N. Hammerstein (Hg.), *Deutsche Geschichtswissenschaft um 1900*, Wiesbaden 1988.

(63) J, Fernique, *L'histoire au combat. Les historiens français pen-*

dant la Grande Guerre, Mémoire de maîitrise, Strasburg 1985.

第七章　市民文学の歴史と国民的アイデンティティ
——「ドイツ特有の道」の諸相——

ペーター・ウーヴェ・ホーエンダール
（一九三六年生
コーネル大学教授）

一　文学史の国民的役割

これから論じようとするのは、一八三〇年から一九一四年にかけてのドイツ文学史である。この期間のドイツ文学史は、二つの観点から、つまり発生的観点と機能的観点からみて、市民的と評価するにふさわしいものであった。大雑把にいえば、文学の生産者も消費者も、社会的には市民層を基盤としていた——フェルディナント・ラサールやフランツ・メーリングのように、社会主義的視点から市民的文芸学を批判した人びとでさえも、(1)出自からいえば市民層に属していた。こうした社会的帰属をさらに正確に限定すれば、当然、教養市民層という概念が想起される。(2)文学史の著者がすべて大学教師だったわけではないが、たいていは知的教養人に属していたからである。ギムナジウム教師や自由に文学的創作を行う知識人の割合も見過ごすことはできない。たとえばユリアン・シュミットやルドルフ・ゴットシャルのような一八五〇～六〇年代に影響力をもった文学史著者たちはフリーの著述家であり、基本的にはジャーナリズム活動で生活していた。ドイツの大学にすでに文芸学が確立していた一九世紀の最後の数十年間においてさえ、文学史を著していたのは、講座担当教授や私講師だけではなかった。それは、文学史が教育機関のために書かれたものでは決してなかったという事実と関係している。一八七〇年以前は、特にそうであったが、それは以下のような理由によるだろう。つまり、文学史という科目が大学であまり重視されないかぎり、学生のために作品を事細かに解説するような教科書の必要はなかったのである。ギムナジウムでも、作品を解説する文学史の教科書が必要となったのは、ようやく一八三〇年代になってのことであった(3)。いわゆる文学史の入門書が普及するのは、四〇年代以降のことである(4)。

すなわち文学史は、学生や生徒に向けられたというのではなく、むしろ教養ある一般読者のために書かれたものだったのである。文学史は、ある場合は公開講義が(フリードリヒ・シュレーゲル、ゲルツァー、フィルマー)、ある場合には雑誌論文(ユリアン・シュミット)がもととなっていた。二〇世紀の文学史に比べ、当時の文学史は、その時代の文学活動に非常に近いところにあった。したがって、こうした文学史の叙述は、同時代の文学談義の一部と理解されねばならないであろう。つまり、文学史と文学批評との関係は、現代における関係よりも、はるかに密接だったのである(5)。現在のわれわれには当たりまえである学問的批評と文壇批評との分離は、帝国成立後になってようやく達成されはじめる。ヴィルヘルム・シェラーの場合、いまだ両者が同等の強さで特徴づけられていたが、ヴィルヘルム・ディルタイになると、すでに学問的要請が優位を占めていた。

かくして、市民的という場合の第二の観点、機能的観点にわれわれは至った。文学史がひろく教養ある一般大衆に向けられていたという事実は、その文体と内容に影響を及ぼした。表現は、明らかにそうであるかどうかは別として、読みやすく、一般の人びとにも理解できるものでなければならなかった。学問の専門家にむけて、専門家が書いたものではなかったため、学問的に十分研究されていないという批判がしばしばみられた。特に、新たに出現したゲルマニスト的な文献学(グリム、ラッハマンなど)――彼らは古典的な文献学に対して自らの学問的主張を擁護しなければならなかった――は、たとえばゲルヴィーヌスに対する批判を掲げた(6)。しかし方法論的な厳密さの問題は、歴史学的・美学的理論構築としての資料操作の問題ではまったくないということを見誤ったのである。この方法的根本問題をゲルヴィーヌス、ヘットナー、シェラーのような著名な文学史家たちは徹底的に考察し、彼らの叙述のなかで顧慮している。彼らの叙述がその出発点においていかに大きな違いがあったか、この点を彼らはみな、ある特定の文学的伝統の歴史よりもむしろドイツ文学の歴史を描き出すことを通して主張したのであった。彼らが再構築した芸術作品の歴史的関連は、より大きな全体の一部として、つまりドイツ国民のアイデンティティを表現している「国民史」の一部として構成されたのである。一九世紀の文学史は、この意味において、教養ある読者公衆の(イデオロギー的)自己了解をつくりあげるのに貢献した。それは、国民の代表として自己を理解する教養市民層の政治的・文化的な使命と目的についての公然たる語らいというべきものであった。したがって、結局は解釈や意味づけがどういう観点から行われているかということが、資料収集やその評価の観点より重要であったのである。文学史は、国民の「内面的」伝記を追求すべき場所として現れた。一九世紀文学史の試みは、政治的（また限られた意味では社会的）使命を担っていた。文学史の叙述は——ゲルヴィーヌスもはっきりと語っているように——、現在に関わりをもつものであった。それは、読者が彼ら自身の文化的・政治的集団アイデンティティを確定するのを助けるという意図をもって、過去の文学を通時的に再構築した。こうした課題を内容的に整序する場合、それは当然のことながら政治的条件の変化に応じて移り変わるものであった。

近年の特有の道論争のなかで、現在の状況はすでに確固とした伝統のなかに存在している、ということが指摘されることがある。(7) とりわけ、このテーゼの肯定的変形であり、一八世紀末以来、ドイツは独自な国家に到達するために西ヨーロッパの典型から遠ざかっていったという見方は、特に一九世紀初頭にまでさかのぼらせることができる。あまり知られていないのは、同様に三月前期にみられた批判的形態の成立である。それはすなわち、急進的自由主義（ベルネ、ハイネ）、社会主義陣営（マルクスとエンゲルス）をさす。このテーゼは、一八四八年以前すでに、ヨーロッパという文脈のなかでのドイツの位置づけに関する多様な言説を展開し、その中心にドイツのアイデンティティ問題が存在していたのである。この問題については、政治的側面だけでなく文化的側面をも強調することができた。特に一八四八年以前には、この二つの側面は比較的密接に共存していた。この問題には対立的な回答を出すことも可能であったにもかかわらず、まとまりのある、比較的固定した言説について語りうる。歴史学がこうした言説に取り組む場合、(8) とりわけ政治的歴史叙述に目を向けてきた。しかし、国民性に関する議論は、専門的な歴史学に限定されていたわけではなく、文学批評および文学も、同じ程度その議論に加わっていたのである。これはとりわけ、文学と歴史の境界線が一九世紀後半と比べて流動的であった一九世紀前半の状況にあてはまることであった。このころ、新たに形成されつつあった文学史（それをゲルマニスト的文献学と混同してはならない）は、こうした条件のもとで、特別な意義をもったのである。ドイツ国民文学の歴史を生みだそうとする課題は、その言葉通りドイツの文化的（および政治的）アイデンティティの問題に取り組んだ。そして、ヨーロッパというコンテキストのなかで、ドイツ文学の特殊性をつかみだすことをその課題としたのであった。

三月前期の文学史を代表する人びとは、意識的に従来の概説から離れ、学問的な叙述が理論的にも方法的にも守られなければならない、と主張した。(9) 単なる資料的事実の分類との区別をはっきりさせ、概念的な整理が追求された。その区分により、資料（作家とその作品）を内面的発展の一部として記述し批評することが可能となった。ことに、ゲルヴィーヌスはこの原則を、歴史学方法論でも文学史序論においても、明瞭に語っている。一九世紀が進むにつれて、文学史の方法的原則が変化したことに疑う余地はない。しかし、この変化はドイツの文学的伝統に内面的統一を追求することと関わりはなかった。また、たとえばヴィルヘルム・シェーラーのように、旧来の歴史叙述にみられる理想主義的前提をもはや受容しない場合でもそうであった。さらに因果関係を要求する実証主義も、資料の構造化を必要とし、その構造化のためには国民というカテゴリーが不可欠であった。そのため、シェーラーにとって、ドイツ文学においてドイツ国民の精神は、彼の理想主義的先行者にとってよりも強調されるべきであった。

どれほどの期間、ドイツ文学史が国民的使命という課題にしがみついていたか、これは現在、議論の的である。ドイツ文学発展の到達点とされた国家統一が達成されたという意味で、一八七一年の帝国成立が状況を変えたことはまちがいなかろう。そのため、帝国成立とともに、文学史は市民的イデオロギー形成の中心的役割をしだいに失うようになっていったという解釈がみられる。それに対しては当然、反証として次のような見解がある。すなわち、文学専門家たちは、それに続く数十年間、国民的方向づけにしがみつき(10)、それどころか、後述するように、ある意味においてはドイツ特有の道テーゼを断固として強化していったのだという見解である。アドルフ・バルテルズにとって、ドイツ文学は、その起源からいっても発展からいっても、確実に西ヨーロッパ近隣諸国から遠く隔たったものであり、革命と帝国成立の間の時期に活躍した自由主義的歴史家(ヘルマン・ヘットナー、ユリアン・シュミット、ルドルフ・ハイム)と比べ、ことにその傾向が強かった。ヨーゼフ・ナードラーやバルテルズなどみられる生物学的議論や人種主義的議論は、西ヨーロッパとの相違を際立たせることに有効であった。それは今や、ヨーロッパ全体に共通する過去からの全面的分離を越えて、本質的な相違へと固定化されたのである。そういう理由から、政治的統一を目指したドイツ文学史の目的論的構成という旧来のプロジェクトは、原理的な特有の道テーゼとは区別されねばならない。この最初のパラダイムは帝国成立を契機に事実上終結したが、他方、ドイツ発展の根源的特有性という考え方の受容は、それとは無関係であった。

二　三月前期における国民的アイデンティティの形成

もう一度強調しておくが、一九世紀初頭における新しい文学史の成立は、従来の文学史パラダイムからの乖離を意味した。従来の文学史には補助的学問の性格しか求められていなかったのであったが、ヘルダーやフンボルトの歴史概念に依拠した新しい文学史は、強力な批評の基準を獲得した。新しい文学史は、内面的な意味関連を際立たせようとしていた。それに従い歴史家の関心は、文学資料の収集整理から目的追求プロセスをどう解釈するかということへと移行していった。国民という概念は、組織原理となった。そこで描かれたのは、ヨーロッパ文学史でも世界文学史でもなく、たいていはドイツ国民文学史であった。それとともに国民の連続性とアイデンティティの問題が叙述の際の重要な原則となった。国民的アイデンティティの追求に加え、他国の国民文学との質的な相違の問題がさらに立ち現れた。こうした理由から、特有の道論は、少なくとも傾向としては、この文学史の性格のなかに含まれている。だが、それがどのように展開されていったのか、どのような見解が主張されたのかは、当然のことながらまだ確かではない。これは国民的アイデンティティの内容的理解によってきまってくるだろう。

自由主義的パラダイムは、ゲルヴィーヌスの文学史（一八三五〜四二年）の例に最も明解に認めることができる。このモデルを三月前期の別の文学史、たとえば、ハイネやベルネの文学史的作品、あるいはヴォルフガング・メンツェルの文学史（一八二八年）と比較してみよう。彼らすべてにとって、フランスの伝統に対して自己を区別することは根本的問題であった。いっそう古い時代の文学的伝統が、フランスにみられたからである。その文学的伝統は、一八世紀ヨーロッパにおいて、少なくとも宮廷では、模範とすべきものとみなされていた。フランス擬古典主義に対するレッシングやヘルダーの論争は、一九世紀初頭には、簡単には継続することはできなくなった。なぜならフランス革命によって、全面的な文化的論争の前兆が変化してしまったからである。いまや文化的局面の政治的機能を新たに規定するのは、フランス側であった。一方、ドイツ側は、さまざまな形の急進的要求から遠ざかろうとしていた。独仏間の論争は、一八三〇年革命によって再開された。ベルネ、ハイネ、メンツェル、さらに限られた意味ではあったがゲルヴィーヌスの文学史概念は、こうした出来事を通じて形成されていったのである。ベルネには、革命期間をつうじて、国民的アイデンティティの問題が新たに浮上してきた。[11]『パリからの手紙』においてベルネは、ロテックに見られたような生ぬるい南ドイツ宮廷自由主義に決然と対決するに至った。すべての立憲主義は幻想のように彼には思われた。[12]一八三〇年以後、ベルネは共和主義者を自称し——それによって彼はほとんど自由主義陣営の外側に身を置いた——、確固としてドイツのための革命を要求した。一八三三年以降、彼は改めて一七八九年のフランス革命の研究に取り組み、とりわけ急進派に目を向けた。その研究の結果、ドイツはフランス急進派と連携を取りながら政治的発展をはかるべきだという要求に達した。ジャコバン派とロベスピエールの道こそ、これからドイツのたどるべき道である、というわけである。そこで、ベルネにとって、フランスのケースはすなわちヨーロッパ全体のケースであり——彼ははっきりとフランス革命をヨーロッパ的事件として描いている——、フランスの歴史は、ドイツの歴史がそれに従って方向づけられるべきモデルのように思われたのである。

ここに国民的言説の一変種がある。そこでは、まさにドイツ気質のような特有な契機が、フランス史に体現された普遍的モデルのために後景におかれるのである。この共和主義への転回が、後期ベルネの文学批評概念に痕跡を残していることは明らかである。ベルネはドイツ的伝統に、特にルター像に懐疑的に直面した。彼は、ルターの重要性、偉大さを否認しはしなかったが、同時にドイツの政治的教養を顧慮しながら、それを危うい存在とみなした。彼にとって、ルターによるプロテスタンティズムは、カトリック教会からの解放であると同時に、領邦君主の権力への臣民の服従をもたらすものであった。さらにハイネともゲルヴィーヌスとも共有していないベルネのルターに対するこのような否定的評価は、彼の啓蒙主義に対する特殊な評価と呼応していた。ハイネの場合もゲルヴィーヌスの場合にも、その自由主義的構想では、ルターからレッシングへの伝統の系譜が強調され、さらにレッシングの著作のドイツ的性格が力説された。それにひきかえ、ベルネはレッシングのヴォルテールとの近似性を、それゆえにヨーロッパ的啓蒙主義のもつ共通性をいくえにも強調した。ベルネは、ヘルダーの反古典主義的立場にはめこまれ、シュレーゲルによって引き継がれたような反フランス的転回の遂行をともにせず、それゆえゲーテやシラーのようなドイツ古典の成立に拒否的態度をとったのである。

特に一八三〇年以降、ベルネは、ドイツの発展はフランスのそれに方向づけられなければならないという主張にこだわり続けた。そのため、文学・芸術の分野で原則的にアイデンティティを強調し、英仏文学に対してドイツ文学の固有性という点から評価する解決策を彼は拒んだのである。ハインリヒ・ハイネも同じような問題のまえに立たされていた。彼もまた、政治的理由から、国民的アイデンティティの反フランス的な見方を考慮に入れず、同時に一七九〇年から一八一九年にドイツで起こった美学革命に特別な意義を認めていたからである。ベルネが避けた美学と政治との関係についてのハイネの判断は、基準形成の問題で、違った立場へとハイネを導いていった。哲学と文学において、ドイツにも革命の伝統があると主張し、その点でフランスとすくなくとも同等であることと主張したのである。[13]

美学的・政治的革命の共生の企図は、まず初期ロマン派が明確にうちだした。もちろんハイネは、ロマン派に対する彼自身の責任を承認するつもりはなかった。『ロマン派』のなかで、ハイネは、カトリック教会に拘束されているがゆえに、狭く反動的になっている愛国主義の責任を先行世代に負わせた。同時に彼は、ロマン派の宗教的傾向と解放戦争のもつ国民主義との関連をはっきりさせた。彼は、領邦君主の名において祖国を解放するためにドイツ青年を駆り立てている強制された愛国主義について語っている。こうして彼の叙述には二つの陣営が相対している。つまり一方には、保守的な領邦君主、ドイツ・ロマン派、新国民主義者（ブルシェンシャフト）であり、他方にはフランス革命の継承者としてのナポレオンとフランス帝国、ドイツ理想主義を信奉する世界市民的ヒューマニズム、それに——いうまでもなく——ハイネやその友人たちの急進的自由主義である。そのなかでハイネは、自由主義（つまり政治的解放）と国民主義をはっきりと対立する概念として扱うことによって、ドイツ穏健自由主義がかかえるディレンマから逃れた。穏健自由主義者はフランス史のもつ革命的潜在力から、自らの国民的アイデンティティを区別しようとしたのである。

ハイネは、自らをフランスとドイツとの仲介者とみなしていた。ドイツに関する彼の著作は、シュタール夫人の叙述の修正と考えられ、ハイネはそれをあまりに牧歌的なドイツ像に従って描いていた。このような状況からハイネの著作にある一つの傾向が生じた。彼の著作は、ドイツの哲学的思考の伝統に固執し、その結果はまず精神的自由であり、最後にドイツの革命的変革であるべきとしていた。まぎれもなく、ハイネのドイツ精神史解釈は、単なるドイツの自己理解であることを越えて、ドイツ文学と哲学の政治化を強引に推し進めたものであった。彼は、その哲学的伝統から導き出しうるであろう帰結に重きをおいた。ということは、ハイネは、確定された学説および結論よりも歴史過程に対して関心を抱いていたというのである。彼が哲学の機能をどのように理解しようとしていたかは、次の文章から明らかである。「ドイツ哲学は重要な意味をもち、全人類的な出来事である。したがって、われわれがまず哲学を完成し、次に革命を完遂するということが、非難すべきことかあるいは賞賛すべきことかどうかは、人類の末裔が判決を下すことである」[14]。しかし、ハイネは、ここでもベルネと結びつきつつ、ドイツ史のロマン主義的・国民主義的傾向と自由主義的・国民主義的傾向（メンツェル）――両者とも、国民的特殊性を高く評価するとともに、おおよそヨーロッパ全体が近代へと突入することを潜在的に拒絶している――から離れることができた。

三月前期の自由主義的文学叙述のなかで、まさにこの問題、すなわち国民的文化遺産の定着化が議論の対象となっていた。こうして、二つの課題が注目されていた。ひとつは、国民的作家の基準設定、もうひとつは歴史的推移の問題、とりわけ国民的古典を文学の発展に不可欠な頂点として取り扱うかという問題である。一八三五～四二年の間に公表された五巻本の記念碑的文学史のなかで、ゲルヴィーヌスは一つの解決策を提起している。つづく数十年間、この解決策は批判にさらされたが、それでもなお範例でありつづけた。ゲルヴィーヌスは、中世初めの発端からロマン主義に至るドイツ文学の展開にみられた内的連続性という論理を想定した。その結果、彼はドイツ文学がの最盛期を一八〇〇年頃の古典主義時代に迎えたのだと見た。それに劣らず重要なのは、ゲルヴィーヌスが、ドイツ文学開を自由主義的な政治目的の設定と結びつけ、しかもそれゆえに自由のための政治的闘争は文学的展開の継承だと意味づけたことであった。

ゲルヴィーヌスの出発点は、ドイツ人の政治的アイデンティティの欠如であった。政治的なドイツ国民史を書くことはできないため、文学史がそれに代替すべきであるというのが彼の意見であった。なぜなら、文学の分野には統一と継承が見られたからである。序文のなかでゲルヴィーヌスはこう強調している。「今日にいたるまでのドイツの運命を物語っている政治史は、これまでいずれも正当な効果を発揮できなかった。歴史は芸術とともに平安へと導かれるからであり、われわれは、歴史的芸術作品から絶望して離れ去ることはできないにちがいないからである。しかし私は、歴史の巨匠たちが、現在の政治状況の概観を、われわれがしなくともよいようにしてくれたと思いたい。それ対してドイツ文芸史は、その価値と時代的要求に従って選択する価値があるように、その内的性質に従って選択可能のように私には思われる。[15]」ドイツ文学史は、一つの目的、つまり一八〇〇年頃にドイツ文学の黄金時代に到達したがゆえに、選択する価値がある、とゲルヴィーヌスはいうのである。しかし、美的論拠だけがこの選択の正当性を証明するのではない。ドイツ文学史はいまだに、政治的自己実現を過剰に要求していた。文学論は政治論の前奏曲であった。

ゲルヴィーヌスが構想した閉鎖的なドイツ文学の伝統では、さまざまなヨーロッパ国民文学間の国民的競争が想定され、最終的にドイツ国民文学が勝利をおさめることになっていた[16]。新ヒューマニズムを追求するゲルヴィーヌスにとって、ヨーロッパ全体の発展の出発点は、ギリシア文化と教養であった。ドイツ文学は最終的に、つまりゲーテやシラーの作品において、再びそこに戻っていったのである[17]。ゲルヴィーヌスに従えば、ドイツ人は、ローマやアレキサンドリアの教養という平地を越えて、アッティカ文化の源泉にいたる険しい道の先をたどっているという点で、西ヨーロッパ諸国とは区別された。彼はギリシア古典の模範に従って、新しいドイツ古典を宣言した。そのことは古典の創始者自身はあずかり知らないことであったが。このことは、新しい文学史の叙述に重要な規範をつくったということを意味した。というのは、このような頂点にあるものを受け容れることによって、どのような材料を選択しどう評価するかといった文学史の叙述にも必ず影響を及ぼしたからである。これは、上昇過程にあると感じられていた一八〇〇年以前の時代の叙述にあてはまる。間接的にはもちろん、一九世紀文学にも関わりをもっていたが、それはいまやはじめから亜流の疑いをかけられた。それはすぐさま、ゲルヴィーヌスがデカダンスだと非難したロマン派文学に対する評価に影響を及ぼした。こうした見解を彼はのちに一九世紀の歴史のなかで示唆したが、むろん全体としてみれば、自由主義的歴史家ゲルヴィーヌスは、ロマン主義の反対者にとどまり、彼はハイネとともにロマン主義を政治的復古に関係づけた。このロマン主義の周辺化はむろん、続く数十年間に次第に制約され、保守主義の前兆がみえるなか、ヴィルヘルム・ディルタイによって最終的に明確かつ強力に撤回された。ディルタイによってロマン主義はドイツ的基準に統合されたが、そのことは、ドイツ精神史が一七七〇年以来西ヨーロッパ的啓蒙から離反したという命題を同時に含むものであった。若きディルタイはその離反を文化的成果として、ヨーロッパ的啓蒙の水準を乗り越えるものとして理解していたのである。

三　三月革命後の国民的アイデンティティ問題

ディルタイは、オーストリア帝国の敗北によって小ドイツ主義政策が確定したそのわずかのち一八六七年、バーゼル大学就任講義においてドイツ文学の展開について概観を描いた。その概観では、実際に一八世紀末以来のドイツ特有の道が想定されていた。疾風怒濤の開始以来、ドイツの発展は、啓蒙によってしばられたフランス的・イギリス的な発展から分離していったというのである。ここで、保守的な意味で熟達したドイツ文学史の非合理化について語らなければならないだろう。つまり、疾風怒濤として、さらに一七七〇年代の文学革命として、啓蒙と明確に対立する形をとった非合理化についてである。ディルタイは他方において、疾風怒濤とロマン主義とを結びつけた。一八世紀のこの転換の結果どのようなことが起こったかといえば、第一に啓蒙主義の全面的な過小評価であり、第二にはっきりとロマン主義を評価したことであった。つまり、ゲェルヴィーニの場合のように、ロマン主義は単に古典主義の頂点ののちの衰退というよりも、ゲーテ時代の最後を飾る終結であった。このようなイメージのなかで、一七七〇年から一八二〇年までのドイツ精神史の矛盾・崩壊はまったく無視された。「ドイツ運動」(ディルタイ)は汎神論の形をとった神学的思考の世俗化としてあらわれたのである。

ディルタイによるドイツ・ロマン派の積極的統合は、三月前期および一八四八年革命から帝国統一までの数十年間になっても続いてきた正統論争を終結させた[18]。その結果、刷新されたドイツ文学の歴史を意義あるものとしてフランスやイギリスのそれから区別する見方が出現した。第二帝政期のはじめ、ドイツ人がワイマルに代表される古典時代に憑かれていたことは確かである。ルドルフ・ゴットシャルは、よく読まれた文学史の序文のなかで読者に対し次のことを確認している。ドイツ国民はゲーテとシラーという文化的所与をもっている。ドイツは彼らによって決定的に文化的国民であることが証明された、と[19]。さらに、ヘルマン・グリムは、一八七四、七五年に催されたゲーテ講義について、ゲーテと比べられるのはホメロス、ダンテ、シェークスピアぐらいのものだと断言している[20]。ダーフィト・フリードリヒ・シュトラウスにもこうした肯定的な態度がみられる。彼は『古い信仰と新しい信仰』という著作のなかで、信仰になんら支えを見出せない教養あるドイツ人に対して、はっきりとゲーテに目を向けるように指示している。「彼の著作はそれだけでもう図書館である。豊かで非の打ち所がなく、健全で力にあふれた養分を与えてくれるので、それ以外のどのような書物がなくとも何の支障もなくやっていけるほどである[21]」初期自由主義のなかで聞き逃すことのできなかった、ワイマル古典主義に対する政治的批評は、新帝国の時代になると沈黙してしまった。それに取って代わったのは、歴史的客観主義か、英雄主義、神話化の思想であった。それとともに、文学史の新しい試みにおいていつも問題になる、国民的アイデンティティの規定に一つの転回がおこった。文学史はいまや、過去の文学研究によって見出された政治的解決策を証明するという課題を引き受けることになった。正当にも、ベルント・ペシュケンはすでに一九七二年に、一八六六年以後の文学史叙述の「帝国イデオロギー」について述べている[22]。この帝国イデオロギーは、文学史への批判力が次第に力を失ったことによって出現した。ワイマル古典主義のもつ特定の観点——内面性の大げさな強調と公然たる政治的表現の欠如——に対する初期自由主義者による根拠のある留保はますます制約されていった。

三月革命後、プロイセン国家と小ドイツ主義的解決へのドイツ文学史の緊密化は、古典主義とロマン主義の評価について修正をもたらしただけではない。同時に、一八世紀ドイツ文学とプロイセン国家との関係が新たに秩序づけられた。いうまでもなくそこでは、ドイツ文学史におけるフリードリヒ二世の役割が問題となった。初期自由主義的歴史家にとって、国民的アイデンティティをつくりだすことは、絶対主義国家を限界付けることであったが、彼らにはこのような関連は理解しやすいことではなく、とりわけフリードリヒの場合には、フランス語とその文化を過度に優先していることは明らかであった。ゲルヴィーヌスにとって、ドイツ文学の中心はワイマルにあり、ベルリンでないのはもちろんポツダムではまったくなかった。プロイセン指導下の小ドイツ主義的解決は、とりわけ北ドイツ自由主義者の一部の人びと——そのなかにはユリアン・シュミットやグスターフ・フライタークの周辺に集まった雑誌『辺境の使者』のグループも属していた——によって、一八五〇年以後、国民的問題の未来を約束する解決策として認められるとすぐ、文化的・政治的中心の崩壊が一つの問題となった。これは、ドイツ文学の伝統へのプロイセンの統合化という形態で解決がはかられた。この傾向は、新しいドイツ国民文学の構成について、ついには一八世紀のプロイセン国家、なかでもフリードリヒ二世に決定的に重要な役割を帰すという結果をもたらした。ゲルヴィーヌスに、ドイツ文学史のプロイセン的解釈の用心深い前兆をともかくもみいだし、ヒルデブラントやシェーラーのような後の歴史家は、むろんその上に安らうことができた。こうした新しい解釈を生み出した最重要の契機は、当然レッシング解釈であった。それに関連してフランツ・メーリングはまた、当時新しいプロイセン国民神話が作られたことを証明した。

ヴィルヘルム・ディルタイの手によって、一八六六年以後、ドイツ的伝統の自由主義的構想からプロイセン中心の国民国家構想にいたる転換が証明された。新しい「リアリズム」の意味は、プロイセンにおける絶対主義と啓蒙主義との特別な関係を、ドイツ文学の伝統の前提にすることにあった。[23] ディルタイは当初、すでに一八六七年のレッシング論文において、このプロイセン的理想主義的総合を主張していた。のちの作品において、彼は親プロイセン的な見方を強め、シェーラーやエーリヒ・シュミットを援用して、ドイツ文学についてのフリードリヒの厳しい判断が正当なものであり、全体としてみれば、この国王はドイツ文化と教養の推進者とみなされるべきだと主張した。ディルタイにとって、フリードリヒ二世は、単に啓蒙主義の展開を制約する力としてではなく、「フランス的教養の革命的な無分別」に対する保証人、防御者であった。[24] フランス革命に対するこうした激情とそこから生まれる観念は、彼の作品『一八世紀と歴史的世界』[25] のなかでも明らかにされている。ディルタイはここで、ドイツ的発展を、危険視されたフランス的発展から切り離した。その際にフリードリヒには重要な役割を果たした。ディルタイによれば、フリードリヒはフランス歴史哲学をヴォルテールから継承した。フランス歴史哲学は、さらに発展させられ「深化」させられた。それは合理的な改革政策という意味においてである（その改革政策にはシュタインを中心とするプロイセン改革者が結びついていたであろうと思われる）。

このようなドイツの文学と文化の「プロイセン化」を語るとき、ディルタイの個人的偏愛にだけ結びつけて考えるべきではない。ヘットナー、ヨゼフ・ヒッレブラント[26]、シェーラーなどの他の文学史家も、彼らの著作のなかで同じようなアプローチを展開したのである。それはとりわけヘットナーの場合注目に値する。彼は古典主義やロマン主義に関する一八五〇年の著作のなかで、プロイセン的背景がなんの役割も果たしていない精神史的由来にまだ肩入れしていたからである[27]。一八六〇年代に至ってようやく、民主主義的国民文化の急進思想に距離をおくようになった彼は、ドイツ文学を歴史的文脈に埋め込もうと試みはじめ、ことにプロイセン国家の役割に着目するようになった。フィルマーのよくできた保守的な文学史に対抗して構想されたヴィルヘルム・シェーラーの文学史のなかでは、このドイツ文学のプロイセン的解釈が強化されている。いまや、啓蒙主義のみならず、疾風怒濤や初期古典主義が、「フリードリヒ大王の時代[28]」という表題をもって姿を現してくる。フリードリヒの文学に関する関心は、もっぱらフランスに向けられ、レッシングよりもヴォルテールに対して決定的に親近感を抱いていた。そうしたことが、いまやシェーラーによってドイツ文学にとっての間接的な補助手段として理解された。この国王の批判は努力への強力な推進力と考えられたのである。シェーラーは、フリードリヒをドイツ文学の後援者の一人として位置づけることに満足したくなかった。一方でこの国王の作品は、今やドイツ文学に付け加えられたのである。シェーラーは、彼が「古典家」の一人と持ち上げるフリードリヒがドイツ人に対してではなく、フランス語を使いヨーロッパ諸国の宮廷に向かって語りかけていることについて、何も触れていないが、だがシェーラーは、フリードリヒの著作の精神は、ドイツ文学に対して失われてはならないと主張した。プロイセン宮廷をドイツ啓蒙主義の中心にしようとするこの試みは、チューリヒ、ライプチヒ、ハンブルクといった商業的中心地を眼中においていなかった。そこでは新しい市民文学が最盛を迎えていたが。このことが問題を含むテーゼであることをシェーラーは無視できなかった。ドイツの最も重要な文学者を育てたのが、プロイセン宮廷ではなく、ザクセン・ワイマルの宮廷であったことを確認した彼は、古典主義についての章においても、このテーゼの一部を撤回している。

シェーラーは、国民的アイデンティティの問題は、いうまでもなく小領邦国家（ザクセン・ワイマル）を挙げることによって解決できるものではないと考えていたが、そのことは、ここで彼が古い自由主義的歴史家の門弟であったことを再び証明している。シェーラーからみれば、プロイセン史においても、ザクセン史においても、ドイツ文学は十分に開花してはいなかった。たとえば一八七三年のシュトラスブルク講演の場合のように（この時点で彼は新設されたシュトラスブルク大学のドイツ文学の教授であった）、ドイツ国民性の問題を意識的に提起した場合には、彼はゲルマンの過去にさかのぼるのであった。「われわれの祖先はゲルマン人という名で歴史を歩んでまいりました。彼らは完成した民族であり、すでに固有の国民性をもっており、それは明確に隣国と区別されるものでした。……このゲルマン的国民性を引き継いでいるものは、まさにわがドイツの国民性でありまして、その起源はどのような歴史的伝統も到達できないほどの時代にさかのぼるのであります。[29]」シェーラーは、一面において、現在がこの半遊牧氏族の文化からどれほど遠ざかっているかを強調しているが、他面では過去との関係を強調もしているのであった。シェーラーがゲルマン人に附与したあの「張りつめた志向」を、彼は近代ドイツ史のなかに、特に理想主義のなかに反映しているとみた。「ドイツ国民精神がそのもとで誕生した十二宮、それは理想主義である。[30]」ここで言われている理想主義的世界観は、ハイネやゲルヴィーヌスが関係していた哲学的体系とは何の共通点もない。シェーラーは、その成立を無条件に歓迎した新ドイツ帝国のことを考えていたのであった。

四　一八八〇年以後のドイツ文学とドイツの民族性

帝国成立の二年後、フリードリヒ・ニーチェは、武器によってもたらされたフランスに対するドイツの勝利を、フランス文化に対するドイツ精神の勝利だと誤解してはならない、と注意を喚起し、ビスマルク帝国における精神の追放について語った。[31]一八七〇年代、八〇年代には、新たに獲得した政治的権力的充溢と精神生活との間の溝がみられることを確信する声が高まった。パウロ・ドゥ・ラガルドやラングベーンの名がここで挙げられる。[32]さらに、ドイツ学運動に決定的に関わっていたルドルフ・ヒルデブラントのような教育者・批評家の名も逸することはできない。[33]ここに、一方でドイツ人の言語的・文化的アイデンティティ、他方でその政治的秩序との間に、新たに矛盾が生じるという結果を伴った、帝国の文化的価値を疑問視する言説が生まれたのである。この矛盾の解決が、現状の超越を目指す新しい力学へと導くことになる。このドイツなるものの構想の急進化は、一八七八、七九年のいわゆる政治的右傾化、つまりいわゆる第二の帝国成立（社会主義者鎮圧法、保護関税法）と相関関係にある。一八七八年の帝国議会選挙および一八七九年のプロイセン邦議会選挙において、自由主義者は決定的に衰退しただけでなく、同時に国民自由党は、その右派があきらかに保守的な方向に旋回し、ビスマルクの立場を危うくしていた自由主義的原理の擁護よりも社会主義者との闘争を重視したため、激しい内部闘争にさらされた。かつて進歩的であった『辺境《グレンツ》の使者《ボーテン》』や『プロイセン年報』は、八〇年代にその立場を変えた。ドイツには議会主義という「イギリス的制度」は必要ないとする声もないではなかった。[34] ナショナルなイデオロギーは、九〇年代以来、国家主義団体（全ドイツ連盟、艦隊協会）として現れてきた。それはドイツ学における、ことに排除と仮想敵に頼らざるをえなかった統合政策の方法における急進的な傾向と相通じあうところがあった。[35]

ヴィルヘルム時代の文化ナショナリズムは、明らかに三月前期の文学史がもっていた国民主義思想と比べて、いや、一八四八年革命と帝国成立期の間の時期のそれと比べても、いっそう攻撃的であった。政治的統一の達成に対する過大な期待は満たされなかった。それとは逆に他者に、すなわち外部的なるものに対して一線を画する傾向は、以前よりも激しくなった。ルドルフ・ヒルデブラントの例がそうである。ヒルデブラントは、その言語学のなかで、あるいは言語団体の会員として外来語の排除を要求した。また彼の文化構想においては、ドイツ文化の優位を主張し、それに応じてヨーロッパにおけるドイツの指導的立場が与えられるべきであると主張した。ことにカトリック教会、世界市民主義者、社会主義者（彼らはフランスとの同盟者とみなされた）のように、国民的立場に順応しようとしないすべての著作家、公共機関を敵対者として扱った。[36] 明らかに政治的・宗教的少数派は、この文化ナショナリズムによって排除された。なおヒルデブラントは、共和主義的国家形態に反対すると同時に、家族に根ざしたゲルマン的国家形態を助長しようとしていたことを付言しておく。

ヴィルヘルム時代の文芸学は、矛盾をはらんだ相貌を呈していた。その主唱者たちは、従来のパラダイムに強くしがみついていたが、それでも方法的革新が出現し、旧来の考え方にこれまでとは違った照明があてられた。[37] 世紀転換期にあらわれた新理想主義は、実証主義的学問論に対して前線をはりながら、精神史復活への道を歩んだ。そこでディルタイの論文集『経験と文学』（一九〇五年）は、一般に転換点とみなされた。しかし、この新しい精神史（ルドルフ・ウンガー、ヘルマン・ノール、ジェルジ・ルカーチ）は、一九一四年以前には国民的アイデンティティの問題に主要な関心を示していなかった。ゲオルゲ・クライスの周辺で生みだされた作品、たとえばグンドルフのゲーテ研究についても同様なことがいえる。形式主義的アプローチは、結局それが全体として歴史的に方向づけられているかぎり、比較文体類型学[38]か文学ジャンル史に傾斜していった。この研究傾向が最も盛んになったのは、一九二〇年代のことであった（カール・フィエトール、ギュンター・ミュラー）。それに対して民族主義的傾向は、ドイツ問題を中心に据えた。この傾向は当分は日の当たらない分野であったが、第一次世界大戦以前にすでにヨゼフ・ナードラーという人物が学問的脚光を浴びていた。

一九〇一年から一九〇二年にかけて刊行されたアドルフ・バ

ルテルズの文学史に、この国民主義的傾向は首尾一貫した表現を見出した[39]。バルテルズは、特定の問題についてはきわめて急進的であり、そのため『ドイツ語教育雑誌』（言語運動）さえもが部分的に彼の見解から離れていったほどであった。バルテルズの文学史は、ヴィルヘルム時代を代表するものでないことは疑いなく、周辺に位置しつつも、同時代の言説の限界内にとどまるものであった。バルテルズの粗暴な反ユダヤ主義は、いうまでもなく、一般読者からの全体的支持をあてにすることはできなかった。一九一二年に設立されたゲルマニスト連盟の会員——彼らもドイツ文化の研究を民族的基礎のうえに据えようとしていたのだが——でさえ、バルテルズが描いたドイツ文学の伝統のさまざまな特徴を恐らく正当なものと評価していたとしても、バルテルズの著作に依拠することは控えたのである。それは、バルテルズが、構想と構成の点で旧来の伝統に拘束されていたことと関係していた。彼は、公然と旧き規範を引き継がねばならないと認めた。彼独自の貢献は、史料の強調と評価にあった。シェーラーは、ドイツ国民性のゲルマン的基礎を前提にしたが、それをバルテルズは取り上げ、叙述の基礎とした。バルテルズは、シェーラーよりもいっそう、ゲルマン的始原から近代に至る進化の連続性を強調した。ゲルマン人の祖先をとおして確かな国民的性格が認識できると彼は信じたのである。それはのちに——ルターやゲーテの場合のように——繰り返し光を発した。なかでも、ゲルマン人のもつ矛盾した性格を、バルテルズは際立たせた。「どう猛で際限のない想像力のかたわらに、最も鋭い、物事の現実を冷徹に見据える理知があった。はかりしれない意志力のかたわらに、たぐいまれな心情的柔軟さがあった。野性の激情、野蛮な粗野のかたわらに、つよく正義を求める心情、至高の道徳的な要求を掲げる心情があった[40]。」このゲルマン的性格からバルテルズは、次の議論の筋道として、ドイツ文化の形態と内容を導き出した。ロマン主義的文化とは異なり——その必然的な対照物として——、徹底的な個人主義的性格がその文化に特徴的である。その結果、文化は決して固定した伝達可能な伝統としてではなく、動きのなかに存在する統一として捉えられる。「しかしもちろん、われわれにとって文化とは伝統ではなく、常に新しく鮮やかに動きつつあるものであり、生活とは画一的なものではなく、可能なかぎり多様に形づくられる国民の力である。われわれにとって、文化とは結果ではなく、発展そのものなのである[41]。」まさにこのように想定された特殊性は、かくして、バルテルズに民族学的基礎を強調させることになる。個々の特徴はみな違っているが、そこに共通の核が与えられる。それをバルテルズは「男性的で道義的な本能をもつ旧き北方民族[42]」と特徴づけた。バルテルズによれば、その共通性は人種に基礎をおくが、それとならんで、第二の観点として氏族というものが働いている。このような価値に比べると、国民性（バルテルズによれば、国民的アイデンティティの証しとしての共通の文学的伝統）は後景に退いてしまう。この見方から、彼には西欧諸国は優越した地位にあるように思われた。なぜなら西欧諸国は、すべての作家がそれに適応しなければならないほどのひとつの国民的様式を手にしていたからである。

このような想定と主張をもって、バルテルズの文学史は、新しい様相を呈するようになった。その根本には、国民的統一への努力を目標とする発展があったが、バルテルズにとって、もはやそれは中心問題ではなかった。そのかわりに、バルテルズあるいはナードラーは、歴史的多様性のなかに同一性を、つまりゲルマン的に方向付けられたドイツ性を際立たせ、それを認識しようとする通路へと足を踏み入れたのである。

バルテルズにとって、まぎれもなく――シラーよりも――ゲーテが、ドイツ的正統の中核にあった。このような中核をつくることは、同時に、固有の論証的論理に従って、そこから排除する可能性を含むことになる。ドイツ文学をゲルマン民族から導き出したバルテルズには、ピンと張られ、そして結局は固定されてしまう境界がはじめから存在した。バルテルズは、たしかに影響や血の混合を容認するが、しかし、本質的にドイツ文学はこのような見地から、文化的財産へと変容していった。その結果、同じ氏族に属し、同じ血が流れていることによる共通性が存在しない場合には、どうしても排除が起こる。たとえばハイネの場合がそうである。ハイネは、ドイツ語を話すユダヤ人としてドイツ語の詩を書くことができたし、その美的な質についてはバルテルズも否定してはいないが、それを本質的にドイツ的伝統につながるものとはみなさなかった。バルテルズは、ハイネを「ドイツ語とドイツ的教養を身につけた重要なユダヤ抒情詩人」[43]と呼んだ。バルテルズがハイネを「公平」に扱ったとしても、その公平性は次のようなものであった。すなわち、旧きユダヤ文化の背景のもとに、ドイツ語の詩をかいた抒情詩人としてハイネを扱うことができるし、その作品は優雅で熟達してはいる。しかしそれが「根源的にゲルマン的」であるとは決してあり得ない、というものである。そのために散文に対する批評に見られる排斥は攻撃的なものになる。「ハイネによる学芸欄記事は、個人的虚栄心、軽薄と気取った偏執、不実と卑劣とを王座につけること以上の意味をもたない[44]。」

この攻撃的な反ユダヤ主義は、ドイツの文化的アイデンティティが民族的・人種的に基礎づけられている論証的論理の一部であった。アイデンティティが問題になるやいなや、内外からの差別が必然的に起こったが、それはドイツ文学史においても初期自由主義以来、常にみられた現象であった。いまや人種的に規定された民族から(ゲルマン的に)アイデンティティが演繹されるようになり、民族的少数派に対する風刺は避けがたいものとなった。バルテルズの場合、ドイツのアイデンティティに関する議論は、その特殊性がはじめから確定していた地点にまで到達した。ディルタイなどの主張は、一八世紀以来のドイツ文化の独自な発展を語ったものであったが、もはやそのようなことは語られず、ゲルマン的始原に起因し、それゆえに変化することもない相違について語られるようになった。

民族的志向がまず学問的尊敬を集めたのは、ナードラーの『ドイツ諸民族と諸地方のドイツ文学』(一九一二～二八年)においてであった。これは、方法論的にはプラハのゲルマン学者アウグスト・ザウアーの先駆的業績から影響を受けたものであった[45]。議論の余地はあるのだが、ナードラーの業績により、民族学的アプローチが文芸学に強い影響を及ぼすパラダイムとしての地位を占めることになった。一九一四年、ナードラーは、雑誌『オイフォリオン』に、彼のアプローチを学問的に強調する詳細な方法的弁明書を寄稿し、それが他を圧する重要性をもつことを明示した[46]。実証主義と精神科学との方法論的論争にふれた基本的な詳論のなかで、ナードラーが強調したのは、文芸学は記念碑的文学作品から出発しなければならないということであった[47]。もちろん、こうした記念碑的文学作品を共時的・通時的にどのように整序するかという決定的に重要な方法論的問題が浮上した。観念を問題にする精神史とは違い、作家の身体性における実質的生活関連にナードラーは注意を促している。

こうした把握は、家族史、部族史から積み上げられていく文学史への要求のなかで頂点に達している[48]。その結果、文芸学は民族学や人種学を補助科学として援用した。ナードラーとシェーラーが抱くドイツ文学史の構想には明らかに関係があるにしても――ゲルマン的なものの強調――、両者の間にある論拠の違いを見逃してはならない。つまり、ナードラーが「民族学的把握」をなおざりにしたシェーラーと論争をして、彼から離れていったのは偶然ではない[49]。同様の理由で、ナドラーはゲルヴィーヌス、ヘットナー、ディルタイにも反対した。ナードラーの場合、国民的アイデンティティはもはやドイツ文学の精神から形成されるのではなく、家族や部族との関連から蓄積されるのである。このドイツ的主題全般の機能転換は、旧き国民文学構想の崩壊に他ならなかった。これは文学と政治の境界を解消することを求め、単一ドイツ国家において文化的アイデンティティをつくりあげることを目指していた。それに対して、ナードラーの場合には境界問題は異なったやり方で立てられた。すなわちドイツ部族史から導き出すことのできない作家や作品は排斥された。なかでも、ベルネやハイネのようなユダヤ人作家がそうである[50]。言語と精神が共通の絆ではなく、血と土がそれであった。ナードラーがのちに自ら国家社会主義者になり、一九四一年に刊行された彼の文学史が、言語上も国家社会主義のイデオロギーに適合していたのも不思議ではない。バルテルズもナードラーも、ドイツ・ファシズムの前史に直接関わっていたのである[51]。

五　西ヨーロッパにおける文芸学の発展

ナショナルな伝統を形成するという観点のもとに独自の文学に取り組むこと、これはドイツにおいては、必ずしも不可欠なイデオロギー的手段ではなかった。とはいえそれは、市民的ナショナリズムを形成する重要な手段であった。特にドイツ統一国家が存在しないかぎり、共通の文学遺産は、彼らを結合する絆として貢献したに違いない。しかし、帝国成立後も、文学史は、想定されたドイツ国民精神を映しだす鏡としてのイデオロギー的機能を失ったわけではなかった。この国民精神は、母国ドイツを他の文化国家から区別し、可能ならばその精神の優位を証明するはずのものであった。ドイツの文学史家たちは、しばしばドイツの西側にある国々をながめ、自国の国民文学をイギリスやフランスの文学と比較した。とりわけ彼らの注目を集めたのは、当然、英仏が文学的に全盛をきわめていたとき、すでに国家統一が達成されていたことであった。したがって文学は、これらの国々では重要な役割を占める必要はなかった。文学は、英仏では社会的・政治的状況を映しだす鏡としてそのつど読まれたのである。ヘルマン・ヘットナーとユリアン・シュミットは、イギリス文学、あるいはフランス文学について、以上のように論じている。そのため、これらの文学のなかで特別視されたのは、社会的・政治的文脈であった[52]。ヘットナーは、一八世紀イギリス文学に関する叙述のなかで、詳細に社会政治的背景に立ち入っている。それはイギリス文学精神が、イギリスの体制精神のなかにいかに深く根づいているかということを示すためであった。この論文の最後にあたり、次の問いを投げかけたいと思う。つまり西ヨーロッパにおいて、比較可能な国民史的論考が文学史叙述のなかで果たして発展したのかどうか、あるいはどのようなかたちで発展したのか、という問いである。

ヨーロッパ大陸において、ドイツとフランス、あるいはドイツとイタリアの間には、きわめて明確な類似性が存在していた。フランスでもイタリアでも、一九世紀には、国民的課題の兆候のもとで文学史が最盛をきわめた。もちろんこの課題のあり様には、注目に値する相違があった。フランスでは、すでに一七世紀に達成した政治的アイデンティティ意識から文学史は出発することができ、ことにフランス革命とその結果に議論の中心がおかれねばならなかった。それに対してイタリアでは、ドイツと同様に、まだ達成されていない国家統一のために文学史は描かれなければならなかった。一八四八年以前のイタリアでは、とくにこのことが当てはまる。とりわけ自由主義的批評家はそうであった。彼らはイタリア文学を取り扱う際、イタリア文学の連続性とその国民的性格へと注意を向けていた。ここではまずフランチェスコ・デ・サンクティスの『イタリア文学史』について言及することにしよう。この『イタリア文学史』は、クローチェや彼ののちにはルネ・ウェレックにより、当然のことではあるが、一九世紀イタリア文学批判において傑出した業績として注目された書であった[53]。サンクティスにとってイタリア文学の展開、とりわけその新しい歴史の展開は、イタリア精神の自己発見とこの研究の出版が遅れている間にすでに達成されたイタリアの政治的解放に突進していく過程であった。初期ドイツ自由主義の文学史叙述、なかでもゲルヴィーヌスとの接点は、見落とされることはなかろう。

それに対してフランスでは、ジャン・フランソワ・ラアルプ、デジレ・ニザール、フェルディナン・ブリュンティエールがわれわれに対抗したように、文学史ナショナリズムは、むしろ保守的な道を歩んだ。このことは、ルイ十四世の擬古典主義時代に対する優位性の強調が、第一帝政期にすでに存在し、一八一五年以降さらに強まって、意識的に反ロマン主義やそれに伴う反自由主義（フランスの場合）的意志表示として描かれたことと深く関係している。ラアルプとニザールは、その著作のなかで国民主義的な目的論の理念をその根底においた。すなわち、フランス文学にみられるある特定のフランス精神の広がりが、一七世紀のコルネイユとラシーヌの時代に絶頂期と完成期を迎えたため、一八世紀はすでにこのような古典主義時代の陰にかくれていた。ニザールによれば、古典主義の著述家たちの作品では、フランス精神は普遍的な人間精神と一致していた[54]。サント・ブーヴ、ラアルプ、ニザールらのようなフランスの歴史家や批評家によるラシーヌ神話は、ドイツ文学史によるゲーテ神話に対応している。彼らの（文化政策上の）保守的な考え方は、市民時代以前ないし革命時代以前に対する偏愛のなかに表れている。その時代は、一八四八年革命がフランス市民をきわめて不安定にしたのちには、理想像として時代に貢献する強固な価値秩序を伴うものとみられた。フランス精神の規定が会議のプログラムに載っているとき、革命を経験したブルジョワジーは、そのスポークスマン的役割を果たしていたニザールをみればわかるように、フランスの擬古典主義をフランス・ロマン主義よりももてはやしていた。これらの歴史家は、反近代の立場にあった。それは三月後期のドイツ文学批判やドイツ文学史が同時に反ロマン主義や反近代主義（ハイネやビュヒナーへの対抗）への立場にあったのと同じであった[55]。

　フランスにおいて、新たな擬古典主義的文学理論（リアリズムとしての）を整理したのは、もちろん自由主義者であった。フランスの自由主義的な歴史叙述は、文学の領域ではスタール夫人とそのグループ（なかでもシモンド・ド・シスモンディ）と結びついていた。彼らは第一帝政の保守的な文化政策に反抗した。文学に関する歴史的見解の展開――その一部はシュレーゲルの影響下にあった――は、ここではフランス擬古典主義との同一視に対して防壁として作用し、発生論的論法、すなわち、シスモンディがいうかつて中世文学で有効に働き、さらに擬古典主義以後の文学に積極的に効果をあらわした論法を強調したのである。それに応じて、ここでは後継者たち（たとえばプロスペ・バラント）の場合と同様に、ナショナルなテーマは、さまざまな機能を内包するようになり、文学史は特定の時代を基準として定めることなく、ナショナルな伝統の過程を追及するようになった[56]。なかでもアベル・フランソア・ヴィルマン――彼はイデオロギー的にいえばギゾーの立場に近かった――は、理念史的アプローチに立脚していた。このアプローチは、同時代のドイツで見られた歴史叙述と重なり合うものであった。しかし、ロマン主義派の後継者のなかでは、彼は誰よりも比較の視点を強調した。そのため彼にとっては、フランスの発展は、ヨーロッパの進歩の一部、隠喩的にいえば、ヨーロッパという巨木の一枝として映った。このアプローチは、なかでもニザールや後期擬古典主義者（たとえばフェルディナン・ブリュンティエールの場合には隠れていたフランス啓蒙主義を助長するものであった。ヴォルテールやルソーといった啓蒙主義的著者は、今や「普遍的精神の担い手として」[57]現れた。ヴィルマンは、その唯物論的傾向に対する留保を表明していたけれども、啓蒙主義を肯定的に評価する傾向は、一七八九年革命の評価にも伝播していった。この反抗は、彼の自由主義に対する根本理解にさかのぼるものであった。その理解とは、歴史的説明とともに、倫理的判断を要求するものであった。このような文学批判は、ドイツでベルネにより最も極端に形成されていたのだが[58]、それは過去の文学と現在とを関係づけたのである。このような自由主義的な社会参加——これはそのつど歴史的に憂慮すべき判断へと導かれていった——は、一〇歳年少のジャン・ジャック・アンペールの場合には、むしろ相対主義的・歴史主義的態度へと磨かれていった。しかしこの考え方は、世紀後半にブリュンティエールにより精力的に代表された擬古典主義者の愛国主義的な歴史叙述とは明らかに一線を画すものであった[59]。ギゾーやヴィルマンと同様、アンペールも有機体論的モデルにしたがい、そのなかでフランスのナショナル・アイデンティティは(相対的な)定位置をみいだした。しかしそれは、決定的な立脚点とはならなかったが、このアイデンティティは、他のヨーロッパ文化との連関のなかで、フランス文化の継続的発展として描かれた。全体としては、ナショナルな問題に関して、フランスでは二つの線が際だっているようにみえる。第一は、擬古典主義的・愛国主義的な歴史叙述である。これは第一帝政から第二共和政にかけて追求されたものである。第二は、自由主義的・比較論的伝統であり、ロマン主義をもって始まる(スタール夫人)。擬古典主義者たちは、ルイ十四世時代への偏愛をもちながら、たいていは保守的ないし反近代的であった。つまり啓蒙主義や一七八九年革命とは対立する方向性をもっていた。それに対して、自由主義的な文学史家は、啓蒙主義やロマン主義をいっそう肯定する立場にあったのみならず、革命にも肯定的であった。この二つの伝統が、それに対応してフランス文学史のまったく異なった姿を描き出していたのであった。

ヨーロッパ大陸の文学史は、たとえその目標設定が異なっていたとしても、ナショナルな使命にとらわれていた。イギリスとの比較は、それとは対照的に、驚くべき結果へと導く。イギリス文芸学の制度化(Egnlish Studies)は、ドイツにおけるゲルマン学の形成よりも遅く開花した。(文芸学としての)イギリス学が学問として認められるようになったのは、ようやく世紀転換期以降のことであった。すでに一八九〇年以前に、イギリスの総合大学やカレッジに文学講座は存在していた。特にオックスフォード、ケンブリッジ、ロンドンでは、これらの講座がみられた。しかしイギリス学は、ヘンリー・モーリやジョン・チャートン・コリンズといった学者、批評家の努力にもかかわらず、古典文献学や歴史言語学の陰に隠れてしまっていた[60]。講座担当者は、自分たちの状況を困難なものとみていた。なぜなら、彼らは片やドイツから影響を受けた文献学や言語学の学術的効果に対抗しつつ、他方では「ヒューマニスト」——ドイツ・モデルに基づく、文学批判の学術化が活気の喪失となると考えていた——の反科学感情から自らを守り抜かねばならなかったからである。イギリス学はようやく第一次大戦を通じて、継子のような役割から救い出された。そのなかで、イギリス学は、望みもしない重要なプロパガンダ的役割を引き受けざるをえなくなったのである。第一次世界大戦は、周知のように、イデオロギー的側面を導き出した。ドイツの「一九一四年理念」にイギリスの文化概念は対置された。ドイツの「文化」概念に対する防衛のなかで、ナショナルな文学の伝統という構想がいまや成立した。その伝統は、ドイツの文芸伝統に対抗させることができた。[61]イギリス学は、イギリス国民に彼ら独自の文化的アイデンティティ像を伝達するという要求のもとで開花した。その求められたアイデンティティは、明らかに階級を越えるべきとされていた。その際、一九世紀の文学史において一貫して積極的役割を果たしてきたゲルマン的な遺産に対する分離が生じた。「トイトニック」という言葉は、この時ようやく軽蔑的な意味あいを帯びるようになった。これは今日なおアングロアメリカ地域で保持されているものである。

このような国民文学意識が遅い（遅れてきた）原因はどこにあったのか。マシュー・アーノルドによる制度化された文学、文学批評アプローチは少なくともそれに示唆を与えている。[62]アーノルドは、イギリスの文学批評史のなかで中心的立場を占めていた。その立場は、もちろんゲルヴィーヌスやシェーラーといった人物のそれとは著しく異なるものであった。ヴィクトリア時代の社会と文化との彼の対決は、フリードリヒ・ニーチェが『反時代的考察』のなかでドイツ文化を批判したことと大いにパラレルの関係にあった。アーノルドにせよニーチェにせよ、みずからを意識的に市民文化の外部におき、市民文化を「俗物的」として攻撃したのである。アーノルドにとって、イギリスの中産層全体を一度文学化すること、すなわち中産層に文学（とりわけ叙情詩）の意義や価値を伝えることは、緊急の課題であった。[63]

文学教育は、アーノルド（彼は学校監督として現実的・政治的にも考えていた）にとって、イギリス階級社会の破壊力を封じるという目的をもっていた。つまり彼が望んだのは、自己教育過程のなかで、文学教育を通じて階級対立を除去することであり、彼が夢見たのは、とりあえずニーチェが初期に抱いた考えと似通っていた。文学的な芸術作品と深く関わること、なかでも叙情詩と深く関わることによって、読者は哲学的・宗教的文献によってはよくわからない深い真実に到達することができるとアーノルドは考えたのである。しかも、その真実は同時に読者を現実と直接に結びつけるものであった。

文学批評に与えられた課題を定める際に、アーノルドは（彼は国民文学史についてはまったく語らなかったが）、ナショナルな問題ではなく、社会問題をその中心にすえた。私の分析が正しいならば、ドイツやフランスの文学とイギリス文学を区別することは、アーノルドの場合には決して重要な観点ではなかった。第一次大戦までの「イギリス学」の発展がためらいがちであったのは、この枠組みに準拠していたからである。社会的側面が強調され、国家的側面はただある重要な関連でのみ展開された。イギリス教育制度におけるアーノルドの理念や提案がもっていた教育的評価は、三つの領域から行われた。すなわち第一に、植民地行政上の特別な必要に関する考慮であり、第二に、成人教育の発展、とりわけ技術教育と労働者教育の発展についてであり、第三に、女性教育のカリキュラム整備であった。(64) イギリス文学にいそしむことは、その出自や教養により大学の古めかしい伝統から閉ざされてしまった階層、すなわち労働者、女性、植民地住民などに勧められた。

さていまここでようやく、ドイツの状況との比較が意味をもつ段階に至った。なぜなら、ドイツは一九世紀末以前は植民地をもたなかった。そのため「植民地の原住民」の文化統合問題は、ドイツでは議論の中心とはならなかったのである。ドイツ下層民に関して、ドイツ教育学者は一貫してさまざまな態度をとった。民衆学校で大衆に文学教育を施すことは、ギムナジウムや実科学校でのドイツ文学教育とは慎重に区別されていた。(65) 文学教養という観点は、アーノルドや彼の後継者が前面に押し出したようには、民衆学校でのドイツ語教育にとっては重要ではなかった。ドイツ諸邦では、民衆に偉大なる文学の伝統（古典）を習得させるという目的をもった関心はなかった。(66) こうした教育は厳しいドイツ語教育が導入されて以来、ギムナジウムや実科学校に制限され続けていた。その際、実科学校がドイツ文学をより強く前景にすえるという役割を果たすべきとされた。なぜなら実科学校は、古代文化とあまり関与することはなかったからである。別の事例として、いやむしろイギリスの状況と比較可能なものとして、労働者教育団体の関心がある。彼らは間違いなく、労働団体を文学のもつ高い文化に導入することを望んでいた。こうした団体が一八五〇、六〇年代に自由主義的有力者により指導され、助言を受けていた限り、社会統合という意味における文学教育の機能化があった。無産層の教育のみが社会不安を阻止できるということが、一八四〇年代以来、進歩的自由主義者のあいだで広まっていた議論であったのだ。(67)

イギリスの植民地政策に関連して、イギリス文学のナショナルな使命について語ることができる。イギリス中産層に属する者が、インドの行政ポストに自由に志願することができるようになって以来、つまり一九世紀中葉以来、イギリス文学の試験は、採用試験の重要な分野であった。この政策の目的は明確であった。すなわち、イギリス文学研究を通じてインド原住民、特に上層民にイギリスの価値観を伝えることが望まれていたのである。さらには、支配層と被支配層との間にある関心の対立を解消しようとしたのであった。もちろん第一次大戦以前は、未来のイギリス植民地官僚に文学作品をどのように伝えるかという問題はほとんど解決されないままであった。単なる史実の教授という方法は、一般的には不十分であるとみなされていたが。

イギリスには、精神史から国民文学の伝統を導出したドイツの文学史叙述に当たる構想がない。一般的にいって、イギリスでのイギリス学は大学では発展しなかった。ジョン・チャートン・コリンズの旧制度に対する仮借のない批判（それは一八九一年に『イギリス文学研究』として一冊にまとめられた）は、イギリス学の方法的・制度的弱点をさらけだしている。[68] コリンズは、ことに文献学からの文学教育の解放を要求した。同様に、彼がイギリス文学史の印象主義的スタイルを、たとえばエドモンド・ゴスのそれを非難したことはいうまでもない。まさに古典文献学がイギリス学の独立にとって主要な妨げであったにもかかわらず、コリンズの文学史が模範としたものは、その古典文献学の人文主義的立場を維持するものであった。一八九四年、オックスフォードに「イギリス文学科」が創設されたが、それは、第一に近代（イギリス）文学を古典文学と同様に、やっとカリキュラムのなかに取り上げたという点において、第二にゲルマン的な文献学と同等に文学教育を認知された地位に引き上げたという点において転換点となった。イギリス文学科の試験規定はやっと、言語史とともに、その始まりから一八〇〇年までの文学史を必修科目として取り入れようとした。[69] むろん専門委員会は、歴史的素材をどのように伝達することができるか、という点についての意見を明言していなかったと思われる。きわめて人気が高かった『イギリス文学概要入門』（一八七三年）が文学史と社会史との密接な関係について関心を呼び起こしたが、その著者ヘンリー・モーリと試験規定との結びつきは、いずれにせよ明らかではない。すでにドイツでは実証的な学問化・専門化への道をたどっていたが、イギリスはそれにかかわるべき適当な道をいまだもってはいなかったにもかかわらず、全般的にいって、それに追従しようとはしなかった。それは第一次大戦後になってやっと、ケンブリッジのI・A・リチャーズやF・R・リーヴィスのような学者によって発展させられ、それによって一五年以内に、英文学という分野が中心的な大学の専門分野という地位にまで高められたのであった。彼らの仕事の中心には実践的批評、つまり文学テキストの理解と評価の問題があったが、文学史の問題（それは時代区分の問題であったが）はむしろ副次的役割しかもっていなかった。文学史への関心が強まるのは、ことにリーヴィスによって、イギリス文学に拘束力をもつ正典があるのかという疑問が出された時点に至ってからのことである。だが、この疑問に対して回答する際に、偉大な作家に向けられた「偉大な伝統」を確定することに関心がむけられ、歴史的な分析や叙述についての関心が薄かったのは当然である。

以上はドイツとイギリスとを比較したほんの素描にすぎないが、それでも国民文学の言説の成立と発展が時を同じくして起こったのではないことを教えてくれる。あきらかに、この相違は内在的には解明できない。ドイツでは文学史が大きな意味をもっていたが、それはさらに今日に至るまでドイツ文芸学の自己理解と問題提起の在り方を決定している。そのことは疑いなく国民的アイデンティティの明瞭化への欲求と関係している。イギリスにおいては国民的アイデンティティは自明なことであったから、一九世紀にはそのような欲求は欠如していた。第二次大戦に至ってようやく、ドイツ的文化概念とのイデオロギー的対論のなかで状況は変わった。イギリスにおけるイギリス学の生成と発展にとって、社会内部の緊張と帝国という特殊な問題が大きな意味をもっていたように思われる。

注

(1) P. Demetx, *Marx, Engels und die Dichter*, Stuttgart 1959; G. Lukács, *Probleme der Ästhetik* (Werk Bd. 10), Neuwied 1969, S. 341-432.

(2) Vgl. W. Conze u. J. Kocka (Hg.), *Bildungsbürgertum im 19. Jahrhundert*, Teil l, Stuttgart 1985; U. Engelhardt, *Bildungsbürgertum. Begriffs-und dogmengeschichte eines Etiketts*, Stuttgart 1986.

(3) G. Jäger, Schule und literarische Kultur, Bd. 1: *Sozialgeschichte des deutschen Unterrichts an höheren Schulen von der Spätaufklärung bis zum Vormärz*, Stuttgart 1981.

(4) Vgl. P.U. Hohendahl, *Literarische Kultur Zeitalter des Liberalismus 1830-1870*, München 1985, S. 218f.

(5) P. U. Hohendahl, *Literaturkritik in der Epoche des Liberalismus*, in: ders. (Hg.), *Geschichte der deutschen Literaturkritik (1730-1980)*, Stuttgart 1985, S. 129-204.

(6) これについては、H. Dainar u. R. Kolk, »Geselliges Arbeiten«. Bedingungen und Strukturen der Kommunikation in den Anfängen der deutschen Phiologie, in: *Deutsche Vierteljahrschrift für Literaturwissenschaft und Geistesgeschichte* 61, 1987, sonderheft, S. 7-41.

(7) 特有の道論争については、J. Kocka, Der »deutsche sonderweg« in der diskussion, in: *German Studies Review* 5, 1982, S. 362-379; H. Grebing, *Der »deutsche Sonderweg« in Europa 1806-1945*, Stuttgart 1986 にまとめられている。

(8) Vgl. B. Faulenbach, *Ideologie des deutschen sonderweges*, München 1980.

(9) こうした側面を強調したものとしては、J. Fohrmann, Literaturgeschichte als Stiftung von Ordnung, in: *Akten des VII, Internationalen Gernanistenkongresses Göttingen 1985*, Bd. 11, Tübingen 1986, S. 75-84.

(10) たとえば、M. Koch, *Nationalität und Nationallliteratur*, Berlin 1891. これはもともとは、全ドイツ連盟での講演であった。

(11) このことに関しては、P. U. Hohendahl, Kosmopolitischer Patriotismus, in: *Ludwig Börne*, hg. v. J. Rippmann u. W. Labuhn, Bielefeld 1988 をみよ。

(12) W. Labuhn, *Literatur und Öffentlichkeit im Vormärz. Das Beispiel Ludwig Börne*, Känigstein 1980.

(13) 関連文献は次にある。Heinrich Heine, *Epoche-Werk-Wirkung*, hg. v. Brummack u. a., München 1980.

(14) H. Heine, *Sämtliche Schriften*, hg. v. K. Biregleb, Bd. 3, München 1971, S. 638.

(15) G. G. Gervinus, *Geschichte der deutschen Dichtung*, Bd. 1, Leipzig 1853^4, S. 8f.

(16) Vgl. Die Klassik-Legende, hg. v. R. Grimm u. J. Hermand, Frankfurt 1971; Deutsche Literatur zur Zeit der Klassik, hg. v. K. O. Conrady, Stuttgart 1971.

(17) Gervinus, Bd. 1, S. 10.

(18) これについては、Hohendahl, *Literarische Kultur*, S. 178-223.

(19) R. Gottschall, *Die deutsche Nationalliteratur des neuzehnten Jahrhunderts*, Bd. 1, Breslau 1871^3. S. V-XIV.

(20) H. Grimm, *Goethe. Vorlesungen gehalten an der Kgl. Universität zu Berlin*, 2 Bde, Berlin 1877, Bd. 1, S. 6.

(21) D. F. Strauß, *Der alte und der neue Glaube. Ein Bekenntnis*, Leipzig 1872, S. 303.

(22) B. Peschken, *Versuch einer germanistischen Ideologiekritik*, Stuttgart 1972.

(23) *Ebd.*, S. 50-72 ; Hohendahl, *Literarische Kultur*, S. 255-265.

(24) W. Dilthey, *Gesammelte Schriften*, Stuttgart, Bd. 3, S. 201.

(25) *Ebd.*, S. 209.

(26) J. Hillebrand, *Die Deusche Nationalliteratur im XVIII. und XIX. Jahrhundert*, Gotha 1875 ; Hettner, *Geschichte der deutschen Literatur im 18. Jahrhundert, 2. Buch : Das Zeitalter Friedrichs des Großen*, Braunschweig 1864.

(27) H. Hettner, *Schriften zur Literatur*, Berlin 1959, S. 53-165.

(28) W. Scherer, *Geschichte der deutschen Literatur*, Berlin 1883, S. 394-525 (Kap. 11).

(29) W. Scherer, Über den Ursprung der deutschen Nationalität, in : ders., *Vorträge und Aufsätze zur Geschichte des geistigen Lebens in Deutschland und Oesterreich*, Berlin 1874, S. 2.

(30) *Ebd.*, S. 20.

(31) F. Nietzche, *Werke in drei Bänden*, hg. v. K. Schlechta, Bd. 1, München 1960^2, S. 137.

(32) F. Stern, *Kulturpessimismus als politische Gefahr. Eine Analyse nationaler Ideologoie in Deutschland*, Stuttgart 1969.

(33) S. Ameri, *Die Konstruktion eines neuen deutschen Menschen und die Sprachbewegung im Wilhelminischen Reich*, Diss. Cornell University 1986.

(34) J. Sheehan, *Der deutsche Liberalismus*, München 1986, S. 232. リヒャルト・ヴァグナーの反ビスマルク立場傾向については，D. Borchmeyer, *Das Theater Richard Wagners*, Stuttgart 1982, S. 37 を参照。

(35) H. A. Winkler, vom linken zum rechten Nationalismus. Der deutsche Liberalismus und die Krise von 1878/79, in : *Geschichte und gesellschaft* 4, 1972, S. 5-28.

(36) F. Greß, *Germanistik und Politik. Kritische Beiträge zur Geschichte einer nationalen Wissenschaft*, Stuttgart 1971, S. 110f.

(37) Vgl. R. Rosenberg, *Zehn Kapitel zur Geschichte der Germanistik*, Berlin 1981, S. 181-201.

(38) *Ebd.*, S. 201-225.

(39) A. Bartels, *Geschichte der deutschen Literatur*, 2 Bde, Leipzig 1901/02.

(40) *Ebd.*, S. 1f.

(41) *Ebd.*, S. 4.

(42) *Ebd.*, S. 5.

(43) *Ebd.*, Bd. 2, S. 311.

(44) *Ebd.*, Bd. 3, S. 323.

(45) Vgl. Greß, S. 128-135.

(46) J. Nadler, Die Wissenschaft der Literaturgeschichte, in : *Euphorion* 21, 1914, S. 1-63.

(47) *Ebd.*, S. 32.

(48) *Ebd.*, S. 48-50.

(49) *Ebd.*, S. 62.

(50) J. Nadler, *Literaturgeschichte der deutschen Stämme und*

Landschaften, Regensburg 1912-1928, Bd. 4, S. 58.

(51) Vgl. Greß, *Germanistik und Politik*, S. 148f.; *Geschichte der Germanistik*, S. 248f.

(52) H. Hettner, *Literaturgeschichte des achtzehnten Jahrhunderts*, 1. Teil: *Die englische Literatur von 1660-1770*, Braunschweig 1881⁴; J. Schmidt, *Geschichte der französichen Literatur seit der Revolution 1789*, 2 Bde, Leipzig 1858.

(53) Vgl. R. Wellek, *Geschichte der Literaturkritik 1750-1950*, Bd. 3, Berlin 1977, S. 92-117, 472-475.

(54) F. Wolfzellel, *Einführung in die französische Literaturgeschichtsschreibung*, Darmstadt 1881, S. 136-140.

(55) これについては，H. Widhammer, *Realismus und klassizitische Tradition*, Tübingen 1972 を参照。

(56) Wolfzellel, *Einführung*, S. 140-157.

(57) *Ebd.*, S. 159.

(58) Hohendahl, Literaturkritik, S. 163.

(59) D. Hoeges, *Literatur und Evolution. Studien zur Französischen Literaturkritik im 19. Jahrhundert*, Heidelberg 1980, S. 67-93；さらに，Wellek, *Geschichte der Literaturkritik*, Bd. 3, S. 55-66.

(60) Cf. D. J. Palmer, *The Rise of English Studies*, London 1965, pp. 41-72.

(61) C. Baldick, *The Social Mission of English Criticism 1848-1932*, Oxford 1983, pp. 86-108.

(62) Wellek, *Geschichte der Literaturkritik*, Bd. 3, S. 146-169. Baldick, *Social Mission*, pp. 18-57.

(63) M. Arnold, *The Complet Prose Works*, 11 Bde, hg. v. R. H. Super, Ann Arbor 1960-77；特に Bd. 3, 5, 9 und 10.

(64) Baldick, *Social Mission*, pp. 59-85.

(65) Vgl. C. Bürger, Die Dichotomie von »höherer« und »volkstümlicher« Bildung, in: *Germanistik und Deutschunterricht*, hg. v. R. Schäfer, München 1979, S. 74-101.

(66) C. Berg, *Die Okkupation der Schule*, Heidelberg 1973, S. 89ff., 137ff. をみよ。

(67) Hohendahl, Literarische Kultur, S. 342f.

(68) コリンズについては，Palmer, *English Studies*, pp. 78-103 を参照。

(69) *Ebd.*, S. 113f.

第八章　内戦の文学

――復古時代の歴史小説――

パウル・ミヒャエル・リュッツェラー
（一九四三年生
ワシントン大学教授）

一　時代区分とテーゼ

一九世紀のヨーロッパ文学特に小説は、市民層のアイデンティティを創出する社会化の要因として、軽視してはならない文化の部分を占めている。[1] 当時、小説は文学の主要ジャンルとして認められていた。そして一八一五年から一八三〇年までの復古時代には、歴史小説がヨーロッパの最も人気のある文学ジャンルに昇格したのである。[2] 国際的な文壇で脚光を浴びた作家は、ほとんどこの一五年間ではウォルター・スコットであり、彼の小説『アイヴァンホー』と『クウェンティン・ダーワード』はヨーロッパのベストセラーとなった。また、彼の作品は無数の模倣者を見いだした（ド・ヴィニー、ユーゴー、マンゾーニ、グエラッチ、ハウフ、アレクシス）。このような小説の歴史要因への関心は、たしかにフランス革命、ナポレオン、ウィーン会議を通じて必然的となった市民層と彼らの政治史との関連を扱わなければならなかった。[3] また革命とナポレオンというテーマは、ウィーン会議と七月革命の間の時期にはタブー視されるか、もしくはそれを扱うことが検閲によって統制された。そこで一七八九年以来未解決の問題、すなわち、抵抗権、内戦の問題、国民形成、支配の正統性、市民のアイデンティティなどを歴史小説のなかで間接的に表現するという抜け道が発見されたのである。そこでは、比較可能な問題を生んだヨーロッパ史における変革・危機状況がかえりみられたのである。そうした問題とは、たとえばイギリスにおける封建制度の確立（『アイヴァンホー』）、絶対主義の開始による封建制の解体（『クウェンティン・ダーワード』、『ノートルダム・ド・パリ』、『王冠の守護者』、『リヒテンシュタイン』）、三十年戦争（『サン＝マール』、『婚約者』）、絶対主義国家の危機（『セヴェンヌの反乱』）である。

あの時代の「市民的」歴史小説について語ることは、本来冗語法である。それにもかかわらずその概念は根拠をもっている。なぜならスコットによって考案され刺激された小説は、彼の「雄々しい」先駆者（たとえば一七世紀における）によって、この概念を用いて区別されているからである。一八三〇年以後すなわち七月革命以後、歴史小説に対する関心は著しく弱まった。青年ドイツ派はそれに背を向け、現代小説を書いた。英仏では現代的で写実的な小説が普及した。四八年革命以後になって、全ヨーロッパで歴史小説の新しい制作・受容ブームがはじまったのである。本章においては以下のような復古時代の歴史小説を問題とする。アヒム・フォン・アルニム『王冠の守護者』（一八一七年刊）、ヴィルヘルム・ハウフ『リヒテンシュタイン』（一八二六年）、ルードヴィヒ・ティーク『セヴェンヌの反乱』（一八二六年）、ウォルター・スコット『アイヴァンホー』（一八一九年）、『クウェンティン・ダーワード』（一八二三年）、アルフレット・ド・ヴィニー『サン＝マール』（一八二一年）、ヴィクトル・ユーゴー『ノートル＝ダム・ド・パリ』（一八三一年）、アレッサンドロ・マンゾーニ『婚約者』（一八二七年）（ウォルター・スコットのウェイヴァリー小説は、現代小説あるいは歴史小説と現代小説の混合に関わるため、ここでは論じないこととする）。

一九世紀の歴史小説に関する現今の議論は、詩学のたぐいと歴史哲学に塗りつぶされている。(4) それに対してここでは、ロマンス的歴史小説の美学がこれまで軽視してきた社会的機能的な歴史の側面をもっと重視するつもりである。歴史小説はまたその伝達役割がたえず変化するジャンルである。そもそもこのジャンルの機能の一般的な規定が問題なのではなく、初期復古時代に特有な社会文化的条件のもとで、短期的にはきわめて重要であったタイプ（スコットとその追随者）として、このような文学的媒体形態の記述が問題なのである。スコット、アルニム、ユーゴー、マンゾーニ、ド・ヴィニーは小説のみならず、世論形成に関わる政治的ジャーナリズムを通じて、国民形成や支配の正統性の課題に一生涯関与したのである。

だが彼らは、ここで議論の対象となっている復古時代においては、とりわけ文学的手段、すなわち歴史小説を用いたのである。歴史小説ほど効果的に、彼らの政治問題を提議し価値観を表明しうる手段はほかになかったであろう。私の基本テーゼは、ロマンス的歴史小説が二重に市民的抵抗の媒体であったということである。すなわちヨーロッパ五国支配による復古政策の流れに抗して、抑圧され先送りされ差し止められてきた市民的自由を求める運動の諸要求が、さまざまな留保条件をつけつつも文学的に表現された。しかし同時にこれらの小説は革命に対する明らかな懐疑を隠さなかった。一七八九年スタイルの政治的革命に対する不快感は、復古時代の新しい絶対主義に対するそれと同じように大きかった。

全ヨーロッパにおいてこのジャンルが伝達形式として成功したことは、とりわけ政治的妥協の用意と結びついていた。その妥協は、革命と復古の極端な状態になじめず、ここでは自分たちの利害をかなえられない、と思っていた市民層の社会的期待に沿うものであった。過去の歴史的瞬間が、自分たちのおかれた歴史的状況を省察する基準点として選ばれた。その際、過去の諸時期は実効性の観点のもとに、現在への積極的な関与のための刺激として選び出された。歴史は決して中立的・因習的にも古物的にも見られず、常に現代史の観点から理解された（スコットの主張では、単なる古書研究者は無味乾燥な学者と呼ばれた）。現在の状況は物語られた事象のなかで対照的に形象化され、そのなかに反映された。時代遅れの貴族的価値観と絶対主義的国家理念に対する批判は、市民的価値に対する支持と対応していた。一八三〇年以後の時代の理解の点では、作家たちは決して自由主義者ではなかった。彼らにあっては市民的基本的見地が、異なる政治的・宗教的・社会的・世界観的規準と統合化されていた。たとえばアルニムはプロイセンの改革者たちに近い関係にあり、スコットはスコットランドのトーリー党員であった。マンゾーニはイタリアのナショナリスト、ハウフはシュヴァーベンの現状擁護者であった。

二　ロマンス的歴史小説の美学

さきに挙げた作家たちはその政治的見地においてと同様、歴史哲学の点でも異なっている。アルニムとマンゾーニは基本的にキリスト教的な歴史神学者である。アルニムにとって歴史は本来救済史であった。そしてマンゾーニは神の摂理を信じており、その摂理とは最後にはすべてを善へと導き、忌まわしい者ども（大半は腐敗した貴族）を処罰し、善人（特に質素な民衆）にこの世においても報いるものであった。だがアルニムとマンゾーニの歴史神学的立場は外見上でのみ類似していた。マンゾーニが神の摂理に対する確信から出発し、その価値を小説を通じて裏付けようと思ったのに対し、アルニムはそれとは逆に、『王冠の守護者』の序文で述べたように次のことを望んだ。すなわち創作がそれに特有な認識能力に基づいて、「世界の秘密」、世界の隠れた歴史的意味、その「より高次の真実」をあらわにすることを。ここにはアルニムにおける創作に対する特殊ドイツ・ロマン主義的な（シェリング的）準神学的重視が注目される。若いユーゴーにおいては、悲観的な運命論が支配的である。それに対しスコットは——いずれにせよイギリス史に配慮して——楽観主義的な進歩理念を代表した。このように異なった（市民的とも非市民的とも呼ぶことのできない）歴史哲学的見方が小説のなかに働いていたのである。

当時全ヨーロッパで――スペインや東欧では遅れていたが――歴史小説が普及したが、歴史小説はそれぞれ異なる文学史的状況下にあったのである。ドイツにおける小説観は『ヴィルヘルム・マイスター』のタイプの個性ないしは教養小説によって影響を受けており、[5] フランス・イタリアでは若いロマン派作家たちが古典主義の規範と闘っていた。イギリスでは怪奇小説に人気があり、また書簡体小説がさらによく読まれていた。それに加えてイギリスでは小説文学《ノベル》とロマンスのタイプが競合していた。歴史小説は叙情的形式（たとえばスコット、ハウフ、アルニムにおける挿話）と戯曲の特徴（舞台的・対話的文体）とを、要するに同時代の他の小説タイプにすでに浸透していた部分を統合したのである。概念論的にはジャンル・モデルとしてのロマンス的歴史小説の創始は、小説文学としての近代小説への転換と関係がある。[6] 小説文学においてはその前身、叙事詩とは違って、公的な行動の叙述ではなく「人間の内面史」の叙述、私的なるものが問題なのである（スコットの論説『ロマンスについて』を参照のこと。彼はそこでジェーン・オースティンの小説を小説文学の模範と呼んでいる）。

　モデル的性格をもつジャンルすべてと同様に、ロマンス的歴史小説も統合的な形態をもった。すなわち歴史小説はそれとは一線を画すロマンス形式からもその一部分を受容していたし、歴史小説が示す市民の私的な日常生活の観点は、小説文学の伝統なしには考えられないものであった。古典的特性のスタイルをもったドイツ教養小説（『ヴィルヘルム・マイスターの徒弟時代』）の影響はわずかである。ここかしこで零階梯（ゲーテが評価した一書、マンゾーニの『婚約者』にそれらしきものが、またハウフの『リヒテンシュタイン』、ティークの『セヴェンヌの反乱』のなかに）が見いだせるにすぎない。個人の性格は社会的現実との葛藤に満ちた対決をしつつ、絶えざる修行・変転の過程のなかにあった。このような個人の形成と発展の描写は、ロマンス的な歴史小説においては見いだせないであろう。私の規定では、歴史小説で問題となるのはそれとは逆に、比較的静的な人物像のなかに取り入れられた歴史的発展と劇的な危機の描写である。そこにおいては（フィクション化した）歴史上の人物（歴史部分）と案出された人物（ロマンス部分）とが問題である。目的は個人ではなく、個人の全体性の実現や、多方面の教養による人物の全面的展開が問題なのではなかった。ロマンス的歴史小説においてはむしろ理念として導入された統治形態が眼目であり、それは絶対主義的手段を用いずに内戦を防止するような統治であり、潜在的に対立する社会集団とできるだけ軋轢なしに共存することを可能にするものであった。

　教養小説が強いユートピア的性格を示す一方、スコットにはじまる歴史小説は現実的な社会的対立の解決に向けられた。歴史小説においては主人公の静的状態の結果、個人描写のパターン化を否定しえなくした。しかし、このような美的欠点は甘受される。その重点はまさに歴史的な情勢・発展の詳細な記述にあるのであって、個人の主観性のきめ細やかな描写にあるのではないからである。歴史上の主要な経過をたどることと並んで、ロマンス的歴史小説には創作された人間・恋愛ドラマが、すなわちロマンスが常に織り込まれていた。このような小説タイプを（文学的に自由に扱われた）歴史記録とロマンスの混合として定義することができる。その混合比率は小説ごとにいくぶん異なっていたように思われる。純然たる（フィクション化した）歴史記録は文学としては、ロマンスとの共生によって得るような人気に達することはなかったであろう。歴史記録と空想上のロマンス的出来事との結合が歴史小説の興味を構成していることである。むろんロマンスの構成要素は「驚異的」で「奇想天外」なことである。非日常的なことは（スコットがそれを非日常的な出来事と呼んだように）ロマンスに特徴的なものであり、したがって歴史小説にとってもそうである。アルニムにおいては「驚異的な」ことが支配的である。ユーゴーとティークにおいてもそれは認められる。スコットとマンゾーニにおいてはそれはまれであり、ド・ヴィニーにおいてはほとんどみられない。ロマンスに不可欠の要素は、すでにジャンル名から判るように、ラヴ・ストーリーである。

ロマンスが最も明確に市民的規準・価値観を与えるのは歴史小説においてである。伝統的な意味、すなわちさまざまな困難の克服とハッピーエンドの恋物語としてのロマンスは、歴史小説のなかでは必ずしもひんぱんにみられたわけではない。アルニム、ユーゴー、ティーク、ド・ヴィニーにおいては、明らかなアンチ・ロマンス、すなわち否定的ないしは悲劇的に終わる恋物語に関わっていた。またスコットの『アイヴァンホー』においても、アンチ・ロマンスたるレベッカとアイヴァンホーの出来事が中心にある。ロウィーナとアイヴァンホーの成就した恋愛関係はほとんど描かれない。さらなるアンチ・ロマンスはここではレベッカに対するテンプル騎士団騎士の関係の経過とユリイカ物語のそれである。マンゾーニとハウフにおいてだけ、通常のロマンス・シリーズの様式が展開される。スコットの『クウェンティン・ダーワード』もここで言及されなければならない。それどころかこれはまさにロマンスそのものの模範であろう。語り手は読者に常に異化した方法によってロマンスの文学性を提示するとは限らない。そこではその文学性は政治的な展開（ルイ十一世によるフランス絶対主義とフランス国民国家の基礎固め）に比べて低く評価されたのである。

ジャンルに関していえば、アルニムの『王冠の守護者』は特別の位置を占めている。それはスコットとかかわりなく成立した唯一の作品である。ここには歴史叙述とロマンスというよりも、むしろ歴史文学と伝説が統合化されている。[7] それどころが伝説の部分が所々でまさっており、この作品はロマンス形式の芸術伝説ないしは伝説小説と呼ぶことができる。ハウフの『リヒテンシュタイン』にもまた同様の要素が見いだせるが、彼はアルニムよりもはるかに強くスコットに方向付けられている。スコットの影響については『リヒテンシュタイン』序文のなかでハウフ自らがはっきりと認めている。

歴史小説の美的形式には、作家が序言・序文あるいは註釈のなかで歴史的背景を手短に説明し、歴史の探索に際して参考にした史料を知らせることが不可欠となっている。そのことはスコットやアルニムについても、マンゾーニ、ハウフ、ティークについてもまったく同様である。そのような序文において、しばしば「文学と歴史」（アルニム）について、あるいは「芸術における真実について」（ド・ヴィニー）熟考されている。スコットとマンゾーニは「古事学会特別会員・ドライアスダスト（無味乾燥）博士の論評に対する献辞的書簡」や「歴史小説について」のような論文のなかで、歴史と文学、事実と虚構、記録とロマンスなどの混合比の独自の方法について説明している。マンゾーニはとりわけ精確な歴史家である。彼は小説の歴史部分が忠実に歴史学的基礎に従って記述されるべきと考えていた。それゆえ『アイヴァンホー』のなかでリチャード獅子心王の物語を意識的に変えたスコットを彼は批判している。マンゾーニは作家として小説文学の伝統に最も近い位置にある。すなわち彼は日常描写と推定的事実の基準化に依拠していた。マンゾーニによれば、創作された人物は実在のものとみなされ得るほどに実像に似ていなければならなかった。その対極に位置するのがアヒム・フォン・アルニムで、彼は史実上のことと伝説上のこと、歴史に基づくことと自由創作上のこととを多彩に混在させた。

結局ロマンス的な歴史小説の作家すべてが、歴史上のことと創作上のこととの間の区切りについて省察していることは、この分野の特徴である。マンゾーニ以外に史料第一主義をあくまで主張する者はいない。史料主義は評価の規準あるいは尺度として浸透していなかった。スコットとド・ヴィニーはそのような要請に対して激しく抵抗してきた。ド・ヴィニーは、創作が究めようとしている「人間性の真実」を「事実の現実性」よりも高く評価した。「現実性は第二級の意味しかもたない[8]」と彼はいう。精神的・道徳的真実が問題なのであり、歴史小説においては経歴の改変によってもそれは達成されうるのである。ここでド・ヴィニーが、民間伝説を通じて歴史的人物のこのような経歴の改作が絶えず生じていること、また歴史叙述よりもこのような伝説を通してのほうが「生《レーベン》はいっそう明らかに」把握されると書くとき、彼はアルニムの位置に近づいているのである。ここから彼は歴史との交流において、「現実性への狂信」に抗し創造力の自由を支持する。ロマンス的歴史小説作家が、歴史叙述部において（マンゾーニから読みとれるように）、一貫して史料信仰の奴隷になるまいとしていることは特徴的である。というのは当時、歴史叙述で進展しつつあった歴史主義におけるように他の時代の理解が自己目的として問題なのではなく、現在の問題に対する意志決定のために、歴史的史料の関連性に富んだ活用が問題なのである。そのためマンゾーニも次のようなことをなさねばならなかった。すなわち自分が扱う現代的問題（貴族による民衆の抑圧、民族的独立ではなく外国支配）とまったく同様のものを北イタリアの故郷の一七世紀に再発見したのである。史実の変更は彼の市民的抵抗戦略のなかで何ら利益をもたらさなかった。そのことはスコットにおいては、少なくとも『アイヴァンホー』においては当てはまらない。この作品でスコットはノルマン人とサクソン人との闘いを設定しなければならなかったが、それは、一二〇〇年頃のイギリス中世ではそのような形態ではもはや存在していなかった。彼がそのような闘いを創出したのは、一方でスコットランド人とブリタニア人との対立、他方で上層階層《アッパー・クラス》と窮乏する下層との軋轢を主題として扱いうるためであった。

作家たちは、序言や註釈においてだけでなく、本文それ自体においても歴史叙述的論評をもち込んでいる。スコット、ハウフ、ユーゴー、マンゾーニは常に読者に対し、歴史記録とロマンスとからなる文学上の中間的存在を眼前にしていることに注意を喚起している。彼らは好んで語り手に昔と今との歴史的相違を指摘させたり、あるいは過去の時代への旅行案内人のように、ストーリーの歴史的環境をより正確に解説させたりする。アルニム、ド・ヴィニー、ティークにおいては、そのような語り手による研究旅行はみられない。ここでは歴史的知見はストーリーのなかに完全に転化され、織り込まれている。その際、社会批判の激しさの点で質的な相違は認められない。最初に述べたほうの作家たちは、そのような語り手の挿入によって、語られたことと現在との関係を強調する。後者の小説家たちにおいてもその関係づけを欠いるわけではないが、ストーリーそれ自体のなかで明らかにしているだけである。たとえばアルニムの『王冠の守護者』に登場する「ハウス・メルヘン」は、明らかにナポレオン支配とライン連邦諸侯の態度に対する当てこすりを含んでいると考えられる。歴史叙述と文学的な物語とを結びつけた最も微妙なやり方は、スコットの『クウェンティン・ダーワード』に見いだせる。ここでは歴史家フィリップ・ド・コミーヌが物語の登場人物の一人として登場している。彼こそは、まさにスコットがルイ十一世とシャルル勇胆公の統治に関する知見、すなわち小説の歴史部分において重要な国王とブルゴーニュ公に関する知見を負っている歴史叙述者である。

歴史小説に特徴的なことは、それについての研究が再三強調してきたように、いわゆる「並みの主人公」（ルカーチ）にある。このような主人公は前ロマンス的な（「英雄的」）歴史小説の遺産でもなければロマンスの遺産でもない。いずれの場合にも、平均以上の非凡な支配者・英雄的人物が叙述の対象に選ばれている。「並みの主人公」は、主役が日常世界から出てくる小説文学の影響に関係している。だが「並みの主人公」の典型は、スコットの中世物語よりも彼の初期のウェイヴァリー小説に特徴的である。ここで論じている復古時代の歴史小説に特有なものは、「並みの」主人公と「特異な」主人公の並立である。アルニム、マンゾーニ、ユーゴー、ティークにおいて（『ウェイヴァリー』以来）典型的な平均値的主人公と出会う。すなわちベルトルト、レンツォ、ルチーア、グランゴール、エドマンは、市民的小説によって読者によく知られうるような登場人物なのである。それに対してスコットやハウフにおけるアイヴァンホー、クウェンティン、ゲオルク・フォン・シュトゥルムフェーダーは、むしろ前ロマンス時代のロマンスないしは歴史小説の定評ある「英雄的」主人公を思い出させる。だが、後者の場合にも市民の読者は「主人公」との自己同一化は容易である。というのは貴族的出自にもかかわらず、主人公は剝奪された者、零落した者がなっているからである。彼らは市民的価値(業績原理)の受容を通じて、上昇する者として成功することが可能なのである。例外はド・ヴィニィのサン＝マールである。ここにあるのは、真に貴族的な自己意識をもった主人公の場合であり、このような人物にふさわしく彼は完全な挫折を経験する。

ロマンス的な歴史小説に典型的なものは主人公の平凡性よりも、美的統合体としての主人公の価値減殺と拡散である。ロマン主義の芸術家小説や古典的教養小説において、疑いもなく主人公は作品の中心的役割を演じていたが、復古時代の歴史小説においては事態が異なる。『王冠の守護者』・『リヒテンシュタイン』・『ノートル＝ダム・ド・パリ』・『セヴェンヌの反乱』のような題名はすでに読者がハインリッヒ・フォン・オフターディンゲンないしはヴィルヘルム・マイスターのようなものを期待できないことを暗示している。題名に主人公の名が現れている『アイヴァンホー』・『クウェンティン・ダーワード』・『サン＝マール』においても、彼らはもはや主役を演じていない。これらのどの小説においても、ストーリーのために決定された完全な登場人物セットがある。なるほどそれはロマンスの伝統にとって特徴的な、競合しつつ立ち現れる主人公のライバルだけでなく、少なくともそれと同等の役を演じる、史実からの登場人物たちなのである。それは『アイヴァンホー』におけるリチャード獅子心王、『クウェンティン・ダーワード』におけるルイ十一世、『リヒテンシュタイン』におけるウルリヒ公であり、また特別なものとしてユーゴーの小説におけるノートル＝ダム・ド・パリ聖堂である。『サン＝マール』はロマンス(ないしはアンチ・ロマンス)の主人公が歴史上の人物である唯一のケースである。この人物に対して少なくとも重要ですぐれたリシュリューの形姿が対峙する。かつての中心的主人公の拡散、無力化、分解、相対化、格下げが問題なのであって、その破壊ないしは消滅が問題なのではない。

ロマンス的歴史小説における妥協的・中間的状況はその主人公(あるいはさらに正しくは複数の主人公・ヒロイン)の策定においても表面化する。なるほど公的生活のストーリーは主人公とされた歴史上の人物にかかっているが、この個人が特定の社会層(「市民」ないし「民衆」を含む)の集団的願望をかなえるときにのみ、歴史的な異常事態(内戦)は避けられうるのである。歴史を決定する行動はエリートのみから由来するのではなく、エリートは自らが立つ歴史の過程を理解し、その過程の要請(「時代の要求」)に対応して行動しなければならない。その際、小説のロマンス部分から出た「並みの」主人公には、すべて支配エリートと保護され満足をうるべき社会集団との仲介と援助の役割が与えられている。このような奉仕機能のなかで主人公は存在を認められるか(スコット、ハウフ)、挫折するかである(ド・ヴィニー、アルニム)。リチャード獅子心王とルイ十一世は、彼らの時代の大きな心的葛藤のなかに描かれている。その場合の状況は彼らに積極的ないしマキャヴェリ的支配能力を要求するが、その状況の展開は予測しえない多くの要素に左右されている。それは、『王冠の守護者』、『婚約者』、『ノートル＝ダム・ド・パリ』のような小説で、繰り返しあらわれている偶然の出来事であり、歴史が政治家によって「思い通りにできる」のはほんのわずかの程度にすぎなかった。

中心的な主人公の拡散を最も広く行っているのがユーゴーである。これに関する研究において、[9]そもそもグランゴールが小説の典型的な「並みの主人公」とみなされうるかどうかについて議論されている。他の登場人物（カジモド、フロロ、エスメラルダ、ポイボス）はどうであろうか。この作品の題名主人公はノートル＝ダム・ド・パリである。それはフランス中世の総体であり具現である。それにおいて、そしてそれをめぐって小説の全ストーリーが展開される。聖堂はいわば悲劇の主人公である。というのはユーゴーは一五〇〇年頃、聖堂の時代が過ぎ去ったことを明らかにしているのである。新しい中心的象徴、新たに始まりつつある時代の主役はもはや石造りのがっしりとした聖堂ではなく、紙でできたしなやかな書物なのである。風刺的方法でユーゴーは聖堂の悲劇的形姿に作家（グランゴール）の喜劇的形姿を対置した。聖堂の堅固さ、不動性、安心、威厳、畏怖させる古さに対し、新しい時代の代表としての若い作家の機敏、無性格、日和見主義、不安が対峙した。彼とルイ十一世、すなわち作家と国王（のちの主たる論敵同士）は生き延びていく。だが中世の代表は悲劇的に没落し、こうして人間化されて描かれた聖堂はその「魂」を失うのである。小説の執筆者（ユーゴー）自身がグランゴールのギルドに属しているため、「聖堂」に関するこの「書物」も、すなわち古いものの記念書であるこの新しい伝達媒体も、自嘲的に「新しい時代」に対して、また書物と文筆家に対して懐疑を抱いていた。ここでは主人公の拡散も明らかとなる。かつてのようにある時代の具現として「ひとつの」ノートル＝ダム・ド・パリがあるのではない。つまりは新しい時代を体現するものとして「一冊の」書物が存在するのでもない。個別の価値が極度に相対化された無数の書籍がなおも存在するが、それら全体は「時代の精神」を包摂しているのである。

一方で「並みの主人公」が市民の読者にとって彼らと同一のものとして近しい存在となり、他方で貴族や王家出身の歴史上の人物の権威縮小が確定された点において、ロマンス的小説の主人公形成に市民的思考が浸透したのである。歴史上の人物が唯一の主役であることはなくなった。そして彼の行動の自由が相対的なものであることは、その地位が数多くの依存関係や予測しえない偶然のつながりのなかにあることから明らかである。

三　歴史的危機の主題化

復古時代の政治的・社会的経過、文化生活、文学的生産は、一七八九年から一八一五年の間のヨーロッパにおける内戦的爆発を背景にしてのみ、理解することができる。それは一八三〇年の七月革命において新たな頂点に達したあの危機的状態である。ロマンス的歴史小説はまさに内戦のテーマに関心を奪われた。ユーゴーの『ノートル＝ダム・ド・パリ』は、七月革命に直接呼び起こされ、一八三〇年に執筆された。スコットの『アイヴァンホー』は、一八一九年（この小説の執筆年）に、いわゆる「ピータールー」（マンチェスターの聖ピーター広場で軍隊によって行われたデモ行進中の労働者の虐殺）において表面化した社会的危機を背景に理解しうる。アルニムの『王冠の守護者』はナポレオン体制に対する諸反乱から着想を得た。ド・ヴィニーの思想における消尽点は、彼が『サン＝マール』においてその歴史的起源を探し求めたフランス革命である。ティークは国家権力と宗教の新たな共生（神聖同盟）のなかに復古時代の禍根を見て取り、『セヴェンヌの反乱』において良心的行動の自由を抑圧した影響について書き記した。マンゾーニの故郷・北イタリアはウィーン会議以降オーストリア領であったが、彼は一六二八年のスペイン占領に対するミラノ市民の反乱を描くことによって外国支配の帰結を明らかにした。ハウフはアルニムと同様、一六世紀初頭西南ドイツ地域の内戦的紛争の時代に読者を導く。強力な帝国政府によるドイツ統一を夢見たアルニムとは違って、ハウフはヴュルテンベルク王国の国益、シュヴァーベン地方の状況安定だけを問題とした。

スコットは『アイヴァンホー』のなかで分裂したイギリスを示した。そこではノルマン人とサクソン人との大きな内戦がいつでも勃発しえた。貴族主義的なサクソン人抵抗の首領セドリックは戦争を周到に準備し、イギリスにおける権力奪回に人生の目標を掲げた。リチャード獅子心王の不在中に統治したノルマン人王子ジョウハーンの抑圧政策は、サクソン人反乱のくすぶる炎に新たな火種を与えた。ロビン・フッドは「社会的のけ者たち」とシャーウッドの森に独自の国家をかまえたが、これがサクソン人の貴族反政府党と並ぶ反乱軍の第二中核を成していた。暴君を最もはっきりと体現したノルマン系貴族フロン・ド・ブーフのトルキルストーン城に対する焼き討ちが闘いの最初の合図であった。騎士アイヴァンホーと帰還途上のリチャード王の課題は、国土を平定することと、サクソン人とノルマン人を和解させることである。アイヴァンホーはサクソン系出身であったが、リチャード獅子心王の十字軍に加わったことで重要な地位を与えられていた。そのため、彼は父セドリックから勘当され追放された。スコットはときおり批判的であったとはいえ、リチャード獅子心王を高く理想化していた。王はトルキルストーンへの突撃に関与し、それによりセドリックやロビン・フッド側の敵方グループの共感を得た。アイヴァンホーはサクソン人とノルマン人との仲介役を引き受けることができた。リチャード獅子心王による臣下の権利を尊重する適法的統治の再興によって内戦は避けられる。サクソン人はイギリス社会での同権を保持し、ロビン・フッドを中心とした「社会的のけ者」は再びイギリス社会に組み込まれた。この書物の最後にアイヴァンホーはある対話のなかで、臣下の法的保護を主要課題としたリチャード獅子心王のような支配者が存在しなかったなら、イギリスは内戦と反乱に脅かされたままであろうことを強調している。

スコットはここで好みの政治理念を表明しているのである。すなわち民族的・社会的利害の調整が、イギリスの先見の明ある君主政治の基盤でなければならない。それによって地域的反乱や社会的革命は防止できるのである、と。同時代のイギリス人読者には、この書におけるサクソン人がスコットランド人(ウェールズ人やアイルランド人も)を象徴していることは明らかであった。スコットランド人は長年連合王国における解放を求めて闘っていたのである(スコットがスコットランド問題に関わっていたことはよく知られていた)。そして「社会的のけ者たち」は新しいプロレタリアート、社会的貧困の犠牲者を想起させる。彼らは市民社会によって廃絶される危機にあった。『アイヴァンホー』の全ヨーロッパ的成功は、スコットが書き記した民族的・社会的反乱がヨーロッパ大陸のほとんどすべての国で比較可能な現象であったことを示している。一九世紀を通して社会的論議を規定したのは、「社会問題」と「民族問題」である。内戦の防止は復古期政治家の明確な意図であり、全体としてみれば、ナポレオン戦争後のヨーロッパ市民層の要求にも合致している。だがスコットを復古主義のイデオローグとして評価することはできない。彼はメッテルニヒやフリードリヒ・ヴィルヘルム三世タイプの政治家のように、当面の社会政策責務のために社会正義と少数民族の同権を犠牲にするようなことを表明したのである。反対に社会的調整と地域文化の承認が、内戦防止の前提条件であることを表明したのである。トーリー党員スコットは、特殊イギリス的な特徴をもつ君主国家形態に固執した。

内戦はスコットの『クウェンティン・ダーワード』においても重要なテーマである。ここではリエージュの司教と支配者に対する市民の反乱を詳述することが中心的な役割を果たしている。スコットは不法な内戦的暴動に対する拒否を表明している。なぜなら、この反乱で利益を得たのは、政治的未成熟に描かれたリエージュ市民ではなく、むしろ短期的には貴族というならず者、ヴィルヘルム・フォン・デア・マルクとかいう人物であったからである。この人物の軍事的援助なしに司教の居城を破壊することはできなかった。さらに長期的に利益を得たのはフランス国王であった。独立を主張するリエージュが、この都市を支配領域におくブルグントのシャルル勇胆公とフランスのルイ十一世との権力闘争において、いかに手玉に取られていったかをスコットは示した。シャルルとルイとの間には、いつでも公然たる戦争(内戦)へと至り得るような特殊な冷戦状態が生じていた。公的にはルイはシャルル公の封建的主君であるが、ブルグントは一五世紀後半にはフランス王室からの分離独立に努力するほど自立化していた。それと同時に『クウェンティン・ダーワード』は大規模な内戦の防止を対象とした書物である。ここにおいても法にかなった国王にその課題が割り当てられている。ルイ――リチャード獅子心王のように高潔で気高くはなかったが——は、最悪の策略と最高にねられたマキュアベリ主義的な術策・抑圧手段を用いて、フランス王国の存立を救い、シャルル公との戦争を防止することに成功した。スコットは序言でも述べているが、この書はロマンス的主人公クウェンティンよりもルイ十一世に関するものである。それ以外にスコットはこの書物において、一五世紀のストーリーにあたる時期に起きたイギリスの内戦についても考えていた。ヨーク家とランカスター家の内戦いわゆる「ばら戦争」によってイギリスの侵略危機から解放されたため、ルイ十一世はフランス王国の強化に努めえた、と作品の書き手は強調している。

ルイ十一世はユーゴーの『ノートル＝ダム・ド・パリ』においても、重要な位置に登場する。この作品は、スコットの『クウェンティン・ダーワード』がなければ、このような形式では書かれなかったであろう。ユーゴーはフランス史にとって重要な一五世紀後半の黎明期を叙述することにおいて、スコットランド人（スコット）を凌駕しようと思った。ルイの描写の点においても彼は必ずしも成功してはいない。というのは彼はスコットによって描かれた肖像に新しいものを何も付け加えてはいないからである。なるほどユーゴーのルイは年老いていた（シャルル勇胆公はもはやいないとはいえ、その間ずっとブルグントとの闘いに耐えてきた）。だが、この老獪な人物は依然として、あらゆる手段をためらわず用いて中央権力の強化を推し進めていた。パリにおける内戦は彼にとってまさに予期していたことである。彼はそれを攻撃するのではなく、むしろ彼にとってあまりに強大かつ自立的であった都市の傭兵隊長を攻撃した。彼は暴動の報を聞いたとき、喜びのあまり小躍りしそうになった。彼は、（王たるものの手法という意味で）市民と共同で貴族を窮地に追いやることができると考えていたからである。反乱が傭兵隊長にではなく、国王の保護下にあったノートル＝ダム聖堂へと向けられるのを経験したとき、君主にとっていささか奇妙であった革命熱は、当然のように市民への汚らしい罵倒へと転化するのである。いまや国王の標語は「ならず者どもをやっつけろ」となった。そして彼は反乱者を「つぶす」ため、意のままになる親衛隊を総動員した（聖堂の急襲においては、真の内戦的行動ではなく、パリの浮浪無産者たちの個々の危険な行動が問題であることを国王は知らなかったのである）。

ユーゴーにとって、一七八九年と一八三〇年の比較は重要である。特徴的なことにルイが聖堂襲撃について聞き知ったのは、悪名高いバスティーユのお気に入りの祝祭においてであった。バスティーユでは彼の政敵が「大きな監獄」のなかで監視されていた。バスティーユは彼にとってルーヴルよりも好きな滞在地であった。ルーヴルは彼を惹きつけなかった。バスティーユではフラマン人の都市ガンの市民代表が革命に関する話に彼を引っ張り込んだ。ガンの靴下製造人マイスター・コペンノールは、フランスにおいて「民衆の時代はまだ到来していない」が、いつかそれはやってくると考えた。そのときにはバスティーユの塔は「音を立てて粉々になる」であろうと。コペンノールは自身がフランドルの諸侯に対する反乱をいかに組織し、それを成功裡に終えさせたかについて熱心に描写した。この書の最後にグランゴールが文筆家による革命的プロパガンダの先触れを示している。それはルイの後継者が三〇〇年後に目の当たりにするものである。彼のルイ十一世国王像は、後年の作家によるルイ十六世ないしはシャルル十世のそれとほとんど変わらない。「国王は……海綿のごとく民衆を搾取している。時代のゆゆしさに対する不平は次第に諸侯に対する苦情へと変わっている。この柔軟で敬虔な支配者のもとで、絞首台は音を立て、死刑台は濡れ、監獄は詰め込みすぎた腹のように破裂している。彼は一方で金を搾り取り、他方で首をはねている。彼は偉人から威厳を取り去り、無名の人びとに常に新たな負担を負わせている。」小説の文脈のなかで、これは効果をもたないレトリックにとどまった。なぜならグランゴールは作家、哲学者として当時はまだほとんど影響力をもっていなかったのである。印刷術がようやく発見されたばかりで、文筆家はまだ緒についたばかりであった。

適法的な政治的原則へのこだわりによって、内戦が回避されうることを歴史的模範を披露して明示すること、それがスコットにとって問題であった。だが、そのような楽観主義を若きユーゴーは共有しなかった。彼にとって、社会生活の混沌にあって基本原則をもって自らを貫くには、運命が紡ぐ糸はあまりにもつれていた。登場人物のすべてが詐欺に屈服し、たいていは悲劇的な最期をとげた。企てられた反乱は見込みとは逆の結果となった。加えてその動機はすぐさま忘れられ、ひとり歩きを始め、略奪にいたった。国王の動機にも反乱者の動機にも読者は同感することはできない。そして歴史的悲観主義と政治的懐疑の風潮が残っているだけである。むろん「暴動」に対する反感は、フランス絶対主義の基盤を作り上げたルイ十一世に対する同時期の反感において明らかとなる。

そのことは『リヒテンシュタイン』におけるヴィルヘルム・ハウフがいっそう明確に強調した。この小説はヴュルテンベルクのウルリヒ公の統治——「コンラッドの憂愁」(一五一四年)や反ウルリヒ・シュヴァーベン同盟との闘い(一五一九年)の時代からヴュルテンベルクへの宗教改革導入(一五三五年)まで——を取り扱っている。その中心にあるのは、内戦と王朝同士の闘いが混合した一五一九年の紛争である。紛争を引き起こした要因は、自由帝国都市ロイトリンゲンをウルリヒが占拠したことにある。その行為はシュヴァーベン同盟(小説のなかではウルムが反ウルリヒ公勢力の集結点である)も、ウイーンの皇帝も容認し得ない。一五一四年の農民反乱の原因と経過については、回顧録から知られている。なるほど農民反乱ははっきりと忌避されているが、その勃発はウルリヒ公の抑圧政策に帰因するとされている。ハウフの共感は完全にウルリヒ公側に寄せられている。彼の伝記を読む者には教養小説の香りが感じられる。ヴィルヘルム・マイスターのような学習意欲や発展の意志のようなものは考えられないし、また、ハウフもそのように考えていたが、何らかの良きものへの浄化と変化が彼にあることは否定できない。若い支配者として過去の自己の欠点から彼は学んでいなかった。なぜなら、彼は過去にあまりにもわがままで近視眼的な政策のために、領邦から追い出された経験をしたのに、首都シュトゥットガルト奪還後、独裁的となり、領邦等族の盟約をご破算にするという誤りを侵したからである。むろんその責任は悪い助言者たる宰相にある。彼は主君に「朕はヴュルテンベルクなり」風の絶対主義的な標語を吹き込んだのである。ウルリヒはスコット『アイヴァンホー』のジョウハーン王子とリチャード獅子心王を統合したような人物である。ジョウハーンの無責任で利己的な政策も悪い助言者によって生じたものとされ、ウルリヒはリチャード獅子心王のように美化され賛美されている。再度の追放、新たな帰郷、そして彼が領邦に「旧法」(領邦等族の盟約)を承認してのち、ようやく賢明にこのうえなく満足を得るような統治を行ったのである。加えて彼は宗教改革によって彼の領地シュヴァーベンのムスターレントルをも喜ばせた。そのことによってハウフは、彼をシュトゥットガルトにある国王代々の肖像回廊に受け入れるべき天分豊かな諸侯と認めた(現実のウルリヒが行った教会財産を犠牲した感心できない利得政策については、当然触れられていない)。典型的な妥協的位置はここでもみられる。すなわち農民戦争や内戦の忌避であり、支配者は適法的政策によって内戦を防止しなければならないとされている。

ハウフが小説の序文で引き合いに出したスコットと同じように、ハウフは君主国家形態の必然性を信じていた。だが、ハウフはスコットよりも復古時代の保守主義に近い位置にあった。たとえばハウフは自らを農民問題の擁護者にすることはしなかったが、スコットはシャーウッドの森の「社会的のけ者」に明らかに同情を示してきた。スコットは異なる意見と反乱行為の正当性をより鮮明に浮き彫りにしただけでなく、国王リチャードをノルマン人の城攻略に参加させさえしているのである。たしかにウルリヒ公なら同様のことに熱中しなかったであろう。結局『リヒテンシュタイン』は、ヴュルテンベルク王が臣下ヴィルヘルム・ハウフに委託した作品のように読める。臣下ハウフは小説でシュヴァーベンの読者層の間で王室への忠誠を強化し、とりわけ先祖ウルリヒの不愉快な否定的肖像を肯定的なものへと修正すべきであったのだ。だが、このような反革命の書は、西南ドイツにおける市民の利害においても書かれたのである。国王ヴィルヘルムにシュヴァーベン市民はひどく扱われたわけではなかった。一八一九年憲法においてヴュルテンベルクは比較的進歩的な憲法をもっていた。市民に現状肯定の思考が流布しており、隣国フランスに新たな革命を発生させたようなものは、ドイツ連邦西南地方では市民には波及しなかった。ヴィルヘルムはすでに市民の国王の感があった。シャルル十世と対比すると彼は急進民主主義者であった。ヴィルヘルムは邦国の近代化・工業化の基礎をすえ、それによって市民層の利害に応えた。そして一八四九年にフランクフルト国民議会を唯一承認したドイツの大諸侯が彼であった。

一六世紀初頭のシュヴァーベンの状況については、アルニムの小説『王冠の守護者』が扱っている。政治的な秘密結社である王冠を守る者は、ホーエンシュタウフェンに再度帝位に就かせることを望んでいた。支配権をもつハプスブルクに対する公然たる内戦には秘密結社はひるんでいた。犯罪視されたそのメンバーたちは、皇帝マクシミリアンも危うくその犠牲になりかけた暗殺行為だけで満足していた。彼らはハプスブルクの権力失墜を待ち、しかるべき時期にホーエンシュタウフェン家の子孫が権力掌握すべくその準備を手助けしようとした。なぜ彼らが「内戦」を避けようとしたのかは、この書の中心である「ハウス・メルヘン」に明らかである。すなわち内戦は国家の中央権力の低下を意味し、これは外国の敵対的支配者を領内に引き入れることにつながる（たとえばアッティラ、ナポレオンをも意味する）。ホーエンシュタウフェンの末裔ベルトルトは支配者的資質をまるでもたなかったが、小説の終わりにハウフも描いたあのシュヴァーベンの内戦的混乱に巻き込まれた。むろんアルニムにおいてはヴュルテンベルク公を描くにあたって、潔白証明戦略は問題にならない。社会的対立はきわめて中立的な視点から描かれた。ハウフのゲオルク・フォン・シュトゥルムフェーダーとは異なり、アルニムのベルトルトはシュヴァーベン同盟（一四八八年に結ばれた西南ドイツ、シュヴァーベン地方を中心とする世俗・教会諸侯、騎士、都市の同盟）に加わった。そのことをヴァイプリンゲン市長として彼は、市民の意志に反して行い、そのため市民によって解職された。シュヴァーベン同盟のために行ったスパイ活動のゆえに、ベルトルトはロルフ修道院内のホーエンシュタウフェン家墓地で死ぬ。特定の立場に対する明らかな加担をアルニムの小説から読み取るのは困難である。メランコリックな基調のもと、ドイツの政治的不一致と社会的分裂、その例として一五〇〇年頃の西南ドイツのそれが描写される。アルニムは一方的に責任を押しつけるようなことはしない。彼によれば社会的混沌の責任は全階層にあるのである。むろんベルトルトとトライツザウアーヴァインからも判明するように、主要な禍根は、それ自身としては同情的に描かれた君主＝皇帝マクシミリアンの政策に帰因する。彼はあまりにも国際的なハプスブルク帝権政策をドイツ国策として推し進め、そのことによってドイツの領邦君主の主権拡大を可能にしたのである。

市民の反乱と外国との闘いという二重戦争状態は、ド・ヴィニーの小説『サン＝マール』の主人公サン＝マールを危険にさらした。サン＝マールは無力な国王ルイ十三世の主席枢密顧問官である権力者リシュリューに抗する陰謀の首領となる。陰謀によって、扇動者は枢機卿派と国王派との内戦を引き起こした。王妃が真っ先に陰謀を支持したのだが、彼女は内戦必至と対外紛争を予見したときにその支持を表明したのである。陰謀は貴族のフロンド派に支持されたが、彼らはリシュリューの絶対主義的支配期に貴族から取り上げられていた権利の復活を、リシュリューの追放に期待したのであった。ユーゴーは小説のなかで、民衆暴動の助けを借りて高級貴族を屈服させようとしたルイ十一世の試み（失敗に帰したが）を示した。フロンド派は（これも失敗に終わるが）、リシュリューを罷免すべく民衆暴動を演出しようとした。サン＝マールの知らないまま、パリの浮浪無産市民はこのような作為的に組織された「暴動」に引き込まれた。サン＝マールは予測不能で意図していない範囲にまで自分の陰謀が引き入れられたことを知って愕然とする。リシュリューの失脚に失敗し、暴動は成果を収めなかった。リシュリューは内戦を阻止することができた。イギリスの詩人ジョン・ミルトンは、小説のストーリーの時期である一六四二年にパリに滞在した。ミルトンにはフランスの状況は合わなかった。彼には国王も陰謀者もリシュリューも気に入らなかった。彼はクロムウェルに従うために内戦中のイギリスに舞い戻った。クロムウェルに彼は君主制の廃止を期待したが、そのことは彼とは正反対の人物であるサン＝マールやリシュリューには欲することもなかったし、不可能であった。クロムウェルに対するミルトンの期待によって、本書の最後に重要なポイントがつくられている。二人の異なる主人公サン＝マールとリシュリューは、君主制擁護のために、時代遅れで反動的な政治を批判される。サン＝マールは歴史の歯車を逆転することを考え、リシュリューはそれを止めようとした。ド・ヴィニーによれば、それに対しイギリスでは、クロムウェルが急進的な反君主的政策によって時代の頂点に立ったのである。シャルル十世の超王党主義的な体制のもとにあったフランスの読者にとって、このような結末は歴然とした反体制的な合図を意味した。そのような合図はシャルルの治世下に多くなり、一八三〇年に国王が検閲と選挙権制限によってそれに応えたとき、革命という事態に至ったのである。

マンゾーニが招来させたかったものは、内戦でも市民革命でもなかった。それはオーストリアによる外国支配を可能な限り平和的手段を用いて排除することである。彼の小説『婚約者』はこのような考えに満たされており、その中心には一七世紀初頭のスペイン支配に対するミラノ市民の暴動が問題化されて配置されている。主人公レンツォは、民衆の憤激爆発の以前にすでに抑圧者に対する報復の意図で占められていた。スペイン系の地方領主＝暴君ドン・ロドリーゴが、レンツォと婚約者ルチーアとの結婚をルチーアを意のままにせんがため妨害しようとしたとき、レンツォは暴君殺害の考えに「激しい熱情をもって」没頭する。ミラノ市民暴動の引き金は食糧難にある。それ以前から社会的雰囲気がいかに険悪なものであったかは、ドン・ロドリーゴの食卓での会話から読みとることができる。そこで貴族たちが語るには、食糧難なんてものはなく、価格騰貴をねらって穀物を隠し持っている買い占め業者とパン屋（要するに市民）にこそ責任があるのだ。貴族たちは合い言葉に「縛り首だ、縛り首だ」と叫んだ。ロマンス的な歴史小説のほとんどすべての作家と同様、マンゾーニも民衆蜂起に対して懐疑を表明した。ルチーアにとってレンツォに暗殺を思いとどまらせることは難しくはなかった。そしてマンゾーニは、ミラノ市民の暴動においていかにすみやかに当初の政治的動機が忘れ去られ、いかにはやく反乱が犯罪化するかを示している。ルチーアによって呼び覚まされた神の摂理（神は貧しき者を救いたもう）を信じて、レンツォは暗殺行為を断念する。ペストによってドン・ロドリーゴの命は奪われた。このある地方で起きたことが、いつの日か必ず社会全体においても達成されるであろうこと、すなわち外国支配の専横は必ず終わることをテキストは示唆している。

小説『セヴェンヌの反乱』を著したティークにおいては、古典的な内戦の叙述が重要である。セヴェンヌのプロテスタントいわゆるカミザール〔セミザール山脈地方のプロテスタント〕は、一七〇二年から一〇年に至るまで、国王ルイ十四世の軍隊およびカトリック義勇団との間で戦闘的な対立状況にあった。ティークはこの不必要で無意味な戦争がいかに忌まわしいことから生じたかを示した。なぜならそれは支配者の不寛容な政策の結果生じたからである。カミザールは愛国者であり忠実な国王支持者であった。彼らが暴動へと追い込まれたのは、良心的行動の自由を抑制され、迫害、虐殺にあったためである。小説には登場人物としては現れないルイ十四世について、常に語られている。最も手厳しく最も巧妙に彼の政治を攻撃したのは、カトリック教徒の国務卿ボーヴェーであり、彼は一度政界を断念し自分の領地に引きこもっていた。彼は寛容な国王アンリ四世の崇拝者であり、王が一〇〇年前に発布したナントの勅令を非凡な政治家の業績として称え、ルイ十四世による勅令の放棄を母国に対する背信、国王の誓約違反と呼んだ。ボーヴェーの敵対者は、ひとりの地方長官とひとりの元帥とであり、それぞれ反カミザールの行政的および軍事的行動の代表者として過酷な迫害のイデオロギーを宣伝した者であった。彼らの意志は倫理的原理に基づくのではなく、単に独裁者としてふるまう国王の意志に従っているだけである。ボーヴェーの息子エドマンは、当初国王の迫害の法廷の熱狂的な信奉者であったが、それはたしかに教会と国王への頑迷な忠誠から発したものであった。カミザールとの出会いによって彼は突如転向し、反乱側に加わった。かつてカトリシズムと君主制に夢中になっていただけ、今度は非理性的にプロテスタンティズムの支持者として彼は献身する。エドマンは反乱側のためのスパイ活動の途上に、カトリック系農村で父親の青年期の友人であるカトリック司祭に再会する。彼は理念上および実際上の両宗派の最前線に行き着いたのである。彼は両宗派の長所を知り、この内戦の無益さを悟ったが、カミザールによるカトリック系農村の破壊と村民の虐殺を目撃しなければならなかった。ティークの小説ほど、国家利害と宗教の合体に抗して良心と信仰の自由を激しく真摯に表明した文学は、他に考えられない。これをもって著者ティークは、復古主義時代のヨーロッパに特徴的な絶対主義的政治行動を攻撃したのである。

総括的に述べると、復古時代の歴史小説の中心的テーマは、内戦・政治的暴動・反乱の問題にある。このような文学は反革命的傾向性をもつが、是が非でもそうであるわけではない。この時代の復古イデオロギーとは対照的に、そこでは適法的寛容で自由で人間的な政治を通じて、内戦を防止することが重要であった。そのような政治とは、支配している君主制における行為が市民の利害に基づいて方向付けられているのであり、君主制それ自体は問題視されてはいない。ド・ヴィニーだけが君主制の廃止に可能性として言及しているが、その彼の小説も明らかな反君主的小説とは呼びえないものである。これらの作品の理想は結局、市民の国王であり、革命と復古を経験した後における歴史的妥協にある。それはたとえば一八三〇年の七月革命後のフランスで現実政治的に短期間存在したような、また同時期にイギリスにおいても実地に適用されたような、さらにヴュルテンベルクのようなドイツ諸邦において開始されたような妥協である。小説は国政に関する論文ではない。だから小説の分析に際して方向と傾向をたどることはできるが、その命題を政治学的な専門用語に翻訳することは難しい。少なくとも次のことは確実である。さきに挙げた作家たちが反絶対主義的な立場を代表していたこと、その立場が個々の作家においては旧身分的思想と自由主義的な思想との二つの極の間に位置していたことである。

　ヨーロッパ復古時代の歴史小説におけるドイツ特有の道について問えば、それが存在しないこと、といわざるをえない。恐らくそれは、このジャンルにおけるウォルター・スコットによる強い刺激と関連している。その刺激は、ドイツ（アルニムにいたるまで）のみならず、フランスやイタリアにおいても認めることができる。このような小説におけるその他の重要なテーマは、支配権の正当化、国王と貴族の、また貴族と市民の軋轢、市民的価値の浸透、教会の見地、社会的アウトサイダー（ユダヤ人、ジプシー）の描写、国民形成の問題などである。このような局面に配慮するとしても、他の西欧三カ国に対するドイツ特有の道を立証することは難しい。明らかな反絶対主義であったこと、非寛容で独裁的な政策と国家イデオロギーを断罪していたこと、これらの点ですべての作家は一致している。これらの小説は革命に反対であると同時に反絶対主義的であり、絶対主義的支配のなかに、内戦の原因とみなされる暴政の萌芽を認識し、内戦それ自体を無価値なものと断じたのである[10]。

　一八三〇年以降、西欧の知識層は自由主義に心酔していった。そして一八四八年の革命までは文学においても、いっそう辛辣な態度が見られるようになった。スコット流の歴史小説の黄金時代はいまや過ぎ去ったのである。

　一八一五年から三〇年の間のこのような市民の国王的な小説[11]が、いかにヨーロッパ的なものであったかは、同時期にアメリカで書かれた文学に目を転じると明らかである。合衆国の大歴史小説は、ジェイムズ・フェニモア・クーパーの『革脚絆物語』シリーズである。このシリーズ最初の三部作は一八二三年から二七年に公刊され、ここで論じた小説と同時期に当たる。クーパーが描く開拓者たちは市民の国王の思想からかけ離れた存在である。一九世紀におけるアメリカ特有の道は、ヨーロッパ的見地からみると、唯一本当に西洋の特有の道である。アメリカと対比すると、西欧諸国における道行きの相違はずっと小さいものである。

注

（1） 市民の社会化の問題については次を参照のこと。M. R. Lepsius, Zur Soziologie des Bürgertums und der Bürgerlichkeit, in : J. Kocka (Hg.), *Bürger und Bürgerlichkeit im 19. Jahrhundert*, Göttingen 1987, S. 79-100.

（2） Vgl. H. Steinecke, *Romantheorie und Romankritik in Deutschland*, Stuttgart 1976 ; H. D. Huber, *Historische Romane der ersten Hälfte des 19. Jahrhunderts*, München 1978 ; H. -J. Müllenbrock, *Der historische Roman des 19. Jahrhunderts*, Heidelberg 1980.

（3） このことをルカーチがすでに研究初期に強調していた。Vgl. G. Lukács, *Der historische Roman*, Neuwied 1965.

（4） Vgl. H. V. Geppert, *Der »andere« historische Roman. Theorie und Struktureneiner diskontinuierlichen Gattung*, Tübingen 1976 ; W. Schiffels, *Geschichte(n) erzählen. Über Geschichte, Funktionen und Formen historischen Erzählens*, Kronberg 1975 ; R. Humphrey, *The Historical Novel as Philosophy of History. Three German Contributions : Alexis, Fontane, Döblin*, London 1986.

（5） 本書のヴィルヘルム・フォスカンプの論文を参照のこと。

（6） これについては次をみよ。E. Lämmert, Geschichten von der Geschichte. Geschichtsschreibung und Geschichtsdarstellung im Roman, in : *Poetica* 17, 1985, S. 228-254.

（7） Vgl. P. M. Lützeler, Achim von Arnim : Die Kronenwächter (1817), in : ders., *Geschichte in der Literatur. Studien zu Werken von Lessing bis Hebbel*, München 1987, S. 173-227.

（8） ここで扱った小説は数多くの確かな版があるため、特定の個別版の指示は断念する。

（9） Cf. S. Nash, Writing a Building. Hugo's ›Notre-Dame de Paris‹, in : *French Forum* 8, 1983, pp. 122-133.

（10） 復古時代の注目に値する歴史小説のいくつかは、ここでは紙幅の関係上論じえなかった。そのなかにも内戦のテーマを中心としたものがある。次のものを参照のこと。ヴィリバルト・アレクシス『アヴァロン城』（一八二七年）、フランチェスコ・ドメーニコ・グエラッチ『ベネヴェントの戦い』（一八二七年）、プロスペル・メリメ『シャルル九世年代記・一五七二年』（一八二九年）。

（11） ここで論じた小説に関する専門文献は非常に数が多い。重要な研究についてのみいくつか挙げることができる。F. R. Hart, *Scott's Novels. The Plotting of Historic Survival*, Charlottesville 1966 ; R. Mayhead, *Walter Scott*, London 1968 ; V. Brombert, *Victor Hugo and the Visionary Novel*, Cambridge, Mass. 1984 ; G. Viti, *Guida a ›I promessi sposi‹*, Florenz 1964[5] ; A. Perugini, *Guida all'anal-isi estetica dei ›Promessi sposi‹*, Turin o. J. 歴史叙述の理論、文学と歴史の境界領域については次を参照。J. Rüsen, *Ästhetik und Geschichte*, Stuttgart 1976 ; P. M. Lützeler, *Zeitgeschichte in Geschichten der Zeit*, Bonn 1986 ; R. Koselleck, *Vergangene Zukunft. Zur Semantik vergangener Zeiten*, Frankfurt a. M. 1979. 歴史的背景については次をみよ。L. Bergeron u. a., *Das Zeitalter der europäischen Revolution 1780-1848*, Frankfurt 1969 ; E. Weis, *Der Durchbruch des Bürgertums 1776-1847*, Berlin 1978. 内戦のテーマについては次の事例研究を参照。P. Paret, *Internal War and Pacification. The Vendée 1789-1796*, Princeton 1961.

第九章　教養小説
——ドイツ・イギリス比較——

ヴィルヘルム・フォスカンプ
（一九三六年生
ケルン大学教授）

ドイツ教養小説の歴史は、近年、さまざまな観点から考察され、数々の研究が出版されている。だが、その社会史的・機能史的側面に焦点をしぼった研究はほとんどみられないといえよう(1)。これまでの研究で議論されてきたのは、小説の根底にある教養の範型とその起源や限界・発展の可能性の主要な特徴であり、なかでも詩論や教育論、歴史哲学の側面との関連が中心問題となってきた(2)。社会史的側面や受容史的観点は、とりわけゲーテの『ヴィルヘルム・マイスターの修業時代』（一七九五／九六年）を事例として議論されてきた(3)。しかし、『修業時代』の機能史、すなわち、教養小説形成の模範となったこの作品が文学上どのような影響を与え、この作品をめぐって文芸学上どのような議論が展開されてきたかを顧慮した研究は今のところ存在しない。

以下、次の二点について考察を加えたい。第一に、ヨーロッパのユートピア的伝統との関連で、教養小説がその時代の文学的なユートピアという形態をとっていたこと、第二に、ドイツにおいて教養小説が文学的・社会的制度としての機能を果たしていたことである。さらには、ドイツ教養小説がイギリスにおいてその初期段階にどのように受容されたのかを分析することにより、ヨーロッパで教養小説が果たした役割を解明してみたい。

一　文学的・社会的制度としてのジャンル

規範的・文学類型的な「基本概念」／「文学の自然形態」、たとえば叙事小説・戯曲・詩という三和音か、あるいは単に分類のための秩序・区分原理（たとえばフクルティウス学派や「文学類型学派」の枠組み）に依拠するだけでは、文学ジャンルの諸問題とその機能は、十分に論ずることも、解決することもできない。より重視すべきは「歴史的」ジャンル概念であろう。つまり、文学ジャンルの歴史性を真剣に受けとめ、歴史的に条件づけられた伝達と媒介の形態として、いいかえれば社会・文化的現象としてジャンルを解釈し、描写することである(4)。

文学ジャンルは、それぞれある特定の選択構造を通過することでその特徴を顕わにする。この選択構造においては、（文学的）部分システム、歴史的状況や歴史的時代の（社会的）全体システム、これら両者の複合体が、特定の伝達的モデルへと還元されているのである。その際、決定的な役割を果たすのは、代表的な作品の特徴と読者の期待度である。

もし文学ジャンルをある歴史的条件のもとで「選択」されたものと理解するならば、時代ごとにみられるダイナミックな還元過程に対して特別な注目を払わねばならないであろう。その場合、ジャンル形成やジャンル史にとって問題となるのは、複雑で未来へと開かれた、無限の可能性をもつ還元・定着過程である。その際、文学活動全体の複雑さは、生産と受容という点で、この還元過程のなかで保持され、またある程度維持されてきているのである。

このような過程は、文学ジャンルの形成上の独特の性格のゆえに、社会学的視点からみれば、文学的・社会的制度として描くことができる。このとき、ジャンル史は、制度化と制度の崩壊を繰り返す過程が描かれることになろう。文学ジャンルが「伝達に成功」することが制度の固定化を意味するならば、その成功は、時代によってそのつど異なる文学あるいは文学以外の領域（心理的・社会的な領域）からの期待を著者が文学作品へ反映させるという相互関係を土台としてのみ可能である。ジャンルは、期待とそれに対する回答としての創作という相互補完によってはじめて成立しうるのである。

文学界やそれ以外の領域からの期待を正確に突き止めるというジャンル史叙述の問題は、現在までほとんど放置されてきた。なぜなら、こうした期待は、さまざまな歴史的要求が複雑にからみあった状況と読者や読者層（読者階層、読者階級）の社会的利害状況との関連においてのみ、精密に規定することができるからである。したがって、文学ジャンルの成立と発展（制度化）、ジャンルの転換・交代・分解（制度の崩壊）の歴史を扱うジャンル史は、歴史的要求の複合的状況の分析を必要とするのである。

ジャンルの機能という点でいえば、歴史的に制度化されたジャンルには、一方では要求の統合という意味がある。そこでは、ある特定の問題状況を表現するだけでなく、問題解決の方策を論じ、提示し、特定の読者（階層、集団）に対して時代的に制約された要求の充足可能性を示す。他方、文学ジャンルは、その独自の複合性（選択によって維持された可能性）のゆえに、新たなる欲求の充足と創出をも果たす。言説要素ならびに機能の転換・継承から新たなジャンル成立へといたるジャンル史的に意義のある独立化・多様性・転換は、文学史の成果である。要求を統合する機能は、要求の拡大、生成の機能と同じである。つまりさまざまな要求は、常に満たされると同時に呼びさまされるのである。

一方で要求を統合し、他方で欲求を生み出すというこの関係はジャンル史の基盤となる。それは、確かなことと不確かなこと（つまり現実的なものと潜在的なもの）の弁証法として描くことができよう。逆にいえば、連続性を基礎としたジャンル史は成り立たないということになろう。ドイツ教養小説の歴史は、このことを典型的に示しているのであって、非連続性こそがその特徴的なメルクマールなのである。文学ジャンル史の独自な要素のひとつは、確かなことと不確かなことという、はっきりとした二重性をとどめていることである。そのため個人が常に完全なものへと近づくという教養小説の歴史をつらぬく動機もまた、まったく反対の機能（一方で自己実現、他方である社会的文脈のなかでの規律化）をもち続けることがあり得るのである。そのつど異なる歴史的な要求状況を、文学ジャンルそれぞれの歴史的特徴に関連づけることによって、はじめて、その特殊な機能も明らかにする。

二　ユートピアの時間化問題としての一八世紀ドイツ教養小説の成立

一七六〇、七〇年代頃にドイツで結晶した小説の新たな形態——社会的現実との激しい格闘のなかで、ある人物の「人間形成《ビルドゥング》」を物語として叙述すること——は、一八世紀後半に他のヨーロッパ諸国でみられた小説形態とは趣を異にした議論のなかで生み出されたものである。この議論の過程は、詩論的な選択と統合の過程だといえよう。この新たな小説は、選択的な方法をとり、従来の感傷的・喜劇的・自伝的な叙述要素を引き継ぎつつも、劇場や秘密結社の小説をも部分的に取り込んだ。こうして成立した教養小説は、別の異質な言説要素を統合し、またどんな小説の伝統とも論戦を交えながら、両者の叙述方法を結びつけて、その中間のレベルをめざしたのである。その意味では、このジャンル形成過程は、統合的だともいえる。その結果は、（実験的段階を経て）のちにジャン・パウル（一七六三～一八二五、ドイツの作家）が定式化したように「中間小説」の、「ドイツ派」の制度化であった。[5]

「教養小説」という小説形態の制度化は、構想上では、新時代への根本的なパラダイム転換と関連していた。すなわち、公的な行為や出来事を叙事小説というかたちで叙述することから、私的で「ある人物の内面史」を近代的小説の手法を用いて描写することへの転換である。[6] 私的な領域の発見により、小説は、市民生活を送る「小家族」を細部にわたって描写し、登場人物それぞれの微妙な心理をリアルに叙述することができるようになった。自分たちはいかなる存在なのか、また自分たちは（小説のなかに）どのように投影されているのだろうか。その小説の登場人物や設定された状況のなかに自らを再確認することを通じて、「平均的」読者に自己認識する機会が与えられるのである。また小説の生産とその受容との間のこのような密接な関係は、一八世紀の物語に対して遺伝的・心理的因果関係を（実用主義的に）精確に描くという特徴を与え、それにより小説に新しい美的安定感を与えたのである。さらには、小説と戯曲が取り扱った作品の目的設定が似通っていたため、（上演に適する叙述方法といった）特別な文学的技術を生み出し、それが小説家に対して作品を生き生きと幻想的に描く可能性をもたらした。受容者にとってみれば、それは今まで劇場でしか知りえなかったものであった。

　最後に——これがこの新しい小説形態において構想上、決定的な前提であり、数々におよぶ機能史的結果をもたらしたのだが——、登場人物が常に完全をめざす過程のなかで「内面的に成長する」物語から、読者が完全をめざす[7]という理論が、時間を超越した時間ユートピアという視点を示していることである。すなわち、教養小説は、文学的時間ユートピアの独特な形態として特徴づけられるのである。

　ユートピアとは、現存する歴史的・政治的現実に相対する空想上の表象であるが、それがもはやある場所（とりわけ島）への移住ではなく、未来に設定されたものが時間ユートピアである。このパラダイム転換の根底には、身分社会から機能志向社会への移行によって引き起こされた経験の転換があった。ラインハルト・コゼレックはこれを「時間化」と特徴づけている。[8]「時間化」は、完全なものであることから完全可能性へと理想が転換することを前提としている。そのため、それは経験と期待との緊張関係から定められるのである。近代においては、期待は、歴史的経験から導き出されることはなく、むしろ未来を現にあるものから類推することを強要する。時間的衝撃が今や歴史的体験のなかに入り込み、そのため歴史概念の根本的転換が余儀なくされるのである。コゼレックが「ユートピアへの強要」について述べたのはそのためである。それにより導き出されたものは、「歴史」の加速だけには限られず、次々と新しく忌み出されるユートピアへの期待でもあった。未来の（反現実的な）余地が、少なくとも大体の実現を望ませた。[9]

　フランスでは、ルイ・セバスチャン・メルシエが『二四四〇年　別名こよなき夢』（一七七〇／七二年）において、政治的な時間ユートピアの伝統を構築し、発展させた（メルシエは、待望する政治社会をもはや遠島にではなく、二一世紀末という未来に映しだした）。それとは異なりドイツでは、まずヴィーラントの『アーガトン物語』（一七六六／八七年）において、またゲーテの『ヴィルヘルム・マイスターの修業時代』（一七九五／九六年）——これがジャンル史の原型となる——において、個人的・心理的に根拠づけられた時間ユートピアが成立した。[10] 主体が完全をめざす過程は、叙事文学的物語のなかに模写された。そこには物語に対する「必然性」があった。それはプラトンなどに端を発する古典的な社会的ユートピアにみられたような描写への「必然性」ではない。

ドイツの教養小説は、時間ユートピアとみなされよう。なぜならドイツ教養小説は、形式的な究極目的——その時代の普遍的な完全性をめざす能力が個人に備わっていること——を表現し、このユートピア実現の可能性（と限界）を叙述するという文学の一形態を提示したからである。[11] 全人的個人の基準となる究極目的は、（なおも）教養なく自分自身が何者なのかわからない主体に対抗する表象という意味を暗に含んでいる。普遍的教養は、同時に、仮説的・実現可能的なものとして考えられ、その時代にきっと満たされるであろう約束として示された。

全人的個人の実現は、その時代、あるいは特定の社会的文脈における全面的教養という究極目的への接近としてのみ成就する。つまり、主体が完全となる可能性の限界がここで示され、こうして、その構想は、その時々に目の前にある現実に対する反対像、つまりユートピアとして示されるのである。教養小説は、「全人的個人」という形式的な究極目的とそれが達成不可能であるという現実との間の緊張を、主人公の人生を媒介として実演し、その解決可能性を映しだすのである。その「解決」は、個人と社会の「和解」のなかに見いだされるであろう。その模様をヘーゲルはこれ以上はないというほどの皮肉をもって記している。「この闘争は、近代世界においては、目の前にある現実を個々人が自ら学ぶ修業以上のものではない。それを通じてこの闘争は、その真の意味を持つようになるのである。なぜならこのような遍歴の終わりは、主体が角をすり減らし、それを希望や考えをもって既存の状況や理性のなかへと築き上げ、世界を鎖でつなぎ、そのなかである立脚点を入手することにあるからである。すべての他者がなおも世界と衝突ばかりしたとしよう。彼はそれでもまず女性を、そしてある地位を得、結婚し、他の者と同じようにありきたりな者（俗物）となるであろう。妻は家事を取り仕切り、子どもたちは戻ってこない。熱愛したこの世にひとりの天使であった女性は、他の女性と変わらないように見えてくる。役所は仕事と厄介ごとを、婚姻はがみがみ女房を与え、そしてただそこに残っているものは、二日酔いだけである。[12]」

三　ゲーテ『修業時代』の原型的役割と一九世紀初頭ドイツにおける教養小説の制度化

教養小説は、どのような前提に基づいて一九世紀あるいは部分的には二〇世紀のドイツで支配的な小説範型となることができたのか。これは教養小説を機能史的に分析しようとする際の重要な問いである。「教養小説」という個人的・心理的な時間ユートピアが、ドイツにおいて文学的・社会的制度の形成をもたらした伝達的成功の要因とはいったい何だったのだろうか。

ゲーテ『修業時代』が与えた影響の歴史は、部分的ではあるが、この問いに対する重要な回答を与えてくれる。それは、『修業時代』がジャンル形成に一役を買っていることを明らかにしている。

ゲーテ『ヴィルヘルム・マイスターの修業時代』がもつ原型的機能は、第一に、ある個性的人物の「人格形成」を社会的現実との激しい格闘のなかで叙述するという小説形態が認められることに基づいている。この形態は「単純」であり（そのため追体験が可能である）、しかし同時に複雑（多種多様でいろいろな関連づけが可能である）である。追体験が可能であるということは、多種多様であるということと同じくここでは重要な意味を持っている。なぜなら、前者が「教養小説」というジャンル形成のための前提条件をもたらし、それに対し後者は、社会的な要素が強調されれば「社会小説」への方向に、[13]「個人的」な要素がはっきりと中心に移ってくれば自伝的あるいは伝記的特色をというように、常に新たな修正と重点移動を許容しているからである。こうしたことを念頭に置けば、歴史小説や時代小説といった他の（対抗）範型が、一八三〇年代のドイツにおいて勝利を収めることができず、教養小説という範型によって「理論的」に独占されたのは、驚くべきことではなかろう。[14]強固な構造をもち、二元的にして臨機応変、多様で開放的なこの物語範型は、必要なだけ追体験の可能性を、可能なだけ多種多様性をジャンル形成のためにもたらした。伝達上・ジャンル形成上の教養小説の成功は、すでにこのことによってはっきりと確約されていたのである。

ここでとりわけ重要なのは、「教養」というライトモチーフの優越であろう。[15]ヴィーラントの『アーガトン物語』にはじまり、とりわけゲーテの『修業時代』において成立したこの新しい小説範型は、一七六〇年、七〇年代以降、意識や伝統に規定された教養についての言説の中心に躍り出た。[16]教養という構想は、すでに強調されていた個人の自己完成という進歩モデルを通じて、ユートピアという推進力を手にした。この進歩モデルは、個としての全人性という理想への個人の上昇可能性に由来するものである。[17]

自己発展の動機は、「個性を完全にしようとする理想」にあった。[18]「それぞれの個性は、独立しているほど理想的である。すなわち個性は、その集団内部で無限の可能性と結びつき、人間に可能なことすべてに従って真価を発揮するとき、理想的なの」である。[19]

個々人は理想としては種としての人間を代表することができるという指摘は、「教養」という構想がユートピア性をもっていることを説明してるだけでなく、同時にまたゲーテの『修業時代』がすでに出版直後からそのなかで受容され、議論されてきた構想上の枠組みをも明らかにしている。すなわち、「主体の教養」は、いつでも「普遍的な人間形成」をも示していたのである。[20]

シラーとケルナー〔シラーの友人、ドイツの官吏〕は、（芸術家、政治家、学者、あるいは良き出自の人間でもなく）「ひとりの人間」としてのヴィルヘルムの人間形成の目的を、「明確さと美しき決定可能性[21]」のバランス、「完璧な調和──自由とのハーモニー[22]」に見た。そののちダニエル・イェーニシュは、一七九七年に包括的な『美的・道徳的試み』のなかで、「マイスターの修業時代にみられる特徴について、つまり、この小説が何によってゲーテの作品たらしめられているのか」について、そこに描かれている個人の発展の模範性を、また「美しき全体へと自己陶冶する人間[23]」という意味での高貴化を強調した。イェーニッシュによれば、ゲーテは、すべての「美的・道徳的素質」が頂点に到達するなかで、ヴィルヘルムを「高貴なる人間の理想に近づけ」ようとした（一六ページ）。それゆえに『修業時代』は追体験的読書を企図していたというのである。イェーニシュはいう。「これはわれわれ全員の物語である。われわれは自分自身をこのヴィルヘルム・マイスターだとみなすのである」（一四ページ以下）。

　イェーニシュは、この「真に人間的な人生」（一九ページ[24]）の叙述を、読者一人ひとりの自己教育的な側面のもとでも、人間の（歴史哲学的）側面へ着目した場合でも模範的であるとした。「全き生とより高きをめざす精神の織物」を叙述している点に、彼はゲーテ作品の模範性をみている。その際、ゲーテは「美的全体のみならず道徳的全体として」問題にしているとする（一五ページ）。ドイツ教養小説の影響・機能史にとって決定的なのは、一八〇〇年頃の『修業時代』に対する歴史的・哲学的・模範的解釈が、同時にまた政治生活の実践と関わっていることである。『修業時代』がもたらした特別の功績は、満足感と安堵感をもたらしたという社会的機能にあるということができる。「マイスターの修業は、制限された生活領域でわれわれを満足させた。それだけでなくさらに、人間関係におけるあらゆる義務を神聖で愛すべき注意を払うべきものであるとしたのである」（一九ページ）。

　ゲーテの小説は、目の前にある現実生活との直接的な関連のなかで読まれ、そのため、市民が生きていくうえで必要な行為を指導し、理解を助けるものとして理解されたのである。

　さらには政治的な現実状況が問題とされた。フランス革命は、まだ始まったばかりの近代に対する危機体験を生み出した。一八世紀末に展開した教養を重視する構想全体が、この危機体験への回答として読まれたように[25]、『修業時代』もまたこの人類史的解釈の地平で読まれたのである。「人類が教養を身につけ、完全に向かえば向かうほど、大きな革命や暴力的転覆の必要性は少なくなる」（一九ページ）と。

　このようにして『修業時代』の影響・機能史にとって中核となり、教養小説史のなかで典型をなす関係が確定されてきたのである。それぞれの個人的自己陶冶は、人類史的過程のなかの普遍的な教養過程の一部として解釈された。これは、フランス革命によって引き起こされ、強化された社会的経験と政治的実践を示唆している。

　ノヴァリスやフリードリヒ・シュレーゲルは、『修業時代』を初期ロマン主義的に解釈し論じた。それはシラー、ケルナーおよびイェーニシュ以来根底におかれた教養の調和思想との絶縁であった。しかし、彼らは他方で、個人の自己開花と歴史哲学的な人類の発展との関係をも議論した。(26) さらに重要なのは、「教養小説」という新たなジャンルが概念史的に確定されたことであろう。カール・モルゲンシュテルンは、一八一九年と一八二〇年に行った二つの講演（「教養小説の本質について」、「教養小説の歴史について」）のなかで、「教養小説」という用語をつくりあげた。これが、以後この小説類型に関する議論を規定するものとなった。(27)

モルゲンシュテルンは、教養小説は「小説」というジャンルのなかでも特別な存在であると考えていた。なぜなら教養小説では、「内面的状況」を叙述したり「内面的歴史」をリアルに描くことができたからである。これは他の文学形態では不可能なことであった。教養小説で語られる主人公の人格形成の物語は、そのうえ読者の教養深化を促すことができ、それゆえに教育的な機能を担うのである。それはどんな教授法にも欠けていたものである、とモルゲンシュテルンは主張する。「教養小説とそれは呼ばれることになろう。それは第一にまずその題材による。なぜならそれはまず主人公の人格形成をその最初から完成へと至るある段階まで描くからである。それだけでなく第二に、この叙述によって、読者の教養を、さらには他のどんな縦断よりも広範囲に、小説の教養を促進するからである。このような小説の作家の芸術作品のあらゆるところで表明されている客観的な目的は、すばらしい教育可能性について楽しく美しくおもしろく叙述することにある。つまり、それは、あらゆる真に美しい芸術作品のように、本来的にかつなによりも、訓話的なものではない。(28)」

モルゲンシュテルンもまた、包括的な人間の教養史を叙述しようとしていた。フンボルト、ケルナー、イェーニシュたちの教養理論についての議論に立ち戻りながら——初期ロマン主義の立場を同時に疑問視しながら——、モルゲンシュテルンは「ヴィルヘルム・マイスター」解釈を再確認し、確固としたものにしていった。この解釈が、一九世紀において模範となったものである。「美しき人間教養」という普遍的要求は、モルゲンシュテルンにおいては国民主義的側面と結びつけられた。それはヨーロッパ的文脈でみてもドイツ教養小説の機能が際立った特徴をもっていたことを示している。(29)

主体の調和的教育、人類史的側面および特殊国民的役割が結びつき、「教養小説」はドイツの支配的小説ジャンルとして規定されたのであった。この傾向は一八四八年革命以後いっそう強まった。たとえば、『修業時代』とその著者のなかで、「全国民の精神志向、……ドイツ民族の運命」が表現されている、とユリアン・シュミットが一八五五年に述べているのはそのあらわれであろう。(30)

ここにドイツ文芸学における解釈の伝統が提示されている。調和的・国民アイデンティティ的な解釈が貫かれていくなかで、『修業時代』は市民的な国民文化の構成要素となったのである。(31)『ヴィルヘルム・マイスター』により成立し、「教養小説」というジャンル名のもとで議論された小説が、理論的要求と前提を、実際にはほんの部分的にしか満たしていないという事実は、ただ指摘される程度にとどまっている。ヘルダーリンの『ヒュペーリオン』、ノヴァリスの『ハインリヒ・フォン・オフターディンゲン』、アイヒェンドルフの『予感と現在』、E・T・A・ホフマンの『牡猫ムルの人生観』あるいはケラーの『緑のハインリヒ』そしてシュティフターの『晩夏』は、単純な目的論的範型にも何事にもとらわれることのない調和や国民的自己理解を志向する期待にも従っていない。教養時代に関する文学批評や公にされた論述で問題とされているように、個々の小説(『牡猫ムル』や『緑のハインリヒ』の第一版)では理論的要求や期待に矛盾する場合が少なくない。すなわち作品史は、受容史や影響史と一致しつつ進むものではない。とはいえ、これが教養小説の原則についての議論を規定するのである。この傾向をさかのぼるとどこにいたるのであろう。それに対して社会史的・機能史的説明があるのだろうか。[32]

四　教養小説の理論と歴史の機能について

機能史的にいうならば、教養小説は総じて近代的表現、あるいは近代への回答として特徴づけられるであろう。

それぞれの身分が特有な文化や職務規範に束縛される「旧来の身分社会」から、業績によって評価される「新たな市民社会」への移行のなかで、[33]一七六〇、七〇年代頃に、かの「業績主義」的傾向を伴う「個人主義社会」[34]が成立する。それが新たな文化範型を生み出した。「宗教と道徳が優先される状況」に変化が起こり、それにつれて幸福観念も変わった。完全性から完全志向能力へと理想が転換し、「完全という観念は、完全に向かう進歩という観念に切り替えられた」のである。[35]教養小説は、それに対する文学的な模範を提供している。全人的個人へと進歩する人間形成を告白する物語を媒介とし、同時に人類の進歩の歴史が描かれたのである。個人がいつまでももっている完全への能力を描く個人心理的ユートピアは、人類の歴史哲学的ユートピアと結合したのである。ヴィーラントとゲーテ以降成立した教養小説と新人文主義的な教養の基本的思想は、それらが主体の自律性を出発点とし、自己決定に立脚し、それによって伝統に呪縛された思想を否定するとき、「近代的」となるのである。それを創造し受容した者の大部分は、市民層であった。市民層は、「教養という特許をもつことによって」、またある特定の生活スタイル、文化を通じて定義されることができる。[36]

ドイツにおける教養市民層特有の気質や欲求は、教養と教養小説がもたらした近代に対する回答という性格を明らかにした。機能志向社会が明確化するにつれて、新人文主義的教養は、普遍的に陶冶された個人というユートピアに固執した。全人的個人は、いきすぎた自律化と分散とが結びついた体験に対する回答として読むことができよう。教養市民的文化の目的自由性、功利主義経済や目的合理的政治への批判的かつ（ないしは）補充的な対抗物を提供したのである。教養小説は、それゆえに市民の自己省察のための媒介手段を提供し、ドイツにおいてはさらに特殊な意味媒介機能をも引き受けたのである。それは――フランス革命とナポレオンによって引き起こされ、強化された一八〇〇年頃の危機体験に直面し――、特に教養小説の理論家たちが繰り返し述べた指摘のなかで明らかになる。すなわち、このジャンルが、ドイツにおいて「国民主義的」役割も果たしたのだというものであった。

五　ヨーロッパ的文脈のなかでの教養小説
――イギリスにおけるドイツ教養小説の初期受容史

教養小説は、ドイツにおいてある特有な役割を果たしていた。それにもかかわらず、教養小説がヨーロッパ文学のなかで孤立した存在であったとみなすことはできない。このことは、ドイツでみられた完全志向能力をめぐる議論やルソーの『エミール』受容[37]との関係をふまえて教養小説構想の成立を研究し、ゲーテの『修業時代』がイギリスに与えた影響の歴史を分析すると明らかになってくる。

イギリス文学史上、この原型的小説はどのように受容されたのだろうか。一九世紀ドイツにおける『修業時代』の展開とイギリスにおけるその受容を比較してみると、そこには構造的な並列関係と原則的な相違がみられる。ここではまず、両国においてどのような文学史的・詩論的前提や伝統の相違が存在していたのかをみてみる必要がある。次に、教養小説が受容されるなかでイギリス小説史がどのように展開していったのか、その段階をひとつひとつ具体的に説明しなければならないだろう。

一九世紀前半の英独における教養小説をめぐる議論にみられた原則的相違

教養小説に関する議論において、イギリスとドイツではどのような根本的相違が見られたのだろうか。ゲーテの『修業時代』は、少なくともトーマス・カーライルが翻訳した（一八二四年）のちの数年間は、多くの人びとを少なからず魅了してきたが、ドイツで成功を収めたように、イギリスでは教養小説の典型として定着化する道をたどることはなかった。ドイツでは、教養の伝達が支配的小説形態としての教養小説の制度化を可能としたのだが、同様のことがイギリスでもみられたということは決してなかった。イギリスでは、「教養」が形成、自己形成、教育、発展[38]という意味で主体理論的・歴史哲学的な観念の問題になることはあまりなく、むしろ生活実践的な社会化・教育過程が問題とされた。主体は、社会的な環境や矛盾と関わりあうなかでさまざまな経験をする。その経験が、彼らを賢くユーモラスにし、しかし同時に判断を誤らせ失敗させる可能性をももっているのである。個人的な自己完全化は、イギリスでは主体の自己救済として理解されず――カーライルの理想的解釈は例外として[39]――、「現実生活」において必要な実用的解決の問題として理解されたのである。[40] イギリスにおける「現実的」社会小説の優位は、ここから説明がつくだろう。

文学作品を分類する場合、ブルワー＝リットン、ディズレーリ、ディケンズ、サッカレイあるいはメレディス[41]らの作品が「イギリス教養小説」に数えられるのだが、こうした作品は、上述の理由から一八世紀のジャンルと同じような特徴をもっていた。一八世紀の諸ジャンルは、——ドイツにおいて教養小説の範型が成立する以前に——個人と社会との間の問題多き関係をすでに主題として取り上げていたのである。たとえば（ピューリタン的伝統における）自伝や伝記、悪者・ユーモア小説（フィールディング、ルセージュ、スモレット）のなかにそれはみられる。この小説ジャンルは、さまざまな形で教養小説の問題・物語設定と結びつくことができた。そのうえ、これら小説の諸潮流を組み合わせる一方で、個人の物語という要素か社会に重点を置く物語という要素のいずれかが強調され、それゆえに教養小説のテーマや動機に対して、自ずから自由な空間とバリエーションの可能性を手中に収めたのである。

ドイツとイギリスの教養小説の相違をみてみると、決定的なのは、ドイツでみられた教養思想のユートピア的側面であろう。イギリス教養小説がめざしたものは、個々人の「主体的人間形成」という歴史哲学的な「普遍的人間形成」の範型でも、「国民形成」の待望という意味での国民的同一性をめざすことでもなかった。教養小説の範型が理論的に自己省察的にも突出しているという考え方やドイツでみられた「教養形而上学」は、（カーライルという例外はあるが）イギリスにそのままあてはまるものではなかったのである。

その原因の一つは、次のことのなかにあるだろう。すなわち、イギリスの教養小説はドイツ教養小説とは異なり——、フランス革命によって引き起こされた危機といった特有の体験という文脈で読まれなかったということである。教養と教養小説は、イギリスにおいては政治的変革という偶然的な経験に対する美学的「治療薬」として理解されうることはまずなかったのである。

イギリスにおけるゲーテ『修業時代』の受容と教養小説史の重要点について

イギリスにおける『ヴィルヘルム・マイスター』受容とそれについての議論を、上述のような英独の原則的相違に限定して考察するならば、一九世紀前半では四つの点に区別されうる。以下においては、トーマス・カーライルの『ヴィルヘルム・マイスター』翻訳への前書き「ヴィルヘルム・マイスターの修業時代」（一八二四年）と『衣装哲学』（一八三三、三四年）、ベンジャミン・ディズレーリの『コンタリーニ・フレミング』（一八三七年）、エドワード・ジョージ・ブルワー＝リットンの『アーネスト・マルトラヴァーズ』（一八三七年）、チャールズ・ディケンズの『ディヴィッド・コッパフィールド』（一八四九年、五〇年）およびジョージ・メレディスの『リチャード・フェヴァレルの試練』（一八五九年）といった作品を通してこの諸点を具体的に見てみることにする。

(a) イギリスにおける『ヴィルヘルム・マイスター』受容とその議論で重要なものは、第一にカーライルのものである。彼はこの小説の英訳と彼自身の作品『衣料哲学』において彼の主張を展開している。

一八二三年から三一年にかけてのイギリスで、トーマス・カーライルが果たしたドイツ文学の仲介者としての役割は、決して見逃すことはできない[42]。カーライルは、ドイツ精神の巨匠として、また「われわれの時代の最も偉大な天才」としてゲーテを賞賛している[43]。カーライルによれば、『ヴィルヘルム・マイスター』は小説めいたことはほとんど何一つ示さないが、各発展段階における人間文化の象徴を叙述するのかどうかを未決のままにした多義性を示している。「われわれの間では、この作品の寓意や典型的な隠喩に思い悩む者はほとんどいない。この作品には人間文化の象徴がほのめかされているのか、あるいはそんなものはまったくないのか。そんなことを考えるのはやめてしまいたいと思う者もいないであろう。これは拙劣な人形劇や道化師劇からはじまり、詩や劇の完成、宗教という原則の展開を経て、すべての芸術の最高傑作、人生芸術へと至る、あらゆる資質と能力における人間の発展についての空気のように軽いスケッチなのだろうか。それともまったく抑制されるべきことを小説というかたちをした不細工なパッチワークのかけらにしたものだろうか。あるいは少なくとも講話のつもりで発表されたのであろうか[44]。」

この小説——その中心には意気地なしとしての主人公の物語が語られている——をどのように読むかにとらわれず、疑いのないことは「ヴィルヘルム・マイスター」の奥行きの深さであると、カーライルは主張する。「『修業時代』には多くの人びとの手にある程度の恵みをもたらす以外のなにものでもない美がある。『修業時代』に含まれている哲学的議論、生活や芸術に向けられた鋭いひらめき、微細で巧みな人間の描写、その人間たちが動き回る軽快で確実な場面設定、折に触れてあらわれる豊かで優しい詩的ともいえる感性、そして詩の重要な要素を含みこんだ感性、普遍的な幸福をこんなにも豊かに表現する思想と知識の容量、少なくとも新しく、時にはこのうえなき適切な隠喩を含み込んだ奥深さ。これらが読者をとらえて離さない。表面的にしか読まない人でさえ[45]。」

人生の哲学的認識の点で、つまり「人間の本性」の根拠づけの点で、ゲーテはホメロス、シェークスピアと肩を並べる人物である、とカーライルはいう。「(ゲーテは)かつて存在したたった三人の天才のうちの一人である[46]。」

著者であり天才であるゲーテに即して小説の主人公ヴィルヘルム・マイスターに、ゲーテの「理想主義的」解釈と哲学的秩序づけに近づいていくことは、カーライルの解釈と説明の方向性を示していた。この点をカーライルのゲーテ解釈として浮き彫りにしているのが、『衣装哲学』である。この著作はドイツの学者を皮肉と風刺をもって描いた叙述として、あるいはシュテルンやジャン・パウルの文体や語りの伝統にみられるドイツ的博識についてのエッセイとして読まれることもある。これは三部から構成されている。[47] 第一巻では架空の編者たるドイツ人哲学者トイフェルスドレックの作品や哲学が紹介される。この哲学は、織物の理論、「衣装哲学」に基づき、織物や衣服を風刺的に解釈・分析することで宇宙論的哲学を展開しようと試みるものである。架空の編者は、この哲学に対して導入的にコメントと分析を加えている。そこでは編者が、主に枢密顧問官「ホイシュレッケ」から入手した文書や書簡を手がかりとして、その哲学の真理性を繰り返し確認する様子が描かれている。第一巻は、全体としては架空の編者の物語と特徴づけることができる。第一巻の最終章のタイトルが「これからのこと」とされているように、架空の編者は、この著作の主題をほのめかしてはいるものの、それを詳細に説明しているわけではない。

第二巻では、哲学者トイフェルスドレックの架空の自伝が、この小説の中心となる物語として展開する。各章には「生い立ち」、「田園時代」、「教育」、「門出」という題がつけられており、それらは人生行路の各段階を暗示している。新しいモーセとして親に捨てられたこの将来の学者トイフェルスドレックは、里親によって育てられた。彼がどのように成長し、教育をうけてきたのかがここで主題として取り上げられている。トイフェルスドレックは、さまざまな言語を学び、文筆家としての人生を送るために努力した。ところがある女性に対する恋愛がかなわず幻滅し、彼は遍歴のときを歩み始めるのである。圧巻なのは、第二巻の終盤に挿入された三段階のモデルである。それは精神的危機から生まれた個人の希望のかけらもない時期から「永遠の否定」、つまりあらゆるものへの無関心の時期へと続く。

この時期は、精神的に生まれ変わる場面で終わりを告げる。第三段階であり最後の段階である「永遠の肯定」の時期に結びついていくのである。「永遠の否定はいった。『見よ、おまえは父もなく、捨てられたものである。宇宙はわれ（悪魔）のものなのだ。』この言葉に対して、私全体が答えた。『私はおまえのものではない。私は自由なのだ。そしておまえを永遠に憎悪する！』『今この瞬間を、わたしは私の精神が新生したときとしよう。あるいはバフォメットの火の洗礼といってもいい。わたしはこのようにして人間たり始める。[48]』」

個人の存在と発展は、このような弁証法的な三段階モデルのなかで解釈されている。この理想主義的な三段階構想は、この哲学者の人生を哲学的に解釈することに貢献している。第三段階であり、最後の段階の帰結である永遠の肯定は、精神的成熟のしるしのなかで、行動を促すものである。しかしそれは、この哲学者にとっては知的なものであって、ディズレーリやバルワー＝リットンの小説に見られるような公的で政治的な活動へと向かうものではなかったのである。

第三巻では、架空の編者が「衣装哲学」を叙述し解説する。さまざまな衣装は、さまざまな行動や世界に対するさまざまな考え方の象徴と解釈されている。最後に描かれるのは、しゃれ者と哀れな奴隷とのあいだの二分法がもたらす危険である。ここでは、衣装をまとうことに人生を費やすしゃれ者が哀れな奴隷と同じように批判されている。社会は、お互いに憎みあう二つの集団に、すなわち「しゃれ者集団」と「哀れな奴隷集団」によって分断されようとしている。[49]

『衣装哲学』の三つの部（編者の報告、哲学者の人生、衣装哲学）は、第二部の哲学者の伝記にみられる衣服、身体、精神という三つの区分[50]にも対応している。この人生物語は、普遍妥当性を要求する「人間形成」の範型を、その弁証法的な三段階を通じて表そうとしているのである。それは、ケルナー、シラー、イェーニシュらによるドイツ教養小説の解釈を彷彿させる。しかし、――「ファウスト的」学者を例として――教養形而上学という視界を呼びさましたという点を考えれば、カーライルは、彼らの解釈よりもさらに一歩踏み込んでいるといえよう。カーライルは、ここで文学ジャンルとしての小説に対してシュテルンやジャン・パウルの後継としての期待を込めて過大な要求をせねばならないのだ。このことによって条件づけられた著作全体の緊張関係は、自伝や伝記という叙述の可能性に対する自己省察の形態であるとも理解できよう。小説『衣装哲学』（仕立て直された仕立て屋の意）は、ヴィクトリア時代の教養小説の手引書として理解された[51]。というのも『衣装哲学』が、人生物語という叙述の可能性を考慮し、そのなかで自伝という形態自体を問題としたからである[52]。

(b) ベンジャミン・ディズレーリの『コンタリーニ・フレミング、ひとつの心理小説[53]』やエドワード・ジョージ・ブルワー＝リットンの『アーネスト・マルトラヴァーズ[54]』は、カーライルの哲学的理想主義とその自己省察的意図をただ条件つきでのみ受け入れている。とはいえこの両者は、明らかにゲーテの『修業時代』とドイツ教養小説の基本線を援用しているのである。ディズレーリは、私が語るという文体で自伝的著作を心理小説として特徴づけているが、そこで重要なのは詩人的性格の発展と形成である。ここで模範として挙げられているのが、ゲーテ（『ヴィルヘルム・マイスター』と『詩と真実』）とアルフィエーリ（一八世紀イタリアの劇作家）である。個人の内面的発展を表現しようとすれば、自伝的文体が必要である、とディズレーリは記している。「成功をおさめようとすれば、自伝的文体が必要な条件であった。人間存在の脳と心の内面奥深く入り込んでその秘密に達するためには、それが唯一の手段であった。人間の思想と情熱は孤立のうちに育まれ、孤独のなかでのみ表される場合が多いからである[55]。」

ディズレーリの場合、「自己形成の個人的経験[56]」というゲーテ的手法を指摘するうえで問題となったのは、個人経験のそれぞれの段階であった。アングロサクソンの父親とヴェネツィア人の母親から生まれ、若いときから憂鬱症気味であった貴族的な「私」コンタリーニ・フレミングは、みずから自分の文筆的才能を発見していく。その自己発見の過程（「私はつらい自己中心主義から解放された[57]」）は、『マンシュタイン』と題する若き詩人の成長過程を描いた作品の執筆によって完成した[58]。最高の目標は、あらゆる個人的能力を訓練したのちに達成される創造的な行動ができる人間である。友人たちとコンタリーニとの会話のなかに、この小説の主題が表わされている。「『自分の才能を見つけだして、その能力をのばすまでは、いろいろ考えてみることはいいことさ。だけど、その後は、知性を働きに変えなければ駄目だ。休みなく行動する、行動につぐ行動というわけだね。そうすりゃもう、生活といってもいろいろだ、なんて言わなくなるね』『だけど、どうやって行動すればいいのさ』『創造だよ。人間は創造するためにつくられているんだ。詩人から陶芸家へってわけさ。』」[59]

ブルワー＝リットンの『アーネスト・マルトラヴァーズ』においても貴族的な主人公が問題となっている。この主人公と『ヴィルヘルム・マイスター』とが内面的な親類関係があることを浮かび上がらせるようという意図がこの著作にはみられる。「道徳教育あるいは徒弟訓練という観念を私は謙遜に哲学的着想とあえて呼びたい。その発想を、わたしが、ゲーテの『ヴィルヘルム・マイスター』に負っていることがすぐに分かるようにしておいた。しかし、『ヴィルヘルム・マイスター』において徒弟訓練は、むしろ理論的技能に関するものであった。私がたてたもっと粗俗なプランのなかでは、徒弟訓練はむしろ生活実践に関するものである。」[60]

「生活実践」という観点から道徳教育や修業期間が強調されるならば、そこには、マルトラヴァーズにとっては、ドイツ人の人格自体のなかにある風変わりなドイツ的メンタリティ（「風変わりなドイツ的ロマンと形而上学的省察に満ちた」[61]）との生産的な対決が含まれるだけではなく、感傷的なドイツ貴婦人[62]や歌や音楽に対する（ドイツ人の）情熱的傾向（「かれは歌や音楽に対するドイツ人のもつ情熱をすべてそなえていた」[63]）の経験が含まれていた。主人公の詩人気質（「マルトラヴァースは、意識せずに、なかば詩人であった。行為の詩人であった。女性はかれの詩魂であった」[64]）は、まず経験を経て、世故にたけ、政治活動に成熟するようになる。それが、あらゆる騒動とあきらめの境地の末に、結婚における愛の完成という結果をもたらすことになる。芸術家から政治家への成長は、「生命の神秘を通過する」段階から段階を経た個人的公共的経験の結果であった。マルトラヴァースの場合——著者が「読者への言葉」で強調しているように——、みずからの高度の原則を放棄する必要はなかった。「この物語の主人公は、威厳に輝く神のごとき存在でも、魅惑にみちた悪霊でもない。かれは、人間であることからくる弱さをもち、魂に由来する強さをもった人である。誤りに固執すること少なく、美徳の発揮にためらうこと多く、ときにあまりに野心的であり、ときにあまりに意気消沈する。いまだ戦って克服したことのない環境の影響を受け、時と運命の変化とともに性格を変える。しかし、それによってのみ生命の科学を完成させることのできる偉大な原理を、つまり善への願望、誠実さへの情念、真実の熱望をいわれなく拒絶することはない。」[65]

ディズレーリとブルワー＝リットンは、ゲーテの『修業時代』の名をはっきり挙げて、彼らの小説のなかでその修業過程をなぞっている。その過程は創造的な行動を生む詩人的素質をもった貴族的な主人公をもたらし——作家として、あるいは政治家として——、その過程で日常生活の義務を果たし、社会的な評価と調和を見いだす。そして各人とそれぞれの逆境との間の根本的な緊張は、最後には止揚されるのである。

(c) 主人公の社会的な調和——むろん市民的労働と家族という特徴をもつ——は、チャールズ・ディケンズの『ディヴィッド・コッパフィールド』[66]でも決定的な意味をもった。一八四九年五月から五〇年一一月にかけて毎月分冊で出版される連続小説として登場したこの著作は、ハッピーエンドでしめくくられている。それは、ヴィクトリア朝イギリスの小説読者の期待に応えるものであり、当時の出版社、雑誌編集者、貸本業者が欲し、要求していたものであった[67]。ディケンズは、フィールディングの『トム・ジョーンズ』やスモレッツの『ローデリック・ランドム』に追従して、コッパフィールドの生涯をピカレスク的な傾向と結びつけている。一人称の語り手ディヴィッドを生き生きと描き出すことは、同時に昇進と成功の物語でもあった。ディケンズは的確な心理学的性格づけという手段を用いて、ことに青少年の時代を正確に再構成することに成功している。表現された思い出（「書きとめられた私の記憶」[68]）という言葉がいわんとしていることは、一方で、それぞれの人生段階において、ディヴィッドの年齢に応じたものの見方に感情移入することを意味し、他方で実際の物語の視点から反省的な自己省察的な距離をおくことを意味する。

ディヴィッド・コッパフィールドは、片や乳母ペゴティ、友人ミコーバー氏、他方で冷酷な継父マードストンと「腹黒い」ユライア・ヒープといった、人間形成に積極的な意味をもつ登場人物と否定的な意味をもつ主要登場人物の網目をくぐりぬけて、主体性確立の段階を通過していく。そして危機の体験や苦悩の経験によって幻想から目覚め、それが思春期の青年を内面的な自己規律へと強制的に導くことになる。「規律によって訓練された心」によって自らに課した教訓は、ディヴィッド・コッパフィールドが成功するために不可欠な前提がなにかをはっきりさせた。たとえば、不慮の災難は道徳的な試金石として役立つものであり、職業的昇進の条件なのである。ヴィルヘルム・マイスターの場合とは異なり、「現にあるがままの自分自身を発達させること」という目的はコッパフィールドにはみられない。ディケンズにとって「進歩」とは、自己実現のために定められた計画の結果などではなく、自己を訓練する行動や態度に表される学習過程の成果であった。ディケンズの場合、個人の内面的葛藤は控えめに描写され、社会状況や社会的場面設定が前面に押し出されている。それに対しディヴィッド・コッパフィールドは、議会速記者、ジャーナリスト、作家として職業的成功をおさめたが（最終的には若い女友達と結婚し、幸福な家庭生活をおくるのだが）、それは市民としての労働規律によってもたらされたのであって、芸術家の内面的格闘や知的葛藤がもたらしたのではなかった。「……その頃、粘り強く休むことをしらない精力が、私のなかで成熟し始めていた。もし私に少しでも強さがあるとしたら、その精力が私の性格の強い部分であり、顧みて私の成功の源泉であることが私にはわかる。世間的にいって、私は幸運だった。私よりはるかに懸命に働いた多くの人びとが、私の成功の半分をも得ていないのだから。しかし、その頃の私が、時間を厳守し、秩序正しく、勤勉に仕事をこなすという習慣をもち、私に続くものがどんなに早く追いついてきたとしても、そのときにひとつのことに自分を集中させようと決意していたから、なしとげられたことなのであって、それなしには今の自分は決してなかったであろう。そうした習慣や決意はその頃自分でつくりあげたものである。[69]」

このようにディケンズの場合、文学作品自体にも市民社会における芸術性の問題にも触れられない。作家コッパフィールドの物語は、市民的成功の物語なのである。「そこで、自尊心についてては控えめであろうとした。賞賛をあびればあびるほど、それにふさわしい者になろうとした。書きとめられた私の記憶は他のあらゆる本質的要素の一部なのだが、この記録のなかでは、私自身の小説の歴史をたどることが目的ではない。それとは知れずに表現されることはあっても、そのままにしておく。偶然にそれに触れることになっても、ただ私の進歩の一部としてなのである。[70]」

市民と芸術家との内在的葛藤はドイツ教養小説の特徴であるが、イギリスではそれが市民的存在と芸術家的存在が原理的に両立できると考えられ表現された共存モデルにとってかわられた。[71] 世界と和解した市民家族的・家庭的生は、芸術家的個人と社会環境との間の緊張を止揚したのである。[72]

(d) ディケンズの楽観的で大団円的な結末に対して、サッカレーの小説『ペンデニス』(一八四八年から一八五〇年に書かれた)には、風刺的で突き放した立場がすでに認められる。[73] そののち、ことにジョージ・メレディスの小説『リチャード・フェヴァレルの試練』のなかに、調和と一致に方向づけられた一九世紀半ばのイギリス的な物語の範型からの訣別を読み取ることができる。[74] メレディスは、小説は調和と和解をもって終わるものという同時代の読者の期待と縁を切った——そのため貸本屋マディーのブックリストからメレディスの名はすぐさま削除された[75]——だけではない。イギリスにおける自伝的・伝記的な「教養小説」という主題を根底からくつがえし、文明規範や教育的価値観念から個人が自己開放していく物語を語ったのである。メロドラマ的に展開するこの父子物語のなかでは、息子の「自然な発育」が、父親の「教育システム」に対して勝利をおさめていく。愛すべき父男爵オースチン・フェヴァレル卿は、学問的原理にもとづいた教育学にしたがい、息子リチャードの教育に一役買おうとして、息子をその権威ある「システム」のまさに純然たる対象にしようとする。ところが、あらゆる意味でユーモアに欠けるこの利己的な教育者は、自然な「本能」に従って生きる愛すべき息子の発育のまえに敗北してしまうのである。すなわち、愛する女性——地主の娘!でもある——ルーシーに体現されている「自然」が、抽象的で反人間的な教育システムに対して勝利をおさめるという結末をむかえるのである。たとえ主役が悲劇的な挫折を迎えようとも。

メレディスは人間的自然を強調し、純粋な自己展開的発育の権利を主張しているが、そこには進化論的観念が一役演じているといっても正当であろう[76]。一八五八年、ハーバード・スペンサーは「道徳教育」についての論文のなかで、この点について次のような注意を喚起している。人間的自然の根本的な状態は、制度改革の前に、個々人の性格の改善が必要とされるのであって、その逆ではない。「平均的な人びとの性格の改善が制度の改善につながるのである。さらに、たとえ平均的な人びとの性格をまず改善することなく制度の改革をなし得たとしても、善いことよりも悪いことがそれに続いて起こるであろう[77]。」

メレディスは、たしかに（新）進化論をとりいれたが、それだけではなかった。彼は、ルソーの古き教育論についての議論と「エミール」を引き合いに出している。それによって彼は、一八世紀に成立して以来教養小説の特徴となっているあの教育と教養に関する議論の伝統を受け継いでいるのである。しかしメレディスは、それとともに――そこに彼の特別な意義があるのだが――一九世紀後半の一連のイギリス小説への道を切り開いた。それは、これまでの小説がもっていた主体の要求と「客観的な」社会的必然の調和の取れたバランスという一致した考え方を放棄したのである。小説『リチャード・フェヴァレルの試練』はすでに、サミュエル・バトラー『万人の道』（一八七三、七四年に書かれ、一九〇三年に出版）、オスカー・ワイルド『ドリアン・グレイの肖像』、トーマス・ハーディー『日陰者のジュード』（いずれも一八九六年）といった一九世紀末を決定づけるあの「否定的」なイギリス教養小説の登場を予告していたのである[78]。

六　イギリスにおけるドイツ教養小説受容と教養小説のヨーロッパ的・ドイツ的特有性

イギリスにおけるドイツ教養小説の受容史とその議論の重要点を箇条書きにしてまとめてみると、次の四点を指摘することができる。

(1)　ヨーロッパ的関連のもとで、教養小説は、種類を異にする自伝的・伝記的文体で、個人の生活史・個人が社会化されていく歴史を物語風に書く可能性を探る、そういう文学のジャンルに属していた。主体の学習過程がテーマ化されるときに、幼少時代、青年時代が集中的に叙述され、とりわけ父子関係が問題とされ、職業上の昇進という契機に中心がおかれた。そこで常に問われていたのは、個々人をとりまく世界との対決であった。このような葛藤の「解消」は多種多様である。しかし、二つの「回答」が小説史を決定づけている。小説の結末において、主観的な利害と「客観的」社会的な必然との調整が、ハッピー・エンドという形で一致するか、不一致、拒絶という形をとるかである。教養小説にとって構成的な意味をもつ葛藤へのこのような「回答」それ自体が、小説の（カーライルの場合）、あるいは小説理論（ヘーゲルの場合）のテーマとなった。

(2)　カーライルから一九世紀半ばに至るまでのイギリス教養

小説の作品史をそれぞれ比較してみると、それはゲーテの『修業時代』以降、ドイツでみられた教養小説の受容史を彷彿させる。その原因はどこにあるかといえば、教養小説について議論していたイギリス読者層がドイツ読者層と同じように、市民層に特有な一致と調和の欲求によって刻印されていたということである。それがイギリスにおいては（作品史をみると）、ハッピー・エンドに、ドイツにおいては（理論的に定式化されて）「和解」に固執することになったのである。

(3) 教養小説についての鋭い自己省察が、ドイツではことに初期ロマン派の人びとによって展開されたが、こうしたドイツ的な議論は——トーマス・カーライルは例外として——イギリスでは見られない。イギリス教養小説は、そういうわけで「認識論的に素朴」だといわれても仕方がなかったが[79]、しかし、まさにここからメレディスの小説に端を発する新しい時代が始まったのも確かである。芸術および芸術家の問題に現われたこの自己省察的傾向が、イギリスにおいては展開しなかったという事実は、一方ではイギリスで支配的な社会小説の社会史的な特徴をもった性格と関係があり、他方では主体のあらゆる方面の完全な能力を期待することに示される全人的個人というドイツで優勢だった教養小説のユートピア的機能と関係している。イギリスの教養小説の読者は、ドイツとは違って、国民的意味を付与する機能をそれに求めようとはしなかったのである[80]。

(4) イギリスでは、メレディスの小説『リチャード・フェヴァレルの試練』（一八五九年）が、それまで支配的であった合意という観念とそれへの期待を意識的に破壊しようとした。他方、ドイツにおいても、E・T・A・ホフマンの『牡猫ムル』（一八一九／二〇年）が、少なくともヨーロッパ小説史への挑戦として、皮肉と風刺をもって調停的な「和解」を問題視した。その限りにおいて、英独の教養小説の作品史は、しだいに似たような性格を帯びるようになった。イギリスの教養小説史は、一九世紀後半に入ると、このような（自己批判的）ドイツ教養小説の作品史と結びついていく。教養小説の省察的伝統は、合意へと向かうイギリス小説が週末を迎えてはじめて好機を得るのである。しかし、まさにその時代に、ドイツでE・T・A・ホフマンによって、あるいはゴットフリート・ケラーの『緑のハインリッヒ』の初版にみられるのと同じく、省察的伝統は、市民層や市民的なものに対する批判の手段となった。サミュエル・バトラー、オスカー・ワイルド、トーマス・ハーディは、あの幻想から目覚めた省察的文化の側にたち、市民的合意と自己確認の傾向を批判したのである。

注

（1） 全体としては、L. Köhn, *Entwicklungs- und Bildungsroman. Ein Forschungsbericht. Mit einem Nachtrag*, Stuttgart 1969. R. Selbmann, *Der deutsche Bildungsroman*, Stuttgart 1984 を参照。以下の研究では、本論分の各章と重複するところがある。W. Voßkamp, Der Bildungsroman als literarisch-soziale Institution. Zur Begriffs- und Funktionsgeschichte des deutschen Bildungsromans am Ende des 18. und Biginn des 19. Jahrhunderts, in: C. Wagenknecht (Hg.), *Zur Teminologie der Literaturwissenschaft. Akten des IX. Germanistischen Symposions der DFG Würzburg 1986. Germanistische Symposien. Berichtsbände IX*, Stuttgart 1988.

(2) Vgl. J. Jacobs, *Wilhelm Meister und seine Brüder. Untersuchungen zum deutschen Bildungsroman*, München 1972; W. H. Bruford, *The German Tradition of Self-Cultivation. »Bildung« from Humboldt to Thomas Mann*, Cambridge 1975; M. Swales, Unverwirklichte Totalität. Bemerkungen zum deutschen Bildungsroman, in: W. Paulsen (Hg.), *Der deutschen Roman und seine historischen und politischen Bedingungen*, Berlin 1977, S. 90-106; M. Beddow, *The Fiction of Humanity. Studies in the Bildungsroman from Wieland to Thomas Mann*, Cambridge 1982; K.-D. Sorg, *Gebrochene Teleologie. Studien zum Bildungsroman von Goethe bis Thomas Mann*, Heidelberg 1983; U. Schädlbauer, *Kunsterfahrung als Weltverstehen. Die ästhetische Form von ›Wilhelm Meisters Lehrjahre‹*, Heidelberg 1984.

(3) Vgl. G. Baironi, »Märchen« - »Wilhelm Meisters Lehrjahre«- »Hermann und Dorothea«. Zur Gesellschaftsidee der deutschen Klassik, in: *Goethe-Jahrbuch* 92, 1975, S. 73-95; R. P. Janz, Zum sozialen Gehalt der ›Lehrjahre‹, in: H. Arntzen u. a. (Hg.), *Festschrift für Wilhelm Emrich*, Berlin 1975, S. 320-340; S. Blessin, *Die Romane Goethes*, Königstein 1979; K. Gille, *›Wilhelm Meister‹ im Urteil der Zeitgenossen. Ein Beitrag zur Wirkungsgeschichte Goethes*, Assen 1971; H. Steinecke, ›Wilhelm Meister‹ und die Folgen. Goethes Roman und die Entwicklung der Gattung im 19. Jahrhundert, in: W. Wittkowski (Hg.), *Goethe im Kontext*, Tübingen 1984, S. 89-111. 教養小説と市民文化の関連については、G. Stanizek, Bildung und Roman als Momente bürgerlicher Kultur. Zur Frühgeschichte des deutschen »Bildungsromans«. SFB »Sozialgeschichte des neuzeitlischen Bürgertums-Deutschland im internationalen Vergleich«, *Arbeitspapier* Nr. 4, Bielefeld 1988 を参照せよ。

(4) 以下の論文も参照。W. Voßkamp, Gattungen als literarisch-soziale Institutionen, in: W. Hinck (Hg.), *Textsortenlehre - Gattungsgeschichte*, Heidelberg 1977, S. 27-44; ders., Literaturgeschichte als Funktionsgeschichte der Literatur (am Beispiel der frühneuzeitlichen Utopie), in: T. Cramer (Hg.), *Literatur und Sprache im historischen Prozeß*, Bd. I: *Literatur*, Tübingen 1983, S. 32-54.

(5) *Vorschule der Ästhetik. Nachschule zur ästhetischen Vorschule.* Hg. u. kommentiert von N. Miller. Nachwort von W. Höllerer. *Studienausgabe*, München 1963, S. 254ff.

(6) Vgl. C. F. von Blanckenburg, *Versuch über den Roman*, Leipzig 1774. *Faksimiledruck der Originalausgabe, mit einem Nachwort von E. Lämmert*, Stuttgart 1965; W. Voßkamp, *Romantheorie in Deutschland. Von Martin Opitz bis Friedrich von Blanckenburg*, Stuttgant 1973, S. 177f.

(7) Vgl. W. Voßkamp, Blanckenburg und Blanckenburgrezeption. Probleme der Romanpoetik im 18. und frühen 19. Jahrhundert, in: *Akten des 5. Internationalen Germanisten-Kongresses* Cambridge 1975, H. 3. Hg. v. L. Forster u. H. -G. Roloff, Bern 1976, S. 193ff.

(8) 特に、R. Koselleck, Vergangene Zukunft der frühen Neuzeit,

および »Erfahrungsraum« und »Erwartungshorizont« - Zwei historische Kategorien, in: ders., *Vergangene Zukunft. Zur Semantik geschichtlicher Zeiten*, Frankfult 1979, S. 13-37, 349-375. 「時間化」については、A. Seifert, »Verzeitlichung«. Zur Kritik einer neueren Frühzeitkategorie. in: *Zeitschrift für historische Forschung 10*, 1983, S. 447-477.

(9) Vgl. W. Voßkamp, »Fortschreitende Vollkommenheit«. Der Übergang von der Raum- zur Zeitutopie im 18. Jahrhundert, in: E. R. Wiehn (Hg.), *1984 und danach. Utopie Realität Perspektiven*, Konstanz 1984, S. 91.

(10) Vgl. R. Trousson, Utopie, Geschichte, Forschritt: Das ›Jahr 2440‹, in: W. Voßkamp (Hg.), *Utopieforschung*, Bd. 3, Stuttgart 1982, S. 25-23; J. Fohrmann, Utopie und Untergang. L. S. Merciers ›L'An 2440‹, in: K. L. Berghahn u. H. U. Seeber (Hg.), *Literarische Uotpien von Morus bis zur Gegenwart*, Königstein 1983, S. 105-124.

(11) Vgl. W. Voßkamp, Utopie und Utopiekritik in Goethes Romanen ›Wilhelm Meisters Lehrjahre‹ und ›Wilhelm Meisters Wanderjahre‹, in: ders., *Utopieforschung*, Bd. 3, S. 227ff., auch zum folgenden.

(12) W. F. Hegel, Vorlesungen über die Ästhetik (1818/19, in: ders., *Werke*, Bd. 14: *Vorlesungen über die Ästhetik II*, Frankfult 1970, S. 220.

(13) Vgl. Steinecke, ›*Wilhelm Meister*‹, S. 102ff. 全体としては、Voßkamp, *Der Bildungsroman als literarisch-soziale Institution* 〔注(1)〕.

(14) Vgl. Steinecke, ›*Wilhelm Meister*‹, S. 102.

(15) Vgl. Selbmann, *Bildungsroman*, S. 1ff.

(16) Vgl. R. Vierhaus, Art. Bildung, in: O. Brunner u. a. (Hg.), *Geschichtliche Grundbegriffe*, Bd. 1, Stuttgart 1927, S. 508-551.

(17) 本論文の二を参照のこと。

(18) Menze, *Wilhelm von Humboldts Lehre und Bild vom Menschen*, Ratingen 1965, S. 109.

(19) 一七九六年一月四日のシラーの手紙で引用されているヴィルヘルム・フォン・フンボルトの未発見の手紙から。Stuttgart 1892/96, S. 377.

(20) Vgl. Vierhaus, Art. ›*Bildung*‹, S. 527.

(21) Vgl. F. Schiller, Über die ästhetische Erziehung des Menschen in einer Reihe von Briefen, 20. Brief, in: ders., *Sämtliche Werke*, Bd. 5: *Erzählungen/Theoritische Schriften*, München 1962^3, S. 632ff.

(22) G. Körner, Über Wilhelm Meisters Lehrjahre (aus einem Brief an den Herausgeber der ›Horen‹ [1976]); in: K. F. Gille (Hg.), *Goethes Wilhelm Meister. Zur Rezeptionsgeschichte der Lehr-und Wanderjahre*, Königstein 1979, S. 10.

(23) Vgl. D. Jenisch, *Über die hervorstechendsten Eigenthümlichkeiten von Meisters Lehrjahren; oder über das, wodurch dieser Roman ein Werk von Göthen's Hand ist*, Berlin 1797, S. 13f. イェニシュ論文の引用ページは、本文のなかに掲げた。

(24) また Körner, *Über Wilhelm Meisters Lehrjahre*, S. 11 を参照。

(25) この点については、本論文の第四章を参照のこと。

(26) Vgl. E. Behler, Friedrich Schlegels Theorie der Universalpoesie, in: ders., *Friedrich Schlegel und die Kunsttheorie seiner Zeit*, Darmstadt 1985, S. 225.

(27) Vgl. F. Martini, Der Bildungsroman. Zur Geschichte des Worts und der Theorie, in: *Deutsche Vierteljahrschrift* 35, 1961, S. 44-63.

(28) Morgenstern, Über das Wesen des Bildungsromans. Inländisches Museum, Bd. I, 1820/21, in: E. Lämmert u. a. (Hg.), *Romantheorie. Dokumentation ihrer Geschichte in Deutschland 1620-1880*, Köln 1971, S. 257.

(29) Vgl. *ebd.*, S. 258.

(30) Schmidt, Wilhelm Meister im Verhältnis zu unserer Zeit [1855], in: K. L. Berghahn u. B. Pinkemeil, *Am Beispiel ›Wilhelm Meister‹. Einführung in die Wissenschaftsgeschichte der Germanistik*, Bd. 2: *Dokumente*, Königstein 1980, S. 45.

(31) Gille, Goethes Wilhelm Meister のなかのテキスト参照。

(32) ドイツ教養小説の歴史における受容史・影響史と作品のあいだに見られる自己確認的な均一化と批判的自己省察という二元性としての緊張関係については，Voßkamp, *Der Bildungsroman als literarisch-soziale Institution* 注(1)を参照。

(33) Vgl. W. Ruppert, *Bürgerlicher Wandel. Die Geburt der modernen deutschen Gesellschaft 18. Jahrhundert*, Frankfurt 1983, S. 192.

(34) Vgl. T. Nipperdey, *Deutsche Geschichte 1800-1866*, München 1983, S. 264; W. Conze u. J. Kocka (Hg.), *Bildungsbürgertum in 19. Jahrhundert*, T. I: *Bildungssytem und Professionalisierung in internationalen Vergleichen*, Stuttgart 1985.

(35) Luhman, Theoriesubstitution in der Erziehungswissenschalt. Von der Philanthropie zum Neuhumanismus, in: ders., *Gesellschaftsstruktur und Semantik. Studien zur Wissensoziologie der modernen Gesellschaft*, Bd. 2, Frankfurt 1981, S. 133.

(36) Vgl. W. Conze u. J. Kocka, *Einleitung*, in: dies., *Bildungsbürgertum*, S. 9-26; L. O'Boyle, Klassische Bildung und soziale Struktur in Deutschland zwischen 1800 und 1848, in: *Historische Zeitschrift 207*, 1968, S. 584-608, und S. Turner, The »Bildungsbürgertum« and the Learned Professions in Prussia, 1770-1830. The Orgins of a Class, in: *Histoire Social-Social History* 13, 1980, pp. 105-135; U. Engelhardt, Bildungsbürgertum. Begriffs- und Dogmengeschichte eines Etiketts, Stuttgart 1986; K.-E. Jeismann u. P. Lundgreen (Hg.), *Handbuch der deutschen Bildungsgeschichte*, Bd. III: *1800-1870. Von der Neuordnung Deutschlands bis zur Gründung des Deutschen Reichs*, München 1987.

(37) Vgl. F. C. Tubach, Perfectibilité: Der zweite Diskurs Rouseaus und die deutsche Aufklärung, in: *Etudes Germaniques 15*, 1960, S. 146ff.; H. R. Jauß, *Ästhetische Erfahrung und literarishe Hemeneutik*, Frankfult 1984[3], S. 647f.; W. Voßkamp, Perfectibilité und Bildung. Zu den Besonderheiten des deutschen Bildungskonzepts im Kontext der europäischen Utopie- und Fortschrittsdiskussion, in: S. Jüttner u. J. Schlobach (Hg.), *Europäische Aufkläungen* (erscheint Hamburg 1989).

(38) アングロサクソン諸国での研究では，»Bildung«を的確に訳すことができないため，»Bildung«，»Bildungsroman«，»Bildungsbürgertum«といった用語は，専門用語としてそのまま使われている。

(39) 本章の(a)〔本訳書二七〇ページ〕を見よ。

(40) E. Bulwer-Lytton, *Ernest Maltravers*, London 1873, S. 8 の前書きを参照。

(41) イギリス教養小説に関する研究は、S. Howe, *Wilhelm Meister and his English Kinsmen, Apprentices to Life*, New York 1930, Neudruck 1966; H. Wagner, *Der englische Bildungsroman bis in die Zeit des Ersten Weltkrieges*, Bern 1951; G. P. Tennyson, The Geman »Bildungsroman« and »The Great Tradition«, in: R. P. Armato u. J. M. Spalek (ed.), *Medieval Epic to the »Epic Theatre« of Brecht. Essays in Comparative Literature*, Los Angels 1968, pp. 135-146; J. H. Buckley, *Season of Youth The Bildungsroman from Dickens to Golding* Cambridge/Mass. 1974; M. Swales, The Geman »Bildungsroman« and »The Great Tradition«, in: *Comparative Criticism, Yearbook 1*, 1979, pp. 91-105; U. Broich, Der »negative Bildungsroman der neunziger Jahre«, in: M. Pfister u. B. Schulte-Middelich (Hg.), *Die »Nineties«. Das englische Finde Siécle zwischen Dekadanz und Sozialkritik*, München 1983, S. 197-226.

(42) カーライルは、ドイツ文学史や精神史、シラーやジャン・パウル、ドイツ小説、ルター、ニーベルンゲンの歌に関する一連の書物を出している。

(43) Carlyle, *Wilhelm Meister's Apprenticeship and Travels.* Translated from the German of Goethe, London 1899, p. 8.

(44) *Ibid.*, p. 6f.

(45) *Ibid.*, p. 7f.

(46) *Ibid.*, p. 10.

(47) Carlyle, *Sartor Resartus. On Heroes and Heroeworship.* Introduction by W. H. Hudson, London 1964 からの引用。さらに以下の研究を参照のこと。Howe, *Wilhelm Meister*, A. Ströle, *Carlyles Sartor Resartus. Ein Beitrag zum Verständnis Carlyles*, Tübingen 1913; G. B. Tennyson, Sartor called Resartus. *The Genesis, Structure, and Style of Thomas Carlyle's First Major Work*, Princeton 1965; W. C. Spengemann, *The Forms of Autobiography. Episodes in the Literary Genre*, New Haven 1980, p. 110ff.; J. A. Dibble, *The Pythia's Drunken Song. Thomas Carlyle's ›Sartor Resartus‹ and the Style Problem in German Idealist Philosophy*, Den Haag 1978.

(48) Carlyle, *Sartor Resartus*, p. 128.

(49) ドイツ語訳 *Sartor Resartus oder Leben und Meinungen des Herrn Teufelsdröckh, in drei Büchem von Thomas Carlyle.* Übersetzt von K. Schmidt, Halle o. J., S. 267ff. を参照のこと。

(50) Cf. Tennyson, *Sartor called Resartus*, p. 169.

(51) Cf. *ibid.*, p. 140.

(52) Cf. Spengemann, Forms, p. 122.

(53) 引用は、*Contarini Fleming. A Psychological Romance.* The Rise of Iskander. By the Earl of Beaconsfield, K. G. New Edition, vol. 2, London o. J. から。また、以下の研究も参照。H. Seikat, *Die Romankunst Disraelis*, Diss, Jena 1932; L. Gottbrath, *Der Einfluß von Goethes ›Wilhelm Meister‹ auf die englische Literatur*, Diss. Münster 1934, S. 49ff.

(54) 引用は、*Ernest Maltravers* By the White Hon. Lord Lytton, London 1873 から。さらに、A. H. Goldhan, *Über die Einwirkung des Goetheschen Werthers und Wilhelm Meisters auf die Entwichklung Edward Bulwers*, Diss. Leipzig 1894 を参照のこと。

(55) Disraeli, *Constarini Fleming*, S. VI.

(56) *Ibid.*, S. V.

(57) *Ibid.*, S. 120.

(58) その背景には、ディズレーリの伝記小説『ヴィヴィアン・グレイ』にある自伝的指摘がかくれている。

(59) Disraele, *Constarini Fleming*, S. 370.

(60) Bulwer-Lytton, *Ernest Maltravers*, S. 7f.

(61) *Ibid.*, S. 28.

(62) *Ibid.*, S. 30.

(63) *Ibid.*, S. 31.

(64) *Ibid.*, S. 25.

(65) *Ibid.*, S. 10.

(66) Dickens, *The Personal History of David Copperfield*, ed. v. C. Blount, London 1966 版より引用。次の研究書を参照。H. Oppel, Dickens, David Copperfield, in: F. K. Stanzel (Hg.), *Der englische Roman. Vom Mittelalter zur Moderne*, Bd. 2., Düsseldorf 1969, S. 112-157 ; B. P. Lange, *Das Problem der Charakterentwicklung in den Romanen von Charles Dickens*, Diss. FU Berlin 1969 ; H. D. Gelfert, *Die Symbolik im Romanwerk von Charles Dickens*, Stuttgart 1974, S. 108ff. ; K. Dierks, *Handlungsstrukturen im Werk von Charles Dickens*, Göttingen 1982. 一般論としては、T. Wolpers, Der Realismus in der englishchen Literatur, in: R. Lauer (Hg.), *Europäischer Realismus*, Wiesbaden 1980, S. 89-184.

(67) Vgl. P. Goetsch, Literatursoziologische Aspekte des Viktorianischen Romanschlusses, in: *Poetica 10*, 1978, S. 236-261 参照。

(68) Dickens, *David Copperfield*, p. 758.

(69) *Ibid.*, p. 671.

(70) *Ibid.*, p. 758.

(71) Oppel, *Dickens*, S. 156 参照。

(72) ディケンズの小説「大いなる遺産」(第二版) のなかにも、ハッピー・エンドという形でそれが見られる。ディケンズの小説は、ドイツにおいても調和と和解を期待する一般読者の要望に応えた。そこから、非常に積極的なディケンズ受容とかれの小説の異常な影響が来ていること (たとえばシュピールハーゲンとラーベの場合) は明らかである。

(73) サッカレーのこの作品のドイツ語新訳に付された G. Klotzn のあとがき参照。*Die Geschichte des Pendennis, sein Glück und sein Unglück, seine Gründe und sein ärgster Feind*, 2 Bde, Berlin 1987, S. 558.

(74) 引用は、G. Meredith, *The Ordeal of Richard Feverel*, Introduction by R. Sencourt, London 1967 から。さらに H Viebrock, Meredith, The Ordeal of Rchard Feverek, in: Stnzel, *Der englischen Romans*, S. 158-173 に書かれた著者の解釈も参照。

(75) Vgl. Goetsch, *Aspekte*, S. 250.

(76) Vgl. Wagner, *Bildungsroman*, S. 39f.

(77) Spencer, Moral Education, in: *Essays on Education and Kindered Subjects*, London 1963, p. 89.

(78) Vgl. Broich, *Negativer Bildungsroman*, S. 223.

(79) Cf. Swales, *The German »Bildungsroman«*, p. 97.

(80) それとともに、ドイツ教養小説はあらゆる点で「はじめから[西ヨーロッパ] の社会小説と対立して……いたわけではない」。H. Steinecke, *Romanpoetik von Goethe bis Thomas Mann. Entwicklungen und Probleme der «demokratischen Kunstform» in Deutschland*, München 1987, S. 75.

第十章　「語る建築」＝劇場
――フランス・ドイツ比較――

モニカ・シュタインハウザー
（一九三九年生
ボーフム大学教授）

一

劇場が文化的施設として、宮廷における祝典との当初の儀礼的結合から解放されて登場したのは、公共の博物館やコンサートホールよりもかなり以前のことであった。(1)宮廷の劇場は、君主個人に光が集中する「代表的公共性《レプレゼンタティーフェ・エッフェントリヒカイト》」の一部であったが、公共の劇場に集まったのは、個人によって構成される公衆《プブリクム》であった。その公衆は出版物による理論的思考を通じて自己理解を深め、もはや権力の単なる被支配者ではなく、一八世紀の半ば以降、国家の公的権力に対抗して形成された世論の担い手であった。演劇批評とは、その時々の方法により、こうした公衆を考慮に入れるものであり、思慮深い評価と権力側の規制との対決のなかで、さまざまな利害に拘束されていた。

そのころ劇場そのもので、まさに活発な社会的コミュニケーションと相互作用の諸形態が成立し、国家と社会の分裂が顕著となるなかで、こうした諸形態により私的領域に公共的意義が与えられることになった。その際、分邦主義的なドイツにおいては、宮廷劇場と市民劇場の区別が、すなわち宮廷都市と帝国都市の区別が一定の役割を果たしたが、中央集権的なフランスにおいては、宮廷と町との対立はすでに役割を終えていた。この点についてルイ・セバスティアン・メルシエ〔一八世紀フランスの作家〕は、一七七〇年に「支配的な見解は、もはや宮廷から授かるのではない。たとえどんな種類のことであれ、宮廷の判断で評価が決まるというようなことはもはやなく、……宮廷自身も、……本や戯曲などについて、あえて断定的意見を述べる気力もなく、首都の意見が定まるのを待つ[2]」と述べている。

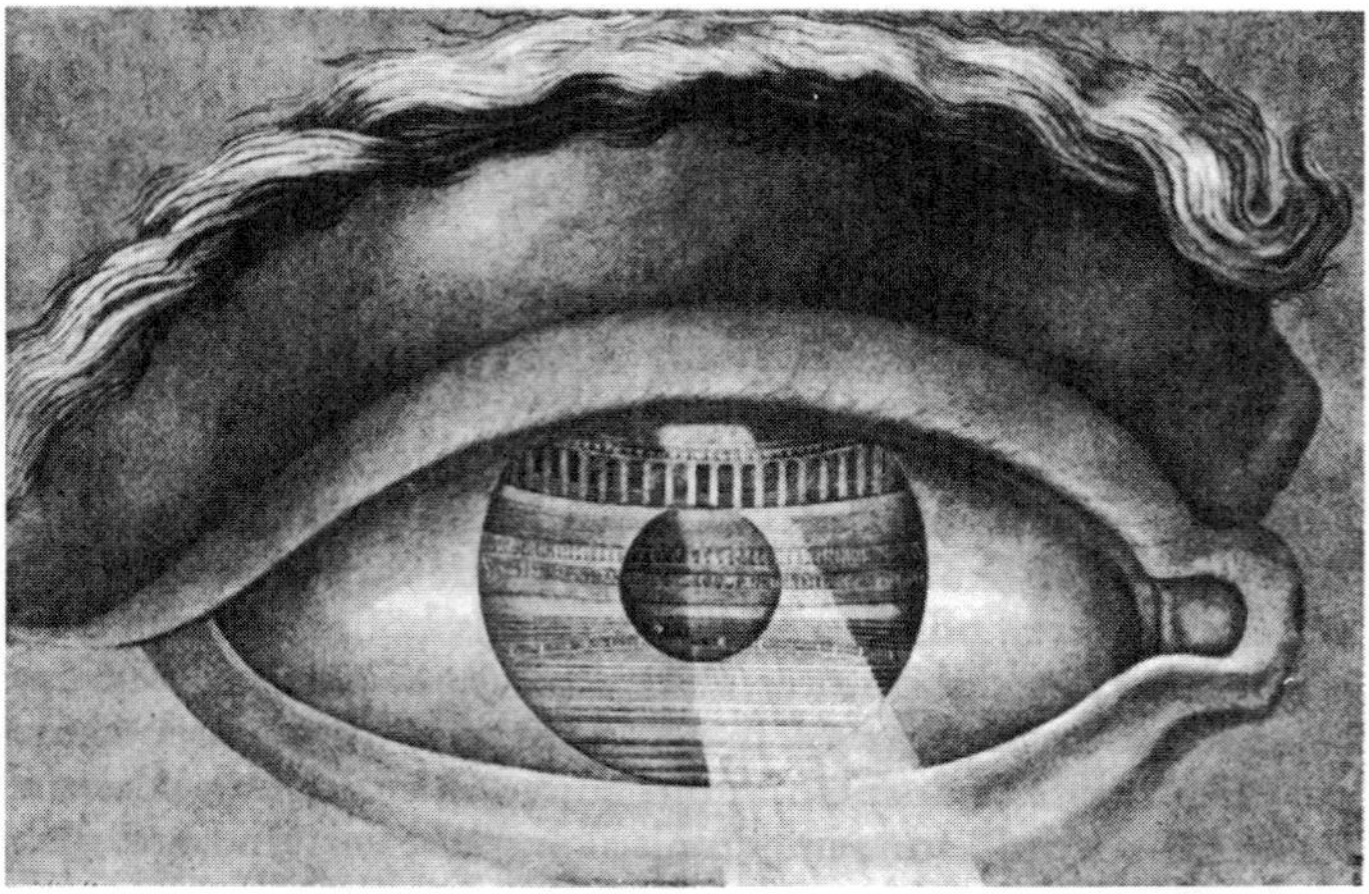

図 10 - 1　クロード - ニコラ・ルドゥーによるブザンソンの劇場（1778～84年）の目に映った観客席

このような枠内において初めて道徳的批判の展開が可能となり、そのような批判が出版物を媒介にして社会的な効力を発揮し、またコゼレックやハーバーマスが別々の観点から明らかにしているように、ついには間接的に政治的影響力を行使したのである[3]。もちろん、まさしく公共の劇場建築を見ればわかるように、ドイツとフランスでは様相はかなり異なっていた。フランスにおいては七年戦争以後、公共の劇場に関する強力な建設促進論が見られたが、他方ドイツでは、全体として劇場の数はフランスよりも多かったが、一八〇〇年以前に劇場が公共の建築事業として重要性を獲得することはなかった。このことは、一八世紀の最後の三分の一の期間に、出版業が両国で同様な発展を見せ、公衆に対する影響力を行使するようになり、すなわち両国で、出版物による公共性が成立したことを考えると、かなり驚くべきことである。こうした公共性は、抽象的な表現をもった普遍主義的な人文主義思想の広がりのなか、また、権力と教会による規制と絶えざる抗争のなかで、市民的な利益をはっきりと示していた。その際、日常的な演劇実践は、啓蒙主義のプログラムからはっきりと区別されねばならない。文学史的に認定された尺度と当時の公衆のそれは、決して一致しなかったからである。ドイツ人が読んだものと古典派作家が書いたもの（W・ベンヤミン〔現代ドイツの文芸評論家〕）は別なのであった[4]。

　自立的な公共劇場は、都市貴族の出資によってまずイタリアで成立した。ヴェネチアは一七世紀初めに建設されたいくつかの桟敷劇場によって公共劇場の原型を世に示した。これらの劇場はその後、一八世紀に至るまで長期にわたり手本とされ、内的構造に関しても模範とされた。当時イタリア人は、ヨーロッパの大多数の劇場を建設し、劇場建築の問題に関して理論的な議論を展開したばかりでなく、専門的な劇場建築家を輩出した[5]。彼らこそが、一八世紀にその全盛期をむかえる壮麗な宮廷劇場を、ドイツ諸侯のために建設したのであった。その間、「お金と引きかえに娯楽を提供する公共劇場」が、都市的性格のはっきりした「公共建造物」へと昇格するのは、圧倒的にフランスにおける出来事であった[6]。そして、一七五〇～七三年にフランスだけで二三もの劇場が建設されたが、それらはもっぱら大都市で、新しい要求に応じようとするものであった。

ドイツはそれと肩をならべる状況にはなかった。一九世紀になってようやくイタリアやフランスの例に習って、建築の内容や規模の点で従来のあらゆる基準が打ち破られることになった。フランスの建築家ゴセは回顧しながら、「ゲルマン的習慣の誇張的表現」について語っているが、それも理由のないことではなかった。しかし、このことは建築ジャンルの比較的後年の評価とまったく同様に、解説を必要とする事柄である。フランスやイタリアと異なり、ドイツでは公的な宮廷劇場が、一九世紀の最初の三分の一の期間にフランスの模範を見習った。ここから、私の比較史的考察における段階的なズレと、時代的な限定が明らかになる。イギリスは文学においてヨーロッパ大陸で大きな影響力をもったものの、劇場の発展についてはいかなる役割も果たさなかった。イギリスでは一六世紀以降、城や宮殿の劇場はなくなり、劇場は私的企業として存在した。それはあらゆる階層に開放されたもので、建築としてはそれほど華々しさはないが、他のどこよりも合理主義的で「市民的」なものと思われた。すなわち、ここでは芸術と文化が、実に明確な商品形態をもったのである。劇場経営者の公然たる目標であった。最小限の出費で最大限の効果を実現することが、劇場経営者の公然たる目標であった。女優のリーコーボーニは一七六九年に次のように述べている。イギリスではフランスと異なり、「社会的上層の人びと」は劇場に行かないのであり、「そのようなわけで、ブルジョアと民衆こそが、楽しませねばならない対象である[7]」と。それに対してフランスとドイツの劇場は、異なる利害の抗争のなかでその形態を整えていった。多様な建築ジャンルの専門分化は、時期的に錯綜しながらも市壁の解体や都市の近代化と同時進行していったが、その分化過程において劇場は重要な位置を占めていた。フランスにおいてこの過程は、すべての芸術を革命化していく言説のなかに同時に反映された。ここではまず手始めに、劇場そのものの変化と建築術との関連を簡単に示すため、この過程を大ざっぱながら概観してみたい。

二

社会的な変化について間接的ながら証言したのが、芸術のジャンルをめぐる理論的な議論であった。一七六〇年代以降、このような議論を通じて、文学、絵画および建築の領域で、それまで効力をもっていたジャンルの身分制的な階層秩序について、その有効性の再検討が進められ、これらの領域における価値の転換がもたらされた。たしかに、ドイツにおいてこのような議論をリードしたのはもっぱら文筆家たちであったが、当時、ここかしこの分野で技芸は「学芸《アルテース・リベラーレス》」との伝統的な結びつきから解放され、芸術の概念のなかで扱われるようになった。[8] 芸術は「制度《インスティトゥツィオーン》」へと変化していった（P・ビュルガー〔現代ドイツの文芸学者〕が、この制度は同時期に成立してきた美学のなかに再帰的に自己を確認し、実際的な他律性に抗して、すなわち宮廷および教会を代表するという役割に抗して、新しい自律への要求を定式化していった。その際、美的なものの解放は芸術の歴史化《ヒストリジールンク》と手を取り合って進んでいった。この歴史化は、それまで伝統により裏づけられ、規則化された規範を芸術から取り去り、「新旧論争」の結果、新たな表現形態への、つまり「着想」への権利を主張したのである。旧来の髪粉を振りかけた辮髪は切り落とされ、人びとは自分の髪と襟を公然とよそおうようになった。また、彼らは「サンキュロット」としての誇りをもち、黒い上着や色とりどりの宮廷服ともども、身分制秩序を少なくとも身なりの上で脱ぎ捨てたのであった。絵画のなかで新しい人間とは、自然のままの人間であり、生まれながらの平等に責任を負った裸の人間であった。伝統的な権威の効力に対する美術的および精神的反抗は、最後には自己決定の権利の要求へと至った。それは、社会的周縁に位置し、からだを売っていた芸術家の存在という犠牲を伴うこともあった。貧困化した「天才」とは結局、人類的な遠大な進歩への欲求の裏面であった。[9]

　他方、理論的な言説は、まさに理念型化された、市民的啓蒙の目標設定および価値判断を示すものであったが、実践においてはほとんど妥協のみを許容した。こうした目標や判断は、まさに政治的秩序の矛盾とその核心部において、間接的ながら社会的抗争を説明している。この抗争は、一八世紀の最期の三分の一の期間に、貴族と市民層の間ばかりでなく、市民層と民衆の間にまで伝染していった。こうした抗争の枠組みはかなり以前より、古代—近代といった単純な年代的比較ではなく、共和制と君主制を、また社会的平等と身分制的な階層秩序を時代的非連続の意識のなかで対決させるものであった。[10] このような「古代と近代の並列」に関する中心的概念として働いたのが、自然および理性であった。この自然と理性が、古代の理想像へと収斂していき、その鏡像を通じて「市民社会」の模範的未来像を決定づけたのである。その際、理性は古代より有効な規範《レーゲルカノン》に依拠することはもはやなく、また、知識ある排他的な公衆に限定せずに、理論的には匿名の公衆を意見形成の機関とした。[11] ジョン・ロックによれば、今や法則的に規定された理性の代わりに、感情により導かれた経験的知覚が登場したのであり、それは、すべての人びとを一つにまとめ、芸術の表現方法、すなわち芸術の言語をもある種の予定調和のなかで組み立てるはずであった。このような感覚論に基礎づけられた新しい作用美学《ヴィルクンクスエステティーク》は、社会的に差別化された伝統的な作法《デコルム》の教えとまさに対立関係に陥ることになった。デコルムは、フランス語でデセンス、ビエンセアンスまたはコヴェナンスのことであったが、ツェードラーはこれに「ヴォールシュテーティヒカイト」の訳語をあて、のちにそれは「シックリッヒカイト」〔いずれも「礼儀正しさ」といった意味〕で呼ばれた。[12] これらの概念は、支配的な身分制的規則を適切に言い表わすものであり、ディデロの言葉を借りれば「特定身分への滑稽な尊敬」を、建築、文学および芸術の領域で表現するものであった。[13] 一方では人間性の名をもって、客観的な普遍的要求の領域内で議論が進められたが、他方では地位と名誉の名をもって、排他的で身分に相応した礼儀作法の遵守が要求された。[14] 建築様式において後者の説は、ヴィトルヴィウス〔古代ローマの建築家〕以来、列柱の配置と形を決定づける古典的柱式によって明示されてきた。

このような柱式は、理論的に疑問視されながらも、現実には一八世紀の終わりまでその効力を維持した。一八世紀の終わりに、願望と現実の間の、そして旧来の身分制的な嗜好因襲の重力と新しい自然模倣的な言語の間の落差をはっきり表出させたのは、フランス革命において頂点を極めた「公共建造物」の誇大妄想的ユートピア的な構想であった。ドイツの建築家たちもそれにより影響を受けたのである。こうした構想は様式のうえでは、「壮大さ《グランデール》」と「高貴なる簡素《ノブル・サンプリシテ》」からの、革命古典主義《レヴォルツィオンスクラッシツィスムス》への転換を特徴的に示すものであった。前者は、宮廷のロココ様式のしなやかで感覚を魅了する優雅さに対してジャック・フランソワ・ブロンデル〔一八世紀フランスの建築家、都市計画家〕とヴィンケルマン〔一八世紀ドイツの美術史家〕によって推奨されたもので、ローマ的ないしギリシア的様式の強い影響を受けたものであった。ここで建築は、厳密には立体幾何学の下級形態に、すなわち自然のままの原型に還元されたが、こうした原型をもって、すべての者に理解可能な新しい身体言語が形成され、道徳的にも影響力をもつものとされた。厳格に閉鎖的な、あるいは機能的に組織化された建築集合体のために、装飾と彫刻が広く放棄されたり、レリーフの非特殊化が行われたり、またファサード構成の非序列化が進んだが、これらは、同時に「道徳的建築」でもあった新しい「表現の建築」の直観的性格を示すものであった。[15] ここで美学的権威を決定づけるものは、もはや学問的な知識でも、身分明示の点での判別能力でもなく、感情であった。啓蒙主義芸術のはっきりした目的として、「感動と教育」があったのである。その目的を「国王の建築長官」〔一七七四〜九一年在任〕であったダンジヴィルも、支配者への崇拝ではなく国家的進歩の意味において、十分に認識していた。[16] また、道徳とは愛国的なものであり、それゆえプルタルコスが注目を浴びることになった。のちに革命祭典の企画者となるジャック‐ルイ・ダヴィド〔フランス革命期の画家、新古典主義の指導者〕はその時、プルタルコスの英雄像に比較的好戦的で、宮廷の優雅さや礼儀作法とははっきりと対立する理想像を見出したのであった。ダヴィドによる歴史絵画はもはや循環的配列にはなく、帝王学ともならず、また厳格に階層化されたピラ

図10－2　クロード－ニコラ・ルドゥーによるマルセイユの劇場の構想図（1784年）

ミッド型の構成に従うこともなかった。むしろそれは、レリーフの様式化や並列的な人物像の集合、そして明確な地方色のなかに「画家＝哲学者」という新しい理想を示したのである。そこでは財産所有者および人間としての市民が、ローマ共和国的な高潔の士から借用された衣をまとって登場したのであったが、その市民の舞台は、古代の偉大さを甦らせた建築を意味した。ディドロからゲーテに至る詩人や建築家たちが、深い奥行をもった書割り舞台に代わって古代のレリーフ舞台に敬意を表したとき、そこでは絵画と劇場舞台が相互に支え合っていたのである。しかし、絵画が自由に振る舞うことができた場合には、舞台のレリーフ像は慣例と衝突した。

一七六〇年代以降に、建築事業の固定的な階層秩序に革命的変化がもたらされ、商業と金融、また娯楽と教養に奉仕する建築物が「公共建造物」の地位に引き上げられ、それらと教会や宮殿との競合が始まったとき、換言するならば、建築ジャンルの階層秩序の平準化と「下級の」建築事業の高貴化が生じたとき、こうした変化は「代表的公共性」から「市民的公共性」への移行を暗示していたのである。その際、純粋に量的な面でも中心的役割を担ったのが劇場建築であり、それは唯一教会と並ぶ公的な集合所として、諸身分を包括する新しい世論を生き生きと具現するものとなった。教会が劇場を強力なライバルとして見たのも理由のないことではなかったのであり、事実、劇場においては破廉恥な興奮が煽り立てられ、啓蒙主義の「市民的道徳」の名をもって教会道徳の冒瀆が行われた。また、舞台が説教壇と取り違えられ、「神の御心による」伝統的秩序がここで告発されたのである。[17] ゲーテは、警察と宗教を劇場の最大の敵として名指しした最も著名な証人にすぎなかった。

　こうした対立をさらに先鋭なかたちで示したのが、劇場そのものに関する詩文学上の議論であった。そしてこの議論は、帝王学として機能し、結局のところ「緋色や金色に彩られた亡霊」によって特徴づけられる古典悲劇と次第に激しく対決するようになった。[18] 高度に定式化された古典悲劇は、古くからの威厳ある「高貴なスタイル」によって特別な地位にあった。ここでは興奮や感動は厳しく規制を受け、適度な節制をもった表情や身振りが採用され、そして、その舞台演出は、緻密に計算され、きっちりと左右対称になる造形を最優先させるものであった。さらに、立ち居振る舞いは宮廷におけるがごとく修辞によって補完され、類型化された書割りの理想化が極端に進められていた。[19] 一七七〇年代以降、現実における有効性が疑わしくなればなるほど、社会的な差異化の手段としてますます前面に押し出されたのは、文学において地位を高められた貴族のよそよそしい言葉であった。パリの特権的大劇場に対して臣属的な地位に甘んじていた市場劇場やブールバール劇場が、こうした様式を繰り返しパロディー化したのも理由のないことではなかった。そして、言葉や歌が禁止された劇場では、おどけたパントマイムによって婉曲的に風刺が行われた。[20] 庶民たちばかりでなく、「上流社会の人びと」もこうした風刺に拍手喝采を送ったことが、特権的な大劇場の怒りを買うことになったのであるが、このことは、人びとが一様に、まさに王様のごとく楽しんでいたことを意味していた。

　市民が悲劇の英雄に昇格することは比較的まれなケースで、その場合でも市民は「上品」に自己表現を行ったのであるが、それでも大多数の貴族は、これを様式を損なうものとして、すなわち貴族身分を簒奪するものとして非難した。「ブルジョアの、すなわち平民のまぬけ役」が喜劇ではなく悲劇で演じられるというのは、「礼節《コンヴェナーンス》」のルールに従うと「悪趣味」であった。[21] 啓蒙主義の「文芸家」が繰り返しあきらめ顔で認めたように、共和国にふさわしいものが君主国家に適合することはなかったのである。建築家たちが支配的な習慣に対し古代の劇場モデルを呼び出したとき、彼らも「文芸家」と同じ問題に直面していたのである。

　公権力が絶対的に臣民を支配するところであっても、私的領域は比較的自律的である。この私的領域がいまや演劇による市民的・家庭的な道徳像において公的な威信を獲得したのであり、その威信をもって人間の道徳的使命を、支配的道徳に対して鋭く、あるいは感傷的に対決させたのである。ディドロの画期的な「家庭の悲劇とブルジョア」は、レッシングの「市民悲劇」と同様に、「悲劇をあらゆる身分のものに」といった彼の願望を、新しいジャンルの創設をもって達成しようとする試みであった。ジャン-バティスト・グルーズ〔一八世紀フランスの画家〕の家父長的小家族を理想化した、感傷的であり悲壮感の漂う風俗画は、絵画のなかでもディドロ自身が賞揚した一番有名なものであった。結局、ディドロの戯曲も、「社会すなわち職業市民的な諸身分の諸条件や状態」という彼の導入文を付加された詩論にはるかに劣っていた。しかも一七六八年にヘルダーは、その詩論が「もはや自然な人間ではなく、政治的な人間」、要するに「気取り屋」を演出するものである、と彼らしい批判を行っている。(22)

メルシエとボーマルシェ〔一八世紀フランスの劇作家〕の戯曲によって、政治的道徳の名において小市民たちもようやく劇場に足を踏み入れるようになった。ただしそれは、おもにフランスの大商業都市の劇場にであり、宮廷と町を仲介していたパリの劇場にではなかった。パリの劇場の観衆は、はっきりとした排他性をもっていた。「滑稽な市民と不幸な国王」と、ボーマルシェは皮肉をこめて、ジャンルの階層秩序が当時のパリで依然として作用していることを確認している。彼自身が、この階層序列を『フィガロの結婚』をもって打破したのであったが、そこでは役割の逆転によって身分制の約束事が大笑いの対象にされ、第三身分の権利の請求が行われていた。数年にも及ぶ検閲ののち、一七八四年にパリで上演された『フィガロの結婚』は発火信号のような働きをし、この信号は一群を形成しつつあった「小市民」にも達することになった。(23)ヴォルテールは、劇場は「良きブルジョア」を教えるところであって、「未熟練労働者」を教えるところではない、となおも述べていたが、フランス革命の前夜にあって、下への境界線は通過しやすいものになっていた。

ところが、民衆（同時代の用語法ではまったくつかみどころのない概念であったが）にとっての劇場の効用と害に関する長期間にわたる議論を通じて、啓蒙主義の「文芸家」がもう一つ別の基準を設定していたことが明らかになる。早くも一七七〇年に、レティフ・ド・ラ・ブルトンヌ〔一八世紀フランスの作家〕は、大衆化が進んだ場合の趣味の堕落と、その結果としてのフランス演劇の質的低下を危惧しているが、それは、大衆化が「民衆のために書くことを要求するから」であった。(24)そのほんの少しのちにグリムは、劇場の名高い平土間が今や「日雇い労働者や理髪師の若者」で埋まっていることを嘆いたが、以前ならそこは「学識があるか、多少なりとも広い知識をもつブルジョアの名士や文芸家たちばかり」が、演劇について専門的評価を下していたところであった。「彼らは贅沢から、三階の桟敷席に席を占めるようになったが、そこで彼らは演劇の批評を行わなくなってしまった」とグリムは述べている。(25)百科全書派の人びとは、営業の自由のために検閲や諸特権の廃止を説いたが、彼らにとって劇場は、すべてが昔のままでよいのであり、日曜日にかぎり、また都市からは遠く離れた建物のなかでのみ公演が行われるべきであった。「下層民」は、決して最下層に位置するものではないが、しばしば「卑しい下層民」とか、「あのごろつきども」などと呼ばれ、また、たしかに彼らには教育と負担軽減が必要とされたが、それは労働力の再生産を最重要視する秩序観念の枠内で、そう考えられたのであった。(26)ここでまたしても、普遍性への要求は抽象的なものにとどまっていたことが明らかになる。すなわち、真の人間とは結局は「ブルジョア的貴族」のことであった。『百科全書』では、「ブルジョア的な生活を送る」とは、はたして「資産収益で生活すること」と説明されていた(27)。

身分制秩序の枠内で、また「礼儀作法」との不断の闘争を伴いながら、フランス演劇の急進化が進んでいったが、新しい市民的ジャンルは貴族的な「上品な趣味」への適合によってのみ成功を収めたという事実を決して忘れてはならない。たとえ町が宮廷に対して次第にはっきりと自己主張するようになり、ブレストやストラスブールのような比較的小さな軍隊駐屯都市ばかりでなく、リヨン、マルセイユ、ナント、ボルドーなどの大商業都市が独自の世論を形成するようになったとしても、金融界をも支配するパリの「上流社会の人びと」は、文芸家やそのほかの自由業の代表者たちと並んで、決定的な世論形成力を維持したのである(28)。たしかに、前述のような都市で最初の大規模な自立的劇場が建設されたのであったが、都市参事会の抵抗に対して、啓蒙主義の唱道者として劇場の建設を推し進めたのは、しばしば政府の官僚たちであった。そして、都市計画と建設事業によって、ほとんどが時代遅れの状態にあった地方建築の枠組みを打破したのは、パリの建築家たちであった。地方の中心都市が比較的自律性をもっており、またこうした都市により劇場建設の資金が調達されたとしても、地方における都市化は、中央集権的なフランスにあってはもっぱら国家の問題であったのである。

三

ドイツの小邦においても、地域的に実に多様な特徴をもって、劇場に関する議論が展開された。こうしたなかでレッシングから若きシラーやゲーテが市民的解放に使命感を抱き、フランスの模範から離脱していったのである。フランス人たちが理論において決定的に政治的であったのに対して、ドイツ人たちは戯曲の形式と内容においてより自由であり、言葉使いにおいてずっと急進的であった。J・M・R・レンツの『家庭教師』に見られるような去勢場面は、M・J・A・メルシエにおいては考えられないことであった。シュトゥルム・ウント・ドランクの戯曲と比較しうるものはフランスには何もなかったのであり、それはまさに、「第三身分」の上層と宮廷貴族が、多くの軋轢にもかかわらず相互に融合していたからであった。そして、サロンにおけるよそよそしい会話口調と同様に、フランスにおける言語と演劇論《ドラマトゥルギー》は、こうした両者の融合によって影響を受けていた。それに対してドイツでは、宮廷劇場と市民劇場は一七七〇年代に至るまで完全な分離状態にあった。宮廷劇場ではフランスの戯曲やイタリアのオペラが上演され、他方で市民的国民劇場《ナツィオナールテアーター》では、圧倒的にドイツの、要するに「祖国の」作家によるものが上演された。一方ではフランス語が話され、他方ではドイツ語、すなわち宮廷では許されない、いわば粗野な言葉が話されていたのである。こうした粗野な言葉が、あらゆる礼儀作法を無視して、シェイクスピアでさえ性急にわがものとしたのであり、その際、劇場に関する既成の国民的伝統を顧慮する必要はまったくなかった。たとえドイツが国民国家をもたないにしても、少なくとも国民劇場をもつべきであるとされた。このようにドイツでは恐らく、宮廷貴族と市民との交流が比較的少なかったことから、[29] あらゆる礼儀作法を嘲笑するような文学上の急進性を説明できるのである。ともあれ現実において観衆は、ある時は依然として下賤な道化芝居や素朴な家族劇を好み、またある時は「国家的大事件」とうまく結びついた出来のよい感傷劇を好むといった具合で、劇団の団長たちには気の毒なことであったが、こうした観客の雑多な希望を満足させる必要があった。入場料を払ってくれる観客は、強力な発言力をもった劇場の主人なのであった。劇作家たちは、礼儀や道徳に注意を払ったり、また自分たちの戯曲を誤解なく、原文に忠実に上演するように勧告したが、こうした要求は実際、劇場の日常にまったく反することであった。そのうえ、ドイツで知識人たちは分散した存在であり、また役者を本職とすることは軽蔑を免れず、劇団員は不安定な遍歴生活を送っていた。他方、啓蒙主義論の国際的な中心であったパリで彼らは、加速する伝達速度に対応しながら、かなり以前よりパンチのある集団を形成しており、常設の劇場ももっていた。さらに、当時のドイツの宮廷都市は、フランスの「公共建造物」にあたるような公的な劇場をまったくもっていなかった。在野勢力はそれとして存在意義をもたない間は、劇場を建設することもなかったのである。権力と金をもっていたのは貴族であったが、国民劇場の建設運動は私的企業家を頼みとした。ここで市民的公共性は、第一に市場の枠内で、そして宮廷の外側で、困窮した状態のもとで形成されたのである。公共の劇場建設は、高い評価を受ける建築事業ではなかったのである。

一七七五年にヨーゼフ二世が「芝居の一般的な自由」を保証し、ウィーンの宮廷劇場を国民劇場へと移行させたが、それによりドイツ演劇はフランス演劇とはっきりと競合するようになった。そうして初めて、ドイツの諸宮廷も、躊躇しつつではあったが、国民劇場の建設運動に参与するようになった。こうした宮廷による劇場はどれも、臣民のなかでもとりわけ民衆《フォルク》の機嫌を損ねることなく、下からの文化的運動の勢いを上からの統合によって沈静化させ、それを政府の統制下に置こうとする明確な目的をもっていた。当時ウィーンでも、「民衆」は「賤　民《ゲマイナー・ペーベル》」から区別されており、「公共の舞踏場、音楽会場、遊歩道、また特に上等な芝居は、民衆を上機嫌とする手段である」と言われていた。[30] 民衆の無秩序的興奮を誘発するようなことはあまり好まれなかったのである。ベルリンの例にあるように、たいていは既存の建物が国民劇場に改装された。ベルリンで一七八六年に新設された王立国民劇場は、もともとはフリードリヒ二世がフランスの宮廷演劇を上演させるためにヨハン・バウマンに建てさせた王宮であった。それに対してマンハイムの事例に、当時としては例外であった。そこではロレンツォ・

クアーリョ〔イタリアの画家、おもにミュンヘンで活動〕が、古い瓦礫小屋と果実倉庫の改築により劇場を新たに興し、その周りには収益を目的にレストラン、コンサートホール、カジノが配置された。それは当時のドイツでは、君主の命令によって実施

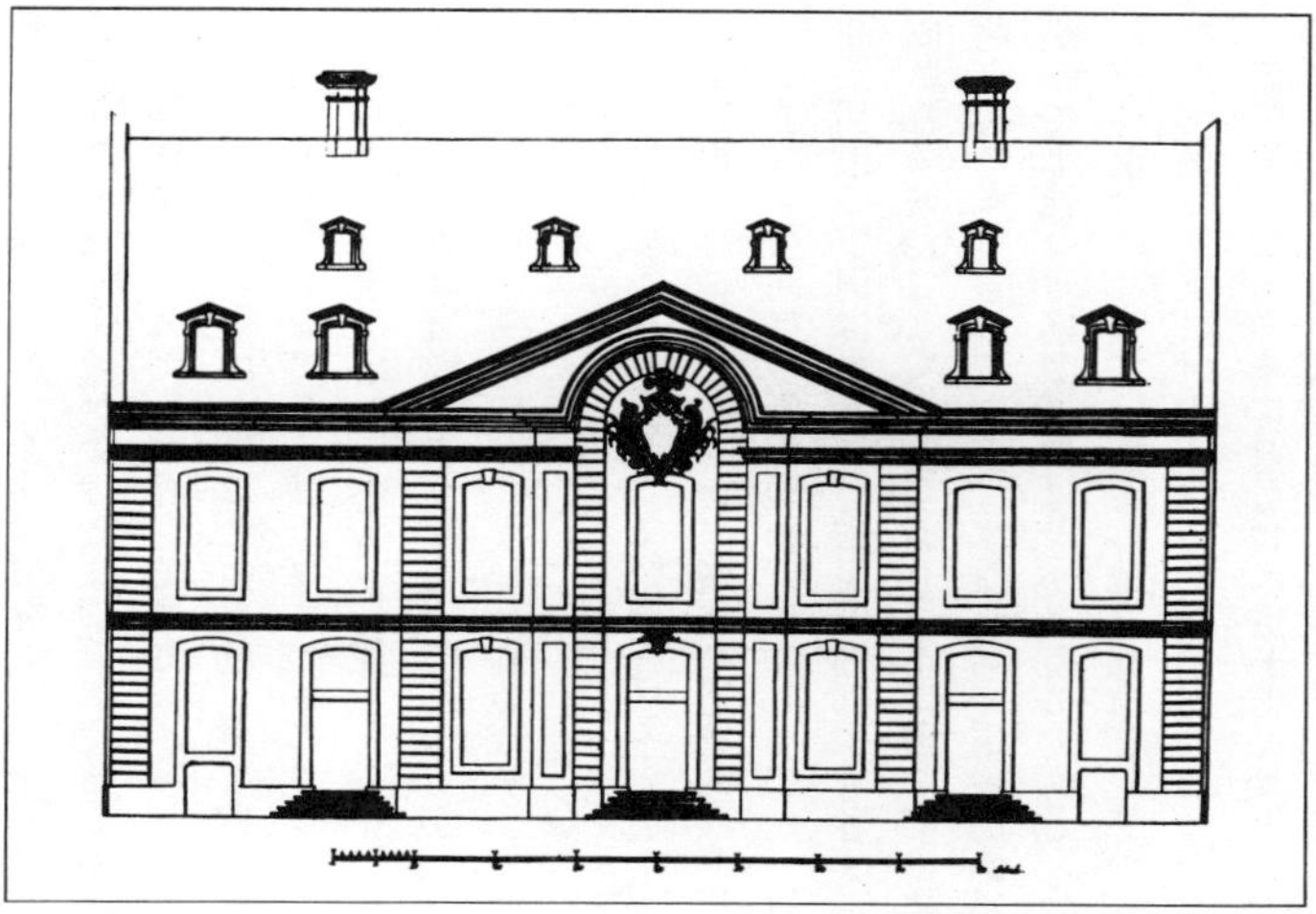

図 10－3　ヨハン・アンドレアス・リープハルトによるフランクフルト・マインの劇場（1780～82年）

された事業としては唯一のもので、その追随者が現われるのは、一九世紀も半ばになってからであった[31]。

もちろんこうした事例は、ライプチヒやハンブルクのように国民劇場の中心となるような市民的な大商業都市のものではない。ところが、こうした大都市の劇場もぱっとしないものであり、それどころか多くはみすぼらしく、普通の民家とほとんど区別のつかないような建物であって、劇場の団長自身が資金を出していたりした[32]。ゲンゼマルクトのエーアハルト・フィッシャー劇場（一七六五年）がそのよい例である。この劇場は、コンラート・アッカーマン〔ドイツの俳優一家アッカーマン家の始祖〕やフリードリヒ・シュレーダー〔ドイツの俳優、アッカーマンの後継者として劇団を率いて大成功を収める〕の有名な劇団が公演を行い、また、ここでレッシングのハンブルク演劇論の実践が特に試みられ、失敗したことでも知られている。一般に都市自治体は、一九世紀になっても長く劇場に無関心であり続けた。劇団を養ったり、それに補助金を出したり、また劇場建設の資金を出すことは、市参事会にとって、そして彼らの経済観念からすれば無駄遣いであり、また、劇団はその素行からして道徳的にきわめて危険な存在であり、競争を理由とする雑多な公演目録も怪しげなものと思われた。プロテスタント的禁欲は、色とりどりの安ぴかものや華美なものとまったく相容れなかったし、また、カトリックの南部地域では教会がまさに「聖なる《テアートルム・》劇場《サクルム》」であった。そして、倹約、勤勉、功労などを称揚する「中間身分的」市民道徳は、見たところかなり放埒で不安定な

演劇生活とは、まったく共通項をもたなかった。ゴータにおけるような宮廷の保護がなければ、放浪する劇団は追放者のごとく、無秩序でふしだらな存在であり、ボヘミアンの生活と市民世界との対立の構図が、ここに端的に見て取られたのである。[33]ヨハン・アンドレアス・リープハルトのフランクフルト劇場は例外的に市自治体によって設立され（一七八二年）、そのためせいぜい簡素な宮殿のようなものであったが、この劇場の建設をめぐる激しい議論にもこうした価値観がよく反映されていた。ここで注目すべきは、市参事会が小キュヴィーエ（一八世紀フランスの建築家）によるより高価ではあるが、より近代的な計画を無視したことであった。[34]劇場の道徳的な効用をめぐるその後の議論も、同様の価値観を背景にしていた。以上のような大商業都市の事例はまさに、市民層内部にもさまざまな分派が形成されていたことを示しており、市民層の芸術に対する関係を明らかにするものである。すなわち、市民的劇場と市民層とは決して単純な対応関係にはなかったのである。フランクフルトの市参事会にとっては皇帝の戴冠都市としての誇りが、多くの都市市民の反抗に対する決定的な論拠となった。すなわち、よそ者であっても、その身分にふさわしく楽しまねばならず、自己上演も都市にとって適切なものでなければならない、と。また、たとえばシュヴァーベン郡議会の開催地であったウルムの市立劇場も、不釣り合いに質素なものであった。それはシュツットガルトの舞台技師クリスティアン・クラインが、一七八〇〜八一年に古い車庫を劇場に改築したものであったが、U字型のホールの造りは簡素なもので、中央にのみ長椅子のある二段の桟敷席をもつだけであった。ハンブルクの劇場では、柱廊玄関という基本的標識がなんとか公共性を暗示はしていたが、ウルムでは切妻造りの家屋の軒先を装飾する質素なファサードがそれであった。

ミュンスターにのみ、古典主義の高度に近代的なファサードをもつ劇場（一七七七〜八〇年）があったが、そのファサードも、もともとは肉屋が利用する販売ホールのドーリア風の正面玄関として設置されたものであった。[35]販売ホールの劇場への改築は、ヴィルヘルム・フェルディナンド・リッパーによって行われたが、その際、ホールの内装が取り除かれ、外側ではライ麦市場に面したファサードの周囲でのみ増築工事が行われた。こうして劇場は、二つの大きな市場広場に面した市の公共施設群の最後列に位置することになったが、「私的にはまったく無用で、多くの憤激とやっかいごとをもたらす劇団に居場所」が確保できたのは、領主司教による熱心な働き掛けがあったからこそであった。[36]ミュンスターでは最初に、座席予約会員の協会（貴族の代表二名〔天井桟敷席〕と市民の代表二名〔平土間席〕により構成）が設立され、この協会が短期間ではあったが、劇場運営を担うことになった。市の営業者たち、なかでも不利をこうむる肉屋たちは劇場に激しく反対し、市当局も当初、財政的理由から、司教のそもそも筋違いな要求を拒絶するなかで、協会はまったく反対の行動をとったのである。司教の官吏、聖職者、教授、軍人、そして若干の商人たちが、貴族とともに建設運動の推進者となった。この運動は地域の事情に対応しながら進められたのであり、建築上はフランスからの影響が強力であったが、運動の組織形態においては、一九世紀のドイツの市民運動を先取りする形態がここでは確認できる。これは当時としてはきわめて独自なものであり、ともかく記録に残されている唯一のものであった。

フランスとドイツにおける文芸上の議論がともかく比較可能であり、どちらにおいても道徳と美術に関する議論に市民の関心が反映されていたとしても、また劇場が、啓蒙主義の著作家の批判的な自己理解に従えば、どちらにおいても「世俗法が無効となる裁判権」の所在地（シラー）であったとしても、両者の比較が建築学上の議論の枠内で考慮されることはほとんどなかった。そうした建築学的議論は、一八〇〇年以前のドイツにおいては、ほとんど文芸上の範囲内でのみ行われていた(37)。なにしろドイツでは、イタリアやフランスとは対照的に、建築家を養成する専門的な教育機関《アカデミー》が欠けていた。こうした教育機関とは、はるか以前に体系化され、細分された建築理論に依拠しながら、規制と標準化の作用を及ぼすとともに、類型的なレパートリーや合理化された設計方法を伝達するというものである(38)。一七九九年になって初めてベルリンに、建築アカデミーが設立された。それにより建築家の養成は、制度的に保証を受けた専門職業的性格をもつことになった。それ以前より、標準的な宮廷建築はイタリアとフランスを模範としていた。そして、建築はその時も「代表的公共性」の枠内で成立し、民衆に立ちはだかるものであって、民衆のためのものではなかった。このことはまず、ゲオルク・ヴェンツェスラウス・フォン・クノーベルスドルフ（一八世紀ドイツの建築家・画家。ポツダムのサンスーシ宮殿を手掛けたことで有名）によるベルリンのオペラハウス（一七四一～四三年）にも当てはまるが、このオペラハウスは、近代的建築の模範的な一例として、フランスでも注目を浴びたドイツで唯一の劇場建築であった。この建物は、その後、守護神像（パラディオン）の柱廊をもって模範的影響力をもったが、もともとは法廷と結合するかたちで設計された宮廷のオペラ・舞踏会場であり、シュレージェン戦争後には、平和侯フリードリヒ大王の栄光を讃え、称賛の意味をもった柱廊のモチーフが加えられた(39)。このオペラハウスも一般の観客に開放されたのは、一七八九年になってからである。劇場建築は、一七九七年になってようやくクリスティアン・ルートヴィヒ・シュティークリッツの『市民的建築の百科事典』において、独立的な建築ジャンルとしての役割を与えられ、そのころ、劇場建築の問題を専門的に扱った論文も出始める。そして同時期に、最初の大がかりな国民劇場構想が持ち上がったが、それは宮廷の管理によるもので、フランスのモデルとは対立するものであった。ドイツの躊躇しながらの上からの改革は、下からのフランス革命に対する回答でもあったのである。そこでの愛国主義の強調は、もはや市民的国民劇場の場合のように解放の利益にではなく、むしろ絶対主義の権力の保持に役立つものであった。

四

それに対してフランスでは、一七六〇年代以降、公共の劇場に関しては都市機能的な意味づけが行われた。劇場は、多様な機能の集中する市街区において、いわば第一人者としての姿を現し、収益性の見込みから店舗やカフェを付近に引きつけ、常設の広場施設の新しい中心に、また市場によって媒介される匿名の公共性の結晶点になったのである。

こうした変化の前提としてあったのが、国王の立像を理念的にも物理的にも中心にした、宮廷風の閉鎖的絶対主義的な諸施設に対する批判であった。実際、新しい建築についての指導的理論家の一人であったマルク－アントワーヌ・ロージエは、国王の記念碑に敬意を表して場所を空けることを無駄なことと評した。そして同時に彼は、こうした高貴な場所の「冷ややかな均一性」と、その代表的機能を批判したのである。一七五三年に、それに代わるものとして彼は「美しくあるための場所」を要求したが、それは「人びとがそこからさまざまな地区に行くことができ、また、さまざまな地区から集まって来ることができるといった、公共の結節点でなければならない。それゆえ、森をぬける道が四辻に集まるように、多くの道がこの場所に通じていなければならない[40]」とされた。美しさとは、経済的な利益に寄与し、都市のコミュニケーションに役立つものに存するのであり、栄誉に役立つものにあるのではない。また美とは、自然に反する均一化の強制にではなく、匿名の公衆の自然で自由な交流に存するのである。『演劇に関する書簡[41]』でとりわけ低地地方で成功を収めたデスプレ・ドゥ・ボアシのような当時の保守的な著作家たちが、「レジャー施設」の新たな多様性を無価値なものの大市として嘲笑し、近代的施設や遊歩道、ホールや劇場をすべて「公共のコメディ」と嘆いたが、そのとき彼らは、いわば劇化された都市的公共性（そこでは内と外が共通の対話空間に縫合される）をそう特徴づけたのである。また、ここでは都市と農村が、まったくルソーやヘルダーの意味において文化的に激しく対抗するものとして描き出されており、それは小市民と大市民の精神的対立を映し出すものと考えられていた[42]。

当時の建築家たちは、古代のフォーラムを念頭においていた。つまり、広場は公共の記念建造物の威厳を高める働きをしたのであり、広場という枠組内で初めて、記念建造物はその「特性」を展開しうると考えられた。そこでは、修辞学や詩作法と同じような方法により、道徳的観念を知覚できるように伝達する建築家の能力が問題とされた。また、当時、新たな発展を見せていた性格学は建築による描写力、すなわち建築ジャンルの実際的な機能の適切な表現について、そのポイントを示した。目的と表現手段、そして符号と符号の対象物は、造形建築の意味において相互に対応すべきであった[43]。そしてこの点で、公共の劇場は建築家にとって実際に新しい建築ジャンルであった。

すなわち、当時そのための言語が存在しなかったのである。一七五〇年ごろまでの劇場のほとんどが、一つの街路線に統合されており、住宅とほとんど区別できなかった。そして、フランスにおける最初の自立的で、独立的劇場であったジャック-ジェルマン・スフロによるリヨン劇場（一七五三〜五六年）により、劇場は宮廷建築への類型的な適合によりたしかに気品を増したが、この劇場をもってしても依然、劇場についての独自な性格づけは行なわれなかった。また、ここでも「礼儀」の規則、すなわち「ある種の権威に基礎をおく装飾と配列」が相変わらず尊重されていた[44]。実際、劇場はこのような規則の枠内で、結局は切妻のない柱廊にその特徴をもつことになった。この柱廊は、劇場に相応な高貴モチーフとして、また「儀礼的な場所」として、わずかな段差によってのみ地平面から浮き上がっていたが、上下軸にそって上昇していく、正確な測定に基づく等級序列の起点であり、この序列に従って柱廊は、ポーチ、階段、ロビーを経て、建物の中心部へ、すなわち観客席へとつながっていた。ここで、セレモニーに関する高度なフランス的感性をよく示していたのは、シンメトリーな全体構造ばかりでなく、以下の事実である。すなわちポーチと階段がむきだしの石で、それにより外部空間に属し、他方でロビーと観客席が色づけされていたことである。こうして、内部と外部は相互にはっきりと区別されており、神殿風玄関というモチーフによってその境界線が示されていた。そうした特徴をよく示している劇場として、クロード-ニコラ・ルドゥーによるブザンソンの、ヴィクトル・ルイによるボルドーの、マチュラン・クリュシによるナントの、セルリエによるディジョンの、そしてウルティエによるパリの壮麗な建物があげられる。これらはどれも一七七五〜八五年に建てられたものである。

図 10-4　クロード-ニコラ・ルドゥーによるブザンソンの劇場（1778〜84年）

もっとも理論的には、こうした柱廊はすぐに公共建築の平凡なモチーフとして批判を浴びることになった。その結果、劇場建築のほとんどすべての類型的様式に関わるような議論が生じたのである。ただし、ここで提示された様式が実際の姿を現すのは一九世紀になってからである。こうした議論において指導的な役割を果たしたのは、内的な空間配置と外観との「相関一致」の理念であった。クロード-ニコラ・ルドゥーも、マルセイユの劇場建築案（一七八四年）において、外部の階段構造との対応で、奥へむかう内的空間序列を類型化しようと試みた。ここで類型形成を促進する作用を及ぼしたのは、実際的な目的であって、もはや等級序列ではなかった。それは、内的構造と外的構造を対応させる機能主義的建築を意味した。そして、このような類型は今日に至るまで、劇場建築の模範としての地位を保持している。

図 10-5　ヴィクトル・ルイによるボルドーの劇場（1773〜80年）の階段吹抜き横断面図

大多数の建築家は、改革構想において古代の劇場建築を手本とした。その際注目されたのは、単一ファサードの円形の観客空間であり、半円形をした地平面上に、同心円的な座席配置をもつものであった[45]。これは目的の明確な表明であり、これにより劇場建築に特徴的な景観が付与されたのであった。ここでは機能的対応関係が、象徴的価値をもつ歴史的含意と結合していた。そして、建築材の配列そのものが建築の特徴づけに役立つことによって、以下の二つの類型が際立つことになった。まず、以前であれば建築の序列を表現し、その用途を図像学的に明示していた装飾や彫刻が、ここでは総じて、従属的役割しかもたなくなった。そして、様式的特質を改革に適応させた劇場では、記念碑的な印象を強めるため、全体の比率との関係で柱の間隔はできるだけ狭く、壁はできるだけ重厚なものにされた。また、劇場を一般の住宅と区別するため、窓の開口部は採用されず、柱廊の上の切妻は教会だけのものとなった。その好例として、パリのオデオン座があげられるが、その劇場の多様な切り石による立方体の建築ブロックは、異常なまでの強さとまとまりを示していた。このような様式は、新しい道徳的言語としては細かな点で批判もあったが、全体としては積極的な評価を受けた。批判に対して設計者のシャルル・ドゥ・ヴァイリとマリー－ジョゼフ・ペールは、その様式を「表現力に富んだ建築」とする解釈を示し、さらに礼儀作法の点で「重々しく」「堂々とし

図 10－6　シャルル・ドゥ・ヴァイリによるパリのコメディ・フランセーズの観客席（マリー－ジョゼフ・ペールとの共作，1779～82年）

た」ものとしてそれを弁護したのである。これは、当時フランス演劇の中心となったオデオン座に対する適切なる特徴づけであった。

同時代の建築批評が、特権的なパリの劇場の等級序列のみでなく、多様な建築ジャンルにおける礼儀作法の意味にどれほど細心の注意を払っていたかは、たとえば、一七八三年四月三〇日の『パリ・ジャーナル』に掲載された以下のような評論によく表れている。それは、ウルティエによるフランス演劇の下風にあった新しいイタリア劇場に関するものであった。「この建物の性格は、大貴族の宮殿としてはあまりに男性的で、固苦しく、外壁について装飾が少なすぎるが、公共の建物としては逆に装飾過剰である。こうした省察によりわれわれは自然に、劇場というものの理解に到達することになる。その内部には、あらゆる興味とあらゆる富が集約されているのである。[46]」

それに対して、『奢侈・流行雑誌』の建築に関する評論は、かなりの当惑を含むものであった。その雑誌は、一七八九年、読者の要望により演劇欄を設け、フランスの劇場建築の多様化する空間設計について、繰り返し驚きを隠さず批評を行っているが、それもゆえないことではなかった。[47]そこではっきり示されたのは、フランスの劇場建築では火災の危険と場所の狭さから、たとえ中央階段と副階段が分離されていたとしても、中央開放システムによって観衆の往来を一つに集中させ、複数の階段による社会的分化をできるだけ避ける傾向にあったことである。[48]一八〇二年においてもなおその雑誌[49]は、壮麗なフランスのロビーについて以下のように述べていた。「お偉方の集まりに属すると信じていた男」も、結局は怪しげな婦人たちの進出によって、すぐにその誤りについて教えられることになった。すなわち「劇場の社交界は、まったくのごちゃまぜになっている[50]」と。

ボルドーのヴィクトル・ルイの劇場は、たしかに回廊に囲まれた大がかりな階段吹抜きをもっていたが、それはいわば典型的な例外にとどまるものであった。こうした階段と回廊は、いわば観衆の華々しい自己演技の舞台となり、共時的に見渡し可能な「公共の場」の姿をそこに出現させることになった。そして、そこでの「娯楽は、すべての市民がそれを所望する権利をもつ[51]」ものであった。ロココ様式をもって通過的空間経験が強調されるエレガントな曲線通路は放棄され、T字型の構造的階段が採用されたことは、それをよく特徴づけていた。ルイ十六世の儀礼的宮殿階段に見られるように、重要なのは展望であり、当時にあってはともかく混み合いひしめき合う人ごみの壮観が問題となったのである。

それでも、こうした劇場景観の中心は依然、観客ホールにあった。当時、観客ホールはイタリア・モデルとの対決のなかで、そして演劇改革とも関連して、次第に円形に近づきつつあった。バロック劇場において、現実とフィクションが内容においてのみでなく、影響力においても力を増し、長丁場を理由に舞台が観客席方向に大きく突出し、拡張されたホールの形状が深みをもった書割り舞台と対応するようになると、ここで舞台と観客席の分離が進んでいった。そして、市民劇により観衆に縁付きの舞台像が提供されることになり、観衆はこれに感情を移入しながら自己同一化をはかることになった。ディドロの「第四の壁の演劇論」[52]、すなわち演劇における場面概念の導入が、その前提になっていた。錯覚効果を高めるための前部桟敷席の除去[53]と、集中力を促進するような簡素な縁取りの提唱は、実際的な成果は得られなかったが、オーケストラの遮蔽と同様に、ここで彼が主張したものであった。[54]

また、観客ホールそのものも、統一性と多様性を美学的に統合し、開放的興行の枠内で社会的序列差をはっきり示す見渡し可能な景観として機能するはずであった。理想型に近い円形の観客ホールは、舞台から放射状にのびる背の低い間仕切りによってのみ区分されるボックスと「奥まった」回廊をもっており、こうしたホールはまぎれもなく社会的仲間を形成するもので、その大きさは舞台の開口幅に依拠していた。このホールは、もっぱら男性用の、いつもぎゅうぎゅう詰めになる立ち見の平土間席を外縁とし、この平土間席は手摺付きの上部「小桟敷席」、すなわち予約会員用のボックス席によって頭上を囲まれていた。このボックス席は、劇団にとって確かな収入源を意味し、建築家やその他の観衆の怒りを買いながらも、劇団はその拡張に努めた。それに対して圧倒的に男性によって占められた円形階段席、すなわち上階および天井桟敷は、最上級と最下級の座席の間に当たるもので、しばしば「ブルジョア・バルコニー席」と通じていた。[55]ともかく、等級の相違を平準化することなくできるだけ多くの観客を収容したいとする役者たちの経営上の関心は、建築家たちに容易でない課題を突き付けることになった。他方で、このことははっきり言って、観客ホールを開かれた娯楽場として建築学上、適切に性格づけること、言い換えれば、調和的効果を美学的に強化することを意味した。[56] したがって建築家たちは、たとえ建築学の論文においてしばしば「偏見」として批判されようが、ドーム型をした全空間を序列横断的な巨大オーダやコロネードによって分割したのであり、それは古代劇場の範例やアンドレア・パラーディオ〔一六世紀イタリアの建築家・古代史研究家〕によるヴィチェンツァのオリンピコ劇場をパラフレーズし、同時代の慣習に適合させるものであった。[57] そこで、一致して回避されたのは、垂直方向にどんどん階層を重ねる桟敷席の単調さであり、またフランチェスコ・ミリツィアが一七七一年に述べているような、「役者と観客の混沌」[58] という美的に好ましくない印象であり、さらに、上階座席からの急勾配による歪みをもった視線と音響効果の上で不利な音波の割れであった。これらはどれもイタリア的様式を特徴づけるものであった。音響学の当時の理論は、均等な曲面をもった閉じられた空間を要求しており、したがって、いかなるレリーフも禁じるものであった。

イタリアとは異なって観客ホールは、窓の代わりに小桟敷をもつ「住宅」の観を呈するのではなく、優雅さと気品の調和的一致をはかる公開的機能を代表すべきものであった。[59] イタリアで観衆は匿名性——観衆は暗がりの桟敷席で会話や飲食をするのみでなく、閉じられた幕の裏側で遊びに興じたり、愛し合ったりもした——を維持したが、フランスでは、身分包括的な公開性をもった建築上の枠組みのなかで自ら演技し、何百という蝋燭の明かりのなかで舞台上の演技ばかりか、自分自身についても批評を行ったのである。平土間では文学的素養のあるさくらの一団が席を占め、そこは騒々しい喧噪とときには注意深い静寂に包まれたが、二階や三階の桟敷席の「高貴な婦人と紳士」はそれを慎重に見つめ、また天井桟敷の単なる一般民衆も、驚きをもってただそれを見守るのみであった。フランスでも、お喋りや色事はヴェネチアやベルリンと同様に、大はやりであったが[60]、それらは各身分の社会的状態や自己理解によってさまざまな表現をとっていた。

社会的な地位の相違とともに性的な相違も重要な役割を果たした。「女性たちへの大きな注目[61]」が観客席の色彩やレイアウトを決定したが、それはエチケットだけからではなく、好奇心をも理由としていた。このことは、社交婦人や品位ある女性をどんな場合でも、軽薄な娘から分離すべきであったがゆえに、なおさら当然のことであった。それは同時に、男性ののぞき嗜好者によってもすべて享受された。また、猥褻な意味においても、一八世紀末の劇場は、さまざまな営業者が集まる開かれた場所となった。そうした特徴を最もよく示すのが、クロード-ニコラ・ルドゥーのマルセイユの劇場構想であり、それはまったく合理的、効率的に一階に証券取引所を、最上階にストリップ劇場を備え、商業ブルジョアジーはあたかも借り方と貸し方の整理に従うかのように階ごとに分類され、彼らは営業活動をこうした劇場内でも行うことが可能であった。このような市場に対応した冷静な実用主義も、古典的な荘重な形式の高貴な衣裳を身につけた現実に配慮するものであり、それが総じて啓蒙主義の議論と矛盾したのは、外見上のことにすぎなかった。要するに、経済上の計算と道徳が、市民のもつ財産所有者と人間としての二重の役割を改めて明確にする価値判断となったのである。観客ホールでは建築と観衆が華々しい共演をくり広げ、人の群れが装飾としての効果をもったが、この観客ホールの魅力的なイメージが、全体的な美的外観のなかで現実の役割像を平準化したのである。

建築家と文筆家たちの議論にとって重要であったのは、とりわけ舞台に対する心づかいであった。「劇場にくだらない漫談のみを望む場合、人はそれなりの劇場を手に入れたが、それに対してすばらしい完成された劇場を望む場合、古代劇場の模範に従って建てられたもの以外、あり得なかった[62]」とミリツィアは手短に、的確に述べている。見渡しの良さはここでは、序列の明確化や高貴な威信の保持に役立つのではなく、観衆の規律化と相互の監視を目的とするものになった。開かれた空間は、少なくとも理論的には美徳を要求し、そこでは、舞台の情景において市民的道徳が貴族的放蕩に対して凱歌をあげたのである。換言するならば、美学的にはなじみにくい全体を見渡す視点は、同時に監視の視点でもあった。そのため、穀物ホールから監獄の建物まで、丸い形が好まれたのである。このことは、市民的公共性の二律背反的性格を表していた。道徳的人物とはここでは、規律正しい高潔な人物のことであり、したがって「ならず者」は排除された。公共劇場の大きな利点として公開性そのものが強調されるとき、道徳規制的機能も念頭におかれていたのである。そのため一七八二年には、立ち見桟敷の代わりに平土間座席が登場したが、それによって観客のどよめきに統一性が与えられ、情緒形式にも変化が生じ、道徳的な自己管理が促進されることになった(63)。

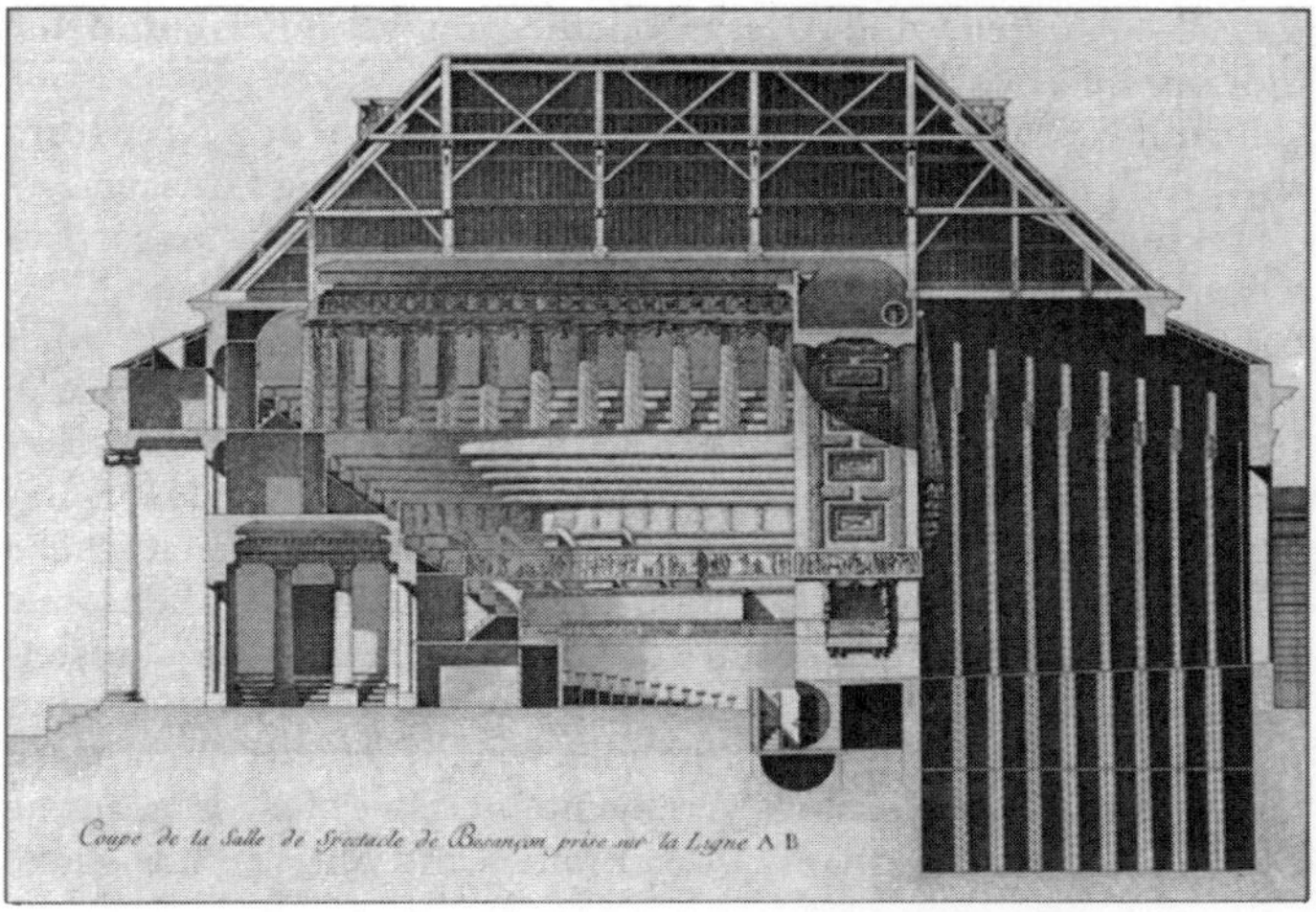

図10-7　クロード-ニコラ・ルドゥーによるブザンソンの劇場（1778～84年）の縦断面図

しかしながら、円形の建物に関する同時代人の解釈はそれだけに尽きるものでは決してなかった。というのも建築家たちは同時に、その簡明的確さのゆえに以前より賞賛されてきた幾何学的な模様を、平等と自然の力強い表現として取り上げたからである。それは、同時代の劇場の力と無力に関する評価に際して、しばしばその基準とされた古代劇場に照らして行われた(64)。ところがその際、皮肉なことに「地位」と「財産」が社会的区分の指標として確認され、さまざまな所有の状態が「自然的段階」と理解された(65)。人間の自然的平等は、社会的な不平等を簡単に包含したのである。結局、興隆しつつあった市民階層は、全体として政治的に無権利状態におかれた第三身分のほんの一部にすぎなかったが、彼らの特殊な利益は、良心に従って当時なお人間一般のものとすることができた。それゆえ、女性と奴隷を例外として全民衆を統合した古代の劇場は、多くの改革構想の理想的モデルとなったのである。しかしながら、こうした構想は個別的にも、逆説的にも宮廷劇場として実現された。夢見られた市民的共和国に代わって、貴族的共和国が登場したのである。他方で、古代の円形劇場のシステムと近代的桟敷システムとの組合せは、ある種の妥協であった。すなわち、一九世紀のドイツの建築家に受け入れられ、当時新しく形成されつつあった類型は、既存の秩序に対する批判とその是認のいわば中間を採用したものであった。ブザンソンの劇場をもって類型的および様式的に最も急進性を示したルドゥーでさえも、劇場を公共のオーディトリアムや議事堂からは意識的に区別した。彼の劇場は、身分格差を古代を模倣した形状によってたくみに隠すものであった。ここで最も崇高な建築モチーフはドーリア式のコロネードにあり、それにより「労働者、売り子、巡査、兵士、奉公人」のいる天井桟敷はまさに視覚的に遮蔽され、また、このコロネードによりそれ以外の序列が一つにまとめられたのである。(66)

フランス革命時に初めて、「平等」が現実のものとなる歴史的瞬間が訪れた。その時、機能不全にあった桟敷席からオープン桟敷が生まれ、観客席はトリコロールに彩られ、柱廊玄関は演壇へ、天蓋に覆われた座席はアレナへと変化した。(67) 革命共和国は、古代の情景のなかで自己を演出したのであり、ここでは、新しいものが古い言語により表現されることになった。同時代の劇場について哲学者たちが繰り返し批判していたもの——端的にいえば劇場の収容能力の狭さや排他性——が、今や大規模な連盟祭において排撃された。アレナは新しい建築ジャンルとなり、これにより人民祭の野性的自発性をジャン‐ジャック・ルソーの精神に馴染ませ、方向づけることが期待された。ここでは、これまで区画に分類されていた国民が初めて、大衆として自覚をもった興行者となり、同時に演技者となった。(68) 古代があたかも復活したかのようであった。それ以前にゲーテは、一七八六年九月にヴェローナのローマ時代のアレナを見て、次のように述べていた。建築家は「このような噴火口式のものを人工的に造りあげる。それもできるかぎり簡素に、民衆自身がその装飾となるようなぐあいにする。民衆がそのようにして集まった自らを眺めるとき、彼らは自らに対して驚嘆せずにはいられなかった。それは彼らが、いつもは自分たちが右往左往し、秩序もなしにそして特別の規律もなしに雑然としているのを見慣れているのに、この頭数も多ければ心も各自ばらばらであちこちと行き迷う動物が、合して一つの高貴な身体となり、一つの統一体にまで定められ、一つの集団にまで結ばれ固められ、一つの精神に生きる一つの形姿となった自らを認めるからである」(69)と。自由・平等・友愛は象徴として実現されたのであり、それは、結局は幻影であることが判明する融和の秩序だった表現にすぎなかった。

その当時ルイ‐エチエヌ・ブレーははっきり、もはや「芸術家」としてではなく「市民」として、記念建造物の構想を練った。(70) 革命の賛辞が古代の崇高なる表現により行われるところで、こうした市民が新しい営業の自由の枠内で、商品を市場へと送り込んだのである。すなわち、劇場はその時、単なるアジテーションの中心にではなく、需要と供給の法則に従う「娯楽の工場」になったのである。その場合、商品の公共性は論理的にはたびたび、古代の共和国を模範とした真の公共性に反することになった。(71)

図10-8　フランソワ-ジョゼフ・ベランジェによる劇場と広場の構想図（1790年）

その証拠を示すのが、あたかも「ローマと世界」のような広大な広場の真ん中にそびえ建つ、まさに誇大妄想的劇場であった。それは抽象的な道徳概念と、もはや生まれではなく業績をもって卓越する人びとに献じられるものであった。「大芸術座とアポロン神殿、中央広場の真ん中に戦勝記念碑とともに、商業・科学・芸術と共和主義の美徳の記念碑」というのは、フランソワ-ジョゼフ・ベランジェによる劇場パンフレットに見られた大げさな文句である。彼のパンフレットでは、敬神と君主支配のかつての紋章が共和国に役立てられ、その際、ルイ一六世期の優雅な古典主義によって表現されたかつてのオペラハウス構想（一七八一年）も姿を変え、革命古典主義の固苦しい言葉に翻訳されていた。ドーリア式の前庭門と半円形に広がる住宅書割りには、半地階部に市場のアーケードが、屋階には自然と自由を象徴する並木が描かれていたが、ここにフォーラムが出現したのであり、このフォーラムはトラヤヌス柱の複製に中心をもち、高い台座をもったパンテオンにおいて、芸術品にとっての、すなわち劇場にとってのクライマックスに達したのであった。ペガサスにまたがり、ファンファーレを吹き鳴らす栄誉の女神たちが今や芸術の主権を宣言し、屋外階段の両側に並んだ獅子は、観客の入場を凱旋行進のごとく迎えたのである。劇場は市民社会の理想的な上部構造として生き生きとその姿を現したが、その出現は、住宅書割りのある石壁の内側で、書割りの奥底から湧き出るかのごとく、また、コリント式の神殿正面によりそれを覆い尽くすがごとくであった。その際の市民社会は、自然を旗印として、まったく重農主義的に世俗的な目標に身を捧げるものであった。英雄主義の現代は、ローマ時代の歴史的劇場の姿をもって賛美されたが、その劇場では、これまで無名であった商業市民がいよいよ中心的な役割を演じることになった。ルソーは、「だがそうするとわれわれの悲劇の主人公はどんな人物になるのでしょうか。ベルトゥリエやレヴリーのような人物でしょうか。おお、立派な市民たちよ！　あなたがたはたしかに英雄でした。だがあなたがたが無名であるということがあなたがたの登場人物としての価値を低くします。あなたがたの平凡な名前があなたがたの偉大な魂を損ねてしまいます。それにわれわれはもはやあなたがたを称えることができるほどわれわれ自身が偉大ではないのです」[72]、と力強い調子で述べたことがあったが、そうした時代がいよいよ到来したのである。ふさわしい役割を与えられた建築家や芸術家は、一時的ではあれ普遍的国民劇場の監督を気取っていた。その際、国家と社会の宥和はユートピアの地平にあり、そのなかで当時、公共建築に関する議論も展開されたのである。

他方で現実には激しい競争もあった。一七〇〇年ごろパリに常設劇場は二つあり、その後一七五四年には五、一七七四年には一〇に増加し、一七九一年には五一にも達したが、これらの多くは、いずれにせよすぐに姿を消すことになった。少なくともパリの劇場経営について再び規制を行ったのは、ナポレオンであり、その後はブルボン家であった。ただし、それも長期にわたっての市場性を断つことはできなかった。一八三六年に、こうした状況についてハイネは皮肉を込めて、ラシーヌ〔一七世紀フランス古典悲劇の完成者〕もコルネイユ〔一七世紀フランスの劇詩人〕ももはや上演されることはない、と述べている。そして、「そうした時代は過ぎ去ったのであり、古い貴族層は死滅している。また、ナポレオンも死に、王位は赤いビロードで覆われた普通の木の椅子でしかなくなった。現在の支配者はブルジョアジーであり、ポール・コック〔一九世紀フランスの作家〕やウージェーヌ・スクリーブ〔一九世紀フランスの劇作家〕の作品の英雄たちである」[73]と続けている。劇場は国家の庇護と市場への供給の狭間で、その芸術的主体性と啓蒙的機能を維持せねばならないというディレンマにあったが、そのディレンマは、一八世紀の終わりにはすでに、ほとんど解決できない葛藤として認識されていた。現実として逃げ道のないところで、ひとは理論においてますます自律性に、すなわち芸術の自由にこだわることになった。

五

このような意味において、フリードリヒ・ギリ〔一八世紀ドイツの建築家〕のベルリン国民劇場の壮大な構想（一七九八年）は芸術としての建築であり、それは革命的な時代の画期を表現するものであった[74]。その際、「感性ある人間性」というレッシング的基準がまさに突破され、もはや慣習にではなく、精神力に義務を負うゲーテ的儀礼概念が推進されたのである。この劇場は、記念建造物に囲まれた広場のど真ん中に位置するもので、立体幾何学的な簡明的確さを機能としてもち、完全にシンメトリーな特徴が強調された記念碑と言える。その場合、広場と劇場は、地平面では平らな土台によってのみ区別された。こうしてギリは、一般的な開放性を強調したのである。円形劇場の観客席の中央桟敷に、ほとんど必ず貴賓席があったとしても、崇高なるものは市民的開放性そのものであったのである。

ギリの自由な構想は類型的、様式的にフランスの範例とピラネージ〔一八世紀イタリアの建築家〕に依っていた。擬古調の普遍的言語が、イメージされた古代の証言としてあちこちで聞かれた。そこでの古代とは、現実にはばらばらであった芸術と国民の統一体という抽象的な理想像を、まさに劇的に保証するものであった。すなわち、ローマとパリは当時ドイツの建築家にとって、故国の狭隘な領域の外に続く自由への道の結節点であった。擬古調の言語は、たとえ建築の実際において、国家的規制と領域的分裂といった制約的条件にさまざまなかたちで適応せざるを得なかったにせよ、ローマとパリにより決定的な影響を受け続けたのである。しかしながら、ドイツにおいて古代の理想像は何よりも、ヘルダーリンからシンケル〔一九世紀前半のドイツの建築家、ベルリン王立国民劇場などを設計〕に至る人びとによってドイツ古典主義の特徴として抽出された無制約性と純粋性に対し、完全に対立していた。すなわち、現実世界において、この言語はしかるべき場所をもたなかったのである。そしてそのフォルムは、任意に、合理的経済的に利用されるところでは、いわば思弁的なものにとどまった。そして、なおも進歩的気風をもったギリのローマ的パトスは、解放戦争ののちに、見る間に雲散霧消してしまい、またその時、政治改革について盛り上がった気運も完全に頓挫することになった。ギリシア人の国を精力的に探すならば、当時なお、神殿正面にそれを見ることもできたが、そのことについて「平凡な悲惨から溢れんばかりの悲劇へ」、とのちにマルクスは皮肉をこめて批評している。そのふさわしいイメージを示しているのが、ゲオルク・モラーのダルムシュタット劇場（一八一八〜一九年）であった。この劇場は屋内教練場と宮殿とともに、ドイツ的手法により完全に調和のとれた立地的統一体を表現していた。ゲオルク・ビュヒナー〔一九世紀初頭のドイツの劇作家〕の戯曲が一九世紀の終わりになって初めて上演されたのは、彼自身が活動した都市においてであった。

このころナポレオンによる教会財産の世俗化を枠組として、また一八一五年以降の復古的転換の風潮のなかで、宮廷都市の古典的な意味での改築や増築が進められ、こうしたなかで劇場や博物館、コンサートホールや図書館、アカデミーや大学といった教養施設が、際立った役割を果たした。その際、劇場は建築様式のうえで宮廷と競合しながらも、唯一立地的に宮殿との結合を維持し、文字通り国家権力の庇護下にとどまった。そのためファサードは、カール・フリードリヒ・ヴァインブレナー〔一七六一〜一八二六、ドイツの建築家〕によるカールスルー

図10-9　トゥーレによる改築前のワイマルの劇場

エの宮廷・国民劇場（一八〇七〜〇八年）[75]のように、見せしめのごとく未完成の状態に放置されないまでも、君主の希望に従って、美しいには美しいが、比較的地味なものになってしまった。さらにこうした劇場では、玄関とロビーの空間設計が、厳しく切り詰められたものになった。要するに、君主による規制が、市民的公共性に適した空間の広がりを建築家に許さなかったのである。カールスルーエの劇場は、たしかに極端な個別的事例とも言えるが、それでも国家監督機関の性格をはっきりと照射するものであった。ワイマル大公が一八二五年のトゥーレ（一七六七〜一八四五、ドイツの建築家・画家）の劇場改築案に、「劇場は豪華な作品である必要はまったくない。……それはともかく収益の目的をもった建物である」[76]と朱書きしたとき、ゲーテの言うように、彼はまったくもって実際的経済的な判断を下したのである。簡素で、徹底的に市民的な劇場というのは、単に建築としてのみでなく、上演目録についても、ゲーテが遺憾に思うようなものであった。その直後にバイエルン邦議会は、ルートヴィヒ二世が独断的な傲慢によりミュンヘンの豪華建築に税金を浪費していることを非難したが、こうした非難はバイエルンでは無力なものにとどまった。新絶対主義的な考えをもつルートヴィヒにとって、議会は壮大なる舞台装置として登場したのであり、存在価値が認められたわけではなかった。「ファサードから漏れ聞こえる議会の意見に耳を傾けることは、国家体制にそぐわない。議会による行政への介入に、私は我慢ならない」[77]と彼は述べている。他方で、ドイツの他の君主たちは、いわば市民化されたかのように振舞おうとしていた。言い換えれば、ドイツでは地域的な差異がしばしば一般的な評価を困難にしており、市民層の内部にもさまざまな党派が発言を申し出ていたがゆえに、その困難は一層増すことになったのである。すなわち、ツンフト的で、むしろ保守的な都市市民が、相変わらず芸術を贅沢なものとして疑いの目で見ていたのに対して、それだからこそ「教養ある身分」は、宮廷文化と市民文化をはっきりと区別しながら、芸術の振興に熱心なのであった。国家の庇護下にあって市民層は、まさに馴致された状態でのみ生きていくことができた。たしかに劇場は、検閲を受けることになっていたが、他方で市場の気紛れに完全に身を任せることもなかった。したがって、比較的尊大なレパートリー劇場が発達したのはドイツのみで、イギリス、イタリア、フランスにおいては市場に対応したより柔軟な「スタジョーネ」原理が好まれることになった。この原理は「連続」上演目録によって、多様な要求をはっきりと満足させるというものであった。[78]

まさに、かつてフランスの身分制秩序のなかで劇場に批判として向けられ、下から上へと作用したものが、今やドイツでは上によって率先して採用され、政治的安定を求める市民的関心の充足という意味でそれが導入されたのである。演劇に対する強力な関心、すなわち劇場の厳粛性の増大は、ドイツ教養市民の周知の芸術信仰に最も端的に表れていたが、それについては、すでにインマーマンが次のように集約的に述べていた。「国民のあらゆる公的な生活が抑圧を受けているとしても、批評のための共通の対象は探し求められており、それに寄与しているのがドイツでは文筆家と役者である」[79]と。教養施設は、ドイツでは社会的な統合と同時に、紛争の原因を隠蔽する国家の正当化に役立っていた。劇場建築においてそのことを立証したのが、構想と実現の間にしばしば見られた不一致であり、劇場の建築史そのものであった。

そのうえ、市場経済的職業的な目的をまったく排除するドイツの特殊な教養概念も重要な意味をもった。ルドゥーがマルセイユの劇場について簡明的確に、自由な発想をもって提案したような、証券取引所と劇場を一つの建物で結びつけるような構想は、一九世紀のドイツにおいては、聖所冒涜と同一視されたことであろう。なぜなら、教養と「美学的教育」は、フンボルトとシラーによれば、実用とは無縁の人格の発展をめざすものであったからである。ここでは、啓蒙主義的な人文主義概念が主体の奥底にいわば安置され、その概念のもっていた社会的効力は失われ、そして、市民の政治的な無力がついには美徳へと神聖化されたかのようであった。ドイツ教養概念のこのような補償機能は、しばしば十分すぎるほど強調されてきたが、教養概念はそうした機能に尽きるものではなかった。他方で教養と芸術は、手段としての利用から完全に免除され、まさにその実質的価値のゆえに、不履行にある約束をイメージとして保持できたのである。すなわち、シラーが書簡「人間の美的教育について」で述べているように、美術の真の光がこの世の虚偽の光を遮るところでのみ、「自由な市民がつねに自然的存在となる」のである。このような意味において劇場建築も演劇も、理想的な神殿正面にはっきりと表されているような代理機能を果たすことになる。それらは、台座の高みにあって、世俗的な日常を

図10－10　カール・フリードリヒ・シンケルによるベルリンのゲンダーメンマルクトの劇場（1818～21年）

忘れさせ、また崇高なる過去を未来として保証し、美のなかに生き続ける人間性を賛美しているかのようであった。「神々がすでに物笑いの種と化しているとき、神殿は人の目には神聖なものと映り続けた。……人間はその尊厳を失ってしまったが、芸術がそれを救い出し、意味ある石のなかに保持したのである。そして、真実は欺瞞のなかで生き続け、模像からも原像が再生されよう。[80]」この文章は、一七九五年にフランス革命からシラーが導き出した結論であったが、ここには政治的な諦めと、美学的な強調が含まれていた。カール・フォン・フィッシャー〔一九世紀初頭のドイツの建築家、ミュンヘン国民劇場などを設計〕とカール・フリードリヒ・シンケルの劇場建築は、これにより重大な影響を受けたのである。

世紀半ば以降、同じ建物正面の破風がインフレ的な常套句と化し、「真、善、美」（一八七一年のフランクフルト・オペラハウスに刻まれた碑文）がついには、管理され消費される文化を特徴づけるのみとなり、教養は死せる財産と空虚な儀礼を具現するようになってしまったが、このようなところでシンケルの遠大にして謹厳なるパトスは、一つの対極を形成することになった。彼の美的輝きをもった古代幻想は、フランス人の道徳的平等を目ざす古代継受とはまったく共通点をもたなかった。シンケルによるベルリンのゲンダーメンマルクトの国民劇場[81]は、一八二一年にゲーテの『イフィゲーニエ』とのまさに予定調和のなかで開設されたが、そこでは人文主義の理路整然とした言語（イフィゲーニエ）が横暴な行動（トーアス王）の盲目的世界へ侵入することによって、啓蒙主義的理性が示されることになった。シンケルが劇場における空虚と娯楽狂を批判し、それに代わる美の教育機能を強調するとき、彼もこうした理性の相続者となったのである。フリードリヒ・ヴィルヘルム三世直々による経費節減の勧告にもかかわらず、シンケルは実際的な配置を無視した理想的な形態をもって「高度な建築術」を守り通し、劇場に「民族の最高度の特性」を刻印しようと試みたのであった。そこで、ピラミッド型に積み上げられた軸対称の建築物は、そのなかで縦構造と横構造が相互に交差しており、周囲の区画は、単純な窓によってではなく、支柱・アーキトレーブ・足場の組合せによって行われた。その際シンケルは、さまざまな階差をもつ複雑な空間構成を柔軟かつ壮大に表現する大小の秩序を、構造を形式的に表現するギリシア建築学の新しい解釈と結合したのである。ギリシア建築学の近代性は当時、考古学的適性の基準に反するものとしてベルリンの学識者によって批判され、それどころか酷評すらされていた。そこで建築物の公共的性格を強調することが、シンケルのやり方となったのである。

図10-11　カール・フリードリヒ・シンケルによるハンブルクの劇場（1825～27年）の構想図

王都ベルリンの王立国民劇場は、ギリシア・モデルに基づくものであった。それをシンケルは構造と形態においてのみ採用したのであったが、宮廷管理官や国王の批判により、観客ホールには適用することができなかった。そこで彼は、商業・市民都市ハンブルクの劇場構想において、まったく合理的に、感覚に忠実に、各階を大きく覆うアーチ構造を採用したのであった。そのうえこの五階建ての立方体の建物は、幾層にも重なる支柱アーケードによる仕切りをもっていた。その「雄大な姿」に表れた誠実なモチーフが、「兵舎」のような印象を避けることに役立ち、また隣接するブティックが収益をあげることにより、このモチーフは、控えめながら市民的栄誉を体現したのである。株式会社からの委託による立案であったが、経費の問題や、並はずれたシンケルの美学が理解されなかったことから、一八二八年に開設された劇場は、実際にはその公共的な重要性にほとんど対応しない外見になってしまった。そこでは、かなり地味でありながら、貴族化された礼儀作法へのこだわり以上に、倹約的で同時に伝統を重じる市民精神の特徴をよく示すものはなかった。ところが、シンケルによる伝統的観念からの解放は、

図 10 - 12　カール・ルートヴィヒ・ヴィンメルによるハンブルクの劇場（1828年）

まさにそこで矛盾に陥った。というのも、公共性を公示するモチーフとしては、ひとは間違いなく柱廊を望んだからである。[82]壁には切妻で覆われた片蓋柱や半円柱が配置されたが、入口広間のモチーフは、常設の劇場とはなり得ない私立劇場の型通りの徽章に留められた。要するに、近代的な市民的建築と市民的観衆とは必ずしも一致しなかったのである。芸術家と建築は、紛争の絶えない伝統と刷新の網に絡み取られたばかりでなく、国家の管理と社会の要請との間でも、方向を探らなければならなかった。

　したがって、建築家は多様な利害関係について、十分に一般的な定式化を見つけねばならなかった。それについてはフランスの劇場が、観客席の配置に至るまで、王侯にも深い印象与えうる可変的なモデルを提供していた。その格好の事例が、ミュンヘン国民劇場の由来であった。[83] カール・フォン・フィッシャーは一八〇二年の構想で、「誤った風習を浄化し、正すための法廷」といった碑文を用意し、王室用の桟敷席をもたず、イタリアの桟敷劇場の「納骨堂のような」技法への明確な対置である開放的な階上システムを提示したが、そのとき彼はフランス革命の精通者であることを自認していたのである。彼はパリのオデオン座の文字通りのコピーに固執したマックス・ヨゼフと激しく対立し、それはフィッシャーの後援者モンジェラ〔一七五九～一八三八、バイエルンの政治家〕によって調停されたが、彼はその過程で計画の変更を余儀なくされた。最終的に建設された国民劇場（一八一一～一八年）は、もはや法廷ではな

く、マックス・ヨゼフへの献辞に記されているように「アポロンとミューズ」の神殿となった。それは高い階段をもったパラディオ的な柱廊をもつもので、王宮を圧倒して堂々とそびえ立つものであった。この劇場は、一九世紀前半におけるドイツ最大の劇場であった。もともと予定されていた株式による資金供給が失敗した後は、国家が支援に乗り出した。しかしながら特筆すべきは、劇場が大火によって消失（一八二三年）した後、市民たちの強い要望により、今度は自治体の資金によってこれがすぐに再建されたことである。

ところが、こうした劇場に席を占めたのは批判的な知識人ではなく、フランスの騒々しく活発な観衆とも異なり、「かなり高い」教養をもち、あたかも国家を担っているがごとく落ち着いた市民たちであった。ハイネによる以下のような、ドイツの観衆に関するたしかに先鋭的な描写は、いずれにせよ問題の本質をとらえるものであった。「ドイツの劇場の平土間には、静かにザウアークラウトを消化するのを望む温和な公民と行政官僚が席を占め、上階の桟敷席には教養ある身分の青い目をした娘たちが座っていた。彼女らは美しいブロンドの髪をもち、自分の編みかけの靴下か、そのほかの編み物を劇場に持ち込み、編み物の目を落とすことなく、心穏やかに陶酔することを望んだのである。そして、すべての観衆はわれわれが生まれもってか、そうでなければしっかり教え込まれたドイツ的美徳、すなわち忍耐を身につけていた。[84]」

ハインリヒ・ハイネのような文筆家のみでなく、ゴットフリート・ゼンパー（一九世紀ドイツの建築家）のような建築家も、市民的公衆のなかでも忍耐の足りない別の部類に属した。彼らは市民層に関する批判的な自己評価を担った。共和主義的な傾向をもったゼンパーは、三月前期において宮廷教会やドレスデンのツヴィンガー宮殿に対して教養フォーラムをもって抵抗した。それは古い代表的公共性に対して市民的公共性をもって対抗しようとするもので、ここで注目すべきは、宮殿の存在感が希薄化されていたことである。彼の構想では、美術館と劇場が重要な役割を果たしており、それによりツヴィンガー宮殿はいわば書割りへと格下げされていた。そして、国王の立像が主軸からはずされ、両側に記念碑の立ち並ぶ「凱旋街道」が、古代の「集会場」に当たるものとされた。ところが、ゼンパーの計画は、議会による資金面からの批判と宮廷の拒絶によって挫折してしまった。[85]

実際に建設されたのは博物館と画期的な劇場（一八三八～四一年）のみであったが、この劇場の半円形のファサードはフランスのモデルを、劇場の構造についてはローマ時代の円形闘技場を、優美に装飾を施された壁のレリーフに関してはイタリア・ルネサンスの様式を見習ったものであった。様式においてゼンパーの市民劇場は、構造を形式的に表現する古典主義の有機体的な建築観の打破を意味していた。こうした有機体的な解釈に代わって採用されたのが、ルネサンス風の装飾による軽やかな飾りつけであった。こうした装飾をゼンパーは、演劇の「カメレオンのような多色彩」に完全に適合したものとして、

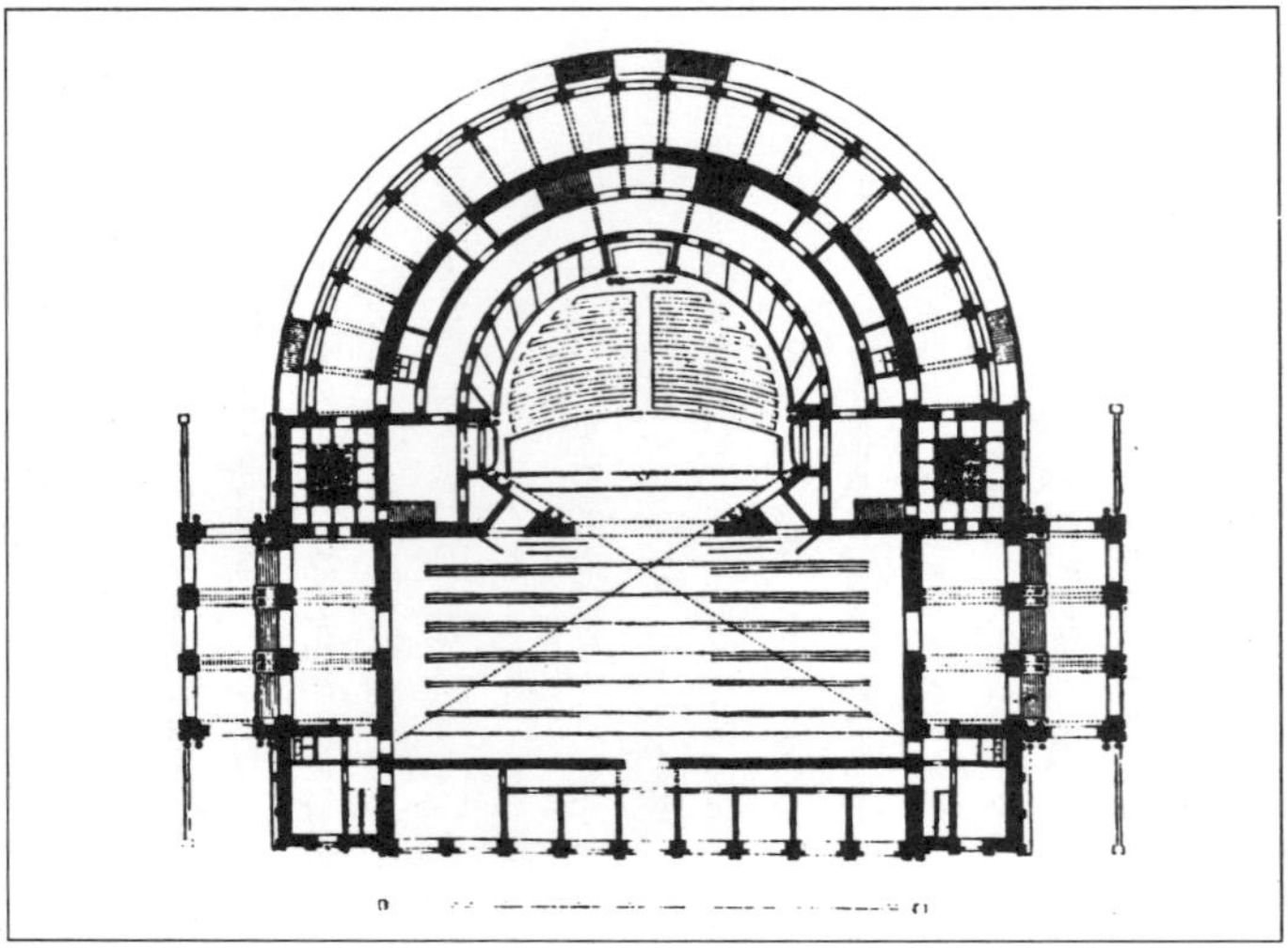

図 10－13　ゴットフリート・ゼンパーによるドレスデンの劇場の第１次構想図（1835年）

図像学的に理解していた[86]。それに対して類型的な古代の提示は、内包される意味のゆえに特に自由主義的な建築家たちに影響をもったが、ここにはまたしても平等主義的な願望が含まれていた。こうした願望は、ゼンパーの最初の擬古主義的な構想（一八三五年）と、ルートヴィヒ・ティーク（一九世紀ドイツの作家）と一緒に作成されたレリーフ劇場の計画を全般的に特徴づけるものであった。ゼンパーの提案は、一八世紀末のフランスの改革案をほぼそのままのかたちで、再び採用したということにとどまらなかった。フランスの建築家たちにより、身分制的な儀礼の枠内ですでに決着に持ち込まれていた抗争が、半世紀以上ものちになってもう一度ここで繰り返されたからである。そこでゼンパーも彼の構想を、ファサードを例外に、慣習に拘束されながら修正することを余儀なくされた。

ゼンパーの建築は、三月前期に頂点に達した地域的に多様な現われ方をする顕著な紛争状態のなかで、最も突出した事例であった。当時、劇場は批判的な世論の拠点ともなったのであり、いわば象徴的な意味で議会、集会権、出版の自由の代わりを務めたのである。そういった拠点は、当時のドイツではほかに知られていなかった。もちろんそこでは、国民的統一を望む思想も一定の役割を果たしていた。それはハイネの以下のような皮肉を込めた表現に示されている。「だが、われわれドイツ人は、空の夢の国で／支配権を有つことは疑いない。／そこでは、われわれがヘゲモニーを握り、／そこでは、われわれは四分五裂ではない。／他の国民は、平らな地上で／発展してきたのだが――」[87]。まさに、教養が日常から遠ざかっていたがゆえに、教養は芸術を媒介に、すなわち「空の夢の国」により反体制的な内容を伝達できたのである。ドイツ教養概念の批判的であると同時に肯定的な二律背反的機能が、そのときまさに劇場に現れ出ていた。

他方で、公的な宮廷劇場は、現実には宮廷の虚栄の場でもあり続けた。とりわけサロンと専用の出入口をもった王侯専用の中央桟敷に、市民的交際のただなかで、なおも生き長らえていた「代表的公共性」が映し出されていた。観衆のただなかで、そして観衆の前で君主は臣民の忠誠心を象徴的な意味で再度、確認したのである。フランスにはそのような劇場は存在せず、ジャック・アンジェ・ガブリエルによるヴェルサイユの宮廷オペラハウスにのみ、王室専用桟敷が見られた。三月前期にドイツ人の周知の忠誠心に問題が生じていたことは、古代の劇場モデルが繰り返し引用されていたことに同時に示されていた。というのもこのモデルは、当時のフランスにあっては批判を映し出す鏡であり、そのなかで王政と共和制が激しい対立を見せていたからである。そこで国家に委ねられたのは、「真の人間性を追求する大きな目標の実現に協力することであり、それゆえ劇場は、かつてのギリシアの劇場と同様の意味をもつことになる」、とレッチャー（一九世紀ドイツの美学者）はカール・フォン・ロテックの『国家学事典』（一八四三年）[88]のなかで述べている。ここではもう一度、啓蒙主義的普遍的な人文主義の意味で弁じられているが、世紀半ば以降、下からの脅威が次第に増大するなかで、人文主義の合理性は次第に失われていった。

六

一九世紀も半ばごろからようやく都市自治体が劇場建設に乗り出し、一定の基準に従った、類型的に統一化された建築をもって、公的な宮廷劇場に挑戦するようになった。世紀前半に、私的な「劇場建築協会」によって簡素な市民劇場が建設されるようになったが、こうした団体は芸術協会と同様に市民的運動と理解されるもので、大規模な建築事業を行うことはできなかった。それでも一八七一年以後、まさに啓蒙主義の弁証法の意味において、豪華な劇場建築に市民階級の「非理性的な力と偉大さ」（アドルノ）が発揮され、こうした劇場が今や専門的な建築事務所により、いわばすぐ使用可能なものとして供給されるようになったのである。劇場建築において優勢であったのは、「宮廷風」のバロックやロココの様式であり、こうした様式が劇場の特徴的スタイルとして、またこの建築ジャンルに対応した「モード」としての機能をもった。それが、劇場に席を占めることのなかった民衆の名を借りながら、下に対して一線を画し、上との同一化を公然と目指すブルジョアたちの証となったのである。その間パリでは、「犯罪大通り《ブゥルヴァル・デュ・クリム》」が繁栄し、それが劇場、カフェ、アーケード、トルコ風呂を伴った都市的公共性の中心になった。そのような中心は、ドイツにおいては帝都ベルリンに同種のものを見ることができるのみであった。

図 10-14　1862年のタンプル大通りの劇場街（1760～1862年）

ダリウによる市立劇場とならんで、市場媒介的公共性の枠組みを粉砕したものとして、パリにはヨーロッパの他のすべての劇場を圧倒する一建築があった。それがシャルル・ガルニエによる華麗なパリのオペラ座（一八六一～七五年）であり、この劇場は「皇帝とブルジョア」の連帯を、鉄骨構造の新バロック的形態をもって賞揚した。舞台の書割りの魅力のなかに継承されていた成金趣味のファサード文化は、幻影への欲求を満足させるものであり、他方でこの文化により卑俗な市民的日常がカムフラージュされた。その際、神話と歴史が、身分的証である装飾による高貴化の役割を果したが、こうした装飾は同時に分離主義的近代主義による明らかな歪みをもっていた。高貴化要素は、結局は舞台におけるブルジョアの自己演出の二重性を示しており、この二重性は自分たちのかつての世界市民的社会の構想を裏切るものであった。リヒャルト・ワーグナーの『神々の黄昏』は、こうした構想を歌劇として、つまりドイツ的神秘劇として書き換えたものであった。そこでの芸術家の高圧的な姿勢は、聴衆の制圧を目的としていた。すなわち、平等とはここではもはや「人間《オム》」と「公民《シトワイアン》」についてではなく、信者の共同体について考えられていた。もはや神の前ではなく、芸術の前にすべてが平等となる。扇形のバイロイトの円形劇場は、観衆を舞台にむかって画一的に整列させ、旧来のあらゆる劇場の社会的円形を打破するものであった。

注

（1） R. Alewyn/K. Sälzle, *Das große Welttheater. Die Epoche der höfischen Fest in Dokument und Deutung*, Hamburg 1959 ; A. -C. Gruber, *Les grandes fêtes et leurs décors à l'époque de Louis XVI*, Genf, 1972. なかでも最も早くから存在したのがオペラハウスであった。私は以下でオペラハウスと劇場を特に区別しないが、それは両者の建築上の相違が、建築規模や特に舞台設備においてのみ認められるにすぎないからである。さらに、オペラハウスと劇場が一つの建物で兼用されることもしばしばであった。なお、特殊なレパートリー劇場は、一八世紀のフランスではパリにおいてのみ存在した。

（2） メルシエ、原宏編訳『十八世紀パリ生活誌』上、岩波書店、一九八九年、一七三～一七四ページ。

（3） R. Koselleck, *Kritik und Krise. Eine Studie zur Pathogenese der bürgerlichen Welt* (1959), Frankfurt 1973, S. 61-104 ; J. Habermas, Zur Kritik an der Geschichtsphilosophie (R. Koselleck, H. Kesting) 1960, in : ders., *Kultur und Kritik*, Frankfurt 1973, S. 355-359 ; ユルゲン・ハーバーマス、細谷貞雄・山田正行訳『公共性の構造転換』第二版、未来社、一九九四年、一一～八五ページ。

（4） Anonymus, Theater II, in : *Journal des Luxus und der Moden*, August 1971, S. 410-417 ; R. Weil, *Das Berliner Theaterpublikum*, Berlin 1932 ; H. Kindermann, *Theatergeschichte Europas*, Bd. 4 : *Von der Aufklärung zur Romantik* (1. Teil), Salzburg 1972^{2}, S. 471ff. ; J. Lough, *Paris Theatre Audiences in the Seventeenth and Eighteenth Centuries*, London, 1957 ; M. Descotes, *Le public de théâtre et son histoire*, Paris, 1964.

（5） H. Tintelnot, *Barocktheater und barocke Kunst. Die Entwicklungsgeschichte der Fest- und Theaterdekoration in ihrem Verhältnis zur barocken Kunst*, Berlin 1939 ; M. Baur-Heinhold, *Theater des Barock. Festliches Bühnenspiel des 17. und 18. Jahrhunderts*, München 1966.

（6） M. Steinhauser/D. Rabreau, Le théâtre de l'Odéon de Charles de Wailly et Marie-Joseph Peyre, 1767-1782, in : *Revue de l'Art*, 19, 1973, pp. 9-49 (これには建築ジャンルに関する類型論や建築理論的な議論についての詳細な記述も含まれる) ; M. Steinhauser, Das Theater bei Ledoux und Boullée. Bemerkungen zur sozialen Funktion einer Bauaufgabe, in : *Bolletino del Centro Internazionale di Studi di Architettura Andrea Palladio*, 17, 1975, pp. 337-359 ; D. Rabreau, Le théâtre de la place Graslin de Mathurin Crucy (1784-1787) à Nantes, in : *Congrès Archéologique de France*, 126, 1968, pp. 89-135 ; *Victor Louis et le théâtre-scénographic, mise en scène et architecture théâtrale aux XVIIIe et XIXe siècles. Actes du colloque tenues en mai 1980 à Bordeaux à l'occasion du bicentenaire de l'inauguration du Grand Théâtre*, Paris, 1982 ; J. Rittand-Hutinet, *La vision d'un futur. Ledoux et ses théâtres*, Lyon, 1982.

（7） Mme. Riccoboni, *Le nouveau théâtre anglais*, vol. 1, Paris, 1769, pp. VIII-IX ; J. -F. de la Harpe, *Le lycée ou cours de littérature ancienne et moderne*, vol. 12, Paris, 1818, pp. 133-139. イギリスの劇場にほとんど何の役割も割り当てないことが、フランスとドイツの劇場建築に関する専門的な論文の特徴と言える。

（8） M. Steinhauser, Etienne-Louis Boullées ›Architecture. Essai sur l'art‹. Zur theoretischen Begründung einer autonomen

Architektur, in: *Idea*, 2, 1983, S. 7-48.

(9) このことは、当時特にドイツについて当てはまった。一八世紀の終わりに、アスムス・ヤコブ・カルステンス〔画家〕が、ベルリン・アカデミーによるローマからの帰還命令に対して、のちに有名となる書簡をもって反旗をひるがえしたとき、そこで彼は、自身がアカデミーにではなく、人間性に責任を負っている点を強調したのであった。このように彼が国王による任用よりも貧困のなかでの自己決定的な生活を選択したり、シラーがヴュルテンベルクからの逃避によって捕縛を逃れたり、また、画家のヨーゼフ・アントン・コッホが、ライン河の橋から越境する際、抗議の意志を示すために辮髪を切り落としたりといった強烈な示威行動や逃避行は、自立への要求を意味するものであった。同じころフランスでも、建築家たちが委託者ではなく、彼ら自身の理念に従って「美しき建築芸術」を実現することを要求していた。

(10) 多くを代表するものとして、E. Arnaldi, *Idea di un teatro nelle principali sue parti simile ai teatri antichi: all' uso moderno accomodato*, Vicenza, 1762; G. -M. Monginot, *Exposition des principes qu'on doit suivre dans l'ordonnance des théâtres modernes*, Paris, 1769; A. -J. Roubo, *Traité de la construction des théâtres et des machines théâtrales*, Paris, 1777; P. Patte, *Essai sur l'architecture théâtrale, ou de l'ordonnance la plus avantageuse à une salle de spectacle, relativement aux principes de l'optique et de l'acoustique*, Paris, 1782 がある。

(11) Steinhauser, Boullée, S. 18-20.

(12) A. Oncken, *Über das Schickliche. Studien zur Geschichte der Architekturtheorie*, Bd. 1, Göttingen 1967, S. 26ff.

(13) P. Szondi, *Die Theorie des bürgerlichen Trauerspiels im 18. Jahrhundert*, Frankfurt 1973, S. 100ff.; W. Schröder u. a., *Französische Aufklärung. Bürgerliche Emanzipation, Literatur und Bewußtseinsbildung*, Leipzig 1974, Kap. X: Zur Ästhetik des bürgerlichen Dramas, S. 403-477.

(14) N. Elias, *Die höfische Gesellschaft*, Neuwied 1969, S. 88ff.

(15) E. Kaufmann, *Architecture in the Age of Reason. Baroque and Post-Baroque in England, Italy and France*, Cambridge, 1955; J. M. Pérouse de Montclos, *Etienne-Louis Boullée (1728-1799). De l'architecture classique à l'architecture révolutionnaire*, Paris, 1969.

(16) Steinhauser, Boullée, S. 37-40.

(17) J. G. Sulzer, Art. ›Schauspiel‹, in: *Allgemeine Theorie der Schönen Künste*, 4. Teil, Frankfurt 1978^3, S. 281ff.; M. M. Moffat, *Rousseau et la querelle du théâtre au XVIIIe siècle*, Paris, 1930.

(18) L. -S. Mercier, *Du théâtre, ou Nouvel essai sur l'art dramatique*, Paris, 1773, p. IX.

(19) H. Schlaffer, *Dramenform und Klassenstruktur. Eine Analyse der dramatis persona ›Volk‹*, Stuttgart 1972, S. 27.

(20) Kindermann, *Theatergeschichte*, Bd. 4, S. 299ff.; Lough, *Audiences*, S. 208.

(21) Lough, *Audiences*, p. 250ff.

(22) J. G. Herder, *Sämtliche Werke*, hg. v. B. Suphan, Berlin 1877-1913, Bd. 2, S. 315f.

(23) このような傾向の最も顕著な例である『フィガロの結婚』の当時の影響力に関しては、Lough, *Audiences*, p. 222 を参照。

(24) N. -E. Rétif de la Bretonne, *La Mimographe, ou Idées d'une honnête femme* pour la réformation du théâtre national, Am-

sterdam 1770, p. 241; Artikel ›Peuple‹ in: D. Diderot/d'Alembert (sous la dir. de), *Encyclopédie ou Dictionnaire raisonné des sciences, des arts et des métiers*, vol. 12, Paris, 1765, pp. 476ff. ここではっきりと金融、商業、自由業の者が排除されている。すなわち、「民衆」を構成するのは「労働者《ウブリエ》」と「農民《ラブロール》」とされたのである。

(25) F. M. Grimm, *Correspondence littéraire*, vol. 10, pp. 340f.; C. Alasseur, *La Comédie Française au 18e siècle*, Paris, 1967 p. 20. 前者については、Lough, *Audiences*, p. 222 からの引用。

(26) Moffat, *Rousseau*, pp. 267ff. に引用の資料を参照。

(27) Art. ›Société‹ in: Diderot/d'Alembert, *Encyclopédie*, vol. 15, pp. 252ff.

(28) M. Fuchs, *La vie théâtrale en province au XVIIIe siècle*, Paris, 1933.

(29) たしかにレッシングも、一七六七年に『ハンブルク演劇論』において以下のように述べている。「国民とはあまりに空虚なものであるが、その呼称とそのほかの外面的な長所により圧倒的人気を博している。そして、最も下賤な者に至る誰もが、高貴な者たちと交際を望むが、下賤な者を含む社交界は、卑俗な社交界と言える」。こうしたフランスとドイツの公衆の相違を、ヘルダーからスタールに至るまでが繰り返し強調した。この相違により、ディドロの戯曲はドイツの市民劇場で成功したのであり、他方でフランスの劇場ではさまざまな反応をもって、パリでもそれ相応の留保をもって受け入れられたのである。Lough, *Audiences*, p. 263 を参照。基本的なものとして N. Elias, *Über den Prozeß der Zivilisation. Soziogenetische und psychogenetische Untersuchungen*, Bd. 1, Frankfurt 1976, S. 7-36 も参照。

(30) O. Teuber, *Das K. K. Hofburgtheater seit seiner Begründung*, Wien 1896, S. 197 からの引用（ここでの叙述は実証的なものではない）。もちろんこれは、古代より使い古された手段（「パンとサーカス」）であった。

(31) H. Zielske, *Deutsche Theaterbauten bis zum Zweiten Weltkrieg. Typologisch-historische Dokumentation einer Baugattung*, Berlin 1971, S. 27.

(32) Zielske, *Theaterbauten*, S. 31-36. 一八〇〇年ごろ、ドイツにはおよそ八〇の常設劇場があったが、そのほとんどが貧相な体裁のものであった。労働と余暇を仲介する劇場の市民的・社交的機能に関しては、Ueber den Lokalkarakter der Hamburger, ihre Modebelustigungen und Zeitkürzungen, in: *Journal des Luxus und der Moden*, April 1796, S. 199-203 を参照。

(33) H. Kreutzer, *Die Boheme. Beiträge zu ihrer Beschreibung*, Stuttgart 1968.

(34) J. G. Purmann, *Über die Schauspiele und ihren Einfluß in die Besserung des Geschmacks und der Sitten*, Frankfurt a. M. 1782, S. 4ff.

(35) K. Bussmann, *Wilhelm Ferdinand Lipper. Ein Beitrag zur Geschichte des Frühklassizismus in Münster*, Münster 1972, S. 16-29. ミュンスターの劇場に関して、ここではハンス・ランゲの記述に依拠している。このランゲの著書は、ドイツの劇場建築の歴史を見るうえで基本的なものである。H. Lange, *Vom Tribunal zum Tempel. Zur Architektur und Geschichte deutscher Hoftheater zwischen Vormärz und Restauration*, Marburg o. J.

(36) Bussmann, *Lipper*, S. 16.

(37) H. -W. Kruft, *Geschichte der Architekturtheorie von der*

Antike bis zur Gegenwart, München 1986², S. 193-217.

(38) N. Pevsner, *Academies of Art, Past and Present*, New York, 1973.

(39) Lange, *Tribunal*, S. 102-110. フランス人による評価に関してはPatte, *Essai*, pp. 101-104を参照。

(40) M.-A. Laugier, *Essai sur l'architecture*, Paris, 1755², p. 165.

(41) Desprez de Boissy, *Lettres sur les spectacles avec une histoire des ouvrages pour et contre les théâtres*, Paris, 1756（同書はその後、何度も再版される）。

(42) たとえばマティソン〔一七六一〜一八三一、ドイツの詩人〕が、これに対応する記述を残している。彼は一七九七年に「緑に包まれることはすばらしい。夕刻の森は、私にとってオペラハウス以上のものである」と述べている。J. und W. Grimm, *Deusches Wörterbuch*, Bd. 7, Leipzig 1889, S. 129からの引用。

(43) M. Steinhauser, Boullée, S. 29-31.「特性」とはフランス語で文字のこと、すなわち読解される記号をも意味する。道徳的な特性とは知覚された像から結果的に導き出される観念のことであり、像がより整合的に知覚されれば、それだけこの観念も明瞭なものになる。革命的建築様式の単純で立体幾何学的な形態は、こうした特性に対応するものである。E. B. de Condillac, *Essai sur l'origine des connaissances humaines, ouvrage où l'on réduit à un seul principe tout ce qui concerne l'entendement humain* (1746), C. Porset (sous la dir. de), Anvers-sur-Oise, 1973, p. 205.

(44) J.-F. Blondel, *Architecture Française*, vol. 1, Paris, 1752, p. 22.

(45) Steinhauser/Rabreau, Le théâtre, pp. 13ff.

(46) Observations des auteurs du Journal sur le nouveau théâtre italien, in: *Journal de Paris*, Nr. 120, 30. April 1783, p. 500.

(47)『奢侈・流行雑誌（*Journal des Luxus und der Moden*）』の比較論評は、ドイツとフランスの劇場の歴史に関してきわめて啓発的であるが、それは同時代の評価や影響力についてかなり正確に叙述しているからである。

(48) M. Steinhauser, *Die Architektur der Pariser Oper. Studien zu ihrer Entstehungsgeschichte und ihrer architekturgeschichtlichen Stellung*, München 1969, S. 107-115.

(49) 一七九一年七月発行の『奢侈・流行雑誌』（S. 362）では、ドイツの国民演劇の市民的特徴として以下のことが強調されている。「雑談のために演劇にお金を払う者は、ドイツではほとんどいない。平土間席の騒々しさは別としても（たしかに、イギリス人や礼儀正しい軍人は、そのような振る舞いはしないのだが）、ドイツでは教会におけるごとく人びとの態度は静粛である。演劇が宮廷で行われるときだけ、桟敷席の一部は、貴族と何名かの外交使節によって占められることになるが、その場合彼らも、宮廷での範例に従いながら市民とまったく同じような静粛な態度をとる」。貴族は彼らの「華やかな対話サークル」を、企業家たちは彼らの「会議」を劇場に持ち込まないがゆえに、その建築はみすぼらしいのである。他方で彼らの騒々しい態度についても報告されているがゆえに、そう考えられるのである。

(50) 建築家たちもその当時、壮麗なフランスのロビーについて繰り返し言及している。

(51) Roubo, *Traité*, p. 62（これはもちろん、観客ホールについての一般的な記述である）。

(52) Schröder u. a., *Französische Aufklärung*, S. 452ff.

(53) ルドゥーからシンケルやゼンパーに至るまでが、このような要求を繰り返したが、それは、舞台が額縁つきの絵のような姿をとるべきであったからである。

(54) H. Leclerc, Au Théâtre de Besançon (1775-1784). Claude-Nicolas Ledoux, Réformateur des Mœurs et Précurseur de Richard Wagner, in: *Revue de la Société d'Histoire du Théâtre* 2, 1958, pp. 1-25.

(55) Monginot, *Exposition*, p. 65.

(56) Steinhauser/Rabreau, Le théâtre, pp. 35ff.

(57) Roubo, *Traité*, p. 50. ルボは、身分階層秩序を「偏見」と性格づけする多くの者の一人にすぎない。それは、ヴォルテールからエルヴェシウス〔一八世紀フランスの哲学者〕までがよく使った啓蒙主義的なイデオロギー批判の決まり文句であった。

(58) F. Milizia, *Trattato completo formale e materiale del teatro*, Rom, 1771. 他の多くの劇場評論と同様、このミリツィアの著作もただちにドイツ語に翻訳された。

(59) Roubo, *Traité*, p. 62 の見解は、フランスの演劇評論家のすべてを代表するものである。

(60) Weil, *Theaterpublikum*, S. 90ff. 劇場に関する数多くの醜聞にもかかわらず、ベルリンの国民劇場の観衆は、舞台に注目する態度において「比較的行儀が良かった」ようである。

(61) ルイ - エチエヌ・ブレーは、オペラハウスの構想（一七八一年）を婦人たちのために献じたが、それははっきりとヴィーナス神殿を意識するものであった。円蓋をもち、柱を円周に配置した円形建築は、この神殿を模範としたのである。Vgl. Steinhauser, Das Theater bei Ledoux und Boullée, S. 354.

(62) ミリツィアの言葉のドイツ語訳については、A. Streit, *Das Theater. Untersuchungen über das Theater-Bauwerk bei den klassischen und modernen Völkern*, Wien 1903, S. 197 から引用。

(63) この問題をめぐる演劇評論家たちの長期間にわたる議論に関しては、Lough, *Audiences*, pp. 189ff. を参照。地方における同様の状況に関しては、*Mercure de France*, Mai 1783, p. 240 を参照。

(64) このことは建築家と文筆家の双方に同じように当てはまった。

(65) C. -N. Ledoux, Dernière réponse à M. Poyet, in: *Journal de Paris*, Nr. 97, 7. April 1783, p. 403.

(66) Rittaud-Hutinet, *La vision*, pp. 54-56, Abb. 24-27（ここには、観衆の社会階層に関する説明が含まれる）.

(67) Steinhauser/Rabreau, Le Théâtre, p. 31.

(68) M. Ozouf, *La fête revolutionaire 1789-1799*, Paris 1976, pp. 44ff.; F. -J. Verspohl, *Stadionbauten von der Antike bis zur Gegenwart. Regie und Selbsterfahrung der Massen*, Gießen 1976, S. 27-51.

(69) ゲーテ「イタリア紀行」高木久雄訳『ゲーテ全集』一一、潮出版社、一九七九年、三三一ページ。

(70) Steinhauser, Boullée, S. 40.

(71) *Quatremère de Quincy, Encyclopédie méthodique. Architecture*, vol. 1, Paris, 1788, pp. 512ff.; vol. 3, Paris 1825, Art. ›*Théâtr*‹, pp. 476ff.

(72) ルソー「演劇に関するダランベール氏への手紙」西川長夫訳『ルソー全集』第八巻、白水社、一九七九年、一四四ページ。

(73) H. Heine, Über die französische Bühne. Vertraute Briefe an August Lewald, geschrieben im Mai 1837, in: *Heines Sämtliche Werke*, hg. v. O. Walzel, Bd. 7, S. 342f.

(74) A. Oncken, *Friedrich Gilly 1772-1800*, Berlin 1981, S. 63-77.

(75) F. Weinbrenner, *Über Theater in architektonischer Hinsicht*

mit Beziehung auf Plan und Ausführung des neuen Hoftheaters zu Carlsruhe, Tübingen 1809. ヴァインブレナーは、一八一七年にライプチヒの劇場について、一八二〇年にはデュッセルドルフの劇場について建設計画を起案したが、どちらも資金難から実現しなかった。L・カテル（*Vorschläge zur Verbesserung der Schauspielhäuser*, Berlin 1802）、C・G・ランクハンス〔一八世紀ドイツの初期古典主義の建築家〕（*Vergleichung des neuen Schauspielhauses in Berlin mit verschiedenen älteren und neueren Schauspielhäusern in Rücksicht auf akustische und optische Grundsätze*, Berlin 1800）、そしてK・F・ランクハンス（*Über Theater oder Bemerkungen über Katakustik in Beziehung auf Theater*, Berlin 1810）とともにヴァインブレナーはドイツの劇場建築の改革に決定的な貢献をした。一八〇〇年直前に、彼はローマで古代を模範とする改革劇場案を提出している。*Friedrich Weinbrenner 1766-1826, Ausstellungskatalog Karlsruhe 1977*, S. 86-94 に収録の図面も参照。

(76) 劇場に関するゲーテとシラーの見解に関しては、A. Eggebrecht, *Goethe・Schiller. Über das Theater. Eine Auswahl aus ihren Schfriften*, Berlin 1949 を参照。

(77) W. Nerdinger, Weder Hadrian noch Augustus. Zur Kunstpolitik Ludwigs I., in: *Ausstellungskatalog ›Romantik und Restauration. Architektur in Bayern zur Zeit Ludwigs I. 1825-1848‹*, München 1987, S. 9-16.

(78) Lange, *Tribunal*, S. 19.

(79) H. Heine. Die Nordsee (1826), in: *Sämtliche Werke*, Bd. 3, S. 293 からの引用。

(80) F. Schiller, Über die ästhetische Erziehung des Menschen in einer Reihe von Briefen (1795), in: *Schillers Werke in 2 Bdn.*, Bd. 2, München o. J., S. 582.

(81) *Ausstellungskatalog ›Karl Friedrich Schinkel 1781-1841‹, Staatliche Museen zu Berlin*, Berlin (Ost) 1981, S. 115-134（同書は文献目録を含む）.

(82) C. F. Schinkel, *Sammlung Architektonischer Entwürfe*, Berlin 1867, S. 6f., Abb. 79-83.

(83) B. -P. Schaul, Nationaltheater am Max-Joseph-Platz, in: W. Nerdinger (Hg.), *Klassizismus in Bayern, Schwaben und Franken. Architekturzeichnungen 1775-1825, Ausstellungskatalog München 1980*, S. 252ff.（同書は文献目録を含む）.

(84) H. Heine, Über die französische Bühne, S. 342f.

(85) H. Magirius, Theater, in: *Ausstellungskatalog ›Gottfried Semper 1803 bis 1879. Baumeister zwischen Revolution und Historismus‹, Staatliche Kunstsammlungen Dresden*, München 1980^2, S. 142ff.

(86) G. Semper, *Das königliche Hoftheater in Dresden*, Braunschweig 1849, S. 10.

(87) ハイネ「ドイツ　冬物語」井上正蔵訳『ハイネ全詩集』第三巻、角川書店、一九七二年、二七六ページ。

(88) H. T. Rötscher, Theater und dramatische Poesie in ihrem Verhältnisse zum Staate, in: C. v. Rotteck/C. Welcker, *Staats-Lexikon oder Enzyklopädie der Staatswissenschaften*, Bd. 15, Altona 1843, S. 388-408.

第三部　市民の政治

第十一章　国民運動における市民層

——ヨーロッパ的比較——

ミロスラフ・フロハ
（一九三二年生　プラーハ大学教授）

二つの過程が一九世紀のヨーロッパ社会を決定的に変えていった。一つは資本主義への途上における市民革命であり、もう一つは近代的国民の形成である。この二つの過程が結び付いていたと言えるのは、国民形成の過程を市民的変革の一部として描き出しうる限りにおいてのことである。それゆえこの過程における市民性を問うことは当然のことになる。すなわち展開しつつあった市民社会と、生成しつつあった近代的国民、別言すれば市民から成る国民との関係はどのようであったろうか。

フランスの歴史をかえりみると、この両者の関連はまったく一義的で一目瞭然のように見える。「第三身分」は市民の政治的な革命のなかで、同権の国家公民《シュターツビュルガー》全体を包摂する国民の唯一の代表に任じられた。この新たな共同社会《ゲマインシャフト》は外部からの危機と、それに引き続く外に向けての膨張によって国民の統合性を強めた。そのとき言語の同質性は文化の統一性と同様、当然のこととされた。勝利者としての革命的市民層は、旧来の貴族的な支配階級に対して多少の緊張なり、あるいは一線を画す姿勢を保っていたとはいえ、国家と文化の連続性を継続させてゆく。要するに国民と市民層は、統一的な国民文化の伝統を通じても新たな国民国家へと統合されたのである。

フランスでは勝利をおさめた市民社会が、国家の枠にはめられた国民として形成されたのだが、それはイギリス、オランダ、ポルトガル、デンマーク、スウェーデンでも同じであった。それ以外のヨーロッパ諸国の場合はすべて、市民的変革と国民的統合のそのような単線的関係を見ることはできない。ヨーロッパの諸国民が形成されたときの状況は、たいていの場合、国家としての独立性を欠き、多くは固有の国家的支配階級も存在せず、さらに固有の言語に基づく、封建時代に成立した文化的伝統も欠いていたのである。この三点の欠落によって近代的国民の形成過程は特徴付けられるが、このような問題領域に関して筆者は以下、小さな国民の状況を述べることにする。(1)

このような形成過程は、「小さな国民」ないしはその指導的な政治家たちが国民としての自立した存在の属性の欠落を克服しようと努めたことによって、意識的な社会的行為として現れた。その際自分たちに欠落しているものがなんであるかは、たいてい同時代の規模の大きい完全に形成された国民との比較によって明らかとなったが、そのとき問題となったのは人の心をとりこにした国民というものである。国民という存在の属性すべてを求めるこうした目的意識的企てを、ここでは国民運動として描く。それは差し当たり広範な大衆に関わるものではなく、むしろ比較的小さな社会的集団によって推し進められたのである。もちろん一九世紀の国民運動のすべてがうまくいったというわけではなかった。

そのような国民運動は、「小さな国民」においてだけでなく、国民の完全な存在からみるとすでに挙げた三つの属性のうちの一つか二つが欠けている場合にも存在した。とりわけ国家としての独立性を欠いていたドイツ人、イタリア人、ポーランド人にはこれが当てはまり、固有の言語に基づく文化的伝統を欠いていたマジャール人の場合もこれに入る。したがってここでは、比較可能な国民運動の二つのグループないしはタイプが問題となる。本章においてドイツを「小さな国民」と比較する場合、そこでは国民運動のあらゆる観点を検討しうるわけではもちろんない。その比較の重点はむしろ国民運動と市民的変革との関係という一点にある。(2)

この関連を三つの節に分けて叙述したい。最初に追及する問題は、国民運動はその目標の設定においてどのように市民的なものだったのかということである。第二節では国民運動の担い手の社会的位相、とりわけ知識人の社会的な出自を分析する。そして第三節は国民運動と市民的社会革命との関係に当てられる。

一　国民運動の綱領と目標

「小さな国民」の定義だけからみても、つまりこの運動はその隊列のなかに（経済）市民を含んでいなかったのであるから、国民運動を市民的な要求を基準として検討することに意味があるのかどうかという疑問が生じる。こうした疑問は決して新しいものではない。それはすでにドイツとオーストリアの自由主義者、さらにまたフリードリヒ・エンゲルスやカール・カウツキーによっても投げかけられていたもので、いずれも国民運動の成功への見通しに疑問を抱いていた。(3) こうした懐疑的な見方はしかしながら歴史の成り行きによって大部分反駁されてしまった。この見方の誤りは、国民運動を恐らくはその時点のこととしてなら適切に叙述していたのだとしても、その歴史的なダイナミズムを考慮しなかったことにあったのである。

つまり国民運動を、社会的綱領的な常数とみなすことはできないということである。その目的、その社会的動因、その構造は時の経過とともに変化するものであり、それゆえ時期区分が可能で、このことでこの運動を展望することができるのである(4)。国民運動の量的広がりやその活動の内容上の構造から生じる時期区分は確証されてきた。国民運動の段階Aは、国民的な現象もしくは国民の発展に関わる現象（言語、民族的な習俗、歴史など）へのすぐれて知的な関心が高まってゆくことに特徴付けられる。それに続く段階Bははっきりした目的を持ち、組織された国民的示威行動から始まるが、これは、「小さな国民」のすべての成員に国民の意識を吹き込むことに努めるものである。国民を志向する先駆者、愛国者のこうした目的が達せられてはじめて、国民運動はその大衆段階Cへと移行しうる。その後いくらか時を経て「小さな国民」の社会的構造は、完全に形成された国民を語り得る地点にまで達する。もっとも段階Cは、そしてそれとともに国民運動全体は、国民の完全な存在としては欠落しているものすべてを満たしたときはじめて終着点に達したとみなされうる。ただしこの欠落は大衆運動が出現してからも後々まで存続しうるものであるけれど。

以上の考えに基づくなら、国民運動における目標設定の市民性とは何かという問いも、運動の各段階ごとに分けて考えるべきである。国民的言語、歴史、民族習慣、住民の分布などに学識者が初期段階に示す学問的な関心は、それまで知られていなかったものに対するあらゆる啓蒙主義的な学問的熱狂と同様に、市民的――もしくは非市民的――なものであった。その際こうした学識者は、その出自から見ればたいていは、たとえばチェコ人やアイルランド人といった「小さな国民」の出身者であったが、しかし、その職業を通じて支配的な貴族層と結び付いていたし、官吏としてはドイツ・オーストリア人もしくはイギリス人といった支配的な国家公民と結び付いていた。

市民の変革という視座を持つことは、段階Bにおいて「小さな国民」の成員をたいていジレンマに立たせる。一方で、経済市民もしくは教養市民《ビルドゥングスビュルガートゥム》（知識人）へと上昇する可能性は、市民にとって支配的国民との同化や同一化という市民的選択肢を提供する。他方で、「小さな」国民と「大きな」国民の成員のいずれにも平等な機会を求める愛国的な要求は、等しく反絶対主義的であり市民的なものであった。こうした平等を求める企ては、言語や教育に関わるだけでなく、旧来の依存関係の克服という内容をもっていた。

自由主義という意味での政治的にはっきりと定式化された要求は、国民運動の段階Bにおいてはただの例外とみなしうる。ノルウェー人とアイルランド人の場合がそうである。段階Bでのその他のあらゆる運動は第一に、言語的で文化的な目標に集中する。こうした一面性はしばしば倫理的・政治的な批判の対象となるが、これは旧来の研究では政治的な抑圧（ロシア、ハプスブルク帝国、プロイセンの場合）によるとか、ドイツ人の国民運動の影響ということで説明されている。これはしかし部分的に当てはまるだけである。その原因はずっと深いところにあり、本章では次節で社会的な構造との関連から検討する。

段階Cに至ってはじめて「小さな国民」内での政治的な目標設定と、これと結び付いた政治上の極の形成がはっきりとする。その社会的な作用と内容はどこでも同じというわけではなく、政治的な状況によって異なっていた。国民運動がまだ絶対主義的なアンシャン・レジームの下に段階Cへと入ったところでは、その国民運動は第一に、市民的自由主義的な綱領が全国家的規模で形成されてゆくことに関わり、これはとりわけロシアの場合にあてはまる。ハプスブルク帝国とその他のヨーロッパ地域ではこの段階Cは、市民的立憲的な体制への、あるいはその時期への門口に達した。このことはしかし、国民運動が完全に言語的文化的な要求から政治的なそれへとすぐさま完全に移行したということを意味したのではなかった。国民運動はたしかに政治的な綱領を形成するものだが、その場合、多くは急進的（民主主義的）陣営と保守的（自由主義的）陣営に別れた。しかし焦点は、国民としての完全な自立性の「欠落」を埋め合わせることに当てられた。政治的な衝突が国民運動指導者の注意を引いたのは、これがとりわけ彼らの国民的な目標に利用しうる限りにおいてである。こうして有力な国民の保守主義と自由主義の陣営への結び付き、および民主主義陣営への結び付きが生じえたのである。

ドイツの国民運動も「小さな国民」の場合と同様、運動を三つの段階に分けることができる。段階Aはここでは一八世紀の精神科学と文学の大飛躍によって示された。より広範な社会層に国民意識を覚醒させる努力は、さしあたりこの飛躍と結び付いていたわけではなかった。段階Bは一八世紀の最後の一〇年に、遅くとも解放戦争の時期に組織された国民的示威行動の形を取ったが、それぞれの地域に限定されていた。そしてドイツの統一を求めるブルシェンシャフト〔一八一五年、国民意識を高揚させる目的でイェーナで組織された学生組合〕運動へとつながっていった。政治的な迫害と弾圧のためにこの示威行動は、一八三〇年以降もまだ段階Cの意味での大衆的基盤を獲得することはできなかった。おまけにそれは地域的な制約を脱しきれずにいて、これが変化するのはようやく一八四八、四九年以降のことである。

ドイツの国民運動は革命のなかでその目標——政治的統一——を達成することができなかったので、国民的な視座や要求は段階Cにおいても支配的となり、政治的にさまざまに異なった運動の共通点となった。ドイツの国民は、社会的にはたしかに完全に形成されていて大衆運動段階にあったが、しかし完全な市民権を獲得するまでに至ってなかった。ドイツ国民は、帝国の創建によってはじめて完全な統合と脱地域主義の段階へと進んだのである。(5)

「小さな国民」の場合と同様にドイツでも、言語的文化的目標が段階Bにおいては明らかに前面に立っていた。もちろんその目標はここでは政治的で経済的な自由主義と密接に結び付いていた。市民が要求したのはいっそうの自由、国家的政治との密接な関与、企業家にとってのよりよい条件ということであったが、こうした要求はいずれも、ノルウェーとアイルランドを例外として「小さな国民」の段階Bにおいては見出せない。同様にドイツの言語的文化的な綱領は、国民の没落への不安に動機付けられたものでも、また出直しや再生をめざしたものでもなく、この点においても「小さな国民」とは異なっていた。

こうした相違にもかかわらず、言語的文化的な営みの内容や根拠付けにおいて〔両者間の〕重大な平行関係が存在していた。段階Bにおける「小さな国民」の愛国者は、それまでと同じように彼らの民族集団の完全な言語的同化――またこのことによるその衰退――を懸念したが、他方ドイツの愛国者の不安は外に向けられたものであった。ドイツの愛国者は、国外つまりシュレスヴィヒ、ハンガリー、バルト諸国などに住む少数派ドイツ人がさらされる脅威を話題にした。ドイツでの段階Cはこうした懸念を解消したのではなく、「小さな国民」の場合と同様に、段階Bでの言語的文化的な要求を部分的に新たな市民的政治綱領へと移し替えたのである。

段階Bから大衆運動へと継承されたのは、後年、膨張主義的ナショナリズムがそのなかにあらわれた国外ドイツ人の運命に対する関心に限らなかった。政治的な目標が第一に国民的な価値に向けられ、次いで二義的に市民自由主義的な価値もしくは市民民主主義的な価値に方向付けられたということも、ドイツでは「小さな国民」におけるのとまったく同様であった。恐らくは国民運動の論理から展開したこうした諸関係を検討すれば、ドイツ自由主義の敗北という問題を違った側面から解明することになるだろう。

二　国民運動の社会的定着

「小さな国民」の国民運動とは、「小さな国民」において新たに生じつつあった市民と、支配的な国民における強力な市民階級との間の対抗心もしくはその結果であると解釈されることがある。しかしそのような解釈は決定的な段階Bに照らしてみると、ことを単純化し誤解を招くものであり、そもそも実態に合わない前提に基づくものである。その〔誤った〕前提とは、支配的な国民の市民層も「小さな国民」の市民層もその時々の内的な構造や利害状況は似たものであり、それゆえ市民層としてはただ一つ同一のものとして存在し、その成員の国籍、権力を握る地位、豊かさだけが異なっているだけなのだ、というものである。しかし、ドイツ語の多義的な概念である「市民層」という言葉の背後に隠れている社会の現実は、こうした前提が想定しているよりもずっと込み入ったものであり、それどころか同一の概念で、構成が異なり、その利害関心においてさえお互いに対立する二つの社会集団を示し得るほどに複雑なのである。[6]

「小さな国民」の段階Bにおける国民的示威行動を指揮した先駆者の社会的構成を、かつて筆者は調べたことがあるが、そこで明らかとなったのは、この運動がドイツの市民層に対応する社会集団からはごくわずかしか支持されていなかったということである。[7]市民層の成員はここでは、そもそも段階Cへの移行が困難な国民運動（フラマン人、カタロニア人）においてのみその代表だったのである。たいていの国民運動では段階Bにおいて、経済市民や高級、中級の国家官吏（さらにまた大土地所有者）を欠いていた。重要な役割を演じたのはいたるところで知識人であり、そのときそれぞれの職業はまったく異なったものであった。場合によっては聖職者が段階Bの愛国者として優勢であったこともあれば、また場合によっては下級官吏、職員、教師が先導的な愛国者であったこともある。

こうした多様性にもかかわらず国民運動の社会的構造には、比較分析にもとづいて定式化される三つの一般的な法則が当てはまる。

(1) 全人口に占める割合は相対的だとしても、最も代表的な職業は、「小さな国民」のなかで上昇意志をもつ成員がなお到達可能な職業であった。

(2) 国民主義的扇動が短期間のうちに勝利を収めたのは、社会的交流と社会的移動がはっきりと表れているミリューにおいてであった。

(3) 国民主義的扇動がよりよく成功を収めたのは、国民に関わる利害の諸対立が社会のなかで早期に兆していた場合であった。

ドイツの指導的な愛国者を「小さな国民」の先駆者と比較してみると、すぐさま顕著な相違に気付く。ドイツの国民運動は段階Cに入る前に、教養市民層とブルジョアジーによって指導されていた。その頂点には大学教授や高級官吏、自由職業者、それに学生が位置していた。ハンバッハ祭（一八三二年の民主主義・共和主義のための集会）におけるように大衆運動がはじめて兆してきたところで、都市中間層もしばしば発言するようになった。[8]

知識人の社会的性格付けを、その職業の実際という点だけから行うことはできない。知識人が市民層とどのように関係していたかをとりわけ問題にするときには、愛国的な知識人に属する人たちがどのような家庭、どのような社会環境から身を起こしてきたのか、どのような社会的影響を受けてきたかを知ることが重要である。社会的な出自を問題にすることで、さまざまな国民運動における世代間の上昇と下降の可能性の程度をよりよく知ることができる。

知識人の社会的出自を比較分析するのに選んだのは、ドイツ人、ノルウェー人、チェコ人、スロヴァキア人、フィンランド人の五つの国民であるが、その際検討の対象は、大学で教育を受け、それゆえ大学の学籍名簿に名前の記載された知識人に限っている。

比較検討した結果をここでは簡単にしか示すことができないが、そこから読み取りうる基本的な割合は明確な像を結んでい

表 11-1　概観：知識人の国民別社会的出自

（単位：％）

社会的出自（親の職業）	ドイツ[9]	傾向	ノルウェー[10]	傾向	フィンランド[11]	傾向	スロヴァキア[12]	傾向	チェコ[13]	傾向
大土地所有者および高級官吏	22-37	変動的	7-11	変動的	4-11	増加	8-13	減少	約1	
企業家	10-20	増加	20-26	変動的	2-4	増加	0,1		1-2	
自由業	10-19	増加	11-12	一定	4-7	増加	1-3	増加	1-5	減少
中級・下級官吏	11-15	減少	11-12	一定	12-25	増加	1-13	増加	6-15	増加
福音派聖職者	18-18	減少	15-22	減少	26-40	減少	17-18	一定	0	
教　師	2-3	一定	2-3	一定	1		10-12	一定	2-4	変動的
将　校	1-2		9-13	変動的	4-11	減少	0		0	
手工業者，小商人	7-12	変動的	2-5	増加	6-14	増加	25-44	増加	43-55	減少
農　民	3-6	変動的	4	一定	4-11	減少	17-37	減少	11-22	増加

（単位：％）

社会的出自（親の職業）	ドイツ[9]	ノルウェー[10]	フィンランド[11]	スロヴァキア[12]	チェコ[13]
（おおまかな分類）					
支配階級	37-54	27-37	6-15	8-3	1-3
大学出の知識人	20-37	26-36	30-47	約20	1-5
その他の知識人	13-18	13-15	13-25	11-15	8-19
旧中間層	10-18	6-9	10-25	42-70	54-70

る。知識人の社会的な出自は国民によって実にさまざまではあるが、それでもやはり首尾一貫した解釈が可能である。

「小さな国民」の知識人のなかに貴族の子弟は当然ながらほとんど見つけることはできないが、これに対してドイツの場合、貴族の子弟はその知識人のなかでかなりの割合を占めていた。さらに注目すべきことは、上級・中級官吏の占める割合の相違である。「小さな国民」においては、せいぜい下級官吏や職員の家庭の子弟らが愛国的示威行動に参加するだけであった。彼らの参加は全般的な増加傾向にもかかわらず、たいして重要ではなかった。ドイツの場合はこれに対して、官吏の子弟がきわめて大きな割合を占めていた。福音派の聖職者の子弟らの参加数がとりわけ多かったのは、フィンランドの国民運動とスロヴァキアの知識人においてであるが、とりわけスロヴァキアにおいてはプロテスタントが少数派でしかないということを考慮するときには一層そのことがきわ立つ。企業家や商人の家庭からはノルウェーの知識人の主要部分が輩出している。その割合はドイツの場合のほぼ二倍にあたる。その他の「小さな国民」においてブルジョアジーの子弟は、ほとんど周辺的なものとして現れたに過ぎない。

それに加えて「小さな国民」の知識人は、ドイツにおけるよりもはるかに国民下層から人材が集まった。このことは表では取り上げなかった二つの国民の場合にも当てはまる。エストニアの愛国的知識人はその比較的多くが農家の出身であったし、リトアニアの場合はそれどころかほとんどが農家の出身であった。この二つの国民の段階Bが、ずっと後の一九世紀後半になってはじめて始まったというのは特徴的なことである。

教養層の自己供給という点からいえば二つのグループに分けることができる。(1)知識人の大部分が自分たちの内部で補充される場合の国民運動。ドイツでは自己供給率の割合はおよそ七五%、[14]フィンランドとノルウェーでは五〇%弱である。(2)段階Bにおけるその自己供給がまだきわめて低い場合の国民運動。チェコやスロヴァキアでは約二〇%、エストニアとリトアニアではその割合はさらに低くなる。さらに違いが際立つのは、都市出身者の側面を考慮したときである。ドイツの国民運動における都市出身の大学卒業者、さらにその性格がよりはっきりしているノルウェーの大学卒業者、この両者とフィンランドの知識人は対照的であった。フィンランドの知識人はほとんどその半数が田舎の出身者で、農村の聖職者の子弟がとりわけ目立っていた。二つ目のグループの内部ではその相違がさらに明白であり、チェコの愛国者が主に都市出身者であるのに対して、リトアニアとエストニアではほとんどが農村の出身者である。

それゆえ市民的な要素は、国民運動においてはさまざまな形で現れる。とはいえ、ここまでほとんど無視してきた時間的な経過を考慮に入れるなら、都市知識人の代表率が高い国民運動では段階Bの始まりが早く、段階Cへとすぐさま移行していたということが分かる。[15]「小さな国民」における愛国的知識人と都市市民の結び付きは、それゆえ明らかに時期を早める要素として作用したのである。その国民運動は、「旧中間層」すなわち伝統と結び付いた自立的な小生産者に接近することで、ドイツの国民運動には無縁であった態度と価値観念を取り入れた。「小さな国民」の知識人がとりわけ都市と農村の住民層への強い結び付きによって特徴付けられるのだとすれば、ドイツの教養市民は社会的下層からははっきりと一線を画していた。それゆえ「小さな国民」の知識人は、長期にわたり段階Cに至るまで精神的エリートであるという自覚が欠けていた。彼らは高級官吏や将校、その他の都市権力の代表者との接触をほとんどもたなかった。それだけに「小さな国民」が社会的に完全に形成された後には、自分たちの国民的企業家つまりブルジョアジーとの結び付きがますます強まってゆくことになった。

ここでの成果から、広範な国民層が高等教育に対してとった態度が国民ごとにどのように違ったかをあわせて知ることができる。社会的な上昇が知られるようになり、「小さな国民」においては「旧中間層」の比較的広範な部分が、息子を大学にやることを国民的な努めと感じるようになった。そのことで段階Bのかなり早い時期から、空腹に耐え、学問を通じての自身の努力で身を立てるというタイプの貧しい学生が生じた。こうした伝統と結び付いて、庶民の家庭から身を起こし、その才能と勤勉によって身を立てた大人物という神話が後に生まれた。息子に学問させるという下層階級のあこがれは、ドイツにおいては神学校での勉強にほとんど限られていた。

愛国的な知識人が社会的に根付いたことから、段階Bでの言語的文化的な問題の一面性も明らかとなる。ドイツ人も含めて、勃興し形成されつつあったいかなる国民も、統一的に規範化され同時に文明化した言語をもちろん必要とした。たしかに検閲や団体禁止といった政治的弾圧は、三月前期のハプスブルク帝国や一九世紀を通じてのロシアにおけるように重大な障害として作用したが、それでも同じように政治的弾圧や警察の監視のもとで展開したポーランドの国民運動は、非合法的政治的活動方法を発展させた。ただし大ポーランド〔ワルシャワ西方のポズナニを中心とした地域を指した歴史的な呼称〕においては、その国民運動はしばらくの間は政治行動を断念した。ところがチェコ、スロヴァキア、エストニアの愛国者たちが段階Bにおいて同じように政治化しなかったのはなぜであろうか。

この疑問に対する答えは、愛国者、とりわけ愛国的な知識人に関してさきに検討した社会的諸関連のなかに見出せる。彼らは、その社会的な立場のゆえに政治に関する教育や経験をもちえない階級・階層の出身であり、またそうした階層に語りかけた。政治的な経験といったものは、封建国家の下では政治的な特権階級およびこれと結び付いた一部の知識人たちだけが手にすることができたのである。こうした理由から、広範な民衆層が自分たちの客観的な全国的利害対立や不満を政治的言語で表現したり、そのような表現に積極的に反応したということは考えられなかった。たしかにそうしたことは自由主義や立憲主義の抬頭後には変化したが、しかし段階Bにおいては言語と文化に関わる要求が、その社会のなかに根ざしていた不満やあこがれをも表現しうる唯一の可能性を提示した。ノルウェーの国民運動が段階Bにおいてすでに政治的な綱領を展開していたことは注目される。その要求においては言語問題はまったく後景に退いていた。そしてH・ヴェルゲラン〔詩人〕がノルウェー語を創造し、そのようにして言語的な国民運動を先導しようと試みたが、それは段階Bの時期では広範な社会的基盤を持たなかった。ノルウェーの愛国者たちは、段階Bにおいてすでに他の「小さな国民」よりもはるかに強く市民層と、つまり商人、船主、弁護士、そして貴族でない土地所有者と結び付いていたのである。

一九世紀の国民的な諸要求を解釈するためにどうしても必要なことは、社会的な利害や要求を問題にし、それがどのように言語の相違と結び付き、国民的な利害対立を生じさせることになったかを問うことである。一例を挙げるなら、チェコにおける段階Bの言語綱領はチェコ人手工業者の不満の表れであり、彼らは、ドイツ人の支配する大市場とドイツ人の手になる大量生産の出現によって脅かされていると感じていたのである。エストニアにおいては言語的文化的な独自性へのあこがれは、ドイツ人の大土地所有者と都市市民に対する農民の不満を代弁していた。

言語的文化的な諸要求が「代弁」しているという状況においては、そこに形成された文化は、その観念世界やその使命感が反絶対主義的・反封建主義的であり、それゆえ言葉の一般的な意味では市民的なものであった。それは旧社会において特権を持たず、優位に立つことのない社会層の文化であり、決して貴族や国家官僚、あるいは新たに生じつつあった企業家層つまりブルジョアジーの文化ではなかった。こうした社会的関係は、段階Cへ移行し、国民が完全に形成された後に知識人がその大部分を自己供給するようになったときでも、重要な役割を果たした。

文化的自立の要求のなかに、これとは異なった関心や欲求が入り込んだということは、「小さな国民」にのみ典型的なことではなかった。ドイツの国民運動においてもそのような代弁機能を見出すことができる。国民的文化的な綱領はここでは三月前期には、統一と自由を求める反諸侯的・反絶対主義的関心を表現していた。それにしても、なぜドイツの段階Bにおいては国民的綱領の政治的部分は、長期にわたって地域的にも限定され、また社会的にも、つまり知識人というかなりせまい範囲に限定されたのであろうか。恐らくその答えは、ドイツにおける教養市民の特異な社会的・政治的な見地に見出されるはずである。

ドイツでの段階Bにおいて、国民的諸要求の言語的文化的な内容が「小さな諸国民」の場合と大して変わらなかったように見えたときでも、この綱領の担い手たちは、その社会的な状況と出自の点で重要な相違が確認される。一定の平行関係が政治的な領域に存在し、三月前期のドイツの教養市民はたいてい、政治的な公共生活において、「旧中間層」と結び付いた「小さな国民」の愛国的知識人のようにほとんど乏しい経験しかなかった。しかしこのドイツの教養市民は、その生活の仕方や関心によっても、また人的な血縁関係によっても手工業者や農民との接触がなかった。ブレーメンやハンブルク、ライプツィヒといったいくつかの商業都市の例外はあるが、出現しつつあった企業家市民とのつながりもごく弱いものであった。こうした社会的な境界が完全には固定化しておらず、後にそれが消えていったときでも、それは間接的に影響を及ぼし、三月前期のドイツの教養市民は、「小さな諸国民」の知識人の場合よりもかつての支配的な貴族層との結び付きを強めることになった[16]。

こうした結合関係から、国民運動と国家の関係における相違も派生するわけだが、その相違は「小さな国民」の帰属者の目には今日でもなおドイツ人の場合よりも恐らくいっそうはっきり映るであろう。段階Bにおけるドイツの国民的・市民的な文化は、既存の体制に統合され国民的自覚をもった市民類型を生み出した。この教養市民はたいてい官吏として国家から給与を支給され、国家に依存していた。それは特権化した社会的地位を占め、それゆえ国家に対する敵対的な反抗や衝突に入り込むという理由や可能性をほとんどもたなかった。ドイツの教養市民にできたことは、王侯権力との敵対的ではない共同によって国家を首尾よく改革するか、はじめから「下からの」社会変革を断念することであった。君侯国家に対するこうした関係が、後年の帝国に対する教養市民層の関係に移し替えられたと仮定することは、矛盾したことであろうか。いずれにせよ、ここに国民国家的な統合の過程が開始される土台が準備されたのである。

「小さな国民」の場合には様子が異なっていた。愛国的な倫理典範には――そのようなものが存在したとしてのことだが――せいぜい国家への中立的で順応的な関わり方と、国家権力の保持者に対する深い懐疑が書き記されていた。たしかにこの懐疑は段階Bにおいてしばしば表向きの忠誠によって仮装していたが、しかし段階Cにおいてははっきりとしたものになった。国民的な統合は、段階Cにおけるすべての愛国的な運動が国家の独立性を求める要求を掲げるものではないにせよ、国家的帰属と一致しなくなった。完全に形成された国民の存在と、政治的な自立を求めることが客観的には不可能なこと（およびしばしば考えられもしないこと）との間にはこうした緊張があったが、ここから結局は「小さな国民」の国民的社会が、超国民的で疎遠に感じられた国家に対する緩やかな関係をもつようになった。

三　国民運動と市民革命

本節も概念説明から始める。「市民革命」とは本章においては、暴力行為としての政治的な革命であるとか、その時々に限られた変革としてのみ理解されているのではない。むしろ第一義的には市民による社会革命であり、また市民の一連の革命として、すなわち封建的＝絶対主義的な社会から資本主義社会へと至る市民の革命が完成していった数十年にわたる歴史的に区分された時代として理解されているのである。[17] こうしたことは改革、政治的革命、あるいは「上からの」革命といったさまざまな変革の形を取って起こった。その場合「小さな国民」の革命のサイクルは、たいてい国家全体の枠組みにおける市民的変革の成り行きに左右されるか、それどころかこれと一致さえしたのであった。

異なる国家の非同時的に進行する市民的変革において、改革と政治革命はさまざまな組み合わせ・順序をふくんでいた。この相違は類型学的に捉えられうるが、その際、こうした位置・関連から、厳密な基礎付けをすることなく、ただ簡潔に最も重要な諸類型が示される。[18]

市民社会のあり方、その構造およびその国民的自己理解と政治的な綱領、こうしたことにとって重大な意味をもったのは、市民革命のサイクルがもっぱら政治的な革命（フランス、イタリア、スペイン）によるものだったのか、それとも改革（デンマーク、スウェーデン）によって促進されたのかということである。ドイツでの革命サイクルは、第一のタイプにも第二のタイプにも合致しない。初めの一〇年間、市民的変化は革命的な出来事の圧力を受けたとはいえ、とりわけ改革により現実化したのである。いくつもの改革が実現されてはじめて政治的な革命が勃発したのだが、しかしそれは挫折し、このためにそのサイクルは諸改革と「上からの革命」により完成を見たのであった。すでに何度か注意しておいたことであるが、改革によって達成した教養市民層の文化上の解放とブルジョアジーの経済的な解放は、政治的な参加と同時的に現れたのではない。ブルジョアジーにとって重大であった諸変化は大部分、官僚すなわち君侯国家の官吏によりもたらされ、政治的な意思形成や政治的な力の衝突によるものではなかった。

こうした革命サイクルの進展は、その他のヨーロッパ諸国ではほとんど見られなかったし、その発展がドイツの歴史とよく誤って同一視されるハプスブルク帝国においてさえ見られなかった。ハプスブルク帝国の三月前期においては、プロイセン改革やいくつかのドイツ領邦国家の体制に比肩しうるような政治的・社会的に重要な改革が推し進められることはなかった。一八四八／四九年の政治革命はそこではようやく市民革命サイクルの始まりに位置していたのである。

市民革命サイクルの構造的相違が国民運動と国民形成過程に対してどんな意味をもったか、そのことをここでは一八四八年を例にとり、その位置付けを一方ではドイツ史において、他方ではハプスブルク帝国の諸民族の歴史において行うことで説明したい。その革命はたしかに両国において同時的に進行し、その事件はお互いに影響を与え合った。それにもかかわらず、国民にとってのその重要さは異なったものであった。その相違は、自由主義的綱領と国民的綱領の間の矛盾だけに基づいていたのではない。その相違のより根元的な理由を理解するためには、市民的変革のその時々の進行においてこの革命がどこに位置し、どのような意味をもったのかということを問わなければならない。

一八四八年の革命はハプスブルク帝国においては、すでに述べたように市民革命サイクルの開始点に位置していてた。そのために、その成果（農民解放、行政・学校改革など）は、政治的には敗北であったにもかかわらず、社会の意識、とりわけ非支配諸国民の意識において並々ならぬ位置評価をもっていた。これに対してドイツの国民は、この革命を挫折した企てと理解したが、そのような解釈になるのは、先行し成功した改革との比較だけからのことではなく、それがハプスブルク帝国の三月革命よりも、そもそもが幅広い民主主義的目標を追求していたことにもよっていた。それゆえドイツの場合、問題となるのはもっぱら否定的な政治経験である。

一八四八／四九年の革命はそれが挫折したものであったにせよ、ハプスブルク支配下に生活していた諸民族によってドイツとは異なった評価が与えられた。新たな発展の始まりとして、すなわち肯定的な政治経験として評価され、その理念へと常に積極的に立ち返ったのである。とりわけ国民運動の先駆者にとっては、彼らがさほど急進的思想の持ち主でなくても、この革命は尻込みする必要のない重要な里程標であった。たとえばハンガリーとチェコの愛国者はこのときはじめて大衆運動を経験し、その行動計画に市民的な政治要求をはじめて盛り込み、はじめて自由に宣伝活動し、その政治綱領を公然と決定し議論したのであった。

支配的国民の革命サイクルがどのように構造化されていたかは「小さな国民」にとってたしかに重要であったが、市民的変革の諸要件に対する自分たち自身の国民運動の関係のほうがより重大であった。国民運動のその後の運命とその性格にとって決定的に重要であったのは、市民革命サイクルのどの段階で段階Bへと移行したか、いつの時点で段階Cへの移行が終わったのかということであった。それに従って国民運動の経過(段階BとC)と市民革命サイクルというこの両者の関係において、四つの基本的な状況ないしはタイプが区別されることになる。

(1) 段階Bへ入るのが政治的な市民革命よりもずっと以前で、段階Cへはこの革命の間かもしくはその直後に達する国民運動。チェコ人、ノルウェー人の場合がこれにあたり、革命サイクルのいくらか変形した場合ではフィンランド人とエストニア人も含まれる。

(2) 段階Bはたしかにアンシャン・レジーム下で始まったが、さまざまな理由から段階Cへの移行はずっと遅くなり、そのために組織された労働者運動の端緒が段階Bに存在した国民運動。ラトヴィア人、リトアニア人、スロヴァキア人がこれに当たる。

(3) 運動の目標を急速に達成し、段階BからCへの移行を市民革命および市民的改革よりもずっと以前に始めた国民運動。オスマン帝国だけがこれにあたる。

(4) 段階Bへの移行が政治的な市民革命の勝利後にようやく始まり、それゆえ多少なりとも市民的立憲主義が作用しているところで存在し、段階Cへの移行がともかく複雑な形を取る国民運動。ウェールズ人、フラマン人、カタロニア人にあてはまる。

こうした類型学的な類別化により、国民運動の進展過程において目に付くいくつかのヴァリエーションを明らかにできるか、あるいは少なくともより詳しく解明することができる。そこには国民運動の非同時的な発展、すなわち一九世紀半ばにはすでに大衆運動化していた運動もあれば、この時期を過ぎてはじめて段階Bへ入ったという運動もあった。こうした事実は、強弱の差はあるにしても市民化の刻印を受けることと関連していたということを限定的にのみ確認できる。市民的変革の過程と遅かれ早かれ始まる国民運動との直接的な依存関係は、存在していなかったと思われる。多くの遅れた地域では国民運動がかなり早い時期に始まったのに対し、その他のかなり発展していた地域では、段階Cへの移行はきわめて遅かったか、でなければその段階に到達すらしなかったのである。

このように類別化してみると、国民運動を統合する諸要素が何であったかという問題に立ち返らざるをえない。市民的変革の付随現象として社会的交流と移動のもった意味は、カール・W・ドイチュが想定しているほどには、決して常に普遍的なものではなかったことがここでも確認できる。この二つの要素が統合的な働きをするのは、社会において一つまたは複数の国民的利害対立が作用していたときである。この対立の根深さは、必ずしも市民的変革とその成果からのみ生じたのではなく、封建社会の古い「伝統的な」対立関係、とりわけ従順な農民と彼らにとっては異教徒のように疎遠な支配階級との対立からも生じえた。

　これに加えて類型化による特徴付けから、ドイツの国民運動と、とりわけ段階Bでは綱領の構造にその姿が反映している「小さな国民」の国民運動との相違を説明しうる。「小さな」という条件下での国民運動、つまり支配的ではない国民の目標は、とりわけ国民的な独自性と自立性に未だ欠落している属性を獲得することであった。これにしたがえば理論上のこととしては、その運動が目指す方向は、その綱領の言語・文化的、政治的および経済・社会的構成要素が方向づけられる基準になる、先に挙げた三つの欠格領域ということになる。もっとも実際の状況はそのようには見えない。段階Bが進展するなかで三つの目標設定が同時に追求されることはなく、各国民に独自な目標序列があり、各要求の強調の仕方はさまざまであった。アイルランドの国民運動では最初から政治的な企てが前面に立ち、これに対して言語的文化的な取り組みはずっと後になってからで、取り立てて大きな反響もないままに定式化された。これと対照的にチェコとフィンランドの運動では最初に言語的・文化的な目標が強調され、その後にチェコでは政治的な要求が、フィンランドでは経済的な要求が立てられた。段階Cになってはじめて「小さな国民」の国民運動は、綱領の全領域をまとめることができたのである。

　ドイツの国民運動ではまったく様子が異なっていた。ここではすでに段階Bにおいて、地域的に異なった特徴付けや強弱があるとはいえ、三つの構成要素はすべてほぼ同等に扱われた。

まとめ

　本章のはじめに国民運動を定義して、これを、国民としての完全な自立性に欠けている属性を獲得しようと努める、形成されつつあった国民の自覚的な社会行動とした。ヨーロッパにおけるこの運動には二つの典型的な進行過程が見られるが、これは基本的に異なる初期状況と結び付いていた。第一の状況は、「小さな」支配的ではない国民の場合の状況で、その特徴は階級構造が未成熟であったり、政治的自律性が不完全かもしくは存在していないこと、さらに自己の文学的言語における文化的伝統が変形もしくは創造過程にあったこと、こうしたことに現れていた。第二の状況は、階級構造が完全に形成されていた国民の場合で、ここでは国家としての政治的独立性や時には文化的な伝統も欠けていた。このタイプにはドイツだけでなく、イタリア、ポーランド、ハンガリーさらには一八三〇年までのベルギーの国民運動が含まれる。

　いずれの場合にも国民運動は、たいてい一部知識人（文学者、学者）の主導権のもとに生じたが、しかし市民層の参加がなければ完全な国民的社会の形成には至りえなかった。「小さな国民」の場合、国民運動の最初の二つの段階においては政治的な要求はほとんど提出されなかった。ここでは言語的文化的な綱領は、封建的・絶対主義的国家もしくは支配的国民に対する、形成され地歩を固めつつあった市民層による政治的反対運動の「代行者機能」を果たした。

形成されつつあった国民の社会構造において市民層が根を下ろしていないほど、段階Bにおける国民運動の政治的要求と目標設定もそれだけあいまいで、控えめなものとなった。しかしそのような場合ですら、国民運動は市民的社会変革の一部であった。すなわち言語的文化的な綱領は強弱の違いはあれ、客観的には国家公民的権利を求める闘争において政治的な影響を及ぼしたのである。この綱領が成功を収めて国民動員的なものとなったのは、国民的利害対立が市民社会にふさわしい政治的形態や綱領としてまだ明確化されていないところにおいてであった。それゆえ、なによりも封建的絶対主義的国家における政治的な抑圧が存在するという条件下においてであった。

「小さな国民」においては、たいてい段階Bの国民運動の主導者や主唱者のなかに、企業家市民層（ブルジョアジー）と、支配階級と結び付いた教養市民層集団とを欠いていた。ここではその指導的な役割を暫定的に演じたのは下級・中級の知識人たちであった。自営的手工業者と小商人も、さらに若干の国民においては農民までもが大きな役割を担ったが、彼らの参加なしには国民的な示威行動の成功はおぼつかなかったであろう。

国民運動の担い手集団の社会的構成が国民によって相違していたことは、愛国的知識人の社会的出自に明白に現れた。たいていの「小さな国民」において知識人は、手工業者、小商人、無名で貧しい知識人、また時には農民の家庭出身であったが、ドイツの教養市民層はその大部分を自らの階層から補給していた。いわゆる旧中間層との結び付きは、きわめて弱かったのである。この相違の影響を受け、とりわけ国民的な綱領への、また国家や国家的なものへの関係、社会的な不平等と不正義への、また民主主義的な綱領への、はては労働運動への態度、これらの点で違いが生じた。「市民性」という概念を理念型として定義することができるとしても、それはドイツ人のような支配的な国民と、「小さく」支配的ではない国民の間の相違を組み込んだものでなくてはならない。

ドイツにおける市民的変革は、特有の状況ゆえにひとつの国民運動の基本をも明示していた[19]。そのことによってドイツの政治文化は一定の行動規範、定型や先入主を身につけることとなり、これはあらゆる場面で国民運動の必然的な付随現象となったものである。ドイツの政治文化は、政治的目標や国家公民にかかわる目標よりも国民的利害を優先し、文化的価値を強調し、自らの長所や功績、生存権を繰り返し根拠づけようとし、国民的なアイデンティティーへの外部からの脅威に対する不安を煽った。こうした定型は、ドイツの国民運動がその目標に到達し、一八七一年以後役割を終えた後もなお国民意識のなかに残った。それは外に向けて「機能転換され」、膨張的国民主義的イデオロギーに統合されて特有の政治的作用をさらに果たすことになったのである。

注

(1) この「小さな」という特徴付けは、単に規模という意味だけではなく、類型学的な性格付けとしての意味もある。支配的ではない国民という言い方もできるだろう。G. Stourzh, *Die Gleichberechtigung der Nationalitäten in der Verfassung und Verwaltung Österreichs 1848-1918*, Wien 1985, S. 6.

(2) 比較という方法の適用を有効なものとするための前提は、比較対象すべてに共通する一つの「次元」に限定するということである。この点、次の論文を参照せよ。M. Hroch, Das Erwachen kleiner Nationen als Problem der komparativen sozialgeschichtlichen Forschung, in: H. A. Winkler (Hg.), *Nationalismus*, Königstein 1985, S. 155f.

(3) K. Kautsky, Die moderne Nationalität, in: *Die Neue Zeit* 1887, S. 405. 『園亭 *Die Gartenlaube*』は一八六一年に次のように問題を提起している。「ポーランド国民には、自由な国家生活の形成のために必要な構成要素、つまり自由の強力な担い手、有能な市民層が大部分欠けていたのだから、……自由な国家生活の形成が可能だったであろうか。」Besuch auf Caprere, in: *Die Gartenlaube* 1861, S. 110.

(4) このような時期区分においては、「国民運動」の概念の方が「ナショナリズム」概念よりもずっと好都合であると筆者は見ている。

(5) ついでに言えば、(ドイツ) オーストリアの国民形成過程は、無理からぬ理由から国民運動という特性を帯びなかった。一八四八／四九年の革命時を例外として、そのための温床はほとんど存在しなかったのである。

(6) この意味論的な問題は、非ドイツ人の書き手が「市民化」を概念的に把握することをきわめて難しくしてしまう。「市民層 Bürgertum」という概念は、スラブ語においては対応するものがない。それを構成している教養市民、ブルジョアジー、シュタットビュルガー、国家公民、都市市民といった言葉は、一つの集合概念には まとまりえないさまざまな概念によって翻訳されねばならない。だからチェコ語では、市民という言葉は、měšťanstvo 都市市民かもしくは buržoazie ブルジョアジーに翻訳される。それは誤解につながりかねない。一例を挙げるなら、「国民運動で有力な市民層のもとにはブルジョアジーを欠いていた」というドイツ語の一文は、チェコ語に翻訳されると、「市民的」と「ブルジョアジー」が同一の単語 buržoazie に翻訳されてしまうので、市民という言葉はその意味を失ってしまうのである。

(7) Vgl. v. a. M. Hroch, *Die Vorkämpfer der nationalen Bewegung bei den kleinen Völkern Europas*, Prag 1968; ders., *Social Preconditions of National Revival in Europa. A Comparative Analysis of the Social Composition of Patriotic Groups amoung the Smaller European Nations*, Cambridge 1985; ders., *Evropski národni hnutí v 19. stoleti*, Prag 1986.

(8) O. Dann, Die Lesegesellschaften des 18. Jahrhunderts und der gesellschaftliche Aufbruch des deutschen Bürgertums, in: U. Herrmann(Hg.), »Die Bildung des Bürgers«, Weinheim 1982, S. 100-118, hier 105f.; C. Förster, *Der Preß- und Vaterlandsverein von 1832-33. Sozialstruktur und Organisationsformen der bürgerlichen Bewegung in der Zeit des Hambacher Festes*, Trier 1982, S. 159ff.

(9) ドイツ知識人の社会的出自が歴史的研究の対象にしばしば取り上げられるようになったのは、ようやくこの数年来のことである。Vgl. insbes. die bahnbrechenden Arbeiten von K. H.

Jarausch, The Sources of German Student Unrest 1815-1848, in: L. Stone (ed.), *The University in Society*, Princeton 1974, pp. 533-569; ders., Die neuhumanistische Universität und die bürgerliche Gesellschaft 1800-1870, in: *Darstellungen und Quellen zur Geschichte der deutschen Einheitsbewegung im 19. und 20. Jahrhundert*, Bd. 11, 1981, S. 11-57; M. Kraul, *Gymnasium und Gesellschaft im Vormärz. Neuhumanistische Einheitsschule, städtische Gesellschaft und soziale Herkunft der Schüler*, Göttingen 1980; H. Titze, Überfüllungskrisen in akademischen Karrieren. Eine Zyklustheorie, in: *Zeitschrift für Pädagogik 27*, 1981, S. 187ff.; ders., *Das Hochschulstudium in Preußen und Deutschland 1820-1944 (Datenhandbuch zur deutschen Bildungsgeschichte, Bd. 1, 1)*, Göttingen 1987. 残念なことに、各社会的なカテゴリーの規定が筆者により異なっており、そのためにその成果の相互比較、国際比較が不可能になっている。右に列挙したなかで、Jarausch, Die neuhumanistische Universität の論文だけがその社会的出自に関する報告がかなり詳細であり、そこから新たな算出が可能である。その記載数値を、ドイツの場合の数表値の基礎として利用した。

(10) V. Aubert etc., *The Professions in Norwegian Social Structure 1720-1955*, Vol. 2, Oslo 1962.

(11) Hroch, *Social Preconditions*, p. 68, ergänzt durch die Angaben von K. Wirilander, *Herrskapsfolk. Ståndspersoner i Finland 1721-1870*, Stockholm 1982.

(12) 次の著作の挙げている数値に基づく算出。J. Hucko, *Sociälne zlozenie a povod slovenskej obrodenskej inteligencie*, Bratislava 1974.

(13) Hroch, *Social Preconditions*, p. 53ff.

(14) この自己供給率の高い割合は、ドイツ人作家にも当てはまる。F. Brümmer, *Lexikon der deutschen Dichter und Prosaisten des 19. Jahrhunderts*, Leipzig 1888^3.

(15) Hroch, *social Preconditions*, p. 159.

(16) H. Segeberg, Literarischer Jakobinismus in Deutschland. Theoretische und methodische Überlegungen zur Erforschung der radikalen Spätaufklärung, in: B. Lutz (Hg.), *Deutsches Bürgertum und literarische Intelligenz 1750-1800*, Stuttgart 1974, S. 519; A. Hauser, *Sozialgeschichte der Kunst und Literatur*, München 1970^2, S. 623.

(17) M. Kossok u. W. Markov, Zur Methodologie der vergleichenden Revolutionsgeschichte der Neuzeit, in: *Studien zur vergleichenden Revolutionsgeschichte 1500-1917*, Berlin 1974, S. 1ff.

(18) 次の著作における確証による。M. Hroch, *Burzoazni revoluce v Europe*, Prag 1981.

(19) それゆえ段階Bにおけるあらゆる相違にかかわらず、ドイツ国民と「小さな国民」の形成に際しては、社会的および文化・政治的に本質的な類似性が存在する。この類似性を相互的な影響と模倣によっては説明できず、むしろ歴史的に相似した状況から説明しうる。

第十二章　自由主義と市民層

ディーター・ランゲヴィーシェ
（一九四三年生
テュービンゲン大学教授）

一九世紀ヨーロッパには、政治的・社会的発展にかなりの影響を与えた変化に富む二つの現象があった。それらは「自由主義」と「市民層」という言葉で表現できるだろう。[1]「自由主義」と「市民層」は、「市民社会」という理念を共通目標とし、この目的が両者を一つに結合しているように思える。すなわち自己に対する責任をもつ人間という理想を中核にすえ、さまざまな政治的・社会的規範が網目状に織り合わされたものとしての自由主義、それと同時に、成熟した国家公民からなる社会を追求する社会集団の、つまり、市民層の政治運動としての自由主義ということである。このように、ヨーロッパ自由主義理念は、なじみあるこの決まり文句で表現することができる。だが、次のことは具体的な歴史的研究のなかでしか明らかにされないであろう。すなわち、このように規定された自由主義という観念が、ことあるごとにいかに個別的に理論化されていったのか、そして誰によってそれを実践に移す試みがなされたのか、という問題である。自由主義は、一九世紀初頭に成立して以来、そうした多様性を排除しようとしてきたのだが――（現実には）幅広い多彩さ――自由主義概念は、一九世紀初頭に成立して以来、そうした多様性を排除しようとしてきたのだが――を帯びている。だが、自由主義の解釈と概念が一般化すると、その歴史を疎かにし続けざるを得ない。「市民層」概念も同様にであって、中間層が社会化した特殊な形態として、ただ歴史的変遷のなかでのみ適切に把握されうるのである。

そもそも自由主義と市民層の変遷を理解しようとすることが、一九世紀の波瀾に富む両者の関係を適切に規定することをすでに困難としているのならば、比較という課題の困難も増大することになろう。ただドイツの自由主義は、次の点において比較の結節点として貢献するであろう。すなわちドイツ自由主義の問題は、この『一九世紀における市民層』三巻で取り上げられる主要な問題の一つである「ドイツ特有の道」に関する問いに対し、比較対象国を選択する時点であらかじめ生じてくる回答を準備することなしに、問題を究明する可能性を与える。なぜならここでは、イギリスとフランスと並び、イタリアやハンガリー、場合によればスペイン、オランダそしてロシアが比較の対象として取り込まれ、その結果、ドイツは、「ドイツの西からの逃走」をテーマとする研究のなかでたいてい位置づけられてきたような、東西ヨーロッパの近代化という基準軸の末席に初めから座ることはもはやないからである。

本章では、比較考察の焦点を定める可能性をもつ数多くの観点のなかから、以下の三つを選ぶことにする。すなわち、(1)自由主義の運動および組織が、いかなる政治的な行動条件のもとで成立し、また発展したのか。(2)誰がそれらに同調し、誰に対してそれらは向けられていたのか。(3)どのような政治的・社会的理想が自由主義を特徴づけていたのか。この三つの大きな研究諸領域はそれぞれ比較の視点から長期的発展と変遷がいかなるものであったか問われねばならない。果たしてヨーロッパ全体を貫く自由主義の基本的潮流は存在したのであろうか。また、ドイツ自由主義の歴史はそこから脇道へ逸れていったのであろうか。

一 行動条件と行動類型

自由主義者は政治的に行動することを望んでいた。それゆえ自由主義者をなによりもその行動から判断することが望ましいといえよう。自由主義者が自らの意志を反映できる行動範囲は、ヨーロッパ各国によって非常に異なり、また一九世紀が進むにつれて、根本的な変貌を遂げていった。一九世紀中葉までは、革命もまた市民層にふさわしい活動のうちの一つということになっていたが、それは決して自由主義者の典型的活動ではなかった。このことが自由主義者を、市民層のなかの民主主義者や共和主義者から厳格にわけ隔てていたのである。

ヨーロッパの自由主義者は、いずれも「意志に反して革命家」(シーダー)になったのである。つまり、自由主義者は自ら求めたのでも実行したのでもない革命運動を、彼ら自身が構想した限定的な改革目標のために、やましさを感じつつ利用しようとしたのである。しかし革命を回避できなくなったとき——ヨーロッパ大陸の自由主義者の一部は、革命をあらゆる改革の選択肢のなかの最悪のものとして、一八四八年まで徹底的に排除してきたのだが——、自由主義者は革命過程をできるだけ迅速に終結させるよう努め、革命過程を合法化した。すなわち、革命権の行使による変革ではなく、議会の決定に基づく国政の転換を試みたのである。

自由主義による政治は、常に合理的な議論による利害対立の調整の制度化をねらっていた。一九世紀半ばまで、非市民的社会集団のみならず市民層の周辺集団が広く実行していた集団交渉の暴力的形態を自由主義者は拒絶した。彼らは、法的に規制されかつ限定される、国家による暴力独占の決定的な擁護者に属していた。政治的手段としての暴力を拒否したことは、彼らと左翼との間に厳格な一線を画すことになり、自由主義勢力を保守的な現状維持のための同盟の一翼であるように印象づけた。この拒否的態度は、ただ中道的態度による社会への恐れに基づくのみでなく、立憲国家的な近代性の帰結でもあった。つまり、自由主義的行動類型は、制度化され、法的に保証された政治参加を目標としていたのである。そのため彼らの要求は、なによりも第一に、政治参加を拒絶する絶対主義的な国家権力に対して向けられたが、基本的には政治手段としてのあらゆる暴力に、とりわけ「下から」の暴力に、同様に反対する傾向もみられたのである。

政治的に影響をもち得るために、自由主義は、世論および（政治）機関における公開討論の場を必要としていた。これが存在しないか、あるいは討論の場が閉ざされているところでは、自由主義運動は発展できなかった。また、彼らの自己理解と矛盾する場合、左翼との闘争に対して自らの主張を押し通せない場合は、自由主義運動は地下活動を余儀なくされた。その限りにおいて、国家と社会のなかで達成されている制度化の程度と政治的世論の強度が、自由主義の強弱を左右していたといえよう。そしてイギリスとロシアは、その両極をなしている。

民主主義化の準備期

イギリスでは、一九世紀初頭すでに自由主義が発展する絶好の機会があった。[2] 当時のイギリスでみられた自由主義の行動領域は、以下の理由からある一定の比較基準を提供している。イギリスの自由主義は、ヨーロッパ大陸のどこよりも早く結実する形で頂点に達した。ヨーロッパ諸国の自由主義者にとって、イギリス自由主義はモデルとしての意義をもち、彼らはこのモデルから長所・短所を学ぼうとした。そのため、ヨーロッパ自由主義にみられる国民主義的な行動形態やドイツ自由主義がとった同様の方向性をもつ立場は、イギリス自由主義の変形として判断され得るのである。一九世紀初頭から中葉にかけてのイギリス自由主義の他に類を見ない恵まれた行動条件は、大ざっぱにいえば、次の三つのメルクマールによって表現できよう。

(1)　一七世紀におこった諸革命の結果、国民国家が成立し、その支配秩序において議会が決定的な地位を確保した。政府形成は、国家の重要問題を決議する議会での多数派によって決定された。政治的決定権の議会への集中は、国家全体が求める価値にのっとった政治的方向性の形成に適しており、また同時に政治家たちに妥協能力を身につけさせた。これらが自由主義者の行動範囲を拡大したのである。

(2) 集権的な国会と対をなしたのは、国家官僚制度ではなく――官僚制の形成はヨーロッパ大陸の諸国に比べると弱かった――、むしろ分権的な地方政府のさまざまな団体であった。これら諸々の団体のなかで、イギリス社会は国家から比較的大きな距離を保ち、自律性をもって運営された。またこの広範な決定過程の地方分権化に属するものには、宗教生活上の組織的多様性がある。ここでは、自治のあり方が訓練され、宗派を超えた秩序観念が発展させられた。それゆえに、イギリスの諸政党は、かなり宗教色の濃いものとなった。自由主義者の主柱をなしたのは、イギリス国教会以外、とりわけ非国教徒、ないしはカトリックの一部であった。イギリス自由主義のこの宗教的基盤が崩れ始めたのは、政治的態度にとって、ようやく他の社会的条件がより重要になった一九世紀末になってからのことであった[3]。

(3) 「近代」へ至る重要な社会経済的過程――人口爆発、農業革命、産業革命、都市化――の開始は、イギリスのほうが大陸のどこよりも早かった。イギリス社会は、一九世紀にヨーロッパ諸国が程度の差はあるにせよいずれも展開させた国家による社会への介入を許すことなく始動した。イギリス初期自由主義は、社会経済的過程が早期に開始したことにより、二点において利益を被った。すなわち、社会的にみて自治組織がかなり高度であったことは、自己に対して責任のある個人という強い信念に貫かれた政治運動の強化に役立った。また、社会の活発化は、進歩の代表とみなされる人びとを強固なものにした。強力な地方自治体と弱体な国家官僚制、それに国会への権力集中の混合、および多元主義と個人主義を促進した社会的変化と宗教的伝統の混合、それらは、イギリス自由主義の政治的活動に幅を与えた。一九世紀六〇、七〇年代において、これらは大陸ではそれほどまでに達成されなかったものである。

フランスにも同様に国民議会が存在したが、イギリスと比較し得るような議会活動は存在していなかった[4]。二大政党制は形成されず、一八三〇年の七月革命以降になると、省庁は、議会におけるもともと不明瞭であった勢力分配よりも、むしろ国王と直接コンタクトをとることを重視していた。市民層の大部分は、この統治形態から排除されていると感じていた。そのことが突如露呈したのは、市民層が「市民の王」およびその君主制に対する支援を拒絶した一八四八年二月のことであった。

議会の事情が不透明であったため、フランス自由主義者は、明確に独自な政治集団として全国的指導権をもって登場することができなかった。(全国レベルでの事情がこんな具合であったうえに)地域や地区レベルでは、イギリスをモデルとするならば、自由主義を促進するであろう社会的自治のあらゆる前提がいっそう欠如していた。中央集権的行政の影響力は強力であり、一方、名望家支配層の重要性は、すでに一八四〇年代に後退して貧弱なものとなっていた。そのため、政治的に見て、理念と活動としての自由主義は、地域および地区においても、社会にしっかりと定着する機会をもつことはまずできなかった。また地方で優位にたつ共和主義者との闘争に自由主義者は遭遇していた。共和主義は、フランス革命以来、本来の「国民の党」を形成していた。さらに自由主義者の左翼には、強力な「人民の党」が存在し、それがあからさまに自由主義に立ち向かってきた。それが自由主義の政治的・社会的統合力と政治的行動範囲を狭めたのである。

イギリスないし中部・南部ヨーロッパ諸国の場合と比較して、フランス自由主義者は、少なくとも次の点において特殊な立場を占めていた。すなわち彼らにとって、地区、地域および国家のレベルで自らを明確に他と区別された独自の存在として——一九世紀の政治的世論やのちの歴史家に対して——認めさせるのが困難であったことである。このことが「概念の錯乱」(5)をもたらし、いったいどの政治的方向性が自由主義的であると特徴づけられるのかという問いに対して、今なお専門家の間での見解の一致がほとんど見いだせないのである。しかしこのように不確定な存在であったことにより、自由主義者はかなり柔軟に活動できた。その結果、彼らは第一次世界大戦の時点まで、議会において他の市民諸政党と連立し、そのなかで重要な地位を確保したのである。

個々の観点をみれば差異があるとはいえ、イギリスとフランスの自由主義が政治的に発展するための条件は、当初からすべての政治勢力により問題なく受け入れられていた国民国家によって特徴づけられる。それに対し、イタリア、ドイツ、ハンガリーにおける自由主義者の行動範囲は、一八六〇、七〇年までの時期には、とりわけ次のことに規定されていた。すなわち、これらの国々では、民族が国家という外皮をもっていなかったのである。ハンガリーの場合、民族的自立が、非民族的なハプスブルク王政によって制限されており、この制限された枠内でさえ、常に危険にさらされていたのである。

ハンガリーでは、およそ一八三〇年以来、指導的社会層であった貴族と国家諸機関という両者に安定した地盤をもつ強力な自由主義運動が発展した。(6)これら両者がハンガリー自由主義に対し、きわめて有効な政治上の行動空間をつくりだすとともに、市民的自由主義という既存のイメージをそぐわないものにする有益な比較対象を提示している。すなわち、ハンガリー自由主義は、その社会的出自においてはまったく非市民的であったにもかかわらず、「市民社会」を理想像として掲げ、それにもかかわらず政治的には貴族的集団に根を下ろしていたのである。

ハンガリー自由主義者たちは、ハプスブルク国家中枢への接近手段を持たなかったが、ハンガリーにおける絶対主義的支配の拡大を常に効果的に制限した二段階の身分秩序を巧みに利用した。貴族の重要な権力基盤は、幅広い自治権限を保持してきた県であった。ここを基盤として、貴族は、ハンガリー地方議会が招集されることのなかった時代を切り抜けてきた。一八二〇年代、ついに地方議会が改革議案を再び協議する段階になると、貴族のなかの改革派は、世論からの幅広い議論を喚起するため、彼らの自治経験を活用した。民間の諸団体がさまざまな決議事項を準備した。それらは、県議会での緻密な議論の末にまとめられ、代表によって州議会で主張された。このように、一八四八年革命の数十年前には、政治的世論が拡大していた。たとえば、意志を形成する際に共働した数多くの団体は、新聞や最初の疑似政党的組織によって支援された。しかし、貴族的自由主義による政治改革の作用可能性にとって重要なことは、それが身分的組織のなかの優越的立場にとどまったことである。そのため、一八三〇年頃、身分的な自己主張ともいえる政治的方向性から貴族的な改革運動が出現したのである。この運動は、西部・中央ヨーロッパ自由主義に最も精通し、その理念に同意を示していた。

一八四〇年代になると、さまざまな団体が、多岐で広範な目的をもって明確に分化しはじめた。しかし、ハンガリー自由主義に対抗する左翼からの競合は生じなかった。このことは、まさに一八四八／四九年革命において、自由主義が、法的平等を目指す国家公民社会を伴った立憲国家へとハンガリー王政を転換する改革を貫徹する準備に役立った。そして革命後の一〇年間に、ハプスブルク新絶対主義がハンガリーの自治基盤を取り壊そうとしたことは、オーストリアとの妥協（一八六七年）以来、ハンガリーの政治および自由主義者の発展可能性を決定づける根本的経験の一つとなった。

イタリア自由主義は、まったく異なる行動条件のもとで成立した。[7] 旧来からの国家秩序の正統性は、フランス革命およびナポレオン時代に崩壊し、一八一五年の王政復古もそれを再生しえなかった。社会的参加への要求（運動）は、もはや封じ込められてはいなかったが、いかなる国家諸機関もそれらに対して開かれておらず、ロンバルト＝ベネチアにおける修道会（聖省、信心会）のような代表団体が既存するところでは、影響力を持たない状況が続いていた。このような国家の拒絶の姿勢に対して、民間団体によって社会的意志が形成された。その一部は、国家に対抗する活動を伴うものであった。その結果としてイタリアは、秘密団体、セクト、反乱、革命の試みが多発する古典的国家となった。とはいえ他方では、新聞や雑誌、団体や学術的専門家会議が次々と創設され、また幼稚園や学校といった施設もこの社会改革運動から生み出された。

これら諸活動の背後には、統一的な政治運動は存在しなかった。ただ政治運動は、大まかには二つの大きな潮流に区別することができるであろう。一つは、民主派であり、彼らはマッツィーニにカリスマ的指導者像を見い出していた。民主派は一八三〇年代以来、共和主義・統一主義構想を展開していた。この構想は、ただ個々の国家王政に対する革命的暴力によってのみ実現されるものであった。それに対して、第二の潮流である自由主義者（穏健派）は、王権や政府との共同活動の可能性を模索していた。一八四八年までの自由主義者にとっての理想は、国家統一ではなく、個々の国家における西ヨーロッパをモデルとした改革、しかし現状維持のもとでの改革であった。とはいえ自由主義者たちは、一八四〇年代にはしだいに来たるべき国民国家への期待を強めていった。というのも、個々の国家では待望された改革が起こらなかったからである。

共和主義者民主主義者と君主主義的自由主義者とを区別する線は、一八四八／四九年の革命時点においても変らなかった。両派がともに失敗したことが、革命後の自由主義のための道を開くことになった。ここでいう自由主義とは、民主主義者の穏健派と自由主義者（Moderati）が合体したものである。まずこの新たな自由主義勢力が、イタリア国民運動の支柱となったのである。革命の失敗後になってようやく、イギリス、フランス、ハンガリーあるいは他の諸国ではすでに一九世紀前半に存在していた制度上の行動領域、すなわち議会がイタリア自由主義に対して開かれた。ただしこの事情は、ピエモント・サルディニア王国にのみ当てはまるものであった。ピエモント・サルディニア王国は、カヴールの指導のもと、イタリア統一を先導する国家となるために、自由主義者の国民運動によりどころを求めたのである。一八五九年から徐々に作り出された国民国家をもって、イタリア自由主義にとっての第一段階は終わる。この段階においては、イタリアの制度上の行動条件は、とりわけ西ヨーロッパのそれに対して後塵を拝していたが、これらに近づいていったのである。

これまでヨーロッパ自由主義の展開を考察していえることは、この考察によって、ドイツ自由主義者の「特有の道」について語ることはできないということである。(8)ドイツ自由主義者が重点をおいた要求は、イタリアの自由主義者と同様、まずは諸領邦における改革に向けられていた。ドイツでは一八四〇年代以降、自由主義者による憲法運動から広く普及した国民運動が生まれた。しかしそれは、エリート的国民主義から大衆的国民主義へと拡大したように、ある程度自由主義という枠組みを越えて成長した。民主主義者は、自らを意図的に、あるいはすでに組織的に自由主義者から区別し始めていた。しかしこの分離は、フランスやイタリアのような徹底性を欠くものであった。一八四八／四九年の革命期にようやく左翼との競合が強まったため、自由主義者は、彼らが大臣に昇進した瞬間に、全国家・社会秩序の制御不能な革命的転覆に対する恐れから、彼らの改革における行動余地が制限されると信じ込んだ。しかし、これもまたドイツに特有なケースとはいえず、フランス、イタリアにおいても同様なことが生じたし、限られた範囲ではハンガリーでも見られたことである。

革命の時点までは、ドイツ連邦の諸邦における自由主義者の行動条件は、ある一定の範囲で異なっていた。もちろん極端な場合を除いてであるが。ロシア的状況は、ドイツにも存在しなかった。ドイツ諸侯が革命的事件という圧力のもとで、自由主義者の大臣と彼らから構成される議員内閣制をやむを得ず受け入れたとき、すなわちようやく一八四八年になって、イギリス的模範がただ短期的におおよそのところ達成された。そのときまでは、ドイツの多様性は、中央の議会内における委員会の完全な拒否から頑強な旧身分諸団体、さらには代議制理念に近似した重要な権限を駆使しえた議会にまで及んでいた。他のヨーロッパ諸国と同じくドイツ連邦においても、自由主義は、社会的な支配秩序を制度化した協賛権を容認する中央機関を支配していた。それには議会とならんで地方自治機関も属していた。ドイツ自由主義の実践的意義は、なお十分に研究されていない。ただ現在までの研究状況から認められるのは、ドイツの状況は、ヨーロッパ比較のなかで中間的位置にあると思われるということである。自治行政は、イギリスほど国家との距離をもつものではなかったが、国家権限が拡大していたにもかかわらず、一九世紀初頭の改革者のなかにフランス、イタリアよりも強くはっきりと刻印されている。このことは、ドイツ自由主義が、フランス、イタリアよりも広い範囲の住民層に支援を見い出していたということによるであろう。比較可能な意義は、ハンガリーにおける県での自治にも与えられるが、貴族社会においてという限定付きである。特定宗派の構成員であることの重要性や特定宗派による自治の度合いに関しては、大陸諸国における初期自由主義の発展にとって比較的わずかな意味しかもたないように思われる。自由主義と教会に忠実なカトリックとの対立を——カトリックは自由主義的行動空間を一八五〇年代から効果的に狭めていた——われわれは単純に革命前の時期に戻して映し出してはならないであろう。一八四八／四九年革命は、反教権派と教会の世界解釈が公然と衝突した転換点をなした。その時点までカトリックと自由主義は、一貫して結び合い得たのである。イタリアにおける一部の自由主義者は、教皇権のなかに改革力ある連邦的国民国家のための統合力を見い出しうるという希望さえ抱いたのである。この希望もまた一八四八年に消滅してしまった。ドイツもその例にもれず、革命の年は、自由主義とカトリックとの間の、後に決して克服されない疎遠の始まりを意味した。しかし一八四八年までのドイツにおける発展のバリエーションは、前述の領域と同様に新たな中間的位置を占めるように改めて思える。つまり、かなり宗派が単一的な国家とイギリスの宗派多様性との中間的状態である。ドイツ自由主義は、プロテスタントの自治委員会に支援されてはいたが、それはイギリスにおける自由主義者と非国教徒のグループの関係とは程遠かった。というのもドイツ・プロテスタント教会は常に領邦教会にとどまり、その制度上の運動の自由は権力によって限定されていたからである。[9] 三月前期の自由主義者の一部が夢に描いたプロテスタントいう光の友人とカトリックとのなかに、イギリスの状態に比較しうる自由教会的牙城を確保するという希望は、かなうことなく終わった。ドイツ自由主義は、一八四八年以降、まさにプロテスタント的な現象となった。しかしプロテスタント教会は自由主義的になったわけではなかった。カトリック諸国やイギリスとは異なり、ドイツのプロテスタント国教会制度は国家への自由主義者の服従を要求したのである。このように選び出された比較基準に照らしてドイツの特有性をここに認識できよう。同時に強調しておくべきことは、ヨーロッパ自由主義が一九世紀の最初の三分の二世紀において、そのもとで発展した制度的行動条件の変動幅に基づいてドイツ特有の発展を認識し得ないということである。

議会主義化と民主化

一九世紀の最後の三分の一世紀に、本章で比較対象となっている国々では、政治上の行動条件が根本的に変化した。ドイツとイタリアが国民国家となり、ハンガリーは、一八六八年にオーストリア・ハンガリー二重帝国という屋根の下で自治権を獲得するに至った。またこの時期には、西部・南部・中部ヨーロッパ全域の諸国家において、国民国家的な中央決議機関がそれぞれ存在した。このような政治活動空間の「国家国民化」は、社会の根本的転換と関連していた。この転換は、政治行動条件をまったく変えてしまうものであった。また、生計と衛生、住宅環境と平均寿命、教育や情報といったあらゆる生活領域を貫くものであった。参加機会の民主化――そのようにこの発展傾向は一般的に明記できよう。「進歩」を望むものに対しては、あらゆる領域で門戸が開かれ、参加への要求がいっそう高まった。その結果、政治活動に従事しようとすれば、誰もがこの発展動向に適応する必要に迫られたのである。ヨーロッパの自由主義者は、程度の違いは大きなものではあったものの、このことに成功したといえよう。「政治的大衆市場」[10]に対して自らの主張を押し通す可能性は、とりわけ制度的行動条件に左右された。その際、二つの要素が決定的な意味をもった。すなわち、選挙権がどの程度民主化されていたかという点と議会主義化がどの程度進んでいたかという点である。

社会的な基準による制限や、階級別の選挙権が、ヨーロッパ自由主義によって主張された政治的信念であった。そこでは制限されていない完全な選挙権をもつ国家公民は、経済的に保障され、教育を受けているとされていた。たいていの者にとっては、この自由主義による国家公民についての理想は、単に未来予想図でしかなく、その実現は個人に課されていた。その当時、選挙権は一つのフィルターとしての役割を果たしていた。つまり、選挙権というフィルターは、人民の大半を抑え込み、政治は、財産と教養によって資格が与えられたものに任されるべきとされたのである。このように長期にわたって達成されていくものと考えられていた自由主義による教育プログラムは、大陸においては一八四八年に革命によって開花した。だが、諸革命が政治的に挫折したことで、民主主義的な選挙権までも排除されてしまう結果となった。ただフランスにおいては、民主主義的な選挙権は存続したが、ボナパルト的支配の正統性を国民投票により認めていたため、効力を失っていた。新たな試みが可能となったのは、一八六〇年代に全ヨーロッパ的な革命の気運が高まったときである。それは選挙権の民主化を基盤として成立する国家公民社会を社会的に拡大し、議会主義化を通じて政治支配により深く関与しようとする試みであった。

政治システムにおける制度的行動条件を見ると、一八六〇年代は、ドイツが、いわゆる「西側諸国」ともイタリア、ハンガリーとも異なる特有の発展を始めた分岐点をなしている。ドイツでは男子普通選挙（一八六七／七一年）が民主化への道を開いたが、それは議会主義化が十分に発展していない状況のもとでのことであった。他の比較対象諸国では、発展の順序が逆であった。すなわち、まず議会主義化がおこり、その後、議会選挙への国家公民の参加における民主化が徐々に進むのである。ただフランスでは、一八七一年に両者が同時に展開した。ここでは議会主義的共和制がボナパルト支配に取ってかわったとき、民主的な男子普通選挙が保持されたのである。また、ロシアでは両者とも成立しなかった。ロシアで一八六〇年代におこった諸々の改革は、このころにヨーロッパで見られた一連の改革との関連は乏しく、むしろ一八世紀から一九世紀初頭にかけてヨーロッパ大陸諸国で展開した官僚的・絶対主義的な「近代化」の伝統に近いものであったといえよう。[11]

議会主義化を伴わず社会が根本から政治化したのが、ドイツが他の諸国と異なる点であったが、このことが、自由主義者にとって明らかに好ましからざる発展条件を生み出した。彼らは、政権を担う政党という手段を用いて、競合する諸勢力を弱めたり、統合したりすることができないまま、高度に組織された「政治的大衆市場」に適応しなければならなかった。ドイツ自由主義が直面していた行動の機会は、この点において、イギリス、フランス、イタリア、ハンガリーの自由主義者のそれとは区別される。これらの国々では、第一次世界大戦までに、一時的に（イギリス、フランス）あるいは一貫して（イタリア、ハンガリー）自由主義者は政府に参加していたからである。閉鎖的な議会主義化は、ドイツ自由主義の政治的・社会的統合力を制約した。帝国レベルにおいて、自由主義の行動は貧弱であり、このことは、バーデンやバイエルンといった支邦やとりわけ諸都市における制度上の政治参加のチャンスの有利さによっても決して埋め合わせられることはなかった。

同時代人にとって、一八六〇年代に始まったドイツ特有の発展は、察知できるものではなかった。とはいうものの、彼らはプロイセン憲法紛争が政治的支配秩序をさらに発展させるための画期的意義をもつことを一貫して認めていた。すなわち国王支配か議会支配か、軍事国家か立憲国家か。この点では自由主義者も同様な認識をしていた。[12]彼らが決定権を力づくで手に入れられなかったのは、彼らに原因があったのでも、彼らによって導かれたドイツ国民主義運動に起因していたのでもない。それ以上に重要だったのは、ドイツ国民国家が三度の戦争によって誕生したことである。このことは、自由主義者の政治的な行動領域を狭めた。問題なのは、それが国民戦争ではなく、国家間戦争であったことであり、その過程に議会も世論も決定的な役割を果たすことができなかったのである。しかしこれらの戦争は、統一戦争として、ドイツ国民の多数により熱狂的に歓迎された。国民は議会の代表に対し、彼らの長年の目的であったドイツ国民国家を危機に陥れないように妥協する準備を要求した。北ドイツ連邦およびドイツ貴族層が与える用意のある範囲より広範であったが、そのことが政党の活動の余地をいかに狭めたことか。ドイツ自由主義者も同様に、左派であれ国民自由主義派であれ、未来に信を託し、一八六一年と一八七一年に軍事的に阻止された憲法政策上の根本決定を彼らに有利になるよう挽回することを望んだ。彼らには、その発展は、ほぼ数十年間、まさにあるべきものが与えられたように思えた。一八六六年には「自由主義時代」が開始した。それはドイツの浅い歴史上、今日でも存続しているすべての全国的諸制度がその恩恵を受けている重要な意義をもつ改革期の一つであった。このことは、ヴィルヘルム時代の市民層が権力への意志を欠いていたことを鋭く批判した左翼自由派の批判者マックス・ヴェーバーが一九一七年に回顧して述べているところである。

一八六七年と、改めて一八七一年に達成されなかった議会主義化を徐々に回復できるという希望が、一八七八／七九年にいわゆる「第二の」ないし「内政的帝国創建」において失敗に終わったとき、自由主義者、なかでも国民自由主義者たちは、だまされた人びとのように思われた。彼らが妥協への意志をもっていたことは、新しい国民国家の近代的諸制度を創設することを可能にした。だが、この感銘を与えた改革事業は、希求されていた議会主義化に飾られてはならなかった。一八七〇年代の終わりまでに、保守派と政治的カトリシズムは、元来拒否していた小ドイツ主義的国民国家へと接近した。しかも、彼らがその先頭に立っていたために、ビスマルクは彼らの支援によって、プロイセンないしは帝国における自由主義者の政権掌握を阻止することができた。議会主義化を達成しようとする自由主義者たちの構想が未完に終わったとき、挫折したのは自由主義者の政治だけではなかった。近代国家へ向かう道程でドイツが特有な発展を始めたことが、今や確実なものとなったのである。近代国家へ向かう際に付随する紛争は、イタリアやハンガリー、西側諸国においては、ドイツにおける紛争より少ないわけではなかったが、ドイツでは社会を議会主義化することに失敗したため、紛争を自ら責任を負って政治的に処理する可能性と必然性が閉ざされたのであった。政府に参加する機会が閉ざされたことは、ドイツ諸政党の統合力を長期的に弱体化しただけにとどまらない。これはまた、他のヨーロッパ比較諸国よりも、ドイツにおいてより屈折して進行した「進歩性」の方向を先おくりにしたのであった。自由主義左派のように政治改革を望む者は、改革されていない国家に社会を引き渡さないように国家主導の社会改革を拒絶した。それに対し、国民自由主義者のように半議会主義国家やその保守的な権力エリートに親近感を抱く者は、より開かれたものとして、国家による社会政策がもつ未来へのヴィジョンに好意を示した。つまり、ドイツでは、国家への距離が遠いか近いかで、政治上の左と右を引き裂く社会政策的な分断線が引かれたのである。実行力のある野党を形成することを困難にしていた歪んだ分断線も、全国レベルでゆるやかになったのは、ようやく世紀転換ののちのことであった。

ヨーロッパ自由主義は、今や第一次大戦前の最終発展段階に突入していた[13]。社会国家という生存への配慮をする政治の必要性、しだいに強まる社会的利害の組織化と多様化、さらには大衆に影響を及ぼす新しい統合力イデオロギーとしての帝国主義、これらはヨーロッパ自由主義者に対して従来からの社会的理想像の困難な転換を強いた。ドイツ自由主義者は、この課題の克服を近隣諸国よりも拙劣に処置したわけではなかった（第三節を参照）。しかし近隣諸国の自由主義者は、政治における転換した社会的条件に対応する力量を統治活動のなかに転化しえたのである。それに対して、ドイツの自由主義者にはこのような機会は閉ざされていた。彼らはただ国政に影響を及ぼしただけであり、政府を基盤として形成できなかったのである。ドイツ帝国における議会主義化の停滞は、それゆえに、自由主義的な国家・社会モデルの政治的な貫徹力に対し、西側諸国やイタリア、ハンガリーよりも狭く限界づけたのである。

二　信奉者と対抗者

政治的自由主義のえがく「国家公民」の理想は、「階級なき社会というヴィジョン」であった[14]——その社会は自由で平等な個人が築くものであり、それを得ようと努める人びとすべてに約束されたものであった。このヴィジョンは、何よりもまずアンシャン・レジームとそれにより特権を保護された受益者に対抗した。しかし、一九世紀のうちに、「国家公民社会」の理念が具体化されるに至ると、この議論の最前線は法的・政治的な対象からさらに社会的・文化的なものへと移行した。ヨーロッパ自由主義の歴史を見ると、一方ではその前線をさらに前方へと導くが、同時にその発展を押さえ、拡大を阻もうとする絶え間なき試みであったように思われる。自由主義の展開は、いかなる対象に対抗しようとしたのか、その展開は誰によって担われたのか。この点に関するヨーロッパ諸国間の事情には、少なからず相違があるし、その変化も著しい。だが一般的には次のように表現できよう。すなわち、一九世紀において社会が自由主義的な国家公民的理念を受容すればするほど、自由主義の統合力は弱化したということである。その中心思想の社会的制約がはずれるにともない、その担い手集団の社会的狭さは増大したのである。自由主義は、より「市民的」になった。しかし市民層はより「自由主義的」とはならなかった。なぜなら自由主義の幹線が市民層による階級運動へと狭まったときにでもなお、市民層は決してその外部にある人びとに対して閉ざされてはおらず、自由主義のなかの多数派を占めていただけだったからである。自由主義の市民化は、かえって市民の非自由主義化——このプロセスは第一次世界大戦後に頂点に達するのだが、それ以前に開始していたものであった——を伴ったのである。

近代的大組織の登場前には、どの社会階層がいかなる政治理念や運動を支持していたのか、的確に表現することは困難である。そこで、まずは指導者層——代表として議会へ選出されたり、政府に登用されたりした——を考察することにする。各ヨーロッパ諸国によって、指導者層が属する社会的出自に大きな相違がみられることは、各国の社会発展における著しい違いをみれば決して驚くことではなかろう。それにもかかわらず、ヨーロッパ全体にあてはまる共通性も確かめることはできる。

すなわち、各国の自由主義主唱者は、その国の指導層出身者であった。自由主義を公言することは、つまりは伝統に対してある一定の距離をとることを前提としているが、自由主義者は、伝統と縁を切ることはない。自由主義者が革命による社会の急激な転換に対し拒否的態度を示したことは、彼らの抱く理想像と彼らの社会的出自が政治指導者であること、彼らが「良き階層」の出身であるのと同様の関係である。工業ブルジョワジーは、一九世紀半ばになっても指導者グループに所属していなかった。

工業化のパイオニアであるイギリスでさえ、一八五九〜七四年に、自由党下院議員のうち大企業家は約二一%にすぎなかった。それに対し、半数以上が社会的地位を大土地所有に依拠し、貴族主義的な教育に親しみ、貴族的な生活様式を続けていた[15]。ハンガリーでは、いうまでもなく貴族だけが政治能力をもっていた。一八三〇年代以来、「市民社会」という自由主義理念を最も強く支持したのは貴族であり、この時期にようやく見られるようになった商業ブルジョワジー——主としてユダヤ人から形成された——によって支持されていた。他方、都市市民は自由主義理念に接近するには伝統に束縛されすぎており、政治とは疎遠な生活を営んでいた[16]。スペインにおいても、自由主義議員および一八三四年から政権の座にあった自由主義政府は、主として貴族出身からなり、機能エリートとしての高級軍人と伝統的な商業ブルジョワジーがそれに加わっていたが、他方カタロニアの工業ブルジョワジーは、政治へ積極的参加することはなかった[17]。立憲制になる以前のイタリアでも同様に、自由主義運動は、社会的主導権を握っていた階層の出身である近代化エリート、すなわち貴族や自由業の教養市民層——彼らはたとえば農業家協会のメンバーのほぼ三分の一を占めた——と経済的市民を基盤としていた。経済的市民のうち、商業ブルジョワジーと農業企業者が優位にあり、工業企業家はさほど重要性をもたなかった。リゾルジメント期のイタリアで、発展イデオロギーとして自由主義を促進したのは、政治的(貴族、官吏および軍人)および文化的エリートの優位のもとにある貴族・市民の混合グループであった。イタリア自由主義は、西ヨーロッパ的模範にならっていたが、将来のモデルを工業国家においていたわけではなかった[18]。

他の比較対象諸国に比べると、フランスとドイツでは自由主義的政治指導者層がより「市民的」であったことを、フランクフルトやパリの国民議会に関するデータが示している。これらの議会は、一八四八年、大幅に民主化された男子普通選挙により選出されたのである[19]。貴族は重要な役割を果たさず、それ以外では市民層内部の出身環境における相違が際立っていた。フランクフルト国民議会では、特に国家官吏に従事する教養市民層が優勢であったが、議員団の政治的配置の重心が左翼へかたむくほど、自由業の割合が増加する傾向にあった。それとは対照的に、パリでは土地所有者と利子生活者が支配的であった(約三〇%、フランクフルトは一四%)。商工業に従事する企業経営者は、フランスでも(一一%)ドイツでも(八%)比較的わずかな割合を占めたにすぎなかった。

このように初期自由主義の指導層は、社会的に支配的地位にある階層であり、もしそうではなかったとしたら、自由主義理念の驚異的な貫徹力や強固な政治的・社会的統合力――初期自由主義が証明してみせたような――は発揮されえなかったであろう。自由主義の主唱者たちは、社会に根を張っていない不安定な社会層に属する成り上がり者ではなく、社会的に高い威信を享受し、尊敬されていた出自の人びとであった。彼らが変化を望んだ場合、その要求の背後には、伝統の重みがのしかかっているように思われた。「良き階層」の人びとが変化を賞賛したときに、伝統の重みがその変化に対する行為に確実性を与え、信頼性を確実にしているように思えたのである。「ブルジョワジーによる」自由主義ではこのような成果をもたらすことはできなかったであろう。

信頼に値する階層内にありながら革新的志向をもつ部分としての自由主義――初期自由主義の主唱者に対するこうした性格づけは、しかしヨーロッパ諸国間に存在する重要な相違をおおいかくす抽象である。初期自由主義指導層にみられる市民的・貴族的特色は、イギリスとイタリアとでは異なった意味をもっている。すなわちイギリスの特徴は、貴族が相続権を契機に市民層に人的な供給をし、その結果、貴族層の壁が破られたことであり、他方で、議会の政治的重要性に社会的エリートが引きつけられ、議会に結集したために、議会の重要性が高まったことである。イタリアでは、貴族と市民の結びつきは、とりわけハプスブルク支配という共通の敵によってもたらされた。ハプスブルク支配は、直接的にも間接的にもイタリアにのしかかっており、貴族層を市民層と同様、政治的に無力な状態に留めておこうとしていた。イタリア北部では、貴族層がかなり以前に農業企業家階級になっており、このことが市民層との共同活動を容易にした。ドイツにおいては、このような貴族と市民の緊密な共生には至らなかった。市民層と結合するには土地所有貴族は、経済面にあまりに不安定であり非近代的であった。また市民層と手を結ぶことは、政治的にみて権力強化につながるものではなかった。それゆえドイツの貴族は、市民層とではなく、君主制と利害をともにすることに希望を託したのである。[20]

「国家化」のこのような形態は、概してドイツの発展、あるいはまたドイツ初期自由主義の展開を特徴づけている。ドイツ初期自由主義の主唱者たちに占める国家官吏の割合は、他のヨーロッパ比較対象諸国に比べ、大変高かった。イギリスでは、いうまでもなく国家官吏と議員との兼任は認められなかった。一八四八年のフランス国民議会では、国家官吏出身者は議員全体の二〇・五%であった。だが、国務に継続して従事したのは一二・六%にすぎない。それに対し、フランクフルト国民議会議員の場合、全体の五〇・九%が国務に従事しており、五五・八%が国家官吏出身であった。別の例を挙げてみよう。ヴュルテンベルク邦議会議員は、一八二〇~六八年の間、常に少なくとも五分の一から半数の国家官吏出身者によって構成されていた。それに続き地方自治体官吏――最高値が二一%、顕著な減少傾向がみられた――、さらに議席の四分の一から三分の一が町村長であった。その町村長は、元来さまざまな職業に就いていたが、その一部は国務に従事しており、それ以外も例外なく国家監督下におかれているものたちであった。このように、地方や国家レベルでは、国家と緊密な関係がある諸機能と議員との間には深い関係がみられた。これは、フランクフルト国民議会議員の特徴でもあった。これに対して、フランスでは議員は、諸団体の会員であることと深い関係があった。ドイツでは、このような社会組織はむしろ、国家によって禁止・限定されていた政治参加の機会を補うものであった[21]。

どの程度の割合の官吏が市民層に属していたのか、これについては研究上議論となっており、またすでに同時代人によってもさまざまに解釈されてきた。議論の余地がないことは、ドイツの高級国家官僚が、諸改革を通じて閉ざされた伝統社会に風穴をあけ、「市民社会」の成立に重要な貢献を果たしたことである[22]。また自由主義指導者層のうち、官吏が占めた割合が高かったことも見落とすことはできない。国家官吏は、教養市民層のなかでも社会的に高い地位にあった。その教養市民層は、伝統的な国家・社会秩序と断絶することなく、その時代の参加要求をどこからも文句が出ぬようにまとめあげる点で、いかなる社会層よりもその有能性を示した。このことは一九世紀末になってもなお根本的には変わることはなかった。ドイツ帝国議会では、大学教育を受けた教養市民層の割合は、一八七四～一九一二年の間に国民自由党では約八六％から七〇％に多少減少したにすぎない（自由主義左派の場合、およそ一〇％低減した）。官吏である知識人の割合は約四七％から二四％へ激減した。これを市民化の過程と見てもよかろう。市民化過程は、非国家官吏の教養市民層議員をとりわけ増大させた。それに対して経済市民層の議員の増大は皆無といってよい。その割合はおよそ国民自由党では一二％から一六％、自由主義左派の場合は一〇％から一九％の増加であった[23]。

同時期のイギリス自由主義者をみると、議会指導層の市民化はかなり進んでいた。一八五九年から一八七四年にかけて、自由党下院議員のうち約四九％の社会的地位は地主であったが、一九一四年になると、その割合は六％にすぎなかった。他方、経済市民層の割合は三〇％から四〇％に上昇した。保守党議員の間では、このような著しい変化は生じなかった。一八七二年、保守党議員のうち、二八・五％が土地所有者であり（自由党は八・一％）、工業や金融に関わる市民層議会は二五・九％であった（自由党は四四・二％）[24]。イタリアでは、ドイツと同様、社会的変化が教養市民層を議会へと導いた。他方、企業家や銀行家は両大戦前夜の間でも議員の五％から七％を占めるのみであった。だが、ドイツと異なるのは、官吏の割合がわずか七％であったことであり、また自由業者、なかでも法律家がほぼ半数の議席を確保していたということである[25]。ハンガリーでも市民化過程が押し進められた。それは、中位の貴族が議会における指導的役割から離脱するのではなく、彼らのほうが「市民社会」理念へとにじりよることによって推進され、改革法が次々と下院で議決されていった[26]。ドイツに匹敵する官吏の強力な地位は、オランダの議会や自由主義議員団に見られた。しかしここでは選挙権の民主化はあまり進まなかったが、それに対して議会主義化がかなり進んでいた[27]。

このようにヨーロッパ諸国では、自由主義的指導層の市民化は、国によってまったく異なった様相を呈しながら進んでいった。すなわち通常の道など存在しないということである。とはいえ国民国家という局面に即して、ドイツ特有の道について語ることはできる。ドイツ自由主義のみが、国民国家の創設以来、「上から」と「下から」からの二重の激しい圧力にさらされていたように思われる。ドイツ自由主義は、国家権力の議会主義化を達成する前に、あるいは結局は達成しないままで、「大衆民主主義」を伴う国家公民解放運動に直面したのである。このことがドイツ自由主義の社会的統合力を他のヨーロッパ諸国の場合よりも弱めることになったのである。しかし、そうなった要因は、それ以外にも存在していたが、その点についてはここでは大まかに述べるにとどめざるを得ない。

帝国創設までは、ドイツの自由主義政党と肩を並べるほどの政党は存在しなかった。小ドイツ主義的国民国家を創設するために努めようという意欲をもつものすべてが、ブルジョワ自由主義的ミリューをはるかに越えてドイツ自由主義を形成していたのであり、自由主義はむしろ国民運動の現れであった。このような例外的状況が終わりを告げた一八七〇年代には、自由主義政党は平凡な政党へと再び衰微していった。とはいえ、一九一二年の帝国議会選挙においてもなお二五・九％の得票率を保持していた（一八七一年＝四六・六％、一八八一年＝三七・八％）。それは自由主義諸政党とその投票者の社会的性格を、以前の状態よりも市民化していった正常な過程であった。この過程が他のヨーロッパ諸国よりドイツで早く開始し、より迅速に進行していったことには、以下のような要因があろう。

(1) ドイツ帝国が小ドイツ主義とプロテスタントを基盤として設立されて以来、カトリック住民はドイツ自由主義者から離反してしまった。こうして自由主義者は、帝国総人口の約三分の一のカトリックへの接近の道を失ってしまったのである。しかも自由主義者は、プロテスタント票を独占することもできなかった。彼らは、プロテスタント市民をめぐっては保守派と、プロテスタント労働者については社会民主党――社会民主党は、投票率の増大（一八七一年＝五〇％、一九一二年＝八九・四％）と党勢（一八七一年＝三・二％、一九一二年＝三四・八％の投票率）を同時に進行させえた唯一の政党であった――と対決せねばならなかったのである。進行する社会の世俗化から利を得たのは自由主義ではなく、社会民主主義であった。それとは対照的に、フランスやイタリアでは、世俗主義とカトリシズムとの敵対関係が、自由主義と共和主義左派を安定に導いた。オランダ諸政党は、ドイツ諸政党と同じく最も容易に前政治的ミリューの枠組みにはめ込まれた。しかし片やドイツにおいては世俗主義とカトリシズムという二本の柱

（Versäulung）がすでに帝国創設期に完結していたのに対し、オランダではドイツよりもゆっくりと展開し、第一次大戦後になってようやく頂点に達している。イギリスでは比較しうるものが存在しない。非国教系教会は弱化しつつも自由主義者を支持し続けたし、また一八六六年、アイルランドの自治法案に反対した議員や選挙民の一部を喪失した場合でも、アイルランド問題がカトリック信徒を自由主義者に結びつけていた(28)。

(2) 一八七〇年頃に至るまで、自由主義は各国において、広範な社会的支持者層をもつ統合運動であった。だが、自由主義を信奉する大半は市民層であった。市民層が数的に優位でなかったり、政治力をもたなかった諸国、たとえばハンガリーやかなり限られた意味でスペインでは、他の社会層、特に貴族が数的にも前面に出ていたが、それ以外では、ヨーロッパの自由主義は市民層の運動であったといえる。彼らが抱く理念は自由主義者であったし、また市民層と政治的に結びついていた広範な社会層をみてもそうである。自由主義の中核を形成していたのは、こうした「中間層」であった。自由主義は、国民形成という一九世紀で最も重要な政治的、社会的引力のなかで、国民運動の頂点にまぎれもなく立ったとき、自由主義は最も広い支持層を確保した。このことはドイツに最も当てはまる。ドイツ自由主義者たちは、帝国創設期まで、国民運動を組織する点でも理念を提起する点でも主役を演じていた。それゆえに自由主義の主唱者は、まさに教養市民層の出自であったにもかかわらず、政治的世論が形成されるあらゆる社会層、特に都市市民層、さらには下層市民を彼らに結びつけることができた根拠はこの点にあった。しかし一八四八／四九年革命の時点で、つまり熱望されていた国民国家形成が具体的に議論されはじめると同時に、彼らがこの指導的役割を失うであろうことは明らかとなった。このときはじめて政党の方向性が多様性を帯びはじめたのである。自由主義に対する民主派と労働者組織との競合が生じ、このことが、自由主義の社会的性格を、以前よりも市民層に限定させたのである。一八七一年以降は、一八四八／四九年にすでに明確になっていたことを、もはや阻止しえなくなった。

イタリアでは、そしてフランスではいっそうはっきりと、自由主義者は、ドイツではほぼ独占的に引きつけていた支持者層を共和派や民主派ともに分けあわざるを得なかった。したがって自由主義を支持するものは、ほぼ有産市民や教養市民に集中することになった。これはとりわけフランスに妥当するが、革命後のイタリア自由主義は、民主派の一部と結びつくことによって、手工業者や都市下層市民にまでおよぶ支持者層への通路を見い出したのである(29)。

(3) ヨーロッパ各国の自由主義諸政党は、一八六〇年代頃から同じ重要な問題の前に立たされていた。すなわち、社会的転換による市民層の未曾有の分岐であり、政治に対して活発な労働者層の爆発的増大である。こうした展開に直面したヨーロッパ諸国の自由主義は、以前のような社会的統合力を保持できなかった。ただ、国民国家形成において自由主義が優位にたつという例外的状況がやや長期的に持続され得た国、すなわちハンガリーにおいては、社会的統合力の保持は最も成功したといえよう。ハンガリーでは、諸政党が、一八六七年に成立したオーストリア・ハンガリー間の妥協《アウスグライヒ》に対する立場にのっとって形成された。諸政党は、その妥協の固定化と強化を要求していた。他のあらゆる問題は、ハンガリーの政治活動におけるこの中心的課題の背後に埋もれてしまった。こうした事情が、制限選挙権と同様に、自由主義者の政治上の指導的役割を確固たるものにしたのである。(30)

ドイツ自由主義者は、第一次大戦に至るまでは、この新たな統合課題のために座礁したわけではなかった。とはいえ、ヨーロッパ近隣諸国に比べて、彼らが成功を収めたとは決していえなかった。その理由を確かめるため、工業国家間で首位をめぐって主要なライバルであったイギリスと比較することは、考慮するに値する。

政治生活における宗教的類型の相違や政治システム上の諸機関における相違は過大評価はほとんどできないが、このことを改めて強調することは、市民層の有権者をめぐる政党政治的競合にとっては重要である。ドイツ帝国では、プロテスタント市民をめぐり、自由主義者と保守派にライバル関係にあった。カトリック市民は、彼らには閉ざされていた。それに対しイギリスでは、両者は明らかに異なった宗派的基盤を所持していた。保守派は国教会に、自由主義者は非国教主義とカトリック信徒に基盤を確保していたのである。この宗派的な結びつきが、イギリスの諸政党により深い一体性を与えていた。これを促進したのは、政党の結集は有利に、政党分裂は不利に作用した選挙制度であった。議会制度もまた、統治能力を保持するため、あるいは新たに政権党になるために、諸政党に一体性を強いていた。ドイツではそれとは対照的に、諸政党が政府に対して責任を負うことから排除され、これが政党分裂を促進する要因となった——特に自由主義者に特徴的な現象であった。彼らの市民層内部の統合力は、次々と生じた政党の分裂や新設によって制限されていた。

さらに極端な相違が存在していた。その相違は、拡大する労働者票を自分たちに結びつける能力についての自由主義者の統合行動を比較考察すると明らかになる。イギリス労働者層は、層が厚く、職業や地域に根ざした労働組合・同業組合という組織網を早くから築き上げていたが、労働者政党は一八九〇年代に入ってようやく成立した。その労働者政党は、組織面でも綱領面でも独立した存在であったが、全国的議会選挙や下院においては自由主義者と協力的に活動していた。ドイツには、この自由・労働連合にあたる存在がなかった。これに対する萌芽も挫折した。(31)

ドイツにおいて、一八六〇年代にすでに独自の政治的労働運動が展開されたことは、ドイツにおける国民国家形成の独特な経過を改めて指し示している。国民国家形成は、自由主義者によって指導された国民運動によって準備されたが、政治的勝利を収めたプロイセンによって「上から」実現されたものであった。このことが、自由主義者の統合力を弱化させたに違いない。なぜなら、イギリス諸政党の場合とは異なり、彼らは政府を樹立する機会のために運動することができず、加えて民主的な選挙権が、全国的選挙が市民層支持者の重みを軽減させたからである[32]。

都市では、こうした展開はとりわけ逆方向の経過をたどった。イギリス自由主義の衰退と労働党の台頭は、都市では全国レベルの政治よりも早く動き出している。ドイツではその逆である。非民主的な選挙法という防壁に守られながら、ドイツ自由主義者は、都市行政をブルジョワ支配の中核基盤として守り抜いていた。とはいえ、彼らは都市行政を注目すべき広範におよぶ社会政策に役立つように動かした。結論的に言えば、ドイツ社会自由主義は、地方レベルで、イギリスでは全国レベルで成立したということである。これら両国の社会自由主義は、政党政治上、労働者を市民自由主義に結びつけることを目標としていたが、両者ともそれに失敗した。ドイツでは、イギリスよりそれは早く見られたが、第一次大戦後には、それまでは明確であった両者の相違は、急速な衰退とともに消滅していった。市民的諸階層は、ますます自由主義諸政党との接触をさけるようになり、また自由主義諸政党は、労働者を引きとどめることも、その支持を再び獲得することもできなかった[33]。

三　自由主義理念

自由主義理念は、一九世紀を構成する重要な要素であった。しかしそれを普遍妥当的に定義しようとすることは、いつも失敗に終わっている。そのため、自由主義史の研究書は、ひょっとすると自由主義とは何だったのかを知ることができるだろうと期待しつつ書き始められるのが常である[34]。これは実に適切な方法である。なぜなら、自由主義的態度を特徴づけている理念は、その時代ごとの状況に対して臨機応変に反応し、自由主義的な心情共同体から受容されていた多岐にわたる考えを伴いながら、次々とその姿を変えているからである。このように自由主義が時代状況に対応し、寛容さを示したことが、自由主義を定義することを困難にし、その形態を多様にした。しかし、この柔軟性こそが、「近代世界の生活構造すべてを貫き通すもの」(L・T・ホブハウス、イギリスの哲学者)となる自由主義の潜在力をも説明しているのであった。自由主義を信奉するものは、不断の進歩を信じ、近代の推進力を正当化した——しかしその推進力とは、多くのわずかな歩幅のもので、急激に将来へと飛躍するものではなかった。また彼らは、だれもが追体験できる人道的尺度を伴う進歩を信じた。「自由主義にとって、それは無限の幸福をできるだけ多くの人びとに与える、人類みな兄弟の時代であった。自由主義者は、進歩を熱狂的に信じ、暗黒の過去に輝く黄金期、来世としての天国、神話の国であるユートピアという考えを拒否し、地上の人類すべてに、そしていかなる集団に属するものにも、よりよき生活という理想を宣言するものであった(35)。」

この進歩の教説の中心には、個人があった。社会や国家はいかなる状態にあるべきか――これに対して自由主義はさまざまな回答を与えた。そのなかには、社会や国家における諸問題の変遷が反映されていた。とはいえ、以下の点に関しては、たとえ社会復帰といった集団的方策が要求されたとしても、自由主義思想は決して放棄しなかった。すなわち、個人の自由裁量権を保証することである。集団は、個人の背後へと追いやらねばならない――この根本的確信が、自由主義を――個々の観点においては類似や混合がみられるのだが――国民主義や社会主義という他の進歩イデオロギーと分け隔てている点である。この境界線を踏み越え、集団が前面に押し出された場合（とりわけ一九世紀の国民主義の帝国主義段階がそれであるが）、自由主義は自らを放棄し、自由主義が自由主義理念で満たし得なかった他のイデオロギーの一部となった。

個人とその自由を中心にすえた世界観が、一九世紀を市民的なるものと解した。「国家公民」とは「市民」を意味し、「ブルジョワ」ではなかった。一九世紀最初の二〇～三〇年代に「リベラル」の政治的意味がこのように定着し(36)、「自由主義」は「国家公民社会」理念と政治的にほぼ同義となった。その理念は、個人の自由を制限するあらゆるもの、たとえば全体主義や貴族支配に対して、あるいは身分的・宗教的特権に対して対抗姿勢を示した。「国家公民」は、社会的平等を目指す未来への構想であり、それゆえ階層や階級を越えるプログラムとして魅力的だったのである。

とはいえ自由主義的ヴィジョンは、実際は不平等を許容する教育的プログラムの意味合いを多くの領域でもっていた。自由主義者にとって、法の下の平等は早急に実現されるべきであったが、政治的平等は別であった。なぜなら自由主義者は、国家および地方自治体の政治運営への参加を選挙権によって階級づけ、それにより、自由主義理念は当初から、「国家公民社会」とは、政治的意味においては、ブルジョワが占めるべき領域であるということを明示していたのである。自由主義理念は一九世紀が進むにつれて閉鎖的になり、矮小化し続けた。なぜなら、ヨーロッパの自由主義者は、民主主義的な選挙権を促進したというよりもそれを受容し、可能なところでは拒否的態度を示したとはいえ、民主的選挙法と共に生きることを学んだからである。ヨーロッパ自由主義は、それでもなお国家公民構想を社会へと拡大し、市民層をブルジョワジーよりも優先させた――しかしそれは、男性市民に対してであり、女性市民にではなかった。自由主義者とは男性であり、彼らの考える国家公民社会とは男性社会であった。女性選挙権を要求した自由主義者はごくわずかであった。それどころか、一九世紀の自由主義はまた、男女の法的平等を実現することさえ望まなかった。自由主義的類型である「市民社会」の中核をなす契約の自由は、家族内に限られるべきだとされていた。本来の法的平等モデルから男性が考えた逃げ場として自由主義者に役立ったのは、たいていは自然所与とされた（男女間の）永遠の不平等という思想であった。これは実際、国家公民的平等という原則に反するものであった。一九〇〇年のドイツ「民法典」に代表される一九世紀の法典編集の大事業は、権限を家父長的に満たそうとする自由主義者の意志を証明している[37]。

自由主義者の主たる政治的目標は、法的安定性と国家への国家公民の関与を保証するものとしての立憲国家であった。自由主義者は、この立憲国家を具体的に形成するために普遍妥当的モデルを構築したわけではなかったが、市民への国家の干渉を法的に規制する強力な議会を発展させた。統治形態としての議会主義は、議会における多数派が政府の構成と政策を決定するのであるから、たいていのものにとって努力する価値のあるものであった。専制政治が敷かれていたロシアをひとまず脇へおくとして、ヨーロッパ列強のなかで、議会主義的統治体制に向ける自由主義者の意志が最も弱かったのは、ドイツであった[38]。国家形態に関しては、ヨーロッパ自由主義者は、共通路線に立ってはいなかった。しかしながら、議会によって抑制されているが、非常事態のための補強体制として「市民社会」に貢献するには十分に強力である君主制に対して、彼らは好感を示していた。とはいえ他方では、共和制とも彼らは折り合いをつけることができた。フランスの事例がそうである。自由主義者が抱いていた恐怖、すなわち共和制が「市民社会」を社会主義的に制圧することを可能とするであろうという恐怖は、一九世紀が進むにつれて薄れていったが、その恐怖感は完全にぬぐい去られたわけではなかった。

自由主義的社会像も、このような国家モデルと同じく「市民的」なものであったが、「ブルジョワ的」ではなかった。自由主義的な「市民社会」は、特権を保護するような旧来の社会秩序の障壁をとりのぞくべきものであったが、それを抑制されない競争の自由行動で代置するのではなかった。自由主義が社会に広く定着したことは、伝統保護的な社会構想に対立した。だが、社会変革が国家官僚によって強行されたところでは、それが自由主義者によって議会を通じて規制され、影響されたところに比べ、その干渉が徹底的になるという結果をまねいた。一九世紀初頭のドイツ諸連邦のいくつかはそうであるし、一八四八／四九年以降の新絶対主義段階のハプスブルク君主制でも、一八六〇年代のロシアでもそうであった。自由主義が発展する余地は、上からの改革により拡大されはするのだが、官僚制による社会の近代化が、政治的参加活動の機会を自由主義化することと結びついていないところでは、自由主義的改革について議論されることはなかった。国家公民がさまざまな改革に関わろうとする意志は、自由主義化されないまま近代化された自由主義＝「政府」から社会的自由主義を厳しく区別したのであった。

自由主義者的社会像は発展と進歩に歩調を合わせたが、自由主義は工業化イデオロギーとして成立したものでもなかったし、産業資本主義的な階級社会の予言者として成立したのでもなかった。ヨーロッパ初期自由主義の社会像は、そんな単純なものを意味したのではなかった。その社会的理想像は、所有における大きな格差のない中間層社会であった。その所有格差は、自由主義者の調和への努力と矛盾するものであり、平等化という自由主義者の抱いていた国家公民社会の未来プロジェクトと一致しないように思われたのだ。ハンガリー、スペインあるいはイタリアのように農業的社会構造をともなう諸国家では、初期自由主義者の社会像の中核には、農業資本主義的な発展構想があった。それに対して、商業や工業が比較的発展していたり、すでに優勢であった諸国、たとえばイギリス、ベルギー、フランスないしドイツでは、初期自由主義は、工業資本主義的にまで至っているが、それに限定されないという社会観念の多元性を包み込んでいた。[39]

「階級なき市民社会」(L・ガル)という初期自由主義的ヴィジョンは、あらゆる自由主義的理念と同様に、長期的展望をもった教育的プログラムでもあった。ただし、その教育的プログラムは、市民的な階級社会の現実と常に結びついていた。一九世紀中葉頃までは、このプログラムは、現実離れしたイデオロギーとして特徴づけられたわけではなかった。このように理解されるのは、ようやく一九世紀後半の工業化過程が始まってからのことである。だが、いまやそれが自由主義により主張されることはなく、変容して反ユダヤ主義などの非自由主義運動のイデオロギー的集積庫のなかへと移行していった。[40] ヨーロッパ自由主義は、階級協調を目指す社会構想から自らを解き放った。それは協同組合理念が色褪せてきたことを示していた(特にフランスにおいて早く始まった)。工業的発展のダイナミズムはヨーロッパにおける社会的貧困の時代の終わりを告げるものであった。このダイナミズムにより今や、自由主義者のあいだで次のような見解が膨れ上がりはじめていた。つまり社会政策的な介入はもはや不必要であるという考えである。いまや自由放任主義経済と政治的自由主義は一体化した。政治的自由主義は、その実践においては、かつてよりもよりブルジョワ的になった。しかし、ヨーロッパ自由主義の主流は、マンチェスター自由主義の態度が頂点を迎えた時代でさえ、統合化に適合した理念を放棄することは決してなかった。このことは、もし彼らが自ら政治的に後景に退くことを望まなかったとしたら、選挙権拡大の時代でも放棄し得なかったであろう。

一九世紀末頃、社会史的理念のルネサンスが開始した。しかしそれは選挙政治的な打算にのみ起因するものではなかった。「新自由主義」は全ヨーロッパ的現象であった。「新自由主義」が個人の自由を社会保障政策を通じて確実にしようと試みたとき、「新自由主義」は初期自由主義の社会的参加という考えと結びついたのであった。[41] 自由主義による社会革新への衝撃は主に伝統的な自由主義主唱者であった教養層に由来した。ヨーロッパ自由主義がその社会理念を産業資本主義的な条件に適応させるべく追求したとき、それが単なるブルジョワ自由主義にならないようにすることに「新自由主義」は貢献した。

ヨーロッパ自由主義が今まで描いてきた政治的・社会的諸理念とならんで文化的行動規範を発展させたかどうか。現在の研究状況ではこのことに仮説的にであっても評価を下すことはできない。「ある特定の生き方」[42]としての市民性はすでに市民層と自由主義の時代より以前に成立していた。労働倫理、義務意識、そして経済的自立、教養ある人格を包括的教養と道徳価値の内面化(これらは家族のなかで育まれてきたもの)を通じて文化形成すること——これらの「市民的美徳」は、一九世紀が引き継いだものであって、創り出したものではなかった。自由主義的市民も、それを同様に受け入れた。しかし自由主義者としてではなく、市民として受け入れたのであった。H・E・G・パウルスやロベルト・フォン・モールといった西南ドイツの自由主義者は、彼らの自伝のなかで、彼らが両親のもとで、質素、制約、倹約、勤勉や教養への意欲といった美徳をいかに教え込まれたか、そして彼らの生活全体のなかでこれを保持したかを詳細に記している。文化的に異なる形成を遂げた階層に対する彼らの自己価値意識や優越感は、これらの美徳から流れ込んだのである。自由主義者は、啓蒙主義的教育の成功を示す成功例として自らを表現していた[43]。この市民的生活態度が自由主義者の場合、彼らを保守的市民の生活態度から区別される特定の独自性をもっていたのかどうか、それはまだ現在まで知られていない。

ドイツ人のあいだでは今日まで「自由主義」という言葉と結びついていた特徴的態度——包容力があり、偏見から自由である——は、特に政治的自由主義を念頭において言われたわけではないと思われる。英語ではリベラルという言葉は、一九世紀に至るまで、ジェントルマン層の美徳を特徴づけていたが、その後、ますます教養ある中間階層と関係づけられ、当初は身分的なものと結びついていた美徳が、いまや「知性の産物」として書き換えられるようになった[44]。一九世紀における「市民性」が、一般的に貴族的行動価値にどの程度順応したか、ヨーロッパ比較のなかで、このことはまだいうことはできない[45]。もしかしたら、ドイツにおいて市民層が貴族の模倣をしたことが、何らかの意味で他のヨーロッパ諸国とは違った意味あいを持ったことが証明されるかもしれない。なぜなら「貴族の生活態度」は、ドイツにおいてとくに、国家を介して「市民社会」のなかで作用したように思えるからである。このことによって、プロイセン・ドイツ国民国家における貴族文化が、他のヨーロッパ諸国より強力に軍国主義的なものに移行していったのであろう。ドイツにおいて、自覚的な自由主義的ブルジョワジーの代表が、官僚・軍事国家の優越や権威をどんなに確信していたのか、電機工業界のパイオニア的企業家ヴェルナー・ジーメンスが明らかにしている。「もし現在の地位が私自身の仕事に依拠しているという事実が、私に常に満足感を与えているのならば、私をその仕事へと導いた道、すなわちプロイセン軍への編入やそれによりフリードリヒ大王の国家のなかに組み入れられたことを通じて障害が除去されたことにつねに感謝を捧げる。」なぜならプロイセンは彼がその職業の道をたどりはじめた一八三〇年代には大工業をもっておらず、「軍人や官吏、土地所有貴族に釣り合うだけの富裕な教養中間層が欠けていたからである。そのような状況の下では、将校の資格で宮廷社会に属することやあらゆる社交会に立ち入ることを許されることは、プロイセンにとって重要な意義をもっていたのである」。国際的に評価されていた企業家としてではなく、「市民将校」すなわち予備将校として、社会的声望の頂点にジーメンスは立った。「ドイツ市民に与えられたその頂点とは、皇帝の宮廷社交会への参加であった。[46]」

ドイツにおける自由主義的「市民性」がどの程度このような道筋をたどってプロイセン的・軍国主義的なものにおおわれて形成されたのか、このような特質がヨーロッパ比較においてどのように位置づけられるべきなのか。こうしたことは今までの研究が不十分なために、まだ判断を下すことはできない。

注

（1）比較対象国の一般的な発展については、文献参照を差し控えたい。いうまでもなく文献参照は、広範囲におよぶ領域のなかで最良と思われるものを選んだ。市民層については特に次の文献を参照。J. Kocka (hg.), *Bürger und Bürgerlichkeit im 19. Jahrhundert*, Göttingen 1987. 特に M.R. Lepsius, Zur Soziologie des Bürgertums und der Bügerlichkeit, *ebd.*, S. 79-100. ヨーロッパ比較に関しては、ユルゲン・コッカ氏の指導のもとで「市民・市民性・市民社会」を課題とするビーレフェルト研究会が主催した一九八七年二月の国際シンポジウムにおいて、「一九世紀の自由主義――ヨーロッパ比較のなかのドイツ」を発表する機会が与えられなかったとしたら、あえて足をふみ入れなかったと思われる。私はシンポジウム参加者に対して次のような義務を負っていた。たとえ、私が彼らの発表から引き出すすべての結論を分かち合うべきではないとしても。この会議の報告は「歴史学批判研究」シリーズに収められている。この文献で、ここで考察されたすべての国家に関する詳細な参考文献を参照できる。また地方レベルの差異にもこの文献を参考にすればアプローチできるであろう。ヨーロッパの自由主義についての簡潔な全体像を描き出しているのは、L. Gall (hg.), *Liberalismus*, Gütersloh 1976 u. ö. 史料集として特に推薦できるものは、L. Gall u. R. Koch (Hg.), *Der europäische Liberalismus im 19. Jahrhundert*, 4 Bde, Frankfurt 1981. ドイツ自由主義の意義に関しては拙書を参照のこと。*Liberalismus in Deutschland*, Frankfurt 1988 (mit Quellen-und Literaturangabe).

（2）Vgl. D. Langewiesche (Hg.), *Liberalismus im 19. Jahrhundert*, erscheint Göttingen 1988 ; J.J. Sheehan, Some Reflections on Liberalism in Comparative Perspective, in : H. Köhler (Hg.), *Deutschland und der Westen*, Berlin 1984, S. 44-57 ; W. J. Mommsen, Preußen/Deutschland im frühen 19. Jahrhundert und Großbritannien in der viktorianischen Epoche, in : A. M. Birke u. K. Kluxen (Hg.), *Viktorianisches England in deutscher perspektive*, München 1983, S. 31-48 ; W. J. Mommsen, *Britain adn Germany 1800 to 1914. Two Developmental Paths towards Industrial Society*, London 1986.

（3）Vgl. K.D. Wald, *Crosses on the Ballot. Patterns of British Voter Alignment since 1885*, Princeton 1983.

（4）第三共和制までの自由主義については P. Ayçoberry, H.G.

Haupt, F. Lenger und R. Hudemann の諸論文 in : Langewiesche, *Liberalismus.* 最初の概観としては A. Jardin, *Histoire du libéralisme politique de la crise de l'absolutisme à la constitution de 1875*, Paris 1985 ; L. girard, *Les libéraux français 1814-1875*, Paris 1985.

(5) G. Krumeich in : Langewiesche, *Liberalismus.*

(6) Langewiesche, *Liberalismus* の A. Gergely および I. Diószegi の研究を参照。

(7) Langewiesche, *Liberalismus* の M. Meriggi および H. Ullrich の諸論文を参照。また H. Ullrich, Bürgertum und nationale Bewegung im Italien des risorgimento, in : O. Dann (Hg.), *Nationalismus und sozialer Wandel*, Hamburg 1978, S. 129-156 も参照のこと。

(8) J. J. Sheehan, *Der deutsche Liberalismus*, München 1983 (第一次大戦まで) ; Langewiesche, *Liberalismus in Deutschland.* 地域的差異に関しては、H. H. Brandt, w. Kaschuba, K. Koch, H. Obenaus, T. Offermann u. B. Vogel, in : *Langewiesche, Liberalismus* を参照。

(9) Vgl. R. v. Thadden, N. Hope u. F. Eyck in : W. Schieder (Hg.), *Liberalismus in der Gesellschaft des Vormärz*, Göttingen 1983. また J. Stengers (ベルギー) und R. Muhs (イギリス) in : Langewiesche, *Liberalismus* ; H. Maier, *Revolution und Kirche*, München 1959 u. ö. オランダについては H. Daalder, Niederländische Liberale im 19. Jahrhundert-eine herrschende, aber unorganisierte Minderheit, in : H. van der Dunk u. H. Lademacher (Hg.), *Auf dem Weg zum modernen Parteistaat. Zur Entstehung, Prganisation u. Struktur politischer Parteien in Deutschland u. den Niederlanden*, Melsungen 1986, S. 37-58, 46ff.

(10) H. Rosenberg, *Große Depression und Bismarckzeit*, Berlin 1967 u. ö., S. 123 u. ö.

(11) Vgl. D. Beyrau in : Langewiesche, *Liberalismus* ; G. Schramm (Hg.), *Handbuch der Geschichte rußlands*, Bd. 3, 1, Stuttgart 1983.

(12) Vgl. Langewiesche, *Liberalismus in Deutschland*, S. 94ff.

(13) M. Bentley, *The Climax of Liberal Politic. British Liberalism in Theory and Practice 1868-1918*, London 1987 ; D. White, *The Splintered Party. National Liberalism in Hessen and the Reich 1867 to 1918*, Cambridge, Mass. 1976, pp. 199-221 ; H. Pogge v. Strandmann, Der nicht-so-merkwürdige Tod der liberalen Partei in England, in : K. Rohe (Hg.), *Englischer Liberalismus im 19. u. frühen 20. Jahrhundert*, Bochum 1987, S. 171-195, 187ff.

(14) J. S. Schapiro, *Liberalism and the Challenge of Fascism. Social Forces in England and France (1815-1870)*, New York 1964^2. 引用は以下の文献から。Gall, *Liberalismus*, S. 27.

(15) J. Vincent, *The Formation of the British Liberal Party 1857-1868*, Harmondsworth 1972, pp. 41f. 著者は大企業家とならんで、八・六%の地方企業家を挙げているが、それらには専門職も数えられている。

(16) Vgl. Gergely.

(17) Vgl. J. Abellán in : Langewiesche, *Liberalismus.*

(18) 注(7)に挙げた文献参照。

(19) H. Best, *Die »Männer von Bildung und Besitz«. Eine kollektive Biographie der parlamentarischen Führungsgruppen Frankreichs und Deutschlands 1848/49*, Köln 1984 (Typos-

kript). またドイツに関しては C. Dipper in : Langewiesche, *Liberalismus sowie bei Langewiesche, Liberalismus in Deutschland*, S. 49ff.

(20) M. L. Busch, *The English Aristocracy. A Comparative Synthesis*, Manchester 1984. 一九世紀ドイツ貴族に関する概観は H. U. Wehler, *Deutsche Gesellschaftsgeschichte*, Bd. 2, München 1987, S. 145ff.

(21) 一八四八年に関しては Best, *Männer von Bildung*, S. 40ff. ヴュルテンベルクについては H. Brandt, *Parlamentarismus in Württmberg 1819-1870*, Düsseldorf 1987, S. 67ff. その他の諸邦に関する文献は Muhs が挙げている。

(22) 最新の概観としては Wehler, *Gesellschaftsgeschichte 2*, S. 297ff.

(23) Vgl. D. Langewiesche, Bildungsbürgertum und Liberalismus im 19. Jahrhundert, in : J. Kocka (Hg.), *Bildunsbürghrtum im 19. Jh.*, Bd. 4, Stuttgart 1988 ; Langewiesche, *Liberalismus in Deutschland.*

(24) Bentley, *Climax*, p. 27f. ; H. Setzer, *Wahlsystem und Parteienentwicklung in England*, Frankfurt 1973.

(25) H. Ullrich in : Langewiesche, *Liberalismus.*

(26) Vgl. Diószegi.

(27) Vgl. Daalder, *Niederländische Liberale*, S. 43ff.

(28) オランダに関しては *ebd.* ; S. G. Taal, *Liberalen en Radicalen in Nederland 1872-1901*, Den Haag 1980 ; イタリアとフランスに関しては Ullrich sowie Krumeich und Hudemann in : Langewiesche, *Liberalismus.* ドイツに関しては *Langewiesche, Liberalismus in deutschland.* イギリスに関しては Bentley, Climax ; *Wald, Crosses* ; D. W. Bebbington, *The Nonconformist Conscience. Chapel and Politics, 1870-1914*, London 1982.

(29) Vgl. (mit Lit.) Ullrich, *Bürgertum* ; Haupt sowie Haupt/Lenger, in : Langewiesche, *Liberalismus* ; Langewiesche, *Liberalismus in Deutschland*, S. 34ff., 113ff.

(30) Vgl. Diószegi.

(31) イギリスに関しては (mit Lit.) Breuilly 論文を参照。また Langewiesche, *Liberalismus in Deutschland.*

(32) J. Breuilly, Liberalismus oder Sozialdemokratie ? Ein Vergleich der britischen und deutschen politischen Arbeiterbewegung zwischen 1850 und 1875, in : J. Kocka (Hg.), *Europäische Arbeiterbewegungen im 19. Jahrhundert*, Göttingen 1983, S. 129-166 ; C. Eisenberg, Arbeiter, Bürger und der »bürgerliche Verein« 1820-1870. Deutschland und England im Vergleich, in diesem Werk, Bd. 2. G. Lottes, Der industrielle Aufbruch und die gesellschaftliche Integration der arbeiterschaft in Deutschland und England im viktorianischen Zeitalter, in : *Birke/Kluxen, viktorianisches England*, S. 61-78.

(33) イギリスに関しては Pogge von Strandmann, *Der nicht-so-merkwürdige Tod (mit Lit.)*, ドイツに関しては *Langewiesche, Liberalismus in Deutschland*, S. 202ff. 戦後に関しては *ebd.*, S. 242ff. ; M. Freeden, *Liberalism Divided*, Oxford 1986.

(34) A. Arblaster, *The rise and Decline of Western Liberalism*, Oxford 1984 ; E. K. Bramsted u. K. J. Melhuish (Hg.), *Western Liberalism. A History in Documents from Locke to Croce*, London 1978 および Gall/Koch, *Der europäische Liberalismus*, Bd. 1, S. VIIff.

(35) Schapiro, *Liberalism*, S. 30 ; das Hobhouse-Zitat (Liberal-

ism, London 1911, S. 46) nach *ebd.*, S. 20.

(36) Vgl. R. Vierhaus, Liberalismus, in: Brunner u. a. (Hg.), *Geschichtliche Grundgegriffe*, Bd. 3, Stuttgart 1982, S. 741-785; H. Petersen, Liberal im britischen englisch, in: Rohe, *Englischer Liberalismus*, S. 101-132.

(37) Vgl. U. Gerhard, *Verhältnisse und Verhinderungen. Frauenarbeit, Familie und rechte der frauen im 19. Jahrhundert*, Frankfurt 1978. また本書シリーズ第1巻の U. Vogel と U. Gerhard 研究。とりわけ U. Frevert (Hg.), *Bürgerinnen und Bürger. Geschlechterverhältnisse im 19. Jahrhundert*, Göttingen 1988; D. Blasius, *Ehescheidung in Deutschland 1794-1945*, Göttingen 1987.

(38) Vgl. K. v. Beyme, *Die parlamentarischen regierungssysteme in Europa*, München 1973², S. 431ff.

(39) Vgl. dazu die Studien in Langewiesche, *Liberalismus*: イタリアは Merigge、ハンガリーは Gergely、スペインは Abellán、イギリスは Muhs、フランスは Haupt, Haupt/Lenger und Ayçoberry: ベルギーは Stengers (jeweils mit Lit.). Vgl. D. Langewiesche, Gesellschafts-und verfassungspolitische Handlungsbedingungen und Zielvorstellungen europäischer Liberaler in den revolutionen von 1848, in: Schieder, *Liberalismus*, S. 341-362. ドイツに関して重要なのは L. Gall, Liberalismus und »bürgerliche Gesellschaft«, u. a. in: Gall, *Liberalismus*, S. 162-186; Langewiesche, Deutscher Liberalismus. Zur Position der DDR-Forschung vgl. S. Schmidt, Politik und Idiologie des bürgerlichen Liberalismus im revolutionszyklus zwischen 1871 und 1917, in: *Zeitschrift für Geschichtswissenschaft 31*, 1983, S. 24-37.

(40) ハンガリーに関しては Diószegi, ドイツに関して S. Volkov, *The Rise of Popular Antimodernism in Germany*, Princeton 1978; P. Kennedy u. A. Nicholls (Hg.), *Nationalist and Racialist Movements in Britain and Germany before 1914*, Oxford 1981.

(41) ハンガリーに関しては Diószegi, イタリアに関しては Ullrich, Bürgertum, フランスに関しては Krumeich, および W. Logue, *From Philosophy to Sociology. The Evolution of French Liberalism, 1870-1914*, DeKalb 1983; イギリスに関しては M. Freeden, *The New Liberalism*, Oxford 1982²; ders., The New Liberalism revisited, in: Rohe, S. 133-154; Bentley; 英独比較は S. G. Schnorr u. K. rohe in: Rohe, S. 223-268, 269-293; E. Feuchtwanger, The Liberal Decline in Germany and Britain. Peculiarity or Parallel?, in: *German History* 4, 1987, S. 3 bis 15; ドイツに関しては G. Hübinger in: Langewiesche, *Liberalismus*; Langewiesche, Liberalismus in Deutschland. Vgl. auch K. Holl u. a. (Hg.), *Sozialer Liberalismus*, Göttingen 1986.

(42) Lepsius〔注(1)〕, S. 96; vgl. F. H. Tenbruck, Bürgerliche Kultur, in: *Kölner Zeitschrift für Soziologie und Sozialpsychologie, Sonderheft 27*, 1986, S. 263-285; P. Münch (Hg.), Ordnung, Fleiß und Sparsamkeit. Texte und dokumente zxur Entstehung der»buprgerlichen Tugenden«, München 1984; L. Gall, »... Ich wüncshte ein Bürger zu sein.« Zum Selbstverständnis des deutschen Bürgertums im 19. Jahrhundert, in: *Historische Zeitschrift 245*, 1987, S. 601 bis 623.

(43) U・シインマーマンの未公刊マギスター論文、Verhaltensnormen und Verhaltensweisin südwestdeutscher Liberaler in

der ersten Hälfte des 19. Jhs. による。

(44) Petersen, S. 101ff., 128. ドイツに関しては U. Engelhardt, *Bildungsbürgertum. Begriffs-und Dogmengeschichte eines etiketts*, Stuttgart 1986.

(45) A. J. Mayer, *Adelsmacht und Bürgertum*, München 1988^{2}; vgl. H. Kaelble, Das aristokratische Modell im deutschen Bürgertum des 19. jahrhunderts. Ein europäischer Vergleich, Bielefeld 1987 (Typoskript); J. Harris u. P. Thane, British and European bankers, 1880-1914: an »aristocratic bourgeoisie«?, in: P. Thane u. a. (Hg.), *The Power of the Past*, Cambridge 1984, pp. 215-234; F. M. L. Thompson, *English Landed Society in the 19th Century*, *ebd.*, pp. 195-214.

(46) W. v. Siemens, Lebenserinnerungen (1893), München 1966^{17}, S. 298f.

第十三章　市民的自由主義と国民の健康
——ドイツ・フランス比較——

アラン・ミッチェル
（一九三三年生
カリフォルニア大学教授）

よく知られているように、フランス革命後の自由主義はヤヌスの顔〔すなわち相異なる二つの顔〕を持つものであった。それは一八世紀の君主制的絶対主義に対しては、政治的な自由と人権を支持する進歩的な立憲運動として現れたのだが、到来しつつあった一九世紀の大衆民主主義に対しては、既存の社会秩序を維持しようとする執拗で保守的な勢力として現れたのである。ここには自由主義の伝統の没落を観察することができるが、社会＝政治的なイデオロギーにおいて自由主義が衰退するということはそもそもまれなことではない。つまり、もともと進歩的であった観念が打ち立てられたとしても、次にはそれに基づいていた一連の改革が次第に行われなくなり、所与の状況の擁護者となって新たな衝撃に対してますます身を守るようになるのである。

自由主義すなわち一九世紀全般にわたってヨーロッパの歴史をきわめて明確に特徴付けた世界観の一典型に関してもまたこのようなことが生起したのであった。ナポレオン・ボナパルトと第一次世界大戦の間の時代を自由主義の時代そのものとして描き出そうとすることは自明のことですらある。もっともそのように言えるのは、自由主義を一般的に定義したり、そのニュアンスを識別しようとしたり、あるいはそのさまざまな影響を描き出したりしうるときのことである。そのような作業をこの短い論文で正当なものにしてしまうことはほとんど不可能である。しかしながら本章では問題を限定し目標を定めることで、自由主義のヤヌスの顔にいくらか鋭い光を当てることができるであろうし、そのことによってこの広大な問題領域における方向付けをなすことができるかもしれない。

フランスとドイツに関する以下の比較において前提しているのは、両国が一九世紀を通じて絶え間ない市民化の過程にあったということである。この二つの社会の性格はそれゆえますます市民層によって規定されたわけだが、その際ドイツの発展は、遅れた工業化と統一によっていくらかゆっくりとしたものになった。市民層が強い力を得たところではじめて、自由主義イデオロギーが幅をきかせるようになる。その限りにおいて自由主義の時代は、ある意味で同時に市民の時代なのである。こうした断言は自明のこと、あるいは分かり切ったことであると見えるにしても綿密な検討を必要とする。それを確認するために、フランスとドイツにおける国民の健康のあり方を問題にするわけだが、そのことによって理論と実際から織られた目の詰まった織物をじっくり観察することができるであろう。

一　自由主義の統一性と多様性

一九世紀の半ばから始めるとすると、それはヨーロッパ自由主義の古典時代の真っ直中にいるということである。[1] 国民的な相違を検討するに先立って、まずは当時における知的および政治的にはっきりとした精神潮流の共通の指標を把握しておくのが賢明である。自由主義の現れ方がきわめて多様であるということから判断して多くの歴史家は、普遍的に通用する定義といったものはあり得ないと考えている。ドイツの自由主義だけでもすでに、年代的にも地域的にも混乱するほどにさまざまなヴァリエーションを示しており、それは整理することがきわめて困難である。そうしたわけで三月前期の自由主義の社会史に関する論集の前書きは簡単な一文で締めくくられている。「自由主義者の運動の統一性は、ドイツではまさにその多様性からのみ生じたのである。[2]」それが正しいのだとしてもまるで三位一体説についての言明を聴いているかのようである。概念形成に内在する不十分さが避けられないとしても、「自由主義」を分析のカテゴリーとして一般的に適用しようとするならば、その種の曖昧な意味はそのままにしておくべきではない。かつてのこのきわめて重要な歴史現象に取り組もうとするなら、その基本原理を具体的に説明する労を厭うべきではない。そのうちの三つをとくに強調すれば以下の通りである。

自由主義は第一に自助の哲学であった。真の自由主義者にとって個人ほど重要なものはなかった。世界は、一人ひとりの個人、ならびに各個人に固有の運命をつかさどった家父長的な家族を中心にめぐっていた。それは同時に各人の権利と義務であった。自由主義発祥の地すなわちイギリスから自由主義的信条の真の使者がやってきたが、その自由主義的信条とは、私的権利と個人の自由は人間の侵すべからざる所有物である、というものであった。ジョン・スチュアート・ミルはその輝かしい著作である『自由について』（一八五九年）において、この教義の否定しえない核心をよく引用される一文にまとめている。「個人は彼自身に対して、すなわち彼自身の肉体と精神とに対しては、その主権者なのである。[3]」この原理から言論の自由、出版の自由、投票の自由といった自由主義全体の要求が引き出されたのだが、その際前提されていたことは、ひとはこの基本権を行使することもできるということであった。その限りにおいて自由主義は楽観的に語られ、その時の自由主義の信条は、各人は合理的に考え、「合理的な自由な選択」[4]によって行動する、ということにあった。

一九世紀の前半、自由主義の諸要求は憲法への要望と強く結び付いたものであった。問題になったのは単に何らかの法的原理を明言するというだけではなく、それを文書にし、間違いなく国家体制に定着させることであった。[5]こうした営みは最初から二つの要素すなわち明言されているものと含意されているものから成り立っていた。はっきりと明言されたものは絶対主義の専横な権力を制限するという意図であった。はじめはたいてい底流として流れているだけであったが、しかし民主主義の急進的な行き過ぎを避けるという目的がしだいにますます明らかとなった。自由主義者にとっては、絶対主義も民主主義も政治の極点として絶えざる危険をはらんだものであったが、その釣り合いを保つ重心がこの世紀を通じて移動したのであった。自由主義者にとって専制支配の復古は、とりわけパリ・コミューンの後では不満を抱いた人民大衆による革命ほどに危険なものとは思われなかった。それにもかかわらず、苦労して手に入れ、熱狂的に擁護された個人の自由という権利は存続した。時と所に応じて相違が生じたのは疑いえないが、それでもなお個人主義は、真の自由主義者すべてにとっての理想として熱望され続けた。[6]

自由主義は干渉国家に対する防御であると理解されていた。それは自由主義者が国家に敵対的な態度をとったということなのではなく、[7]むしろ逆であった。自由主義国家は数多くの課題を引き継ぎ、決してヨーロッパの伝統的な統治形態と矛盾することはなかった。もちろん自由主義国家はただちに個人もしくは家族といった私的領域に干渉するものではないとされたが、国家の介入は啓蒙された自由主義の主題である個人と対立しかねないものであった。この点から見ると自由主義は中庸の教義であった。この自由主義が表明している立場は、国家はある領域においては正当な役割を果たすべきだが、その他のところにおいてはそうすべきではないということである。つまり、私的権利と個人の自由が憲法上保証されるということも完全ではないわけである。なぜなら二つないしはそれ以上の私的利害が互いに衝突するときでも、すべての人間が社会に生き、お互いに折り合わねばならないからである。それゆえはっきりしない場合には国家が、「消極的で」主として防御的なコントロールを果たすことになる。そのことは国家が個人であれ共同体であれ、これを保護するときには正当なものであり、そのことが一方で警察と司法を、他方で軍隊と外交を正当化するのである。それゆえ理論のうえで自由主義者は、既存の国家秩序に対してさらなる譲歩の心構えをしていたのである。こうした明らかにどっちつかずの態度にはしかし、自由主義者の（もちろんはっきりと確定できないこともあるとはいえ）限界があった。なぜなら自由主義者の目から見て国家は、「積極的な」役割をもっていたわけではないからである。国家は自らの介入によって個々の人間の存在を変えるようなことを、当該の人物がこれに同意しようがしまいが、すべきではないとされた。それゆえ慈善は本来主として私的な事柄であって、国家の仕事ではなかったのである。(8)

経済的分野でも同様に自由主義者に共通の態度が理論上は存在したが、しかしそれは統一性を欠いた現実としばしば同時存在した。自由主義のあまねく知られたモットーとは、レッセ・フェールであり、これは初期自由主義においてはまだ議論の余地のある標語で、用いられることはあったにせよ、避けられることも多かった。しかし時とともに形勢がはっきりしてくる。自由主義は自由貿易を選択したわけだが、この自由貿易は一八六〇年に、イギリスとフランスの間でコブデン条約〔イギリス人政治家リチャード・コブデンが中心となって成立した通商条約。これによりフランスの関税が引き下げられた〕が締結されることで公の承認を得ることになる。この条約にはドイツ関税同盟も直ちに参加した。その戦線は一八七三年にヨーロッパが経済危機に突入したときに一層明確なものとなった。自由主義的とは今や自由貿易を堅持することであった。そしてビスマルクが一八七五年、協力者であった自由主義者のルドルフ・フォン・デルブリュックを更迭したときに、このことはドイツでは自由主義的な経済政策からの離反が差し迫っている明白な合図であった。(9)

ところで、自由主義的であるとは、できる限り倹約的に切り盛りするということでもあった。自由主義者が要望したのはたいてい小規模予算の財政計画であった。その理想的な国家とは、その責務においても国家支出においても限定されているべきとされた。市民の財産や利得から国家は、最小限に必要以上の税を徴収するべきではなく、まして財産の「自然な」分配を本気になって問題にすべきではなかった。一九世紀の自由主義者はしたがって累進的課税の支持者などでは決してなく、彼らの見解ではそれは現在だけではなく将来においても必要なものではなかった。結局のところ社会秩序は、たとえ個々の細部にいたるまで正当に構成されていないにしても、大局的にはすでに存立していた。いずれにせよ国家には、社会構造を恣意的に揺り動かすということは許されてはいなかったのである。(10)

自由主義は市民層と密接に結び付いていた。自由主義的世界観はしかしながら市民層と完全に重なっていたというわけではなく、それゆえ「市民的自由主義」という概念はただ注意深く条件付きで用いられうるにすぎない。(11)こうした制限を設けるのには二つの明白な理由がある。第一には自由主義的理念は、「枢密顧問官の自由主義」や「官僚の自由主義」あるいは「職業団体の自由主義」といった概念や現象を暗示する有産市民の独占物では決してなかったことがある。「貴族的自由主義」といったものも存在したが、これにはその典型としてアレクシス・ド・トクヴィルや、それほどには名前の知られていない一団の人たちが含まれる[12]。これに対応して「プロレタリア的自由主義」について語ることが意味あることかどうかについては、ここでは問わないでおく。いずれにせよ自由主義的な構想が、大きくなりつつあった労働運動に対して一定の魅力をもったことは明白であり、そのために特定の階層に制限されない、「急進的自由主義」も認めうる[13]。このような驚くばかりの複雑性を自由主義研究は無視してはならないが、この複雑性のために自由主義と市民層を同一視する試みを難しいものにしている。

第二の理由は、第一のものと同様に避けられないものである。市民層は一つにまとまったものではないし、一様な利害のただ一つの束を代表していたわけではない[14]。この回りくどいテーマにとりわけ重要な観点、すなわちヨーロッパのどこにおいても目に付く大企業家と小企業家の間の違いをここで簡単に説明しておきたい。多くの従業員と固有の役職ヒエラルヒーをともなっている大企業の経営者であれば、国家が設けた安全対策ないしは保険制度を実際にあえて適用してみることができた。大商業経営者や大工場主にとっては、出費は困難なものではなかった。一九世紀の社会福祉関係法にとって本来の問題はむしろ中小の営業主や商工業者の側にあり、彼らにとってはそのような措置は、大企業家と違って時間と費用を浪費するものであった。とりわけフランスの場合は勢いの衰えつつあった小企業家が数多く存在し、ドイツにおいても一九一四年を過ぎた頃まではそうだったので、国家の介入に対するその否定的な姿勢は全社会に対してかなり大きな意味をもっていたのである。この点からわかるように、自由主義はさまざまに理解され、異なる市民諸階層によってそれぞれの思い入れによって主張されたのである[15]。

以上の留保は大まかなものであるとはいえ、自由主義はさまざまな市民的利害や生活流儀を代表していた。自由主義の時代が市民の社会的ヘゲモニーの伸張と時期的に重なったというのは偶然のことではなかった。市民概念と自由主義概念が必ずしも同一のものではないにせよ、両者は歴史的に見ればやはり広範囲に一致するのである[16]。

二　ドイツとフランス、それぞれの特有の道

一八六六年に北ドイツ連邦が成立した直後、フランスとプロイセン・ドイツは多くの点で似通っており、お互いに均衡をとりながら向き合っていた。その人口、領土面積、統治形態、経済力および軍事力について、同時代人の多くはフランスのほうがすでに確固とした勢力として容易に優位に立ちうると考えてはいたけれど、両者はほぼ同等のものであった。いずれにせよそのヨーロッパ大陸の二大勢力は引き続き、同時的に同程度に発展してゆくことが自然の成り行きであるように思われた。政治と、とりわけ戦争とによってドイツに有利な結果が引き出されたために異なった経過を辿ったことが今ではわかっている[17]。

こうしたあまねく知られた事実を以下、いくつかのキーワードにまとめ、それをもってライン川の両岸における自由主義の歩みを素描してみよう。

ドイツ

(a) 一八六六年の戦争はドイツの自由主義者にとってはことのほか問題をはらんでいた。彼らの多くはプロイセンとハプスブルク帝国との軍事的な衝突を受け入れなかった。プロイセン議会では多数派の自由主義者が戦争予算を拒否して不快感を示した。その戦争への批判の言葉が並べ立てられたが、その言葉をすぐさま後悔せねばならないことになった。プロイセン以外では、問題が言葉の上だけのことではすまないことがあった。自由主義反対派は、ザクセンやフランクフルトでのように、新たな秩序に適合することを余儀なくされたのである。

(b) 一八七〇年のフランスへの出兵と、その帰結であるドイツ帝国の創建は、ドイツの自由主義者に対してさらなる譲歩を要求した。バーデンやバイエルンの多くの自由主義者は、その国民的大行動に同調するのにきわめて懐疑的であったときですら、結局はそうしたのであり、不本意なことを我慢したのであった。

(c) 一八七三年からの大不況が自由主義には運命的な打撃となった。企業家連中はその大小にかかわらず経済危機から後々に響く打撃を受け、そのために保護主義への移行を阻止できなかったのである。ビスマルクがこれによってかつての自由主義的同盟者たちを見殺しにしたということは別にしても、企業家たちはもはやとうてい互いに一致協力し得なくなってしまった。国民自由主義的運動、すなわちこれまでの主たる与党的担い手が没落し、その結果帝国宰相はその後新たな連合によって統治したが、その時には自由主義的な原則に特別の配慮を示す必要もなかった。一八六六年からおよそ一五年の間にドイツの自由主義はそのことによって、指導的な政治勢力としては早い時期に排除されてしまった。一八八〇年以降、ドイツの市民層にとっては国家レベルでの統一的で信頼できる活力ある議会代表はもはや存在しなかった。それに代わって国民的な干渉国家が力一杯発展し、一九一八年の十一月革命に至るまでドイツ国民を統治したのである。(18)

フランス

(a) ナポレオン三世の専制的な尊大さは、人を承服させるほどに貫徹していたというわけでは決してなく、すでに一八六六年にはとりわけメキシコ遠征の失敗〔一八六一～六七年、メキシコでの政治的混乱に乗じてフランスがイギリス、スペインとともに行った軍事干渉〕の後は評判を落としていた。ドイツ・オーストリア戦争の間に彼が見せた弱腰な態度やルクセンブルク問題〔一八六六年、フランスはオランダ王からルクセンブルクを購入しようとしたが、プロイセンの強硬な反対に遭って緊張が高まった事件〕での不器用さから、自由主義的反対派からの容赦ない批判が沸き起こった。スペイン王位継承問題〔一八七〇年、ホーエンツォレルン家のレオポルトのスペイン王位就任をめぐる紛争」を経て、プロイセンとの衝突をエスカレートさせてしまった軽率な決断は、明らかに自由主義者に対抗する彼の内政上の力のなさに帰せられる。

(b)　こうしたことから一八七〇年の敗戦で、ボナパルトの国家主義はフランスの決定的な力ではなくなる。それに代わって登場するのが多かれ少なかれ共和国を志向した自由主義的反対派であった。一八七〇年代には最終的な国家形態をめぐる闘争が繰り広げられたが、この問題は保守派のマーシャル・マクマホンの選挙での敗北と辞任によって決着がついた。このことによって機会主義的、共和主義的、自由主義的なもの、そして何よりも市民的なものに対する合意への道が開かれ、その合意がフランスの政治を一九一四年まで、それどころか実際には一九四〇年に至るまで常に規定したのである。

(c)　その間フランスの自由主義は長くてねばり強い生命を享受した。一八六六年以降自由主義は明白に一層勢力を増してこの国の社会的な発展を導き、干渉国家を阻止することができた。フランス特有の道はそれゆえ本質的にはドイツのそれと異なったものであるが、しかしドイツほどに特異でなかったわけではない[19]。

三　国民の健康の比較

テンポがそれぞれに違うのだとしても、それでも西ヨーロッパの諸国家はすべて一九世紀に工業社会へと急降下で向っていった。遅い早いの違いはあるにしても、それらの国々は貧困、都市化、疫病といった同様の国民的問題から逃れることができなかった。フランスではドイツとは異なるどのようなやり方でこの困難な試練に対処したのであろうか。そしてそれは、市民的自由主義がほとんど同時的でありながら、異なった特色をもったこととどのように関わりがあったのであろうか。この問いに答えるために三つのケースを取り上げる。すなわち健康保険組合・強制接種・結核にかかわる届け出義務である。そのような社会政策上の具体的な措置を手掛かりにして、国民的に相異なる行動様式とその影響を最もよく比較することができるであろう。

健康保険組合

ドイツにおける社会保険の発展は、主として職人団体連盟と鉱夫組合の伝統に基づいていた。この種の社会的保護のこれ以外の形態として扶助金庫が存在したが、これはその加入が各労働者の自由な意思に基づいていたので自由主義的な原則にまったく適うものであった。企業や地区によってはもちろん金庫への強制加入という問題が持ち上がったところもあるが、一八四五年のプロイセンの営業法は本質的には自由な参加という原則を堅持した。一八四八年と一八七〇年の間のことで言えば、扶助金庫と強制金庫の間の偽装した一騎打ちについて語ることができる。プロイセン政府およびその他の、とりわけ北ドイツの諸邦政府は明らかに強制金庫の方に傾いたのだが、自由主義者だけでなく労働者自身もまたこれには反対した[20]。それは共存の段階であった。強制金庫の数はプロイセンでは二倍となった。けれども同時に自由主義者の援護を受けて自由加入の扶助金庫も数が増し、これをとりわけシュルツェ＝デーリッチュ〔一八〇八～八三、彼はもとプロイセンの自由主義的な社会政策家。国家介入を否定し、生産者協同組合的な互助組織の発展に努めた〕の運動が支持した。このようにはっきりしない状況は、一八六九年のプロイセンの新たな営業法によって追認された。この新たな法律において労働者にはなお自分の健康保険組合を選ぶことが許されたのであった。自由主義者が自由加入の扶助金庫というモデルを望んだのは、とりわけ国家の持つ主導権をできるだけ押さえ込みたいと思ったからである[21]。

ドイツ帝国はこうして、社会保険に関する二つの組織原理のあからさまな衝突とともに始まった。この衝突は一八七〇年代に激しさを増したが、その時代に自由主義者の影響は途絶えることはなく、扶助金庫には助けとなった。強制金庫の有利さはしかしながら次第に無視できないものとなった。すなわち、より広い加入者層は、より効率的な運営とよりよい給付を意味した。それゆえ強制加入原理が広まるように国家の後押しが強まり、一方で扶助金庫は一八七八年の社会主義者鎮圧法によってその活動がかなりの打撃を受けることになった[22]。自由主義的反対派は、国民自由主義者が選挙で決定的な敗北を喫し、ビスマルクによって与党から追われたのに応じて力を失った。局地的な抵抗はそれほど強くはなく、すでに一八八一年には強制金庫が扶助金庫を数のうえで凌いでいた。こうして一八八〇年代のビスマルクの社会福祉関係立法は実際のところその長い発展を継続させてゆくのだが、これは国家を当てにした保険義務を基礎としていた。要するに、「金庫への自由加入か強制加入かという争点は、明らかに強制の側に決したのであった[23]」。

こうしたわけで全国的には、ドイツの自由主義者は保険義務をめぐる争いにおいて劣勢であった。扶助金庫が停滞して相対的に意味を低下させたのに対し、強制金庫のほうは国家の後押しと、比較にならぬほど大きな資金を得て広がっていった。ここでは強制原理の興隆をさらに立ち入ってたどってみることはせず、一九一四年以前の社会保険の途方もない拡大についてもう少し指摘しておきたい。この時点ではおよそ四分の一のドイツ国民に対して病気、労災事故、労働不能に対して保険が掛けられていた。これに加えてその家族に対する間接的な給付があり、その結果、全人口の半数以上が保護を受けていたのである[24]。

ドイツの社会福祉関係立法がこのように精力的な研究対象の領域であるのに対して、フランスの社会保険の領域はほとんど調査されておらず、その主たる歴史的経緯や運営上の詳細はまだかなり曖昧なままである。[25] それでも全般的な基礎を比較してみることは可能であり、その時にはドイツの事例に対応するようなフランス国家の介入が、一九一四年以前にはなかったということにすぐに気付く。

フランスの例でいえば、とりわけ相互扶助組合が継続的に増加していった様子を再構成してみることが重要である。この扶助金庫は古くからの組合や教会の組織から生じたものであった。もっともそれ自身の歴史はようやく復古期に始まり、ドイツにおけるのと同様一八四八年革命の渦中へと巻き込まれていった。フランスの相互扶助組合がその主たる任務とみなしていたのは、ドイツの扶助金庫と同様、労働者に病気や就業不能な事態に保険を掛けることであった。同時に一八五二年三月の二つの布告が示しているように、[26] 一八七〇年以前の（ボナパルトの）国家の関心は、この取り組みを促進し、国家機関によって統制することにあった。本質的に異なった経緯を示すようになったのは第三共和国においてのことである。その新たな政府は一八七九年以降、国家的規制を撤廃することを旨とした。その時はじめてフランスの扶助金庫はその自由主義の全盛期を迎えた。一八八九年までにその数は一万にのぼり（一八六六年にはせいぜい五六〇〇の金庫が存在していた）、加入者は二〇〇万人以上を数えたのである。[27]

その間に相互扶助運動が組織され、一八八三年にリヨンで開かれた第一回全国会議において「明白に自由主義的な」諸要求が公に向けて表明された。[28] 自由加入の共済保険に関する草案がその会議で承認されたが、それは残念ながら保守的な上院ではすぐには実現に至らず、可決は一八九八年まで待たねばならなかった。それでも方向性ははっきりしていた。いかなる保険強制も伴わない扶助金庫原理の拡大ということである。

ただし付言しておかねばならないのは、相互扶助論者の中には保険を掛ける機会の増加を意に反して受け入れた者もいたということである。彼らが関心を持っていたのはむしろ組合員の数と扶助機関の経済的負担に上限を設けることであった。医療給付の不足は、一九一四年以前にはフランスの社会保険によってはとうてい満たすことができなかったわけだが、それはおよそ五〇〇万人、すなわちフランスの全人口のほとんど一〇人に一人という数に達していたからである。[29]

一八七〇年以後、ライン川の両岸で住民がますます医療の対象になっていったときですら、その展開は両国の根本的な相違を示した。ドイツにおける徹底した国家介入は見過ごしえないが、その介入は強制金庫という形で日常生活においても明白な形にあらわれていた。共和主義的なフランスではそうしたことはなく、自由主義的な扶助金庫を旨としていて、これが国家の強力な統制から身を守った。ドイツの地域健康保険組合とフランスの相互扶助組合の間には、国民の健康に対する構想と管理の点で根本的な差異が存在していたのであり、この相反する枠組みの帰結が直ちに明らかとなった様子を次に見てみたい。

強制接種

少なくとも一八八〇年以後の統計は、すべてが完全に正確であるわけではないにせよ異論の余地のないもので、それが示しているのは天然痘は接種により抑えることができただけでなく、ほとんど完全に撲滅しうるものであったということである。バイエルン王国はすでに一八〇七年に、天然痘に対する義務的な接種の規定を定めていた。その他のドイツの諸邦および諸都市のなかには時とともに同様のことを試みたところもあったが、措置は不十分なままにとどまり、国家統一以前には期待するだけにとどまった。一八七〇／七一年の戦争においてプロイセンは接種を受けた軍隊でもって出兵したが、その時にはまだプロイセンの一般市民に接種の義務はなかった。同じ時期にフランスでは、国民も軍隊も天然痘に対して強制接種を受けることも組織的に保護されることもなかった。その結果、プロイセンの軍隊はパリを包囲している間の一八七〇年の晩秋には、せいぜい五〇〇人が天然痘で命を失っただけなのに対し、パリの守備隊は天然痘によって二万三〇〇〇人以上の死者の出たことが報告されている。[30]

プロイセン軍の各部隊は誇らしげに凱旋した。そのなかにはフランス人の捕虜とともに天然痘を土産にした部隊もあった。その結果恐ろしい疫病がプロイセンに広がり、それは一八七一年から七三年にかけて数千人ものドイツ人を死に追いやった。ドイツの新たな国民国家はそこから論理的に結論を引き出した。つまり一八七四年に全ドイツで国家の法律により強制接種が導入され、その結果、三年以内に天然痘でのドイツ人の死亡率はほとんどゼロにまで低下したのである。[31]

すぐさま他国にも知れわたり信じられた統計から判断して、フランスでもその住民を天然痘の突発から守るためにすぐさま同様の措置が取られたのであろうと思われるかもしれない。ところが一九〇二年まで国民の健康に関するこの危険な領域にはいかなる措置も講じられることはなかった。すなわちフランスの天然痘接種はドイツよりも約三〇年遅れて義務化が規定されたのである。この間おおよその見積もりによると、毎年約一万人のフランス国民が天然痘で亡くなったことになる。[32]

なぜそのようなことになったのか。それは一九世紀後半の著名なフランス人医師二人の間の論争が説明を提供している。一人はソルボンヌ大学医学部の学部長であったポール・ブルアルデル博士で、一八九一年に彼は毎年三万人のフランス人が伝染病、とりわけ天然痘とチフスにより無駄な死を迎えたと主張した。ブルアルデルによればこの三万人は、ドイツでのような強制接種を受けていれば助かっていたのである。[33] これに対立していたのがレオン・ルフォールというパリ医学アカデミーで声望を得ていた会員で、彼は同僚を前に、後に活字にされたときには議事録が三七ページにも及んだ講演を行った。ここではそこからわずかだが二、三引用してみたい。ルフォール博士の考えによると強制接種の導入は、「個人の自由に対する痛烈な一撃に」なりかねないものであった。接種を受けるのは目下のところ自由意思によっていて、かつこれからもそうしておくべきであった。天然痘に関する統計はまったく不正確なものでしかなく、「われわれには何もわかっていないし、まったく何も分かっていないのである」。住民は義務的な措置の必然性を確信しているわけではなく、また多くの医師は、規定により接種を行うためだけにあちこちの土地を回ることを強要されることなど望んではいない。さらにまた、計画の完全実施に先立って必要なあらゆる予防措置をあらかじめ講じることもせずに強制接種を定めることは、「はなはだしい不正義」になりかねないのであった㉞。

この限りでルフォールの反論は、かなり専門家的な性格を帯びていた。もっともその発言のイデオロギー上の核心は次のようになる。「プロイセンのことがいつでも繰り返し引き合いに出される。そしてプロイセンで接種が受け入れられていることを理由に、フランスでもそのようになることを願う人たちがいる。それははなはだしい誤りだ……。皆さんには、たとえ皆さんが魂を救えると確信していたとしても、私の意に反して私の子どもにまで洗礼を施す権限がないように、肉体を守るということを口実に私の意に反してまで私の子どもに接種を受けさせる権利はないのです。」ルフォールはその時、その考察の締めくくりで、フランス議会は強制接種に同意することをまだ当分の間拒み続けるだろうと、正しく予言していた。その理由としては、彼は自分に好ましく思えていたイギリスの例を引き合いに出しながら強調したように、このことが「国民の自由なる天性の資質と相容れない㉟」からであった。

こうした議論において晩期自由主義の古典的な原則を見出すことはそれほど難しいことではない。個人の自由を脅かさないように国家は個々人の私的な領域からは距離を保つべきだということは、たとえそれが疫病によって哀れにも命を落とす自由に過ぎないとしても当然のこととされる。こうした姿勢は医学上のエリートたちだけのことではなく、フランスの市民社会、さらにその政治的な代表者たちの間でも全体として広く支持されていたものだったようである。見積もられた数字がおおよそ正しいのだとしたら、一八七五年以後三〇年の間にほとんど三〇万人のフランス人が天然痘でなくなったことになるが、これでようやく国家指導の見地が転換したのであった。第三共和国の「自由なる天性の資質」はそれほど簡単に譲歩したりはしなかった㊱。

ドイツにおける接種予防法がすぐさま与えた包括的影響は、国家的に促進され学問的に発展を遂げた一九世紀の医学が国民の健康にとってはただ「付随的な」意味を持つに過ぎなかったと頑なに主張する人たちには、考えを改めさせる機会となった㊲。強制金庫の設置の時がそうであったように、強制接種の導入には国家介入への志向性がすでに存在するという雰囲気が必要であった。ドイツにおける一八七四年の法律は、後にその他の多くの国々が追従することになる最初の一歩であり、自由主義的な諸原則からしだいしだいに離れていくことになった。これに対してフランスにおける状況は著しい対照を見せることになったが、それはフランスの自由主義者がその政治的な影響力を維持したからである。フランスの時計が違う進み方をしたのは偶然のことではなく、まさに持主が違うことをはっきりと意識して調整されたからであった。

届け出義務

医学的にも社会学的にも結核患者の問題は、天然痘の場合よりもはるかに込み入った問題であった。そもそも統計に議論の余地がある。たしかなことは、一九世紀にはきわめて多くのヨーロッパ人が他のいかなる疾病にもまして結核のために亡くなったということにすぎない。特定の階層に絞った分析は実際のところ不可能であるが、それでもはっきりとしていることは、貧しい下層民の間での肺病の罹患率は市民層や貴族層に比べてはるかに高かったということである。それ以上正確なことは望めないが、患者自身がその恐ろしい真実を覆い隠すのもまれではないからである。たとえばある高貴な婦人は、医者による意にそぐわない診断に激昂して以下のように言い返すわけである。「結核であるには私どもはあまりにも高貴なのでございます」と。[38]

一九世紀初頭には、結核は遺伝するものと一般に考えられていた。そうした考えの変化は実にゆっくりとしたもので、一八八二年にロベルト・コッホがその病気を唯一引き起こすものはある病原菌なのだということを証明したときですら、完全にはなくならなかった。だが反論を受けながらも科学的な見方が、つまり結核は予防しうるしまた治癒しうるものであるということ、それゆえ衛生と医学的な措置を講ずるに値するのだという考えが広まっていった。[39]そこで問うべき問題は、ドイツとフランスのこのような状況下で、危険なことが明らかな結核という疫病に対して人びとがどのように取り組んだのかということである。

ドイツにおける結核撲滅キャンペーンは、一八八〇年代の社会福祉関係立法と切り離すことができない。理論上でも、さらには実際上でもドイツのすべての労働者は病気に対して保険がかけられており、就労できない病人の家族は国家の補給金を要求する権利をもっていた。健康保険組合は広く行われていた強制原理に従って、もはや働けない被雇用者を必要なら長期にわたって扶養することを義務としていた。もっとも結核はなかなか治らない潜行性疾患の一つであり、全治しないこともしばしばであった。しかも患者は隣人に対していつまでたっても感染の危険性をもっていた。ドイツの保険組合の会長たちがそのことから理解していたことは、国民療養所の設置に財政的に関与して結核患者をそこに送ったほうが、家に帰してそこで彼らが月々の病気休業補給金を浪費し、家族に感染させてしまうより、ずっと安くつくということであった。そこからドイツにおける療養所の数が飛躍的に増加してゆくことになる。[40]

このように一瞥したからといって、健康をめぐる状況の改善がただ国民療養所運動にのみ負っていたと想定したりすべきではない。このことへの反証として、この運動がその大きなな飛躍を遂げた一八九〇年代以前にすでに、結核による死亡者の割合が下がっていたことを挙げることができる。さらにこの点に関しては、こうした措置の一つは、その他のたとえば都市における衛生の徹底あるいは食事の改善と切り離しえないということ、第三に結局のところ、新たに数多く建てられた療養所ですら住民全部の必要を満たすためには十分ではなかったことを指摘できる。[41]それにもかかわらず国民療養所は結核に対抗するドイツの象徴となった。科学的な医学が広範囲にわたって細分化され、国家により支持された専門化という文脈において、療養所は成果を収めなかったわけではない。ドイツにおいて結核による死亡者の割合は、第一次世界大戦前の四分の一世紀の間に決定的に（およそ三〇％）低下した。療養所の治癒的な効果が時には誇張されたりしたが、少なくとも長期的な予防的効果は肯定的なものだったのである。[42]

ともかく国民の健康のいっそうの改善を目指すためには、医者を通じて国家監督官庁に病気の届け出の義務化を推し進めることが必要であった。だが親国家的傾向が強かった帝国においてすらそのような届け出義務は多くの障害を克服せねばならなかった。一九〇〇年の伝染病予防法はこの点に関して個別的なことには何も触れておらず、このやっかいな問題を各邦に委ねた。プロイセンも含めて多くの諸邦政府は即時の告知義務に努めたが、だが一九一四年以前にはただあいまいな形でのみ、すなわち死亡の場合にのみ告知義務を達成できたにすぎない。これは部分的成功にすぎなかったが、国家介入的社会政策の方向にむかったことは明らかである。[43]

フランスにおける結核との戦いは、第一次世界大戦前の時代にはまったく様子の異なるものであった。フランスでは結核による死亡率は一九一四年に至るまでほとんど一定していた。全体では恐らく毎年一〇万人以上の人がこの病気によって命を失っていた。毎週のように肺結核によりパリだけで二〇〇人以上の人が亡くなり、それはベルリンにおける数の二倍に値するものであった。よく言われるのは、フランスでは一九世紀の間にコレラは四〇万人の死者を出し、戦争は二〇〇万人、結核は九〇〇万人の人を殺した、というものである。[44]このような概数が疑わしいものであるにせよ、その数は実態に近い像を示しているし、少なくともこの疫病の継続的な広がりの規模についてのイメージを伝えるものである。

著名なフランス人の専門家の記すところによれば、「この時代唯一ドイツだけが、その社会保険のシステムによりこの問題の解決策を見出していた[45]」。それにしてもなぜフランスでは国民の健康に関するこの決定的な領域で、同様のことがほとんど生じなかったのであろうか。これに対しては多くの答えがあるにしても、基本的な説明となるものはやはり結果から原因を推理する論理のなかに求めることができる。すなわちフランスには療養所運動も医学の進んだ専門化も存在しなかった。なぜなら大きな保険組合による支えがなかったからである。大きな保険組合が存在しなかったのは強制金庫が存在しなかったからである。強制金庫が存在しなかったのは、組織的な社会政策立法が欠けていたからである。その類の立法がなかったのは国家介

入という倫理が支配的ではなかったからである、と。こうしてわれわれは、再び出発点へと戻ってしまうことになる。(46)

もっとはっきりさせるためにパリ医学アカデミーに至るボナパルト通りに赴き、そこでの議論に耳をそばだてることにしよう。そこに集まった医学専門家のエリートたち、そしてかれらとともに市民社会の管轄代表者たちの間で意見の一致をみていたのは、結核は死の危険にもっとも近い国民伝染病だということであった。結核を官庁の伝染病リストに載せて届け出義務を要求することは、この疫病を掌握するために有効であると考えられなかったのであろうか。ここでは短く再現された議論に耳を傾けてみたい。

アルディ――「『普通に考えて、医者の仕事には口出しすべきではない。』いかなる場合も医者には、『自身の知識に照らして』行動させるべきだ」

ジェルマン・セー――「人を役所に届けるということが意味するのは、人に対して『永遠の締め出し刑』を科するということだ。届け出義務は、『即決の処刑』と同じことである。それは家庭生活にただ『まったくの混乱』をもたらすばかりであって、『患者にとってはいささかの治癒も』施すものではない」

コルニーユ――「結核がリストに取り上げられないというのは、それは医学とは別の理由からのことであるように思う。懸念されるのは、家族が隠そうとする病気を明らかにすることで家族の気持ちを傷つけてしまうことである」

ジルベール――「結核を届け出義務のある病気のリストに載せるとすると、その規定は、『文字どおりの死』と同じことだ」

グランシェール――「『感傷的な理由から』決定的な措置を断念してしまっている。『家族の間で暗黙の了解になっているのは、結核とはその名を知ることもなく死に至る病だ、ということなのだ。そして医者はこの偽善的なウソの共犯者として、問診もしなければ治療も行ったりしない』」

ブリュノン――「フランスにはなぜドイツほど多くの療養所がないのかと問うならば、その答えはこうなるだろう。つまり『ある家族はあまりに貧しく、またある家族では肉親を見殺しにはできない。またある家族は、家族である患者と引き離されることに耐えられなかったりする』。そのような患者を前にしては、『療養所』という言葉を口にすることができない……。そして誰もが同じ事を言う。『私は無理強いされたくない。監禁されたくない』」

ラヴロー――「義務を課するような措置は『大いなる錯誤』であり、それ自体『苛立たしく、効果のないものだ』」

ロバン――「『絶対的な制度といったものは誰に対してであれ強要されるべきものではない。……他国の経験から利点を引き出すのはわれわれの義務であるが、しかしわれわれの目的のために継承すべきなのはそれぞれの国民の民族的な資質に適うものだけである。』その他には財政問題がある。『フランスの国家財政が膨張し続けているのは主に新たな社会制度の整備によって引き起こされているのである。』国家はすべての患者の面倒を見ることなどできるものではない。『それゆえ財政上の問題は届け出義務に対する絶対的な障害であり続けることになる』[47]

第一次世界大戦前の時期からのこうした引用にさらに付け加えることもできるだろう。ともかくそうした引用が例証しているのは、フランスにおいては自由主義の精神が存続し、国民の健康といった具体的な問題においてははっきりとした影響を相変わらず与え続けていたということである。一九一三年の七月にようやく医学アカデミーは僅差で（四五対四三）、届け出義務の導入を支持したが、この勢いのない結果は、フランス議会のそれまでの優柔不断を強めただけに終わった[48]。

四　市民性と国民性

一九世紀後半における自由主義と国民の健康との関係についての本章での検討から、今では薄らぎかけている特有の道論争から結晶化した二つのテーゼに注意が及ぶことになる。この論議についてはここでそれを展開することは到底できない。というのはその論議は、これまでのところただ不十分な試みしかなされていない慎重を要する比較社会史の前段階と捉えるのが、恐らくもっとも適切であると考えられるからである[49]。

その第一の前提は、フランスないしは「西ヨーロッパ」の市民はドイツの市民と基本的に区別されるが、それは前者が革命の成功という伝統を保持しているのに対し、ドイツの市民にはそれが欠けているからである、ということである。そこでは国民的な差異は主に、すでに存続していたいくつもの社会的な相違から引き出されている。このような捉え方は社会史的研究を強調している。それは新たな視点を切り開き、新鮮で、創意に富んだものとして作用し、同時に、外政の優位というこれまでの歴史叙述に対する論争的道具となるものである[50]。

これに対する批判としては、ドイツを含めた西ヨーロッパの基本的な発展傾向における相違ではなく類似性を強調するものである。この見方はとりわけ一九世紀を通じてのヨーロッパにおける全般的な市民化を強調するが、この市民化はもちろん個々の国においてその国民的な伝統に従って非同時的であり、何らかの点で特異体質的なものとなった。それゆえ根本的には国民的な相違から社会的な相違が引き出されるわけであり、逆ではない。これは決して旧来の歴史叙述へと思慮もなく回帰しているのではなく、むしろドイツ特有の道論の若干の主要前提を問題視する別種の特徴付けである[51]。

今ではこうした対立には、各国はそれぞれが特有の発展を遂げてきたのだという単純な想定によって掛け橋されている。さらに異なる国民の理論や実践が、たとえば国民の健康といった特定の実際的な問題から評価されねばならない。この点で一九世紀後半のフランスとドイツは、その経験が明らかに異なるものであった。フランスの場合は自由主義的な要素が強まったのに対し、ドイツの自由主義は国民国家の一連の軍事的・政治的な成功に結び付き、イデオロギー的な妥協へと至ることでその性格を変えることによって弱体化した。

はっきりと断言できることは、ドイツの住民はその自由主義的な市民も含めて、干渉国家の発展を通じて実際的な利点を社会的な領域において手にしえたということである。フランス第三共和国における国民の健康に対する措置はこれにはっきりとした後れをとった。しかし長期的な視野から見れば、干渉国家は大きな危険を隠していた。ドイツ帝国は多くの人びと、すなわち市民並びに労働者に対して健康における測定可能な進歩をもたらしたがために、ドイツの国民の大多数は、国家に対して大いに愛着を感じたのであった。ドイツにおいては干渉国家を受け入れる用意があり、それどころかそれに同意するという持続的意思が存在したことは、たしかに一九世紀末においては理解しうることであるにせよ、二〇世紀の初頭には、そうした姿勢が重大な結果を招くことになったのである。

注

(1) 概観のためには以下を参照。G. Ruggiero, *The History of European Liberalism*, Cambridge, Mass. 1948^2; A. Bullock and M. Schock (ed.), *The Liberal Tradition form Fox to Keynes*, London 1966^2; D. Sidorsky (ed.), *The Liberal Tradition in European Thought*, New York 1970; L. Gall (Hg.), *Liberalismus*, Königstein 1980^2; A. Arblaster, *The Rise and Decline of Western Liberalism*, London 1984.

(2) W. Schieder, Probleme einer Sozialgeschichte des frühen Liberalismus in Deutschland, in: ders. (Hg.), *Liberalismus in der Gesellschaft des deutschen Vormärz*, Göttingen 1983, S. 9-21. 時代を特定して自由主義を定義するという考えをD・ランゲヴィーシェは支持している。D. Langewiesche, *Gesellschafts- und verfassungspolitische Handlungsbedingungen und Zielvorstellungen europäischer Liberaler in den Revolutionen von 1848*, および同書, S. 341-362.

(3) J・S・ミル、塩尻公明・木村健康訳『自由論』岩波文庫、一九七一年、二五ページ。

(4) Sidorsky, *Liberal tradition*, S. 2.

(5) この点に関して参照すべきは、L. Gall, Liberalismus und »bürgerliche Gesellschaft«. Zu Charakter und Entwicklung der liberalen Bewegung in Deutschland, in: *Historische Zeitschrift* 220, 1975, S. 324-356. 一方でモムゼンの批判も参照のこと。W. Momsen, Der deutsche Liberalismus zwischen »klassenloser Bürgergesellschaft« und »organisiertem Kapitalismus«. Zu einigen neueren Liberalismusinterpretationen, in: *Geschichte und Gesellschaft* 4, 1978, S. 77-90.

(6) Cf. Arblaster, *Rise and Decline*, p. 15.

(7) 自由主義の反国家主義的傾向を過度に強調するものとしては、たとえば、J. Droz, *Histoire des doctorines politisches en*

France, Paris 1963, p. 72. より穏当な研究としては、D. Grimm, Verfassungsrechtliche Anmerkungen zum Thema Prävention, in: *Kritische Vierteljahresschrift für Gesetzgebung und Rechtswissenschaft 1*, 1986, S. 38-54.

(8) H. K. Girvetz, *From Wealth to Welfare. The Evolution of Liberalism*, Stanford 1950, pp. 43-47; C. Sachße u. F. Tennstedt, Krankenversicherung und Wohnungsfrage, in G. Asmus (Hg.), *Hinterhof, Keller und Mansarde*, Hamburg 1982, S. 271-297.

(9) Cf. I. N. Lambi, *Free Trade and Protection in Germany, 1869-1879*, Wiesbaden 1963; H. Böhme, *Deutschlands Weg zur Großmacht. Studien zum Verhältnis von Wirtschaft und Staat während der Reichsgründungszeit 1848-1881*, Köln 1966, とりわけ、H. Rosenberg, *Große Depression und Bismarckzeit*, Berlin 1967.

(10) Cf. M. Frajerman et. D. Winock. *Le vote de l'impôt général sur le revenu 1907-1914*, Paris 1972; G. Krumeich, Liberalismus, Nationalismus und Steuerreform in Frankreich vor dem 1. Weltkrieg, in: D. Langewiesche (Hg.), *Liberalismus im 19. Jahrhundert*, erscheint Göttingen 1988.

(11) この概念の論争に関しては以下の文献を見よ。U. Haltern, *Bürgerliche Gesellschaft, Sozialtheoretische und sozialpolitische Aspekte*, Darmstadt 1985, S. 60-63. ドローツの以下の明白な主張は行き過ぎである。「自由主義とは近年の研究を踏まえれば、フランス・ブルジョアジーの経済的利害を表したものである。」Droz, *Histoire des doctrines*, p. 69. これと対立する意見の代表としては、J. J. Sheehan, Liberalism and Society in Germany, 1815-48, in: *Journal of Modern History 45*, 1973, pp. 583-604.

(12) Schieder, Probleme, S. 15-19. R. Muhs, Zwischen Staaatsreform und politischem Protest. Liberalismus in Sachsen zur Zeit des Hambacher Festes, in: Schieder, *Liberalismus*, S. 210f.

(13) Vgl. T. Offermann, *Arbeiterbewegung und liberales Bürgertum in Deutschland*, Bonn 1979, S. 158-188.

(14) ここで一つだけ選んで文献を挙げるなら、J. Kocka, Bürgertum und Bürgerlichkeit als Probleme der deutschen Geschichte vom späten 18. zum frühen 20. Jahrhundert, in: ders. (Hg.), *Bürger und Bürgerlichkeit in 19. Jahrhundert*, Göttingen 1987, S. 21-63.

(15) 特にすぐれた労作として、H. Hatzfeld, *Du paupérisme à la sécurité sociale 1850-1940*, Paris 1971, pp. 263-320.

(16) 自由主義と市民層を同類のものと見ようとするドイツ人の歴史家もいる。たとえば、H. A. Winkler, Liberalismus. Zur historischen Bedeutung eines politischen Begrffs, in: ders. (Hg.), *Liberalismus und Antiliberalismus. Studien zur politischen Sozialgeshichte des 19. Und 20. Jahrhunderts*, Göttingen 1979, S. 13-19, およびハンス - ウルリヒ・ヴェーラー、大野英二・肥前栄一訳『ドイツ帝国 一八七一―一九一六』未来社、一九八三年。両者はブラックボーンとイリーから厳しく批判されている。D. Blackbourn u. G. Eley, *Mytehn deutscher Geschchitsschreibung*, Frankfurt 1980, 望田幸男訳『現代歴史叙述の神話』晃洋書房、一九八三年。その増補された英語版は、*The peculiaities of German History, Bourgeois society and Politics in Nineteenth-Century Germany*, Oxford 1984.

(17) 以下の文献で簡潔に要約している。A. Mitchell, *Bismarck and the French Nation, 1848-1890*, New York 1971. これに加

えて idem., *The German Influence in France after 1870*, Chapel Hill 1979, さらに idem., *Victors and Vanquished. The German Influence on Army and Church in France after 1870*, Chapel Hill 1984.

(18) すでに引用したガルの論文以外に参照すべきは以下の文献。H. A. Winkler, *Preußischer Liberalismus und deutscher Nationalstaat*, Tübingen 1964 ; J. J. Sheehan, *Der deutsche Liberalismus. Von den Anfängen im 18. Jahrhundert bis zum Ersten Weltkrieg 1770-1914*, München 1983, および G. A. Ritter, Entstehung und Entwicklung des Sozialstaates in vergleichender Perspektive, in : *Historische Zeitschrift 243*, 1986, S. 1-90.

(19) フランス自由主義に関する文献目録はあまり満足のゆくものではない。全般的な叙述を試みたものとしては G. Burdeau, *Le libéralisme*, Paris 1979 ; W. H. Logue, *From Philosophy to Sociology. The Evolution of French Liberalism, 1870-1940*, De Kalb, Ill. 1983 ; A. Jardin, *Histoire du libéralisme politique de la crise de l'absolutisme à la constitution de 1875*, Paris 1984 ; L. Girard, *Les libéraux français 1814-1875*, Paris 1985 ; ここでは次の文献も参照。A. Daumard, *Les bourgeois et la bourgeoisie en France*, Paris 1987, pp. 183-240.

(20) Vgl. F. Tennstedt, *Soziale Selbstverwaltung, Bd. 2 : Geschichte der Selbstverwaltung in der Krankenversicherung*, Bonn 1977, S. 13-22, および U. Frevert, *Krankenheit als politisches Problem 1770-1880*, Göttingen 1984, S. 151-184.

(21) Frevert, *Krankheit*, S. 176.

(22) Vgl. G. Stollberg, Die gewerkschaftsnahen zentralisierten Hilfskassen im Deutschen Kaiserreich, in : *Zeitschrift für Sozialreform 29*, 1983, S. 339-369.

(23) Frevert, *Krankheit*, S. 182.

(24) F. Tennstedt, *Sozialgeschichte der Sozialpolitik in Deutschland*, Göttingen 1981, S. 165-174 ; C. Huerkamp, *Der Aufstieg der Ärzte im 19. Jahrhundert*, Göttingen 1985, S. 194-240.

(25) すでに言及したハッツフェルトの仕事以外に、とりわけJ・レオナールの数多くの著作を挙げることができる。J. Léonard, *Les médecins de l'Ouest au XIXe siècle*, Paris 1978 ; *La médecine entre les savoirs et les pouvoirs. Histoire intelectuelle et politique de la médecine française qu XIXe siécle*, Paris 1981 ; *Archives du corps. La santé au XIXe siècle*, Rennes 1986. これに対する正当な批判としては M. Ramsey, History of a Profession, Annales Style. The Work of Jacques Léonard, in : *Journal of social History 17*, 1983, pp. 319-338.

(26) J. Bennet, *La mutualité française des origines à la révolution de 1789*, Paris 1981 ; J. Gaillard, Le mutualisme au XIXe siècle, in : *Prèvenir 9*, 1984, pp. 9-15, および B. Gibaud, *Mutualité/Sécurité sociale. Le rendez-vous manqué de 1945, Thèse à l' université de Maine*, Le Mans 1984, pp. 120-169.

(27) O. Faure, Le rôle de la mutualité dans l' essor des soins (1850-1914). Premier aperçu, in : *Prévenir 9*, 1984, pp. 69-74 ; idem., La médecine gratuite au XIXe siècle. De la charité à l' assistance, in : *Histoire, Économie et Société 4*, 1984, pp. 593-608.

(28) M. Rebérioux, Premières lectures du Congrès de 1883, in : *Prévenir 9*, 1984, pp. 75-85.

(29) Cf. Faure, *Le rôle*, p. 70f. ; Gibaud, *Mutualité*, p. 192, および A. Gueslin, *L'invention de l'économie sociale. Le XIXe siè-*

cle français, Paris 1987, pp. 167-212.

(30) P. Darmon, *La longue traque de la variole*, Paris 1986, pp. 358-366.

(31) C. Huerkamp, The History of Smallpox Vaccination in Germany. A First Step in the Medicalization of the General Public, in: *Journal of Contemporary History 20*, 1985, pp. 617-635.

(32) Darmon, *La longue traque*, pp. 366-371.

(33) *Bulletin de l'Académie de Médecine*, 11. November 1890.

(34) *Ibid.*, 13. Januar 1891.

(35) *Ibid.*

(36) Darmon, *La longue traque*, pp. 381-385.

(37) G. Göckenjan, *Kurieren und Staat machen. Gesundheit und Medizin in der bürgerlichen Welt*, Frankfurt 1985, S. 10-26, 53-58, 133-136 usw. ドイツにおける医学史に関する最近の研究に関しては，P. Weindling, Medecine and Modernisation, in: *History of Science 24*, 1986, pp. 277-301.

(38) J. Grancher, *Tuberculose pulmonaire et sanatoriums*, Paris 1903, pp. 25f.

(39) Cf. E. Rist, *La tuberculose*, Paris 1954[3], および O. Gesell, Tuberkulose und Pneumologie im Wandel 100 Jahre, in: *Praxis der Pneumologie 31*, 1977, S. 333 bis 337.

(40) P. Weindling, *The Campaign against Tuberculosis and its Impact on Domestic Hygiene in Imperial Germany, Vortrag im Zentrum für interdiszipinäre Forschung Bielefeld*, 1986.

(41) Göckenjan, *Kurieren und Staat machen*, S. 49-58, および R. Spree, *Soziale Ungleichheit vor Krankheit und Tod*, Göttingen 1981, S. 36-41, 47-48.

(42) Tennstedt, *Sozialgeschichte*, S. 186f.

(43) これに関しては，プロイセン国民福祉相の講演の草稿，*25 Jahre preußische Medizinalverwaltung seit Erlaß des Kreisarztgesetzes*, Berlin 1927, S. 208-224 を参照。結核の届け出義務が国民一般に課せられるようになったのは，ようやく一九三五年のことである。

(44) E. Aron, Le déclin des maladies traditionelles, in: M. Sendrail etc. (ed.), *Histoire actuelle de la maladie*, Toulouse 1980, pp. 397-422. 同時代の叙述としては，L. Landouzy, *La tuberculose, maladie sociale*, Paris 1903, および G. Artaud, *Tuberculose et sanatoriums populaires*, Paris 1914. 近年のフランス語文献の研究としては，I. Gullet / C. Kruse, *Histoire de la tuberculose. Les fiévres de l'âme 1800-1940*, Paris 1983, およびスタンダードな文献として，P. Guilaume, *Du désespoir au salut. Les tuberculeux aux 19e et 20e siècles*, Paris 1986.

(45) Guillaume, *Du désespoire*, p. 259.

(46) 詳細については，A. Mitchell, Obsessive Questions and Faint Answers. The French Response to Tuberculosis in the Belle Epoque, in: *Bulletin of the History of Medicine*, probably 1988.

(47) 引用は，*Bulletin de l'Académie de Médecine, 1889-1913* から集めたものである。

(48) Cf. Gullet/Kruse, *Histoire de la tuberculose*, pp. 235-278; Guillaume, *Du désespoir*, pp. 309-325. フランスでは届け出義務は一九六三年，つまり結核がすでに抗生物質によって押さえられるようになってから五〇年も経った後に議会を通過した。

(49) H. Grebing による適切な注釈と文献指示については，*Der »deutsche Sonderweg« in Europa 1806-1945*, Stuttgart 1986.

(50) その典型としては、ヴェラー、前掲書。いくらか穏当なものとして、ders., Wie »bürgerlich« war das Deutsche Kaiserreich? in: Kocka, *Bürger*, S. 243-280.

(51) この点に関しては、Blackbourn/Eley, *Mythen*（望田訳、前掲書）。最後に、Kocka, *Bürgertum*, S. 48-54, 62f.

第十四章　治療・教育・保護
――イギリス・ドイツ比較――

グンター・ヘルツォーク
（一九四一年生
精神療法医）

はじめに

一八世紀において、精神的ないし情緒的に障害があるかそのために支障をきたす人びとは、圧倒的に家族のもとか、さもなければ自治体によって、しばしば悲惨な条件の下で看護されていた。彼らが周囲の人びとに過剰な負担をもたらす場合、身体障害者、老人、乞食、孤児、肢体不自由者、犯罪者と一緒に施設に収容されたが、こうした施設は懲罰、ひどい衛生状態や扱い、そして多くは苛酷な労働といった光景を呈していた。フランスにおいてはこの種の施設に「一般施療院《オピタル・ジェネラル》」の名前が採用されたが、ドイツでは「懲治院《ツフトホイザー》」、「救貧院《アルメンホイザー》」、「矯正所《アルバイツホイザー》」などと呼ばれ、その際、これらの施設の多様な機能は必ずしも明確に区別されていなかった。イギリスでは「懲治監獄《ブライドウェル》」の名前が広まったが、これは一六世紀に設立されたロンドンの監獄の名前に由来するもので、この施設は全ヨーロッパにおいて多くの同様の施設のモデルとなった。こうした施設において、精神障害者たちを特別な扱いを必要とする一集団とみなすことは一般的ではなかった。しばしば彼らは鎖でつながれた状態で、運命の手に身をゆだねる状態におかれていた。もっとも、それほど多くの者が、このような条件の下で暮らしていたわけではない。こうした施設の数はわずかで、またその規模はかなり小さかった。

一九世紀の半ばに、このような光景に変化が見られた。ここかしこで施設や自治体のなかで人知れず暮らしていた異様な人間の小集団が、数千名にも達する、多かれ少なかれはっきりと定義された患者集団になった。精神的な障害・錯乱・奇行に対する社会的な認識は明らかに厳しくなり、以前とは別の現象が注目され、また、以前の認識を転換させる異なる方法が採用された。精神障害者には公的扶助制度の特別な部門があてがわれた。そして彼らは、その時から国家のコントロール下に入り、官僚的に組織された特殊な大規模施設で生活するようになった。こうした施設は、精神障害、貧困および犯罪を相互に、そして他の一般社会から分離し、これらをそれぞれ特別な専門家ないし専門職の手にゆだねるための装置の一部になった。精神障害者については医師による管轄と医学的な意味による精神障害の診察が実施された。医師たちは、一九世紀の社会において「精神障害」とみなされていたものを適切な言葉に書き換え、パラフレーズし、専門用語化した。しかしながら精神障害は、生物学的な診断によって客観的に表現可能なものにはならなかった（このことは今日に至るまで、最大の精神病患者のグループ、すなわち「内因性精神病」の患者について当てはまる）。

こうした展開は、おもなヨーロッパ諸国と北アメリカにおいて基本線では類似しており、またおおよそ同時的なものであった。それは一八世紀の終わりから一八四五年に至る時代に相当する。こうしたなかでも、ドイツとイギリスにおける精神障害者の制度的看護の展開は、特別な対応関係を示していた。まず両国では、精神障害者看護制度の専門化に先立って、非常識な言動に関する著述家たちによる議論があった。次に、両国においてこの専門化は、貧民扶助の分化と管理の精密化をきっかけに開始された。そして最後に、新しい施設の運営は、それぞれ州（カウンティおよびプロヴィンツ）のレベルで自治体の連合体により行われ、この点でも両国は類似していた。

他方で相違点も見逃してはならない。イギリスにおける著述家たちによる議論は、議会の活動との関連で展開されたが、ドイツの州議会および地方行政府は、世論に対してまったく遮断された状態にあった。以下で論じられる発展の経緯は、イギリスにおいては議会による大きな自由主義的改革と関連しており、この改革は直接的に貧民扶助の制度に作用を及ぼしたが、ドイツにおける自由主義的改革は、これといったものはほとんどなく、貧民扶助の制度にもそれによる直接的な反映をほとんど見ることはできない。そして最後に、国家に対する市民の関係の相違が、両国の医師が精神障害者を診察し処置するやり方にも、異なる影響を及ぼしていた。

以下では、両国のおおよその同時性を考慮しながら、一八四五年ごろに至るイギリスにおける発展についてまず論述される。その次に、それと対応するドイツの発展についての叙述が続く。そして総括を行う最終節では、類似点と相違点が比較しながら検討される。

一　イギリス

矯正所、私立施設、そして非常識な言動に関する議論

貧民、老人および身寄りのない者に対する教会による扶助は、イングランドにおいてはエリザベス朝以降、ほぼ消滅してしまった。それは、とりわけ精神病院が、二〇世紀に至るまで教会の施設として維持されたスコットランドとは対照的であった。[1] イングランドとウェールズにおいては、一五九七年と一六〇一年の「救貧法」以降、およそ一万五〇〇〇の自治体（教区ないし町村）が救貧扶助についての自律的な行政単位を形成し、自治体内に在住する精神障害者の扶養が義務づけられることになった。このような扶助形態が、一八世紀中には圧倒的な主流になったと考えられる。[2] こうした貧民扶助の費用は、地方の救貧税《プーア・レイツ》を通じて裕福な市民たちにより調達された。

一般に救貧行政の機能は、地方官庁に、おもに治安判事にゆだねられていた。複数の自治体を管轄したり、中央で統括する官庁はほとんど存在せず、そのための官僚機構もないに等しかった。また警察も存在せず、土地所有者（ヨーマンリ）の民兵のみがあり、常備軍も存在しなかった。

各地に矯正所がおかれていたが、それは扶助施設と懲罰施設を合わせたものであった。一七七二年にこのような施設の設置について初めて法的な基礎が与えられた。その後一七八二年に出された法により、複数の自治体の「連合体」が、共同の矯正所に出資する制度が定められた。矯正所には精神障害者も収容されたが、彼らが危険とみなされ、通常の取り扱いが困難な場合には、監獄にも収容された。各所で病人のための特別な部門が設けられ、そこに精神障害者も受け入れられた。また時には、監獄内の精神障害者が、そのほかの囚人から分離されることもあった。彼らはときどき、自治体から派遣された医師により、他の病人と一緒に診察を受けたりした。ただし、これらの施設での――それが病人看護のみを業務とする施設であったとしても――医師の常勤的職務は、依然として明確ではなかった。

そのほか、料金の支払いを条件に精神障害者を受け入れる小規模な私立の施設が好調な経営として成り立ち、一九世紀半ばに至るまで拡大を続けた。[3] こうした施設には、裕福な家族の精神障害者が収容された。貧民がそのような施設に入れられる場合、彼の居住自治体が費用を負担した。こうした建物について最初にマドハウス（精神病院）の名前が定着することになった。その後の議会の記録でマドハウスの言葉が使われる場合、通常は私立の施設を意味した。[4]

そして最後にあげられるのは、精神障害者看護（他の病人看護においても同様であるが）における「温情主義的」な慈善事業の形態であり、それは出資応募制のかたちをとっていた。こうした制度により、財産をもった私人――しばしば貴族――が施設の設立資金を供出し、したがってその委員会も通常は彼らによって独占された。一八世紀には、このようなタイプの精神

障害者施設がいくつかの大都市で（たとえば一七六三年にマンチェスターで）設立された。このような施設のなかでも最も有名であったのが、ロンドンのベスレーム収容所（またはベドラム）であった。この施設は、一四世紀に設立された大規模な精神障害者施設であったが、一八世紀の終わり以降、そのひどい状態で有名になった。そのほかの私立の施設や出資応募制による施設も、一般的な関心や議会の活動が、また専門家としての医師たちの努力がこうした施設に向けられるようになると、しばしば悲惨で憤激を起こさせるような状態にあることが判明した。しかしながら当初は、精神障害者たちが世論の関心の対象になることはほとんどなかった。その数は知られず、またその数を正確に把握することも不可能であった。彼らはさまざま施設で他の収容者と明確に区別されることもなく、また彼らの数を把握することに関心を抱いたり、またそれを職務とするような機関も存在しなかった(5)。

私立施設の多くは、医師ないし牧師によって運営されていた。しかしながら施設の威信や法的ないしは専門的な施設としての状態は、どうにもならなかった。誰が精神障害者かは、世間一般の基準により判断された。精神障害者の診察や取り扱いに関して、共通の規則はなかった。また、精神障害の状態は医学的にも、また専門的ないし専門職によっても明確に理解されていなかった。いずれにせよ、イングランドにおいては世論が次第に議会の活動を準備し、促進し、批評し、それに影響を及ぼしたのであり、非常識な言動や精神病の問題にも取り組んだのである。哲学的・医学的には、「ヒステリー」、「神経衰弱」、「奇行《シュプレーン》」の対立像として、冷静な判断、健康的でバランスのとれた生活、そして理性が強調された。生理学的な理論は、道義的思考に具体的な像を与えた。たとえば「奇行」はその名前を、障害を生じたと考えられた脾臓から取り、また「ヒステリー」の名は、その発生源とされた子宮に由来したが、神経にその原因は移された。まさに物質的豊かさと精神的多忙を基礎に発生すると考えられたこのような種類の神経疾患は、イギリス市民層の自画像に一体化された。「イギリス病《イングリッシュ・マラディ》」（一七七三年に出版された鬱病に関する医学論文のタイトル）は、かなり以前からイギリス人に対する偏見の固定的な構成要素となっており、イギリス以外でも精神病理学において受け入れられていった(6)。

理性やそれに対する精神的・身体的・道徳的な障害に関する啓蒙主義に基づく議論は、別々の施設において精神障害者を扱うことをまったく考えていなかったが、観点の転換を準備した。すなわち精神障害からいくつかの病気が導き出され、精神障害の状態を激昂やそのほかの奇行に見ることは少なくなっていった。それらに代わり、次第に精神障害の主要な表出と見られるようになったのは、現実についての誤認（妄想《ヴァーン》）や、個人的な内的体験で繰り返されるもののみに従い、社会一般で理解されているルールを無視するような話法であった。コミュニケーションの出来・不出来が、正常と障害の境目とされた。

批判、スキャンダル、実験

一八世紀の改革論議において、諸制度の規則、合理的な区分と管理がテーマとなった。ロックの心理学がイギリス啓蒙主義を支配し、それにより先天的な精神的特性という考え方が排撃され、原罪的なもの、教育不能および矯正不能といった考え方にも居場所がなくなった。一七五三年、ロンドンの治安判事であったヘンリ・フィールディングは、身体的な矯正措置によって精神状態を改善できることを提唱した。その目的は第一に、監獄における犯罪者の教育にあったが、監獄の改革はその時代の強い要請になっていた。(7) オーストリア継承戦争後の兵士の復員が、一七五〇年ごろロンドンにおける小犯罪の増加をもたらしていた。監獄は溢れかえり、チフスが蔓延していた。危険を感じ取った世論の注意が、諸施設の状態に向けられたのであった。

ベドラム（精神病院）の管理を担当したのは、名門の医者の家系にあったジョン・モンロであり、彼の家系がこの職務を何世代にもわたって引き継いでいた。モンロはその施設の委員会に席を占め、ロンドンの上流社会でも一目をおかれていた。彼はベドラムの精神障害者たちを瀉血、催吐剤、下剤をもって手当てした。また患者たちは、しばしば鎖につながれ、かびた藁の上に裸で寝かされた。そして施設はすし詰め状態にあった。一七五一年にもう一つの施設（セント・ルーク収容所）がロンドンに設立されたが、それはベドラムとまったく同様に出資応募制によっていた。この施設の設立の理由として、ベドラムの悲惨な状態があったと考えられる。この新しい施設の医師として、ウィリアム・バティーが任用された。彼は一七四二年からベドラムの委員会にも所属しており、モンロと同じように世論の注目を浴びていた。彼はその後すぐに、モンロと彼のベドラムにおける処置に対して、公然たる批判を開始した。彼の著書『精神障害に関する論説』は、一七五八年に出版された。バティーはこれにより、彼が精神障害者と接した経験をまとめた。(8)

精神障害の状態は、彼によって二次的なものと一次的なものに分類された。まず二次的な状態（後天性精神障害）とは、外的な傷害や病気によって発症するものとされた。それは、医術によりその原因が除去されれば、治癒可能であった。他方で一次的な状態（先天性精神障害）とは、外的な作用が何ら認められないものであった。それは医術により治癒することはないが、突然治る可能性もあったので、患者を慎重に看護する必要があった。精神障害に関する決定的な基準は想像知覚、すなわち妄想であった。だれが精神障害かを決定するのは、バティーにとって専門的な医師の視点ではなく、冷静な一般的判断力、すなわち「すべての冷静な人間の理解力」なのであった。バティーが彼の著書において大きな重点をおいたのは、合理的な指導によって患者に治癒作用を及ぼすことであった。

新聞による暴露の後、ロンドンの私立施設のひどい状態についての調査が行われたが、その際、バティーは専門家として議会の調査委員会に加わった。調査により明らかになったのは、著名な医師が資金面で参加する私立施設に、名門家系の者が不当に、あるいは不確かな理由で収容されていたことである。一七七四年の法律により、ロンドンの私立施設について認可義務制が導入された。認可は王立医科大学のメンバー五人から構成される委員会（私立施設の経営者を含まない）により付与されることになった。この委員会は施設の監査権をもったが、ただし昼間についてのみであった。また委員会は、違反について処罰を下すことはできなかった。さらにこの法律は、ロンドンについてのみ有効であり、ベドラムについては適用されなかった(9)。認可義務制は私立施設の衰退をもたらすのではなく、むしろその名声を高めることになった。これら私立施設は、注目を集める特殊医療施設としての性格を明確に示し始めた(10)。

クエーカーのジョン・ハワードは、イギリス各地の監獄や矯正所を数年にわたって視察し、一七八〇年にそれらに関する批判的な著作を公刊した。ハワードは、精神障害者・囚人・貧民の三者の混合、非衛生的な状態、放置的状態、残忍な扱い、贈収賄、旧態依然など、細かく欠陥や弊害を数えあげている(11)。彼による事例収集は、改革家や批判者が当時の諸制度を評価する際の、いわば一つの基準を提供することになった。それにより「彼は、最善の美徳を捜し求める中産階級によって聖人に祭り上げられ、博愛主義的天職のシンボルになった(12)」。

一七八八年、国王ジョージ三世が病に倒れた。病気は発作性のものであった。頭痛および関節痛、声のかすれ、便秘、吐き気、発汗、聴力・視力障害といった一連の症状が伝えられている。また、併発する興奮と不眠症を理由に、彼の病気は精神疾患とみなされた(13)。ただし、発作中の国王の言動については何も伝えられていない。私立の精神障害者施設の所有者でもあった牧師フランシス・ウィリスは、国王の「正常なる義務感」を呼び覚ますため、威喝、懲罰、緊衣をもって国王ジョージの治療を行った(14)。間もなく国王の病状は緩和し、煩雑で政治的に不安定をもたらす摂政統治を求める声は、次第に小さくなっていった。

ヨークでは一七九六年に、クエーカーたちが共同出資により、宗派共同体のために三〇ベッドをもつ精神障害者施設を開設した。彼らはそれによって、劣悪な状態で知られたヨークの出資応募制の公共施設への収容者を減らすことを望んでいた。富裕な紅茶商人ウィリアム・チュークが施設の経営にあたり、医学的診察は一人の「巡回内科医」によって行われた。患者が興奮したときは、緊衣も使用されたが、この施設の原則は、手荒くない厳しさ、褒美と罰、そして道徳的教示をもって患者を感化することであった。建物は逃亡を防止するようになっていたが、壁や窓の鉄格子はおおい隠されていた(15)。治療の目的は、患者たちに有益な自制を身につけさせることであった。強制という言葉は、枷、繋鎖、監禁の一般的な使用に関する用語であったが、クエーカーたちは「強制の内面化」に努力したのである（K・デルナー）。建物はその設立者らによってレトリートと命名された。それは恐らく、アサイラムやホスピタルといった当時の呼び名が、すでに負の意味合いを伴っていたからであった(16)。

レトリートはイギリスで広く有名になった。ウィリアム・

チュークの息子が一八一三年に『レトリートの解説書』を公刊することによって、その言葉は国際的にも知られるようになった。(17) この施設は模範とされ、視察の対象となった。訪問者のなかには、監獄改革に熱心であったエリザベス・フライ（一七八〇～一八四五、クエーカー派、イギリスの女性刑務所の改革に取り組む）やロシアの大公ニコライ（一七九六～一八五五、のちのロシア皇帝ニコライ一世（在位一八二五～五五年））のほかに、ロバート・オーエンもいた。精神障害者施設に関する改革運動は、レトリートの着想をもってその規範が確立された。バティー、ウィリス、チュークが完成した処遇法を指して、「精神療法《モラル・トリートメント》」といった言葉が定着することになった。

カウンティ・アサイラムの成立

一九世紀への世紀転換期には、大多数の精神障害者はともかくも収容施設にあったが、圧倒的に農村部の労役場《ワークハウス》に収容されていた。(18) 人口は全般に増加していた。一七五〇年から一八五〇年までに、イングランドとウェールズの住民数は二倍になった。一七九〇年以降、貧民扶助に関していわゆるスピーナムランド制度（一七九五年、バークシアのスピーナムランド教区で実施された救貧制度）が施行されたが、それに従って教区の貧民には、必要な生活費（パン価格で算出）に対する賃金の不足分が、補助金として教区の救済金庫から支払われることになった。このような制度は、雇用者に低賃金化をそのかし、自治体のすべての納税者に賃金コストの負担を転嫁する結果をもたらした。実際、企業家は労働力を多く雇用すればするほど、それだけ税金から補助を間接的に受けることになった。そのため、このような制度に対する不満が一般に広まっていった。貧民たちに対しては、このような保護制度に寄り掛かり、愚図で怠惰になっている、といった嫌疑がかけられた。(19)

総じてイギリスの労働者、貧民、そして政治的反対派は、迫害と抑圧に対して闘わねばならなかった。フランス革命に対する反応として、監獄は「過激主義者」でいっぱいになった。貧民救済制度の改革も、これと関係して自由主義諸派の構想に依拠することになったが、それは議会を主体とする行政改革と、国家への大々的な中央集権化をめざすものであった。一八〇七年には監獄と救貧法の改革の手始めとして、「犯罪性をもった貧しい精神障害者たち」の実態に関して議会による初めての全国調査が実施された。それは一八〇八年の「カウンティ・アサイラム法」の公布へとつながった。その法をもって、自己の負担により、すなわち新しい地方税の導入により、このような人びとを収容する新たな施設としてカウンティ・アサイラムを設立することが、各カウンティに勧告された。この制度は労役場の場合よりもさらに多くの自治体を統合するもので、これにより何よりも定期的な医師による診察が保証された。このような動きの背景には——平行して進行した監獄改革の背景とまったく同様に——自由主義的な議会勢力と多かれ少なかれ組織化された多数の改革グループの活動があった。そのなかでもクエーカーたちが特に抜きん出ていた。彼らは定期的な教区集会を利用して、そうしたグループ形成のための組織的な基盤づくりを行った。そのうえ彼らは、たいていは裕福であり、慈善活動に積極的に参加していた。さまざまな施設における悲惨な状態が暴露されるたびに、彼らはそれを自身の組織化と世論への影響力行使の機会として利用したのである。[20]

カウンティ・アサイラムの設置は、最初は順調には進まなかった。このタイプの施設は、都市部の困窮に対する対処としてではなく、一八一一～一五年にベドフォード、ノッチンガム、ソープにおいて農村部の困窮化と工場労働者の放浪化の交錯点で成立していった。当時は、とりわけナポレオン戦争終結時の兵士の復員による社会不安の広がり、高い失業率、そして小犯罪の増加といった時代であった。「救貧」のための支出も増大していった。[21]「カウンティ・アサイラム法」の補完も繰り返し行われた。たとえば、収容の前提条件として医学的認可制度が導入されたり（それがなによりもアサイラムへの収容を困難にした）、アサイラムの収容過剰が認められた場合、治安判事の権限として精神障害者を比較的安あがりな労役場に割り当てることを認める規定が加えられた。

自由主義的改革家たちは活動を強化していった。彼らは政府や行政に対する攻撃に際して、古いスタイルの監獄や矯正・精神障害者施設の惨状について繰り返し暴露を行った。一八一三年には、下院の委員会が初めてイングランドとウェールズにおける精神障害者の収容について概要をまとめたが、それは私立の施設や労役場への収容も含むものであった。委員会ははなはだしい無秩序状態を確認した。[22]ヨークの市立アサイラムの建物の翼部が放火により消失したが、それは委員会がその施設を査察する直前であり、それによって最もひどい施設とその施設に関する資料が失われた。またベドラムでは、ウィリアム・ノリスという人物が精神的に病んでいないにもかかわらず鎖でつながれ、そこに数年間も拘禁されていたことが明るみに出た（彼の人物画は、かつての精神病看護の実態を示す一例として、精神医学に関する歴史書によって今日に至るまでたびたび利用されている）。[23]委員会は、私立施設と出資応募制施設では法律が十分に遵守されておらず、ほとんど無管理同然の状態にある、と断言した。また、かなりの数の精神障害者が、救貧行政の監督下にある労役場で悲惨な状態におかれていた。イングランド西部地方では九つの労役場のうち三施設のみが、ともかく収容された精神障害者について専用の区画をもっていたが、ブリストルの施設について委員会は、このような区画を豚小屋にたとえた。一八一五年の委員会報告は、世間にセンセーションを巻き起こした。前述のヨークにおける火災も、ベドラムに関する暴露も、それ以前から広く世論の注目を集めていた。しかしながら、私立施設をせめて国家の監督下におこうとする努力は上院で頓挫した。また、委員会の報告も何の成果も生まなかった。一八一九年、「カウンティ・アサイラム法」の単なる「改定」が行われたが、それは新たに治安判事に、教区の救貧当局との協議なしで精神障害者をアサイラムに収容する権限を認めるだけのものであった。

九年後、改革家たちは下院において、自分たちの構想に従って改革を実現するのに十分な勢力を獲得した。このとき、ロンドンの私立施設における「貧しい精神障害者たち」の実態調査を目的とした委員会が、嫌悪すべき状態をまたもや明らかにした。[24]それを受けて一八二八年に、ハンウェルにミドルセックス・アサイラムが設立された。それはロンドンの人口過密な地区の精神障害者のみでなく、ロンドン全体から貧しい精神障害者を受け入れるもので、その一〇〇〇名を越える収容規模は、それまでのあらゆる施設を上回るものであった。下院はさらに、新しい「カウンティ・アサイラム法」と、私立施設の規制のための「精神障害者収容施設法」を議決した。この二つの法は、常設の監視委員会の設置を規定していたが、それは内務省の管轄下に入り、医師や法律家を有給の専門家として採用するものであった。この委員会は患者の退院についても権限をもった。各施設は収容、退院、死亡についてこの委員会に報告する義務を負った。ただし、物理的強制は依然、医師により実施可能とされた。他方ベドラムは、この常設委員会の管轄外に置かれ、必要な場合にのみ、特別に編成される委員会による査察を受けるものとされた。また精神障害者を収容していた労役場も同様に、この委員会の権限の外にあった。このような制約にもかかわらず、ロンドンの委員会は効果的な監督機関となり、特に影響力ある議員が委員会に派遣されることになった。

新しいミドルセックス・アサイラムの責任者であった医師のジョン・コノリーは、始めから物理的強制なしでの療法を実施した。「無拘束《ノウ・リストレイン》」の考え方は、指導的モットーとして「精神療法」の考え方に取って代り、カウンティ・アサイラムの発展をもたらした。コノリーにとって明確に認識されたのは、彼の施設の貧しい患者たちが受けていた社会的影響であった。すなわち「良い身なり、心地よいベッド、十分に満たされた食事、これらは当然のことながら、貧弱な食事、みすぼらしい住居、ボロボロの衣服にあまりにも長く慣れ親しんだ貧しい患者たちを、大いに元気づけるものと考えられた。彼らは収容されるとき、しばしば餓死寸前の状態にあり、そのため十分な食事こそが、どんな薬よりも彼らにとって重要であることも稀ではなかった」。[25]

一八二七年の時点で、五〇〜二五〇名の収容規模をもつ九つのカウンティ・アサイラムがあった。扶助の必要な貧民の数は確実に増加し、それによる建設コストの圧力が、新しいアサイラム建設のための税の徴収を困難にしていた。一八三二年、長年の悲願であった選挙法改正が実現した。おもな受益者は都市の中間層（商業と金融の関係者）であり、その際、大土地所有者という古くからの政治的指導層はそれほど大きな不利益を受けずにすんだ。一八三四年に「修正救貧法」、すなわち「新救貧法」が公布され、それによりスピーナムランド制度は廃止された。労働能力のある貧民は、もはや現金による賃金補助により救済されるのではなく、労役場においてきわめて重圧的な労働強制下に置かれることになった。強制、懲罰、物質的不自由が労役場の組織原理となった。そのため貧民は労役場での生活よりも、どんなに低い賃金であっても可能なかぎり就労を選択するはずであった（劣等処遇の原則）。こうした諸規則には、マルサスとベンサムの思想が色濃く反映されていた。「新救貧法」実施のため国家の中央監督官庁が創設された。そして、この救貧法委員会は、地方の救貧行政機関の権限について広範な介入権をもった。新しい規則は多くの地域で「貧民扶助」費の減少をもたらしたが、反抗も生み出した。合理性と効率性を追求したその厳格な管理形態は、地方官庁とそれに代弁されている社会層に、中央集権的な介入に対する根深い反抗心を呼び覚ました。住民には新しい労役場制度に対する激しい憎悪が見られたが、それはとりわけ伝統的な保護制度の解体と収容者がさらされた侮辱を理由としていた。南部イングランドでは局地的な暴動が発生し、また北部では、地方当局が法の施行遅延策をとった。[26]「新救貧法」に対する反抗は、イギリス労働運動の発展において重要な契機として働いた。

労役場の新たな課題は、そこに収容された精神障害者を新しい方法で可視的なものにすることにあった。彼らは健常者ではなかったので、労役場外での扶助の禁止に引っ掛からなかった。そのうえ彼らは、労役場の厳しい監督と労働の規律を乱す存在であった。「修正救貧法」は、危険で有害な精神障害者を労役場への二週間の収容の後に、アサイラムへ移送することを認めた。ここに二つの制度の分化過程が始まったのである。こうした過程には、労役場内の精神障害者をめぐる管轄権争いも絡んでいた。精神障害者委員会〔一八二八年の二法によって設置された常設の監視委員会、四〇三ページ上段参照〕はその管轄権を主張し、他方で、救貧法委員会は「カウンティ・アサイラム」の管轄権を獲得しようと努力したが、果たせなかった。

一八四五年、「精神障害者法」、「精神障害者用アサイラム法」および「貧困精神障害者用保護施設法」が新たに公布された。これらは労役場と精神障害者用保護施設の最終的分離を承認したものであった。貧しい精神障害者のためのアサイラムの設置が、各カウンティに義務づけられ、この設置には医師による指導が必要とされた。また、派遣医師と収容された精神障害者の家族の利益結合を阻止するため、慎重な法的措置が講じられた。労役場に収容が許されたのは、治癒の見込みのないことが証明された精神障害者のみとされ、その際にも労役場に適切な設備が用意されていることが前提とされた。市民五名、医師三名、法律家三名による専任の監督委員会が、精神障害者のすべての施設を査察する権限をもったが、それには労役場や監獄も含まれた。この委員会は退院についても権限をもった。他方でベドラムは、相変わらずこうした規制から除外されたままであった。[27]

医師たちはこうした新しい施設において、明確なる地位を得た。彼らは国家機関によって統制を受けたが、彼らの雇用者と直接の上司は各カウンティの「保護委員会」で、これは関係する自治体から選出された。収入と威信により可能となった生活スタイルは、こうした医師たちを地方の社会的上層に接近させることになった。[28]彼らは常に「内科医」のグループ、すなわち医師の指導的階層に属した。この指導層は、それより下位に位置づけられる「外科医」や「薬剤師」と違い、伝統的なエリート大学であるオックスブリッジで、費用のかかる養成課程を修了していた[29]。

カウンティ・アサイラムはその目的を達成した。その数と規模は急激に拡大していった[30]。そして、一八四五年に至るまでカウンティ・アサイラムの発展と平行して拡大を続けていた私立の精神障害者施設を吸収し始めた。カウンティ・アサイラムとならんで生き残ったのは、富裕者を対象とするほんのわずかの私立施設にすぎなかった。カウンティ・アサイラムは中間層にも受け入れられたのである[31]。指導的な医師たちは、一八四一年に一つの専門家団体に結集し、一八五三年には専門雑誌『アサイラム・ジャーナル』が発刊された。精神障害者たちはここで、脳疾患患者として医学的に理解されるに至った。

ところが他方で、時おりスキャンダルが公になり、また、違法で不当な収容についての不安も再び首をもたげてきた（一八四七年に出版されたシャーロット・ブロンテ〔一八一六～五五、イギリスの有名な女流小説家三姉妹の長女。『ジェーン・エア』は当時のベストセラー〕の『ジェーン・エア』は、そのような事件を題材にしていた）。それに対して下院は、合法的な手続きの精緻化をもって対処しただけであった。ここで浮かび上がってきた精神病院の特徴とは、医師の指導下にある大規模施設が、国家による統制を受けながら、恒常的な過密収容の状態にあり、地方行政と国家監督、また専門的必要と行政上の必要との軋轢に関係するさまざまな官僚制的問題を抱えているというものであった（一八四四年、コノリーは辞任し、私立施設を開設した）。カウンティ・アサイラムは、治療施設としては大した成功を収めなかったが、この施設への収容が公然たる抵抗にぶつかることはもはやなくなった。施設に懲罰手段が残されたとしても、病人が強制的な拘束を受けることはなくなった[32]。多くのカウンティ・アサイラムが、病人を施設の農場で働かせた。アサイラムは、こうした特徴をもって自然科学的な方向性をもった精神医学の発展の時代を迎えたのである。

二　ドイツ

国家業務としての精神障害者看護と医療制度

一八世紀ドイツにおける精神障害者施設の成立および普及の出発条件は一様ではなかった。精神的ないし情緒的に障害をもった人びとは、家族か市町村のもとで看護されていたが、目立たない者もいれば、「奇異な」存在になっている者もおり、また多くは周囲の負担になっていた。彼らに関する情報は乏しい。私立の精神障害者施設は、まだそれほど多くなかった。教会による看護施設と救貧施設——多くは長い伝統をもっていた——があったが、こうした施設に関して住民は利用資格を購入する必要があった。そして、これらの施設がときおり精神障害者を収容していた。ヘッセンでは一五三三年に、ドイツで最初にプロテスタントに改宗した諸侯の一人フィリップ方伯

（「善良伯《デア・グートミューティゲ》」）が、閉鎖された修道院を利用してハイナ、ホーフハイム、メルクスハウゼンの三つの「高等領邦施療院《ホーエ・ランデスシュピテラー》」を、廃人、貧民および精神障害者のための施設として設立した（これらは今日でも、精神障害者施設として機能している）。精神障害者たちはまた、監獄、懲治院および救貧院の住人としても数えられたのであり、これらの施設はしばしば、相互にはっきり区別がつかなかった。そこかしこで精神障害者は、特別な建物や区画に収容されるか（たとえばツェレの懲治院）、施設の内科医および外科医の監視にゆだねられていた（たとえばバイロイトの懲治院）。

一八世紀の半ばごろ、神経系に関する思弁的な医学・哲学的理論の影響のもとで、医師たちが個別的に、ヒポコンデリー（心気症）、夢中遊行症、ヒステリーといった病名を、彼らのもとにいた患者たちに適用し始めた。彼らの努力は最初、それほど大きな反響を呼ばなかった(33)。

ゆっくりと形成されてきた市民的世論が、非常識な言動を懲治院や救貧院の収容者についてではなく、一般的な思考の可能性として、また感覚障害や個人の危機的な内面性として問題にした。そして、そのような容態の変化を描き出す伝記は、次第に出版物による議論の対象となっていった。こうした議論は、ドイツのルソー継受を起点に展開された。一七七三〜八三年の間に、ドイツの文筆家の数は倍増した。数多くの雑誌が創刊された(34)。ズルツァー〔一七二〇〜七九、ドイツ啓蒙主義の哲学者・美学者。主著は『一般芸術論』全四巻〕、ヘルダー、ラーヴァーター〔一七四一〜一八〇一、チューリヒの改革派牧師・哲学者。主著『観相学断片』はゲーテやヘルダーに影響を与える〕の観相学、またガルヴァニズム（直流通電療法）、メスメリズム（磁気療法）、ハーネマンのホメオパティー（類似療法）が、教養ある階層に議論の材料を提供した（ハーネマンは、一七九六年に領邦君主の命を受け、精神障害者のための療養施設を設立し、「ドイツのウィリス〔一九二一〜七五、イギリスの解剖学者・医者。「ウィリス動脈輪」など多くの解剖学用語を今日に残す〕」として讃えられた(35)）。一七八三〜九三年まで発行された『経験心理学雑誌』は、伝記および自伝を、そしてノヴァーリスを魅惑した「内面への神秘的道」をテーマにした。一七九六年には、C・H・シュピース〔一七五五〜九九、役者・劇作家。ゲーテやシラーの影響を受け、自殺者や精神障害者を題材とする作品を多く残す〕による『狂人たちの伝記』が出版された。これは障害の危険性に関する教材となった。シュピース自身、その生涯を精神障害者施設で終えている。

非常識的言動と精神障害に関する市民的議論において支配的であったのは、精神疾患の原因を過度に激しい情緒に見る説（「興奮病理学《エルレーグンクスパトロギー》」）であった。このような説は、その後の精神病理学に常套句として受け入れられていった。「過剰学習」、「固定観念」、「注意力散漫」が、疾病メカニズムと考えられるもののモデルになった。カントは、そしてフィヒテはさらにはっきりと、こうした精神的状態や行動は、想像力や情緒に対して作用するはずの理性的制約が放棄されることによって生じるものと見ていた。[36] このような概念的理解も、のちの精神病理学に受け継がれ、基本的な仮説の一つを形成し、多様な形態変化を伴いながら施設の発展に随伴することになった。ここでは、あらゆる症状に常に先行する疾病としての精神障害は、個々人の精神的ないし生物的なメカニズムに深く根ざすものとされたが、他方である種の過失責任を意味するものと理解された。

　非常識的言動と精神異常についての関心が広がり、精神障害者が教養市民たちの好奇心の的になり、ときおり施設は参観の対象になった。しかしながら、議論が組織的で政治的な意思をもった世論によって担われることはほとんどなかった。思想面で貢献のあった敬虔主義者たちも、イギリスのクエーカーのように政治的勢力へと結集することはなかった。汎愛主義運動は、新しい施設の構想の実現に資金面で貢献したが、ほとんどがハンザ都市に限定されたものであった。[37] 懲治院と救貧院の分離、精神障害者施設の独立化は、国家的・行政的な働き掛けによって、最初はゆっくりと個別的に進行していった。監獄、懲治院および救貧院は、ドイツ諸邦においては中央集権的な傾向と接続していた。特にプロイセンにおいてこれらの施設の設置は、「世襲財産的」な特徴をもった地方封建領主の裁判権が、上級司法権へ吸収されていく過程でもあった。懲治院、救貧院および監獄は、規律化を行う労働施設として解釈され、その最盛期には領邦君主の利益に、すなわち、農業的な生活・労働形態に対するマニュファクチュア的労働の貫徹、そして労働力不足の解消に役立った。[38] 一九世紀への世紀転換期におけるこれらの施設の分化と改良は、規律の改善の必要性、労働生産性の向上、秩序の分化を論拠として推進されたが、それを市民的方策とみなすか、あるいは国家的方策とするかの判断は困難である。そのことは、特にドイツにおいて当てはまったが、それというのもドイツの市民層はしばしば、自分たちの努力が国王や諸侯による中央集権化を通じて促進されることを望んだからであった。

　プロイセンは大選帝侯の時代から常備軍を維持していた。国家は住民の兵役能力に重大な関心を抱き、そのため衛生問題にも際立った注意を払った。医師たちは、国家の医務官団《メディツィナルコレーギエン》の監視下におかれていた。精神科医を含む多くの医師たちの養成が軍の医療制度に依拠していたが、それとならんで、公職にある内科医や、医務官団にも属する医事参事官《メディツィナルラート》による公的な医療制度があった。医務官たちは公衆衛生や防疫の問題、助産や助産婦養成の制度化にたずさわった。後者は、特に国民の兵役能力を高めるといった観点から進められた。一七九一年、ハルデンベルクはプロイセンの大臣としてバイロイトで行政改革に取り組んだとき、新兵の検査にも立ち合い、そのとき彼らの劣悪な身体的状態に気がつき、「健康なる市民を維持することは、国家の第一の義務である」と述べている。[39]

　一七九四年の一般ラント法は、プロイセン諸州の法的慣習を統一的な法典にまとめるものであった。この法典は、一九世紀のプロイセンにおける行政行為の基礎になった。この法典では精神障害者が二通りの方法で視野に入れられていた。第一に、公的秩序に危険な場合、彼らは監禁ないし禁治産宣告の対象とされ、他方で家族に経済的余力がないとき、彼らは貧民として国家の扶養義務の対象とされた。こうした扶養は市町村の責任とされ、租税収入の一部がこの目的のために使用された。救貧支出には、特に消費税の一部や、寄贈によって市町村に委託された基金の利息収入が主に当てられた。国家は州官庁を通じて監督権を行使し、州および市町村による扶助業務について、場合によっては「国家救貧基金《シュターツアルメンフォーン》」によって支援を行った。この国家による支援は補助的なもので、「貧困の程度」に従い、また各州の徴税能力を考慮して行われた。市町村には、ラント救貧団体を構成する地域救貧団体についての管轄権があった。専門の官庁としては、中央に救貧総監督局《ゲネラル・アルメンディレクツィオーン》が置かれた。精神障害者の施設への収容に関しては、医師の所見にもとづく裁判所による精神薄弱宣告が前提とされた。

懲治院、救貧院、そして監獄の相互の切り離しは、法的な規則によるものではなかった。都市の成長、そして人口増大による農村部の生存および食糧自給基盤の喪失に伴って、所有権侵害行為が急増していった。監禁施設の分化を進める訴えは、新たな不測の事態に対処しようとする国家の無力な試みであるかのようであった。所有権侵害行為などの増大を流刑によって抑止しようとする試みがそれを物語っているが、こうした試みも成果をあげることはなかった。この時代、尋問の際の笞打ちの再導入が行われたが、それはプロイセン国王フリードリヒ二世によって廃止されていたものであった。また、監獄が一七九七年に調査されたとき、驚くべき実態が明らかにされた。このような事態との関連で、プロイセンの法務大臣フォン・アルニムは辞任し、匿名で監禁施設の状態について公表している。また、ハレの牧師ハインリヒ・ヴァーグニッツも、ハワード〔一七二六～九〇、イギリスの監獄改革者〕の例を引き合いに出しながら、同じような記述を残している。(40)

監獄と懲治院を犯罪者専用の収容施設に改変し、そこから矯正所と救貧院を分離し、精神障害者を特別な施設に移管するといった特殊化の運動は、ゆっくりとしか成功を収めなかった。最初の純粋な精神障害者施設は、プロイセンでは一七九〇年に設立されたが、アンハルトでは一八三〇年に至っても、精神障害者が救貧院に収容されていた。また一八四〇年ごろベルリンでも、矯正所に精神障害者が収容されていたことが報告されている。(41)

初期の施設設立

一七九七年、クールマルクの身分制議会は、ラント救貧・給食総監督局の提案に基づき、ノイルッピンに精神障害者施設を建設することを決議した。精神障害者を重症者をのぞき今後も救貧院に収容することを支持した議員は、ほんのわずかであった。ノイルッピンの施設は、一〇〇名の収容能力をもつものとされた。この施設に関する規程は、国王、宰相および三名の大臣によって署名を受け、したがって内規以上の意味をもった。収容および退院の方法についての細かな規制、精神障害者看護に関する原則的考慮のいくつかにより、この規程はラント法およびそれと関連する州裁判法の施行令と同格にまで引き上げられた。なかでも重要な点は、二名の専門医による鑑定書が、受け入れの前提条件とされたことであり、また、治癒可能な精神障害者については、私人による看護が「つねに精神障害者施設よりも優先される」といった原則も明記されていた。さらにこの規程では、施設における治療目的、そして施設管理官《フェアヴァルトゥンクスディレクトル》を補佐する専任の医師の役割が明確に定義されていた。この施設は一八〇一年に開設され、一八六一年にエバースヴァルデに大規模な施設が開設されるまで、精神障害者施設として利用された。[42]

のちにプロイセンの大臣として有名になるカール・アウグスト・フォン・ハルデンベルクは、一七九一年からアンスバッハ＝バイロイト辺境伯領のプロイセン領への編入の指揮を取った。ホーエンツォレルン家の傍系の辺境伯が、この領土を放棄したからであった。ハルデンベルクが最初に行ったのは、プロイセンにならった行政の改革であった。とりわけ彼は医療制度の改革に努力した（たとえばハルデンベルクは、イギリスで一七九六年に発見された種痘を、それがプロイセンで実施される以前にフランケンに導入した）。この行政改革を通じて医療監督官庁であった医務官団が強化され、バイロイトの懲治院内の精神障害者区画の規制も試みられた。この施設は、以前より数々の不祥事によってうわさの種になっていた。医事参事官ヨハン・ゴットフリート・ランガーマンは、イエナ大学の学生としていくつかの精神障害者施設を視察し、精神障害者治療をテーマとして博士号を取得していたが、彼が一八〇五年に新しい治療施設の計画を立案した。彼の見解によれば、治癒不能な精神障害者は分離して収容すべきであった。他方で治癒可能な精神障害者については、彼は規律と冷水浴によって正気に立ち返らせようと考えた。ランガーマンの計画は承認され、彼は医療責任者として施設管理官とともにこの施設の運営を指導するはずであった。ところが、バイロイトの司法官庁が反対したため、計画は実施されずに終わった。ランガーマンは、フランス軍が辺境伯領に進攻してきたためベルリンへと逃れ、のちにプロイセンにおける精神障害者施設の設立のため、専門家として働くことになる。[43]

ザクセンでは「領邦の懲罰・扶養施設に関する委員会」が、一八〇五年に監獄、救貧院および精神障害者施設の分離を勧告した。専門的な立案については、ヴァルトハイム「混合」施設の医師にゆだねられた。計画の実現は最初、戦争によって遅延することになったが、それまで領邦の救貧施設として利用されていたトルガウ要塞が、ナポレオンによって再要塞化されることにより計画の実施が急がれ、一八一一年にはピルナのゾネンシュタイン城が精神障害者施設として開設された。このとき看護要員として使用されたのは、品行方正な捕虜たちであった。医療主任にはゴットロプ・ピエニッツが就任したが、彼はとりわけフランスの精神科医で改革家であったピネル〔一七四五～一八二六、パリ近郊のビセートル病院で精神障害者を鉄鎖から解放。フランスにおける道徳療法設立のシンボル的存在〕やエスキロル

〔一七七二～一八四〇、パリのサンペトリエル病院でピネルの助手。フランス近代精神医学の創設者の一人〕から経験を学びとっていた。ピエニッツはゾネンシュタインで、フランスの例にならった精神療法を導入したが、他方で一連の強制手段も採用した。この施設の評判はすぐに全ヨーロッパに広がり、模範施設として注目されるようになった。のちにドイツで名声を得ることになる各施設の勤務医たちは、ここで養成された者たちであった。

初期の施設の設立は全体として、法律と実際的な行政の枠組み内で行われ、政策上の理由に基づく監禁施設の特殊化といった性格をもっており、こうした特殊化には、依然として啓蒙絶対主義の改革動因が刻印されていた。精神障害者施設の分離運動や治療思想の反復的な強調は、社会的な変動に対処しようとした身分制議会および官庁による政治的判断から生じていたのである。議論は圧倒的にこうした機関の会議において行われ、広範な世論によるものではなかった。たしかに、新しく設立された施設は雑誌の論文やパンフレットによる専門家の論評にしばしばさらされたが、精神障害者施設に関する雑誌が多く創刊されながら、すぐに廃刊に追い込まれていた事実から、いかに世論の反響が小さなものであったかがわかる。[44]

通常、新しい施設は自己の財源をもたずに設立された。すなわち、資金は主に既存の基金の分配によるもので、特別な資産の割り当てはなかった。ランガーマンのバイロイト計画も、収益性の高い大理石事業をもつ監獄の資金をあてにしていた。この計画はわずか二〇名の精神障害者に関するもので、そもそもわずかな資金しか必要としなかった。また、ノイルッピンの施設は、領邦救貧・廃疾者金庫の貯蓄によって資金がまかなわれていた。精神障害者施設は主に、館や城、修道院などの古い建物を利用して設置された。それには、一八〇三年の帝国代表者会議決議により、不要のこうした建物が利用できるようになったことも手伝っていた。こうしたタイプの施設には、「転用施設《アダプティールテ・アンシュタルト》」の名前が定着することになった。他方、このときにはっきりと分離した監獄の発展も、精神障害者施設と同じような経過をたどっていった。

新しい制度的な区分が貫徹され、新しいタイプの施設の独立化も進んでいった。精神障害者施設の最初の建設は、一八二〇年にデンマークのシュレスヴィヒで、一八三〇年にシュヴェリンで実現した。両施設ともピエニッツのもとで養成された医師に管理がまかされた。また「転用施設」も、治療施設としての独立した性格を獲得していった。これらの施設にはそれぞれ、治癒の見込みのない者のための養護施設も併設された。施設の数的な増大と平行して、施設規模の拡張も進んでいった。また、精神障害者との接触経験の蓄積は、設立期当初の治療楽観主義を相対化していくことになった。そして、治癒可能者と治癒不能者との厳密な区別は維持されなくなった。一八二七年に、ヒルデスハイムに最初の「治療・養護合同施設」が設立された。このタイプの施設は、その後一九世紀から二〇世紀にかけてドイツで普及していく州立精神障害者施設の基本型となった。

治療法としての医療教育学

医師による精神障害者の取り扱いは、かなり手荒なものであった。一八〇〇年には、医学教授ヨハン・クリスティアン・ライルが治療措置の一覧を提示し、また彼は、医学の権威に基づく精神障害者の治療を主張した。彼はヴァーグニッツを嘲笑したが、それは彼が牧師としてこの問題に介入していたからであった。(45)

ライルによる治療法の集積は、手引書や施設における実践に取り入れられ、さらに拡大されていった。常に重要視されたのは、「自己没入《ゼルプストフェアズンケンハイト》」からの脱却、強制的な外界との接触、そして誤解の訂正であった。使用された方法は、まさに暴力的教育学というべきものの幻影であった。患者たちは冷水を頭からかけられたり、強い放水を浴びせられたり、また、熱せられた鉄で頭や足を焼かれたり、焼灼されたサーベルで頭皮や頭蓋骨が引き裂けるまで頭をたたかれたりした。回転椅子や回転ベッドのうえで、目が充血するまでぐるぐる回されることもあった。また下剤や吐剤を飲まされたりもした（「排出療法《エーケルクーア》」）。皮膚を突き通してロープが通され、化膿を起こさせるために発泡膏を入れられることもあった。このような治療の際に、患者がじっとしていなかったり、また静かにしていない場合は、さまざまな拘束手段や猿ぐつわが使用された。反抗的態度や規律違反が認められれば、患者は数時間ないし一日中、身動きできない状態で立ったままか、座ったままの姿勢を取らされた。また、ときおり笞打ちが行われることもあったし、患者がかたい布地の袋に入れられることもあった。これらの方法は、個々の施設や特に非人道的な学派に特殊なものではなく、手引書、専門書、施設の案内書、理論的な論説などによって広く公表されていた標準的方法に属するものであった。(46)

ここでその発展過程を再現することは困難である。ライルによる治療法の一覧は、一八〇〇年ごろの創設期を起源としていた。ピエニッツの「精神的」治療ですら、一連の強制手段におおわれていた。そして、彼の多くの弟子たちが、既述のような方法の推進者となっていった。結局のところライルとランガーマンの構想も、依然として人間疎隔の言葉によって語られていたのである。のちの精神科医たちの記述においてしばしば指摘されたことだが、彼らは患者たちの言動に嫌悪を覚え、自分たちの秩序観や道徳観が脅威を受けていると感じていた。いずれにせよ、既述の方法は治療実践の場合にのみ使用されたのであり、治療が失敗したのちの精神障害者を受け入れた看護施設では、行動の自由の制限のみが採用されていた。こうした施設は治療施設よりも資金面で困難な状態にあり、少ない人員しか使用できなかった。患者による農作業が採用されたのは、一九世紀も後半になってからであった。このような施設の患者たちは、とことん忘却にまかされていた。そのため、今日に至るまで、こうした施設に関する証言は公表されたものとしてはほとんど存在していない。

一般ラント法が概要を示しているような包括的な行政上の介入は、精神障害者を服従と教育学的リゴリズムの対象として、施設に引き渡すことになった。こうした施設は国家権力の一部と解釈され、精神科医は国家権力の担い手とされた。施設の発展の第二段階は、ナポレオン戦争によるドイツ再編と、一八一九年のカールスバート決議後の復古の局面で展開した。「ロマン主義的反動」——精神史的にはたとえばシェリングに具現される——は、ドイツ医学における自然科学的開花を遅れさせることになった。精神科医は、不安を感じさせる救貧制度の一部について国家監視機能の担い手となったが、彼らは患者の理解やましてや解放といった範疇で思考することなどほとんどなかった。精神科医たちの学派が成立してきたが、彼らを相互に区別したものは、精神障害者の取り扱いよりも、むしろ障害とそれに対して使用された治療方法の作用に関する説明であった。「内科医たち」（たとえばベルリンの精神科医のホルンやイーデラー）は、精神障害を個人的罪悪の責任に帰した。他方で「身体論者《ゾマティカー》」（たとえばヤコビ、ジークブルクのライン州立施設の主任）は、精神障害を身体的な疾病の結果として見たが、その際にも、規律の問題や精神障害者の話し方や態度の矯正の必要性が否定されることはなかった。当時の手引書には、勇ましい治療法が主に「身体論的」に根拠づけられていたが、それは、衝撃と外傷が血液と体液を激しく運動させ、それにより脳のなかの病原が除去されるというものであった[47]。そこには理論的な区分線がないまま、懲罰の観点が治療の目的設定に混入されていた。暴力的な治療方法の使用は、世紀の後半になってようやく、ゆっくりとではあるが減少していった。だが物理的な拘束の廃止（「無拘束」）は、二〇世紀への世紀転換期になお専門誌上における議論の対象であった[48]。

州立精神障害者施設と移住の自由

シュタイン＝ハルデンベルクの改革は、自由主義的な原則に従って経済社会の近代化をめざしたものであったが、移住の自由は一八四二年になって改革の遅まきながらの帰結としてようやくプロイセンで実施され、このとき同時に「転入者受入れと救貧扶助義務に関する法」も施行されることになった。この法は、とりわけ一八三〇年以降、工業化が急速に進展するなかで、労働者の移動が激化しつつあるのを考慮したものであった。またこの法は、物乞い、放浪者、「労働忌避」に対する罰則の強化や、労働能力のある貧民を収容する常設の矯正所の設置によって補われることになった[49]。失われることのない「居住権《ハイマートレヒト》」と出生地の市町村の扶助義務を内容とする旧来の規則に対して、新しい法によれば、市町村に転入してきた者は誰でも二年間の滞在を経て、地域救貧団体に所属することになった（女性については婚姻によることもあった）。国家帰属が市町村の所属よりも優先したのである。ラント救貧団体は、その業務と権限を拡大したが、地域救貧団体に対してその後も補助的な機能を受けもった。しかしながら、救貧負担の大部分を引き受けたのは、ラント救貧団体のほうであった。その大きな行政的・財政的な能力が、各州における精神障害者施設の積極的な建設を可能にした。一八四五年から、精神障害者施設の最初の建設ラッシュが見られた[50]。こうした新しい扶助規則は、ドイツ統一後、ドイツ帝国に引き継がれていった。

このような展開のなかで、古くからの混合監禁施設からの精神障害者施設の分離が完了した。このころドイツではかなりの緊張が社会をおおっていた。一八四四年には、シュレージエンで織工蜂起が発生している。ドイツの精神医学の本来の「創立期」もこのころを起点とする。精神医学においては、精神障害の自然科学的・生物学的な理解が確立された。ただし、こうした理解の対象となる現象が、自然科学的な考察により新たに定義されたり、区分されたりすることはなかった。依然として異常、社交性の欠如、道徳的非行といった側面が前面にあった。こうした現象の解釈が、次第に生物学の専門用語で表現されたにすぎなかった。依然として二面性が支配的であり、ドイツにおいては精神障害者看護の官憲的な伝統によって特にその傾向が強かった。すなわち、精神障害者はたしかに病人であるが、彼らの話し方や態度は不快なもので、矯正されるべきものと考えられたのである。

三月前期の自由主義の潮流も、ここでの重心移動に十分な力を発揮することはなかった。三月前期に医師たちは、彼ら自身の養成と実践において自然科学的な意味での改革を余儀なくされた。しかしながら、フィルヒョーとともに『医療改革』を編集した精神科医のルドルフ・ロイブシャーも、自分たちのツンフトの乱暴な治療法を擁護し、性的な逸脱や大都市の道徳的頽廃の責任を精神障害者に帰せしめ、患者に対する精神科医の権限の強化を要求したのであった[51]。

精神科医の地位は次第に固まっていった[52]。一八四二年には、彼らの最初の専門家協会ができた。一八四四年から、ドイツの施設責任者たちの機関誌として『精神医学総合雑誌』が刊行された。その創設者ハインリヒ・ダメロウは、同年にハレに開設された州立精神障害者施設ニートレーベンの管理官であったが、彼はその雑誌の第一巻の序で「精神障害者施設の有機体は、高度でより一般的な見地、すなわち国家の有機体に従属し、同時にそれと同一化していかなくてはならない」と述べている[53]。

三　比較試論

イギリスにおける救貧扶助の世俗化は、ドイツにおけるよりもやや強力に進展した。私的・公的な慈善活動が、教会による活動に取って代っていった。両国において、もともと教会の組織に使われていた名前（パリッシュおよびゲマインデ）をもつ自治体が、教会に代わり扶助の制度化を進めていった。ドイツでは教会が扶助業務を維持しているところであっても、教会はもはや扶助の組織的形態について決定権をもたなかった。クエーカーや敬虔主義者、博愛主義者の活動においては、宗教的な動機が直接的・政治的な影響力の行使と混合していた。イギリスではこうした政治的影響力の行使が、一九世紀初めの自由主義的「方向転換」に接続していった。

精神障害者を病人として再定義する場合、その多くは啓蒙主義的世俗化のジェスチャーによるものであった。こうしたジェスチャーは、イギリスではそれほど際立ったものとはならなかった。ドイツにおいてライルのヴァーグニッツに対する嘲笑は、そこで越えられた境界線までの距離が、ほんのわずかなものであったことを思い起させる。またその後も、ドイツにおいては精神障害者の罪深さという考え方が、精神障害者看護の表層下に、イギリスにおけるよりも重く横たわった。

イギリスにおける発展は社会的な規範を変化させた。このような発展の経済的な要因は、こうした変化の対象としても最初のものになった。すなわち理性が、不調和、個人的な奇癖、激昂、我意を対立像として著しい対照をなす具体的形姿《ゲシュタルト》を取った。感情は能力の一部に見られた。風変わりな感情表現を示す者は、理性世界《フェアヌフトヴェルト》（それは同時に市民的な労働世界でもあった）から逸脱する者であった。規範、理性および控え目が相互に融合していた。理性的な者とは、誰にとっても、いつでも、どこでも理解可能な者であった。交渉《フェアハンデルン》は、このような新しい秩序において最も重要な活動の一つであった。したがって、契約ではなく伝統的な権利に依拠するような者は、理解を得られなかった。このことは、商人的思考も学ばねばならなかったイギリス貴族について当てはまった。またこれは、貧民についても当てはまったが、彼らの伝統的な社会保障は、労働世界における契約のパートナーとして彼らを統合するに際して障害となっていた。同じように、新しい労働秩序から逃避するような盗人や物乞いにも、このことは当てはまった。彼らに分別《フェアニュフティッヒカイト》を教えるために、イギリスの自由主義者は矯正所や監獄の改革を進め、これらを強引で荒っぽい懲治機関に変えていった。その際、老人、廃疾者および精神障害者は、残りものとして取り残されることになった。彼らは、新しい制度のなかで存続する古い家父長主義的な扶助の領域に残されたのである。ここでも教育理念の実現が試みられたが、こうした制度が保護を目的とした扶養施設に変化していく過程は、ゆっくりとしたものであった。

ドイツにおいては、工業化がゆっくりとしていたため、精神障害者が新しい労働秩序の周縁的グループとして際立つことは比較的少なかった。ドイツでの改革は、救貧税の間接制のゆえに、また、とりわけ地域や州の発言力が弱かったがゆえに、納税者の利益に正確に対応することは、イギリスほどではなかった。改革は中央集権的なものであり、すなわち地域的な諸利益の融合によって進められなかった。それは「上からの改革」であって、改革には行政機能の分割よりもむしろ全体的国家的な秩序の形成を目的とする官房学的な伝統がまつわりついていた。こうした改革は、自由な契約を基礎とする労働秩序とは縁遠いものであった。こうして、精神障害者には一般的な秩序違反のレッテルがはられ、彼らを拒絶する新しい理性的秩序のなかにさらされたのである。

イギリスにおける矯正所の改革は、議会と政府への影響力をめぐる闘争の軌跡を示している。こうした緊張関係は、「新救貧法」に対する抵抗運動でも明らかになる。地方行政の側から、市民的世論の一部を担う形成途上の労働運動の側から、中央集権主義的行政の限界が明らかにされた。国家のコントロールは、地方政治《ローカリズム》の上部構造にすぎず、それによって地方政治が無力化されることはなかった。それとは逆にドイツの州行政庁は、その機能において国家の決定を実行に移す機関にすぎなかった。ここで注目すべきは、ドイツにおいてこのような制度が、激しい時代の流れに対してどれほど強力に守られ、行政行為がいかなる連続性と安定性を示していたかである。

　イギリスの医師たちは、施設の管理者として地方行政に義務を負っており、日々行政との社会的関係を維持していた。そして彼らは、医師の階層秩序の頂点に属し、カウンティにおける市民的指導層の一部を形成した。それに対してドイツの精神科医たちは、個人的な自己演出に至るまで国家官吏であり、それにふさわしい意識をもっていた。彼らは薄給の医務官団の伝統を引きずっており、その多くは、本来は軍医のための教育を受けた者たちであった。すなわち、彼らは「成功者《アウフシュタイガー》」で、その立身出世を国家に依存しており、精神障害者に対しても官憲的な考え方を絶対化する傾向にあった。

　イギリスの救貧扶助の発展は、全体として精神障害者看護にも関係する一つ実験としての特徴をもっていた。バティーは、非常識な言動に対して教育的効果がもたざるをえない限界から出発していた。ウィリスとチュークは、外的な強制に代わり理解可能な原則に従う理性的な人間指導法を実験したのである。そして、コノリーの無拘束による精神障害者看護によって、精神医学の教育学的古典が成立した。教育の可能性のある場合には、いかなる強制も不要であった。社会的ないし自然的な条件によってそのような可能性の欠ける場合でも、強制と懲罰は医師が関与するものではなかった。

　ドイツの精神科医たちは、政治的決定のレベルから隔絶され、国家の官職に縛りつけられていたのであり、たとえ精神障害が病気として理解された場合でも、彼らは長いこと暴力的な教育を試み続けた。両国において精神障害者看護の組織化は、自然科学が精神障害者を社会的にも、意志伝達のうえでもなじみのある言葉で定義できるようになる以前に始まっていた。しかしながらドイツの精神科医たちは、彼らが近代的スタイルの医師としての態度をとる以前に、すでに官吏であった。イギリスの精神障害者看護は、しばしば世論の圧力により、不当な収容に対して患者を保護する法的な手段を早くから採用した。それは貧民のための権利保護というよりも、むしろ市民の保護を意味した。病人としての精神障害者の行動は法的な効力を伴わないといった意識が、ここにははっきりと表れていた。

　一般ラント法によるドイツの法的実践は、市民を権利の保持者として、すなわち精神障害の状態では喪失してしまう権利の保持者として構想することからは、大きく隔たっていた。権利の剝脱は、個人の権利の定式化と請求可能性を前提とするからである。一般ラント法は、この点でいかなる基礎も提供せず、むしろ精神障害者に対する家父長的なタイプの扶助を創設し、それがその後も法的に存続することになった。それに反対する政治的勢力も、ドイツの官憲的性格《オーブリヒカイトリヒカイト》のしつこい残滓の内部にまで光を突き通すには、十分な力をもつには至らなかった。

注

(1) K. Pandy, *Die Irrenfürsorge in Europa*, Berlin 1908.

(2) S. and B. Webb, *English Poor Law Policy*, London, 1910, rpt. 1963.

(3) W. Parry-Jones, *The Trade in Lunacy*, London, 1972, p. 282.

(4) A. Scull, *Museums of Madness*, New York, 1979, pp. 25f.

(5) K. Jones, *A History of the Mental Health Service*, London, 1972, p. 18.

(6) G. Cheyne, *The English Malady*, London, 1733. Vgl. K. Dörner, *Bürger und Irre*, Frankfurt 1975, S. 41.

(7) M. Ignatieff, *A Just Measure of Pain. The Penitentiary in the Industrial Revolution, 1750-1850*, London, 1978, pp. 40ff.

(8) W. Battie, *A Treatise on Madness*, London, 1758. Vgl. G. Herzog, *Krankheits-Urteile*, Rehburg-Loccum 1984, S. 48ff.

(9) Jones, *History*, p. 30.

(10) Parry-Jones, *Trade in Lunacy*, pp. 77ff.

(11) J. Howard, *The State of the Prisons in England and Wales*, London, 1780.

(12) Ignatieff, *Just Measure*, p. 60.

(13) I. Macalpine/R. Hunter, *George III and the Mad Business*, London, 1969. この著書では歴史的な遠距離から、ジョージ三世が遺伝的原因のある特異な代謝疾患、すなわちポルフィリン症と診断されている。

(14) W. Leibbrand/A. Wettley, *Der Wahnsinn. Geschichte der abendländischen Psychopathologie*, Freiburg 1961, S. 341.

(15) M. Schrenk, *Über den Umgang mit Geisteskranken*, Berlin 1973, S. 19. さらに Jones, *History*, p. 50.

(16) Jones, *History*, p. 46.

(17) S. Tuke, *Description of the Retreat*, York, 1813.

(18) Scull, *Museums*, p. 28; A. Digby, *Pauper Palaces*, London, 1978.

(19) E. Hobsbawm/G. Rudé, *Captain Swing*, Old Woking, 1969, pp. 34ff.; E. P. Thompson, *Die Entstehung der englischen Arbeiterklasse*, Frankfurt 1987, S. 243ff.

(20) E. Isichei, *Victorian Quakers*, London, 1970.

(21) Scull, *Museums*, p. 28.

(22) Jones, *History*, p. 65.

(23) たとえば F. Alexander/S. Selesnick, *Geschichte der Psychiatrie*, Konstanz 1969 の一二一ページの見開き向かいを参照。

(24) Jones, *History*, pp. 101ff.

(25) J. Conolly, *The Treatment of the Insane without Mechanical Restraints*, London, 1847 (rpt. London, 1973), p. 78. これには筆者による翻訳がある。

(26) Hobsbawm/Rudé, *Captain Swing*; N. Edsall, *The Anti-Poor Law Movement 1834-44*, New Jersey, 1971.

(27) 一八八八年の「地方統治法」で、中央集権的な傾向はやや緩和された。Jones, *History*, pp. 178f. を参照。

(28) *Ibid.*, p. 121.

(29) C. Huerkamp, *Ärzte in Deutschland und England*, Mskr., Bielefeld 1986.

(30) 総数については Scull, *Museums*, pp. 190ff. を参照。

(31) E. Showalter, Victorian Women and Insanity, in : A. Scull (ed.), *Madhouses, Mad-Doctors, and Madmen*, Philadelphia, 1981, pp. 313-336.

(32) A. Burrows/I. Schumacher, *Dr. Diamonds Bildnisse von Geisteskranken*, Frankfurt 1979, Kap. 2, S. 28-40.

(33) Dörner, *Bürger und Irre*, S. 203.

(34) A. Hauser, *Sozialgeschichte der Kunst und Literatur*, Bd. 2, München 1953, S. 115.

(35) Dörner, *Bürger und Irre*, S. 226f.

(36) I. Kant, *Anthropologie in pragmatischer Hinsicht*, Berlin 1872. Vgl. Dörner, *Bürger und Irre*, S. 208ff.

(37) Stichwort »Armenpflege«, in : *Handwörterbuch der Staatswissenschaften*, Bd. 1, Jena 1923, S. 926.

(38) L. Frede, Gefängnisgeschichte, in : A. Elster/H. Lingemann (Hg.), *Handwörterbuch der Kriminologie*, Berlin 1933, S. 537 ; G. Rusche/O. Kirchheimer, *Sozialstruktur und Strafvollzug*, Frankfurt 1974.

(39) K. A. v. Hardenberg, Preußens innere Politik in Ansbach und Bayreuth, in : C. Meyer (Hg.), *Preußens innere Politik in Ansbach und Bayreuth in den Jahren 1792-1797*, Berlin 1904, S. 107ff.

(40) A. H. v. Arnim, *Bruchstücke über Verbrechen und Strafe* (anonym erschienen), 3 Bde., Berlin 1801 ; H. B. Wagnitz, *Historische Bemerkungen über die merkwürdigsten Zuchthäuser in Deutschland*, 2 Bde., Halle 1791.

(41) J. Bresler, *Deutsche Heil- und Pflegeanstalten für Psychischkranke in Wort und Bild*, 2 Bde., Halle 1910, S. 308ff.

(42) K. Bellin, Aus den Anfänge der Psychiatrie in der ersten kurmärkischen Irrenanstalt in Neuruppin 1801-1865, in : A. Thom (Hg.), *Zur Geschichte der Psychiatrie im 19. Jh.*, Berlin 1983, S. 43-48, 132-150.

(43) Herzog, *Krankheits-Urteile*, S. 127-141.

(44) H. Ehrhard, *130 Jahre deutsche Gesellschaft für Psychiatrie und Nervenheilkunde*, Wiesbaden 1972.

(45) J. C. Reil, *Rhapsodien über die Anwendung der psychischen Curmethode auf Geisteszerrüttungen*, Halle 1803 (Nachdruck Amsterdam 1968).

(46) Herzog, *Krankheits-Urteile*, S. 57-75.

(47) Ebd., S. 70ff.

(48) Ebd., S. 234.

(49) C. Sachße/F. Tennstedt, *Geschichte der Armenfürsorge in Deutschland*, Stuttgart 1980, S. 195-214.

(50) Vgl. Bresler, *Heil- und Pflegeanstalten.* および F. Panse, *Das psychiatrische Krankenhauswesen*, Stuttgart 1964, S. 28ff.

(51) Herzog, *Krankheits-Urteile*, S. 173.

(52) Vgl. Ehrhard, *Gesellschaft für Psychiatrie.*

(53) *Allgemeine Zeitschrift für Psychiatrie*, 1, 1844, S. V.

第十五章　市民と都市

――西欧とドイツにおける長期変動――

ヘンク・ファン・デイク
（一九四二年生　ロッテルダム大学教授）

一六五二年のアムステルダムの大火。オランダ画家、レンブラント・ハルメンス・ファン・レインはその成り行きを何枚かのスケッチ画に描きとめている。この都市が炎に包まれるのはこれが初めてではなかった。レンブラントの描いた市庁舎はすでに三度も灰と化したことがあった。火事は普通に起こる現象、すなわち都市生活の自然現象であったと言うことができる。数年後にはロンドンが、さらに一八四二年にはハンブルクの都心が火災によって廃虚と化した。すでに中世後期にはそれぞれの市当局が繰り返し起こるこの災いから逃れようと努めていた。石の建築材や適当な屋根ふき材料で火事を最小限に食いとめようとしたのだが、多くはその助けにならなかった。

　これと並んで市民組織によって火事を食いとめることも試みられた。都市の住民あるいは市民は援助や協力の義務を負っていたが、それは戦時だけのことではなく、緊急時においてもそうであった。比較的大きな地方自治体において市民は、市区、牧師管区あるいは教区に配置された。こうした教会ごとに組織された隣組は救貧事業だけでなく、緊急時においても責任があるものとされた。たとえば住民はおのおのがバケツを用意し、火事の時にはそれを持ち出さねばならなかった。

　一七世紀のアムステルダムにおいては、こうしたやり方が限界に突き当たった。都市の人口がその前半世紀において、約一〇万人からほとんど二〇万人へと倍に膨れ上がったのである。それはこの時期のこととしてはとてつもない増加であった。すなわち多くの家屋が建築され、より大きな建物が建てられたのだが、火事の時にはバケツリレーではもはや間に合わなくなっていた。

しかし人口増加はさらにまた別の形で影響を及ぼした。都市生活上の組織は住民数が一定している限りは比較的良好に機能したが、この組織はよそ者が多く都市内に定住したときには解体しかねなかった。アムステルダムにおけるような急速な人口増加は、伝統的な義務と統制を著しく圧迫したことが想像できるであろう。災害時には一体誰が手助けすべきなのか。消防隊が新たに組織され、そして新しい消火方法があれこれ試された。アムステルダムのヤン・ファン・デア・ハイデが機械式ポンプに改良を加え、これが火事との格闘にはきわめて有効であることが確かめられた（彼はこれで少なからぬ収入を得た）。

それにもかかわらず一六五二年の火事では中世以来の古い市庁舎が灰になり、新庁舎が建てられた。アムステルダムはその勢力の絶頂期にあった。ウェストファリア条約はハプスブルク家との八〇年戦争〔オランダ独立戦争一五六八～一六〇九年、三〇年戦争一六一八～四八年〕を終結させた。デンマークとスウェーデンの間で勢力均衡を図る賢明な政策から、エーレ海峡〔デンマークとスウェーデンを隔てる海峡〕への鍵はアムステルダムにありと言われるようになった。

唯一の政治的問題は、オランダ総督オランイェ公ウィレム二世との関係だけであった。さきの平和条約は総督すなわち国家の奉仕者から、先祖のように声望を手にする唯一の可能性を奪った。同時に、斬首されたイギリス王チャールズ一世の娘との結婚が、すでに生じていたイギリスのクロムウェルとの商業戦争を激化させた。

総督とアムステルダムの執政たちは親密な関係にあったのではない。ウィレムが軍隊で扇動し、自分に好意的な執政たちを市参事会に送り込もうとしたことからほとんど市民戦争という事態に至った。一六五〇年、総督が予期せぬ水疱で突然亡くなった時、この衝突の根拠もなくなった。この直後にその息子が産まれたが、この時期、参事会の多くの秘密議事録に神の思し召しが祈念されていたようである。

新しい市庁舎は都市の、とりわけ市政府の権力を誇示するものと言われた。建築家ヤーコプ・ファン・カンペンが起案し、後にダニエル・シュタルパエルトが完成させた建物は、当時のフランス王宮よりも大きいと言われたが、この公共建造物にはその市民広間の大理石の上に地球が描かれていた。商業都市に特徴的だったことだが、市庁舎の中に銀行まで置かれて、市庁舎の向かいには当然ながら証券取引所が建っていた。新市庁舎は共和主義的な市民文化の象徴であり実際の姿であったが、また共和国の権力と、共和国の中でのアムステルダムの地位の象徴であった。それは一般に誰もが出入りできる建物であったが――公開法廷はその玄関のすぐわきにあった――、同時に市政府の所在地であり、そしてそのことにより都市社会内部の相違までもが表現されていた。

一　近代初期の都市における不平等

ヨーロッパの諸都市は中世の間に、ある都市は中世以前のたいてい古代ローマ人の居住地あるいは司教座所在地から、またある都市は軍事的な砦から発展した。こうした都市はほとんどいつでも河川であれ街道であれ交通の要衝に位置していた。市の開催権、独自の立法と裁判、マックス・ヴェーバーが名付けたような自治と自主独立は都市住民に、農村住民とは異なった社会的地位を与えた。時代の進展とともにこうした諸都市は領主権力の残滓を抑え込むことに成功した。この領主権は統治形態としてはなお保持されたものの、大した意味は持たなくなっていた。

都市市民はこうしたことによって農村住民と明確に区別された。しかし都市それ自身の内部においても、とりわけ市民権を持つ者と持たない者との間に注目すべき相違が存在した。この相違は一八世紀末から一九世紀初頭にかけての大変革期に至るまで存続し、地域によっては一層長く、プロイセン以外のドイツの諸邦では一八六〇年代まで存続した。市民権とは地方自治体の権利と義務に関与することを意味する。したがってたとえば貧窮したような時には、これを救済する目的のために設立された多くの基金を当てにすることができた。

市民権は都市市民の子どもとして生まれれば持つことができた。都市の新住民はこれを買うことができたが、もっともそれはきわめて困難なことであった。多額のお金を払って市民権を手に入れるためには、一定期間都市に住み、十分な資産と収入のあることを証明しなければならなかった。それはある人たちにとっては難しいことではなかった。上層階級の子弟は、兄がいて参事会や給与の高い官職への道が閉ざされており、自分の都市で出世することが不可能な時には、他都市の上層階級の娘と結婚することがよくあり、そこですぐさま市民権を手に入れた。義理の父の持つ権力と影響力次第でそうした子弟たちにも地方自治体の官職が実に広く開かれていたのである。

他方、これに当てはまらない請願者は長い間待たねばならず、ときには市民権すら拒否されることがあった。とりわけツンフトが力を振るっているところではそうであった。手工業親方はたいていの場合、新しい市民から利益を期待することができず、それゆえ彼らにできるだけ市民権を拒否しようとした。ドイツの大ハンザ都市においてすら、都市居住民の増大に大きな利害を持っていた商人たちは、手工業者の参与権と拒否権を抑制することはできなかった。

ドイツ特有の道といったものがあったとすれば、それはきっとこの点においてであろう。中世以来の皇帝の中央権力が崩壊した後、ドイツの手工業者とそのツンフトは、驚くほど上首尾にその利害を実現することができた。フランクフルト・アム・マインでは一七世紀の初頭から市参事会におけるいわゆる第三議席として席を空けなければならなかったし、商人の影響力がより強かったハンブルクにおいては一七一二年の憲法によって、参事会は今後その権力を市議会、牧師管区の代表者、さらに小市民とツンフトによって組織された団体とも分かち合わねばならなかった(1)。

近代初頭における輸送路の変更とその後の三十年戦争によって、中欧での長期にわたる経済的な凋落が生じた。恐らくそのために、ドイツの地では社会関係が長期間、一九世紀に入ってもこのようにして固定化されたのであろう。一九世紀においてもドイツの多くの邦国で都市は、居住、結婚並びに営業の自由、および市民権獲得の条件をめぐって争った。移住者から身を守った諸都市はたしかに利己的に振る舞ったわけだが、しかし同時に自己決定と自治も守ったわけである(2)。たとえばフランス支配の終わった直後、都市の中には数年前に大金をはたいて市民権を買わねばならなかったユダヤ人から、再び市民権を剝奪したところがあった。プロイセンやオーストリアのような諸邦国がユダヤ人を都市市民並びに国家公民《シュターツビュルガー》として解放に力を入れていたにもかかわらず、ハンブルクやフランクフルトのような大都市においてさえもそうであった。こうした市民権の拒否にあたっては、競争への不安と反ユダヤ主義が密接に結び付いていた。

一八一七年にケルンの市長が、「生え広がった根っこのように繁殖するユダヤ人の増加を強力に阻止することは、そもそも目的に適った(3)」ことと思われると述べたが、その言葉は彼だけのものではなかった。あちこちの都市で、ハンブルクやフランクフルトにおいてさえも一九世紀最初の二、三〇年は、反ユダヤ的暴動が繰り返し起こった。このためにそれぞれの市当局は解放への要望に目をつぶることになった。ツンフト政策と、改革からの全般的な離反はここでは手に手を取って進行した。こうした傾向は大都市よりも中小の都市で一層顕著であったかもしれないということは、ツンフト、イヌングあるいは商工業小市民の重要さと影響力がここではいっそう大きかったということかかわっていた。

こうした情勢を、一六世紀に中央権力が同様に消滅していたオランダの状況と比較してみると著しい相違のあることに気付く。オランダ商人はツンフトを支配し、手工業者は事実上政治的な影響力を持っていなかった。社会的に不穏な時代においてすら、手工業者の明確な団体形成はなされなかった。一七九五年のバタヴィア革命〔仏革命軍の占領により、バタヴィア共和国（一七九五〜一八〇六年）が成立〕時のツンフトの解体はもはや大した意味がなかったし、ドイツと異なり、オランダではベルギーと同様にフランス革命後も復古政治は見られなかった。

都市住民が区別されるのは市民か非市民かということによるだけでなく、このそれぞれの内部においてもまた集団が形成された。普遍的な権利に代えて身分的に等級付けられた権利と特権の存在する世界では、特定の集団が特定の権利も獲得し、これによって自立性と独自の裁判を大いに享受した。このことに対しては、そのような集団の成員はすべての都市市民と同じ負担を負うべきとする要求がなされた。

これにあてはまるちょうどよい例としては、近代初期の西ヨーロッパ各地の港湾都市におけるイギリス商人の共同体もしくは「ネイション」[4]が挙げられる。その存在の問題点は、固有の宗教を信仰できる可能性にかかわっていた。オランダの諸都市においてはユダヤ教徒、再洗礼派教徒、カトリック教徒あるいはいわゆる自由思想家にかかわらず、事実上はどのような宗教も許されていた。各都市の当局は、カルヴァン派の牧師の圧力に屈してこの自由を制限することを頑なに拒否した。その寛大さは商業上の利害に規定されていたけれども、これは実際にはマイノリティすべてにとっての宗教の自由を意味していた。

これに対してハンブルクの市当局は、イギリス人「ネイション」だけにその宗教の自由を認めた[5]。他のマイノリティはすべて、外国大使館の中の教会か、あるいは近郊にあるデンマークのアルトナ——ユダヤ人、自由思想家、再洗礼派の宗教の自由が認められている——に行くことが指示された。こうした措置は恐らく商業上不利なものであったにもかかわらず、ハンブルクの市参事会はルター派の牧師と教会区の力を簡単に取り除けることはできなかった。

近代初期における中欧および西欧の諸都市には、特別な契約によって居住を許されていた外国人の他に、市民権を持たない居住者がいた。その一部は奉仕人であり、また使用人や下僕として一定の慣習的な地位を持っていた。しかし大部分の者は権利を持たず、貧困な社会下層の一群を形成し、労働力が不足したときに雇い入れられ、都市の労働市場が飽和したときには去らねばならなかった。都市の社会政策は第一に労働市場政策であり[6]、ツンフトが力を持っていたところで最も強力であった。

それゆえ都市住民における市民と非市民の区別は、その実際をきわめて忠実に反映するものではなく、それどころか都市市民層の内部におけるその他の相違についてまで存在しないかのように思わせてしまう。たいていの都市において市民のある種の代表機関が存在していたけれども、この体制は民主主義とはおよそかけ離れたものであった。たいていの場合市当局は、ごく少数の一族の手にしっかりと握られていた。公的ポストの欠員補充はその家系の者によって行われた。こうした寡頭化はすでに中世後期に始まっていた。オランダの諸都市にそうした例を見ることができる[7]。

宗教改革のような社会の深層にまで及んだ展開は、たしかに各地で社会的変革へと至ったが、しかし古くからの上層市民の多くは驚くべき順応力を示した。数年後にはその多くが再びしっかりとした地歩を固めた。一七世紀と一八世紀においても各地で政治的な騒乱が起こったが、これはしかし都市統治体制の撤廃には至らず、せいぜい人的交替を引き起こしただけであった。都市統治者層の新しい構成員はたいてい、まったくの局外者になることはなく、上層家族との結婚によってその地位をすぐさま確固としたものにした。

そのような寡頭化はドイツの大都市においても顕著であったが、しかしここでは都市の統治制度は二つの最も有力な都市指導者層、すなわち商人と手工業者の比較的不安定な関係によって特に脅かされた。この不安定さは部分的には何年にもわたって継続した体制危機に現れたが、これはフランクフルトでは一七世紀初頭、ハンブルクでは一七世紀末期から一八世紀初頭に生じた。この危機が終結したのは、継続していた寡頭化を完全に阻止したわけではないがともかく緩和し、確固とした共同決定権をその両集団に認めたことによってであった。もっともこの体制上の摩擦から一番利益を得たのは大学の法律学者で、両陣営は彼らを保護者や顧問として招いたのである。ハンブルクの法律顧問たちは、市参事会においてはたしかに審議権を持っているだけであったが、しかし法律的助言とともにハンザ都市の外交をたいていは決めたので、彼らはますます影響力を得た[8]。その重みのある地位は、法律顧問が助役に任じられたフランス時代〔一八〇六～一四年〕においても際立っていた。ハンブルクの副市長たちはその多くが法律家であり、規定では商人の間から副市長一人を選出することになっていた。

二　都市化と都心の変化

都市の生活空間が今日では農村のそれに対立するものとして意識されているとしたら、この対立がアンシャン・レジームの終わりに至るまできわめて目立ったもので、緊張に富み、日常生活全体の中で都市部と農村部の住民にきわめてはっきりと意識されていた、ということを思い起こすべきであろう。すでに一八〇〇年以前にあった都市と農村の間の法律上の区別から、アンシャン・レジーム期の都市を定義することができるが、その際にはしかし、一八〇〇年以前においてもその現実は、法令集が予見させるものよりも多面的であったということを考慮する必要がある[9]。

一九世紀の都市を定義しようとすることは困難きわまりないことである。フランス、ベルギー、オランダおよびスイスにおいては一八世紀末期の市民革命が、都市と農村の間での法律上の対立に終止符を打った。たしかに一八一四年以後の復古において、その相違をもう一度復活させようとした試みがわずかに認められるが、しかし結局は都市自治体と農村自治体の間にいかなる相違も認めないフランス・モデルが勝利した。スイスではすでに一八三〇年代にそのようになり、オランダやベルギーでは一八四〇年代においてであった。

イギリスの発展は恐らくこれと対極的な方向を示していた。ここではマンチェスターやシェフィールドのような巨大な農村（これらは貴族の地方裁判官の直接の影響下に置かれていた）と並んでキングズ・リンのような中世起源の都市がごくわずかに存在していた。ようやく一八三〇年代の自由主義的な改革政策が旧来の都市自治体の地位を変え、農村自治体にも地方自治体法を承認した。しかし一八六〇年代においてもなお、かの有名なジョー・チェンバレンは以下のような選挙演説を行っていた。「今日の闘いはなお貴族に向けられている……。クランバー、ベルボァール、ウォバーンの領主たちはその武装した配下の先頭に立ってもはやみなさん方の町を襲い、店を略奪することがないとはいえ、みなさん方の製品とその職人たちを巧妙に収奪しているのです。……、このような略奪におとなしく従っているべきでしょうか。それともみなさんの先祖がかつてそうされたように、貴族の輩に反抗しないでいられましょうか。彼らが教区連合と共同団体によってその先人を真似ようとするならば、マンチェスターは独占と特権に対する闘いのリーダー(たるべきであります)。つまり、自治区を組織し、……永久に、われわれの町と近隣住民をまぬけな地主階級の統制の及ばないところに置くのです。(10)」

急進的なベンサム支持者と、英国国教会トーリー党の敵対者で、互選制に代えて選挙権を強く支持し自治権をもった都市の居住者は特に、イギリスの都市化に大きな期待を寄せた。その一人が以下のように書き留めている。「そうなるべき時はやってくるであろうし、それもそう遠くない。地方全体が都市化されるであろうし……、その都市化は純粋な代議政治の基礎となるであろうと信じる。(11)」

一八三〇年代の終わり頃にトーリーの保守主義が再び台頭したけれども、イギリスにおいても都市と農村の間の法律上の相違はますます小さくなった。これに加えて多くの貴族は、都市化の進行に抵抗するために土地売却の可能性を利用した。(12)都市と農村の間での対立が弱まるにつれて、都市とは何かを定義することがますます難しくなった。人口規模それ自体は定義上の指標にはならない。理論上は、多くの人がある限定された領域に住むこと——第二の定義上の指標——ができたが、だからといって一定の型の社会的分業が存在していたわけではない。(13)ところで分業それ自体もまた、一七世紀のオランダの例が示しているように十分な指標にはならない。(14)ゲオルク・ジンメルやアメリカの社会学者ヴィルト(15)が強調した都市生活特有の質もまた、一九世紀においてイメージされていた都市を定義するには十分ではない。都市生活が農村生活から区別されたとはいえ、マスコミュニケーションや輸送手段の発達によって、この相違はますます解消することになったのである。

そうした定義上の問題があるにせよ、一九世紀のヨーロッパにおいて都市化が猛烈な勢いで進行したことは確認することができる。その際二つのことが前面に現れてくる。第一は、都市人口が国全体の人口に比して飛躍的に増加したということである。イギリスではすでに人口の半分が都市で生活し、他のヨーロッパ諸国でもすぐさまそれに追随した。(16)ただし一九世紀後半におけるドイツ諸都市の異常なほどの成長を、高く見積り過ぎるべきではない。というのは、ドイツ帝国内部における精力的な合併政策が、統計上の事実をいくらか覆い隠しているからである。それは市長の持つ影響力や、この一部であった地方自治体の官僚化傾向とかかわっていた。

一九世紀の後半に始まった都市の膨張はなおいっそうの都市化を押し進めたが、しかし同時に集中化の度合いを低めた。一九世紀の諸変動は都市における社会的空間の細分化にも影響を与えた。アメリカの社会学者パークスとバージェスによって初めて考察されたこの展開は、[17] 重要な相違点があるとはいえ、ヨーロッパ諸都市においても理念型としては存在していた。

都市を単にある限定された領域に住む多くの人間の集まりであるととらえる場合でも、一九世紀において都市社会の諸問題が著しく増大していたということにただちに気付く。一平方キロメートルあたり八〇〇人から一〇〇〇人の人口密度は珍しくなく、それどころかベルリンやハンブルクといった都市ではそれが一〇〇〇人を越えていた。こうした成長の起源を、文献の上では同時期に進展した工業化にいくらでも求めることができる。その同時性を否定できないが、しかし都市化は工業的生産形態が発達したところだけではなく、工業化が遅滞し、遅くに始まったところにおいても現れた。さらにまた、商業の中心地や輸送の中心地としてすでに工業化以前から存在するか、あるいは行政の中心地として第三次産業の活動の優位を示していた都市は最も急速に成長した。[18]

それゆえ一九世紀における都市の成長のより重要な原因は都市の外部に、つまり農村に求めるべきである。ここでは人口の増大が急激だったのであり、それはしばしば中断したとはいえ国全体でゆっくりと死亡率が低下したことに起因していた。農村地域は家内労働が増加していたにもかかわらず、十分な「食」と職場を提供することができなかったので、ますます多くの人が移住していった。

この移住の第一の目的地は都市であった。第一次世界大戦時のアメリカのある歌は深刻な問題を提起している。「どうして農場にとどまることができようか、もうパリを知ってしまったというのに。」兵士に当てはまることは農村住民にも当てはまる。しかし、住民のすさまじい増加が重大問題を引き起こしていたようなところで、なにが都市の魅力を生み出していたのであろうか。社会的貧困、住環境の荒廃、とりわけコレラ、チフス、結核のような一九世紀の社会的疾病は持続的な問題であった。

これに加えて都市の社会成層は、移住民が洪水のように押し寄せることで変化した。古くからの商業の中心地であっても、新しい産業的な居住地においても、その洪水から中間層や上層は全体として下層に席を譲って減少していった。ここからさらに中間層の構成も変化した。商業内での分業化、地方的および地域的な市場の重要さの低下、手工業者の危機となる国際的市場の到来、資金提供者と納入業者の依存関係、とりわけ小売商店の広がり、こうしたことは重大な変革を意味していた。こうした点から見ると、アンシャン・レジーム期の都市市民層と一九世紀の市民層の間の連続性についてはほとんど何も語ることができない。それにしてもこうした変化は都市の政治にも反映していたのであろうか。

三　市民層と都市の政治

驚くべきことに、革命が都市の政治行動に与えた影響は差し当たりごくわずかなものにとどまった。いくつかの例外を除けば、[19] エリート・名望家とその他の市民たちの間の対立は一九世紀の前半において継続していた。たしかにたとえばフランクフルトではダールベルク〔一八一〇～一三年、フランクフルト大公〕時代、権力に与からなかった商人（大部分がカルヴァン派教徒とカトリック教徒）の影響が大きくなっていったが、しかし古くからの権力者は一八一三年以後、自らの地位を守るために宮廷顧問官や皇帝に上訴する可能性を実にうまく利用した。市民の代表者はほとんど影響力を持たなかったが、ただし商業会議所は、シュミット、ザラジン、ノエ・デュ・フェ、フェルナー、パサヴァンおよびドゥ・ニュフヴィルといった人物に支えられて一八〇八年以降重要性を増した。

いわゆる都市貴族家系は体制変革と国家の構造変化にもかかわらず、かなり長い間その地位を維持した。ベルギーではそのような家系は一八三〇年の革命さえも生き延びた。上層階級が認めなければならなかった唯一の譲歩は、権力を今後、かつては宗教上の理由から政治的な役職を認められていなかった市民の富裕層と共有することであった。それは、オランダではカトリック教徒、ユダヤ教徒、再洗礼派であり、ベルギーではプロテスタントであった。イギリスでは一八三二年の農村自治体法が、国教徒であるトーリー党員の絶対的権力を終結させた。ドイツではこうしたプロセスの進行はゆっくりとしたものであった。フランクフルトとハンブルクのユダヤ教徒、およびケルンとアウグスブルクのプロテスタントには政治的な権利がためらいがちに認められた。[20]

一九世紀前半における都市の政治は、都市が古くからの一族によってのみ統治されるべきか、上層市民の富裕層もこれに加わるべきかといった紛争によってのみ特徴づけられたのではない。新たな一団が都市行政に入り込んだときですら、これは都市貴族的政治を実質的に制約するものではなかった。たいていは一度たりとも秘密投票を定めたことのない厳しく制限された選挙権、および官職終身化の可能性は、都市政治の社会的な開放を著しく制限した。[21]

それゆえ一九世紀の前半における都市の政治は、それ以前の世紀の政治にさまざまな点で似ていた。一九世紀の中頃になってようやく変化が生じてきた。市参事会における終身議員は排除され、直接・秘密選挙が導入されたが、これはより広範な市民層が政治生活に参加できることを意味した。ハンブルクの一八五九年の都市法では、ルペルティ家、メルク家、シュレーダー家、ジーフェキング家、アムジンク家、ゴッデフロイ家、ゴスラー家、ドゥ・シャポールージュ家、ルッテロート家、ケリングハウゼン家、キルヒェンパウアー家、ペーターゼン家といった家族が支配する、権力を持つ閉じた市参事会の存在を否定した。オランダでは一八五一年のいわゆる自治体法によって、古くからの都市貴族の家系はもはやその地位を確保できないことになった。伝統的な権力保持者と広範な市民層の間の闘争が保守対自由主義という構図の下に繰り広げられたにもかかわらず、この政党政治的な呼称では〔この闘争を〕十分に言い表せない。この衝突がすでに一八三〇年代に決着していたイギリス[22]においてだけは、ホイッグ党とトーリー党の間で実際の党派対立が展開されていたが、これは市政機関が地方自治体の問題を管理することができるかどうかの問題から生じていた。しかし諸改革はここでも過去との完全な断絶をもたらしはしなかった。多くの都市においてトーリー党員は、数年後に再び市参事会に復帰する。都市問題の急進的で犠牲の多かった解決の放棄、カトリック教徒に対する教育の自由の保障、これらは小市民の選挙民を失望させ、ホイッグ党多数派を新しい市参事会ですぐさま減少させた。

都市政治の改革への最も重要なきっかけとなったのは、中央政府のいっそうの権力強化であった。一九世紀の初頭以降、諸都市をばらばらに扱ってきたプロイセン[23]は選挙法を改正した。三級選挙法のなかったオランダとベルギーは互いに似たような目的を追求した。国家の権力が拡大しつつあったことは、名望家たちにとっての古くからの権力基盤が利害関係を失ったことも意味していた。政府あるいは外務省での官職は、都市の官職よりも重要なものになった。地方と国家の政策がより直接的に結び付いていたイギリスだけは、名望家をより長く地方の政治に結び付けておくことができ、その際には権力的称号や参事会員の外衣のような装飾は大いに効果があった。

しかし秘密選挙の実施や参事会員の任期制の導入は、都市社会がいまや根本的に民主化されたということを意味したのではない。一八四八年以降の憲法闘争における選挙権の拡大に反対したハンブルクのある市参事会員は、大多数の市民が考えていたと思われることをはっきりと表明している。「(憲法制定議会の)憲法草案に表れているように、民主主義の不穏な状況は当初から商業上の要求に対立している。民主主義の居城は、ひそやかで堅実な勤勉を促すものにはならない[24]」、と。勝利した市民たちはわずかな例外を除いて[25]、都市社会の他の集団と権力をわかち合うことにほとんど関心がなかった[26]。

都市政策の内容については、公の場で議論されることはあまりなかったが、しかし議論するときにはその論争はすべての党派を貫いていった。最も重要な問題は、常に措置を講ずるためにどれほどの予算を計上できるかということであり、これでもって都市の重大な問題を解決することを期待したのであった。上水道の供給、下水道の敷設、ごみ処理、街灯設備、道路および水路の建設といったことは多くの出費がかさむことであり、とりわけ小市民の有権者は自治体財政の膨張にあまり理解を示すことがなかった。

たいていの都市において、上水道の供給システムについて熱心に議論された。この議論の結果、公共的設備や社会基盤整備のためにより多くの予算を計上することがしばしば決定された。しかし上水道の供給をめぐる論争は、専門家たち自身がこの点についてなかなか意見の一致を見ることができなかったために、熱を帯びて時間のかかるものとなった。コレラやチフスのような疾病と、飲料水の質との間に直接の関係があるということは、一九世紀の前半にはまだ知られていなかった。医者はまだ当時、いわゆるミアスマ〔大気中や土中にあるとかつて考えられた伝染病毒素〕支持者と、疾病の伝染性理論の支持者に分かれていた。伝染病が伝播する最も重大な要因は環境にあると見ていたミアスマ支持者は影響力があったにもかかわらず、反対者は〔それに〕承服していたわけではなかった。この論争の帰結として、社会医学的な観点からの都市記述が印象深いほど急速に増大したのだが、これはフランスにその起源があった。そこにはルイ、パラン・デュシャトレ、ヴィレルメ、イギリスではファール、チャドウィックといった名前がその他大勢の代表として挙げられるが、これはコンドルセの思想、後にはサン・シモン派の構想につながるものであった。こうした社会医学派の都市研究の書き手たちは、一八四〇年代以降ますます前面に立つようになった新しいタイプの自治体政治家に属していた。彼らは基本的に市民を支持し、改革への用意を示していた。都市官僚はまだ規模が小さかったので、いくつもの決定を行うのに多くの時間をかけねばならなかった。[27] それゆえその政治は、イデオロギー的というよりは行政的特質を帯びたものであった。

おおよそ一八四〇年から一八八〇年にかけての時代を都市市民の絶頂期であると見ることができる。上水道供給の支出をめぐる争いは別として、都市社会のその他の問題はまったく実際的な見地から処理された。これらについての議論が沸騰するようなことはほとんどなかった。

自治体企業の導入、いわゆるガス・水道の社会主義は同時に官僚制化の進行としっかり結び付いていた。プロイセンの諸都市においてこのプロセスの進行が最も急速であったが、このことは市町村参事会と対立していた首長たちの体制上の強い立場にその理由があった。[28] しかし他の国においても自治体官僚が著しく増加し、これと同時に半ば専門職的な参事会員が消滅していったことを見ることができる。政党の発展と都市選挙権の一層の拡大はこのプロセスを促進したが、これはしかしながら自覚的な都市政治としてではなく、新たな事態への現実的な対応として解釈されるべきである。

ロッテルダムの市庁舎は一九世紀の終わり頃に建設されたけれども、一七世紀のオランダ・ルネッサンス様式を取り入れていた。一九世紀の最後の一〇年間に、多くの都市で市庁舎が建設された。市庁舎は都市の自信を表していて、同時に都市市民層の自信を示すものでもあった。古くからの都市市民的な伝統を受け継いでいる国の市民は、都市が新しく、市民層の立場が全国規模では相対的に弱い国におけるよりもこれを容易に成し遂げた。オランダにおいてはそれが最も容易であった。オランダ人はその黄金時代の様式にのっとって建設したのである。しかしベルギー人もまた、フラマン諸都市の市民たちがフランス貴族に対して独立を維持していた中世の全盛期を想起できた。ハンザ諸都市の市民たちもまた、その栄光に満ちた過去を意識していた。これに対して環状道路計画を抱いていたウィーン市民[29]とイングランド中部における諸都市の市民たちは、この点でかなり難しいものがあった。こうしたところでは新しい市庁舎は、都市社会の連続性と意義を象徴するものとされたのである。

社会および経済の変化と結び付いていた諸問題は一九世紀の終わり頃、部分的に解決された。都市行政は閉じた寡頭制から、いくらか民主的で官僚制的な団体の手に移った。都市施設、公衆衛生、都市輸送機関、教育機関はそれほど大きな議論となることもなく設置された。都市行政においてはレッセ・フェールの考えが比較的速やかに排除された。

しかしある領域は組織的になおざりにされたままで、このことは都市政治の典型的な指標と関連していた。一九世紀においても市民権もしくは選挙権はたいてい土地所有と結び付いていた。政治的決定のプロセスはこのことによって第一に、土地所有者であった選挙人に左右された。住宅建設に際しての住環境の改善は、それゆえほとんど貫徹し得なかったし、投機と退廃が、都市の開発と改善の計画に取り組んだ行政の担当部署において横行した。パリにおけるオスマンの計画は投機家と家屋所有者の抵抗にあって挫折した。[30]ドイツ諸都市において多くのことに相当の力を持っていた市長とその官僚でさえ、こうした抵抗には抗し切れなかった。[31]第一次世界大戦後になってようやく国民の住居建設問題は、中央政府の助けを借りて緩和され、部分的に解消された。こうしたことが市民の都市統治の問題点であった。それにもかかわらず一九世紀最後の二、三〇年の間に登場してきた以下のようなタイプの都市について、あるイギリスの作家は以下のように記述している。「(その個人主義者的市参事官が)市道に沿って歩こうとすると、そこは市ガスで点灯され、市の水道を使って市清掃局によって掃除されており、市立公園の中にある市の時計を目にして、早い時間なので子どもたちが市立学校から帰ってくる姿を見かけないのだと思い、その学校のすぐ近くには公立精神病院と市立病院があるのを知る。そして彼は、市立美術館・博物館・図書館のそばの市立読書室にいる自分に、市立公園の中を通らず、市電を使って会いに来るように全国電信制度を使って連絡しようと思った。その部屋で彼は、水路の国有化と鉄道に対する政府の統制強化を支持して市民ホールでの次の演説草稿を用意するために、全国的な出版物を調べるつもりなのである。彼が述べようとするのは、『社会主義は、その空想的なでたらめのために、実際的な人たちの時間を無駄にしたりしません。みなさん、自助こそ、ひとりひとりの自助こそがわが都市を今日あるようなものにしてきたのです』、ということだ。[32]」市民に対していかようにも批判できるとはいえ、この成功の決算が彼らの口座に記入されるべきである。実際的であるという基本的な態度は、都市を近代世界の中心に据えた市民たちの基本的な態度だったのである。

注

(1) R. Koch, *Grundlagen bürgerlicher Herrschaft. Verfassungs- und sozialgeschichtliche Studien zur bürgerlichen Gesellschaft in Frankfurt am Main (1612 bis 1866)*, Wiesbaden 1983; H. Böhme, *Frankfurt und Hamburg. Des deutschen Reiches Silber- und Goldloch und die allerenglischste Stadt des Kontinents*, Frankfurt 1968.

(2) T. Nipperdey, *Deutsche Geschichte 1800-1866. Bürgerwelt*

und starker Staat, München 1983; M. Walker, *German Home Towns. Community, State and General Estate 1648-1871*, Ithaca 1971.

(3) A. Müller, *Die Geschichte der Juden in Köln von der Niederlassung 1798 bis zum Jahre 1850*, Köln 1984, S. 219.

(4) 当時の「ネイション」概念は、この外国人の共同体に適用されるのであって、近代的な国民概念に等置すべきではない。

(5) J. Whaley, *Religious Toleration and Social Change in Hamburg 1529-1819*, Cambridge 1985.

(6) C. Lis/H. Soly, *Poverty and Capitalism in Preindustrial Europe*, Hassocks 1979.

(7) H. van Dijk/D. J. Roorda, Social Mobility under the Regents of the Republic, in: *Acta Historiae Neerlandicae 9*, 1976, pp. 76-102.

(8) M. Ewald, *Der hamburgische Senatssyndicus. Eine verwaltungsgeschichtliche Studie*, Hamburg 1954.

(9) F. Abrams/E. A. Wrigley, *Towns in Societies. Essays in Economic History and Historical Sociology*, Cambridge 1978.

(10) Quoted in V. A. C. Gatrell, Incorporation and the Pursuit of Liberal Hegemony in Manchester 1790-1839, in: D. Fraser (ed.), *Municipal Reform and the Industrial City*, New York 1982, p. 50.

(11) Quoted in ibid., p. 15.

(12) D. Cannadine, *The Aristocracy and the Towns. A Case Study of the Calthorpes and Birmingham, 1807-1910*, Cambridge 1975; D. A. Reeder, *Capital Investment in the Western Suburbs of Victorian London*, Leicester 1965.

(13) M・ヴェーバー、世良晃志郎訳『経済と社会　都市の類型学』創文社、一九六四年、でそのような住民の凝集の例を挙げている。

(14) A. M. Woude, *Het Noorderkwartier. Een regionaal historisch onderzoek in de demografiche geschiedenis van westelijk Nederland van de late middeleeuwen tot het begin van de negentiende eeuw*, Wageningen 1972.

(15) L. Wirth, Urbanism as a Way of Life, in: *American Journal of Sociology 44*, 1938, pp. 1-26.

(16) E. E. Lampard, The Urbanizing World, in: H. J. Dyos/M. Wolff (ed.), *The Victorian City. Images and Realities*, Vol. 1, London 1973, pp. 3-58.

(17) R. E. Parks, E. W. Burgess and R. D. Mckenzie, *The City*, Chicago 1925.

(18) 今日いくらか控えめにそう呼んでいる「第三世界」諸国の首都と、一九世紀の行政中枢の比較において欠落しているところがあるとはいえ、それでもやはりこれらの首都の労働市場を見れば、一九世紀ヨーロッパにおける首都の労働市場問題の核心がきわめてはっきりとしたものになる。

(19) ロッテルダムでは古くからの都市貴族が、ほとんど完全に非国教徒に押しのけられたが、しかしこれはオランダの内部では例外であった。参照、H. van Dijk, Het negentiende-eeuwse stadsbestuur. Continuïteit of verandering? in: P. B. M. Blaas (ed.), *Stedelijke naijver*, Den Haag 1986, pp. 128-149.

(20) I. Fischer, *Industrialisierung, soziale Konflikte und politische Willensbildung in der Stadtgemeinde. Ein Beitrag zur Sozialgeschichte Augsburgs 1840 bis 1914*, Augsburg 1977; P. Arnsberg, *Die Geschichte der Frankfurter Juden seit der Französischen Revolution*, 3 Bde, Darmstadt 1983.

(21) したがって一九世紀初頭のハンブルクでは、およそ一〇万人の住民のうちわずか三〇〇〇から四〇〇〇人の市民が市議会選挙に参加できただけである。オランダの諸都市ではその割合はおよそ三倍であったが、ここでも在職者たちは終身その職に就いていた。

(22) D. Fraser, *Power and Authority in the Victorian City*, Leicester 1979, p. 26.

(23) プロイセンの諸都市はシュタインの都市法以後、一定の自治を得ていた。地方政治はここでは第一に、家屋所有者と手工業者に握られていたが、一八三一年以降、市参事会の力が強まった。一種の三級選挙法を実施していたライン州諸都市と、それ以外の地域の諸都市の間の相違はそれでもなお存続し続けた。三級選挙法の一般的導入によってはじめてこうした状況が変化したのである。

(24) Zit. in Böhme, *Frankfurt u. Hamburg*, S. 222.

(25) したがってハンブルク市長アムジンクが（一八二七年以降の市参事会において）考えていたのは、資産のない人びともまた兵役義務を課され、間接税を最も多く納めている以上、選挙権から締め出されるべきではないということであった。「国家の帰属者はすべてその際、競争すべきである」（引用は以下の文献、D. Bavendamm, *Von der Revolution zur Reform. Die Verfassungspolitik des hamburgischen Senats 1849-1850*, Hamburg 1969, S. 64）。一八四八年、体制の根本的な改革を成し遂げ、オランダ自由主義の最も重要な代表者であったトールベッケもまた、普通選挙法は時代の精神に適ったものであると考えていた。引用は、W. Verkade, *Overzicht der Staatkundige Denkbeelden van Johan Rudolf Thorbecke (1798-1872)*, Arnhem 1935, p. 38f.

(26) M. R. Lepsius, Zur Soziologie des Bürgertums und der Bürgerlichkeit, in: J. Kocka (Hg.), *Bürger und Bürgerlichkeit im 19. Jahrhundert*, Göttingen 1987, S. 79-100, hier S. 93.

(27) E. P. Hennock, *Fit and Proper Persons. Ideal and Reality in nineteenthcentury Urban Government*, London 1973.

(28) P. Ayçoberry, Les luttes pour le pouvoir dans les grandes villes de l'Allemagne impériale, in: *Mouvement social*, No. 136, 1986, pp. 83-102.

(29) C. E. Schorske, *Wien. Geist und Gesellschaft im Fin de siècle*, Frankfurt 1982, S. 23-109.

(30) A. Sutcliffe, *The Autumn of Central Paris. The Defeat of Town Planning 1850-1970*, London 1970.

(31) Ayçoberry, Les luttes.

(32) Fraser, *Power and Authority*, p. 171.

第十六章　市民層と都市エリート

――ポーランド・ロシア・ドイツの比較――

エリジュビエタ・カチンスカ
（一九三四年生
ワルシャワ大学教授）

一　概念と問題設定

ドイツに特有な「市民性の欠落」が語られるときには、通例、西欧諸国が比較対象として念頭におかれ、これらの国々において、市民層が他に比して重要で大きな役割を演じたことが想定されている。これに対して東方からドイツを眺めるとき、ドイツは、プロイセンのポーランド植民地と同様、市民層がその経済力を一九世紀に発展させ公的な生活に参加したことから、活動的で自立的な市民層の牙城であるとみなしうる。本章が試みようとするのは、これまでもっぱら西欧との比較に限られてきた比較領域を、ロシアの発展とロシアに支配されたポーランド王国（会議王国〔ウィーン会議によりロシアとの同君連合国家として成立。通例自治を保った一八六三年までを指すが、ここでは第一次世界大戦までのロシア領時代を含めている〕）の発展を検討することで押し広げることである。その中心は一八六〇／七〇年から一九一四年までの時代である。[1]

会議王国とロシアにおける「市民層、市民性および市民社会」についてのテーマに関する筆者の主たる命題は次のところにある。すなわち、どれほど異なっていようと、「市民層」とみなしうる社会集団を標本化することはきわめて危険だということだ。この両国における「市民性」あるいは「市民社会」について語られうる機会はきわめて少ない。[2] そこで、こうした命題を検証できるようにするために、ポーランド語またはロシア語でこれに対応する概念の意味の広がりについて簡単にでも述べておくべきであろう。

「市民層《ビュルガートゥム》」という言葉は、ポーランド語ではミエシュチャンストヴォ、ロシア語でメシチャニーンあるいはメシチャンスコエ・サスローヴィエと表される。ミエシュチャンストヴォ〔日本語としては「都市民」と訳される〕という言葉が第一に指し示しているのは、ヨーロッパのほとんどの地域と同様に、ある身分ないしはそれと結び付いた諸権利ということである。しかし、この都市市民の諸権利は、一八世紀におけるポーランドの没落によって多くの土地で制限されるかあるいは放棄され、議会制の立憲的統治機構を伴った諸国家に特徴的な近代的な諸権利と自由に置き換えられることがなかった。そのため、この概念はその意味と、本来の一義性を失ってしまった。ミエシュチャンストヴォは当時、都市住民全体すなわち都会人《シュテッター》を内容としていた。一九世紀中頃、この概念は再びその内容が狭まり、いまや小商人や手工業者を含むだけとなった。歴史家はたしかに大ポーランド〔ワルシャワ西方のポズナニを中心とした地域を指した歴史的な呼称〕の「市民層」について好んで語りはするが、しかし会議王国に対してさえこの用語の適応を広げることは避けている。

ロシア語のメシチャニーンという概念は官僚団によって採用され、都市住民の中で、貴族ではない者、農奴、商人あるいは「名誉市民」さらに外国人や聖職者に属さない者に向けられたものであった。この概念はしばしば「小市民」と訳されるけれども〔日本語としては「町人」と訳される〕、西洋的な小市民すべてがそれによって定義づけられる集団に分類されたわけではなく、むしろ逆にその集団は他の社会層の担い手をも包括していた(3)。

ドイツ語の「経済市民層」との対応でいえば、一九世紀のポーランドではしばしば、「資本家（資本の所有者という意味、ただし侮蔑語ではない）」および「富豪支配（侮蔑語）」という名称が用いられた。近年の歴史学論文においてはマルクス主義の影響下、ブルジョアジアという概念が盛んに用いられるが、これはフランス語の用法ではブルジョアジーよりも資本家に当たる。「小市民層」に対応するポーランド語の概念は、まだ一九世紀の中頃には小都市に定住している住人（そこに定住している貴族は除外）を指し示していた。社会学的意味におけるドロブノミエシュチャンストヴォ〔日本語としては「小市民」と訳される〕は、その後になってようやく現れたものである(4)。

「教養市民層」を訳すことは、この概念がドイツにおいても定まったものではなく、またポーランド語にはこれに当たるものがないのできわめてやっかいである。そのような概念はなかったが、一九世紀の初頭には「精神階級」、「精神プロレタリアート」あるいはこれに似た概念が登場し、一九世紀後半にはインテリゲンツィアの概念がいちだんとこれにとって代わった。初めはロシアに特有であったこの現象は、具体的な社会集団というよりもある存在の様式、あるいは政治的およびイデオロギー的な態度、それ独自の神話をまとったある種の結社であった[5]。同時代のジャーナリズムにおいて都市の「インテリ」に含められたのは、定住している大土地所有者（貴族を含む）、医師・薬剤師・聖職者のような自由職業従事者であり、ごくまれに民衆学校教師が含められた。この「インテリ」は、とりわけ小都市においては社会的階層の最上位に位置していた。「インテリ」に属するためにはさまざまな特性と能力を身に付けることが求められた。つまり貴族としての出自、教育、土地所有あるいは高所得、官職にあるかまたは権力をもっていること。もちろんこうした基準は必ずしも組み合わされて持ち出される必要はなかった。貴族の生まれに恵まれた者は学校教育を証明する必要がなかった。そのような者はそれに値する社会的な上品さとよき作法を身に付けていれば十分であった。もっともとりわけロシアでは、「インテリ」はいわゆる雑階級人（ラズノチンツィ）すなわち貴族ではない学生や大学卒業者から構成されていた。この「インテリ」はしかし社会的に高い威信を保持していただけでなく、国民の精華・核・頭あるいは屋台骨であり、庶民と貴族の中間、「精神の貴族階級」でもあった。彼らは権力ないしは経済エリートの意味においてではないとはいえ、「エリート」を形成していた。むしろ彼らは道徳的な模範として貢献し、組織し、指導し、命令し、価値を設定し、その目標を示し、そして理想を見出すことを教示したのである[6]。

社会的に異なるさまざまな市民概念と並び、ポーランド語とロシア語には、「国家公民《シュターツビュルガー》」、シトゥワィアン、シチズンにあたる言葉、つまりオヴィヴァテル（ポーランド語）、グラジュダニーン（ロシア語）がある。しかしながら、西欧の意味における国家公民の現実態は、ロシアと会議王国では一九世紀の間は未知の事柄であった。つまり国家に属する者は、公式にはロシア臣民と呼ばれていたのである。一八三二年、ロシア政府は都市市民に対する名誉称号である名誉市民を設けたが、一九世紀の半ばにはロシア全土で都市の貴族、聖職者、定住農民などおよそ四八〇〇人にこれを授けた。商人、商人身分もまた帝政期には、ギルドの成員になるための十分な資本を所有している者に対する名誉称号であった。彼らは一定額の国税を納めねばならなかったが、さまざまな特権を享受した。

こうした諸概念の予備説明をした後ではそれだけいっそう、なぜ会議王国やロシアではいかなる「市民性」も見出すことができないのかということが問題になる。これに対する等価物あるいはこれを埋め合わせる構成要素は存在しなかったのであろうか。どの社会階層が近代化の過程において重要な役割を演じたのか、そしてだれが平等、自由、友愛という理念の担い手だったのであろうか。ロシアないしはポーランドの地で「市民社会」は発展したのか。もしそうだとするならば、ではどのようにして、どの程度まで市民層ないしは都市住民がこの市民社会を作り出し、これに参加したのか。どこでどのようにユダヤ人たちはこれに順応したのか。そしてこの両国において観察される「市民性の欠落」はどのような帰結を示したのであろうか。

ロシアとポーランドの歴史の相違も考慮に入れなければなら

ないのだから、こうした問題すべてに答えることはできない。帝政ロシアは民族的にも宗教的にもきわめて多様だったので、市民層の社会的境界の確定がすでにやっかいである。階級概念は「生産手段」に対するある社会集団の一貫した関係を前提するので、ポーランドとロシアの場合ほとんど説明概念にならない。

ドイツ語の歴史記述では、常に市民層を貴族に対立するものとして定義している。市民と貴族の間の衝突や緊張関係を前提し、ときには自由主義を展開してゆく資本主義のイデオロギーとみなしたりもする。これに対してポーランドでは、自由主義は市民にとってだけの綱領だったのではなく、また市民層だけが進歩、人間性、公共性および議会主義を求めて闘ったのでもなかった。ロシアやハンガリーにおけるのと同様に、ポーランドでも自由主義は進歩的な貴族のイデオロギーでもあった。

そもそも常に注意しておかねばならないことは、こうした国々では経済的要因よりも政治的要因が社会関係を決定的に特徴づけていたということである。会議王国では、固有の独立した国家を持たず、自治と市民的自由を欠いた国民的不自由の中で生きてゆかねばならないという問題が前面に立っていた。もっとも、独裁的な統治制度を備えたロシアにおいても社会的諸階層・階級にとっての行動の余地は、中央政府のその時々の内政の方向づけ次第であったことはきわめて明白である。このような国家的なものと政治的なものの独特の優位に直面すると、一体どの集団がもともと「国民的社会の深層心理的な要求」を実現し、ナショナリズムは内外に対する「機能的な構想」[7]としてどのような役割を引き受けたのか、という問いが生じる。

本章では東欧史の特殊性全てに立ち入ることはできないので、ただ市民層と市民社会の発展にとって関心の引かれる要素だけを取り上げることにする。その焦点は地方自治ならびに組合、団体および市民的公共性のその他の形態ということである。とにかくドイツ諸都市の歴史は、都市自治が一九世紀の近代エリートの誕生にあたって、これを形成する力となったという数多くの例証を提供している。

二　市民層の社会的・政治的解放の条件
——ロシアとポーランド

ロシア

一八六三年にはロシア総人口の一〇％、一九一三年には約一六％が都市権を伴った都市周辺の新興住宅地に住んでいた。[8]ロシアのヨーロッパ地域では一八九二年には、その全居住人口の九・二％だけが人口一五〇〇人以上の都市に住んでいたにすぎない。この都市人口の五七％は農村身分であり、これには産業労働者の一部も含められていた。[9]ドイツと比較してみると、ロシアにおける工業化ははるかに急激であり、その近代化は激動を引き起こし、そしてその帰結であった社会的な階層変化の過程と危機はここではいっそう著しかった。工業化の進展は外国資本の助けを借りるか、あるいは出自から見れば農民である伝統的な企業家によって推し進められた。そこでの支配的な問屋制度は、旧来の農民タイプの経済市民層を安定させるか、あるいは強めさえした。これに対してロシアの商人層は、一九世紀前半期にはまだ十分な財産を形成することができなかった。彼らの社会的地位はその専制的な支配者の顔色一つで上がったり下がったりしたが、彼らには一度たりとも法的な所有保護が与えられることはなかった。より裕福な商人や企業家でさえ高い名望をえることはなかったし、政治的な権力もなく、自分たちと同じ境遇の者を政府から独立した独自の組織にまとめることもできないほどであった。[10]

ロシアにおける官僚の役割は二律背反的なものであった。住民に対しては絶対的な権力者でありながら、専制支配に対する態度は非力で小心翼々とし、専門職業的であることはほとんどなかった。「安月給で資格の不十分な官吏が行政機構で働いていて、ここでは水平および垂直の過度の集中化および過度の集権化によって特徴づけられる。……たとえば部局間での不必要な文書のやり取りといったことだが、それは形式化し、それどころか儀式化したものになっていた。[11]」この当時ロシアには、全人口に対する割合からみるとドイツでの割合の約半分の官吏が存在していたに過ぎない。[12]

ロシアの経済市民層および小市民層は、政治的にはきわめて保守的であった。商人層や企業家層は自由主義を拒否して国家の保護を求め、専制的な政府といかなる形であってもやりあうことを避け、それどころか反政府運動の抑圧を政府に求めたのであった。[13]反政府運動はその支持を一部の貴族、雑階級人インテリゲンツィアそして後には社会下層に見出した。雑階級人の革命諸集団は、農民ないしはプロレタリアートと手を結ぼうとしたが、これによって彼らの反抗はきわめて過激で扇動的な性格を帯び、大衆性と精神外傷的挫折感を引きずった心性との険悪な混合となった。この結果ロシアにおける都市住民層は、会議王国やとりわけドイツにおけるよりもはるかにお互いが孤立し、市民社会を形成することができなかった。

少なくとも萌芽的に存在していた都市自治も、市民集団が協同し、可能な共同性を見出し発展させることができる基盤を生み出さなかった。一九世紀中頃の西欧において自由主義的な自治運動が国家の束縛から解放されるに至ったのだとしたら、ロシアにおいてはその状況が悪くなるばかりであった。アレクサンドル二世〔在位一八五五～八一年、農奴解放令を発布するなど国家の近代化に努めた〕の改革は一貫して十分なものではなく、またすでに一八七〇年以降、国家への地方自治行政の依存が増大していた。一八七〇年の都市改革は、たしかに貴族と商人の特権を奪いはしたが、しかし国家の統制と警察の影響力の行使や横暴についてはなにも変えるところがなかった。一八八一年以降は警察の介入がいっそう拡大したのである。

規約にのっとって地方自治行政にはきわめて広範囲の任務を行う権限が与えられるべきものであったが、しかし実際にはなんら「自身の責任で活動する可能性はなかった。自治活動はすべて事後の承認を必要とするものであった。自治は行政官庁の指図の下にほとんど無条件に服していた」[14]。財政、投資および福祉政策に関してロシアの自治は、いかなる自主的決定も下すことができなかった。というのは、自治は国家から財政支援を受けていたからである。一八九二年、内務省は自らの目的を達成した。すなわち内務省は、行政機構再編成の枠内で、上意下達のがっちりと中央集権的に組織された統一的な国家統治制度の絶対的な下位区分のもとに自治行政をおいた[15]。同様に職業団体、ギルドおよびツンフトは、副次的な役割を担っただけで凋落してゆくばかりであった。

　地方自治が相対的に意味を失ったことは、選挙統計にも反映している。一八七〇年代、都市によって違いはあるが、その住民のわずか一・六%から一〇・六%に投票権が与えられただけであり、一八八〇年代にはそれが一・九%から九・七%の間となった。しかも実際には有権者のほんの一部が選挙に参加しただけであった。一八七〇～七四年、モスクワでは二・九%、ペテルスブルクでは七・六%、そしてヤロスラヴリ（モスクワの北東約三〇〇キロメートルにある都市）では六・三%（最高投票率）であった。一八八五～九〇年にペテルスブルクでの投票率は二四・五%に上昇したが、ロシア全体で見ても三〇・一%（オデッサ）を決して越えなかった[16]。こうした商人市民層と都市貴族たちの自治に対する明白な無関心は、主に国家暴力との紛糾に対する根強い不安から生じていたが、また、腐敗した官僚に対する大きい不信感や、官憲的な強制・統制に長年慣れていたこともその要因であった。

会議王国

一八世紀の終わりまで、ポーランドの社会発展は全体としてドイツの場合と同様の成り行きを示していた。諸都市においてドイツの法律が適用され、社会構造はドイツのそれにきわめてよく似ていた。市民層は、身分的な特権と義務により定義されていた。しかしドイツと比較すれば市民層の立場は弱く、それは弱くなる一方であった。一七六〇年代と七〇年代には市民解放のための諸条件がまだ悪くはなかった。改革運動は、自由主義的な原理を先取りして旧来の特権、独占あるいは特別法の廃止を望んでいた。そして経済もまた明らかな飛躍を示していたのである。しかし第二回（一七九三年）、第三回（一七九五年）および第四回（一八一五年、ウィーン会議）のポーランド分割によってこの発展は阻止されてしまった。社会的・経済的統一は打ち砕かれ、新しい秩序が押し付けられ、市民権は体系的に制限された。都市自治の伝統は色褪せ、社会的な衝突の制度化されていた穏やかな解決方法の余地はもはや残されなかった。共謀と蜂起を封じる抑圧手段は、自治の最後の形態と市民的自立のなごりを打破してしまい、これは経済の分野でも目につくことであった。

　ゲルシェンクローンによると、経済発展の遅れていた国々では、資本の集積と集中化が急速かつ容易に進展した。これと並んで重大な意味をもったのは、国際的な資本の結びつきと工業製品の輸出、および国家の政策であった[17]。加えてこうした国々に際立っていたのに、そこでは商業資本および地歩を築いた伝統的な市民層を欠いていたことである。新興のブルジョアジーはこうした国々で、先進諸国の場合とは異なった出自や性格を示したが、このことは特有の社会的・経済的対立を引き起こした。

ポーランド王国は資本主義発展のそのようなモデルにきわめてよく合致していた。近代と集中がここではまったく原初的な生産方法と組織形態に直面していた。一八七〇年代の工業化過程において地位を確立したブルジョアジーたちは、大部分が国家の支持を必要とした外国資本家からなっていた。新参者のすべてが社会に受け入れられたのではない。むしろ当時の人たちの間では、粗野で傲慢でよそよそしいドイツ人やユダヤ人のブルジョアや投資家の典型が幅を利かしており、これに対して上品、勤勉、誠実で、市民としてのあらゆる徳を備えたポーランド人商人あるいは手工業者が対置された。ユダヤ人こそは繰り返しポーランド人住民の攻撃的な防御反応の的になった。ポーランド人とユダヤ人のエリート、ポーランド人とユダヤ人の市民層は、自治権の制限されていた時期（一八一五〜三〇年）にお互いが歩み寄っていたが、一八三〇年の蜂起後のロシア化、とりわけ一八六三年以降のそれはさまざまな民族の全面的な同質化を不可能にした。ポーランド語の学校、固有の軍隊、政治的な自治、これらなくして統合は考えられなかった。

国家と都市が独立していなかったという点でもまた、ドイツと会議王国では著しい相違があった。一九世紀の最後の三分の一世紀に、国家による基本的権利の保護に関心を失ったドイツにおいては、市民たちはその政治的活力を地方行政に集中した。[18]それに加えて彼らはその力を、選挙権と世論を手段として諸組織や諸団体に対して及ぼした。これに対して会議王国諸都市の行政は、市民的なものでも、ドイツ的な意味での官僚的なものでもなかった。

ロシア領ポーランドの諸都市においては、たしかにある限られた自治が存在していた。しかしこの自治権は一八三〇年の蜂起の後完全に廃止され、その結果地方自治体の行政は、ロシア官憲国家の影響下に埋没してしまった。一八三五年、都市行政に関して討議する集会が禁止された。ついに一八六一年、皇帝アレクサンドル二世の下でヴィエロポルスキ辺境伯が、都市自治の導入も含めた穏健な自由主義的改革を実施した。選出された都市代表は主として知識人の代表から構成されたが、他に企業家、銀行家、聖職者、手工業者、少数の貴族を含んでいた。新たな都市参事会に対する住民の態度は二律背反的なものであった。ある者は大きな疑いの目で見たが（「それで一体なにが手に入ったのか。……すべては支配者のためのものだ、……そこから何が引き出せるのか」）、またある者は楽観的に未来を見て、少なくともポーランドの軍隊、土地の公正な分割、特権と称号の廃止等々を期待した。[19]

一八六三年の蜂起の後、ロシア政府は新たな統治秩序を導入した。ポーランドの諸都市は一八六一年に無理強いされた自治を再び失い、都市からは予算審議権が奪われ、ロシアの諸都市よりもさらにひどい状況におかれた。しかしこうした不利な条件と市民的都市自治の欠落にもかかわらず、一九世紀の終わり頃には新たなエリートと慎重に呼びうる集団が形成された。その集団は半合法的、非合法的なやり方で、きわめて特異な「市民社会」を建設しようと努めた。その際ドイツと比較して、二つのことが目に付く。第一は、知識人、小市民層、貴族、後には有資格労働者がこの建設の担い手だったということであり、第二は、国家にかかわりなく発展した「市民社会」は国家に対して自己を対置もしたことである。ロシア帝国も法治国家のモデルからは遠く隔たったものであったことから、なおさら法を蔑《ないがし》ろにするという考えが広まった。つまり法は押しつけられ、それゆえ疎遠なものと感じられ、そのような法を犯すことが価値のあることとされたのである。したがってポーランドの「市民社会」は、現行法、国家の権力や強制に根強く反対し続け、願望を夢想する中にその代償を見出した対抗社会という特徴を示した。なによりも民族的な関心が優先されたので、愛国者的な態度がなければ、この対抗社会の中ではだれも社会的信望を得ることはできなかった[20]。社会的衝突は常に民族的性格も帯びていた。ローザ・ルクセンブルクに影響を受けた社会主義運動の一派は例外として、政治的諸潮流は全体として、ポーランドの国家的独立が社会改革の決定的な前提であると見ていたが、逆にナショナリストたちのほうでも社会改革をその綱領の中で取り上げた。

三　二つの地方研究

——ワルシャワとケルン

国家権力と市民社会の関係、および市民の自立した活動を検討するためには、地方研究が個別にその材料を提供してくれている。まったく異なる条件下での市民社会の発展の例として、ここではワルシャワとケルンを取り上げる[21]。

経済的および政治的な諸要因

どちらの都市もその繁栄を河川航行に負っており、一八世紀にはマニュファクチュアの形成が始まった。一九世紀の終わり頃になってもワルシャワとケルンの経済構造には、大きな違いは見られなかった。いずれの都市においても機械産業が主たる産業部門であった。しかしながらケルンと比べてみると、ワルシャワは銀行、保険組合、運送会社がそれほど多くはなかった。所有関係もまたお互いに隔たっていた。伝統的な中規模経営が維持されていたケルンと異なり、世紀転換期頃のワルシャワには大株式会社と、組織されているがそれほど近代的ではない小企業の間に中企業がほとんど存在しなかった。加えてどちらの都市においても一九世紀には新たな経済市民が形成されたが、ケルンのブルジョアジーが都市とドイツ全土で、経済領域だけでなく政治領域においても重要な役割を果たしたのに対し、ポーランドの政治的運命のためにワルシャワではそうしたことが不可能になってしまった。まだ一八世紀にはワルシャワの市民たちは、経済においても政治においてもきわめて活発で成果を収めていた。その精神的発展はフランス革命に大きく影響されていた。ワルシャワの都市市民たちが一七九四年にロシアの干渉軍と戦った時には、軍事的対立が直ちに革命運動へと転化した。この時以来、ワルシャワにおける流血のデモ行進と蜂起はポーランド史の抜きがたい要因となった。

一九世紀における両都市の雰囲気に特徴的だったのは、過去の栄光に対するノスタルジックな美化であり、「メランコリックな諦観[22]」であった。しかしこのような態度はケルンにおいては、この都市が一八一五年とりわけ一八三〇年以後、田舎じみた名声に貶められていたのが再びいっそう重要な国民的役割を演じるようになってからは、一九世紀の終わり頃には克服されたように見える。ケルンの市民たちは誇りと都市への忠誠を示した。「ラインラントはドイツの原初の土地である。ここは祖国の自由、独立の外壁であり、……実際、自由の希求、自立の追求は……州と市町村への固有の郷土愛によって根本的に補完され、高められている誇らしげな市民たちの間にこそである。[23]」これに対してワルシャワは、たしかにロシア領ポーランドの隠れた首都であったが、しかしそのかつての重要さを外国支配下では取り戻すことはできなかった。それゆえここでは、敗戦と敗れた英雄を常に追憶することとなり、たとえばマリア・ロジェヴィチュヴナの人気小説『栄光ある犠牲』に見られる。「馬から突き落とされた者〔名誉を奪われた者〕」、不幸な人物、永遠の敗北者の運命に敬意が払われ、慕われるのであった。

人口発展と信仰宗教

一九世紀前半期にはワルシャワとケルンの人口が同じテンポで増加したのに対して、一九世紀中頃以降ケルンの人口ははっきりと急速に増大した。こうした傾向が強まったのは、ケルンが一八八三年以降ますます大きくなる（労働者）居住地域を編入するようになってからのことであるが、これに対してワルシャワでの最初の大きな合併はようやく一九一三年になってからのことであった。

ポーランドの歴史家にとってケルンの歴史がとりわけ関心を引くのは、ケルンがカトリックの都市であり、ワルシャワ以上にカトリック的だったからである。プロテスタント派はここでは少数派にとどまり、他方、ワルシャワのユダヤ人は一九世紀後半には都市人口の三分の一以上を数えた。ここからワルシャワにおける宗派の違いは、これが民族の違いと強く結び付いていたために後々まで影響の大きいものとなった。民族的諸集団と、その政治的役割あるいはただ公的なだけの役割との関係について触れておくと、ワルシャワは植民都市に似て、少数異民族（ここでは「その他」に分類した、ギリシア正教ロシア人）が影響力を保持していた。それと並んで二つの別個のヒエラルヒーが存在していた。一つはポーランド＝カトリックの中のヒエラルヒーであり、もう一つはユダヤ人のそれである。両者は個々の部分では関連し合いながらも、お互いに隔たっており、

表 16 - 1　居住人口　（単位：千人）[24]

年	ケルン（周辺地域を含む）	ワルシャワ（合併地域を含む）
1815	50	93
1830	66	147
1845	90	200
1860	140	230
1875	220	286
1890	340	456
1905	531	768
1910/14	636	1,036

表 16 - 2　宗教・宗派別人口　（単位：%）[25]

宗教・宗派	ケルン		ワルシャワ	
	1870年	1910年	1870年	1910年
ローマ・カトリック	84.1	78.4	58.5	56
プロテスタント	13.4	18.6	5	2
ユダヤ教	2.4	2.3	33	38
その他	0.1	0.7	3.5	4

ポーランド人はユダヤ人よりも、お上や、小規模でも勢力を持っていたロシア人社会に対してははるかに対立的であった。ロシア国家は、ユダヤ人と非ユダヤ人の間の障壁を取り払うことに関心がなく、むしろ一八八〇年には法を公布してユダヤ人の置かれた状況を著しくひどいものにした。

ケルンでは、所属宗派が所属社会層よりも帝国議会選挙で決定的な意味をもったように見えるが、ここには民族の優位や断絶がなく、ユダヤ人住民層の社会的孤立ということもなかった。ここではユダヤ人市民層がはるかに統合されていた。彼らは自分たちの団体を組織していて、これは非ユダヤ人組織と協同していた。それにもかかわらずここにおいても反ユダヤ主義は未知の事柄ではなかった。

社会構造とエリート形成

社会および職業の構造に関するケルンとワルシャワの比較可能な資料は存在しない。条件付きながら比較可能なのは、就業部門の住民分布に関する申告だけである。それによればワルシャワでは貴族（あるいは貴族としての出自を持つ者）が、ケルンよりも職業や仕事にかかわらず優位を占めていた。多くの貴族が家賃から収入を得ていた。ケルンの市民層の内部では、自由業者と職員がきわめて急速に重要性を増していた[26]。これまでの研究が示しているところでは、ケルンにおいては世代間の社会的移動が特に一八三〇年と一八七〇年の間で増大した。ワルシャワにおいては一九世紀の最後の二〇年間に社会構造の変革が生じたが、これは一八七八年から八五年にかけての農業危機による農村離脱と関連していた。労働者人口のこの流入は社会的移動の過程をも加速させた。

とりわけ興味深いことは、都市の社会的ヒエラルヒーの頂点には誰が位置していたのかということである。両都市を比較可能にするためには二つの点を考慮しておかなくてはならない。第一は、「エリート」の概念が規範を設定する模範という意味で用いられることだが、このワルシャワにおいては地位、権力、富の間に密接な関連はなかったのである。第二は、ワルシャワのエリートは民族的エリートと一致していたということである。本質的に彼らは知識人に同一化した。最も尊敬され、「公共の福祉」に熱心に取り組んだ家系は、医者、学者、作家、ジャーナリストあるいは大土地所有者の家族であった。経済市民層の担い手も、教育を受けポーランド化したという限りでは、まったく欠如していたのではなかった。裕福な市民層は芸術や学問の保護者となり、あるいは慈善団体を設立した。大金持ち連中、「金権政治家」は好まれず、それゆえクローネンベルク、ブロック〔ポーランドの金融業者〕のような人物は信用されなかった。知識人とブルジョアジーの境界線は世紀転換期頃にはますます際立ったものになった。ひとは社会的な声望を求めたならば、フラーゲトのようにメッキされた食器の製造を追求したり、ヒシュパンスキ靴店のように「ヨーロッパで最もエレガントな靴」を作ったり、ゲベートネルのように出版社を設立したり、あるいはスピエスのように工場主と学者を兼務したりすることがよりよいことだったであろう。[27] 一九世紀の前半にまだポーランドが制限付き自治国であった時代の官僚団は、一九世紀の終わり頃にはもはやエリートのなかに姿を見せなかったが、それは抑圧的国家のための奉仕がもはや容認できないものと思われたからである。

これに対してケルンのエリートは、むしろフランスの名士に当たっていた。一八七〇／八〇年頃までこの都市は、かつての「王家」、その「一党」とりわけシャッフハウゼン家に支配されていた。ここでのエリートはとりわけ経済市民から構成され、計画立案の点でも、現実政治のうえでも、ジャーナリズムの点でも積極的であった。ケルンで世間に認められようと思うなら、ワルシャワにおいてと同じく公的な生活に参加する必要があった。[28] もっとも一九世紀の終わり頃には、「商人あるいは工場主の人格的な徳――かつてそれは企業家の人格的な特性に依拠する信用性の基盤であった――は、……その仕事やその威信にとってますます重要ではなくなった。信用は非人格的な仕事上の原則となった。市民的精神と市民的倫理は初期産業主義時代におけるように、産業経済を担う社会層にとって、もはや経済活動の無条件の前提ではなかった」。[29] この時代には新たな市民層の社会的エリートへの上昇も立証されうる。有資格職業はよりいっそうの社会的声望を手に入れ、弁護士、官吏、党指導者、組合専従職員および増大しつつあった自治体官僚はますます影響力をもつようになった。

都市自治

一九世紀を通じてケルンにおける自治は市民の影響力の発揮される場であったが、ここにその特有の市民性が展開した。ケルンの市民たちは一九世紀の半ばまで、「大政治」に積極的に関与したが、それ以降はますます自治体の事柄と仕事に向かい、市民的特権と交際の諸形態に保護を与える砦としての自治を堅固なものにした。[30] すべてのドイツ都市においてと同じく、ケルンの市長も全国的な政治エリートの一員であった。政党政治への移行、官僚の専門職化および教養市民層の役割の増大――こうしたことはすべて、かつての「王家」の弱体化を印象づけた。しかし専門化に伴って国家の影響力も増大し、政府の権限が拡大して警察が都市自治から独立を強めた。こうしてケルンの自治は結局のところ、たしかにエリートの形成を促進したが、政治生活の民主化を推進することはなかった。

その都市自治に通じた新たなエリートが、自立した官吏としてどのように意識していたかは、以下に引用する自己描写からうかがわれる。「国家と市民を媒介する立場にもかかわらず、自治体組織は国家の単なる行政組織ではない。それはむしろ国家と同じく、自立的な公法団体である。……自治行政は同様に、特殊な国家行政である。それはその影響範囲を両者に共通の人びと、共通の地域に広げ、いくつかの特殊な利害は別として、国家行政と同じ利害を追求し、その形式においてのみ両者は大きく異なっているにすぎない。国家および自治体の行政は、ある意味で並存しているのであり、それぞれ独自な目標を達成せねばならないが、しかし共通の目標、すなわち国家目的の達成において頂点に達するのである。……ここから帰結することは、自治体が自分に与えられるべき権力や法的権限は自分自身に直接起源があるのではなく、少なくとも大部分が国家権力から流れ出たものであり、ここに究極的根拠があるのである[31]。」

自治と並んで協会、団体および政党が、市民の社会化と利害表明の広範な活動の舞台を形成した。そこでとりわけ強調すべきことは、一八四八年に設立された商業会議所と一八六二年から存在した政治的社交団体である。とりわけケルンのカーニバルは市民の交際を活発にし、陪審裁判所にも市民が集まった。この市民的公共性においてとりわけ活動的だったのは教養市民層の代表たちであったが、彼らはともかく企業家連中から支持を得ていた。新聞・雑誌は政治的カトリシズムの組織と同様、市民の手中にあり、政治や社会的状況に対して大きな影響を及ぼしていた。市内の政治的衝突は、都市と国家の間の衝突と同じく平和的な形のなかにあった。カトリックと自由主義の間の緊張は新聞紙面上で片が付けられ、自治体選挙と帝国議会選挙前の期間に限られていた。その結果、そこには「自治体における連帯」がはっきりと際立った。

ワルシャワにおける社会的・政治的生活の発展は、まったく異なった徴候を示していた。都市自治が存在したのは一八六一～六三年の間だけであった。自由な報道は陪審裁判所と同じく存在しなかった。協会や団体は警察から許可を得なければならず、厳しく統制された。組合（一九〇六年まで）と政党は認められていなかった。こうした状況下で、合法、半合法、非合法のさまざまな組織がいわば埋め合わせの役割を果たした。政治とかかわらないように見える団体や協会が、実際には民族的アイデンティティを維持した。教会慈善食堂、読書館、日曜学校、私塾、ボランティア消防団、さらに文化教育、スポーツ、合唱の各種団体、ならびに職業的・宗教的組織、これらが政治活動のついたてとして機能した。そうした諸団体は、警察の統制下におかれ、強要された規則に従って活動しなければならなかったにもかかわらず、合法的な手段を講じて部分的には革命的でさえある民族的プロパンガンダを広めることができた。ここでとりわけ活発な活動を展開したのは、主に社会主義的な、しかし民族主義的でもある秘密組織であった。

それゆえこの広く扇状に広がる団体文化が形成されてゆくなかで、一八七〇年代にはすでに会議王国では市民社会が兆していたことが注目される。ある程度まではこうした諸組織が、個々の社会集団の仲を取り持つことで社会的な仲介機関としても機能した。それらはたいていエリート的代表によって設立されたが、手工業者、商人、農民そして労働者も参加した。このことはとりわけ信用金庫と貸付金庫の場合に当てはまった。手工業者と農民には、その組合員になることが社会的上昇とエリートに近づくための機会を与えた。同時に、こうして貴族的な規範・方向付けが小市民層へ浸透することができた。特にワルシャワでは下級官吏や手工業者が、エリートによる教養的提供物を熱心に利用した。こうした社会的融合はこれらの諸団体を一定の集団・社会層あるいは階級に帰属させることを許さなかった。たしかに組織によっては、とりわけ非合法の政党の場合、その綱領が呼びかけているのは特定の受容層であるが、その組織の構成員は実に多様な社会層から集まっていた。

同様にワルシャワの諸団体を、社会的および政治的な目的と活動に沿って区分けすることはできない。これはケルンの場合にはきわめて容易なことである。ここでも市民同士の交流が当初、内に向かって社会化の機能を引き受けただけでなく、外に向かって利益政治を展開した。しかし政党が設立されるにつれ、学問、文化、福祉の団体は政治的な仕事から手を引き、自らの特定の関心に専念するようになった。

イデオロギー上の態度と政治状況のレヴェルで、ケルン人たちはカトリシズムの政治化に独自性を発揮したが、これはもはや単なる教会教義ではなく、具体的な政治綱領をもち、一個の政党になった。ケルンはまだ一八七〇年代には、政治的自由主義の牙城であったが、中央党〔一八七一～一九三三年、カトリック勢力が中心となって結成されたが、一九世紀末以降はカトリック教会に従属する政党ではなくなった〕が最も強大な政党に発展し、それは第一次大戦まで続いた。競合はただ社会民主主義の陣営からのみ生じただけだが、もっとも、政治上の激しいやり取りは相変わらずカトリック教徒と自由主義者の間で闘わされた。このやり取りでの争点は常に具体的で実践的な問題にあった。すなわち都市自治におけるカトリックとプロテスタントの同数の代表、宗派学校の問題などである。これに対してワルシャワでは、そのような政治化は認められない。それは政治状況とカトリック教会の迫害だけですでに無に帰せしめられてしまった。たしかに教会は相変わらず大きな影響力を振るっていたが、これは政治的というよりは精神的および倫理的なものであった。カトリック教徒の間にもさまざまな政治的潮流が存在したが、結局キリスト教民主主義がその名を冠した第一政党として第一次大戦の直前に設立されたとき、これは聖職者の活動によって生じたのではなかった。

四　まとめ

ケルンとワルシャワの比較から、一方では著しい類似性が明らかになった。ほとんど相似的な経済構造と発展、社会的ヒエラルヒーにおける知識階級の同様の特権的地位、類似の価値態度、および都市の自由と自立の伝統へのノスタルジックな愛着。この両都市の最も重要な相違――恐らくドイツと会議王国の間の全体としての相違でもあるだろう――は、国家権力と社会の間の関係、あるいはもっと正確にいうならば、国家に対する市民の態度の中にある。ドイツにおけるその市民社会は、すでに一八〇〇年以前に国家と法に統制され、その刻印を受けていた。ケルンにおいてはたしかに、政治的な忠誠はそれほど際立ったものではなく、文化闘争〔一八七一～八〇年、ビスマルクによるカトリック弾圧政策〕においていっそう弱まったが、しかしそれでもなお市民たちは全体として自分たちを国家と同一視していた。

ケルンの経済市民と教養市民は、後にもそうだがカトリックの政党・団体、小市民集団を通じて、地方での権力を伝統的エリートと共有した。市民の自由と基本的権利を有効なものにすることで紛争を妥協させることができたが、その結果、社会的な抗議行動が比較的穏やかに経過した。政治的集団のすべてが、規律と政党の中に社会秩序を維持する支柱を見い出していた。

ドイツにおいて支配的であった原則が「国家への奉仕において」ということであるとするならば、ロシアにおいてそれは「皇帝《ツァーリ》への奉仕」であり、ポーランドにおいては「祖国への奉仕」であった。会議王国とりわけワルシャワにおいては、民族問題がすべての階級闘争の大きな火種をはらんでいた。一方では蜂起の伝統、民族的ないしは社会的諸活動ほとんどすべてにおける絶えざる非合法性が、他方で市民的自由の抑圧と制限および賄賂の制度が、反国家感情を呼び起こした。最高善とみなされたのは神であり、次いで民族であり、国家ではなかった。

支配者と臣民の間の根本的な分裂は地方のレヴェルでも進行した。諸社会集団間の分割線は、所有関係よりもむしろ政治によって刻印された。ワルシャワの中産階級はケルンの市民層に比べてひどく分裂していた。ケルンの市民層は早くから発展し、同質的でよく地歩を固めており、専門職業化が進んでいた。これに対してワルシャワにおける近代化と民主化の担い手は第一に、貴族出身者であることの多かった知識人であった。経済市民は階級として社会ヒエラルヒーの頂点に位置していたのではなく、またケルンにおけるほどの名声を享受することもなかった。「金権政治」に対する伝統的な先入観だけでなく、猛烈な社会主義的プロパガンダの攻撃も、世論がブルジョアジーを疎遠で、民族に無関係なものとみなしていく作用をした。とりわけ重大なのは、ワルシャワでは都市自治の欠落が明白だったことである。ケルンではこの都市自治が市民社会の展開と都市エリートの重要な活動のための舞台を形成したのである。

注

（1） ドイツ、ポーランドおよびロシアの間の相違と平行関係を検討するのに、より長期の比較対照期間を設定するのがたしかに望ましいかもしれないが、ここでそれは不可能である。同様に紙幅の関係から、三つの国の経済発展およびこのテーマに関する各国の歴史家たちの数多くの文献に対する詳細な評価も抜け落ちている。筆者の叙述はその多くがテーマ設定的なものにとどまざるをえない。当然のことながら、本章における考察からドイツ・ポーランド・ロシアの比較に関するすべての可能性が汲み尽くされるわけではない。

（2） この概念の定義については以下の文献を参照のこと。J. Kocka, Bürgertum und Bürgerlichkeit als Probleme der deutschen Geschichte vom späten 18. zum frühen 20. Jahrhundert, in: ders. (Hg.), *Bürger und Bürgerlichkeit im 19. Jahrhundert*, Göttingen 1987, S. 21-63, sowie H. -U. Wehler, »Deutscher Sonderweg« oder allgemeine Probleme des westlichen Kapitalismus, in: *Merkur* 35, 1981, S. 478-487.

（3） ポーランド語の mieszczaństwo および Bourgeoisie については以下の文献を参照のこと。E. Kaczynska, »Mieszczanstwo« und »Burzuazja«, in: W. Kula/J. Leskiewiczowa (Hg.), *Przemiany spoleczne w Królestwie Polskim 1815-1864*, Wroclaw 1979, pp. 83-106, 307-324. 知識階級については、R. Czepulis- Rastenis, »Inteligencja«, *ibid.*, pp. 325-344; ders., »*Klassa umyslowa*«. *Inteligencja Królestwa Polskiego 1832-1862*, Warschau 1973. これらのロシア語での概念については、M. Hildermeier, *Bürgertum und Stadt in Ruand 1760-1870. Rechtliche Lage und soziale Struktur*, Köln 1986; G. Weiss, *Die russische Stadt zwischen Auftragsverwaltung und Selbstverwaltung. Zur Geschichte der russischen Stadtreform von 1870*, Bonn 1977.

（4） E. Kaczynska, O drobnomieszczanstwie ziem polskich w XIX i na poczatku XX w., in: *Dzieje Najnowsze*, 1976, pp. 91-116.

（5） ポーランド語文献においては、「インテリゲンツィア［*Inteligencja*］」の概念をめぐって議論が展開されている。ある者はこれを頭脳労働者のグループとみなし、またある者はこれを神話、前提、ともかく具体的な社会層ではないものと理解している。

（6） ポーランド語の知識階級につては以下の文献を参照のこと。Czepulis-Rastenis, Klassa umyslowa; idem. (ed.), *Inteligencja polska pod zaborami, Studia*, Vol. 1-5, Warschau 1978-1986 (besonders: M. Zahorska, Spór o inteligencje w polskiej mysli spolecznej do I wojny swiatowej, pp. 180-216); N. Koestler, Intelligenzschicht und höhere Bildung im geteilten Polen, in: W. Conze u. J. Kocka (Hg.), *Bildungsbürgertum im 19. Jahrhundert. T. I: Bildungssystem und Professionalisierung in internationalen Vergleichen*, Stuttgart 1985, S. 186-206.

（7） Cf. R. M. Berdahl, The New Thoughts on German Nationalism, in: *American Sociological Review* 77, 1972, pp. 69-75. ポーランドのナショナリズムがどのように機能していたかに答えるのは難しい。その機能が、「経済的な立ちおくれにますます自覚的になってゆくことや近代的な経済へのあこがれ」などから促進されたということだけは確かである。しかしそれは「乱暴な資本主義エリートたちのイデオロギー」ではなかった(同論文より引用)。

（8） このデータおよび以下の経済上のデータはすべて、ロシア諸都市の発展に関する内容豊富な文献から取っているが、その発展についてはここでは要約する形で裏付けられるにすぎない。Hildermeier, *Bürgertum und Stadt*; Weiss, *Die russische Stadt*; H. Haumann, Die russische Stadt in der Geschichte, in: *Jahrbücher für Geschichte Osteuropas* 29, 1979, S. 481-497; M. F. Hamm (ed.), *The City in Russian History*, Lexington 1976; D. Brower, L'Urbanisation russe à la fin du XIXème siècle, in: *Annales E. S. C.* 32, 1977, pp. 70-86; D. Geyer, *Der russische Imperialismus. Studien über den Zusammenhang von innerer und auswärtiger Politik 1860-1914*, Göttingen 1977; A. J. Rieber, The Moscow Entrepreneurial Group. The Emergence of a New Form in Authocratic Politics, in: *Jahrbücher für Geschichte Osteuropas* 25, 1977, S. 1-20, 174-199; V. J. Laverycew, *Krupnaja burzuazija v porevormennoj Rossii*, Moskau 1974; A. Nardova, *Gorodskoe upravlenije v Rossii v 60-ch-nacale 90-ch godov XIX v. Pravitel'stvennaja Politika*, Leningrad 1984; G. L. Yaney, *The Systematization of Imperial russian Government. Social Revolution in the Domestic Administration of Imperial Russia, 1711 bis 1905*, Chicago 1973, u. viele andere.

(9) すでにこの例から見て取れるように、これまで一度も一貫した分類基準で測られたことのないロシアの統計上における身分的ならびに職業的なノーメンクラトゥーラ〔指導者階級〕は、今日の視点からは歴史的・社会学的な分類にとってまったく価値がない。

(10) V. Murvar, Max Weber's Typoloy and Russia, in: *The Sociological Quarterly* 8, 1967, p. 491.

(11) Weiss, *Die russische Stadt*, S. 75, Cf. also J. A. Armstrong, *The European Administrative Elite*, Princeton 1973; R. L. Garthoff, The Military as a Social Force, in: C. E. Black (ed.), *The Trasformation of Russian Society. Aspects of Social Change since 1861*, Cambridge 1970, pp. 323-338; H. von Borch, *Obrigkeit und Widerstand. Zur politischen Soziologie des Beamtentums*, Tübingen 1954.

(12) N. A. Rubakin, *Rossija v cifrach*, St. Petersburg 1913, p. 62, 89.

(13) T・C・オーウェン、野口建彦・栖原学訳『未完のブルジョワジー』文眞堂、一九九八年、二〇二―二〇三ページ。

(14) Weiss, *Die russische Stadt*, S. 57.

(15) W. Hanchett, Tsarist Statutory Regulation of Munucipal Government in the Nineteenth Century, in: Hamm, *City*, p. 109.

(16) Nardova, *Gorodskoe upravlenije*, pp. 61-63.

(17) A. Gerschenkron, *Economic Backwardness in Historical Perspective*, Cambridge 1962; idem., *Europa in the Russian Mirror. Four Essays in Economic History*, London 1970.

(18) Vgl. v. a. J. Reulecke, Bildungsbürgertum und Kommunalpolitik im 19. Jahrhundert, in: J. Kocka (Hg.), *Bildungsbürgertum im 19. Jahrhundert*, T4, erscheint Stuttgart 1989; D. Grimm, Die Entwicklung der Grundrechtstheorie in der deutschen Staatsrechtslehre des 19. Jahrhunderts, in: ders., *Recht und Staat der bürgerlichen Gesellschaft*, Frankfurt 1987, S. 308-346; W. Hofmann, Oberbürgermeister als politische Elite im Wilhelminischen Reich und in der Weimarer Republik, in: K. Schwabe (Hg.), *Oberbürgermeister 1870-1945*, Boppard 1980, S. 17-38; H. Croon, Das Vordringen der poli-

tischen parteien im Bereich der kommunalen Selbstverwaltung, in : *Kommunalle Selkstverwaltung im Zeitalter der Industrialisierung*, Stuttgart 1971, S. 15 bis 54 ; H. Kellenbenz u. K. van Eyll, *Die Geschichte der unternehmerischen Selbstverwaltung in Köln 1797-1914*, Köln 1972 ; G. Neuhaus, *Übersicht über die Verfassungsgeshcichte der Stadt Köln seit der Römerzeit und über die Verwaltung im 20. Jahrhundert*, Köln 1914 ; P. Ayçoberry, Les luttes pour le pouvoir dans les grandes villes de l'Allemagne impériale, in : *Le Mouvement Social*, No. 136, 1986, pp. 83-102.

(19) J. Wieniawski, *Kartki z mojego Pamietnika*, Warschau 1911, Bd. 1, p. 251.

(20) あらゆる社会層から認知されていた国民的英雄とは以下の者たちである。小貴族 Tadeusz Kosciuszko′ 勤勉で勇敢な靴屋 Jan Kilinski′ および貴族 Józef Poniatowski.

(21) ケルンに関しては以下を参照。P. Ayçoberry, *Cologne entre Napoléon et Bismarck. La croissance d'une ville Rhénane*, *Paris* 1981 ; idem., *Histoire sociale de la ville de Cologne 1815-1875*, 2tomes, Lille 1980 ; K. B. Jasper, *Der Urbanisierungsprozeß, dargestellt am Beispiel der Stadt Köln*, Köln 1977 ; H. kellenbenz u. K. van Eyll, *Zwei Jahrtausende Kölner Wirtschaft*, 2Bde, Köln 1975 ; B. C. Padtberg, *Rheinischer Liberalismus in Kölm während der politischen Reaktion in Preußen nach 1848/49*, Köln 1985 ; B. Kuske, *Die Großstadt Köln als wirtschaftlicher und sozialer Körper*, Köln 1928 ; *Rheinische Geschichte*, Bd. 3, Düsseldorf 1978 ; G. von Schuckmann, Die politische Willensbildung in der Großstadt Köln seit der Reichsgründung im Jahre 1871. Eine Längsschnittstudie politischer Gemeindesoziologie, Diss. Köln 1965.

(22) Ayçoberry, *Cologne*, p. 79. Vgl. auch A. Stelzmann u. R, Froh, *Illustrierte Geschichte der Stadt Köln*, Köln 1984, S. 253.

(23) J. Jörg, Das Zentrum in den Kommunen der Rheinprovinz, in : *Kommunalpolitische Blätter* 1, Nr. 4, 1910, Sp. 1.

(24) 算定は以下の文献に基づく。Ayçoberry, *Cologne*, p. 396 ; Jasper, *Urbanisierungsprozeß*, S. 37 ; Neuhaus, *Übersicht*, S. 38f.

(25) 算定は以下の文献に基づく。Jasper, *Urbanisierungsprozeß*, S. 69 ; M. Nietyksza, *Ludnosc Warszawy na przelomie XIX i XX wieku*, Warschau 1971 (表).

(26) H. Blau, *Das Leistungswissen des frühindustriellen Unternehmertums in Rheinland und Westfalen*, Köln 1959 ; R. Bütter, *Die Säkularisation der Kölner geistlichen Institutionen. Wirtschaftliche und soziale Bedeutung und Auswirkung*, Köln 1971 ; Kellenbenz/van Eyll, Zwei Jahrtausende ; H. Daheim, Berufliche Intergenerationen-Mobilität in der komplexen Gesellschaft, in : *Kölner Zeitschrift für Soziologie und Sozialpsychologie* 16, 1964, S. 92-124 ; H. Kaelble, *Historische Mobilitatsforschung. Westeuropa und die USA im 19. und 20. Jahrhundert*, Darmstadt 1978.

(27) J. Hensel, Mecenat finansjery warszawskiej w zakresie plastyki w drugiej polowie XIX wieku, in : R. Kolodziejczyk (ed.), *Dzieje Burzuazja w Polsce. Studia I Materialy*, Vol. 1, Wroclaw 1974, pp. 31-100 ; idem., *Burzuazja Warszawska drugiej polowy XIX w. w swietle akt notarialnych*, Warschau 1979 ; R. Kolodziejczyk, *Ksztaltowanie sie burzuazji w Królestwie Polskim (1815 bis 1850)*, Warschau 1957 (さらに同著者のそ

の他の著作）; S. Kowalska-Glikman, *Ruchliwosc spoleczna i zawodowa mieszkanców Warszawy w latach 1845-1861*, Warschau 1971; A. Sloniowa, Srodowisko kamieniczników Warszawskich w koncu XIX wieku, in: *Kolodziejczyk, Dzieje burzuazji w Polsce*, Bd. 1, pp. 17-29.

(28) F. Zunkel, *Der rheinisch-westfälische Unternehmer 1834-1879*, Köln 1962, S. 33. Cf. also J. Droz, Libéralisme et bourgeoisie dans le »Vormärz« (1830 bis 1848), in: *Le Mouvement Social*, No. 136, 1986, pp. 29-52; Padtberg, *Rheinischer Liberalimus*, S. 25, 233; *Rheinisch-Westfälische Wirtschaftsbiographien*, Bd. 1 bis 11, Münster 1932-1983.

(29) Reulecke, *Bildungsbürgertum*.

(30) Idem.; cf. also Ayçoberry, *Les lutes*, p. 90; J.-M. Flonneau, État et grande bourgeoisie industrielle en Prusse des années 1840 aux années 1860, in: *Le Mouvement Social*, No. 136, 1986, p. 65.

(31) *Kommunalpolitische Blätter* 1, 1910, S. 265-267.

監訳者あとがき

今日、市民層研究は、とりわけドイツ近現代史に関してはわが国においても大きい関心がよせられているテーマとなっている。新潟大学で行われた「ドイツ現代史学会」一九九九年度大会のシンポジウムが「市民層・教養市民層研究の現在」をテーマとしたのも、こうした現れである。この市民層研究の波を生み出した起動力ともいうべきものは、ひとつは、一九八〇年以来、ヴェルナー・コンツェの主宰の下、「ハイデルベルク近代社会史研究会」による「教養市民層」の研究であった。わが国においても、これに触発ないし関連していくつかの教養市民層関係の著書が生まれている。たとえば野田宣雄『教養市民層からナチズムへ』（名古屋大学出版会、一九八八年）、田村栄子『若き教養市民層とナチズム』（名古屋大学出版会、一九九六年）、望田幸男編『国際比較・近代中等教育の構造と機能』（名古屋大学出版会、一九九〇年）、同編『近代ドイツ＝「資格社会」の制度と機能』（名古屋大学出版会、一九九五年）、同『ドイツ・エリート養成の社会史』（ミネルヴァ書房、一九九八年）などがそうである。

市民層研究の第二の起動力は、一九八八年以降、ロタール・ガルを中心にしたフランクフルト大学における「一九世紀の都市と市民層」という研究プロジェクトである。ここでは「都市」という場において市民層を研究しようとする点に特色が見られる。

第三の起動力は、一九八六年以降、ユルゲン・コッカを中心としたビーレフェルト大学・学際研究センターの研究グループである。ここでは前二者のグループにも見られた国際比較の視点がとくに前面に押し出されている点に特色がある。この研究グループによって一九八六年一〇月より八七年八月まで、「市民層・市民性・市民社会——ヨーロッパ的比較における一九世紀」というテーマによる研究プロジェクトが行われ、その成果は『一九世紀の市民層——ヨーロッパ的比較におけるドイツ』全三巻(Bürgertum im 19. Jahrhundert. Deutschland im europäischen Vergleich, 1988)となって結実した。本訳書は、これの第三巻の全訳に、原著第一巻に付された編者ユルゲン・コッカによる「はじめに」と「序章」を付加したものである。第三巻だけを訳出したのは、これだけでも相当な大部なものであることが直接の理由であり、と同時に内容的に監訳者の関心がとくに第三巻によせられたからである。それで第一、二巻について主要テーマ名だけでも紹介し、全三巻の全体的構想がどのようなものであったかを提示しておこう。

第一巻

一、ヨーロッパの多様性

ここではドイツの市民層について、イギリス、フランス、イタリア、オーストリア、スイス、スウェーデン、ハンガリー、ポーランドなどの市民層との比較のもとに一般的特色が論じられている。

二、市民社会と市民的権利

ここでは専制主義と民主主義、基本的諸権利、個人の法的保護、女性の法的地位などが論じられている。

第二巻

一、経済市民層と教養市民層

ここでは経済エリート、企業家のモラルと行動、企業における支配、弁護士、非自由専門職などが扱われている。

二、市民化と非市民化——他階層への態度

ここでは市民の対労働者関係、市民団体、市民の対職員関係、市民の上層と下層、市民の対貴族関係、村落などのテーマが取り上げられている。

三、市民社会におけるユダヤ人

ここでは市民化、少数者としてのユダヤ人、小説のなかのユダヤ人などの問題が扱われている。

以上のような第一、二巻のテーマに対して、ここに訳出した第三巻は、市民の心性・文化・政治文化などがヨーロッパ的比較の視点から扱われている点に特色が見られる。全巻を通じての特徴としては、ヨーロッパ諸国との比較のなかで、国際比較におけるドイツ市民層の「市民性の欠如」という指摘が相対化されているところに見ることができよう。それというのも、実はこのプロジェクトの背景に、一九八〇年に発刊されたD・ブラックボーン／G・イリー『ドイツ歴史叙述の神話』(望田幸男訳『現代歴史叙述の神話——ドイツとイギリス』晃洋書房、一九八三年)によって開幕した「ドイツ特有の道」論争があったのである。この論争に発展的に対応するためにも、ドイツの市民層についてヨーロッパ諸国の市民層と比較することを通じて、その類似性と相違を詳細に追究することに重要な意義が見出されたのである。

このような背景のもとに開始された研究プロジェクトは、なによりもヨーロッパ的規模での比較という視点から推進された。本訳書の執筆者を一覧しても、ドイツ人研究者だけでなく、アメリカ、オランダ、チェコ、ポーランド、イスラエルなどの研究者が登場し、さらに全三巻の完成に至る過程ではヨーロッパ一〇カ国、アメリカ、イスラエルなどからの研究者が参加し、まさに国際的・学際的研究というにふさわしい取り組みであったといえよう。

このような広い視野からの考察を提供している本訳書が、わが国における市民層研究の進展に寄与するであろうことを願ってやまない。

編者のユルゲン・コッカは、よく知られているように、ハンス＝ウルリヒ・ヴェーラーと並ぶドイツ社会史（歴史社会科学）のリーダーとして活躍している。訳書としても『歴史と啓蒙』（肥前榮一・杉原達訳、未来社、一九九四年）をはじめ、多くの論文が翻訳紹介されている。

翻訳作業は、別記したように五名の分担によって行われたが、各自の訳稿に望田が目を通し、再度各自の検討にゆだねて完成稿としたものである。その際に所収諸論文のタイトルの表現には若干の改変を加えるとともに、各執筆者の簡単なプロフィールを付した。また本文中に割り込ませた訳注は〔　〕をもって、原著者の挿入文は（　）をもって区別した。

最後になったが、出版に際しては、このような大部なものの発刊を許されたミネルヴァ書房社長の杉田啓三氏、並びに校正に多大の労をとっていただいた同社編集部の冨永雅史氏には、心から感謝の意を表したい。

二〇〇〇年七月

望田幸男

訳者紹介

望田　幸男（もちだ・ゆきお）　**本書のプロフィール・はじめに・監訳者あとがき**

監訳者紹介参照

森田　猛（もりた・たけし）　**第一章・第五章・第六章・第八章**

1961年　大阪府生まれ。
1990年　同志社大学大学院文学研究科博士課程後期中退。
現　在　弘前学院大学文学部助教授。
主　著　「ブルクハルトとドイツ諸大学における歴史学教育――ジーベルによる歴史学ゼミナール導入との関連で」『史林』第78巻第6号，1995年。
「ブルクハルトと歴史研究の社会的機能――歴史協会擁護論を手がかりとして」『西洋史学』第187号，1997年。
主訳書　ルントグレーン，P. 著『ドイツ学校社会史概観』（共訳）晃洋書房，1995年。

棚橋　信明（たなはし・のぶあき）　**第四章・第十章・第十四章**

1964年　岐阜県生まれ。
1992年　名古屋大学大学院文学研究科博士課程後期単位取得満期退学。
現　在　横浜国立大学教育人間科学部助教授。
主　著　「プロイセン改革期における国民軍形成の問題」『史學雑誌』第100編第4号，1991年。
「19世紀中葉におけるケルン市議会選挙と市民層」『史林』第78巻第1号，1995年。
「19世紀中葉におけるケルン市の行政と財政」『史學雑誌』第105編第2号，1996年。

吉門　昌宏（よしかど・まさひろ）　**第二章・第十一章・第十三章・第十五章・第十六章**

1963年　大阪府生まれ。
1998年　同志社大学大学院文学研究科博士課程後期中退。
現　在　同志社大学非常勤講師。
主　著　「ワイマール共和国初期における教育者たちの社会再編構想」『文化学年報』（同志社大学）第47輯，1998年。
主訳書　ヤーラオシュ，K. 編著『高等教育の変貌』（共訳）昭和堂，2000年。

今関　嗣生（いまぜき・つぐお）　**第三章・第七章・第九章・第十二章**

1969年　埼玉県生まれ。
1992年　同志社大学文学部文化学科卒業。
現　在　同志社大学大学院文学研究科博士課程後期在籍。
主　著　「フリードリヒ・アルトホーフの学術政策と研究所設立」『文化学年報』（同志社大学）第44輯，1995年。

冨岡　理子（とみおか・みちこ）　**序章**

1971年　愛媛県生まれ。
1994年　同志社大学法学部政治学科卒業。
1997年　同志社大学大学院文学研究科博士前期課程修了。
現　在　蔦田内外国特許事務所勤務。

《監訳者紹介》

望田　幸男（もちだ・ゆきお）

1931年　甲府市に生まれる。
1958年　京都大学文学部史学科卒業。
1963年　京都大学大学院文学研究科博士課程修了。
現　在　同志社大学文学部教授，文学博士。
著　書　『近代ドイツの政治構造』ミネルヴァ書房，1972年。
『ドイツ統一戦争』教育社，1979年。
『軍服を着る市民たち』有斐閣，1983年。
『ふたつの近代』朝日新聞社，1988年。
『国際比較・近代中等教育の構造と機能』（編）名古屋大学出版会，1990年。
『ナチス追及』講談社，1990年。
『ドイツ近代史』（共編）ミネルヴァ書房，1992年。
『ネオナチのドイツを読む』新日本出版社，1994年。
『戦争責任・戦後責任』（共著）朝日新聞社，1994年。
『近代ドイツ＝「資格社会」の制度と機能』（編）名古屋大学出版会，1995年。
『ドイツ現代政治史』（再版・共著）ミネルヴァ書房，1996年。
『西洋の歴史・近現代編』（増補版・共編）ミネルヴァ書房，1998年。
『ドイツ・エリート養成の社会史』ミネルヴァ書房，1998年。

MINERVA 西洋史ライブラリー㊹
国際比較・近代ドイツの市民
──心性・文化・政治──

2000年10月30日　初版第1刷発行　　検印廃止

定価はカバーに
表示しています

監訳者　望　田　幸　男
発行者　杉　田　啓　三
印刷者　坂　本　嘉　廣

発行所　株式会社　ミネルヴァ書房
607-8494　京都市山科区日ノ岡堤谷町1
電話代表　(075) 581-5191番
振替口座　01020-0-8076番

内外印刷・新生製本

ISBN 4-623-03155-1
Printed in Japan

MINERVA 西洋史ライブラリー

ミネルヴァ書房

http://www.minervashobo.co.jp/